鳴　謝：

徐行言　　劉　凱　　羅業愷　　朱翠霞

張敏敏　　王　靜　　田　脊

國家社科基金項目"中上古蜀語考論"（06XYY014）

國家社科基金項目"魏晉南北朝方言研究"（14BYY112）

國家社科基金重大項目"方志中方言資料的整理、輯録及數字化工程"（15ZDB107）

國家社科基金重大項目《巴蜀全書》（10@ ZH005）

四川省重大文化工程《巴蜀全書》（川宣〔2012〕110 號）

汪啟明文科專題研究團隊項目

中上古蜀語考論

汪啟明　趙振鐸
伍宗文　趙　靜　著

中華書局

圖書在版編目（CIP）數據

中上古蜀語考論/汪啟明等著. —北京：中華書局,2018.1
ISBN 978-7-101-12287-9

Ⅰ.中…　Ⅱ.①汪…②趙…③伍…④趙…　Ⅲ.西南官話–方言研究–四川　Ⅳ.H172.3

中國版本圖書館 CIP 數據核字（2016）第 285512 號

書　　名	中上古蜀語考論
著　　者	汪啟明　趙振鐸　伍宗文　趙　靜
責任編輯	秦淑華
出版發行	中華書局
	（北京市豐臺區太平橋西里 38 號　100073）
	http://www.zhbc.com.cn
	E-mail:zhbc@zhbc.com.cn
印　　刷	北京瑞古冠中印刷廠
版　　次	2018 年 1 月北京第 1 版
	2018 年 1 月北京第 1 次印刷
規　　格	開本/700×1000 毫米　1/16
	印張 34¼　插頁 2　字數 526 千字
印　　數	1–1500 册
國際書號	ISBN 978-7-101-12287-9
定　　價	126.00 元

目　　録

第一編　蜀語的形成與發展

導　言

第一節　研究的意義

1. 雅言與方言。自古以來,華夏主體民族漢族的語言就有雅言和方言之分。今天的漢語,是歷史上漢語的各方言通過不斷地接觸與融合形成的。對先秦兩漢時期的漢語,古人論述不少。談及雅言,有孔子所説"子所雅言,《詩》《書》執禮,皆雅言也"(《論語·述而》);論及方言,有"五方之民,言語不通,嗜欲不同"(《禮記·王制》);有各諸侯國"言語異聲"(《説文解字·序》);有"經傳之文,賢聖之語,古今言殊,四方談異也"(《論衡·自紀篇》);有"夫九州之人,言語不同,生民已來,固常然矣"(《顏氏家訓·音辭》)。儘管人們對"雅言、方言"的定義有不同的看法(李維琦《關於"雅言"》),今天中國境內的主體民族漢族在先秦時期也分居於各地,甚至分屬於不同的諸侯國,但有一種可以實現相互交流的通用語則没有疑問。最有説服力的證明是春秋時期各諸侯常常會盟,會盟的時候又多要賦詩,據《左傳》記載就有58 首,69 次[1],涉及的國家有齊、魯、晉、宋、秦、楚、鄭等,他們之間不須要翻譯就可以實現溝通和交流。他們之間使用的通語,和當時周邊少數民族語言有所不同。《左傳·襄公十四年》載,吳國請求晉國率領中原諸侯伐楚,晉國召集魯、齊、宋、衛、鄭、曹、莒、邾、滕、薛、杞等國代表在吳國結盟,范宣子當庭數落戎人代表駒支的罪狀,不許他參加會盟,否則就要抓他。駒支一一辯解説:"我諸戎飲食衣服不與華同,贄幣不通,言語不達,何惡之能爲? 不與於會,亦無瞢焉。"並賦《青蠅》而離開。這段材料説明,參加會盟的應該都是説同一種語言的國家,他們在會盟時可以用同一種語言溝通,與駒支所代表的少數民族語言有所不同;還可以證明,駒支是一個懂得華夏語言和文化的少數民族外交官。可見,先秦時期,由於各國外交的需要,各區域文化的融合,我國的確形成了一種能在不同地方通話的"通語"(或"雅言")。

---

[1]　俞志慧《君子儒與詩教》142 頁,生活·讀書·新知三聯書店 2005 年。

漢語雅言是漢語各方言的重合部分。二者是相對的概念，沒有後者便沒有前者，反之亦然。雅言雖然影響力很大，使用範圍亦廣，但也是以某種方言爲基礎而構建的。雅言一旦形成，肯定會與自己的基礎方言有不同的發展方向，具有超方言的性質。梅耶指出："直到現在，我們討論原始共同語和各種歷史上有證據的語言，都好像把它們當作一些統一體似的。其實不然。語言學中不斷地有'方言'這個概念穿插進來，就可以證明。我們在這裏必須抛開那種把'方言'和確立的書面語言對立起來的庸俗觀念。""任何文籍都不是用一種方言寫成的。"①春秋戰國時期的華夏通語，雖然可以在各種外交場合使用，但它又有內部方言的差異。這些方言之間，有的差別很小，如秦、晉語；有些差別很大，如齊、楚語之間和秦、魏語之間②。

2. 古代的"標準語"。古代的"標準語"實際上是地位較高的方言，且並非一成不變，不同的時代其基礎方言有所不同。先秦時期，以魯語爲代表的中原語是文獻語言的基礎；兩漢，秦晉語（包括蜀語）是地位較高的方言；魏晉南北朝時期，中國的政治格局發生了深刻的變化，人口大量遷徙，各種語言成份融合，漢語和各方言呈現劇烈的變動，漢語進一步吸收了各方言和一部分少數民族語言的成份，所謂"南染吳越，北雜夷虜"，對漢語的發展具有深遠的影響。唐代，中國重新歸於統一，政治中心轉移到長安，秦蜀語又成爲李唐王朝地位較高的方言。《北史·獻文六王傳》：

> 孝文引見朝臣，詔斷北語，一從正音，禧贊成其事。於是詔："年三十已上，習性已久，容或不可卒革。三十已下，見在朝廷之人，語音不聽仍舊。若有故爲，當降爵黜官。若仍舊俗，恐數世之後，伊洛之下，復成被髮之人。朕嘗與李冲論此，冲言：'四方之語，竟知誰是；帝者言之，即爲正矣，何必改舊從新。'冲之此言，應合死罪。"乃謂冲曰："卿實負社稷。"冲免冠陳謝。

孝文帝主張學習漢語，"詔斷北語"，如果有朝廷官員"語音不聽仍舊"，就要受到降職降級的處罰。而李冲說"四方之語，竟知誰是；帝者言之，即爲

---

① 梅耶《歷史語言學中的比較方法》44、45頁，岑麒祥譯，科學出版社1956年。
② 前者見《方言》的並稱，後者見《孟子·滕文公上》"南蠻鴃舌之人"，《滕文公下》"謂戴不勝曰"，《萬章上》"齊東野人之語"；《左傳·宣公四年》"楚人謂乳穀，謂虎於菟"，《文公十三年》"秦伯師于河西"等。

正矣”，實際道出了中上古時期判斷雅言與方言是以帝王之音爲標準的。

有時，文獻中的“標準語”卻不一定是漢語。顧炎武《日知錄·國語》有一段記載：

> 後魏初定中原，軍容號令皆本國語。後染華俗，多不能通，故録其本言相傳教習，謂之國語。孝文帝命侯伏、侯可、悉陵以國語譯《孝經》之旨，教於國人，謂之《國語孝經》。而歷考《後魏》《北齊》二書，若孟威以明解北人語，敕在著作，以備推訪；孫搴以通鮮卑語，宣傳號令；祖珽以解卑語免罪，復參相府；劉世清以能通四裔語，爲當時第一，後主命作突厥語翻《涅槃經》，以遺突厥可汗。並見遇時主，寵絶群僚。
>
> 後唐康福善諸蕃語。明宗聽政之暇，每召入便殿，咨訪時事，福即以蕃語奏之。樞密使安重誨惡焉，嘗面戒之曰：“康福但亂奏事，有日斬之！”

這段文字中，孝文帝時的“國語”指當時的鮮卑語，纔有“以國語譯《孝經》”之説；而“北人語”即當時中原漢語，“四裔語、突厥語、諸蕃語”實指當時少數民族語。這些語言鮮卑人聽不懂，如果有人能夠掌握少數民族語言，便可以得到朝廷的重用。可見，漢語各方言無論分歧如何，都有它內部的一致性，它們的關係不是不同的民族語；少數民族語與漢語則有根本的不同，需要翻譯，並且需要一批精通雙語的人在朝爲官，纔能實現交流。

但是，古代的“標準語”並不是今天的標準語，這是應該説明的。

3. 方言的發展。沒有離開語言的方言，也沒有離開方言的語言。一部漢語史，是由漢語的共同語史，即漢語雅言史和漢語方言史組成的。由於種種原因，漢語（包括雅言和方言）會處於不斷變動的狀態。就外因而論，有政治、經濟、文化、風俗、移民、宗教等社會原因，地理、山川、氣候、交通等自然原因；從語言內部看，則有語音、詞彙、語法的變動等原因。但無論從外部原因還是從內部原因觀察，只要時間的延續足夠長，雅言和方言便一定會呈現不平衡發展的規律。這使方言層次性更爲複雜，研究起來也就更困難；同時也就更能引起語言學家的研究興趣。

漢語的發展過程，是雅言和方言共同發展、相互影響、時而統一、時而分化的過程。“《方言》之異於《爾雅》《廣韻》者，一明字義，一明口語之義”①，

---

① 黃侃《文字聲韻訓詁筆記》262 頁。

揚雄《方言》更是以口語的實録爲主。雅言和方言的運動與發展,它們之間的相互作用、融合、分化、消解,構成了絢麗多彩的漢語發展史。

我們猜想,語言之始,華夏語都是方言,經過數千年的發展形成了以某種方言爲基礎的雅言。雅言繼續發展分化,形成新的方言。原有的方言與雅言在發展中分化而來的方言接觸並形成新的方言。雅言、方言二者之間並無天然的鴻溝。方言的生命力很强,顧炎武説:"孔子傳《易》,亦不能改方音。"①這説明,歷代人們口語所操持的都是方言和雅言的混合體。各方言一定會變化,一部分與雅言匯合,一部分與其他相鄰方言滲透交融,還有一部分則保留原有的特質。在變化的過程中,有的雅言成份又分化爲新的方言或次方言。方言與雅言,是一對矛盾,二者互相依存,共同發展。

一、研究文獻方言具有非常重要的理論與實踐意義

1. 歷代文獻保存着方言。文獻方言學的研究對象就是歷代書面語中的方言現象,也包括現代書面語言中的方言現象。雅言研究和方言研究是漢語史研究的兩輪,小學歷來被稱爲"揚、許之學",可見方言研究在中國傳統語言學史中的重要地位。古代没有記録手段,無法完整地保存當時人民的語言生活狀況,但歷代文獻隱括着方言現象。雖然學者們一般稱"文學語言",這裏認爲應叫"文獻語言"更爲貼切②。因爲我們所做的所有古代的語言研究,都是基於文獻的研究。歷代傳承的文獻語言,既包括了雅言的成份,也包括有方言的成份。書面語、口語、雅言、方言是交叉關係,你中有我,我中有你。就古代而言,又都離不開文獻。書面語以雅言爲主,但有可能保留一些方言的成份;口語以各地方言爲主,又有雅言的成份。因此,文獻語言學既應該包括口語和書面語研究,也應該包括方言和雅言研究③,這是研究文獻語言的兩個維度。

1904 年 4 月 25 日,劉師培在《警鐘日報》撰文:"三代以前,各邦之中皆

---

① 江永《古韻標準・例言》4 頁:"近世音學數家毛先舒稚黄、毛奇齡大可、柴紹炳虎臣,各有論著,而昆山顧炎武寧人爲特出。余最服其言曰:'孔子傳《易》,亦不能改方音。'"。
② 袁家驊《漢語方言概要》6 頁:"民族共同語……具有統一的標準和規範,内部一致……是書面和口頭統一的形式,也叫做文學語言,是長期歷史發展的結果,内容是無限豐富的,對方言有無比的約束力,自身在一定意義上是超方言的。"文獻語言學則陸宗達有論,見《訓詁簡論》2、11、141 頁,北京出版社 2002 年。
③ 汪啟明《先秦兩漢齊語研究》52 頁曾較詳盡地討論了"雅言"的性質。

有特別之文字矣。故《公羊》多齊言,《離騷》多楚語(些字之類),而六經之言,亦有出於方言者。"①1906 年,劉師培《文説》:"古人作文,多用方音,《公羊》侈用齊言,《離騷》亦徵楚語……徵之古昔,楚臣以土風協樂;驗之近代,宋人以里語入詞。"②可見,方言、方音、方言詞甚至方言用字,都會在古代文獻,甚至被前人目爲雅言準繩的經部文獻中有所保留。

雅言有書面語(文獻語言)和口語之別,方言也有文字記録和口語之分。書面語、文字記録和口語,是從屬於雅言和方言並爲其服務的。書面語是經文人整理過的,口語則是原始形態。歷代口語和書面語都以文獻爲載體。古代的口語亦只有憑藉文獻記載來尋求線索。

2."方言"是一個發展的概念。現代學者往往從今天的語言學理論,即共同語和方言的對立出發,來探討古代的方言。但未有現代方言學理論之前,我國歷史上早就有"方言"一詞,它是一個發展的概念,前人所用含義各别。不僅古代學者與今天學者的方言觀不同,即使是同一時代的學者,對方言的基本性質也有不同的界定。魯國堯《"方言"和〈方言〉》曾有過詳細的討論,指出在 19 世紀以前(含 19 世紀)的中國人心目中,"方言"即語言,無所謂外族語言和漢語方言之分。"在現代漢語裏,'方言'詞義縮小了。'方言'既是各方的語言,一個地方的語言當然也是'方言'了"。自東漢近千年來,"方言"一詞的含義"並不單純",而我們掌握的用例也還"不足以確定它在各個時期的意義,也難以推闡它的演變史"③。這説明,今天的方言與共同語(或叫標準語)與歷史上的"方言"完全不同。我們不能以今律古,將今天纏有的種種概念,如共同語、地域分支、標準語等等,強加於古代的語言現象。

3. 文獻方言研究的歷時與共時。漢族是華夏民族的主體,漢語是漢族人民的交際工具。研究漢語,不僅須要進行共時的描寫性研究,還必須重視歷時的發展研究。研究漢語史,必須把中上古時期,尤其是先秦兩漢時期漢語的面貌研究清楚,因爲這是中古漢語、近代漢語和現代漢語的源頭。

---

① 劉師培《論白話報與中國前途之關係》,《劉師培學術文化隨筆》241 頁,中國青年出版社 1999 年。
② 劉師培《文説》,《劉申叔遺書》206 頁,江蘇古籍出版社 1997 年。
③ 《魯國堯自選集》59 頁。

　　先秦時期是"雅言"形成和第一次語言大融合時期。古代以雅爲正,《荀子·王制》:"禁淫聲以時順脩,使夷俗邪音不敢亂雅,大師之事也。"楊注:"夷俗謂蠻夷之樂。雅,正聲也。"又《荀子·榮辱》"君子安雅",《儒效》"居夏而夏"。古雅、夏一,"雅言"指諸夏語言。華夏族各部落聯盟使用的原始華夏語,到了商周時期發展爲中原一帶的"夏言",這可以説是我國最早的"普通話";至春秋戰國時期,各諸侯國方言不同,而官方交往、文人講學、祭祀活動都使用雅言。

　　秦統一和西漢時期,各民族語言相互影響、融合的步伐加快,方言之間的交流日益擴大,但是方言之間還是有很大的差別①。這些差別主要表現在詞彙和語音上,方音差異一般是音類的差異,而不僅僅是個別字音的差異。

　　三國魏晉六朝隋唐時期,是中國歷史上的第二次民族大融合時期,也是語言的大接觸、大融合、大統一時期,是從"南染吳越,北雜夷虜"的情況進入到隋唐大一統的以北方漢語爲文獻語言基礎的時期。顏之推《顏氏家訓·音辭》比較系統地指明了各方言語音的主要差別,但他所指出的方音歧異遠遠不是當時漢語方音歧異的全部現象。

　　整個中上古時期,漢語方言有分有合,延續上千年,縱橫數萬里。要在這麼大的一個範圍和時段内,將雅言、方言現象研究清楚,不是一項簡單的工作,只有分時、分地進行研究。如果我們把各個時期的方言,如秦晉語、楚語、齊語、越語、吳語、宋衛語、魯語、燕語、蜀語等研究清楚了,對漢語通語就會有更清晰而全面的認識。否則,我們講漢語語言學、漢語方言學,總是深入不下去,總結的規律、特徵處處適用,又條條有例外。如果把每一個時代不同地域方言的面貌及其與相鄰方言、雅言的關係研究清楚,就能爲漢語方言史和漢語史全面系統而深入的研究打下堅實基礎。

　　4. 研究文獻方言對雅言乃至整個漢語史都具有重要的作用。20 世紀以來,方言研究成爲語言研究的顯學,著名的學者無不涉足方言。1924 年,

---

①　東漢時期的一些學者在古書的注解和訓詁專書中具體指出了當時北方地區一些分歧較大的方音現象,例如《禮記·檀弓》"詠斯猶"鄭玄注:"秦人'猶、搖'聲相近。"《禮記·中庸》"壹戎衣"鄭玄注:"齊人言'殷'聲如'衣'。"《禮記·郊特牲》"汁獻"鄭玄注説齊人言"莎"音如"獻"。《詩經·匏葉》"有兔斯首"鄭玄箋説"鮮"字齊魯之間音近"斯"。《吕氏春秋·慎大》"親郼如夏"高誘注説兗州"殷"讀如"衣"。《釋名·釋天》謂豫、司、兗、冀等州"天"讀爲"顯";青州、徐州"天"讀爲"坦","風"讀爲"放",兗、豫、司等州"風"讀爲"氾"。《釋名·釋親屬》説"兄"讀爲"荒"。《釋名·釋疾病》)説"癬"讀爲"徙"。《漢書·尹賞傳》"寺門桓東"如淳注説陳、宋一帶"桓"讀爲"和"等。

北京大學研究所國學門發起成立方言調查會，"這個方言調查會的目的，概括起來，可以説有兩種：一爲横的方面，作現代方言語言語法的調查；二爲縱的方面，做各方言歷史的研究……研究中國文字必不能放掉語言，而要研究語言必不能放掉方言。因此要把中國的文字語言整理好，非根本從搜集及整理方言材料著手不可……反過來説，研究方言也不僅在乎洞悉現今之語勢，要在能窮其源委，探其變遷，明其系統，得其歷史上之解釋，方可謂盡方言研究之工作"①。可見，除了對現代漢語的方言進行調查外，還要對各歷史時期漢語方言進行認真研究，前代學者已經做過一些歷史文獻方言的研究②。這些研究可分爲兩種類型：一是從漢語方言史研究的角度出發，以某一時期文獻語料爲研究對象，爬梳能反映當時方言的語音、詞彙及語法的文獻資料，進而爲漢語方言發展史研究提供重要資料；另一類則側重於漢語方言學史的研究，對歷代語言學家所做相關工作、研究以及成果進行分析與評價。目前學術界對方言學史的研究有所進展，但對歷史上各地方言的描寫和方言發展史的研究還不甚深入，還須要投入更多的力量。

二、漢語方言發展史的研究，是建立科學漢語史的基礎

　　由於交通不便和交流不暢的緣故，我國古代每一個民族都有自己的語言，這些語言多是具有親屬關係的語言。它們中必然會有一種或幾種，因爲經濟、政治的原因，成爲後來通語的基礎方言。這些方言隨着使用它們的民族一道，與其他相鄰的方言進行接觸和交流。在交流和融合中，有的民族語言很快進入了通語，有的部分被通語吸收，還有的則保留自己的特點。因此，可以説，研究當時的方言是研究當時人民語言生活狀況的必要前提。

　　1. 雅言以方言爲基礎。今天的漢語不是歷史上的漢語，歷史上的漢語上古時期也不稱爲漢語③。漢語與它的方言在上古時期是華夏民族的部落語言。發展到今天的漢語，其過程非常複雜。張琨提出④：

① 林語堂《閩粤方言之來源》，《語言學論叢》200 頁。
② 華學誠《周秦漢晉方言研究史》19—24 頁。
③ 劉義慶《世説新語·言語》："高坐道人不作漢語，或問此意，簡文曰：'以簡應對之煩。'"庾信《奉和法筵應詔詩》："佛影胡人記，經文漢語翻。"《南齊書》卷五七："諸曹府有倉庫，悉置比官，皆使通虜漢語，以爲傳驛。"可見今日意義的"漢語"當始於六朝。
④ 張琨《漢語音韻史論文集》61、62 頁。

　　　漢語史的發展不是一條直線。把它劃成一條直線乃是對事實的最大歪曲。漢語很早以來就有方言差異的現象,有些方言比較得勢,有些方言則否……我們得承認方言有共時的差異,並且得把一個方言的内部歷史音變和由於政治局勢的改變而産生的方言之不同加以區别。

　　不僅如此,即使是"華夏"之"夏",也曾經只不過是一個方國名稱。夏人最初的方國叫做"土方"《詩·商頌·長發》:"洪水芒芒,禹敷下土方。"《楚辭·天問》:"禹之力獻功,降省下土方。"郭沫若云:"余意'土方'當即卜辭中所常見之敵國名'土方'……朔、馭、土,古音均在魚部,則所謂土方當即朔方、馭方。知此,則所謂土方即是夏民族,夏字古音亦在魚部,夏、土、朔、馭一也。是則'禹敷下土方'當爲禹受上帝之命下降於土方之國(即後之華夏、禹迹、禹甸、禹域),以敷治洪水。"①郭沫若的分析尚待更多的驗證,但遠古時代華夏疆域中並没有一個大一統的夏族,也没有統一的夏言則是可以成立的。

　　進而論之,不僅"夏"是方國,即使有"夏言",它在一定的時期,甚至相當長的一段時期内也只是一種方言,只不過它通行的範圍廣一些。從某種意義上説,没有對方言的研究,也就不是完整的語言研究;没有對歷史上存在過的漢語各方言的研究,也不是完整的科學的漢語史的研究。歷代文獻及一般研究成果中所説的"通語、雅言、夏言",曾經也只是一種勢力較大、通行範圍較廣的方言,而且其地位也不是一成不變的。正如張琨所説:"在中國的歷史上,不同的方言曾在不同的時期裏佔有標準語的地位。在描寫漢語音韻史的時候,我們應該知道,隨着政治及文化中心的轉移,標準語的基礎也由一個方言突然换成另一個方言。"②林語堂曾以文字爲例,有同樣的意見:"漢字的讀音其初每每實只是方音之讀法而已,後來因爲'經學家'之注釋,乃成爲普通讀音,若'儺'讀爲'娜'(魯衛音),'洧'讀如'鮪'(鄭音),我們因爲不細究古方音之差别,故不明其原委。"③

　　從現代語言學理論觀察,任何共同語都是在某一個優勢方言的基礎上

---

① 　郭沫若《中國古代社會研究·夏禹的問題》307—309 頁。
② 　張琨《漢語音韻史論文集》62 頁。
③ 　林語堂《前漢方音區域考》,《語言學論叢》20 頁。

發展起來的,本質上也是一種方言。趙元任説:"在學術上講,標準語也是方言,普通所謂的方言也是方言,標準語也是方言的一種。"①胡適針對漢語有同樣的觀點②:

　　老實説罷,國語不過是最優勝的一種方言;今日的國語文學在多少年前都不過是方言的文學。正因爲當時的人肯用方言做文學,敢用方言作文學,所以一千多年之中積下了不少的活文學,其中那最有普遍性的部分遂逐漸被公認爲國語文學的基礎。我們自然不應該僅僅抱着這一點歷史上遺傳下來的基礎就滿足了。國語的文學從方言的文學裏出來,仍須要向方言的文學裏去尋他的新材料,新血液,新生命。

沈兼士曾著力批評過把古代語言看成大一統的偏見③:

　　蓋諸家之所謂古者,統三代秦漢之總稱:或以《三百篇》爲本,等而下之,攝及秦漢音,無不同也;或以《廣韻》二百六韻爲本,等而上之,攝及三代音,無不同也。雖其考訂排比,部類秩如,要皆以一地概四方,以一時概千古,汗漫支離之病又焉能免?

可見,僅就現代漢語而言,方言、共同語是對立統一的,沒有方言也就無所謂共同語。現代漢語共同語是以漢民族所使用的某種方言(北方方言)爲基礎,以某一個地點方言的語音(北京語音)爲標準音的。例之古代,方言與語言同時產生,雅言的歷史較之方言的歷史短得多。雖然在不同的時代都存在過優勢方言,比如我國先秦時期有各種地區方言,文化較高的齊語、楚語是勢力最大的方言。但也有"通語、凡語、凡通語",它是以秦晉地區(今陝西、山西一帶)的方言爲基礎的。即使如此,我國古代的方言,也不能理解爲共同語的地方變體。這是必須應該強調的。

2. 分時分地進行文獻語言研究是漢語史研究科學化的基礎。建立一部完整的漢語方言史,並在此基礎上建立一部科學的漢語方言學史,是建立科學漢語史的必要前提。

既然任何語言在歷史發展的長河中必定要分化爲方言,方言的產生與

---

① 趙元任《語言問題》101 頁,商務印書館 1980 年。
② 胡適《吳歌甲集·序》,《胡適文集·胡適文存三集》574 頁,北京大學出版社 1998 年。
③ 沈兼士《魏建功古音系研究·序》,《古音系研究》11 頁。

發展不以人的意志而轉移,漢語發展史就是漢語雅言和方言不斷變化發展的歷史。因此,不研究好歷史方言,漢語史的結論就是不全面的;不研究好斷代的方言,也就不能建立完整的漢語方言史。《漢書·地理志》説民有"剛柔緩急,音聲不同,繫水土之風氣",所以,"列土樹疆,水土殊則聲音異"。語言和方言的發展有自身的規律。黄侃曾説過,方語現象,"雖王者同文,而自然之聲,不能以力變也"①。這就是説,即使是歷代的統治者,也只能順應語言自身的發展規律,不能用政治、經濟、軍事等手段來強行統一。秦始皇時代,李斯在諸多方面實行了統一,其中包括對六國的文字實行統一,也還是不能統一不同的方言。而且,隨着時代的發展,爲了實現言文合一,便只有根據聲音的轉變"依音造字",記録已經發展了的方言。中上古蜀語的情況肯定是相同的。

　　以前研究漢語史的通常做法是,對古代的文獻不分地域,也不分時段,把上至甲骨文、金文,來源不同的群經、諸子、詩賦甚至梵語譯經都放到一起進行研究。這種做法,注意到了漢語內部一致性的方面,注意到了從先秦以來我國就有一種跨地區交際的"通語"或文獻語言的存在。但是忽略了這種"模範的成周國語"中間的内部分歧②。

　　3. 方言研究的古典傳統。古人早就注意到方言現象,周代曾派輶軒之使搜集方言。古人還認識到在不同的方言中,同一個語音形式有不同的意義,如《尹文子·大道下》《戰國策·秦策》所載鄭人、周人對"璞"的不同理解③;古人知道,不同方言之間的面貌有所不同,《孟子·滕文公》關於齊語、楚語學習與環境的關係就説明了這一點。前人對方言的記載也始終没有斷過。《漢書·儒林傳·伏生》載:漢武帝(前179—前157)時,"求能治《尚書》者,天下亡有,聞伏生治之,欲召。時伏生年九十餘,老不能行,於是詔太常使掌故晁錯往受之"。顏注:"衛宏《定古文尚書序》云:'伏生老,不能正

---

① 黄侃《黄侃論學雜著》103頁。
② 陸志韋《古音説略》:"把韻文跟形聲字當成'成周國語'的結晶,這錯誤並不起於高本漢……《詩經》的押韻,要真是按照一種模範國語改編過了的,那倒容易研究了,其實那一套傳説並不可靠。那些韻腳還是各種方言留下來的。"《燕京學報》專號之二十77—78頁,1947年。
③ 《尹文子·大道下》:"鄭人謂玉未理者爲璞,周人謂鼠未臘者爲璞。周人懷璞,謂鄭賈曰:'欲賈璞乎?'鄭賈曰:'欲之。'出其璞視之,乃鼠也。因謝不取。"《戰國策·秦策》同。

言,言不可曉也,使其女傳言教錯。齊人語多與潁川異,錯所不知者凡十二三,略以其意屬讀而已。'"前人注意到伏生是操方言而不是"正言",又注意到了"齊人語多與潁川異"的方言現象。

　　傳統方言學的第一部專著是西漢末揚雄的《方言》。他之後,許慎《説文解字》記錄了190多條方言詞;劉熙《釋名》則涉及方音;漢代經師説解文獻每言方言,都爲我們留下一些寶貴的中上古時期方言材料。此後,魏晉南北朝時期郭璞、顧野王、陸法言、顔之推;唐代陸德明、顔師古、孔穎達;明代李實、方以智、黄承吉;清代錢大昕、毛奇齡、翟灏、陳鱣、吳文英、孫錦標、章太炎、黄侃等人也爲我們留下了當時方言的可貴記錄。但幾千年來,語言研究的獨輪現象突出,這表現在重視文獻雅言,忽視口頭與文獻中的方言。和汗牛充棟的文獻雅言研究成果相比,少量方言調查材料和搜集,既算不上蔚爲大國,也還没有上升到理論的高度,一部中國傳統語言學(小學)史,偏於一隅,成爲文獻雅言史。以方言調查與搜集爲主旨的書,也只有寥寥數種①。儘管有些學者記錄了一些方言土語,他們或爲了證古,或爲了正俗,或出於獵奇,進行方言和語言研究的目的並不明確,且大多是夾雜在注釋、字書或筆記中,零星分散。袁家驊認爲:"揚雄雖然那麽早做出了搜集方言詞彙的範例,後世學者卻幾乎不敢越雷池一步,考古證今往往局限於考求本字,專門追求俗語和古字的印證。"②明人張位《問奇集》第一次提出"官話"概念,分八區記錄部分方言詞;李實《蜀語》斷域爲書,搜集560多條蜀方言詞,也只能算是方言資料的堆集;入清,學者特别重視研究方言,戴震、王念孫、錢大昕、錢繹、郝懿行、杭世駿、程際盛、吳文英、范寅等或於文獻方言,或於俗語,用力甚篤。俞樾《春在堂隨筆》卷九:"'紅'字與八庚韻字,迥不相似,豈其人讀'紅'字似'衡'字歟……然則方音誤韻,古固有之,不足爲斯人病矣。"顧炎武《日知録·方音》:"《荀子》每言'案',《楚辭》每言'羌',皆方音。""《金史·金國語解·序》曰:'今文《尚書》辭多奇澀,蓋亦當世之方音也。'"今本《金史》的這段文字"方音"作"方言"。但這些並不能算嚴格意義的方言學。現代意義的方言學,是從清末民初的章太炎肇其端的。

---

①　趙振鐸《中國語言學史》74—78頁。
②　袁家驊《漢語方言概要》9頁。

4. 方言學的建立與研究。章太炎的《自述學術次第》《駁中國用萬國新語說》《正言論》和《訄書》《檢論》中的"訂文"和"方言"等篇,再加上"小學略說"中的相關內容,對方言產生的原因,研究方言的目的、作用、方法,方言的九大分區,方言轉變的條例,都進行了深入的論述①,初步奠定了現代方言學理論體系的基礎。從那以後,儘管漢語史研究的成果斐然,但是和方言學史的研究相比,方言史研究卻顯得非常薄弱;在現代漢語方言調查方面雖然取得了重要的成就,但是對歷史方言和歷史方言學的研究成果並不多。

王力説:"方言學的歷史是很難寫的,因爲中國古代關於方言的著作不多。"②蔣禮鴻亦有同樣的意見③:

> 方言之學,開始於西漢揚雄的《方言》,劉熙的《釋名》,則涉及方言的音的問題,如'天''風'等條是。具體記載或論述各地區的語言的有章太炎先生的《嶺外三州語》、吳文英的《吳下方言考》、孫錦標的《南通方言疏證》。這些論著,對我們認識各方言都有用處。但是都沒有系統地對方言進行理論的研究。有之,則見於汪啟明同志的《先秦兩漢齊語研究》這篇論文。

趙振鐸曾以中古爲例,指出:"漢語有方言存在,自古而然。對於中古時期漢語方言的狀況,有人從文獻裏面鈎稽古代的方言材料,來續補揚雄《方言》,其間不乏可以利用的資料。上一世紀前期,有人根據郭璞《方言注》裏面提到當時各地的方言來考察晉朝的方言,有些新意,其餘論述這一時期方言詞彙的著作見到的就不多了。"④這裏所説的"有人",應該指朱芳圃的《晉代方言考》(《東方雜誌》1931)。中古漢語方言研究的薄弱可見一斑;亦可推知,分時分地研究漢語方言的薄弱。

把漢語方言學史作爲漢語言文字學的一個分支學科來研究開始於 20世紀。羅常培的《漢語方音研究小史》是科學的漢語方言學史草創的標誌。何耿鏞的《漢語方言研究小史》是最早的一部漢語方言學史的通論性專著。王力在《序》中贊道:"其所搜集得的材料是很可寶貴的,我們可以由此窺見漢

---

① 汪啟明《漢語現代方言學的奠基人章太炎》,《語言之旅》257 頁,臺灣五南出版社 2015 年。
② 王力《漢語方言研究小史·序》,《漢語方言研究小史》1 頁。
③ 蔣禮鴻《先秦兩漢齊語研究·題記》,《先秦兩漢齊語研究》1 頁。
④ 趙振鐸《論中古漢語》,《樂山師範學院學報》2001 年 3 期 42 頁。

語方言發展的輪廓。"①科學的漢語史奠基之作是王力的《漢語史稿》,向熹的《簡明漢語史》後出轉精,但其所注重的,仍然是揚雄所稱的"通語"、周德清所稱的"天下通語"、張位所稱的"官話",對歷史上的漢語方言重視不夠。

　　研究漢語方言,應該從方言史和方言學史兩個維度,把古代的文獻方言、歷史方言學和現代的描寫方言學分開來寫。華學誠《周秦漢晉方言研究史》是這方面的力作,但是這一領域的空白還是比較多的。要深入研究中上古時期方言學史,須要對記錄這一時期方言的各種文獻進行系統的梳理,尤其應該分地域、分時代進行系統的研究,如此纔能建立科學而完備的漢語方言學史和方言史。

　　概而言之,如果方言史和方言學史的研究不深入、全面和系統化,漢語史的研究就是不完整、不完善的,甚至有很多問題無法做到周密、嚴謹。自然也談不上構建科學的漢語史和漢語方言史、漢語方言學史。

三、中上古蜀語研究非常薄弱

　　1. 古蜀人的方言調查。蜀人揚雄最早開闢了對漢語方言資料進行系統搜集和整理、研究的源頭,東漢應劭《風俗通義序》:

> 周、秦常以歲八月遣輶軒之使,求異代方言,還奏籍之,藏於秘室。及嬴氏之亡,遺脫漏棄,無見之者。蜀人嚴君平有千餘言,林閭翁孺才有梗概之法,揚雄好之,天下孝廉、衛卒交會,周章質問,以次注續,二十七年,爾乃治正,凡九千字,其所發明,猶未若《爾雅》之閎麗也,張竦以爲懸諸日月不刊之書。

　　可以看出,古代漢語方言調查,起源於周,而漢語歷史方言學則萌芽、肇端於蜀,因爲不僅蜀人嚴君平爲先秦時期的華夏族保存了豐富的方言材料,而且蜀人林閭翁孺還有"梗概之法",這個"梗概之法"就是條理,就是系統,黃侃說:"夫所謂學者,有系統條理,而可以因簡馭繁之法也。明其理而得其法,雖字不能遍識,義不能遍曉,亦得謂之學。不得其理與法,雖字書羅胸,亦不得名學。"②。至揚雄則將"梗概之法"與"千餘言"結合,再經二十七年的調查,寫出了我國最早的方言學著作《方言》。他曾在《答劉歆書》中説明

---

① 　王力《漢語方言研究小史·序》,《漢語方言研究小史》1 頁。
② 　黃侃《文字聲韻訓詁筆記》2 頁。

過他的理論與方法,雖然這部書没有完成,但是歷史"方言學"算是建立起來了。我們今天研究方言,也還是在揚雄開闢的歷史方言學、章太炎開闢的現代方言學的道路上前進。

　　戰國時期,秦滅巴蜀,秦人大量移民,蜀文化與秦文化、蜀語與秦語密切接觸與融合。秦朝,政府進行了多方面統一,包括文字統一,但没有能統一語言。漢時,齊語、楚語兩大方言仍然保留着自身的特色①。這時蜀語也還應該有它自己的獨特面貌。在後來相當長的一段時間内,秦語作爲雅言的基礎方言,秦文字作爲全國通用文字,地位最高。西漢時,因爲高祖曾爲漢中王,領有蜀地和漢中,蜀語的地位進一步提高,蜀文化、蜀語和齊魯文化、齊語並駕齊驅,成爲漢代文化的兩大主流,出現了"蜀學比於齊魯"的盛況。蜀語區和秦語區是相鄰接的地區,秦語(包括次方言蜀語)作爲"標準語"的時代一直延續到西漢末年。東漢,中國的政治中心東移,但是秦蜀語作爲華夏通語的一個主幹成份,保留在後來的漢語中。蜀語成爲"標準語"的重要成份,就是揚雄作爲蜀人,《方言》卻並没有多少蜀語詞記録的最重要原因。

　　但清以前,對地域方言做過全面搜集的唯有蜀語。唐代李商隱入蜀後便有《蜀語》之作,宋代陸游等人入蜀後,也在他們的文獻中留下了古蜀語的語音現象和詞彙記録;明代李實《蜀語》搜集蜀方言,是我國地域方言的第一部專書。後來汪應蛟也有《蜀語》之作,這樣的情況在其他方言中還没有過。

　　2. 古蜀語的研究。趙振鐸《論先秦兩漢漢語》指出:"研究歷史應該注意它的分期,分期的目的在於使歷史的線索更加明顯。在漢語發展的每個歷史階段内部,又可以根據它的具體情況分爲若干時期。"有鑒於此,我們選擇中上古時期的蜀語作爲對象,探討它是怎樣形成的,從上古到中古時期是怎樣發展的,又是怎樣與全民語言接觸融合的,它的語音、詞彙面貌怎樣,以期能給研究這一階段漢語方言史、方言學史的學者提供一點線索。

　　在古代地域方言中,古蜀語的發展史是特别值得研究的。李學勤《巴蜀文化研究的期待》(5—6頁)指出:"如果没有巴蜀文化的深入研究,便不能構成中國文明起源和發展的完整圖景。考慮到巴蜀文化本身的特色,以及

---

① 《史記·齊悼惠王世家》:"高祖六年,立肥爲齊王,食七十城,諸民能齊言者皆予齊王。"索隱:"謂其語音及名物異於楚魏。"

其與中原、西部、南方各古代文化之間具有的種種關係,中國文明研究中的不少問題,恐怕必須由巴蜀文化求得解決。"並主張"三星堆及巴蜀文化是整個'長江文明'的組成部分,應該把巴蜀文化置於'長江文明'的大背景中去考察"。同樣,如果不完整而全面地研究中上古蜀語發展史,漢語方言史和漢語史的研究就缺少了重要的一環。我們選擇中上古時期的蜀語這一對象研究,可以爲中上古時期的科學漢語史、漢語方言史和漢語方言學史的建立奠定堅實的基礎,也可以解決漢語史研究中許多無法解釋的現象。

關於時段,"上古"較易判定,而"中古",太田辰夫《漢語史通考》認爲:"'中古'一詞,中國多指魏晉南北朝隋唐時期,但從語言史的角度來看,晚唐時代白話的萌芽和形成十分突出,唐代應屬'近代漢語'時期……隋代歷時很短,故不另加考慮,權且劃歸中古。"[1]又説:"中古,即魏晉南北朝,在漢語史的時代劃分中相當於第四期。這個時期是古代漢語的質變期。"[2]對這樣的觀點,學者有不同的意見[3],我們將中古界定到唐五代,采取較爲模糊而不是精確的劃界。

學術界對中上古時期蜀語研究得很不夠,存在着"三多三少"的問題。即"資料搜集多,對蜀語的歷史發展規律與特點研究和探討少;靜態的描寫多,動態的分析少;對近代與現代四川方言研究多,對中上古蜀語研究少"[4]。劉曉南曾經對宋代以前的四川方言研究情況做過一個綜述,對蔣宗福、胡繼明、黃尚軍的研究成果所做的分析表明,"要考證現代四川方言對古代巴蜀方言詞語的繼承確實難度很大。這或許可以從一個側面説明,現代四川方言延用古巴蜀方言詞尤其是方言特色詞數量極少,故而難覓蹤迹"[5]。可見,要從現代四川方言回溯古代的蜀語,可用而又可信的材料很少,難度相當

---

① 　太田辰夫《漢語史通考》63 頁,江藍生、白維國譯,重慶出版社 1991 年。

② 　太田辰夫《漢語史通考》10 頁。

③ 　王雲路《百年中古漢語詞彙研究述略》,《浙江大學學報》2001 年 4 期;董志翹、王東《中古漢語語法研究概述》,《南京師範大學文學院學報》2002 年 2 期;張渭毅《中古音分期綜述》,《漢語史學報》,上海教育出版社 2002 年;張玉萍《近代漢語上限問題討論綜述》,《河南大學學報》1995 年 4 期;周俊勳《中古漢語分期概述》,《漢語史研究集刊》第 10 輯等。

④ 　汪啟明、趙静《中上古蜀語研究三題》,28 頁。

⑤ 　劉曉南《試論宋代巴蜀方言與現代四川方言的關係》,588 頁。

大①。但中上古蜀語的研究又具有非同一般的重要性，漢語史的不少疑難問題，可以通過蜀語的研究來尋求解決。要研究好漢語中上古時期的歷史發展，應該系統、全面而深入地研究好蜀語。

第二節　語料基礎與研究方法

進行科學研究的前提是要選擇好材料、方法和路徑，研究中上古蜀語也不例外。全面地佔有材料，科學地分析材料，通過歸納材料來得出結論，是可靠的方法。張琨指出②：

> 方言的差異並非起於晚近。運用文獻記錄時應該顧及材料所代表的時地問題。漢語的文獻記錄儘管豐富，可不是每個特定時期都有各地區方言的詳盡記錄。同時也非每個地區都有綿遠不斷的歷史材料。

這段話非常適合於我們這項研究。先秦時期，因交通阻塞，蜀地與中原的聯繫不是十分緊密。雖然蜀地有了自己的城邦，有了自己的國家，有了自己的語言，甚至也有了自己的文字，但是“綿遠不斷的歷史資料”留存下來的很少。從文獻的角度來看，先秦時期，蜀語基本沒有留下什麼重要的文獻。遠在中原、近在荆楚秦隴的傳世文獻資料中，如孔子、屈原甚至先秦時期的諸子都很少提到過蜀人，更不用說蜀語了。出土文獻中，我們看到蜀人有自己的圖畫文字，和中原文字的甲骨文雖有關聯但面貌不盡相同。清常明《四川通志》（嘉庆版）卷首語説：“蜀人、巴人自《周書·牧誓》《春秋·文公十六年》外不復再見於經，豈非其時介在荒服，所以富教之者尚未盡其道歟？”甲骨文中，雖然對蜀有所記載，但文獻語料的總量非常不足。以語料計，《方言》中代表梁益地區的地名（梁益、梁、西南、蜀、漢）有 20 次，《説文》僅有 9 條，《玉篇》有 20 條蜀語詞，而《釋名》則一條蜀語詞也未載。所以研究中上古蜀語的材料“文獻不足徵”，只能通過仔細阅读相關文獻進行總結和分析，這給研究帶來很大的困難。

研究中上古蜀語的材料很少，而且非常零散，這並不是説就完全不能研

---

① 如胡繼明《巴蜀方言詞源舉隅》，含有“繼承古語詞、保存古方言詞、創新方言詞”三端，其中“保存古方言詞”中，無一例爲中上古蜀語詞，75—78 頁。

② 張琨《漢語音韻史論文集》35 頁。

究。周祖謨指出："宋人筆記中有論及當時四方語音者,惜皆零散不備,而所指方域亦不甚明確,但是可略知當時方音與今日方言之異同……考音論史者不可以其零散而忽之也。"①趙振鐸也説："唐人筆記裏面有一些方俗讀音材料,它們應該是當時方言俗讀的真實寫照,吉光片羽,信足珍貴。整理研究它們,對於漢語史特别是語音史大有好處。"②可見,從一些散見、無序的材料中發現古蜀語的蛛絲馬迹,進而通過文獻用例進行分析和歸納,鈎勒出蜀語的一些特點和輪廓,是可行的一種研究方法。

同時,我們也要説,材料不是決定理論的唯一因素。材料決定論是在已有的認知基礎上,證明某一觀點的"有",如果要證明"無",有時只能依靠推論,例如,漢代蜀人多有在朝爲官者,從他們的活動中大致可以推論他們的語言狀況,《史記·司馬相如列傳》:

> 蜀人楊得意爲狗監,侍上。上讀《子虚賦》而善之,曰:"朕獨不得與此人同時哉!"得意曰:"臣邑人司馬相如自言爲此賦。"上驚,乃召問相如。相如曰:"有是。然此乃諸侯之事,未足觀也,請爲天子游獵之賦,賦成奏之。"上許,令尚書給筆札,相如以"子虚",虚言也,爲楚稱;"烏有先生"者,烏有此事也,爲齊難;"無是公"者,無是人也,明天子之義。故空藉此三人爲辭,以推天子諸侯之苑囿。其卒章歸之於節儉,因以風諫。奏之天子,天子大説。

> 相如使時,蜀長老多言通西南夷不爲用,唯大臣亦以爲然。相如欲諫,業已建之,不敢,乃著書,籍以蜀父老爲辭,而己詰難之,以風天子,且因宣其使指,令百姓皆知天子之意。

前邊一段蜀人楊德意和楚人漢武帝的對話,没有説到蜀語、楚語的問題。但我們猜想,他們能對話,説明有一種跨方言的交際工具。但是,他們没有今天的普通話的概念,楊得意的話應該會有方言的語音痕迹,雖然没有材料,但這樣的推論應該是科學的。後邊是一段記載蜀人之間的對話,我們設想"蜀長老"並未離開過蜀,他講的應該是蜀語,雖没有材料證明,且文字出於司馬遷之手,但這樣的推論也應該是可以存在的。

---

① 周祖謨《宋代方音》,《問學集》下 656 頁。
② 趙振鐸《唐人筆記裏的方俗讀音》,《辭書學論文集》325 頁,商務印書館 2006 年。

現在還傳承的蜀史,主要有常璩的《華陽國志》。據其中《序志》載,在漢晉之間原有八家蜀史,僅有題名揚雄的《蜀王本紀》因有清代輯本而流傳下來,已屬斷簡殘篇,其餘七家則均已散佚(僅《三國志·蜀書·秦宓傳》裴松之注引譙周《蜀本紀》一條傳世),難考其詳。但八家蜀史均爲常璩所親見,並"略舉其隅"。還有譙周著《蜀本紀》《三巴記》《益州志》《巴蜀異物志》等地域歷史和文化著作;陳壽撰有《益部耆舊傳》十篇,將巴、蜀、漢中從漢代至三國的衆多人物合爲一書,寫出詳備的傳記;常璩號爲"蜀史",著有《漢之書》十卷,入晉後易名爲《蜀李書》,專記成漢國史事。這些史著,歷來爲史家所重,多所引用。此外,巴蜀還産生了一大批史學家,著有多種巴蜀文化的史學或史料學專著,如蜀漢時來敏的《本蜀論》、楊戲的《季漢輔臣贊》、王崇的《蜀書》,晉時常寬的《續耆舊傳》和《蜀後志》、趙寧的《鄉俗記》、黃容的《梁益巴記》、杜龔的《蜀後志》等,足見魏晉時巴蜀史學蓬勃興盛。

上述蜀人文獻,前人多有所疑,或以爲年代不實,或以爲傳説非史,或以爲撰者非蜀人。好在近代大量的考古發現,已經解決了傳世文獻如《史記》《華陽國志》《蜀王本紀》等關於蜀人、蜀地傳説的大量問題[1]。正如馮廣宏所説:"考古發現有了時空定位結果,就有條件與古史傳説進行對比分析了。在這一方面,古蜀史的研究可謂得天獨厚。"[2]

關於"中上古"時期的含義,本書采用的是一個較爲模糊的稱述。從語言學上講,蜀語上限無法界定,下限也不好説得太死。由於文獻材料的缺乏,大致音韻的材料斷至唐五代時期;詞彙的材料,也主要用唐五代以前的材料,但不排除采用宋時一些材料。因爲宋代在歷史、語言學史都還可以稱做"中古",如果宋代的蜀語材料在唐以前有文獻用例,那證據效力更強。只是不把宋代的詞彙材料作爲研究的重點。

一、歷代蜀語文獻綜述[3]

1. 西漢時期,蜀地文化高度發達,但文人作品不多,《漢書·地理志》:

---

[1] 林向《〈蜀王本紀〉與考古發現》,《四川大學學報》2011 年 5 期 5—10 頁。

[2] 馮廣宏《古蜀考古發現與古史傳説的擬合》,"包括'人皇傳説的擬合、蠶叢傳説的擬合、顓頊魚鳧傳説的擬合、史前城址群及三星堆三期文化、金沙文化繼承及杜宇族復國'"等,《西華大學學報》2007年 6 期 18 頁。

[3] 本節內容曾發表於《文史雜誌》2008 年 5 期。

巴、蜀、廣漢本南夷，秦併以爲郡，土地肥美，有江水沃野，山林竹木疏食果實之饒……民食稻魚，亡凶年憂，俗不愁苦，而輕易淫泆……景、武間，文翁爲蜀守，教民讀書法令，未能篤信道德，反以好文刺譏，貴慕權勢。及司馬相如遊宦京師諸侯，以文辭顯於世，鄉黨慕循其迹。後有王褒、嚴遵、揚雄之徒，文章冠天下。縣文翁倡其教，相如爲之師。

《漢書·循吏·文翁傳》還特別提到當時的情況："爭欲爲學官弟子，富人至出錢以求之，縣是大化，蜀地學於京師者比齊魯焉。"

這表明了漢代以來，蜀地文化的高度發達。秦時成都與咸陽同制，長安人口8.8萬户，而成都達到7.62萬户，成爲全國的第二大城市①。由此可以推測秦蜀語區是華夏民族通語非常重要、勢力很大的方言區。但是從總的情況看，傳承文獻中蜀地作家文人所佔比例偏小。以羅常培、周祖謨《漢魏晉南北朝韻部演變研究》中《兩漢詩文作家籍貫生卒年表》的統計，共有57人，籍貫不明的有26人，蜀地僅司馬相如、王褒、揚雄3人，佔作家總數的5.2%，佔有籍作家總數的9.6%。《華陽國志·先賢士女總贊》中提及蜀郡成都人嚴君平"雅性淡泊，學業加妙，專精《大易》，耽於《老》《莊》"，"授《老》《莊》，著《指歸》，爲道書之宗"。他是揚雄的老師，年九十而卒。《隋書·經籍志》有"《老子指歸》十一卷，嚴遵注"。《舊唐書·經籍志》亦有著錄，但卷數爲十四卷。正統《道藏》有嚴遵《道德真經指歸》谷神子注本，但《四庫提要》認爲這部書是僞書。這部書不見於《漢書·藝文志》，但見於《漢書·王貢兩龔鮑傳》："（君平）博覽亡不通，依老子、嚴周之指著書十餘萬言。"材料不是非常可靠。《華陽國志》又記張寬曾受文翁之使"東受七經，還以教授，於是蜀學比於齊魯，巴漢亦化之……作《春秋章句》十五萬言"；又有楊終，"年十三，已能作《雷賦》，通屈原《七諫》章，後坐太守徙邊，作《孤憤》詩……作《生民》詩，又上《符瑞》詩十五章，制《封禪書》，著《外傳》十二卷，章句十五萬言，皆傳於世者"；何英"學通經緯，英著《漢德春秋》十五卷……（何汶）著《世務論》三十篇"；楊由"著書十篇而卒"。《後漢書》載"著書十餘篇，名曰《其平》。終於家"。他如李弘、林閭翁孺、張霸等人，均無著述記載。《廣漢士女》中材料也非常有限。像王祐"撰《王子》五篇"，

---

① 蒙文通《巴蜀史的問題》，30頁。

馮顥"作《易章句》及《刺奢説》",翟酺"著《援神契經説》",《後漢書》本傳：
"著《援神》《鉤命》解詁十二篇。"郭玉"明方術,伎妙用針,作《經方頌説》",
甚至不乏號稱大儒者,如什邡人楊宣曾和劉歆校書中秘,"能暢鳥言","鳥
言"意爲説話似鳥鳴,指難以聽懂的四夷外國之言。唐韓愈《送區冊序》：
"小吏十餘家,皆鳥言夷面。"清王士禛《池北偶談·談藝六·安邦試録》：
"鳥言卉服,何以有此? 亦奇矣。"但也没有著作傳世。

　　2. 東漢三國時期,最有成就的文學家,無一出自巴蜀。還是以羅、周書
爲例,共計詩文作家69人,籍貫不明的有3人,其中蜀地作家僅有廣漢李尤
1人。《後漢書·文苑傳》爲23位文士立傳,也只李尤爲廣漢雒人,謂其作文
有相如、揚雄之風,"所著詩、賦、銘、誄、頌、《七歎》《哀典》凡二十八篇",附
傳"同郡李勝,亦有文才……著賦、誄、頌、論數十篇"。《史通·古今正史》
載安帝時"詔史官謁者僕射劉珍及諫議大夫李尤雜作紀、表、名臣、節士、儒
林、外戚諸傳,起自建武,迄乎永初,事業垂竟,而珍、尤繼卒"。有漢中人陳
術,《華陽國志·先賢士女總贊》下載"作《耆舊傳》",《三國志·蜀書》："時
又有漢中陳術,字申伯,亦博學多聞,著《釋問》七篇、《益部耆舊傳》及
《志》。"《後漢書·儒林傳·景鸞》載梓潼景鸞"能理齊詩、施氏《易》,兼受
《河》《洛》圖緯,作《易説》及《詩解》文句,兼取《河》《洛》,以類相從,名爲
《交集》。又撰《禮内外記》,號曰《禮略》,又抄風角雜書,列其占驗,作《興
道》一篇。及作《月令章句》"。其中,《後漢書》所載《交集》又名《河洛交
集》。李助,涪人,"通名方,校醫術,作《經方頌説》"。

　　3. 魏晉南北朝時期,全國文人作品總量很少。學者曾對此進行過研究,
據(1)文學作品目録(正史藝文志、補正史藝文志之集部·別集);(2)文學
作品彙編(逯欽立《先秦漢魏晉南北朝詩》、嚴可均《全上古三代秦漢三國六
朝文》、程章燦《魏晉南北朝賦史》附録《先唐賦輯存》《先唐賦有目考》、《文
選》《玉臺新詠》);(3)文學批評著作(《文心雕龍》《詩品》);(4)文學家傳記
(《後漢書·文苑傳》《晉書·文苑傳》及《三國志·王衛二劉傳傳》、元郝經
《續後漢書·文藝傳》)凡四類文獻資料,可遴選出卒年在196年以後,生年
在400年(東晉)、419年(十六國)以前的文學家722名,其中籍貫可考者
578人。這當中,巴蜀地區計出文學家14人,佔總數的1.9%、有籍作家的
2.4%。其時間與空間分布皆不平衡:蜀漢無人,西晉10人(文立、陳壽、閻

贊、陳符、陳萐、陳階、任熙、李密、李興、李賜），東晉 3 人（王蘊之、任預、常寬，任預是否蜀人尚可疑），成漢 1 人（龔壯）；又巴西安漢獨得 6 人（陳壽、閻贊、陳符、陳萐、陳階、龔壯），犍爲武陽 3 人（李密、李興、李賜），廣漢、巴郡臨江、蜀郡成都各確考 1 人（分別爲王蘊之、文立、任熙）①。

4.《魏晉南北朝韻部之演變》上編第七章有《魏晉宋北魏詩文作家籍貫生卒年表》（661—696），統計共 393 人。其中，非作家的帝王有的列出籍貫，有的則未標明，例如，昭烈帝劉備，籍貫爲涿郡，而後主劉禪，則未列籍貫；多數帝王指明其即位時間，有些則未標明，而且有些帝王還有作品問世，如曹丕。好在這些情況與蜀地文士關係不大。蜀地作家計有：犍爲武陽人楊戲，廣漢綿竹人秦宓，益州人雍闓，犍爲武陽人李密、李密子李興五人，僅佔總數的 1.2%，作品也不多。

5.《魏晉南北朝韻部之演變》下編第六章《齊梁陳隋（包括北齊北周）詩文作家籍貫生卒年表》的統計，共有作家 271 人，無一人爲蜀人。

6. 唐代的文獻情況：清代康熙年間收集、編纂的《全唐詩》，是迄今最多最全的唐詩，共收錄唐代 2200 多位詩人的詩歌 48000 餘首。既有存詩 19 卷的杜甫、25 卷的李白、39 卷的白居易，也收有僅兩句詩的進士、尚書左丞盧載，僅有一句的普通詩人任階、陳蛻。另，中華書局《全唐詩補編》又得詩人 1500 人，合計唐五代詩人 3700 多人。籍貫結構，唐五代詩人 3253 人，其中有籍可考者 1802 人，佔統計人數的 55.39%；無籍可考者 1451 人，佔 44.61%。四川 65 人，佔總數的 1.9%，有籍可考者 3.6%②。戴偉華《唐代文士籍貫與文學考述》編入三類作家：有作品存世者；無作品存世，但有作品著錄者；以詩人爲主，兼收散文筆記小説作者。編入原則：視作品存世或著錄數量和品質，故有存一二首詩者亦入選的情況。選擇對象略嚴於《唐詩人佔籍考》。編制資料依據《新唐書》《舊唐書》《全唐詩》《全唐文》《全唐五代小説》，主要以《中國文學家大辭典》（唐五代卷）和《唐才子傳校箋》爲基礎。下表對唐五代作家的歸納，以其主要生活時間和主要創作時間而定。籍貫依出生地，不用郡望。

---

① 胡阿祥《論魏晉時期巴蜀地區本土文學的寂寥》，5—9 頁。

② 梅介人《唐代詩人之若干結構分析》，57—59 頁。

地區	初唐	盛唐	中唐	晚唐	五代	合計
四川	2	3	12	·8	13	38

　　關於文人以佔籍爲單位的空間排列,陳尚君的《唐詩人佔籍考》工作做得比較系統。據其考證結果可以看出詩人佔籍的基本分布狀況,並可以在此基礎上進一步討論這一分布狀況與文學的關係①。

　　7. 崔榮昌《四川方言與巴蜀文化》辟專章"四川方言研究述評"(384—411 頁),分爲"四川方言的詞彙研究時期、四川方言語音的普查時期"和"四川方言的全面研究時期",將此前四川方言的研究成果作了一個總結。附錄"引用論著作者索引"列舉了他在寫作是書時引用到的相關文獻共 191 種,其中專著 61 種,各類文章 130 篇。這些材料,有的是歷史上方言材料的彙編,如明人李實的《蜀語》,清人張慎儀的《蜀方言》,現代人唐樞的《蜀籟》,清人張澍的《蜀典》、傅崇矩的《成都通覽》、鍾秀芝的《西蜀方言》,明人張位的《問奇集》、楊慎的《丹鉛總録》《俗言》《蜀諺》《古今風謡》及李調元的《方言藻》,張永言《續方言新校補·方言別録·蜀方言》(點校)、黄仁壽與劉家和的《蜀語校注》。直接研究四川方言的文獻計有書籍 28 種,論文 110 篇。以中上古時期蜀語爲對象或大量涉及的研究成果非常少,初步統計,只有以下數種②:

　　　　崔榮昌《四川方言的形成》,《方言》1985. 1
　　　　崔榮昌《四川方言研究述評》,《中國語文》1994. 1
　　　　黄尚軍《四川話部分詞語本字考》,《四川大學學報叢刊》1995. 70
　　　　劉君惠等《揚雄方言研究》
　　　　羅憲華、經本植《〈説文解字注〉與四川的方言和名物》
　　　　羅韻希《四川方言中保留的古語》,《南充師範學院學報》1987. 2
　　　　錢玉趾《古蜀地存在過拼音文字》
　　　　錢玉趾《古蜀人的語言和文字》,《三星堆文化》第十七章,四川人民出版社 1993 年

---

① 戴偉華《唐代文士籍貫與文學考述》,184—188 頁。
② 這裏只列舉了少量,參見本書附録八、九、十。

孫　　華《巴蜀符號初論》，《四川文物》1984. 1

孫　　華《成都得名考》，《志林大觀》1993. 2、3

陶元幹《茶爲古巴蜀語譯音説》

童恩正《古代的巴蜀》

徐中舒《論巴蜀文化》

楊　　梅《〈説文解字〉和四川方言本字》，《阿壩師專學報》1994. 1

張永言《簡論〈續方言新校補〉（三種）》，《四川大學學報叢刊》1984. 22

趙振鐸《〈廣韻〉音系和成都話》，《四川大學學報叢刊》1984. 22

8. 崔榮昌《九十年代出版的四川方言論著》（56 頁），共統計專著 7 種，未涉及相關論文。集中對這十年間出版的四川方言研究論著作了簡介，以《四川境内的湘方言》《四川瀘州方言研究》和《四川方言與巴蜀文化》爲代表，進行述評。尤其是《四川方言與巴蜀文化》，具有通論的性質，其特點是：（1）重視四川方言現狀的實際調查，第一次揭示了四川境内的官話、客話、湘方言與閩方言諸方言的源流、分布和特點。（2）將四川方言與巴蜀文化結合起來，以四川人口源流爲核心，以歷次移民入川爲線索，把方言與文化的關係闡述得比較清楚。（3）將四川方言同漢語諸方言（境内民族語言）進行比較，以論證其相互關係和影響。（4）著者通過十多年的艱苦調查，先後深入到四川省 60 多個縣市的鄉村，查閱了大量的歷史文獻和族譜史料，資料翔實可信。張永言《序》評價這部書説：“概括説來，本書揭示了巴蜀語言文化本身及其與華夏語言文化的融合過程，闡明了四川方言的形成與歷史上中華民族幾次大移民的關係以及兄弟民族之間的交往對四川境内語言的影響，這全都是富有新意的。”近年來，有些學者研究四川方言時，對中上古蜀語有所涉及[1]，這些書的面世，表明學術界對四川方言發展史的研究已經達到了一個較高的水準。但是，對中上古時期的蜀語研究還是顯得非常不足。

9. 有些文獻，儘管有學者認爲是蜀地文獻，但是意見還不統一，不能輕易地將其作爲蜀人著作，例如《山海經》，由於論者的屬地不同，從各自的“文

---

[1] 如蔣宗福《四川方言詞語考釋》；《四川方言詞語續考》，巴蜀書社 2014 年；《説文中所見四川方言考釋》《續考》，《語言文獻論集》，巴蜀書社 2002 年。紀國泰《〈蜀方言〉疏證補》。黃尚軍《四川方言與民俗》等。

化中心論"出發,分歧很大。何觀洲主張齊人鄒衍爲《山海經》的作者,21 世紀仍有人持此觀點;顧頡剛等主張非一人之所作,顧氏《禹貢全文注釋》:"《禹貢》作者的籍貫同《山經》作者一樣,可能是秦國人。"袁珂等主張《山海經》作者爲楚人或楚地人;吕子方、蒙文通等認爲有巴蜀人的手筆(如吕子方《山海經雜記》等)。另外,衛聚賢主張"戰國中期"的"楚以南人所著",並進而推演爲墨子弟子印度人隨巢子寫定;李行之認爲《山海經》作者是楚國南部一位少數民族士人,其籍貫之地望爲今湖南省常寧縣;還有人主張《山海經》有北方齊國、燕國多人的手筆。歸納起來,《山海經》作者共有三種説法:中原人説;楚地人説;巴蜀人説①。我們在研究中使用時,就要十分地審慎,一般不用來作爲上古時期蜀語的材料。

　　還有的詞,有人認爲是蜀語的詞,但我們發現其通行範圍非常廣,而且始見書非蜀人蜀地著作。若整個中上古時期蜀地蜀人著作無用例,我們就將其排除在蜀語之外。例如"映山紅",文獻認爲是一個指物的多音節蜀語詞。宋陳景沂《全芳備祖集》前集卷十六:"杜鵑花,一名山石榴,一名山躑躅,一名杜鵑花。杜鵑啼時開,其花生深山。蜀人號曰'映山紅'。荆楚山壁間最多。躑躅所在有之,春生苗似綠蔥,葉似紅花,莖高四尺,夏開花似凌霄。山石榴旋葍花等而正黄色,羊誤食其葉,則躑躅而死。故以爲名。今嶺南蜀道遍生,皆深紅,金色如錦繡然。"明彭大翼《山堂肆考》卷二〇〇載同。但它的通行範圍廣得多。宋高似孫《剡録》卷九"杜鵑":"剡僧擇璘《杜鵑花》詩:'春老麥黄三月天,青山處處有啼鵑。懸崖幾樹深如血,照水晴花暖欲燃。三歎鶴林成夢寐,前生閬苑覓神仙。小山挂頰愁無奈,又怕聲聲眡夜眠。'剡人謂之映山紅,唐僧修睦有《映山紅》詩:'山前幾見煙邊重,溪畔曾逢雨後斜。'""剡"是古地名,在今天浙江嵊縣西南。唐僧修睦約 874 年左右在世。宋陳景沂《全芳備祖集》前集卷十六載:"物以希見爲珍,不必異種也。鶴林寺杜鵑,乃今映山紅。又名紅躑躅。在山東彌山亘野,殆與榛莽相似。"宋施宿《會稽志》卷十七:"杜鵑花以二三月杜鵑鳴時開,一名映山紅,一名紅躑躅。"宋洪邁《容齋隨筆》卷十:"長安唐昌觀玉蘂乃今瑒花,又名米囊,黄魯直易爲山礬者。潤州鶴林寺杜鵑,乃今映山紅,又名紅躑躅者。二花在江

東,彌山亘野,殆與榛莽相似。"潤州在今鎮江,鶴林古寺又名竹林寺。宋張淏《會稽續志》卷三引同,《農政全書》卷五五:"山裹果兒,一名山裹紅,又名映山紅,果生新鄭縣山野中,枝莖似初生桑條。"

可見,映山紅産地不限於蜀,雖然前人説它是蜀語詞,但其通行地域是不限於蜀地的。蜀語區和這些地域之間方言互補,加之中上古時期文獻始見語料反而不在蜀,我們就將這樣的詞語排除在蜀語之外。

另外,即便某個詞前代文獻説見於蜀地,但並不僅見於蜀地。對此孫玉文認爲:"《方言》中有的詞(不是所有的詞)注明某方言有某用法,並不能根據《方言》的記載就證明這個詞僅見於這個方言,不見於其他方言。有些詞可能碰巧只是見於《方言》所標示的方言區域,但是揚雄的本意並不在此。揚雄的本意只是説,某詞某方言區域在使用,並不包含其他區域不使用該詞這樣一層意思。"[1]

10. 歷代文人學士搜集的蜀語資料。從揚雄《方言》起,對蜀語的記録就沒有間斷過。鄭玄箋群經,郭璞注《爾雅》《方言》,唐代李商隱集《蜀語》(又名《蜀爾雅》,已佚,楊慎有引用,見下文),宋代陸游、黃庭堅的詩文,明代楊慎《蜀中廣記》《全蜀藝文志》、李實《蜀語》,清代杭世駿《續方言》及程先甲、徐乃昌的補續之作、張澍《蜀典》、張慎儀《蜀方言》,直到章太炎的《新方言》、黃侃的《蘄春語》,以及《成都通覽》等都記録了蜀語的語音、詞彙現象。

二、蜀語研究語料範圍

中上古時期蜀語語料匱乏,使得研究難度非常大。據向學春的統計,在先秦兩漢時期的文獻中,共收録古巴蜀方言詞語 34 條;在魏晉至明代時期的文獻中,共收録古巴蜀方言詞語 63 條;上古文獻中收録的古巴蜀方言詞語有 8.8% 在四川方言中繼續使用,中古及近代前期文獻中收録的古巴蜀方言詞語有 28.6% 在四川方言中使用。這表明先秦時期的古巴蜀方言詞語絶大多數(佔 91.2%)在明代乃至中古時期就已經消失。相對而言魏晉以後産生的古巴蜀方言詞語在四川方言中有所使用。歷代古文獻記録的古巴蜀方

---

[1]　孫玉文《揚雄〈方言〉與方言特徵詞的判定問題》,《湖北大學學報》2011 年 5 期 33 頁。

言詞語在四川方言中保留使用的共 24 條,佔所考察詞語總量的 23.5%①。材料匱乏,影響了研究的全面性。這使我們不能從現有的可用語料得出蜀語的語音、詞彙和語法體系全貌。但是,我們也可以從現有的語料出發,對蜀語作儘可能接近原貌的個別特徵或規律性現象的研究。這些語料零散,可資利用的主要有:

1. 蜀人文史哲文獻。在中上古時期,蜀地文人創作了一批文史哲作品,如漢代的蜀中三大家,中國第一部地方志文獻《華陽國志》,蜀人陳壽的《三國志》,唐代蜀地陳子昂、薛濤等詩人,他們受時代影響,雖然用文獻語言系統寫作,但是仍然有方音現象的存在。正如《金史》列傳七十三附《金國語解》序談及雅言的代表作《尚書》時說:"今文《尚書》辭多奇澀,蓋亦當世之方言也。"對蜀人著作中反映的方音特點的深入整理與分析,對照前人已經歸納出來的文獻語言語音系統,可以大致歸納蜀人語音的某些特點。

2. 歷代語言文字學著作。如揚雄的《方言》,許慎的《說文解字》,《切韻》《廣韻》以及《集韻》,顧野王的《玉篇》,陸德明的《經典釋文》等,記錄了蜀語的一些詞彙和語音材料。《方言》除戴震、王念孫、錢繹等人的研究外,華學誠《揚雄方言校釋匯證》(中華書局 2006 年)也當參考。《說文解字》中的蜀語材料,包括段玉裁等清人注釋和近人馬宗霍所著的《說文解字引方言考》。李實《蜀語》雖然創作於明代,搜集了當時川中一帶的方語,不能確定它們是中上古時期的材料,但通過與中上古蜀語文獻對比,其中有見於中上古時期蜀人文獻的材料,說明了中上古蜀語是近代四川方言的底層。

3. 歷代蜀地韻文材料。從漢代以來至唐五代時期的各種文獻中,有一批零散的用韻材料,例如詩文用韻、童謠、民諺等,其用韻情況反映了蜀地語音現象。此外,還有像顏之推《顏氏家訓》中提到的一些帶規律性的蜀語現象。這些材料,有的已經被前人如杜文瀾《古謠諺》等收入,有些則須要通過文獻閱讀進一步搜集。

4. 古代注疏中明確提出的蜀語。這樣的材料不多,如《周禮注》《文選注》《水經注》、杜詩注等,留下了少量但很寶貴的蜀語詞彙或語音材料。

5. 歷代類書提到的材料。重要的類書如《太平御覽》《藝文類聚》《太平

---

① 向學春《四川方言中的古巴蜀土著語研究》,《重慶三峽學院學報》2008 年 5 期 103—106 頁。

廣記》《蜀中廣記》等,這些書中,有一些中上古時期蜀語的語音、詞彙的記載,不少記載蜀語材料的典籍已經佚亡,賴這些類書保留下來。

6. 歷代筆記材料。有些筆記記録了中上古時期的蜀語語音或詞彙現象。如王應麟《困學紀聞》、陸游的《老學庵筆記》與《入蜀記》、洪邁的《容齋隨筆》等,有些雖然不是唐五代以前的文獻,但在唐五代以前的蜀人文獻中有所應用,成爲中上古時期蜀語研究的重要旁證。

7. 民族語音材料。這樣的材料不多。如《白狼歌》,東漢明帝永平年間(58—75),"白狼王唐菆等慕化歸義,作詩三章",這首詩由一個叫田恭的官員譯其詞語,並由從事史李陵與田恭護送到都城洛陽。詩的漢譯共 44 句,每句 4 字,共 176 字;漢字譯音也是 44 句,每句 4 字,共 176 字。兩項加起來共 88 句,352 字。《後漢書》進行了翻譯。譯文係蜀地官員所爲,其中的譯文押韻材料可以作爲研究蜀語的材料。雖然常有學者用現代的少數民族語言與古代漢語語言進行比較研究,但是這種做法很危險。因爲二者均在變動中,有的拿唐宋時期、近代乃至現代的少數民族語和古代的《詩經》比較,時間相差一千年甚至兩千年。不同的基點,沒有可比性。

8. 出土文獻資料。漢代以前的材料如青川木牘,對研究方言作用不大。但是漢代以後有不少的文獻出土,包括兵器、碑刻、印章等,當中有一些材料可以用來研究蜀語。尤其是蜀地出土的"巴蜀圖語",是研究古蜀文字的第一手資料。

9. 前人對蜀語的研究資料。前人對蜀語已經有所討論,如陸游曾談到,音之誤則一韻皆誤,其中專門論及蜀語。李實《蜀語》、杭世駿《續方言》、程際盛《續方言補》、徐乃昌《續方言又補》、張慎儀《廣續方言》《蜀方言》等都記録了一些蜀語,章太炎《新方言》有 20 多條蜀語,黄侃《蘄春語》也記有一些蜀語,對這些方言俗語進行一番認真的搜集和整理工作,從歷史上蜀人的文獻找出用例,來證明今天的四川方言是以中上古時期的蜀語作爲底層,就是一項十分有意義的工作。這些文獻雖然不是中上古時期的作品,但可以以之與傳世文獻相互印證,與中上古蜀語、現代四川方言來相互發明。這種近乎於方言詞語考古的研究方法,可以從宋元明清乃至現代四川方言追尋中上古蜀語的一些特色與面貌。此外像林語堂、周祖謨、蒙文通、鄧少琴等的專著和論述中都有不小的篇幅談及蜀語,他們的成果我們應該吸收。

10. 雖然前人未標明是蜀語,但是蜀地文士所用而其他地方晚用或不用的材料,作爲研究蜀語的參考資料,如王洪林《王褒集考譯》(141 頁),與《漢語大詞典》等辭書進行比較,提出由王褒開源 506 條,在同一詞中由王褒開義 368 條,王褒首義而辭書誤列後人 597 條。這樣的材料,儘管有些是蜀人王褒最先使用,我們不能簡單地確定它們的蜀語性質,因爲王褒是文人,應該主要使用文獻語言創作而不是蜀語進行創作,因而對這類語料務必審慎使用。

這樣的資料,對於研究一種方言來講,還是非常匱乏的。趙振鐸指出:"如果一個地區沒有什麼文獻保留下來,研究它的方言就會有很多困難,甚至完全不可能開展研究。就是有文獻記載,從方言角度去研究它們,也要細心地進行分析比較。"①因此,不少的巴蜀文化專著,都缺少歷史上的蜀語研究内容,如袁庭棟《巴蜀文化志》寫了九章,卻不見語言的内容。只是說"古代巴蜀使用着與中原地區不同的語言與文字,經過秦代的'車同軌,書同文'的強力措施之後,大多毀盡,少數幸存的後人也無法認識,無法傳承,遂至泯滅"。而在最後"巴蜀文化尚待探索的若干問題"中,提出了十大重要問題,其中有"古巴蜀文字的識讀",也沒有蜀語的内容(148、358 頁)。

三、中上古蜀語的研究方法

1931 年,德國學者哥德爾提出了"不完備定理",他和塔斯基的形式語言的真理論及圖靈機和判定問題的理論,已被國際邏輯界贊譽爲現代邏輯的三大成果。該理論的精髓是:真與可證是兩個概念。可證的一定是真的,但真的不一定可證。轉換爲本研究,那就是,我們確認的蜀語,應該不在量上,而在質上。提出的蜀語詞彙,一定要有充分的文獻證明,以證其"真"。蜀語,還有很多未解之迷,我們還不能科學地證明它的形成、發展及規律。留待將來地下文獻的更多面世以求其解。這是整個研究的指導思想。

1. 歸納與分析相結合。歸納是以文獻材料爲依據,從材料中總結出對象的特殊性和普遍性;分析是對材料進行辨別,進行去僞存真、由表及裏、從現象到本質的剖析工作。在古蜀語研究中,這是最主要的方法。例如,可以借助詩文用韻材料,通過系聯的方式,展示中上古時期蜀語不同階段的若干

---

① 趙振鐸《論先秦兩漢漢語》,3 頁。

語音特點。今人對詩文用韻材料的研究大多側重於共同語音系的探討,但也有學者在探討共同語音系的同時又談到了方音特點。早在 20 世紀 30 年代,王力《南北朝詩人用韻考》就論及南北朝方言現象,又如周祖謨《魏晉宋時期詩文韻部的演變》《齊梁陳隋時期詩文韻部研究》提到過一些詩文用韻中存在的方音問題:"陸機、陸雲詩文的押韻在各部裏比同時代一般的人都寬泛,但是這一部模魚虞三類分用很嚴格,這絕不是一件偶然的事,這就是一個方音的問題,應當另做討論。"①"魏晉宋這一個時期作家很多,詩文押韻的情況也很複雜,要確定韻類的分合,只能從普遍性著眼,有些特殊的現象,其中也許有方音的問題,當另做討論。"②"在齊梁時期有的作家以質部字與脂部去聲字'彎位器懿寐匱焠瘁'等相押,如齊王融、王思遠,梁江淹、蕭衍、徐勉、王筠等人,都有這種情況,據此推測,當時有些方言脂部可能還有某種韻味(尾)存在。"③他們指出六朝韻文用韻中存在方音入韻的現象,就是用歸納和分析相結合的方法得出的結論。漢魏六朝時期,蜀語音韻研究尤爲薄弱。一方面是因爲資料零散,搜集殊爲不易,再就是由於中原連年戰亂,無暇顧及蜀地,文人較少記錄蜀地蜀事,更勿論蜀語了。不僅没有可能借助詩文用韻材料展示蜀語特點,也没有學者從這一時期重要語言學家的語言學著作鈎稽蜀語,甚至幾乎找不到一篇關於六朝蜀語音韻的研究文章。因而要用理論歸納與個例分析相結合的方法,對各種記錄這一時期方言的文獻進行系統的梳理、歸納,然後條分縷析,進行深入的研究。

　　任何歸納都是不完全歸納,古蜀語研究更是如此。因爲:歷史上的文獻記錄語言的不完備性;文獻傳存不全,留下來的是少數;已有的少數文獻還有真僞之分;在其中的真文獻中,要證明它的地域方言性質很難;前人指明的蜀語,不一定只在蜀地使用,有時與通語、相鄰方言產生糾葛。所以,即便我們盡最大的努力收集了蜀語資料,但要系統地研究中上古蜀語,還是一個艱巨的任務。

　　2. 新二重證據法,以傳世文獻與古代、現代四川方言相互發明。二重證據法肇於上古,歷代學者多有使用,劉師培、王國維等做了理論總結②。尤其

---

① ② ③　《周祖謨語言學論文集》168、174、195 頁。
②　汪啟明《二重證據法不始於王國維論》,《經學研究集刊》第九期 55—98 頁,2011 年。

是王國維用現代考古學的成果,結合《史記》《漢書》等史籍,對漢代邊塞和烽燧的考實,玉門關址、樓蘭及海頭城位置的確定,西域絲綢之路的探索,以及漢代邊郡都尉官僚系統的職官制度的排列等漢晉木簡所涉及的一系列相關問題,逐一做了詳盡的考釋,指出二重證據法是紙上之材料與地下之新材料相互印證的研究方法,這種方法對 20 世紀中國學術研究産生了巨大的影響。魯國堯提倡新的二重證據法,認爲研究漢語史的最佳方法之一是歷史文獻考證法與歷史比較法相結合。由於語言發展的不平衡性,古代漢語的許多現象不可避免地分別保留在不同層次的漢語方言中,所以共時差異與歷時順序相對應,可以通過方言的差異,來驗證漢語發展中的重要軌迹,科學地探明歷史上漢語分合變異的現象,並爲"重建"古代漢語的面貌提供可靠的依據。一旦有了大量的漢語方言活資料,漢語史的研究工作自然就會大爲改觀,可以把二者結合起來加以互證①。魯國堯提出的"犬馬——鬼魅"法則,完全適合於本書的研究②。如果説,現代四川方言是"犬馬",那麽,中上古蜀語則可稱之爲"鬼魅"。而研究"鬼魅",則只有從歷史文獻鈎稽,結合蜀語和中原諸語言的關係,做蜀語、蜀人、蜀地、蜀史的相互比較與考證,纔能得出接近事實的答案。這是語言研究的考古學工作。

　　3. 背景分析法。把蜀語的研究與蜀地、蜀人的研究結合起來。"薩丕爾—沃爾夫假説"提出了語言相對論,認爲語言決定思維,同時使用不同語言的人對世界的感受和體驗也不同。薩丕爾説:"語言有一個底座……語言也不脱離文化而存在。就是説,不脱離社會流傳下來的、決定我們生活面貌的風俗和信仰的總體。"③研究語言應該結合使用這種語言的人的生活、生産及其他相關因素進行研究。於本研究而言,就是要把蜀語和使用這種語言的人的歷史結合起來進行研究。正如張永言所言④:

　　　　對於語言中的許多詞義,只有聯繫使用這種語言的民族的社會文化歷史來考察,纔能獲得比較全面的認識。這就是所謂的詞義發展的歷史制約性,也就是我們所説的"詞的語言外部聯繫"的一個方面的情況。

① 魯國堯《"顏之推謎題"及其半解》,《魯國堯語言學論文集》136 頁。
② 魯國堯《論歷史文獻考證法與歷史比較法的結合》,《魯國堯語言學論文集》191 頁。
③ 薩丕爾《語言論·言語研究導論》186 頁。
④ 張永言《詞彙學簡論》12 頁。

李如龍指出：“方言的外部比較應適當采用史學、社會學方法……難免要運用大量有關地方歷史和地域文化的資料。”①

從蜀人蜀地文獻中找出蜀語語音、詞彙現象，是本研究的重要任務和方法之一。但是僅僅這樣還不能説明蜀語之所以爲蜀語，它的產生和發展的規律，它和漢語、秦晉語、楚語的關係。要研究這樣的一系列關係，就必須研究語言關係史，人口遷移史，蜀人和蜀地的衍生、變動，政治、經濟、文化領域的發展。並把蜀語的研究，放到探討其形成原因和過程，探討歷史上蜀語狀況以及蜀語和秦晉語、楚語關係上來。既從蜀語內部來研究蜀語，也要重視從蜀語的外部來研究蜀語。例如，漢代有這樣的材料：

騫曰：“臣在大夏時，見邛竹杖、蜀布，問：‘安得此？’大夏國人曰：‘吾賈人往市之身毒國。身毒國在大夏東南可數千里。其俗土著，與大夏同，而卑溼暑熱。其民乘象以戰。其國臨大水焉。’以騫度之，大夏去漢萬二千里，居西南。今身毒又居大夏東南數千里，有蜀物，此其去蜀不遠矣。今使大夏，從羌中，險，羌人惡之；少北，則爲匈奴所得；從蜀，宜徑，又無寇。”

大夏國與蜀人發生的交際，用什麼語言進行溝通，有没有翻譯，從文獻中看不出來，但是，蜀語的擴散與接觸，是可以從這樣的歷史資料看出來的。

4. 縱橫兼顧，靜態和動態相結合，共時與歷時研究相結合，既重視古蜀語平面的描寫，也兼顧蜀語發展史的研究。索緒爾提出了語言研究的兩大時間維度：共時和歷時。共時研究是歷時研究的基礎，歷時研究是共時研究的高級階段。因爲“一定的語言狀態始終是歷史因素的產物”②。本書研究中，既注意“點”的研究，也重視“面”和“線”的研究。所謂點，就是前人文獻中的隻言片語；所謂面，即一些帶規律性的現象；所謂線，即蜀語的發展歷史。前人留給我們的資料不多，有些要進行“點”的深入，通過點來聯繫面。有些帶規律性的現象，又需要我們用豐富的文獻材料去充實、還原前人的結論。例如《切韻序》説“梁益則平聲似去”是中上古時期蜀語一種帶規律性的現象，但是，前人並没有具體説明這種現象是口語的還是詩歌押韻的，是

---

① 李如龍《漢語方言的比較研究》29 頁，商務印書館 2001 年。
② 索緒爾《普通語言學教程》108 頁。

僅在蜀地的個別現象還是相當一個區域的共性。這就需要我們進行研究，尋找材料，證明結論。對這樣有影響的語言學家所提及的蜀語語音現象的研究，可以管窺當時蜀語音系的某些特點。蜀語又有時代的差別。前人說的蜀語現象，究竟是他所處時代的現象，還是貫通中上古時期的現象；是蜀地某個地方的現象，還是整個蜀語的現象，尚須深入研究。

今天的四川方言和歷代的蜀語有關，但是面貌完全不同。尤其是經過幾次大的移民之後，蜀語與相鄰的華夏語其他方言的融合是劇烈的。但是，又有一些時期，蜀地與外界聯繫不多，如六朝時期，語言的發展比較緩慢。又如，宋人筆記中有關於蜀語的記載，表明當時人對蜀語的語音、詞彙的一些感性認識。唐宋相隔不遠，當時交通不便，語言的變化不會太大，所以他們的記述彌覺珍貴。如陸游《老學庵筆記》《入蜀記》記載了不少蜀語。陸游在蜀地生活了很長時間，又在蜀地寫作了大量的文學作品，有不少詩作是寫蜀地物產的。因此他所說的一些蜀語應該是可靠的，但他記載的蜀語是不是貫穿中上古時期蜀語的普遍現象，還要具體分析，並做進一步的研究。

5. 借鑒傳統的訓詁學、音韻學研究方法。在傳統的訓詁學中有一些行之有效的研究手段，尤其重要的是戴、段、錢、二王等清代樸學家的以聲音通訓詁，"就古音求古義"，引申發明，不限形體的研究方法。廣泛徵引歷代文獻，"例不十，法不立，例外不十，法不破"。

傳統語言學研究方法中的精髓是講究證據，但我們不能以唯證據論的觀點進行研究，因為證據有時、空之別，還有真偽之分。因此有時前人說某一個詞是蜀語，但不一定靠得住，例如杜詩："青錢買野竹，白幘岸江皋。"宋黃希注："洙曰：劉隗岸幘大言，意氣自若。趙曰：青錢，蜀人語。謂見錢也。"黃鶴補注："《後漢·光武紀》注《漢官儀》曰：幘者，古之卑賤不冠者之所服。《方言》覆髻謂之幘或謂之承露。又謝奕為桓溫司馬，岸幘嘯詠。青錢，如謂青銅錢是也。未必用蜀人語。蓋白幘正是言幘之白者。"《九家集注杜詩》："趙（趙彥材）作青錢，蜀人謂見錢也。"

引詩見杜甫《北鄰》。唐詩用"青錢"一詞很多。除引例外，杜詩《絕句漫興九首》之七："糝徑楊花鋪白氈，點溪荷葉疊青錢。"又《贈嚴二別駕》："已辦青錢防雇直，當令美味入吾脣。"李賀《七月樂辭》："夜天如玉砌，池葉

極青錢。"又《殘絲曲》:"榆莢相催不知數,沈郎青錢夾城路。"又《相勸酒》:
"青錢白璧買無端,丈夫快意方爲歡。"白居易《晚春重到集賢院》:"滿砌荆
花鋪紫毯,隔牆榆莢撒青錢。"李咸用《石版》:"古蘇小青錢,塵中看野色。"
鄭嵎《津陽門詩》"青錢瑣屑安足數,白醪軟美甘如飴。"陳陶《贈江南從事》:
"姻聯紫府蕭窗貴,職稱青錢繡服豪。"釋齊己《白蓮集》卷九《溪居寓言》:
"寄向東溪老樵道,莫摧丹桂博青錢。"

　　趙彦材認爲"青錢"是蜀語詞,宋人黄希同意他的看法,而黄鶴在《黄氏
補千家注紀年杜工部詩史》卻提出了不同的意見。青錢,《錦繡萬花谷》前集
卷二二引《朝野僉載》:"張鷟,號青錢學士,謂萬選萬中。時有董方九舉不
第,號曰白蠟明經,與鷟爲對。"其事又載《舊唐書》卷一四九和《新唐書》卷
一六一,《舊唐書》卷四八、五四也有"青錢"一詞,《容齋隨筆·續筆》卷十二
亦有"青錢學士",杜甫《逼仄行》:"速宜相就飲一斗,恰有三百青銅錢。"又
用"青銅錢"一詞。從我們考察的文獻看,衆多非蜀地文人都用"青錢"一
詞,可見不能確定它的蜀語性質。

　　我們不擬采用對蜀語逐一注疏的方法。因爲,前人注疏只是將文獻中
的用例按時代先後排列,而這樣的排列在古籍電子化時代,學術含量並不
高。再則因爲蜀語詞彙量本身不大,全部疏證也不能説明就是完全歸納,證
明相關觀點。因此,我們主要是做語言與文獻的對比研究,從詞彙學、語言
發展史的角度分析蜀語詞彙,用例證式的研究來指向所要論證的觀點。而
傳統的文獻考據法和系聯法則是我們研究蜀語語音的主要手段,研究中要
將確認爲蜀人蜀地的重要作品中的韻字摘録出來,放進前人歸納的相關韻
部,分析其分、合條件,討論蜀音的若干特點。

　　6. 比較互證。比較是社會科學研究的重要方法之一。李如龍曾將方言
的比較研究分爲三個層次:個體的比較研究;群體的比較研究;整體的方言
比較研究①。在廣泛佔有材料的前提下,進行蜀語内部不同時期的比較;做
蜀語與文獻語言,蜀語與中原語、秦語、楚語、巴語之間的共時與歷時的比較
研究,屬於歷史比較法的範疇。本書主要研究文獻方言,必須從文獻出發,
通過文獻發現語料,進行分析,最後得出結論。其中,文獻考據是基礎,進行

————————————

① 　李如龍《漢語方言的比較研究》5 頁,商務印書館 2001 年。

歷史比較是核心、歸宿。通過這樣的比較,可以看出蜀語自身的發展規律,看出蜀語與周邊方言、與漢語雅言的接觸與融合,並對蜀語的一些特殊性做出合理的解釋。陸宗達、王寧提出,傳統的訓詁學方法除了以形索義和因聲求義,"還有一個更爲重要的方法,就是運用詞義本身的内在規律、通過詞與詞之間意義的關係和多義詞諸義項的關係,較其異,證其同,以達到探求和判定詞義的目的",這就是"比較互證"的訓詁方法①。

　　蜀語是漢語通語的地域分支,任何一種語言的地域分支都不是在一個封閉的地區獨自形成和發展的,相鄰地區方言之間總有或多或少的内在聯繫。吕叔湘説②:

　　　　無論是語音方面還是語彙方面,方言和方言之間的界限都不是那麽整齊劃一的。假如有相鄰的甲、乙、丙、丁四個地區,也許某一特點可以區别甲、乙爲一方,丙、丁爲一方,另一特點又把甲、乙、丙和丁分開,而第三個特點又是甲所獨有,乙、丙、丁所無……如果在地圖上給每一個語音或語彙特點畫一條線——方言學上叫做"同言線",——那麽兩個方言之間會出現許多不整齊的線,兩條線在一段距離内合在一起,在另一段又分開了……不但方言和方言之間是這種情況,方言區和方言區之間也是這種情況……單純根據口語,要決定是幾種親屬語言還是一種語言的幾種方言,本來是不容易的。事實上常常用是否有共同的書面語以及跟它相聯繫的"普通話"來判斷是不是一種語言。

　　蜀語中的一些詞,我們不能利用工具書或者從記録它的文字來確定它的意義。但它既然是詞,就應有一個客觀存在的詞義系統,詞義之間也有各種各樣的聯繫,我們只有通過語言材料中的用例進行比較來概括其意義。即從"經學家之訓詁"抽象、上升爲"小學家之訓詁",即使工具書有義項記載,也需要文獻語言的實際用例來確認它的蜀語意義。

　　因爲歷史淵源,蜀語與秦語、楚語、巴語之間的特點犬牙交錯,和周邊其他方言的界限也是模糊的,如今天貴州、雲南等地的方言。我們不能把方言區像行政區劃那樣清晰地劃出整齊的界限。在蜀語和周邊的方言之間,總

---

① 陸宗達《訓詁研究》102 頁。
② 吕叔湘《語文常談》,《吕叔湘全集》第 6 卷 248 頁。

是有一個過渡帶。即使是秦嶺這樣的山脈阻隔，也不能形成非常整齊的蜀語邊界。使用比較互證的方法，應該有兩種：一種是内證法，以蜀語證蜀語。另外一種是外證法，這也有兩種：一是以非蜀語文獻證蜀語，非蜀人文獻證蜀人文獻，既重視蜀語本體的研究，也重視蜀語和其他相鄰方言的接觸。還有一種是與雅言相較，二者比較互證，得出蜀語的描述與解釋。

7. 個別與一般相結合，把蜀語的研究納入漢語方言史乃至整個漢語史的研究，處理好雅言研究和方言研究的關係。要特別處理好方言和雅言的關係，方言是雅言的地域表現形式，雅言形成的基礎是方言。二者並不對立，而是相互依存的關係。有兩種關於方言起源的觀點：一種認爲雅言是由各種部落語言匯集融合而成；一種認爲方言是雅言分化而成的。前者的代表，可以舉出愛德華·薩丕爾的説法：“在原始條件下，政治群體小，地域觀念非常强，所以原始人或一般非城市人口的語言都分化成許多方言。地球上有些地方，幾乎每個村子都有它自己的方言。地理上受到局限的社團，生活狹窄而交際頻繁，它的言語也相應地是它所獨有的。”[1]後者的觀點以黄侃爲代表，他説[2]：

> 上古疆域未恢，事業未繁，故其時語言亦少，其後幅員既長，謡俗亦雜，故多變易之言。變易者，意同而語異也。事爲踵起，象數滋生，故多滋乳之言。滋乳者，語相因而義稍變也。時王就一世之所宜，標京邑以爲四方言語之樞極。故《周禮·大行人》：“王之所以撫邦國諸侯者，七歲屬象胥，諭言語，協辭命，九歲屬瞽史，諭書名，聽聲音，正於王朝，達於諸侯之國。”此謂雅言。然而五方水土，未可强同。先古遺言，不能悉廢。

這是説雅言最初的詞彙很少，隨着時代的變化，語言也發生了變化。變化有“意同而語異、語相因而義稍變”兩種情況。方言因其“幅員既長，謡俗亦雜”而漸次形成。於是政府就綜合各地的語音，把政治中心京邑的音作爲標準音。又用這種標準音“正於王朝，達於諸侯之國”，在中央和地方推廣，並用以作爲“撫邦國諸侯”的手段。但是單純用行政命令並不能消除方言，

---

[1]　薩丕爾《語言論》135 頁。

[2]　黄侃《黄侃論學雜著》361 頁。

所以"未可强同"。

　　蜀語和雅言的關係,究竟是一種語言的分化,還是不同語言的融合,不能輕易下結論。但正如薩丕爾所説:"原始的方言差別是怎樣來的,現在還没有找到解釋。單只説,一種方言或語言,只要在兩個不同的地點使用,或在兩個不同的社會階層裹使用,自然會出現不同的形式。久而久之,就差別到足以形成不同的方言。""實際上没有一種語言能夠擴展到廣大的領域,即或是稍大一點的地區,而不出現方言變異。因爲人口一多,就不能不分隔成地方群體;每個群體的語言都獨立地流下去。"①例如,當我們談到蜀地文人學士的作品可以作爲研究蜀語的材料時,並不是説這些人都是用蜀地方言來寫作的。他們的作品,還是文獻語言爲主,甚至很少用本土方言,但是,他們可能在詩歌的押韻中,會自覺或不自覺地使用本地音押韻;在寫作文學作品過程中,也可能使用個别蜀語特有的詞彙。如近人劉銘恕説杜甫、白居易、韓愈、蘇軾等人詩用蜀語②。

　　這些文人著作中所用的詞彙,雖然有前人指爲蜀語,但楚語、秦語、趙魏語甚至吳越語、齊語在不同的歷史時期,可能會出現文獻用例。此外,還有些並不一定是蜀地的文人,在他們的著作也可能記録蜀語詞,如《周禮·考工記》並非蜀人作品,但是據齊人鄭玄注,中間就出現了蜀人的詞語③。

　　我們對中上古蜀語進行研究,主要是從語音和詞彙兩個方面切入。趙元任曾説道:"在所有的漢語方言之間最大程度的一致性是在語法方面。我們可以説,除了某些小差别,例如在吳語方言和廣州方言中,把間接賓語放在直接賓語後邊(官話方言裹次序相反),某些南方方言中否定式可能補語的詞序稍微不同,等等之外,漢語語法實際是上一致的。"④趙振鐸論及先秦兩漢漢語時亦言:"就現在能夠看到這一時期的文獻來説,它們的語法規則有很大的一致性,這説明儘管漢語分布到廣大地區,它們仍然是漢語。"⑤雖

---

① 薩丕爾《語言論》134—135 頁。
② 劉銘恕《趣味的秦蜀閩三地方音方言》舉出不少例子,《歷史與考古》1937 年 2 期 13—25 頁。
③ 《周禮·考工記·輪人》:"直以指牙,牙得則無槷而固。"鄭注引鄭司農:"槷,搬也,蜀人言搬曰槷。玄謂槷讀如涅,從木,熱省聲。"
④ 趙元任《國語語法·中國話的文法》8 頁,臺北學海出版社 1981 年。
⑤ 趙振鐸《論先秦兩漢漢語》,3 頁。

然近年來在漢語方言語法研究方面有了一些重要的進步,但對於中上古時期漢語方言的語法而言,還没有真正從理論到實踐上突破。很多情況下,還是用印歐語系的語法理論和框架來套漢語,這樣做,於現代漢語無可厚非,但是用來研究歷史漢語,則還没有總括出得到公認的理論體系。加之蜀語本身又是漢語的一支方言,因此,這裏對於古代蜀語的語法研究就暫付闕如,以俟來日。

第三節　古蜀語諸家論述纂要①

近半個世紀以來,前修時賢對古蜀語進行了初步的研究,這些研究可以爲今後的研究提供借鑒,讓我們少走彎路;也可以爲進一步深入研究開闊思路。

就已有的古蜀語性質與面貌研究成果,大致可以歸納爲華夏通語—方言説和非華語説兩大類。

一、華夏通語—方言説

持"華夏通語—方言説"的代表有蒙文通、童恩正、張紹誠等學者。

1. 蒙文通論古蜀語。(1)古蜀語的性質。蒙文通認爲蜀語是漢語的一支方言。他説:"巴蜀和中原語言的不同,可能還不到齊、楚不同的那種程度。如果巴蜀語言和中原根本不同,也如像麽些、彝族語言那樣和漢語不同,就不僅是方言的不同。這種語言也不可能在蜀滅之後百餘年間,到漢代就消滅得毫無蹤迹。""巴蜀與中原應該是同一種語言,只是有部分不同的方言,和不同的新字,在當時有些突出。"②

(2)古蜀語的地位。蒙先生認爲,古蜀語爲華夏通語的來源之一,例如"梁益之間,凡物小者謂之私,小或曰纖""梁益之間,凡人言盛及所愛曰偉"(均見《方言》卷二),這些古蜀語與雅言的差别"和'南楚江湘之間''東齊海岱之間'不同的方言是一例的"。從文字來看,據班固記載,像《急就篇》《元尚篇》"皆《倉頡》中正字,《凡將》則頗有出矣"。"反映諸字書的文字都從《倉頡篇》來,但《凡將篇》雖同出《倉頡篇》,卻别有些蜀地的新字,出《倉頡

---

① 本節内容曾發表於《楚雄師範學院學報》2012 年 2 期。
② 蒙文通《古族甄微》251—253 頁。

篇》之外,這正表示蜀文字和中原是一致的,而又有部分新字。這部分新字,也表示是同一系統的,而非根本上是别種文字"。"既然同是一種文字,所以揚雄纔能采以作《訓纂》和《方言》二書"。

(3)古蜀語的面貌。蒙文通認爲,古蜀語言文字和中原語言文字共同的地方很多,像《説文》的"氏"字,是"巴蜀的字,是起於巴蜀而很早的字",但中原文字從"氏"的字很多,説明"巴蜀與中原的文字是相同的"。漢代《蜀王本紀》、晉代《華陽國志》中的"蜀先稱王"的"王"字、"杜宇稱帝"的"帝"字、"先祀杜主"的"主"字、"以酒曰醴"的"醴"字,"五婦山、五丁"這樣的詞,"都是華文華語"。他又舉蜀在開明九世便祀五帝,而秦到漢纔具五畤,"這就不僅是巴蜀與中原同語同文,而且在某些方面,還是先出現於蜀,而後纔漸次影響於秦"[1]。所以它們是相同的語言和文字。

(4)古蜀語的文獻傳承。西周以前的古蜀人,不僅有語言、文字,還有文獻流傳。《山海經》的《海内西經》"六次提到'開明'⋯⋯因此我認爲《海内經》這部分可能是出於古蜀國的作品","必非吴越地區作品,而當作於蜀中","《大荒經》五篇,曾四次提到'巫山'⋯⋯同時,《山海經》中有關'巴國'、'巴人'的記載,也僅見於這部分,因此我認爲《大荒經》部分可能就是巴國的作品"[2]。

2. 童恩正論古蜀語。童恩正《古代的巴蜀》在學術界影響很大,其中有一些關於古蜀語的論述。

(1)古蜀語與中原語言一樣,是漢語的一種方言。他説:"巴蜀兩族至少在商代就和中原民族發生了緊密的聯繫,在長時期的互相學習和互相影響的過程中,巴蜀的語言也開始和中原民族融合,僅保存了一些地域性的方言的區别。《文選》卷四載左思《蜀都賦》劉逵注引《地理志》説,秦滅巴蜀以後,'蜀人始通中國(指中原地區),言語頗與華同'。揚雄的《方言》記載了一些陝西漢中地區和四川(即原巴蜀疆域以内)地區,即'梁、益之間'的語言資料,從中可以看出,巴蜀地區的語言和秦、晉、齊、楚一樣,基本上屬於一個系統,僅方言有所不同。《方言》所載雖然是西漢時的語言,但此時距巴蜀

---

[1]　蒙文通《古族甄微》252—253、250 頁。
[2]　蒙文通《古學甄微·略論〈山海經〉的寫作時代與地域》53 頁。

的滅亡不過百餘年,語言的變化不會太大的。"

（2）蜀地應該流行有中原文字。"在巴蜀的語言基本與中原一致的情況下,加以巴蜀地區和中原地區早有交往,中原的華夏民族不斷進入巴蜀地區,我們就完全有理由推測,中原的文字,從商代甲骨文到周代的金文,在巴蜀境內應當是有所流行的"①。

二、古蜀語非華夏語說

主張古蜀語非華語的學者可分爲獨立蜀語說、羌語說、彝語說三類。

（一）獨立蜀語說

1. 鄧少琴論古蜀語。鄧少琴對古蜀語進行過深入的研究。他的《巴蜀史稿》,第六節"文化造詣",首篇即"語言文字"的内容。鄧少琴認爲,古蜀人語言文字與中原不同,遺存今天還保存在彝族的語言文字中。主要的觀點是：

（1）融入中原以前,巴蜀有自己的語言文字。巴蜀稱王的時候,其社會性質是奴隸社會,大約與中原的夏商周三代相近。這段時間,蜀與中原都有交往。中原有甲骨文,與《史記》所載的那些傳世之文多相同,而"巴蜀故事,亦多傳述。然見之於《春秋》經傳及殷墟契文者,亦有相關之處,未能完全加以否認也,故巴蜀不能不有語言和文字"。

（2）蜀語詞彙與中原語言結構有所不同。"巴蜀語言,類多雙音,不如中原之多用單音。此其異也"。爲了證明自己的觀點,他舉出一些蜀語的詞彙包括❶地名之屬：牂柯、朐忍、灆溦、葭萌；❷物名之屬：蟎蜻、陾隅、桃笙、文草、芎藭、鏽銻；❸人名之屬：乘釐、務相、檠瓠。並說"以上略舉諸例,應視爲巴蜀所用之語言詞彙,經漢譯乃知"。

（3）古蜀人有自己的文字符號系統。《蜀王本紀》："是時人萌,椎髻左衽,不曉文字,未有禮樂。"鄧少琴認爲："《莊子·外物篇》稱萇弘死於蜀。《淮南子·氾論訓》：'昔者萇弘,周室之執數者也。'死於周敬王二十八年（前492）,說者以爲資中蜀人；又鶡冠子亦蜀人,道家者流,《漢書·藝文志》有其書。是爲巴蜀奴隸社會之人物,豈能武斷謂巴蜀古代竟無文字!"

（4）古蜀語言文字保存在彝語、彝文中。"近年於萬縣新田鄉、郫縣紅光

---

① 　童恩正《古代的巴蜀》137頁。

鄉出土中胡二穿式,直援方向,援中有脊,援的後部有凸起浮雕狀的虎紋裝飾,上有一直行似篆非篆的方塊文字,其時代應屬春秋末期,此項文字頗難識別。但爲巴蜀兵器,應有巴蜀文字存在,當無疑義。今之彝族保存其語言,保存其文字、經典,雖各地區語言有殊,傳説微異,然其派系,父子名號,連鎖相承,彝族往事足資彙參,其作用有如是者"。

(5)古蜀語是因秦語的入侵而滅亡的。鄧少琴認爲:"巴蜀統一於秦,秦先有大篆,結體茂密,而多見方,既滅六國,於齊楚燕越之文,去其與秦異者而存其同。李斯造小篆,由繁到簡以便於用,此篆有大小之分,而秦爲之統一也。唐盧求《成都記序》有'使能秦言'之語,是乃秦之於蜀,不僅移民築城,作爲鞏固新得國土之方略,亦且變其語言,爲長治久安之百年大計。""巴蜀語言,實秦亡之矣。"①

2. 向熹論古蜀語。向熹《蜀語略談》,從古蜀的歷史、地理、民族、文化諸方面討論古蜀語,認爲上古蜀語別是一種。明清以後,"蜀"是四川簡稱,"蜀人"就是四川人,"蜀方言"就是四川方言。但從歷史上看,情況要複雜得多。

(1)蜀是古國名,地在今四川省西部。三四千年前已有三星堆、金沙等古蜀文明存在,周武王伐紂,蜀曾派兵參與。西周中期,蠶叢首稱蜀王,繼魚鳧、柏灌、杜宇至開明,由郫縣遷至成都,傳十二世,於周慎靚王五年(前316)併於秦,改置蜀郡。三國時,蜀又爲劉備所領蜀漢政權簡稱。地域比四川省還要大。當戰國以來,蜀地的政治文化中心都在成都。

(2)古蜀國民族或以爲氐,或以爲古"僚族"。《華陽國志》:"至黃帝,爲其子昌意娶蜀山氏之女,生子高陽,是爲帝嚳,封其支庶於蜀。"是蜀亦爲黃帝的後裔,雖有輝煌的文明,並未得到中原華夏民族的認同。秦惠王時司馬錯、張儀仍然認爲"今夫蜀,西辟之國而戎狄之長也"。秦滅蜀國,改置蜀郡,興水利,漢代進一步開發,經濟發展起來。古蜀語言不與華同。秦漢以後,中原之人大量移入,語言也就發生了變化,蜀語融合爲漢語方言的一種。有的學者認爲漢代梁益方言屬於秦晉方言的一個次方言。

(3)隋唐以前的蜀方言詞大部分已經消失,只有少數保存下來。其中有的意義上還起了變化。這從揚雄《方言》和隋唐以前文獻中記録的材料可以

看出,如“尚、玄蚯”。

(4)“蜀語”之名,至晚在宋代已經出現。《老學庵筆記》:“蜀語‘鮮翠’,猶言鮮明也。”明末遂寧人李實所作《蜀語》是第一部比較全面記録蜀方言詞語的專書。所收的詞有些至今仍存在,有的已經消失,有的成爲通語,有的同時見於其他方言,表明在漢語發展中,方言和通語、方言和方言之間處於不斷互相影響中。

3. 崔榮昌論古蜀語。崔榮昌的《四川方言與巴蜀文化》是研究古蜀語的一部力作。對古蜀語性質、來源、形成過程進行了深入研究:

(1)古蜀語不是漢語,“巴蜀的語言與漢語有别”,古老的巴蜀語言“是巴人、蜀人或者説巴族、蜀族的語言,是巴蜀地區的土著民族的語言,同中原地區的華夏語言有很大的不同。作爲古代漢語方言的巴蜀語言,或者説巴蜀方言,是在秦漢時期由於華夏族大批移民落籍巴蜀之後纔逐漸孕育形成的”。“古代巴蜀兩族在語言文字、社會組織及風俗習慣方面,同中原華夏部族都有所不同”。

(2)古蜀語源於少數民族語。“古蜀語絶不是漢語,當然也非古漢語下屬的地方方言,而是與今天四川境内尚存的彝語、羌語或嘉戎語等有血緣關係的一種語言”。

(3)巴蜀方言的形成經歷了漫長的過程。“客籍蜀民即由秦地來蜀的移民,他們的語言也發生了很大的變化。一方面保留自己的秦語,‘鄉音難改’,一方面是向土著蜀民學説蜀語,以便交流思想”,巴蜀漢語方言的形成“大約經歷了300年時間,也就是自秦滅巴蜀起到西漢末年這段時期”。

(4)秦滅蜀後,巴蜀語統一於華夏語。巴蜀語與中原語的融合經歷過一個雙語的階段,“居住城鎮和交通方便地區的巴民,開始與華夏族雜處,則對内説巴語,對外説漢語;以後由於民族的融合,而逐步改用漢語了”。“在城鎮或成都平原生活的蜀民,因爲同中原華夏移民雜居相處,他們也經歷了對内説蜀語、對外説漢語的過程;後來由於受中原華夏語言文化的不斷同化而逐步改説漢語了”。“秦滅巴蜀以後的巴蜀語言則是屬於華夏族語言,即古代漢語的地域方言了”①。

---

① 崔榮昌《四川方言與巴蜀文化》56—57、61—64 頁。

4. 段渝論古蜀語。段渝《濯錦清江萬里流：巴蜀文化的歷程》有"衣、食、語言"一節，論及古蜀人的語言：

（1）古蜀語不同於華語。"古蜀語言與華夏不同，《蜀王本紀》説'蜀左言'，即不同於華夏語言系統。但古蜀語没能保存下來，今已難知其實。據學者研究，司馬相如《凡將篇》，尚存古蜀語言的某些結構要素，不過殘痕陋迹，還不能聯綴成框架"。

（2）古蜀語亡於秦。"秦滅蜀後，在蜀推行'書同文'措施，改革蜀人舊制，很快蜀語便在官方場合消失，隨即也從城鄉中消失，'言語頗與華同'，逐漸形成了漢語言系統中的蜀中方言"。

（3）古巴語與古蜀語來源不同。"巴王族出自諸姬，爲諸華，語言爲中夏系。巴地各族，語言支系較多，可能其中以漢藏語系中的苗瑶語族爲主"。

（4）古蜀文字自成體系，不與華同。"在文字方面，固然古蜀與中原'言語異聲，文字異形'，'蜀左言'，古文字自有源流，自成體系，字體、結構、音讀均與漢語古文字不同，但從廣義上看，巴蜀文字不論是表意還是表形文字，都確定無疑地屬於象形文字系統，從具有形、音、義三要素的象形字發展而來"。"巴蜀方塊表意字脱胎於象形字而存其風骨，巴蜀符號中的聲符也是從意符演變而來的，未另制聲符，這正是巴蜀文字與中原文字的共同基礎所在"[1]。

5. 唐世貴論古蜀語。唐世貴《山海經與巴蜀文化》有"《山海經》中的上古巴蜀方言、巴蜀楚三國語言文字"兩個專節。其主要觀點是：

（1）"蜀國與華夏不同族，言語異聲，文字異形"，"巴蜀遠古時代必然會有文字，不過蜀語言文字相對中原華夏滯後而已"，"巴蜀的確存在一種不同於漢字的古文字系統"，蜀人在公元前400年已經接受華語的影響。

（2）《山海經》是古蜀人文獻，保存一部分古蜀語詞。如"蜀、巴、禹"在《山海經》中即屬於上古蜀語，《山海經》是益口述，在禹、益治水過程中帶到中原的。

（3）華語與蜀語雖然不同，但"華夏語言中可能與上古巴蜀語言有相同

---

① 段渝《濯錦清江萬里流》91、95 頁，四川人民出版社 2001 年。

之詞彙"①。

6. 張紹誠論古蜀語。張紹誠《巴蜀方言淺説》主要是對現代巴蜀方言的情況作鳥瞰式的介紹,討論古蜀語的情況不多。主要的意見有:

(1)巴蜀方言就是巴蜀地域的"殊方異語"。從古到今,四川的衆多文士,諸如司馬相如、揚雄……"他們使用巴蜀方言,留下許多著述"。

(2)傳説時代古巴蜀語不可考求。蠶叢、魚鳧、柏灌、杜宇、開明時代的巴蜀方言,因爲没有可以作爲佐證的文字資料,其情形已經不能知道了。

(3)古巴蜀語獨立發展。古代的巴蜀由於山川地勢的限制,與北方最近的秦地都不相交通,十分閉塞。既然秦蜀居民之間彼此不相交通,"定然缺少通語(共同語),這就勢必影響到語言的交流"。

(4)移民是古巴蜀語與華夏語融合的主要誘因。秦初河北、山東的移民進川,直到川西南地區,他們從事鑄鐵製造,與少數民族通商貿易,這樣必然促進語言的交流,"把中原話帶到當時四川來,使得巴蜀方言吸收新的營養,補充詞彙,影響語音變化……也就讓巴蜀方言融會了秦晉方言的某些特點,但還是保留了巴蜀方言的基本特點"②。

(二)羌語説

1. 任乃强論古蜀語。任乃强未就蜀語做專門的研究,但是在《華陽國志校補圖注》和《四川上古史新探》等著作中,指出蜀人源於羌人,蜀語源自羌語,二者關係密切。他還描寫了一些古蜀語的語音、詞彙、語法現象,雖然是零星的,但不乏精彩之處。概括臚列如次:

(1)蠶叢。任先生認爲,"叢者,聚也(《説文》)。自聚爲集,被聚爲叢。故叢聚之字並從取。蠶叢氏始聚野蠶於一器而采桑飼養之","故世遵行其法者敬之,頌爲'蠶叢氏'。不言'叢蠶'而曰'蠶叢'者,羌語賓語在謂語後。蓋其時蜀族仍爲羌之一支,群羌稱之如此"。

(2)戈基。"常氏固云:'俗以爲縱目人家',謂是魏晉人訪於羌人之言如此"。"我國典籍未見有'戈基人',並其諧聲文字亦不可得"。"戈基人。決不可能是羌支民族或北來雜胡,而只能是漢置汶山郡後,徙入居住之漢

---

① 唐世貴《山海經與巴蜀文化》73、68、71、16、18頁,中國文史出版社2004年。
② 張紹誠《巴蜀方言淺説》1—2、5—6頁。

民”。“‘戈基人’的稱謂，須從羌語中求義。雜谷腦藏民奉喇嘛教。其人大
都是從康藏地區遷來的‘西山八國’之裔，在羌族各支語言中，屬康巴系。康
巴呼頭頂爲果（戈音近），數目之首爲幾（基音近）……是則番言戈基人，蓋
指漢唐世住居到雜谷腦河區之華族蜀人也”。

　　（3）黃羊。“‘黃羊’可能是漢世蜀中白銅鏡作坊名稱，可怪的是恰與黃
羊種羌字同。黃羊、白馬兩種羌，原皆居於石泉盆地，爲蜀王的支族”。“無
論漢代之鏡工黃羊與明代之白草黃羊是否爲祖裔一系，要皆爲蜀族人民則
可肯定”。

　　（4）青衣羌，又或省稱爲“青羌”或“青氐”。“不是他們自呼如此，只是
漢人因其用旄牛毛績織的本色褐布爲衣，而呼作‘青衣’（那種淡黑色，巴蜀
人叫青色，與中原人稱天蘭色爲青不同）”①。

　　（5）蜀。“‘蜀’字係古人專爲原蠶制造……估計蜀字之制成，即在黃帝
之世。其字，亦爲當時之蠶字”②。“野蠶性孤獨，各據一葉，以保證其食葉充
足。故蜀字亦引申爲孤獨之義。揚雄《方言》：‘一，蜀也。南楚謂之獨。’
《爾雅·釋山》：‘大山岠，屬者嶧，獨者蜀。’孔穎達疏：‘蟲之孤獨者蜀。是
以山之孤獨者亦名蜀也。’”“蠶叢氏後之立國，猶承用蜀之名。可知蜀王蠶
叢，是從蜀山氏分出的了”。

　　（6）湔。“湔字，取‘前’字爲音義。音煎，亦取急意。《漢書·地理志》
緜虒縣云：‘玉壘山，湔水所出，東南至江陽入江。’”“故汶江岸之地置縣爲
‘湔道’（湔氐道），都江堰水壩稱‘湔堋’，蜀漢於此置‘湔縣’。古音江水字
音同於缸，與湔音迥別。其後蜀人讀江如煎，字義遂亦相混”。

　　（7）地名稱小。“《元和郡縣志》彭州九隴縣：‘本漢繁縣地。舊曰小
郫。’凡蜀巴地名，凡徙縣治後，新治用舊縣名者，舊治所仍存舊名而加小字
以示區別。如廣漢徙治後稱小廣漢，涪縣徙治後稱小涪城，宕渠徙治後稱小
宕渠，飛鳥徙治後稱小飛鳥，其例甚多”。

　　（8）郫。“郫字義爲卑邑，對海窩子與虹口湔山而言，地勢爲卑，故曰郫
也。瞿上者，謂關口之天彭闕，俯瞰成都平原如鷲鳥之雄視，雙目瞿瞿狀

①　任乃強《四川上古史新探》50、51、74、78、145、166、68 頁。
②　任乃強《華陽國志校補圖注》220 頁。

也”。“郫邑對瞿上言,卑下,潮溼,多水患”。

（9）蒲澤。“《華陽國志》説的‘蒲卑’與《文選注》的‘蒲澤’應是一人,即杜宇受到高名盛譽並建成國家後,爲其子孫别立的氏族稱號,取澤居之義。其時成都平原爲行將乾涸之大澤,遍生蒲葦、野芋、菱、荷之屬,蜀人似曾稱之爲‘蒲澤’,而内水爲蒲水（後世稱之爲蒲陽河。灌縣的蒲村在此水之陽,今爲蒲陽鎮）。是‘澤’爲正字,蒲卑爲緣郫字之訛”。

（10）公子繇通。“《華陽國志》的‘蜀侯通國’,《秦本紀》作‘公子通’,《六國表》作‘公子繇通’。這三處名字不同的原因,由於他是蜀王子,蜀語、秦語、後世人語有别,故作字不同”。

（11）蜀王兵闌。“《華陽國志》：‘僰道有故蜀王兵闌。’……所云‘蜀王兵闌’是蜀人所作的地名,謂其灘上礁石似兵器庫,冬季出水,可辨而避。夏季没於水下,破害舟船。礁石崖立,石堅不可鑿。乃於冬季積薪燒之,而沃以醋,則礁石層層剥脱,終得剷除”。

（12）蜀黍。“稷在中原一名‘蜀黍’（今云高粱）。自注：中華農作物,由巴蜀傳入中原者頗多,亦每冠有巴字、蜀字（如蜀椒、巴蕉之類）,亦有自尼泊爾,與西部亞洲及印緬輸入者,如波稜、豌豆、生薑、棕櫚之類。似亦不能不先試種於巴蜀,然後再入華夏”。

（13）貝錦。“左思《蜀都賦》：‘闤闠之里,伎巧之家,百室離房,機杼相和。貝錦斐成,濯色江波。黄潤比筒,籯金所過。’今按‘貝錦’,今稱錦緞。古章施只於素帛上繪以彩色,蜀人創扯綜提花法,織花於素絹上,於錦江水漂濯之使净素,是爲貝錦。其後更以漂白之絲染色後織花,是爲蜀錦”。“張騫於大夏所見之‘蜀布’,或即是此”①。

（14）蒟醬。《史記·西南夷傳》載：漢武帝建元六年,遣唐蒙使南越,“南越食蒙蜀枸醬。蒙問所從來,曰：‘道西北牂柯。牂柯江廣數里,出番禺城下。’蒙歸至長安,問蜀賈人,賈曰：‘獨蜀出枸醬,多持竊出市夜郎。’”“枸醬者,蜀中野生枸杞遍地（其根入藥,曰地骨皮）,莖蔓生結小漿果鮮赤如鼠心,味甘,性滋補,蜀人種之,摘其果爲醬,遠銷長安,南至番禺”。

（15）蜀紵。“蜀布通過身毒（印度）行銷至大夏,爲漢使者張騫所見。

---

① 任乃强《四川上古史新探》70、118、134、139、140 頁。

因而開通了西南夷,亦見《史記·西南夷傳、大宛傳》與《漢書·張騫傳》。這個蜀布……我的猜測,它是苧麻布(另有《蜀布考》,見《華陽國志校補圖注》)"。自注:"在古代商品中稱爲'蜀紵'或'蜀紵布'。"①

2. 徐南洲論古蜀語。徐南洲是從民族關係輾轉證明古蜀語爲羌語的:

(1)"景頗語與蜀山地區土著的語言在古代有同源的關係,景頗語屬於漢藏語系藏緬語族的景頗語支",下屬載瓦和景頗兩種方言,但這兩種方言具有同源關係。它們都源於其先民使用的氐羌語。

(2)上古的蜀山山脈在今四川、青海、甘肅三省交界處,"按照現在語言所説的體系,蜀山地區的土著應該屬於藏緬語族的氐羌語支無疑"。而"景頗語中最古老的詞和最基本的語言成份,應該與蜀山氏的語言有着同源的關係,也是不成問題的"②。

(三)彝語説

伏元傑《蜀史考》第六章"蜀族的語言文字",對上古蜀時期蜀語作了初步探索。他認爲蜀族與彝族同源,所以蜀語和彝語也是同源的,可以從彝語出發來研究蜀語。

(1)古蜀語的特徵。作者認爲《蜀王本紀》説"蜀人左言",即語法結構與漢語相左。現在,由於我們已經清楚了古蜀族與彝族是同一族屬,古蜀族雖然已不存在,但彝族還存在。我們可以從彝族那裏瞭解到古蜀語言的特點。作者引楊甫旺的觀點爲證:"古蜀文是一種古蜀語言,和彝語一樣,都是主語在前,謂語在後,賓語置於謂語之前,形容詞、代詞、數詞作定語時在中心詞之後。"伏氏認爲,直到現在,四川很多地方還遺留着一些"左言",如把"公雞"説成"雞公",把"母雞"説成"雞母",把"牧馬河"説成"馬牧河"。彝族至今説着與漢語不同的"左言",如把漢語的"吃飯"説成"飯吃",人們稱之爲"相左"或"左言"。

他認爲"西遷川西的蜀族大概並沒有融入華族,但與華族是親族,所以在語言文字上與華族非常相同"。據揚雄《方言》,梁益與漢中的一些語言"基本相同,僅有方言差異。但這只能證明晚期蜀人的語言已與中原基本一

---

① 任乃强《四川上古史新探》140、142、143 頁。
② 徐南洲《古巴蜀與〈山海經〉》159 頁。

致”，並不能説明早期蜀人的語言也與中原基本一致，“早期蜀人的蜀語肯定與漢語迥然不同，早期蜀人語言肯定是‘左言’，且時代愈古，蜀人‘左言’味愈濃”。

他據《華陽國志・南中志》，指出古代蜀人“好比喻”的特點：“夷人大種曰昆，小種曰叟……議論好譬喻物，謂之夷經。今南人言論，雖學者亦多引夷經。”

（2）關於古蜀語與華語的關係。伏元傑認爲，秦滅蜀“通中國”前，川西之蜀與中原的交往不多，二者在語言上差異很大。《文選注》劉注引《地理志》説，秦滅巴蜀以後，“蜀人始通中國，言語頗與華同”。“中國”指中原。秦滅蜀後“言語頗與華同”。“華”不是“今天意義上的中華，而是指長江中下游地區”。“這個‘頗’字，表示出蜀國與華國的語言高度的一致”，從那時起，蜀、華語之間便只存細微差別，是華族之内的方言差別。

他又從族源上考證華、蜀不同，認爲“蜀國屬於神農氏文化，西遷川西的蜀族大概並没有融入華族，而與華族是兩個不同的民族。蜀國雖不是華族，但與華族是親族，所以在語言文字上與伏羲氏華族非常相同，只有細微的差別。所以《地理志》説蜀國的語言‘頗與華同’”①。

此外，向學春《〈蜀語〉所見古方言詞研究——兼論移民與四川方言的關係》《四川方言中的古巴蜀土著語研究》認爲李實《蜀語》詞彙中有 70 條來源於古代方言的詞語，其中 42 條見於揚雄《方言》，4 條見於許慎《説文解字》，其餘 24 條散見於其他文獻；同時《蜀語》詞彙中有更大一部分（約83%）詞語來源於古代巴蜀方言以外的别國方言，這體現了四川方言與其他地域方言（主要是古楚、秦晉、齊魯、吳越等四大方言）之間的相互接觸和相互滲透的密切關係。在《四川方言中的古巴蜀土著語研究》中，作者根據藍勇、黄尚軍所搜集的材料，得到先秦兩漢時期文獻中的古巴蜀方言詞 34 條，魏晉至明代共 63 條（文章所附表爲 68 條）②。結論與劉曉南、紀國泰的結論大體一致，而藍勇、黄尚軍所搜集的本有遺漏，作者没有指出，是其一憾。

末了，特别要提到兩位學界長輩對蜀語的研究，即徐復和徐德庵，“二

---

① 伏元傑《蜀史考》142—144 頁。
② 向學春《〈蜀語〉所見古方言詞研究——兼論移民與四川方言的關係》，317—323 頁；《四川方言中的古巴蜀土著語研究》，《重慶三峽學院學報》2008 年 5 期 103—106 頁。

徐"雖然不盡研究上古蜀語,且他們的文章不易得到,但其研究方法很有開
拓性。徐復上個世紀 40 年代的《蜀方言解》,談及不少的古蜀語詞。文章開
頭說道:

> 嘗考之史乘:蜀中自罹明禍,生靈殆盡(語見《明史·張獻忠傳》),
> 舊語歇絕,弗可深稽。其移植斯土著,言辭慮不同貫。欲詳考校,厥流
> 也繁。若彭羕之詈先生(汪按:當爲"先主"之誤),有"老革"之稱(彭羕
> 廣漢人,見《三國·蜀志》本傳);蜀豎之對顏介,有"豆逼"之詞(見《顏
> 氏家訓·勉學》)。斯皆密合雅訓,語柢誠確者也。至乃蜀人謂母爲
> "姐",細布曰"繬",俱見於許解(許慎《說文解字》);梁益之間,謂聾爲
> "障",訓鼻爲"祖",駢載於揚書(揚雄《方言》)。若此之類,抑又寡錄。
> 唐李商隱撰《蜀爾雅》,全載蜀語(見《宗史·藝文志》[汪按:"宗"爲
> "宋"之誤]及《文獻通考·經籍門》)。惜其已淪,蔑以考詣。明李實集
> 《蜀語》(李,遂寧人,見《涵海》),間有采撫。其書見存,又梱不理析也。
> 他如楊慎《俗言》(楊爲新都人),李調元《方言藻》(李爲綿州人),張澍
> 《蜀典》(中有方言類),張慎儀《蜀方言》(張爲成都近人)日書,或標舉
> 音義,或掇拾陳辭,均勿爲疏通證明,於聲音文字之本,闕焉弗具。

從這個認識出發,徐先生選擇了"相因、老火、吃燒午、煮辰、甲甲、箱水、
東禍、蕎草、麽、雞旺子、巴巴、渣渣、跳了、開腔、娃娃、中井、擺龍門陣"等詞,
從歷史文獻和現代口語相結合的角度進行詮釋,本借明了,音義兼備,古今
貫通。下面試舉兩條(18 頁):

> 蜀人謂自作不靖曰東禍,亦曰東亂子。今按《說文》:"東,動也。"
> "動,作也。"正謂作禍亂子也。他處多言撞,撞亦在東部。

> 蜀人稱身上績垢曰甲甲,從徐音讀。今按字當作圿。《山海經·西
> 山經》:"錢來之山多洗石。"郭璞注曰:"澡洗。"可以硙體去垢圿。《廣
> 雅·釋言》:"圿,垢也。"皆以垢圿連稱,明其義同。

徐德庵上世紀 40 年代的《蜀語札記》,於古蜀語詞多有發明。卷首語道:

> 《蜀語》一卷,明遂寧李實撰。采集俗言,凡數百事。惟其中多南朔
> 通語,不與書名相應。又以弗憭音理,不曉聲訓,致所詮釋,望文生義,
> 臆說居多。複以小學舊籍,徵引綦少,坐是不能推求本字,探求語根,而
> 少所發明矣。以視晚近章氏《新方言》之作,迥不可同年而語。於此亦

可見清儒訓詁聲韻之學，其有助方言之研討爲何如也！

徐德庵選擇了 44 條蜀語詞進行疏通證明，試舉兩條（372 頁）：

趕曰碾。趕上前人曰碾上，趕鷄曰碾鷄，以轉動行易及也。案《文選·藉田賦》注引《説文》："躡，追也。"對轉音如黏之上聲，俗以碾字當之，殊誤。李氏轉動之解，又望文生訓矣。

少曰丁丁，又曰點點。又曰些些。案：《説文》："點，小黑也。"引伸爲凡小之稱。丁其轉音也。些者，《新方言》曰："《説文》：'伣，小貌。'斯氏切，字亦作佌。《毛詩·小雅》傳：'佌佌，小也。'今謂少小皆曰佌，通以些字爲之。"又案蜀語多疊字，三語亦然。

此外，劉曉南近來在四川方言領域耕耘頗勤，發表了一系列關於古代四川方言的文章。重要的如《從歷史文獻看宋代四川方言》、《宋代四川詩人陰聲入聲韻通押中的方音現象——宋代四川方音研究之二》（《古漢語研究》2007 年 3 期）、《宋代四川方音概貌及"閩蜀相近"現象》（《語文研究》2008 年 2 期）、《宋代四川詩人陽聲韻及異調通押中的方音現象——宋代四川方音研究之一》（《古漢語研究》2006 年 3 期）、《宋代四川詩人用韻及宋代通語音變若干問題》（《四川大學學報》2004 年 6 期）。其中不少觀點很具有啟發性，如他指出"宋以前入蜀移民中，形成當地方言傳統的移民，幾乎全來自戰國時的秦國。這些移民帶來的秦方言很自然成爲巴蜀方言的基礎。由此而形成的語言傳統一直沒有中斷，延續到宋代，演變爲古巴蜀方言即宋代四川地區的方言"。"宋代文獻中表現出來的巴蜀方言的語音、詞彙特徵，包括 22 條語音特徵和若干特色詞，絕大多數都在現代四川方言找不到對應形式。宋代巴蜀方音僅有 4 條語音特徵可以跟現代四川語音對應，其中或許有古代四川語音孑遺，但只有 4 條本已太少，且還缺乏證據可以證明它們全部都來自宋代巴蜀方音"。根據歷史來源和語音特徵的證據和文史語言學原理，作者指出："無法在四川方言的現代形式與宋代表現之間建立起確鑿無疑的古今對應關聯，我們就沒有理由認定現代四川方言是從宋代的巴蜀方言直接發展而來。從今天的角度看，宋代巴蜀方音後續發展歷史的中斷，無可避免地使它成爲一個在歷史上失落了的方言。"①。

---

① 　劉曉南《從歷史文獻看宋代四川方言》，36 頁。

　　古蜀地是一個多民族聚居區,蜀族是居於古蜀中心地帶的民族;原始蜀語、遠古華夏語與羌語關係密切,甚或同源共生(詳第一編第一章第二節);古蜀語與周邊的少數民族語有本質上的不同;先秦時期,蜀語是漢語一個獨立的方言區,這個方言區與秦方言區聯繫緊密,接觸頻繁,同屬華夏語。兩漢時期,由於蜀地文人著作傳播的影響,"蜀學比於齊魯",蜀語在當時具有很高的地位,和秦語一起成爲當時漢語的基礎方言。魏晉以後,政治中心東移南下,其通語的基礎方言也隨之變化,蜀語成爲漢語的一支方言。唐五代時期,蜀地人口衆多,外地文人大量入蜀,蜀語吸收了不少外地語言的成份,同時也把蜀語的影響傳向各地,成爲漢語北方方言的重要一支①。

　　至於今人研究宋以後蜀語的有關情況,筆者近年所爲《近十年四川方言研究綜述》《近十年四川方言市縣話研究綜述》《近十年四川方言專書專著研究綜述》三文,以續崔榮昌《四川方言與巴蜀文化》之貌②。應該説,古蜀語研究,雖然難免挂一漏萬,但總體上的輪廓大致可見。

第四節　"蜀語"名義闡微③

　　原始蜀語是一種古老的語言。蜀人起源、蜀與中原的關係、蜀語與華夏其他民族語以及后來的漢語之間關係都值得深入研究。蜀語、蜀文化對中國文化的價值,在於它特殊的自然地理環境、衆多的文化遺存。正如李學勤評價三星堆文明時所説④:

　　　　三星堆遺址的發現,早已經聲聞天下,但是這項發現的重要價值,

①　汪啓明《中上古蜀語文獻資料綜述》,《文史雜誌》2008 年 5 期;《中上古蜀語研究三題》,《西南交通大學學報》(社科版)2008(6);《蜀茶與古蜀語》,《文史雜誌》2009 年 6 期;《再説蜀茶與古蜀語》,《文史雜誌》2010 年 2 期;《蜀語名義闡微》,《雲南師範大學學報》2009 年 1 期;《蜀左言新解》,《西南交通大學學報》2012 年 4 期;《中上古蜀語諸家論述纂要》,《楚雄師範學院學報》2012 年 4 期;《中上古蜀語與相鄰方言的接觸》,《中國訓詁學報》第二輯 88—101 頁,商務印書館 2013 年;《古蜀語音發展散論》,《成都工業學院學報》2014 年 1 期;《漢語、蜀語、羌語同源説》在中國音韻學會 2010 年年會宣讀;《中上古蜀語分區纂要》在 2011 年中國訓詁學會宣讀;《上古蜀語"二始"隅見》,四川省語言學會 2011 年年會宣讀;《蜀文化與蜀方言》在 2011 年 11 月香港城市大學中文系做專題講座。
②　《近十年四川方言研究綜述》;《近十年四川方言市縣話研究綜述》,《樂山師範學院學報》2008 年 7 期;《近十年四川方言專書專著研究綜述》,《綿陽師範學院學報》2008 年 10 期。
③　本節内容發表於《雲南師範大學學報》2009 年 1 期。
④　李學勤《巴蜀文化研究的期待》,5 頁。

恐怕還要等到相當長的時間以後,纔會得到充分的估量。我常常想,像三星堆以及巴蜀文化這樣的發現,應該和歷史上特洛伊、尼尼微等等一樣,列入世界考古學的史册。

對古蜀語的研究,是古蜀文明研究的一個不可或缺的重要組成部分,對填補古代中華文明的斷層,研究漢民族語的形成與發展史,具有不可估量的重大意義。

蜀語既然是漢語的一支方言,對蜀語進行研究,也就是對漢語方言的一支進行分地域研究,我們將研究對象鎖定爲中上古時期,進行斷代的研究,也就是對漢語歷史方言的一個地域分支進行研究。而且,蜀語自身的特點應該是十分鮮明的。否則,爲什麼繼揚雄《方言》之後,出現的第一本重要的方言學著作是李商隱的《蜀語》而不是其他方言呢? 但是對中上古蜀語的研究成果甚少,研究者寥寥,其根本原因正如李圃所言:"長期以來,歷史方言的研究受到一定程度的冷落,這除了學術觀念上的偏頗之外,更重要的原因是難度太大。第一,歷史方言資料的難於搜求;第二,歷史方言材料的難於勘實;第三,短期内知識結構的調整和學術準備的積纍難於奏效。"①

古蜀語是華夏民族語中的一員,也是早期漢語最重要的分支;甚至在某一階段,與秦語一道,成爲漢語的優勢語言。然而在權威的工具書中,卻没有收入"蜀語"這樣的詞。但它卻是一個很早就凝固了的複音詞,它的含義是指蜀地人之語。

一、"蜀語"釋名

"蜀語"一詞,最早見於《抱朴子·道意》:

> 或問李氏之道起於何時。余答曰:吴大帝時,蜀中有李阿者,穴居不食,傳世見之,號爲八百歲公。人往往問事,阿無所言,但占阿顏色。若顏色欣然,則事皆吉;若顏容慘戚,則事皆凶;若阿含笑者,則有大慶;若微歎者,即有深憂。如此之候,未曾一失也。後一旦忽去,不知所在。後有一人姓李名寬,到吴而蜀語,能祝水治病頗愈,於是遠近翕然,謂寬爲李阿,因共呼之爲李八百,而實非也……避役之吏民,依寬爲弟子者恒近千人,而升堂入室高業先進者……寬弟子轉相教授,布滿江表,動有千許。

----

① 　見華學誠《周秦漢晉方言研究史》序,2 頁。

　　李八百事，《晉書·周牮傳》號稱"宋代百科全書"的類書《錦繡萬花谷》前集卷三十，明彭大翼、張幼學所編類書《山堂肆考》卷一五〇有引，文字略有不同。陳振孫《直齋書録解題》卷十四著録："《錦繡萬花谷》四十卷，續四十卷。"未著作者。這些材料的來源都應該是《抱朴子》。後此的文獻文字有詳有略。《雲笈七籤》卷二八《二十四治》曾記李阿在平岡治修道，其"下八品"第五平岡治注云："山在蜀州新津縣，去成都一百里，昔蜀郡人李阿於此山學道得仙，白日昇天。"葛洪《神仙傳》分李八百、李阿爲二人，人各爲傳，李阿之號"八百歲公"，實爲李阿對"李八百"的假託。

　　這條材料提供了這樣的信息：（1）東漢末三國時期，蜀語有自身的特點，李寬"到吳而蜀語"，讓被傳道的那些人能明顯地感到蜀語和吳語有區别。（2）蜀語不是不能聽懂的漢語方言，吳蜀語之間可以進行交流，甚至可以用蜀語進行教學。"依寬爲弟子恒近千人"，顯然這些人主要不是蜀人，而以當地人爲主。（3）《抱朴子》説"寬弟子轉相教授，布滿江表"，李寬的再傳弟子亦應多爲吳人。吳語和蜀語有融合的關係，所以中上古時期吳人把筆叫"不律"，蜀人亦把筆叫"不律"，只是時代有所不同罷了①。（4）除表明了當時蜀語和吳語的區别外，在中國傳世文獻中，第一次提出了"蜀語"的概念。

　　晉葛洪《抱朴子》以後，文獻中用"蜀語"一詞的例子還有：

　　1. 宋陸游《病中忽有眉山士人史君見過欣然接之，口占絶句》："蜀語初聞喜復驚，依然如有故鄉情。絳羅餅餤玻璃酒，何日蟆頤伴我行？"

　　《劍南詩稿》卷十五是詩自注："眉州以羅裹餅餤至二十四子號通義餤，玻璃春，郡酒名也，亦爲西州之冠。"通義，地名。武德元年（618），眉山郡改爲嘉州。次年，從嘉州分置眉州，轄通義、丹棱、洪雅、南安（今夾江）和青神5縣，屬劍南道，州治通義縣城。天寶元年（742）撤眉州，改置通義郡。乾元元年（758）撤通義郡，恢復眉州，屬劍南道西川。宋太平興國元年（976）通義縣改稱眉山縣隸屬西川路眉州。蟆頤，今眉山東坡區崇禮鎮北。玻璃酒，亦作"玻瓈春"。宋時四川眉山産。陸游《凌雲醉歸作》："玻瓈春滿琉璃鍾，宦

① 《爾雅·釋器》："不律謂之筆。"郭注："蜀人呼筆爲不律也，語之變轉。"《説文解字》卷三："聿，所以書也。楚謂之聿，吳謂之不律，燕謂之弗。"清吳騫《拜經樓詩話·自序》："予於有韻之語，初未能研其得失，諳其良楛，又烏足以操三寸不律，而雌黃而陽秋哉？"

情苦薄酒興濃。”自注：“玻璃春，眉州酒名。”又《雜感》詩之九：“一杯玻璃春，萬里望吳越。”前言“蜀語初聞”，後邊如“羅裹餅、通義餤、絳羅餅、玻璃酒、玻璃春”幾個蜀地酒名和食品名稱亦當爲蜀語詞。

2. 陸游《老學庵筆記》卷八：“東坡《牡丹詩》云：‘一朵妖紅翠欲流。’初不曉‘翠欲流’爲何語。及遊成都，過木行街，有大署市肆曰：‘郭家鮮翠紅紫鋪。’問土人，乃知蜀語‘鮮翠’尤言‘鮮明’也。東坡蓋用鄉語云。”

此例文獻所引頗多，文字略有出入。如宋高似孫《緯略》卷九“翠粲”條下：“陸放翁嘗問余曰：‘比在成都市時，見彩帛鋪榜曰：“翠色真紅。”殊不曉所謂，紅而曰翠，何也？’余曰：‘嵇康《琴賦》曰：“新衣翠粲，纓徽流芳。”班婕妤《自悼賦》曰：“紛翠粲兮紈素聲。”翠粲取其鮮明也。東坡《牡丹詩》“一朵妖紅翠欲流”蓋取鄉語。’放翁擊節大喜。”鮮翠，源於古蜀語“翠粲”，可單作“翠”，又可作“萃蔡”或“綷縩”。宋王應麟《困學紀聞》卷十八：“陸務觀記東坡詩‘翠欲流’，謂蜀語‘鮮翠’猶言鮮明也。愚按：嵇叔夜《琴賦》云：‘新衣翠粲。’李周翰注：‘翠粲，鮮色。’李善注引《子虛賦》：‘翕呷翠粲。’張揖曰：‘翠粲，衣聲。’《漢書》作‘萃蔡’（萃音翠）。班婕妤賦：‘紛綷縩兮紈素聲。’其義一也，以鮮明爲翠乃古語。”明代蔣一葵《堯山堂外紀》卷六一引“成都”作“都城”、“彩帛”作“采帛”、“翠粲”作“翠燦”、“自悼賦”作“自傷賦”。《蜀中廣記》卷六八、《通雅》卷七、明楊慎《丹鉛餘録·摘録》卷三引同。

3. 陸游《劍南詩稿》卷七六《頃歲從戎南鄭，屢往來興鳳間，暇日追懷舊遊有賦》：“昔戍鹽叢北，頻行鳳集南……城郭秦風近，村墟蜀語參。”陸詩又見元方回《瀛奎律髓》卷四。其中“城郭秦風近，村墟蜀語參。”説明南宋時期漢中一帶的語言仍蜀語、秦語兼而有之，而“秦風、蜀語”互文。這一地區是秦語、蜀語的過渡地帶。

4. 宋釋普濟《五燈會元》卷十八：“遊廬阜回，師以‘高高峰頂立，深深海底行’所得之語告五祖。祖曰：‘吾嘗以此事詰先師，先師云，我曾問遠和尚，遠曰：貓有歃血之功，虎有起屍之德。非素達本源，不能到也。’師給侍之久，祖鍾愛之。後辭西歸，爲小參，復以頌送曰：‘離鄉四十餘年，一時忘卻蜀語。禪人回到成都，切須記取魯語。’時覺尚無恙。師再侍之，名聲藹著。遂出住長松，遷保福信相。”

宋釋曉瑩《羅湖野録》卷三"遠和尚"作"演和尚",引文文字略異:"演顧圜悟曰:'這漢饒舌矣。'由是機語相契。久而辭歸蜀,演爲小參,曰:'離鄉四十餘年,一時忘卻蜀語,禪人回到成都,切須記取魯語。'顯旋成都紹(當爲昭)覺,住昭覺,使顯應長松之命,開堂拈香,曰一則爐鞴功精,一則磨淬極妙。"明曹學佺《蜀中廣記》卷八九所引文字同。宋時人將"蜀語"與"魯語"相對而言。蜀人謂中原語音爲"魯語",又見宋范成大《丙申元日安福寺禮塔》詩:"耳畔逢人無魯語,鬢邊隨我是吳霜。"自注:"蜀人鄉音極難解,其爲京洛音,輒謂之'虜語'。或是僭僞時以中國自居,循習至今不改也,既又諱之,改作'魯語'。"宋范成大《送同年朱師古》詩:"遥知夢境尚京塵,啞吒滿船聞魯語。"自注:"蜀人以中原語音爲魯語。"

5. 宋釋曉瑩《羅湖野録》卷一:"台州護國元禪師,叢林雅號爲'元布袋'。初參圜悟禪師於蔣山……而執侍圜悟,機辨逸發。圜悟操蜀語,目爲贅頭。元侍者遂自題肖像付之曰:'生平只説贅頭禪,撞着聲頭如鐵壁。脱卻羅籠截腳跟,大地撮來墨黍黑。晚年轉復没刀刀,奮金剛椎碎窠窟。他時要識圜悟面,一爲渠儂並拈出。'圜悟歸蜀,元還浙東,鏟彩埋光,不求聞達。"

《羅湖野録》卷首有紹興乙亥自序,謂以倦遊歸憩羅湖之上,因追憶昔所聞見,録爲四卷。其中多載禪門公案,及機鋒語句。收在《萬續藏》第一四二册、《禪宗全書》第三十二册。圜悟(1063—1135),宋時蜀崇寧(今郫縣唐昌鎮)人,著有《碧巖録》。

6. 宋黄休復《益州名畫録》卷下:"姜道隱者,蜀州綿竹人也。年纔韶齔,盡日不歸。父母尋之,多於神佛廟中畫處纔見。及長,爲人木訥,不務農桑。唯畫是好,不畜妻孥,孑然一身。常戴一竹笠布衣,草履筆墨而已。雖父母兄弟亦罕測其行止。人皆呼爲'木猱頭'(蜀語,謂其鬢髮蓬鬆)。僞相趙國公知其性迹,請畫屏風。相公問何姓名,蜀語對云:'姜姓,無名。'相國曰:'既無名,何不以道隱名之?'自此始名。"

此初見黄休復《益州名畫録》,書又名《成都名畫記》。又見明代朱謀垔《畫史會要》卷一、《佩文齋書畫譜》卷四九、《説郛》卷九〇、《蜀中廣記》卷一〇七等。黄休復,字歸本,久居成都,生卒年不詳,約活躍於北宋初年。《益州名畫録》是一部記述唐、五代至宋初以西蜀寺院壁畫創作爲主要内容的地區性畫史,以列傳體形式記載了自孫位元至邱文曉等58位畫家的小傳及壁畫作品,按"逸、神、妙、能"四格編排,共分上、中、下 3 卷,收録見於蜀地的五代時期西蜀畫家作品。

7. 明顧起元《説略》卷十五"字學":"宋時《雜字册》:此等語皆出宋時,故山谷集中有……蘨(拿讀上聲)、苴(音鮓)、塌(音塔)、僈(音趿)、銃(充甲反)、䪥(蒲並反)等字,多謂蜀語也。義皆如今時之解。"

以上諸字,均見黃庭堅詩集用。黃多年在蜀爲官,引蜀語入詩,前人已有評述,不具。

8. 明陸深《儼山集》卷八六:"前連蓬萊,後枕閬苑。夫蓬萊閬苑,道書所稱海上真仙靈異之境,嘗有擬之中禁者,不知此何以云。蓬萊當指蓬州大蓬而言,閬苑即閬中本名。隆中以避唐諱爾。隆閬聲相近,意蜀語爲然。豈好事者遂附會其説如此。又《志》稱閬中山水甲蜀,遂將比於蓬萊閬苑也。"

陸深,先祖籍汴梁,生於明成化十三年(1477),弘治十八年(1505)考進士,中二甲第八名,進翰林院。嘉靖二十三年(1544)去世,享年 68 歲。曾任四川布政史,嘉靖十六年(1537)任太常卿兼侍讀學士。告老回鄉後,在浦東舊居後樂園中用土堆了一座小山,名儼山,並以此自號儼山。陸深著述有《儼山集》《儼山外集》《維封日記》《蜀都雜抄》《古奇器録》等。"隆閬聲相近,意蜀語爲然",是説蜀語中這兩個字語音相近。

9. 明周復俊《全蜀藝文志》卷二三"弔草堂"注:"草堂寺在蜀成都。《文選注》李善引梁簡文《草堂傳》曰:'周顒昔經在蜀,以蜀草堂林壑可懷,乃於鍾山雷次宗學館立寺,因名草堂。亦號山茨。'蓋蜀人謂草屋曰茨,成都之郊地名亦有蠶茨,今訛爲蠶絲矣。"

事又見《天中記》卷四〇。《蜀中廣記》卷二文字略同,作"蜀人語草爲茨"。《全蜀藝文志》卷二五"詩餘"下:"梁簡文帝《草堂傳》云:汝南周顒,昔經在蜀。以蜀草堂寺林壑可懷,乃於鍾山雷次宗學館立寺,因名草堂,亦號山茨。謂草爲茨,亦述蜀語。地名別有'蠶茨',是其旁證也。"

10.《蜀中廣記》卷七八:"甘節精術數,言無不中。常恐人薦達,每見人即作鄉音曰:'我但能蜀語耳。'順均賊亂。雷太尉召使隨軍,一日忽言曰:"太尉少避,有賊至。"雷命備之,良久,有刺客從地道出。

此節未見他書徵引,雷太尉事見《金史》卷九八、一〇一、一〇二,《續通志》四三六、四三八。

11.《十國春秋》卷四六:"先是延瓊經營土木,構第於錦水。應聖橋西横亘數坊,務極奢麗。成都絶少牡丹,延瓊聞秦州董成村僧院有牡丹一株,遂厚持金帛,歷三千里取植新苑。是時詔宣内外皇親暖宅,後主亦親幸其第。忽於壁上戲書'孟'字以嘲之。蓋蜀語以'孟'爲不佳也。"

《十國春秋》,清吴任臣編撰。記録五代時期十國史事的紀傳體史書。寫十國君主之事迹與重大歷史事件時,所據以司馬光《資治通鑑》和薛居正、歐陽修二史爲主。《十國春秋》的人物傳記,則采自五代、兩宋時的各種雜史、野史、地志、筆記、類書、文集等。其《序》云:"任臣以孤陋之學,思取十國人物事實而章著之,網羅典籍,爰勒一書,名曰《十國春秋》,爲本紀二十,世家二十二,列傳千二百八十二。人以國分,事以類屬。又爲《紀元》《世系》《地理》《藩鎮》《百官》五表,總一百一十四卷。雖世遠人湮,書册難考,乃鑒觀諸邦,略得而論。"

"蜀語"一詞還有其他用法,如薛居正等《舊五代史》卷七一(唐書)列傳二三:"許寂,字閑閑……寂少有山水之好,泛覽經史……蜀主王建待以師禮,位至蜀相。同光末,平蜀,與王衍俱從於東,授工部尚書致仕,卜居於洛,時寂已年高,精彩猶健,冲漠寡言。時蜀語云:'可怪可怪。'人莫知其際,清泰三年六月卒。"例中的"蜀語"是指蜀人當時的習慣語或蜀人的傳言。又如宋吴曾《能改齋漫録》卷十二"兩王難當二堂":"蜀先主祠在成都錦官門外,西挾即武侯祠,東挾即後主劉禪祠。蔣公堂帥蜀,以禪不能保有土宇,因去之。大慈寺有蜀後主王衍銅像,程公堂權帥毁以鑄鐘。蜀語曰:'任是兩王,難當二堂。'"《蜀中廣記》卷一所引同,"東挾、西挾"作"東夾、西夾","後主祠"作"後主劉禪祠","權帥"作"繼帥",其他文字同。這裏的"蜀語",乃蜀人的謡諺或民間這樣説來表示傳聞、評論之意。

二、"蜀語"名書

自唐代以來,有三部書名叫《蜀語》。

1. 唐李商隱編撰的《蜀語》。這部書叫《蜀爾雅》,今佚。《直齋書録解題》卷三:"《蜀爾雅》三卷,不著名氏。《館閣書目》案:李邯鄲云:唐李商隱采蜀語爲之,當必有據。"宋章如愚《群書考索》卷十:"李商隱以蜀語爲《蜀爾雅》,李俶《書目》。"馬端臨《文獻通考》卷一八九、朱彝尊《經義考》卷二八〇引同。其他記載過這部書的還有:《宋史》卷二〇二、《通志》卷六三、《文獻通考》、《遂初堂書目》卷一八九(列目無卷數)、《經義考》卷二八〇、《説郛》卷十、《通雅・卷首二》等。

李商隱(約813—約858)，唐代詩人。字義山，號玉谿生，又號樊南生。原籍懷州河內(今河南沁陽)，自祖父起，遷居鄭州滎陽(今屬河南)。九歲父死，奉喪侍母歸鄭州。文宗大和三年(829)，受天平軍節度使令狐楚召聘入幕。從大中元年至九年，先後三次赴桂州(今廣西桂林)、徐州、梓州(今四川三臺)隨人作幕僚。大中十二年，罷職回鄭州閒居。大約就在這一年年底病逝。李商隱詩，編成《李義山詩集》，有明汲古閣刻本和《唐詩百名家全集》本，均爲三卷，又有影印明嘉靖間毗陵蔣氏刻六卷本和明姜道生刊《唐三家集》本七卷，均無注；李商隱文，據《新唐書・藝文志》載，有《樊南甲集》二十卷、《乙集》二十卷、賦一卷、文一卷，《宋史・藝文志》所載，則更有文集八卷、別集二十卷，俱散佚。朱鶴齡從《文苑英華》《唐文粹》中重新録出彙編，徐炯、徐樹穀加以補充和箋注，成爲《李義山文集箋注》十卷。又有《四部叢刊》影印舊抄本《李義山文集》五卷。馮浩則據徐氏箋本分類按年編成《樊南文集詳注》八卷，收文一百五十篇。道光、咸豐年間，錢振倫從《全唐文》中又輯録出馮氏未收的李商隱駢文二百餘篇，編成《樊南文集補編》十二卷，與其弟錢振常分任箋注，並附年譜訂誤。關於李商隱的生平，見新、舊《唐書》本傳，元辛文房《唐才子傳》補充了一些逸事。朱鶴齡撰成年譜，功在首創，而疏漏亦多。經馮浩改訂後，刊行於世。但是我們在這些文獻中没有看到關於《蜀語》和《蜀爾雅》的記載。

李淑，字獻臣。約1127年前後在世，活動於宋仁宗天聖中前後，生卒年不詳。因家居邯鄲，號李邯鄲，其實他是徐州人。官至龍圖閣學士，知河中府。他家藏書分五十七類，二萬三千多卷。自編《邯鄲圖書志》和《邯鄲書目》。由於他藏書甚多，説有李義山的《蜀爾雅》，當必可信。

《蜀爾雅》(《蜀語》)一書，明代已佚，但是楊慎可能看到過這部書。《升庵集》卷六四："塗，字從余。余有三音，一音餘剩之餘，又音蛇。今人姓有余氏，即餘之轉注。而俗書從入從示作佘，乃小兒强作解事也。一音賒，故佘字從余可證也。《東方朔傳》'老柏塗'解曰：'塗者，漸洳徑也。'柳子厚詩：善幻迷冰火，齊諧笑柏塗。叶入麻韻。又雨多塗則滑，而顛得其音矣。李義山《蜀爾雅》云：《禹貢》'厥土惟塗泥'，《夏小正》'寒日滌凍塗'，二'塗'字音在巴荼之間。蓋禹本蜀人，故塗泥凍塗皆叶蜀音。今蜀人目濡土曰塗泥，肉爛曰塗肉。蓋禹時已有此音，蜀之土音亦古矣。”

關於這部書的去向，明胡應麟《少室山房筆叢正集》卷三：“孔鮒有《小爾雅》，劉伯莊有《續爾雅》，張揖有《廣雅》，曹憲有《博雅》，李商隱有《蜀爾雅》《羌爾雅》，陸佃有《埤雅》，羅願有《爾雅翼》。”自注：“劉、李二《爾雅》今不傳，蓋宋末已亡。《疑孟》《尊孟》二書見《朱文公集》，餘並未覯。二《荀》亦亡，又宋人有《蕃爾雅》。”

胡應麟（1551—1602），楊慎（1488—1559），楊慎較胡氏出生早63年，卒時胡應麟方八歲，可見，李商隱的《蜀語》（《蜀爾雅》）一書，是明中葉佚亡的，而並非如胡應麟所言亡於宋末。

2. 明李實編《蜀語》。明黃虞稷《千頃堂書目》卷七：“李實《蜀語》一卷。”李實《蜀語》是我國現存最早的地域方言辭書，收四川方言詞語563條[1]，一般先注釋意義，被釋詞語在後，然後是注音，最後引用文獻，如：“蠶在繭中曰蛹。蛹音勇。字書：蠶老化爲蛹，蛹化蛾。”“露牙曰齙，齙音報。”比較常見的詞語，只作解釋不注音，如“腹瀉曰過。《漢書》：食菜不招過，飲水不裂腸”。《李實學術研討會文集》所錄成果對這部書做了大量的研究[2]。

3. 明汪應蛟編《蜀語》。明黃虞稷《千頃堂書目》卷七：“汪應蛟《蜀語》。”汪應蛟，字潛夫，明徽州婺源人。萬曆二年（1574）進士，授兵部主事。後歷任禮部郎中、工部右侍郎、兵部尚書等職。平生著作甚富，有《詩禮學略》《詩禮品節》《學詩略》《中詮》《讀庸悟言》《理學經濟彙編》《九問密語》《獨言》《海防奏疏》《津門疏》《撫畿奏疏》《蜀語》《古今彝語》《計部奏疏》《病吟詩草》《鄉約記》等百餘卷。其《蜀語》今不傳。

三、蜀語、蜀方言、四川方言

“蜀語”就是蜀方言。“蜀方言”一詞較爲後起，至明代始有文獻用例。明代鄭珍《滎陽外史集》卷四七“瀼東耕者傳”有例：

　　　瀼東耕者，姓黃氏，名黼，字成章，淞江上海人也……耕者尚志前

---

① 甄尚靈、張一舟《〈蜀語〉詞語的記錄方式與〈蜀語〉音注所反映的音類》，《李實學術研討會文集》30頁，語文出版社1996年。

② 遂寧市文化局《李實學術研討會文集》，共收集相關論文20篇，語文出版社1996年。

烈,不樂仕進,嘗讀杜甫蜀中諸詩有曰"遺穗及衆多,我倉戒滋蔓"。慨
然歎曰:"杜陵其有道者耶?"因號瀼東耕者。"瀼"蓋蜀方言,謂江水横
通山谷處。瀼東在夔州赤甲白鹽間。耕者相望萬里如親歷其地。

文中所引杜詩爲《行官張望補稻畦水歸》最後二句。"瀼東"本爲地名,
鄭氏説"瀼"是蜀方言,當以方言入地名。此正合段玉裁所説:"凡《漢志》地
名,皆隨其地語言爲音。"①

杜詩中還有"瀼東瀼西一萬家,江北江南春冬花"(《夔州歌十絶句》),
其中的"瀼"指流入江河的山溪水。宋陸游《入蜀記》卷六説:"土人謂山間
之流通江者曰瀼云。"程公許(1182—1250)字季與,一字希穎,人稱滄洲先
生。眉州(今四川眉山縣)人,寄籍敍州宣化(今四川宜賓西北)。嘉定四年
進士。授華陽尉,再調綿州教授。改秩知崇寧縣,有《塵缶文集》等,已佚。
清四庫館臣據《永樂大典》輯爲《滄洲塵缶編》十四卷,其中詩十一卷。《連
日駐白帝城懷古感事閲陸放翁詩集追和其韻》:"空餘瀼西東,未泯冰雪魂。"

蜀語有時並不以"蜀"爲名,而是以蜀地某個具體的地點來命名,如《秋
日夔州詠懷寄鄭監李賓客一百韻》:"陣圖沙北岸,市暨瀼西巓。"杜甫自注:
"八陣圖、市暨,夔人語也。江水横通山谷處,方人謂之瀼。"《集千家注杜工
部詩集》:"公自注:市暨,夔人語也。市井泊船處謂之市暨,江水横通止公
處,居人謂之瀼。"史游注《山谷外集》卷十一《庚申宿觀音院》:"杜詩作於夔
州,所謂夔人,蓋夔州之人也。老杜有《夔州詠懷》詩云:'市暨瀼西巓。'自
注云:'市暨,夔人語也。'"

蜀語和蜀方言,都是古代蜀人的交際工具。我們統稱爲"蜀語"。古蜀
語和蜀族是"流"和"源"的關係,和蜀地共居的其他各少數民族語言有密切
的接觸和融合。從考古發現看,蜀人是古華夏族一個最重要的分支,古蜀文
明是華夏文明的重要組成部分。不同的時期,古蜀語有不同的性質。遠古
時期,蜀地是多民族聚居區②,古蜀人是蜀地的主體民族,蜀語也指這個主體
民族的語言;先秦時期,蜀語是具有自己特點、與中原漢語有密切關係的一
種地域語言,它與先秦時期的周語、秦晉語、齊語、楚語、趙魏語、宋魯語、吴

---

① 《説文解字》邑部"郫"下注。
② 李紹明《巴蜀民族史論集》(49頁)曾提出,蜀地有滇、僰、竇、僰、笮、筰、冉、驪、青衣等民族。

越語等一樣,是漢語文獻語言的重要來源之一,爲漢語一支非常重要的地域方言。秦漢時期,蜀語成爲漢語中地位較高的重要地域方言之一。

　　根據地域名稱及行政歸屬的演變,我們把中上古時期的蜀地人(不含少數民族)語稱爲"蜀語",把宋元明時代蜀地人語稱爲"蜀方言",把清代以後的蜀地人語稱爲"四川方言"——這樣稱呼比較勉强,因爲宋代時"四川"的行政區劃已經建立,從那時起就已經可以稱"四川方言"了,但是,在宋元明時代文人的著作中,仍然稱其爲"蜀語",又爲了與我們研究的中上古時代的"蜀語"相别,只好暫且稱其爲"蜀方言"。

　　我們之所以要使用"蜀語"一詞,是因爲今天的四川方言與歷史上的蜀語已經相去甚遠。尤其是經過大移民,其中主要是明末清初的張獻忠入蜀和"湖廣填四川"的大遷徙之後,四川人的成份發生了很大的變化。《康熙三十三年招民填川詔》頒布後,從清康熙十年(1671),遷徙開始大規模進行,至乾隆四十一年(1776)止,前後歷時 105 年之久。四川合計接納移民 623 萬人,佔是年四川總人口的 62%①。而據《巴蜀移民史》的統計,從元世祖到明末清初,四川人口損減佔原有人口的 83%;如果以明萬曆人口爲基數,人口滅減佔原有人口比例高達 97%②。參照《成都通覽》對當時成都人口構成所作的統計:"今之成都人,原籍皆外省人。"湖廣佔 25%,河南、山東 5%,陜西 10%,雲南、貴州 15%,江西 15%,安徽 5%,江蘇、浙江 10%,廣東、廣西 10%,福建、山西、甘肅 5%③。四川已經成爲一個典型的移民省份,蜀語和其他方言區的語言產生大量接觸與融合,四川方言的成份已經發生了翻天覆地的變化。紀國泰曾經做過一個統計,明代李實《蜀語》共搜集 576 個詞條,在現代四川方言中僅有 184 個,佔 32%,而與現代四川方言形音義全同者只有 132 個,比例更小④。雖然中上古蜀語仍然是近現代四川方言的主要成份,但已經不能從近現代四川方言去考究古蜀語了。所以我們説的蜀語,是專指中上古時期的蜀方言。

---

① 葛劍雄《中國移民史》第一卷 383—384 頁,福建人民出版社 1997 年。
② 譚紅《巴蜀移民史》579 頁。
③ 傅崇矩《成都通覽》(上)109—110 頁,巴蜀書社 1987 年。
④ 紀國泰《〈蜀語〉簡論》,36 頁。

第一編　蜀語的形成與發展

第一章　蜀人與蜀語

第一節　蜀人的起源與族屬
——蜀語語主及歷史文化(1)

在遠古時代華夏民族的發展過程中,各地區各民族人民不斷通過各種方式融入到她的懷抱。在不同的時期,主體民族有所不同。其中古蜀人創造了歷史悠久而輝煌的文化,爲華夏民族的形成、發展和興盛貢獻了自己的力量。

研究中上古蜀語要把研究古蜀人作爲重要的一環。前人論述蜀語"頗與華同","民始能秦言"是從蜀人的歷史發展進程來推論的,而像蒙文通、任乃强、鄧少琴等,也是從蜀人的政治、經濟、文化的歷史發展來對蜀語進行研究,從而取得成就的。因而,從某種意義上説,對蜀人的起源、發展和蜀人與周邊民族的關係等情況的研究在古蜀語研究中具有特別重要的地位。

自從羅常培著《語言與文化》一書後,結合文化研究語言成爲學界的共識。這是因爲①:

> 語言不是孤立的,而是和多方面聯繫的。任何社會現象都不能和別的現象絕緣而獨立存在或發展,各現象間必得彼此關聯,交互影響,纔能朝着一定的途徑向前推進……所以語言學的研究萬不能抱殘守缺地局限在語言本身的資料以內,必須要擴大研究範圍,讓語言現象跟其他社會現象和意識聯繫起來,纔能格外發揮語言的功能,闡揚語言學的原理。

李如龍認爲,研究方言應該結合社會生活、家庭生活、地理環境與經濟

---

① 羅常培《語言與文化》109 頁。

生活等方面進行①；研究方言應該聯繫地方歷史、地理環境、地方習俗、文化心態等進行。這是因爲"方言是歷史上形成的，現存的方言的許多特徵只有聯繫地方史實纔能正確理解"。"人類各種群落的社會生活都是在特定的地理環境中展開的，語言和文化的形成與演變經常都打上了這種環境的深刻烙印。不同的環境決定了不同的生活方式，反映在方言中則有不同詞彙手段的稱述。隨着環境的變化、社會生活的變遷，方言詞彙有的相應地更替了，有的則固執地傳承下來。不論是不同地理環境造成的方言差異，或者是不同時代的環境因素造成的語言變遷，對於方言的研究都是十分重要的"②。曹志耘考察了遂安方言與該地域的歷史、地理、文化後，結合日本學者岩田禮、平田昌司的成果，提出③：

> 　　正像民族語言與民族文化的關係一樣，方言與地域文化之間有着千絲萬縷、血肉相連的關係。爲了豐富和深化方言和地域文化兩方面的研究，現在有必要大力提倡把漢語方言與中國地域文化結合起來進行雙向的或綜合的研究。這種研究將有助於解釋漢語方言中與地域文化密切相關的現象，解釋地域文化中與漢語方言密切相關的現象，解釋漢語方言與中國地域文化之間的各種關係，並在調查研究的基礎上，更好地繼承、發揚、利用漢語方言與中國地域文化。

研究任何語言都不能脱離其文化歷史背景。研究中上古蜀語，在語言材料本身不夠豐富的情況下，通過對蜀人、蜀地、蜀史的研究可以得出接近事實的答案，如《蜀王本紀》和《華陽國志》是研究上古蜀人歷史的兩種基本文獻，人們常常據以論證"蜀左言""無文字""言語頗與華同"。鄭德坤曾將這兩種資料作過比較，提出《蜀王本紀》"或爲四川民間流傳之古代傳說，作者據所聞記錄，毫未修飾，故尚可見其本來面目。晉常璩著《華陽國志》，所載與此略有出入，其爲整理過之民間傳說甚明"。"第一段常氏將蜀史與漢族傳說打成一片，憑空將蜀王世系懸掛於帝嚳支派之下。第二段常氏又用學者眼光將一切神話與不雅故事完全删去。例如蠶叢至魚鳧三代，各治國

---

① 李如龍《漢語方言學》25 頁。
② 李如龍《關於方言與地域文化的研究》，48 頁。
③ 曹志耘《談談方言與地域文化的研究》，71 頁。

數百歲，臨終仙化；杜宇從天墮，其妻由井出；鱉靈屍逆流而上，後復活；望帝與鱉靈妻私通均爲常氏所不取者。嚴本《蜀王本紀》稱蠶叢年代爲三萬年前，常《志》則置於東周之時"①。鄭先生認爲有些學者以傳説爲信史，用以證明蜀史，其研究方法的出發點不可靠；《華陽國志》只是將傳説進行了整理，基礎仍然是傳説，不能作爲蜀國或蜀族的信史。既然《蜀王本紀》記載的史實疑點不少，則學者推論結果的可靠性可想而知。

　　從這樣的觀點出發，弄清楚蜀人、蜀地的歷史發展，對中上古蜀語的研究大有裨益。研究蜀族歷史文化的最重要的問題是蜀與中原的關係，這決定了蜀語的性質及其與漢語的前身華夏通語之間的聯繫狀況。

　　20 世紀中葉以來，不少學者對蜀與中原的關係進行了卓有成效的研究，如 20 世紀 50 年代徐中舒的《巴蜀文化初論》《巴蜀文化續論》，70 年代童恩正的《古代的巴蜀》。顧頡剛先後寫出《古代巴蜀與中原的關係説及其批判》《秦漢時代的四川》《〈蜀王本紀〉與〈華陽國志〉所記蜀國事》等文（《論巴蜀與中原的關係》）。《〈蜀王本紀〉與〈華陽國志〉所記蜀國事》比較兩書記錄古蜀故事的異同，説明前人整理史料的思想與方法的區別。此文作於1944 年，刊於 1946 年《中國史學》第 1 期。《秦漢時代的四川》，是 1942 年應華西大學邊疆研究會之邀作的講演稿。文章根據《史記》《左傳》《國策》等，用通俗的語言把公元前 5 世紀至漢代蜀與中原的關係做了系統的敘述。李學勤指出"蜀與周的關係，在文獻中有較多記載，與夏、商的關係如何，則文獻無徵"，但經過對出土器物的比對，説明"蜀與商文化有密切聯繫"②。

　　馮漢驥的《西南古奴隸制王國》（《巴蜀考古論文集》，文物出版社 1978年），宋治民的《四川先秦時期考古研究的問題》（《四川考古論文集》，文物出版社 1996 年）、《蜀文化與巴文化》，孫華的《四川盆地的青銅時代》（科學出版社 2000 年）等，對我們討論蜀與中原的關係有重要的參考意義。

　　古蜀人的族源族屬，前修時賢做了大量深入的研究，可以歸納爲幾種有代表性的觀點。

---

① 鄭德坤《四川古代文化史》21—22 頁。
② 李學勤《從廣漢玉器看蜀與商文化的關係》，155 頁。

一、古蜀人與羌人有關，也與氐人有關，進入成都平原後成爲新的蜀族①

古蜀人起源於古羌人。李紹明提出："岷江上游乃至雅礱江一帶，從先秦開始便是氐羌系的民族所居，也是氐羌系民族從北向南遷徙，乃至濮越系的民族從南向北遷徙的走廊地帶。這一帶至今仍是藏、羌、彝、普米等藏緬語系的大本營，因此，説蜀山氏及其後蜀人應與氐羌系的民族有密切的關係是有根據的。""這裏所説蜀族爲氐羌系的民族，是從川西北山區逐漸徙居到成都平原的事實，並不排斥三星堆文化是'川西平原自成體系的一支新文化'。事實上，蜀族進入成都平原並與當地及附近民族發生密切交往後，已發展成爲另一種新型的民族了。"②屈小强提出了"古羌—蜀族團"（蠶叢部落的一支）的概念，同意任乃强的意見③。袁庭棟認爲"蜀族本是氐羌族的一支，早期活動地區在岷江上游山谷之中，逐漸發展到成都平原與陝南，長期以成都平原爲根據地。在今川西至陝南的廣大地區之中的古老民族，則都被稱爲蜀人或蜀族"。"蠶叢氏應屬於氐羌族系"，"柏濩氏很可能與蠶叢氏是同一族系，都是出自氐羌"④。温少峰認爲，蜀族乃古代氐羌的一支，從藏語與羌語進行考察，古代氐羌族稱高原之人、山上之人爲蜀（或譯音爲叟、戍、滇），故而蜀之本義即爲高原之人⑤。日本學者成家徹郎指出："蜀族，原來是羌族的一支派別。他們在商國二里崗時期形成了王國——即三星堆青銅王國。"⑥梁國均提出"蜀之先爲蠶叢氏，蠶叢氏之先爲蜀山氏。蜀山氏本於遷居成都平原之羌族"⑦。

二、古蜀人與三苗有關

范勇指出，古蜀人源於三苗。其依據是（1）人種類型。特別是成都指揮街出土的四個人頭骨，爲典型蒙古人種華南類型，三星堆出土的銅像群有許多是南方人形象。（2）信奉並祭祀盤瓠。盤瓠是苗蠻集團某些部落祭祀的

---

① 林向《巴蜀文化新論》81 頁。
② 李紹明《巴蜀民族史論集》50、52 頁。
③ 屈小强《古蜀魚崇拜與蜀人東進》，1 頁。
④ 袁庭棟《巴蜀文化志》3、41 頁。
⑤ 温少峰《試爲"成都"得名進一解》，39 頁。任乃强同意文章的觀點，見《贊同〈試爲"成都"得名進一解〉》，同期 45 頁。
⑥ 成家徹郎《巴蜀蜀族的形成》，324 頁。
⑦ 梁國均《蜀語疏解》，《李實學術研討會文集》93 頁，語文出版社 1996 年。

對象,武陵蠻自稱爲盤瓠後裔,蜀人也有此習俗。(3)崇拜樹並有"神樹"。三星堆祭祀坑中有神樹數株,廣西融水苗族和黔東南苗族也有崇拜樹的習俗。(4)髮飾相類。《蜀王本紀》說蜀人椎髻,成都百花潭中學出土的青銅器,其采桑圖十五人皆穿長袍,七人戴冠腦後有長辮,八人不戴冠頭前有山字形犄角髮飾。與苗"髽首"髮飾相同。(5)居處相類。《蜀王本紀》說古蜀王居於岷山石室中,漢魏時期居於湖南一帶的武陵蠻也居住在石室中。(6)祖源傳說相同。三苗相傳爲顓頊之後,蜀人的祖源與顓頊有關①。

三、古蜀人與彝族有關

錢玉趾《三星堆文化居民與彝族先民的關係》從民族的起源與遷徙,從宗教信仰到風俗習慣,從古籍文獻到考古發掘成果以及語言文字的親緣關係等綜合分析論證,認爲"三星堆文化居民的一部分就是彝族先民的一個支系;或者說,彝族先民的一個支系就是三星堆文化的居民"。其《古蜀地存在過拼音文字再探》提出:"上述(指作者繪出Ⅲ-1式戈、新都V-2式戈、郫縣V-2式戈)銅器銘文符號與彝族文字有許多相似之處",戈上的古蜀文字和彝文一樣是音節文字。且薩烏牛對三星堆博物館展出的60個古蜀文字進行研究後,認爲其中有51個古彝文字,佔85%;又對四川省博物館劉英收集的180個巴蜀文字進行了考釋,破譯了其中的40個字元,說明古蜀文字就是古彝文字②。

四、蜀人是蜀地一支新的民族

李紹明提出,先秦時期,蜀既是一個族稱,也是一個方國,史籍中有蜀族源於黃帝的說法,《華陽國志》說黃帝之子昌意娶蜀山氏之女,然後繁衍出一支蜀人,黃帝的氏族與蜀山氏氏族通婚,從而構成一個部落的内婚關係,而這一部落繁衍出蜀族這一新的支系是完全可能的事③。

與李紹明等學者認爲蜀人單一來源不同,馮廣宏根據有關考古成果,結合文獻記載,發現古蜀人至少有三個來源,後來聚集在成都平原進行融合。這三源分別是:人皇族通過嘉陵江最早西移;黃帝族和蠶叢族經岷江水系分

---

① 范勇《試論早蜀文化的淵源及族屬》,20頁。
② 且薩烏牛《彝族古代文明史》100—102頁。
③ 李紹明《古蜀人的來源與族屬問題》,11—13頁。

別南下；長江古荆族溯流北上[1]。

即使不考慮少數民族與蜀人的關係，如果不是從動態的、發展的眼光來考察，蜀人的來源也是非常複雜的。其實這些不同的族，都是最古的華夏族的分支，正如費孝通所指出的"中華民族多元一體"，這幾個族的關係有非常近的親緣關係。

五、蜀人是黃帝族的一支

這是歷代學者所倡的一種主流觀點。段渝研究了傳世文獻記載的蜀與黃帝錯綜複雜的關係，指出："中原和古蜀均爲黃帝后代，兩地文獻均從古相傳黃帝與古蜀的親緣關係，都把各自最古文化的起源追溯到黃帝與嫘祖、昌意與蜀山氏和帝顓頊，這正是表現了兩地共同的文化底層。"[2]

對古蜀人來源的不同看法，提示了對古蜀語研究的切入角度。如果蜀人的族屬不同，則研究蜀語時就應該與相應的民族語言進行聯繫對照，找出之間的淵源關係。而這個問題對中上古時期的蜀語顯得尤爲重要。

長期以來的古蜀研究，總是將蠶叢、柏灌、魚鳧、杜宇、開明看成是線型的朝代更迭，但這是有局限的。譚繼和提出應該用"'多綫進化觀'來看待巴蜀歷史"，"建立'多綫進化'的框架"，"蜀王五祖每祖不是一個人，而分別指的是一個較長的歷史時代，各有自己的生活方式和特徵。它們既不是五個王稱，也不是五個部族的名號，而是歷史相更替的五個經濟時代的代稱"[3]。我們也贊成，不能把蜀地的五主看成朝代相承的關係，而應該是多民族經融合構成的蜀族，而這樣一來，對古蜀語的討論就更爲複雜，其涉及的時間長度與地域廣度、民族來源縱橫交錯，這也給古蜀語的研究帶來更多的困難。

第二節 載籍所見之蜀與中原
——蜀語語主及歷史文化（2）

從上古時期蜀與中原的接觸來分析並推論蜀語與中原語言的關係，也可明確中上古蜀語的性質。

---

[1] 馮廣宏《考古揭示蜀人三源説》，1頁。

[2] 段渝《古蜀文明的演進特點及其在先秦史上的地位》，《社會科學戰線》2011年第1期89頁。

[3] 譚繼和《巴蜀文化的現狀與未來》，15頁。

蜀之地域，袁庭棟認爲，"無論是巴與蜀，其概念的内涵都有一個由'族名——地域名——國名——行政區劃名——地域名'的變化過程。今天則用作四川地區的代稱"。"古代的巴蜀地區，大致來講，主要就是指四川盆地"。而元代以前，應該包括漢中。文獻依據如劉邦爲漢王統治的地區是"王巴、蜀、漢中"（《史記·高祖本紀》）。《史記·劉敬叔孫通列傳》："卷蜀漢，定三秦。"漢中"與巴蜀同俗"（《漢書·地理志》）。秦王遷吕不韋於房陵（今湖北房縣），叫"遷蜀"；劉邦封漢王，都南鄭，韓信則説他"失職於蜀"。"西漢時，漢中郡劃屬益州。這種格局，東漢、三國、西晉、唐、宋一直沿襲，直到元代，漢中地區纔不再是四川行省的一部分而劃歸陝西行省"[1]。

秦代以後，蜀與中原的關係清，文獻存，語言可考。而此前，蜀與中原關係卻要作些討論，纔能對蜀語和中原語言的關係和蜀語的性質做出科學的判斷。

一、夏與蜀的關係

傳説時代，蜀與華夏的關係已有明確的文獻記載。褚少孫補《三代世表》："蜀王，黄帝后世也。"《華陽國志》説巴蜀之爲國"肇於人皇"。黄帝與嫘祖曾結爲姻親。《史記·五帝本紀》："黄帝居軒轅之丘，而娶於西陵之女，是爲嫘祖。"姚蔚元《北朝胡姓考》："南安雷氏，本西羌累姐種，以種名爲氏……雷氏爲羌中豪族……姓氏諸書，僅謂雷氏爲方雷之後，女爲黄帝妃，生元囂。"[2]鄧少琴説："西陵之嫘祖，是爲羌族，黄帝娶嫘祖，是爲姬羌世爲婚姻。犹之西周與姜世爲婚姻，姜即羌也。"[3]《路史》卷二九："伏戲母國在閬中。"卷十："人帝皇雄氏，蒼精之君也。母華胥居于華胥之渚。"注："《記云》：'所都國有華胥之淵，蓋因華胥居之而名，乃閬中俞水之地。'"閬中俞水之地，即今嘉陵江。《太平御覽》卷七八："神農氏，姜姓也。母曰任姒，有喬氏之女，名女登，爲少典妃。遊於華陽，有神龍首感女登於常，生炎帝。"史書又説伏戲女媧常遊峨眉，女媧是在峨眉山煉五彩石補天。至今，山中仍有女媧洞，而爲女媧撿石的九位老人稱爲"九老"，居住於九老洞。顓頊是黄帝之孫，《吕覽》《山海經》《水經注》等都記載他生於若水，《大戴禮記·帝系》

①　袁庭棟《巴蜀文化志》4—5 頁。
②　姚蔚元《北朝胡姓考》321—322 頁，中華書局 1962 年。
③　鄧少琴《鄧少琴西南民族史地論集》103 頁。

説因爲他的父親昌意被貶到若水,娶了蜀山氏女。蜀山,《太平寰宇記》説在茂州,即今茂縣。黃帝另一個兒子青陽,《帝系》説被貶到汦水,《榮縣志》説汦水即湔水,今沱江。這樣,昌意一支在原西康,青陽一支在四川。傳説中古蜀源於炎黃二帝,密不可分,表明了蜀族與中原各族同源的關係。

夏代是中國歷史上第一個有文獻記載的時代,"禹生石紐""禹興於西羌",蜀、夏或同根,或源流,或姻親,早見於載籍。林向《從考古新發現看蜀與夏的關係》從古城、字符和對龍的崇拜三方面的不同對比,證明夏禹與古蜀有文化上的同源關係,蜀"與夏同源問題既於文獻有徵,又得地下出土文物的印證",是不用懷疑的。李紹明《從石崇拜看禹羌關係》提出禹和羌同源。王錫純《試論禹生石紐及禹迹》對禹生"西蜀石紐"作了歷史地理的考證。祁和暉《夏禹之有無及族屬地望説商兑》同意夏禹人與古羌人、古蜀人有淵源。馮廣宏《大禹三考》對大禹史實進行研究後認爲其"補充了古蜀的空白"①。這些論斷,有充分的史實依據,有深入的分析與考證,如果沒有相反證據的話,夏與蜀有淵源關係是沒有疑問的。而這樣的關係,會給語言帶來深刻的影響。但今天只能通過地下文物和神話、傳説以及如《史記·夏本紀》等典籍記載的隻言片語來推測,因爲找不到更多的證據。

夏民族是中華民族的核心集團,文獻記載其首領禹是蜀人。《史記·夏本紀》正義引《蜀王本紀》:"禹本汶山郡廣柔縣人也,生於石紐。""蜀之爲邦:天文,井絡輝其上;地理,岷蟠鎮其域;五岳,則華山表其陽;四瀆,則汶江出其徼。故上聖則大禹生其鄉……""禹生西羌"之説,陸賈《新語》有載。《史記·六國年表》:"夫作事者必於東南,收功實者常於西北,故禹興於西羌。"東漢時期,則有禹生於廣柔縣石紐鄉之説。《三國志·蜀書·秦宓傳》載秦宓言:"禹生石紐,今之汶川郡是也。"裴松之注引譙周《蜀本紀》:"禹本汶山廣柔縣人也,生於石紐,其地名刳兒坪。見《世帝紀》。"《水經注·沫水》廣柔縣條:"縣有石紐鄉,禹所生也。"《輿地廣記》:"(石泉)隋爲汶川縣地,屬汶山郡。唐貞觀八年析置石泉縣,屬茂州,皇朝熙寧九年來屬。有石紐山,禹之所生也。"《吳越春秋》卷四宋徐天佑注:"(石紐)在茂州石泉縣。其地有禹廟,郡人相傳禹以六月六日生。"《元和郡縣志》:禹汶山廣柔人,生

_____

① 以上數文見李紹明等主編《夏禹文化研究》42、31、130、56、230 頁。

於石紐村。《水經注》:縣有石紐鄉,禹所生也。廣柔,即今石泉軍。"明周復俊《全蜀藝文志》卷三七載南宋計有功所撰《禹廟記》:"方册所載,禹生石紐,古汶山郡也。崇伯得有莘氏女,治水行天下而生禹於此。稽諸人事,理或宜然。"並詳述了石紐地望的三種不同説法,要之,"合之則一,離之則散處於三邑之近,無可疑者"。清嘉慶二十年(1815)《四川通志》:"石泉縣。石紐山在縣南一里,有二石紐結,每冬月霜晨有白毫出射雲霄。山麓有大禹廟。""九龍山。在(石泉)縣北二十里,山勢嶙峋,排列九嶺,如龍起伏狀。第五嶺下即剖兒坪,禹生於此,血石滿溪。李白書'禹穴'二大字,鐫於山頂(山腰)。""大禹廟在(石泉)縣東南石紐山下,邑人以禹六月六日生,是日裸享,歲以爲常。"杜光庭(850—933)《青城記》:"禹生於石紐,起於龍冢,龍冢者,江源岷山也。有禹廟鎮山上,廟坪八十畝。"羅泌《路史》:"石紐在汶山西番界龍冢山之原。鯀,汶山廣柔縣人也,納有莘氏女,歲二月,以六月六日生於僰道之石紐鄉,所謂剖兒坪,長於西羌,西夷之人也。"

　　有文獻記載,夏的首領曾與蜀人聯姻。《書·太甲上》:"惟尹躬先見於西邑夏。""西邑夏"是説桀時有兩個都邑,一個在東部斟鄩,一個在岷山。《藝文類聚》卷八三引《竹書紀年》:"桀伐珉山,珉山莊王女于桀,二女曰琬,曰琰。桀受二女,無子,斲其名于苕華之玉。"《韓非子·難四》:"桀索岷山之女,紂求比干之心而天下離。"《竹書紀年》卷上:"桀命扁伐岷山,岷山女於桀二人,曰琬、曰琰。桀受二女,無子,刻其名於苕華之玉,苕是琬,華是琰。而棄其元妃於洛,曰末喜氏。末喜氏以與伊尹交,遂以間夏。"《太平御覽》卷一三五引略同。唯其"珉、岷"作"蒙"。《楚辭·天問》亦記其事。有學者以爲這個岷山就是蒙山,"岷、蒙雙聲音近而假,也就是今天山東的蒙山"[1]。"岷、蒙"二字雖然聲近,但韻相隔絕遠,一在真文,一在東冬。改字求證,除非有確實的依據。

　　段渝認爲,"從衆多史籍關於禹生石紐的一致記載來看,只有把禹的出生地放在四川西北的岷江上游,纔是符合歷史實際的。唯因如此,禹生石紐的傳説纔可能在古蜀之地長期保留下來。及禹長後,東進中原,創立夏王

---

[1]　王寧《夏國疆域新證》,86頁。

朝,隨禹東進的羌人也就轉化爲夏王朝的主體民族"①。隨禹東進的羌人成爲夏族,留在古蜀地的羌人的一部分成爲蜀族,二者應該具有同樣的族源。

陳保亞《解讀蜀夏文化的一線曙光》(23 頁)指出:"大禹不僅是蜀人,而且還帶去了蜀文化的兩種重要生存方式:桑蠶和稻作。如果情況真是這樣,由於桑蠶文化和稻作文化在華夏文化的生活中的重要作用,那麽夏文化就從根本上受到了蜀文化的影響,夏文化可能本質上就是一種以蜀文化爲源頭的'蜀夏文化'。"

林向認爲蜀夏文化是同源並互相認同的,他采用二重證據法,運用大量的地下考古與地上文獻材料,指出"蜀與夏同源,有文獻足徵","夏與蜀本是同源的異地文化"。"夏與蜀既是文化同源,又各自獨立發展,在發展中又不斷交往交流,當然,文化交流常是雙向的,尤其是在實力相當時,文化傳播的輻射力也會旗鼓相當"。"從考古文物來看夏與蜀的親密關係,無論是古城,還是字符,或者是對龍的崇拜,都從不同的角度證明夏禹與蜀有文化上的同源關係。由此可見,夏蜀同源問題既於文獻有徵,又得地下出土物的印證,有了這'兩重證據法'的證明,確是有案可查,是無須懷疑的了"②。宋治民則從大量考古材料的相似性説明蜀文化與二里頭文化具有相互影響的屬性,並提出了二者溝通的五條通道,如下表:

編號	路徑	到達
1	漢水至漢中地區	成都平原
2	長江中游地區,溯江而上	成都平原
3	關中東部在西安以南經子午谷至陝南城固、洋縣一帶,西至漢中	成都平原
4	斜水和褒河河谷(褒斜道)	成都平原
5	嘉陵江河谷	成都平原

宋治民的結論是"夏商時期兩者已經有了接觸、交往,蜀文化受到夏商文化的影響。這些影響表現在物質文化方面,但也表現在社會意識方面,如接受哪些,捨棄哪些,對一些器物加以改造等,都是這方面的反映"③。張天

① 段渝《古蜀文明的演進特點及其在先秦史上的地位》,《社會科學戰線》2011 年 1 期 85 頁。
② 林向《蜀與夏》,62—71 頁。又見林向《巴蜀考古論集》90—111 頁,四川人民出版社 2004 年。
③ 宋治民《試論蜀文化和夏商文化的關係》,25 頁。

恩認爲巴蜀文化受到中原文化的影響,"巴蜀文化的早期階段,與中原文化的交流影響似乎呈單向趨勢,即僅是中原對它的影響。這應是當時巴蜀文化正處於形成階段"。商周時期,"文化交流已改過去的單向吸收,而呈相互影響、雙向交流的趨勢"。晚期,"巴蜀文化本身仍有向更高文明邁進的迹象,但與已向封建經濟形態過渡的中原列國比較,還是落後了一步"①。

譚繼和的意見則相反,提出蜀文化"西興東漸"的兩通道説:"考古學上蜀夏同源的發現,可用巴蜀文獻加以印證""夏禹本生於蜀,興於西羌,夏禹文化從蜀地西興東漸,屬於巴蜀文化區域;化於中原華夏地區,屬二里頭文化區域;播於東方居巢,屬東方良渚文化區域。"②認爲蜀文化是由蜀傳播到中原的,即:

儘管這些還可以進一步討論,但無論是同源説還是影響説,要解釋蜀地考古器物中的文化因素,僅從器物學上看是不夠的,還應該看到器後邊人的因素。聯繫史傳、傳説中夏禹出蜀的記載,或是二里頭文化影響蜀文化,或是蜀文化傳到中原,都不妨礙蜀人蜀地在中華民族形成過程中的作用。

蜀文化除了與夏文化有關外,還可從文獻材料記載其他文化與夏文化的關係來進行考察。《大戴禮記·帝繫》第六十三:"昌意娶於蜀山氏,蜀山氏之子謂之昌濮氏,産顓頊。"趙曄《吳越春秋·越王無余外傳》第六:"越之前君無余者,夏禹之末封也。禹父鯀者,帝顓頊之後。鯀娶於有莘氏之女,名曰女嬉。年壯未孳。嬉於砥山得薏苡而吞之,意若爲人所感,因而妊孕,剖脅而産高密。家於西羌,地曰石紐。石紐在蜀西川也。"

衆多表述夏蜀關係的文獻材料證明,蜀地是中華民族的發祥地之一,是中華民族最傑出的領袖之一大禹的出生地。雖然有學者提出了不同的意見,但是對上述這些文獻材料,除非有相反證明,我們不能采取虛無主義的

---

① 張天恩《巴蜀文化與中原文化的關係試探》,68 頁。

② 譚繼和《巴蜀文化的現狀與未來》,15 頁。

推論,這纔是科學的實事求是的研究方法。大禹所生地廣柔爲漢代的廣柔縣,地域遼闊,其故地與今日北川、汶川、茂縣、都江堰市皆有所對應。夏禹生於斯,居於斯,今日尚有遺迹在,主要活動範圍在蜀應該是靠得住的。桀伐岷山,娶二女於蜀,具姻親關係。

據此推論,當時蜀地蜀人的語言就是夏族語,也是當時華夏民族中地位最高的方語。如果我們承認徐中舒"夏族的主要部族是羌族"這一觀點的話,則古老的羌語就是後來蜀語的前身,也就是華夏民族曾經的通語或標準語的重要來源之一。

二、商以前的蜀與中原

殷墟甲骨文是完整的文字系統,記載了商代的歷史、政治、經濟、文化發展狀況。其中提及蜀的文獻不少。

(1)數量。有關蜀的甲骨卜辭,董作賓《殷代的羌與蜀》統計有 11 條(《説文月刊》3 卷 7 期,1942 年);島邦男統計有 42 條(《殷墟卜辭綜類》,北京中國書店翻印 1979 年);姚孝遂列出了 67 條(《殷墟甲骨刻辭類纂》,中華書局 1989 年),這其中包括僅有一兩個字無法確定其内容的卜辭。

(2)寫法。甲骨文中的"蜀"有多種寫法。20 世紀 30 年代,孫海波《甲骨文編》(中華書局增訂本,1965 年)列出 20 種;80 年代初,高明《古文字類編》(中華書局 1980 年)列出 4 種;80 年代末,徐中舒主編《甲骨文字典》(四川辭書出版社 1988 年)列出 9 種。

(3)地望。孫海波釋蜀爲地名(《甲骨文編》),徐中舒釋爲方國名或人名(《甲骨文字典》)。釋蜀爲地名或方國名,是被學術界普遍接受的,但具體地所指卻存在着較大分歧。20 世紀二三十年代以來,學術界普遍認爲殷商時代四川與中原地區不可能發生聯繫,故胡厚宣認爲蜀地在山東,"自今之泰安南至汶上皆蜀疆土"[①]。李學勤贊同這種觀點[②]。他們的説法緣於《左傳·宣公十八年》杜預注:"蜀,魯地。泰山博縣西北有蜀亭。"有學者持不同的看法,董作賓説:"蜀的地望……約在今陝西或四川。"[③]島邦男認爲是

---

① 胡厚宣《卜辭中所見之殷代農業》,《甲骨學商史論叢二集》(上)1 頁,齊魯大學國學研究所 1945 年。
② 李學勤《西周甲骨的幾點研究》,7—12 頁。
③ 董作賓《殷代的羌與蜀》,104 頁。

在黄河河曲西南,今陝西東南部商縣、洛縣一帶[1]。陳夢家認爲在山西南部,
"故城在今新絳縣西"[2]。唐蘭《天壤閣甲骨文存並考釋》將卜辭"西方"斷爲
邛方,"略當四川之邛縣,在殷時當其强盛,故爲西方之巨患也"。據此斷定
卜辭中的蜀即巴蜀的蜀[3]。還有的認爲在殷之西北等,郭沫若認爲"蜀"即今
天的四川[4];長期從事巴蜀文化研究的徐中舒、蒙文通、馮漢驥等則認爲商代
的蜀在川西高原至成都平原一帶[5]。鄧少琴認爲"殷墟卜辭蜀有人方之稱",
而據卜辭中的"伐羌蜀"(鐵1053)、"撻缶於(與)蜀"(後上·9·7)可知"羌
爲羌方,在殷之西,蜀在羌之南,缶應即褒,缶之南是爲蜀國,殷之出征,先羌
而後蜀,先缶以及於蜀,應無疑義"[6]。

　　郭勝强從中選出具有代表性、內容比較完整的20條,並予以分析説明。

　　(1)□寅卜,殼貞:登人征蜀。(《合》6858)

　　(2)□寅卜,殼貞:王登人征蜀。(《合》6859)

　　(3)丁卯卜,殼貞:王敦岳於蜀。(《合》6860)

　　(4)丁卯卜,殼貞:王敦岳於蜀。(《合》6862)

　　(5)……允……它蜀……(《合》18080)

　　(6)……伐……蜀……□……(《合》33083)

　　(7)……於蜀。(《合》6866)

　　(8)……在蜀。(《合》20584)

　　(9)……無禍在蜀。(《合》20598)

　　(10)癸酉卜,我貞:至蜀無禍。(《合》21723)

　　(11)辛酉卜,録貞:至蜀無禍。(《合》21726)

　　(12)甲寅卜,臣子來蜀。(《合》22374)

　　(13)癸巳卜,貞:旬在蜀。(《合》33141)

　　(14)……蜀禦事。(《合》5563)

①　〔日〕島邦男《殷墟卜辭研究》374—383頁,臺北鼎文書局1975年。
②　陳夢家《殷虚卜辭綜述》295頁。
③　唐蘭《天壤閣甲骨文存並考釋》,《甲骨文研究資料彙編》14册618頁,北京圖書館出版社2008年據1939年
　　輔仁大學影印。
④　郭沫若《班簋的再發現》,2頁。
⑤　郭勝强《蜀與殷商關係芻論——從甲骨文記載談起》,87頁。
⑥　鄧少琴《巴蜀史迹探索》130、156頁,四川人民出版社1983年。

（15）癸卯卜，貞至蜀我有事。（《合》21730）

（16）……巳，貞：畢以津於蜀乃奠。（《屯南甲骨》866）

（17）辛巳，貞：畢于津於蜀乃奠。（《英藏甲骨》2413）

（18）貞：蜀受年。（《合》9774）

（19）貞：蜀不其受年。（《合》9774）

（20）貞：蜀不其受年，二月。（《合》9775）

　　郭勝強將上列 20 條卜辭歸納爲三大類：第一類，（1）至（6）記述的是殷商和蜀之間的戰爭，其中有"征蜀、伐蜀"，"登人"意爲徵集兵員進行伐蜀；第二類，（7）至（14）記述的是殷商之間的聯繫，"在蜀、於蜀、至蜀"和"蜀禦事"，就是這種聯繫的證明。第三類，（15）至（20）記述的是殷商和蜀的友好交往。（16）（17）都是舉行祭祀的記載。（18）（19）（20）是卜問蜀地能不能"受年"，亦即能不能豐收。郭文的結論是"蜀地雖然距中原遙遠、道路難行，但至少在殷商時代就和中原地區發生了交往，開始雙方曾有小規模和局部短期的戰爭，之後則建立了友好的聯繫"①。饒宗頤指出，"卜辭屢見'伐蜀''至蜀'之記載，諸說多歧"，他分析了甲骨文中"蜀"字三種不同的寫法，"當爲巴蜀之蜀，亦即蜀山氏，可以論定"②。

　　學者對卜辭的"蜀"和《牧誓》中的"蜀"都提出了不同的看法。我們結合相關的史料提出一些設想：

　　1. 對《牧誓》中的八國，我們寧願相信古人的説法。《華陽國志·蜀志》："武王伐紂，蜀與焉。"《華陽國志·巴志》："周武王伐紂，實得巴蜀之師，著乎《尚書》。巴師勇鋭，歌舞以凌殷人，前徒倒戈，故世稱之曰：武王伐紂，前歌後舞也。武王既克殷，以其宗姬封于巴，爵之以子。古者遠國雖大，爵不過子，故吳、楚及巴皆曰子。"唐李吉甫《元和郡縣志》："武王伐紂，巴人助焉。"又清黃承吉《義府》卷上："《書·牧誓》：'及庸、蜀、羌、髳、微、盧、彭、濮人。'蔡《傳》言八國近周西部，素受約束，故特稱之。今考八國遠在巴蜀、江漢之間，與周都殊遼遠絶，服役之説恐未然。按：春秋將卑師少稱人，此諸

---

①　郭勝強《蜀與殷商關係芻論——從甲骨文記載談起》，87 頁。

②　饒宗頤《説卜辭之蜀》，200 頁。

國或君不自至,故稱人以別之。"①徐中舒根據四川彭縣竹瓦街出土"覃父癸、牧正父己"銘文的銅觶,證明參加武王伐封的蜀就在四川盆地西部的成都平原②。

2. 基於武丁時期甲骨文字,不難看出,商人與蜀人交往不少,包括五事:"蜀射一也,蜀禦二也,至蜀三也,征蜀四也,覃蜀五也"。"殷蜀和好,則殷室遣使使蜀,是謂至蜀;蜀國射手禦人入事殷室,是謂蜀射蜀禦。卜辭所記,殷用蜀射,一次徵調多至三百人。蜀使至殷,備受歡迎,武丁且燕享之,是謂覃蜀;兩國交兵,武丁收人征伐,是謂征蜀。據此片斷材料,殷蜀兩國關係之密切可想而知"③。在這些內容中,可以肯定的是商人稱蜀人爲"蜀"。

3. 從甲骨文中發現的"蜀"字,與當時同時出現和存在於甲骨文中的其他方國有別。因爲,其他的方國在甲骨文中一般稱爲"某方",如"人方、羌方、土方、目方、危方、羞方、庚方",傳世典籍中也有"高宗伐鬼方,三年克之"的記載(《易經·既濟》),而"蜀"卻並不被商人稱爲"方"。所謂方,是稱呼當時的少數民族方國。所以,蜀在商代,商人並不以之爲少數民族,而是華夏大家庭的成員,是和後來中原地區各方國一樣的"國",不是如有的學者所言,秦併蜀後纔劃入中原統治版圖的邊邑。

那麼,甲骨文中的"蜀"是否是後來的蜀地之"蜀"? 甲骨文中有五次提到"巴方",例如《殷墟文字乙編》2948:"辛未卜貞:婦好其比沚(戜)伐巴方,王自東罙(探)伐,戎(陷)於婦好立(位)?"《殷契粹編》1230 載"壬申卜,爭貞,令婦好從沚戜(古戎字)伐巴方"。"巴方"與蜀相鄰,均爲距離殷墟較遠之方國,何以甲骨文中的"巴方"是巴國,而蜀就成了魯地之"蜀"?

4. 魯地確實有蜀。這是杜預提出的。杜預(222—284),京兆杜陵(今陝西西安東南)人;常璩(約291—361)是東晉蜀郡江原小亭鄉(今崇州市三江鎮)人。二人生活年代相若,但生活的圈子不一樣。常氏在李期、李壽之世,任成漢史官,獲讀蜀地宮中圖籍版檔,曾撰《梁益二州地志》《巴漢志》《蜀志》《南中志》等。《華陽國志·蜀志》取材於揚雄《蜀本紀》、應劭《風俗

---

① 黃生、黃承吉《字詁義府合按》94 頁。
② 徐中舒《四川彭縣濛陽鎮出土的殷代二觶》,15 頁。
③ 鄭德坤《四川古代文化史》23 頁。

通》、譙周《益州記》、陳壽《益部耆舊》，與揚雄《蜀都賦》、左思《蜀都賦》、來敏《本蜀論》、趙寧《鄉俗記》等，人物則取自陳壽《益部耆舊》與各郡單行之《耆舊傳》，常寬復有《梁益篇》續陳壽《耆舊》。據《華陽國志·序志》載，漢晉之間原有八家《本紀》，僅有題名揚雄的《蜀王本紀》因有清代輯本而流傳下來，但已屬斷簡殘篇，其餘七家均已散佚（僅《三國志·蜀書·秦宓傳》裴松之注引譙周《蜀本紀》一條傳世），難考其詳。但八家《本紀》均爲常璩所親見，並"略舉其隅"。來敏爲劉焉賓客，著有《本蜀論》，記述蜀王本始，其書早佚，《水經注·江水》和《沔水》分別引用一條，其中一條敘録望帝、鱉靈事，另一條敘録石牛便金事，與揚雄《蜀王本紀》大同小異。因而，如果説常《志》不可靠，杜預一生以入仕爲主，也同樣有史料不足這個問題。再，除前賢蜀地文獻史料外，常璩《華陽國志》還有另外一個重要的史源，即他耳濡目染、實地聽來的民間傳説。因而，我們認爲生於蜀、長於蜀、看到過衆多蜀史文獻的常璩比杜預更有發言權。兩書相較，則常璩《華陽國志》較杜預《左氏注》更爲可靠。

　　5. 魯地有蜀，不能排除蜀地有蜀。《左傳》之"蜀"，也不能説就是《尚書》之"蜀"，更不能認爲就等於甲骨文中的"蜀"。巴蜀之"蜀"和魯地之"蜀"可能有遷徙的關係，或者早先是一支部族，後來一部分遷至山東，並在那裏定居下來，如同姜太公帶領他的部族從西遷到東一樣[1]。章太炎有同樣的觀點："惟齊州人自西方來，一自秦，一自蜀，北賓河衛而居之，南賓江淮而居之，然先周帝王之宅，东南以大山、梁父爲畛略，岱南徐、楊，羈縻不絶，於漢若有朱厓、九真矣。帝王者樂得殖民之地，從其喜好緜俗甘食宴居，而憎故都僻隘，故蜀亦浸廢。"[2]《説文》："辰，水之斜流別也……讀若稗縣。"段注："禾部曰：'琅邪有稗縣。'小徐本作蜀郫縣，非，蜀只有郫縣，音疲。""郫、稗"均從卑聲，同在並母支部。中古屬韻有別，一爲去聲，按段氏十七部古無去聲，王力《古無去聲例證》（93 頁）將去聲歸入聲。疲，並母歌部，歌、支古音相近。二者當爲同一地名，今四川仍有郫縣，屬成都。非段玉裁所説的小徐"蜀郫縣"是誤刻，則魯地、蜀地均有同一地名。楊向奎説："古人遷徙往往

---

[1]　俞敏《漢藏兩族人和話同源探索》，45 頁。又《東漢以前的姜語和西羌語》，1 頁。
[2]　章太炎《章太炎全集·訄書重訂本》205 頁，上海人民出版社 1984 年。

把舊居的地名也放在新居,有些山川河流的名稱亦可以任意搬遷。"①《左傳》之"蜀"當如是解。

6. 嘉慶二十年(1815),清陳若霖(1759—1832)爲《四川通志》作序謂:"蜀土爲禹之所自生,石紐一穴彪炳古今。蓋不獨華陽黑水咸頌底績已也。嘗考天下大勢,南戒山川,實岷峨爲之首。古稱坤維,豈虛語哉? 淺者謂秦始開道與中國通,不知大戴所記軒轅黄帝時已有蜀山氏,而《牧誓》之庸、蜀更無論矣。"②陳氏所稱"淺者",應該包括六朝時期劉逵所引《地理志》"是時蜀人始通中國,言語頗與華同"的作者。

7. 李學勤曾指出:"過去的流行看法是,像湖南、四川這樣的地區,古代中原文化不會與之有什麼聯繫。特別是四川,從來以山水險阻著稱,文化似乎只能是封閉的。現在考古發現證明,自新石器時代晚期(至少晚期之末)起,當地與中原間的文化交流是存在的。有時還明顯是暢通的。"③

8.《史記·秦本紀》:"惠文君元年,楚、韓、趙、蜀人來朝。"惠文君元年爲公元前337年,這時的"蜀"已經和其他諸侯國並稱,取得了相同的地位,因而絕不是少數民族的"蜀",而且與大國並稱,非山東之蜀可知。

9. 文獻實物證明,蜀與中原發生關係甚早。1959年在彭縣(今彭州市)曾發現一處周代的青銅器窖藏,其中2件觶的銘文分別爲"覃父癸"和"牧正父己",徐中舒研究2觶爲殷器,銘文屬殷的兩個家族,認爲是蜀王參加武王伐紂的戰利品或周王頒賜之物,"這正是蜀人參加伐紂之役的最直接有力的物證"④。1931年(一說1929),廣漢的太平場(今南興鎮)的燕家院子旁,出土一坑玉石器,1934年華西大學博物館進行了考古發掘。郭沫若在給發掘者林名均的信中指出:"你們在廣漢發掘的工藝品,如方玉、玉璧、玉刀等,一般與華北、中原地區的出土器物極相似。這就證明,西蜀(四川)文化很早就與華北、中原有文化接觸。"⑤

10. 考古文獻的證明。1931年,廣漢太平場真武村燕家院子的三星堆

①　楊向奎《評傅孟真〈夷夏東西説〉》,152頁。

②　常明修、楊芳燦《四川通志》10頁,巴蜀書社1984年。

③　李學勤《三星堆與蜀國古史傳説》,183頁。

④　徐中舒《四川彭縣濛陽鎮出土的殷代二觶》,23頁。

⑤　葛維漢《漢州(廣漢)發掘簡報》,95頁。

遺址浮出水面,1934 年至 2005 年,共發掘 14 次,出土大量器物。三星堆遺址時代約與商接近,M:2 出土 6 棵青銅神樹,其中 1 號樹高 3.62 米,有龍飾,頭朝下,尾在上,夭矯多姿;2 號旁有一條蜿蜒盤桓的龍。銅神壇的尊形器的器蓋上,也有鏤空的龍紋。"'人'字形截面的龍在三星堆器物坑中不止一例,除了二號坑一號大銅神樹的銅龍的身軀爲繩索狀外,其餘龍或蛇的造型,背部都有明顯的脊線。關於這一點,三星堆二號坑的兩件銅蛇尾表現得尤爲典型"①。

　　龍是華夏民族的崇拜物,可見蜀人與華夏之間的關聯;此外,還出現了跪坐人像,分銅喇叭座和跪坐頂尊人像兩部分,人像上身裸露,乳頭突出,下身著裙,腰間繫帶,帶兩端結紐於胸前,紐中插物。跪是華夏民族古代的重要禮俗。而蜀有出土,其他如四節玉琮等,均爲華夏民族所有之物。

　　林向認爲,"蜀非自稱,也非一族,只是商周王及其卜人集團對這一大片'華陽之地'的稱呼。近年來,成都平原發現的一系列商代遺存,其中以廣漢三星堆遺址最重要,爲我們進一步標定蜀的地理位置,提供了新的證據。現在可以這樣説:殷墟卜辭中的'蜀'的中心地區在成都平原,蜀文化圈的範圍大體上和後來《漢書·地理志》所載與'巴蜀同俗'的地域相當,它在江漢地區與南傳的二里頭文化(夏文化)相遇,在陝南與商文化相遇,在渭濱與周文化相遇,蜀應該是殷商的西土外服方國",之後"蜀作爲西土諸侯參加周的滅殷聯盟,取得了成功,是周初西南方國中的强者"②。

　　綜上,商代甲骨文中的"蜀",正是巴蜀之"蜀"。蜀與中原語言上應該有某種相通的關係。雖然沒有明確的文獻記載,但我們猜想語言之間的接觸和交流是應該有的。

三、周代的蜀與中原

　　遠古時期,蜀人以今成都爲中心,建立了蜀國;巴人也以今重慶爲中心,建立了巴國。於是在原梁州的地域上,有了巴、蜀兩國。其與商發生了交往;在商與周的戰爭中,又與周建立了良好的同盟關係。

　　1. 蜀和周族的聯繫,可上溯到殷商末年,《尚書·牧誓》載:

---

① 孫華《三星堆出土爬龍銅柱首考》,《文物》2011 年 7 期 41 頁。
② 林向《巴蜀文化新論》85—86、57—58、69 頁。

時甲子昧爽，王朝至於商郊牧野，乃誓。王左杖黄鉞，右秉白旄以麾，曰："逖矣，西土之人！"王曰："嗟！我友邦冢君，御事，司徒、司馬、司空，亞旅、師氏，千夫長、百夫長，及庸、蜀、羌、髳、微、盧、彭、濮人。稱爾戈，比爾干，立爾矛，予其誓。

孔傳："八國，皆蠻夷戎狄屬文王者，國名。羌在西蜀叟，髳、微在巴蜀，盧、彭在西北，庸、濮在江漢之南。"孔疏："此八國並非華夏，故大判言之皆蠻夷戎狄。""此八國，皆西南夷也。文王國在於西，故西南夷先屬焉。"

顧頡剛《牧誓八國》(32 頁)引證徐中舒早年《殷周之際史迹之檢討》："蓋周之王業實自太王遷岐始，岐在渭水河谷……南接褒、斜，可通江、漢、巴、蜀，周人得此而勢始盛，因此肇立翦滅殷商之基礎。""蜀之北本達漢中"，"蜀(與庸、盧、彭、濮)均在漢水流域。"《尚書》的稱謂與排列有它自己的特點，前邊所稱，均爲官職名稱。"及"字以後都稱爲"人"，人與夷在古代爲同字[1]。説明這時的周還没有把蜀人當成自己人，而是作爲與其他少數民族一樣的集團來對待的。但史籍没有告訴我們這些軍隊配合作戰時所用的指揮語言，也没有翻譯的記載。一支軍隊要作戰，其指揮語言應該是能夠聽懂的，且《尚書·牧誓》是這次戰争前周王進行的戰前動員，用的一定是周人的語言，到場的蜀人也應該能夠聽懂。

2. 1972 年出土的班簋有銘文 197 字，此器原爲清宫廷藏品，曾著録於《西清古鑑》卷十三第十二頁的"周毛伯彝"中。該器記載了西周(約前 11 世紀—前 771)成王姬誦的重要史料，其中有"作四方望，秉緐蜀巢"，郭沫若説是"以四國表示四方"，"蜀即西，在今四川"[2]。林向認爲這個説法可以成立[3]。

3.《華陽國志·巴志》説：

《洛書》曰："人皇始出，繼地皇之後，兄弟九人，分理九州，爲九囿。人皇居中州，制八輔。"華陽之壤，梁岷之域，是其一囿；囿中之國，則巴蜀矣。其分野，輿鬼、東井。其君，上世未聞。五帝以來，黄帝、高陽之

①　汪啓明《東夷非夷證詁》，11 頁。
②　郭沫若《班簋的再發現》，2 頁。
③　林向《巴蜀考古論集》13 頁。

支庶,世爲侯伯。及禹治水命州,巴、蜀已屬梁州。禹娶於塗山,辛、壬、癸、甲而去。生子啟,呱呱啼,不及視。三過其門而不入室,務在救時。今江州塗山是也,帝禹之廟銘存焉。禹會諸侯於會稽,執玉帛者萬國,巴蜀往焉。周武王伐紂,實得巴蜀之師,著乎《尚書》。巴師勇銳,歌舞以凌殷人,前徒殷人倒戈。故世稱之曰"武王伐紂,前歌後舞"也。武王既克殷,以其宗姬封於巴,爵之以子。古者,遠國雖大,爵不過子。故吳楚及巴皆曰子。其地,東至魚復,西至僰道,北接漢中,南極黔涪。

　　文中的"蜀",是個多義詞。既是地域之稱,又是國名,"域中之國、執玉帛者萬國、遠國"都稱"巴蜀"爲國,而且"禹會諸侯於會稽"時還參加過大會。這説明,夏禹時,巴蜀便被認爲是與中原各國地位相等的"國"了。禹會時有無譯人,我們不得而知,但"五帝以來",因爲是"黃帝、高陽之支庶"的原因,歷代都成爲"侯伯"。與中原的諸侯國没有什麼不同。

　　宋郭允蹈《蜀鑑》卷一:

　　　　常璩《華陽國志》曰:"蜀王封弟葭萌,號苴侯。命其邑曰葭萌。苴侯與巴王爲好,巴與蜀仇,故蜀王怒伐苴侯。苴侯奔巴,求救於秦。惠王方欲謀楚,群臣議曰:夫蜀,西僻之國,戎翟爲鄰,不如伐楚。司馬錯曰:蜀國富饒,得其布帛金銀,足給軍用。水通於楚,有巴之勁卒浮大舶船以東向楚,楚地可得。得蜀則得楚,楚亡則天下併矣。"

　　"蜀,西僻之国,戎翟爲鄰""蜀國富饒"兩句話,見於《華陽國志》卷三。在《史記》中張儀的話是"今夫蜀,西僻之國而戎翟之倫",司馬錯的話是"夫蜀,西僻之國也,而戎翟之長也",《戰國策·秦策》作"夫蜀,西僻之國,而戎狄之長也"。漢劉向《新序》卷九、《册府元龜》卷二三八作"倫",明馮琦《經濟類編》卷五七、唐順之《文編》卷二〇作"長"。説明"蜀"與"戎翟"只是鄰居的關係。蜀是"國",與秦、楚同,所以不能用"巴、蜀、廣漢本南夷"來證明蜀人不是華夏族,蜀語不是華夏語。

　　4. 明人董説《七國考》卷二"秦食貨"下有"牛田"條:"《國策·趙一》:'秦以牛田(水)通(水)糧。'"繆文遠《訂補》認爲,牛耕的普遍推行是战国時代秦國的事,而秦國能够普遍推行的原因有三條:一是"鐵器的興起建立了犁耕的基礎",一是"春秋戰國之際,秦、晉和西方的巴蜀已經有了文化的交流",一是"秦晉是古代通行爰田的區域"。其中第二條説:"《竹書紀年》

載魏惠成王時,有瑕陽人自岷山導青衣江水來歸。又《史記·秦本紀》和《六國年表》載秦滅蜀以前,秦、蜀兩國也有信使的往還。這是秦、蜀和三晉的文化交流見於記載的。我們再從成都白馬寺和新津出土的銅器看,中原銅器鑄作的技術和形制,也已經由秦、楚兩方面傳入巴蜀了(因爲這些銅器形制一方面與秦相近,一方面又和楚相近)。牛耕從埃及傳播到巴比倫、波斯、印度,既都比中國早……筇竹杖,可以從印度傳入中亞的大夏,那麼,中亞的牛耕由巴蜀以輸入秦、晉,自然也就是很有可能的了。巴蜀本土原有很高的農業,《史記·西南夷傳》載巴蜀邊徼有許多兄弟民族都是耕田有邑聚的。古代中國只和西北的遊牧民族北狄和西戎接觸,我們當然不能從這些民族輸入牛耕的方法。"[1]

　　魏惠成王(前 400—前 319),原名魏罃或魏嬰,魏武侯之子,又稱梁惠王。前 370 年繼魏武侯位,前 334 年稱王,戰國時期魏國的第三代君主。《竹書紀年》:"瑕陽人自秦導岷山青衣水來歸。"王國維疏證:"《水經注·青衣水》引《紀年》:'梁惠成王十年,瑕陽人自秦道岷山青衣水來歸。'"方詩銘、王修齡《古本竹書紀年輯證》:"《存真》云:'瑕音近雅,雅山之南,梁州之邊徼也……瑕陽人浮青衣水至蜀,自蜀至秦,又自秦來梁也。'"[2]可見秦滅蜀前,秦、蜀已經交往。

　　既有信使,當必有"書信",如果不是書信,也至少要有共同的語言,而這書信或語言當是秦蜀兩國人都能看懂聽懂,這就是説,秦蜀兩國,必有一種共同的交際工具。

　　從二重證據法論,蜀地出土器物,既有秦地的風格,又有楚地的風格。説明中原的技術傳到了蜀;當然,反向傳播並非沒有可能。那麼,在傳播或傳授過程中,必須要有語言作爲工具,説明他們的語言是相通的。從巴蜀將牛耕傳至秦晉,傳播的過程也應該有語言作爲工具。

　　秦語和楚語都是漢語的方言。這一點,錢鍾書有所討論,《管錐編·洪興祖楚辭補注》論及項安世《項氏家説》卷八、王應麟《困學紀聞》卷六據《國語》上伍舉云"德義不行,則邇者騷離而遠者距違"韋注"騷,愁也。離,叛

①　繆文遠《七國考訂補》185 頁。
②　方詩銘、王修齡《古本竹書紀年輯證》115 頁,上海古籍出版社 1981 年。

也”,以爲“楚人之語自古如此”“離騷”即“騷離”時説:“夫楚咻齊傅,乃方言之殊,非若胡漢華夷之語,了無共通。諸侯朝廷官府之語,彼此必同大而異小,非若野處私室之語,因地各别。苟布在方册,用以著作,由較之出於脣吻者,彼此必更大同而小異焉。《論語·述而》之‘雅言’,劉寶楠《正義》釋爲别於土話之‘官話’,是矣而未盡然,以其僅識官話視土話爲整齊畫一,而未識筆於書之官話視吐諸口之官話愈整齊畫一,官話筆之於書之訓誥雅頌者,又視筆於書之通俗底下者愈整齊畫一。故楚之鄉談必有存於記楚人事或出楚人手之著作,然記楚人事、出楚人手之著作,其中所有詞句,未宜一見而概謂之‘楚人之語自古如此’。”① 錢先生講清楚了方言與雅言、書面語和口語的關係,並且明確提出楚語是漢語的一種方言。從此推論,則蜀語當亦是漢語的一種方言,並非有“胡漢華夷”之别,至於蜀地存在的衆多少數民族,他們的語言與蜀語、漢語有親緣關係,但應該不是方言之别。

　　5. 出土文獻的證明。1977 年陝西岐山鳳雛村西周遺址西廂房(H11、H31)出土了 1.7 萬塊甲骨,其中有字甲骨 292 塊,有“蜀”字兩通,一爲“伐蜀”,一爲單字,林向認爲“這兩片卜甲出在周原岐邑的周室宗廟基址内,這就證明了蜀確爲周的重要與國,其親疏和戰與周本身的利害休戚相關,須要在宗廟裏不止一次地卜告”②。

四、春秋戰國時期的蜀與中原

　　春秋戰國時期,在今天的山東還有一個叫作“蜀”的地方。這個地方非巴蜀之地。突出表現在《左傳》中,“蜀”使用十四見,與地名有關者六:

　　《宣公十八年》:楚莊王卒。楚師不出,既而用晉師,楚于是乎有蜀之役。”杜預注:“蜀,魯地,泰山博縣西北有蜀亭。

　　《成公二年》:十有一月,公會楚公子嬰齊于蜀。丙申,公及楚人、秦人、宋人、陳人、衛人、鄭人、齊人、曹人、邾人、薛人、鄫人盟于蜀。

　　《成公二年》:冬,楚師侵衛,遂侵我,師於蜀。

　　《成公二年》:十一月,公及楚公子嬰齊……及齊國之大夫盟于蜀。卿不書,匱盟也。

---

①　錢鍾書《管錐編·洪興祖楚辭補注》第二册 581 頁,中華書局 1979 年。
② 　林向《巴蜀考古論集》,2 頁。

《昭公七年》:楚子成章華之臺,願與諸侯落之。大宰蓮啟疆曰:"臣能得魯侯。"蓮啟疆來召公,辭曰:"昔先君成公命我先大夫嬰齊曰:'吾不忘先君之好,將使衡父照臨楚國,鎮撫其社稷,以輯寧爾民。'嬰齊受命于蜀,奉承以來,弗敢失隕,而致諸宗祧。日我先君引領北望,日月以冀。傳序相授,於今四王矣……嘉惠未至,惟襄公之辱臨我喪。孤與其二三臣,悼心失圖,社稷之不皇,況能懷思君德! 今君若步玉趾,辱見寡君,寵靈楚國,以信蜀之役,致君之嘉惠,是寡君既受貺矣,何蜀之敢望? 其先君鬼神實嘉賴之,豈惟寡君? 君若不來,使臣請問行期,寡君將承質幣而見于蜀,以請先君之貺。"

先秦時期"蜀"見於《左傳》以外的文獻尚有一些。但下邊這些"蜀"中,第二、三兩例不是地名:

《吕氏春秋·仲秋紀》:吳闔廬選多力者五百人,利趾者三千人,以爲前陳,與荆戰,五戰五勝,遂有郢。東征至於庳廬,西伐至於巴、蜀,北迫齊、晉,令行中國。

《爾雅·釋山》:屬者,嶧。獨者,蜀。上正,章。宛中,隆。山脊,岡。

《爾雅·釋畜》:雞,大者蜀,蜀子雓。

西漢以後,魯地的"蜀"稀見於載籍。文獻中的"蜀"一般僅指巴蜀之蜀。漢前期的文獻如:

劉向《説苑·奉使》:然漢王起巴蜀,鞭笞天下。

《春秋繁露·竹林》:鄭與諸侯盟於蜀,以盟而歸,諸侯於是伐許。

賈誼《新書·過秦上》:南取漢中,西舉巴蜀,東割膏腴之地,北收要害之郡。

賈誼《新書·修政語上》:是故堯教化及雕題、蜀、越,撫交趾。

任乃强曾研究過不同地方的"蜀",主要觀點是:

(1)《左傳·成公二年》之"蜀",地望在山東滕縣的蜀山湖附近,今泰安市西。"與四川之蜀,相隔七千公里,絕不能是同源,亦不能是昌意所娶的蜀山氏"。

(2)《後漢書·郡國志》潁川郡長社縣有"蜀城",有"蜀津","其地蓋即《竹書紀年》所記'晉人取蜀'之'蜀',是另一氏族部落,在後魏時仍稱蜀族。其人亦與四川盆地之蜀無關"。此爲河南之蜀。

（3）黄河流域除山東、河南外，另有山西之蜀。馬長壽《四川古代歷史民族考論》（《青年中國》第一卷第四期），舉《魏書·文成五王傳》《北齊書·封隆之傳》的五個例證，説道：“蜀族原居成都平原，後有徙居山西者。河東、汾陰，及絳與晉城諸地皆有蜀族。”河東古代蜀族，“蜀爲民族稱呼，應皆屬於古河東蜀國遺裔之證。實與成都平原蜀國遺裔有別”①。

以上各例中，山東之“蜀”與其他先秦文獻中巴蜀之“蜀”在文獻年代學上具有可比性。《後漢書》的河南之“蜀”和《魏書》《北齊書》的山西之“蜀”時代較晚。

古代部族遷徙，都是將原來的地名、族名包括語言“帶走”，如山東有“蜀亭”等一系列與寶雞、蜀地相同之名；而泰山又名岱宗（大宗），本是羌族的總神山，均爲姜姓齊國羌人所帶②。山東之“蜀”，存在兩種相反的可能：一種是部分蜀地居民遷徙到了齊魯，把“蜀”的稱謂也帶到齊魯；另外一種可能是有齊魯之人向蜀地遷徙，將那裏的地名帶到蜀地。

正如楊向奎所説：“古人遷徙往往把舊居的地名也放在新居，有些山川河流的名稱亦可以任意搬遷。”③由於學術界公認“蜀”是古代蜀族的族名，以族名地，那麼，魯地之“蜀”應該是後起的地名，不排除部分蜀人祖先遷徙，將“蜀”帶到了今天的山東一帶。《吕氏春秋》所載吴王闔廬（前514—前496年在位）伐蜀之“蜀”，當爲巴蜀之“蜀”而絶非齊魯之“蜀”。《新書·修政語上》“堯教化及雕題、蜀、越”，説明早在堯帝時代，蜀人就融入了華夏民族的大家庭，並非別一民族。這有力地證明：在秦滅蜀以前，蜀與中原早有着密切的接觸與交流。這個觀點，下文還會從考古實物中進一步證明。《爾雅》中的“蜀”，其指均與蜀地無關，但可能與蜀人的圖騰、起源有關。因此，無論秦併巴蜀之前還是之後，無論是山東的蜀還是他地之蜀，抑或漢代以後的“蜀”，均指“巴蜀”之“蜀”，其所使用語言也應該與華夏語有所一致。

---

①　任乃强《四川上古史新探》121—124頁。

②　俄洛·紮嘎《蜀西岷山：尋訪華夏之根》155頁，四川人民出版社2002年。

③　楊向奎《評傅孟真〈夷夏東西説〉》，152頁。

第三節　考古所見之蜀與中原

　　蜀地是中華民族發祥地之一,蜀人是華夏民族的組成部分,從考古上也可以得到證明。在巫山縣大廟鎮的一個洞穴裏有距今 200 萬年前的古人類化石。在舊石器時代,是與陝西大荔人、廣東馬壩人、湖北長陽人、北京周口店山頂洞人等相並列的。1951 年發現於四川資陽黃鱔溪的資陽人化石,屬於舊石器時代晚期的人類化石。除了保存完整的頭骨以外,還有其他的一些動植物化石,並發現一枚骨錐。頭骨表面平滑圓潤,顯示爲女性,年齡在五十歲以上。腦量和身材都比較小。出土的骨錐底部缺失,殘長 10.82 釐米,錐身有刮削加工的條痕。研究表明,其年代在兩三萬年之前。1960 年,在漢源縣富林鎮發現舊石器時代遺址石器材料 4586 件,有刮削器、尖狀器、端刮器、雕刻器和砍砸器等 5 種 119 件,其中刮削器多達 82 件。1973 年,在資陽市同心鄉孫家壩鯉魚橋發現砍砸器、刮削器、尖狀器和雕刻器 4 種 12 件。一般認爲這是舊石器時代的晚期器物[1]。

　　這表明兩三萬年前,蜀地就有人類的活動。在絕大多數討論三星堆文化與夏文化關係的論述中,學者們一致認爲三星堆文化陶器、封口盉、鬶、瓿、高柄豆、銅牌飾、銅鈴,玉戈、玉璋等都與夏文化有淵源關係,而且後者是源,前者爲受後者影響所致[2]。

　　四川發現了距今 5000—7000 年的廣元營盤梁遺址、綿陽邊堆山遺址、巫山大溪遺址、廣漢三星堆文化一期、西昌禮州遺址,成都、青衣江、岷江上游文化遺址等。這些新石器時代的文化遺址,提供了蜀地先民在盆地及四周,從事以農業爲主,兼及漁獵、采集、畜牧等經濟活動的證據。在成都市新津縣,發現了距今 4500 年的寶墩文化遺址,是文明孕育時期的考古文化,已有明顯功能標誌的聚落形態——"城"出現。緊隨其後的,有都江堰的芒城、郫縣三道堰的古城、溫江縣的魚鳧城遺址。2008 年 3 月 20 日,四川新都褚家村發現上萬平方米遺址,出土石刀長約 20 釐米,寬約 3 釐米,它的中心被鑿出一個直徑約 1 釐米的圓孔。該遺址的地層堆積保存完好。從第四層和

① 《四川文物志·考古遺址》15 頁,巴蜀書社 2005 年。
② 段渝《三星堆與巴蜀文化研究七十年》,11—35 頁。

第六層地層中發現了商代和新石器時代的堆積①。一個遺址涵蓋了商代和新石器時代兩個重要的先秦時期堆積，這是罕見的。説明 4000 年前，就有蜀人在成都平原修房造屋、化土成器，過着穩定的農耕生活。

在距今 4700—3000 年前，有廣漢三星堆文化遺址，出土了舉世罕見的大型青銅器、黄金製品、玉石器。密集的生活區、宫殿區和手工作坊，顯示蜀人的祖先已經建立了高度發達的青銅文化。在成都十二橋遺址的第 13 層，出現了規模宏大的木結構宫殿建築群。在成都羊子山，屹立着一座高達 10 米的三級四層的供祭祀用的四方土臺。2010 年，發現"古蜀大社"祭祀臺。這表明，在距今 3000 年前，古蜀人已經在成都平原創造出一個輝煌的文明中心，建設了一個可與中原夏商文明相媲美的古蜀王國。在這個中心四周，還有早期蜀文明的其他幾個來源和組成部分：這就是在新石器時代多元性文化基礎之上形成的，以岷江上游、綿陽邊堆山、大渡河青衣江流域，以及川東三峽以至鄂西宜昌等地區爲支點，所構成的廣闊的蜀文化空間構架。

在這個時期，還出現了非蜀的人類遺址。歷時 5 年，經過 8 次大規模發掘，2010 年 3 月四川省文物考古研究院的考古人員在漢源縣發現以麥坪爲中心的新石器到商周時期的史前遺址，大量的文物和遺址還原了距今 4500 年到 2500 年間，在大渡河中游神秘出現而又神秘消失的麥坪遺址上人們的生存狀態。麥坪遺址位於雅安市漢源縣，包括獅子山、龍王廟、大地頭、麥坪、金鐘山、擺魚、姜家屋基等多處遺址，整個遺址的面積超過 10 萬平方米，而位於漢源縣大樹鎮麥坪村的遺址最具有代表性。考古隊領隊劉化石説，麥坪遺址文化不同於成都平原同時期的考古文化，也不同於岷江上游的考古文化。初步看來，這是一支單獨發展的文化，它没在任何地方出現過。在公元前 3000 年以前，"麥坪文化已經開始受到蜀文化的影響，但還保持着自己的獨一性"。"祭祀坑中出土了各類商代陶器，有的與三星堆文化中期相同或相似，這證明蜀文化的影響在商代已達大渡河中游"②。這進一步證明，古蜀地不是單一民族，而是多民族共生地區。

川西新石器蜀文化發展序列和年代是：廣元中子鋪遺址（距今 6730—5731

---

① 王嘉、朱大勇《四川新都發現與三星堆同期村落距今 4000 年歷史》，《成都日報》2008 年 3 月 20 日。
② 郭莊《堪比三星堆 大渡河邊曾有座繁榮的"城"》，《成都商報》2010 年 3 月 30 日。

年)——張家坡遺址、中子鋪晚期遺存(距今 6000—5731 年)——鄧家坪遺址
(距今 5222—4175 ± 180 年)——邊堆山遺址(距今 4505—4020 年)——新津
寶墩遺址(距今 4500—3700 年)——廣漢三星堆一期(距今 4210 ± 180—4075
± 100 年)①。從考古的結果看,早在商代以前,商與蜀就有密切的關係。蘭
(州)成(都)石油管線德陽段進行文物勘測時,發現兩處遺址:綿竹市新市鎮
魯安村八社的魯安遺址,分布面積約 3 千平方米,什邡市馬祖鎮鄧通村六組的
鄧通遺址,分布面積爲 2 萬多平方米,距離三星堆不到 25 公里,專家認定年代
約爲商末周初,其文化層堆積厚 40—60 米,出土有夾砂紅褐陶、灰褐陶及灰
陶,器形有高柄豆、圈足器、盆、小平底罐、豆座、小平底器等。出土的陶片與三
星堆出土陶片一致②。

　　宋治民《蜀文化與巴文化》通過考古學的分析,提出對蜀與中原地區關
係的見解:"根據考古的發現,在夏、商、周時期,蜀人和中原地區的關係十分
密切。廣漢三星堆出土的玉、石牙璋、陶盉等應是源自中原的二里頭文化,
其他玉禮器、青銅禮器應是源自商文化,一些陶器上的紋飾如雲雷紋、重菱
形紋等應是來自商周文化。彭縣竹瓦街出土的青銅罍應是源自周文化。兵
器中的戈主要是源自商周文化,柳葉形扁莖無格劍可能來自關中地區西部
和周關係極爲密切的強文化。戰國墓中出土的青銅禮器鼎、豆、敦、壺等均
是來自廣義上的中原文化系統和楚文化。可以看出在商周時期成都平原的
蜀文化和中原文化系統的商、周文化、秦文化、楚文化有着廣泛的接觸和交
往,不但在物質文化方面接受他們的影響,而且在社會意識方面也接受了他
們的影響,例如各類禮器的發現就是很好的證明。"他承認顧頡剛古蜀國的
文化是獨立發展的文化,但又説"現在看來蜀文化和中原地區文化的交流、
受其影響遠遠早於戰國時期"③。

　　陳德安曾討論蜀地考古成就所反映的蜀與中原的關係,指出"廣元中子
鋪遺址下層遺存,年代距今約 7000—6000 年左右。該遺存出土大量的刮削
器、尖狀器和細石器。陶器的陶質陶色見有夾砂褐陶。器形有碗、罐、乳釘

---

① 　伏元傑《蜀史考》43 頁。

② 　廖興友《綿竹什邡現商周遺址,疑爲三星堆衛星城》,《華西都市報》2008 年 3 月 5 日。

③ 　宋治民《蜀文化與巴文化》4、12 頁。

狀三足器。其中某些因素和漢中盆地前仰韶時期的老官臺文化李家村類型有一定的關係,反映了在距今 7000—6000 年的黃河流域新石器時代早期文化已越過秦嶺進入長江流域的漢江地區,而且越過米倉山進入四川盆地"。"營盤山文化是受甘南地區晚期仰韶文化和馬家窰文化以及白龍江新石器時代文化的影響發展起來的一支新石器時代晚期文化。同時,該文化和巴中月亮巖、通江擂古寨、廣元張家坡、鄧家坪、綿陽邊堆山等地的新石器時代文化存在某種聯繫","至遲在二里頭時期,長江下游的良渚文化、中游的石家河文化以及中原地區夏文化的某些因素都先後進入成都平原,爲早蜀文明的產生起到催化和促進作用"①。

段渝曾綜述學者們對三星堆考古文化的來源研究成果②,整理出以三星堆爲代表的古蜀文化淵源表:

作者	來源	論文	出處
王仁湘、葉茂林	綿陽邊堆山文化	《四川盆地北緣新石器時代考古新收穫》	《三星堆與巴蜀文化》,巴蜀書社 1993 年
徐學書	岷江上游新石器文化南遷	《關於商代蜀國青銅文化的認識》	《三星堆與巴蜀文化》,巴蜀書社 1993 年
張勳燎	川東鄂西的史前文化	《古代巴人的起源及其與蜀人、僚人的關係》	《南方民族考古》第 1 輯,1987 年
俞偉超	江漢地區西遷的三苗	《三星堆蜀文化與三苗文化的關係及其崇拜内容》	《文物》1997 年 5 期
范 勇	江漢地區西遷的三苗	《試論早蜀文化的淵源及族屬》	《三星堆與巴蜀文化》,巴蜀書社 1993 年
孫 華	山東龍山文化	《巴蜀文物雜識》	《文物》1989 年 5 期
羅開玉	西南土著民族	《三星堆遺址與古代西南文化關係初論》	《四川文物》1989 年專輯
林 向	土著＋外來影響	《三星堆遺址與殷商的西土》	《四川文物》1989 年專輯
段 渝	土著＋外來影響	《商代蜀國青銅雕像文化來源和功能之再探討》	《四川大學學報》1991 年 2 期

① 陳德安《古蜀文明與周邊各文明的關係》,11—18 頁。
② 段渝《三星堆文化研究的回顧與展望》,11—19 頁。

學者們意見較爲一致的是三星堆文化來源於二里頭文化。孫華除了本文上面所述理由外，還特別就三星堆文化的眼睛崇拜與二里頭文化的關係進行了論述："有理由相信，三星堆文化所代表的三星堆王國的上層社會有來自中原及其以東的人群，三星堆王國王族如果不是全部的話，也有一個支系應當來自二里頭王國王族中的東方氏族。""建立三星堆王國的統治階級的一支，可能是來源於山東地區的古族，並且該古族很可能與二里頭王國即夏王朝有密切的聯繫。"①

尤其值得注意的是三星堆遺址第二期所出器物與中原二里頭文化之間的關係，"兩者均出陶盉、觚、器蓋、豆、罐類器物，都是以小平底爲主。尤其是陶盉，二者極爲相似……聯繫到陶盉起源於山東，向中原傳播的事實，以及二里頭文化早期略早於三星堆二期的情況，不難確定三星堆遺址第二期受到了二里頭文化的影響，因此在文化上呈現了一些相同的因素。但若據此便認爲前者淵源於後者，則嫌證據不足"②。鄒衡指出：三星堆遺址出土的陶盉同二里頭的陶盉，"除了陶質和大小以外，幾乎没有太大的區別，所以它肯定是從二里頭文化傳來的，因爲別的地方没有"。"又如陶豆，基本上也同二里頭文化的一樣。現在所見到的三星堆陶豆，其形制相當於二里頭文化的早期……不過三星堆的陶豆較大，要比二里頭的陶豆大三倍到四倍。但是從它的特徵來看，應該也是從二里頭文化傳來的"。"第三件最重要的陶器是'將軍盔'，即熔銅的坩鍋。它是與銅器有關係的。在三星堆看到的'將軍盔'，從它的樣子來看同殷墟第一期的非常相似，但也有區別"。還有"三星堆銅罍同湖北宜都發現的同類銅罍稍有區別，而同陝西城固的銅罍幾乎没有區別，連花紋的作風都一樣。但是它同殷墟的銅罍多少有些不同，當然其時代同'將軍盔'的時代還應該是一致的"③。

俞偉超指出："早期蜀文化和早期巴文化是分別位於成都平原至川東及三峽一帶的兩支青銅文化，但其文化面貌有很多相似之處，因而又共同構成了一個獨特的大文化圈（區），自夏時期起，這個文化圈內開始滲入了一些二

---

① 孫華《神秘的王國》155、152—153 頁。
② 范勇《試論早蜀文化的淵源及族屬》，18—19 頁。
③ 鄒衡《三星堆文化與夏商文化的關係》，57 頁。

里頭文化的因素,而至商時期,則又大量接受了二里岡和殷墟文化的影響。
這就是早期蜀文化和早期巴文化在我國考古學文化總譜系中的位置。"①萬
本根、段渝認爲三星堆青銅人頭像雙耳所飾雲紋,青銅神人大面像鼻、額之
間上伸的夔龍紋飾,青銅神樹上的夔龍等,"都是中原青銅器常見的紋飾",
三星堆青銅尊、罍和玉戈等青銅禮(容)器和玉鋒刃器,也"完全仿製於中原
文化"。三星堆出土的陶高柄豆、陶盉,其形制"淵源於中原文化"。青銅無
胡式三角形援蜀式戈和柳葉形劍,"在中原和殷墟續見出土"②。

　　在中華文明的發源上,有長江文明與黃河文明兩源説。從廣漢三星堆
出土的玉器、石器上,發現了一些刻劃符號,數量不多,一器一號,這些符號
"證明了早期蜀文化在四千年前已具備文明社會的主要標誌:城市、冶金、宗
教禮儀、建築和文字符號"③。其中的一些符號與西安半坡、臨潼姜寨以及二
里頭商代遺址和侯馬東周遺址所出土的陶器符號在形式上有相同的地方④。
這也印證了我們的觀點。

　　從考古的情況來看,從舊石器—新石器—銅器,蜀文化構成了完整的序
列,與中原文化同爲華夏文明發源地之一,二者相互影響。在中國西部,蜀
佔有更爲重要的地位,正如蒙文通所説:"古時的巴蜀,應該只是一種聯盟,
巴、蜀不過是兩個霸君,是這些諸侯中的雄長。巴蜀的疆域也只能説是所聯
盟的疆域,主要的還是要從和巴蜀同俗的文化區來看。蜀自然是個文化中
心,所以蜀就顯得更爲重要。"⑤如此,從考古學成果推論,則蜀語和中原語言
關係非常密切,並且二者是相互影響和接觸的。

① 俞偉超《三星堆文化在我國文化總譜系中的位置、地望及其土地崇拜》,62 頁。
② 萬本根、段渝《論巴蜀與中原的文化交融》,《中華文化研究通訊》1999 年,總 30 期。
③ 林向《巴蜀考古論集》25 頁。
④ 范小平《古蜀王國的藝術星空》105 頁。
⑤ 蒙文通《古族甄微》199—200 頁。

第二章　蜀語區移民與古蜀語

第一節　蜀地行政沿革與蜀語區的關係

英國學者 L. R. 帕默爾指出："方言地理學這一套方法的重要之處就在於説明言語形式在空間上的分布,決定語言接觸的社會交際從根本上來説是在空間中進行的接觸和運動。所以,言語像一切文化現象那樣,爲地理因素所決定並受到地理因素的限制。"①方言區與行政區劃的關係是方言學家竭力研究的一個重要問題。歷史漢語方言分區和歷代行政區劃没有必然的關係,所以方言區之間的界限不是那麼清晰和明確,蜀語也不例外。揚雄《蜀都賦》曾道及蜀的範圍"東有巴賨,綿亘百濮","南則有牂牁潛夷,昆明峨眉","西有鹽泉鐵冶,橘林銅陵","北則有岷山,外羌白馬"。《華陽國志·蜀志》:"歷夏、商、周,武王伐紂,蜀與焉,其地東接於巴,南接於越,北與秦分,西奄峨嶓,地稱天府,原曰華陽。"這個"蜀",是蜀最強盛時候的範圍,而不是遠古時期蜀國的範圍,更不是先秦時期蜀語的區域。

"蜀"不僅所指人因不同時間而有所不同,所指地區也因時間不同而有所不同②。古代的"華山之陽",《尚書》説屬於梁州,"蜀"在其中。如果我們不把蜀的範圍看得非常死的話,這個大致的範圍在今天陝西南部到四川中西部這一帶,而且這是他們活動的範圍,不一定是定居範圍。在這個範圍内,除了蜀人外,還存在着不少其他的民族和部落,屬於多民族聚居區。即使是到中古時期如魏晉南北朝,情形也還是如此。這一時期,既有僚人入蜀,又有氐族主政等。

公元前 316 年,秦滅蜀,把蜀地納入了自己的版圖,設立了蜀郡。只是這時的蜀郡和先秦時期的蜀地範圍並不相當,而應該包括漢中、蜀、巴等地。

---

① L. R. 帕默爾著,李榮等譯《語言學概論》117 頁,商務印書館 1983 年。

② 關於蜀地歷代疆域,清人張澍《蜀典·堪輿》輿的"蜀境""蜀城""蜀土與秦同域""益州""益州郡"等有詳述,此從略。

那麽,這些地方的人是否都講的是同一個方言呢? 應該説是大同小異。

《史記·秦本紀》有一段很重要的材料:

> 孝公元年,河山以東彊國六,與齊威、楚宣、魏惠、燕悼、韓哀、趙成侯並。淮泗之間小國十餘。楚、魏與秦接界。魏築長城,自鄭濱洛以北,有上郡。楚自漢中,南有巴、黔中。周室微,諸侯力政,爭相併。秦僻在雍州,不與中國諸侯之會盟,夷翟遇之。

這段文字説到了孝公元年時存在的主要諸侯國,唯獨不提"蜀"。説明秦孝公執政時秦、蜀被中原目爲一體,"夷翟遇之"。秦孝公執政的時間是前361—前338年,在秦惠文王派遣司馬錯伐蜀(前316)之前。

瞭解秦蜀關係,還應將《華陽國志》與《史記·秦本紀》對比參看。《華陽國志》:"周顯王之世,蜀王有褒、漢之地。因獵谷中,與秦惠王遇。惠王以金一笥遺蜀王,王報以珍玩之物,物化爲土。惠王怒。群臣賀曰:'天奉我矣,王將得蜀土地。'惠王喜,乃作石牛五頭,朝瀉金其後,曰'牛便金',有養卒百人。蜀人悦之,使請石牛。惠王許之。乃遣五丁迎石牛。即不便金,怒還。乃嘲秦人曰'東方牧犢兒'。秦人笑之曰:'吾雖牧犢,當得蜀也。'""蜀王別封弟葭萌於漢中,號苴侯,命其邑曰葭萌焉。苴侯與巴王爲好,巴與蜀仇,故蜀王怒,伐苴侯。苴侯奔巴,求救於秦。秦惠王方欲謀楚,群臣議曰:'夫蜀,西僻之國,戎狄爲鄰,不如伐楚。'司馬錯、中尉田真黃曰:'蜀有桀、紂之亂,其國富饒,得其布帛金銀,足給軍用。水通於楚,有巴之勁卒,浮大舶船以東向楚,楚地可得,得蜀則得楚,楚亡則天下併矣。'惠王曰'善'。周慎王五年秋,秦大夫張儀、司馬錯,都尉墨等從石牛道伐蜀。蜀王自於葭萌拒之,敗績。王遁走,至武陽,爲秦軍所害。其相、傅及太子退至逢鄉,死於白鹿山,開明氏遂亡。凡王蜀十二世。冬十月,蜀平,司馬錯等因取苴與巴。"周顯王執政時間爲公元前368—前321年,這時"蜀王有褒、漢之地",秦尚未得蜀。與前段材料比較,《華陽國志》與《史記》相矛盾。這裏認爲,當時的秦蜀是一種同盟國關係,在秦看來,是一種宗主國與附庸的關係;在蜀看來,是平起平坐的國家之間的關係。這纔有了周慎王五年(前316)三大臣主伐蜀。此外,《史記·秦本紀》惠公十三年(前387)"伐蜀,取南鄭"。説明這時"伐蜀"要取道南鄭或先行攻下了南鄭,蜀與南鄭爲一體明。所以,當時蜀王管轄的蜀地是包括漢中的,這是第一次伐蜀,至於秦孝惠王時司馬錯等三大臣伐蜀已經是 70 年以後的事了。

我們推測,蜀語與秦語本相近,不同行政區劃的人可能説相同或者相近的語言。南鄭、漢中一帶應該是蜀語和秦語的過渡地帶;同樣,巴蜀與楚之交則爲蜀語和楚語的過渡地帶。

自先秦兩漢以來,"蜀"地包括的地域逐漸定形。近人張繼説:"四川古爲巴蜀之國,武王伐紂,蜀遣兵從征,灭商後又以巴濮楚鄧爲其境,此征諸可入之載籍。四川與中原發生關係甚早,若其固有之歷史,當不止此。惜一毁其'諸侯惡其害己也,而皆去其籍';再毁於嬴秦之焚書,遂蕩然無存。"①先秦時期,巴、蜀地域所涵蓋的區域由小到大,以今天的川西平原爲中心,逐漸向四周發展。戰國末,秦滅巴、蜀之後,在原巴蜀地區設置了巴郡和蜀郡。兩漢初期,蜀地包括今陝西漢中,如漢王劉邦曾任"漢中王",領有巴蜀、漢中。元封五年(前 106),漢武帝在全國設 13 刺史部,巴蜀地區爲益州部,州治在雒縣(今四川廣漢北)。東漢時期,以雲南爲主的益州亦劃入蜀地。在漢以來的幾百年時間内,蜀地先後分置蜀郡、犍爲、朱提、越巂、牂柯、建寧、永昌、漢中、廣漢、梓潼、巴郡、巴西、巴東、益州等郡,下轄 146 縣,約相當於今四川、貴州、雲南及陝西漢中等地。由於秦嶺、大巴山、長江等的隔斷,西南地區地緣關係緊密,蜀語區亦較爲明確。其北界在漢中與秦語區相鄰,東界與楚之荆州相連,蜀語區南界包括雲南、貴州的一部分地方,西界當以岷山爲斷。這種情況一直持續到近代,清代鄭珍、莫友芝《遵義府志》,成書於道光二十一年(1841),卷二十"俗語"部分共收録當時遵義話詞語 380 條,除 3 條外,其餘 377 條詞語均采録自明末《蜀語》。《蜀語》所收詞語 600 多條,《遵義府志》所采過半。編者按:"地方常言,有其聲不得其文者多矣。明李實留意方言,所撰《蜀語》,事徵本原,十得七八,今悉采載。其有他處之語,遵義獨無者,不録。"之所以選《蜀語》入志,是因爲明萬曆改土歸流,以楊氏屬地置平越、遵義二府,平越府隷貴州,遵義府隷四川。清代雍正五年(1727)遵義府始改隷貴州。從明萬曆二十八年至清雍正五年,遵義隷屬四川的時間長達 128 年。因此,遵義話與四川話相近也就不難解釋。這也是

①　張繼《四川古迹之調查》,《説文月刊》6—7 頁,1942 年。

鄭珍從《蜀語》裏輯録遵義話俗語的原因①。李實《蜀語》保存了不少中上古時期的詞語和讀音,其中也有不少相鄰地方的方言。以此推論,中上古時期,蜀地曾先後管轄雲南和貴州一部分地方,語言也會有所影響。

第二節　古蜀移民與古蜀語

愛德華·薩丕爾指出:"鄰居的人群互相接觸,不論程度怎樣,性質怎樣,一般都足以引起某種語言上的交互影響。"②周振鶴、游汝傑認爲"移民史在文化史上應佔有重要的地位,人口的遷徙在促使文化發展的同時,也使語言發生很大的變化。方言是語言逐漸分化的結果,而語言的分化往往是從移民開始的","移民史可以用來解釋方言的部分成因,反過來方言現象也可以爲移民史提供佐證,兩者的關係極其密切"③。古蜀移民給古蜀語面貌與特徵帶來很大的影響,這主要表現爲古蜀移民推動了古蜀語與其他的方言接觸與融合④。

李葆嘉認爲:"語言的變化是語主的變化,方言的形成是人口的遷徙,一部漢語的方言形成史就是一部中國的移民流播史。""方言的地理分布僅僅是語言相似性的共時表像,語言的歷時差異僅僅是語言變化層的纍積,人口的遷徙和語主的嬗變纔是方言形成的真正動因。""漢語的'方言'不是一個以嚴格的語言特徵爲標準的語言學概念,而是一個以可追溯的文化淵源爲内涵的歷史文化學概念或者人文地理語言學概念,漢語方言的劃分必須以漢人移民史和'漢語化'程度作爲基本依據。或者説,漢語的方言就是在歷史上逐步形成的漢語民系的語言文化相。"⑤又説:"根據研究,與一個漢族群體具有最密切關係的往往並不是其他地域的漢人,而是地理位置毗鄰的其他民族群體。在這種生態環境和歷史背景下形成的日益壯大的'漢族',不可能是一個以内部遺傳爲基礎的種族概念,而只能夠是一個以共同文化淵源爲基礎的國族概念。中國古代的'方言',不是古希臘的 dialect,也不是現

① 陳遵平《試論清代遵義話的幾種語音現象》,17—19 頁。
② 薩丕爾《語言論》173 頁。
③ 周振鶴、游汝傑《方言與中國文化》15 頁。
④ 汪啟明《中上古蜀語與相鄰方言的接觸》,《中國訓詁學報》第二輯88—101 頁,商務印書館 2013 年。
⑤ 李葆嘉《漢語起源與演化模式研究》160—161 頁,黑龍江教育出版社 2002 年。

代語言學中的'一種語言的地方變體',而是不同的邦言。""秦漢以後的漢語推移演變表現爲,由於中古時期北方民族進入中原和中原居民的南遷,漢語周邊的古代民族一些語言地域纔逐漸成爲漢語方言區域。"①我們由這樣的理論來討論蜀地的移民現象與蜀語的關係。

　　方言的形成、發展與語主的形成、發展史密不可分。漢語方言形成與發展的最重要的原因是移民,其次是交通的閉塞、地形的限制,語言的區域性不平衡發展、相鄰方言的接觸。由於這些原因,不同地域之間逐漸在語音、詞彙、語法上出現了差異,於是就形成了方言現象,例以蜀語亦然。

　　蜀地自遠古起就是一個移民的社會。在蜀人所居的成都平原,優越的地理環境決定了蜀地移民文化的形成:"成都平原最初的形成雛形,爲後來古氏羌移民提供了自然環境條件。古蜀文化的雛形,來自遠古移民。遠古移民的族屬關係,決定了古蜀的文化類型。目前發現的衆多的地面、地下歷史資料證明,古蜀文化雛形的來源應屬古氏羌文明。""成都平原的古蜀族人,是由遠古氏羌民族不同支系順着岷江流域河谷經歷了長途遷徙,翻越崇山峻嶺到達龍門山脈盆地邊緣後,最終進入山外的冲積平原。"②據孫曉芬的研究,自秦滅巴蜀到清代前期,2000多年來四川歷史上共有五次大規模的移民遷入活動:第一次是秦滅巴國、蜀國後(約前301),秦移民入蜀約四五萬人。第二次是從西晉末年開始(約4世紀初),鄰近四川地區的陝西、甘肅移民大量從秦嶺進入四川。第三次是北宋初年(約10世紀中葉),陝、甘移民又一次大量進入四川。第四次是元末明初(約1361—1387),以湖廣地區爲主的南方移民首次進入四川。第五次是在清代前期(17世紀中葉—18世紀中葉),以湖北、湖南和廣西爲主的十餘個省的移民南移入川,俗稱"湖廣填四川"。這次移民入川是四川歷史上規模最大的一次遷徙活動,移民時間持續百餘年,移民人口達170多萬③。但從巴蜀歷史上看,還應該不止於此。

　　蜀語與其他方言的接觸與融合,主要有兩種模式:一種是自然的接觸與融合,如通婚、外交、經商、遷徙、官員調動等;另一種是被迫的接觸與融合,

---

① 李葆嘉《中國語的歷史與歷史的中國語——7000年中國語史宏觀通論》。
② 范仲遠《論成都平原地理形態對古蜀移民文化雛形的影響》,134—138頁。
③ 孫曉芬《明清的江西湖廣人與四川》7頁,四川大學出版社2005年。

如戰爭、罪犯謫遷等。

一、傳說時代的古蜀移民

徐旭生將盤庚遷殷前的時代,稱爲傳說時代①。古蜀人與中華民族的各民族同構,具有多元一體的特性。文獻記載的古蜀傳說最重要的母題就是古蜀民的遷徙。蜀地的居民不是單一民族,"蜀人"來源及構成非常複雜,遷徙的情況也十分複雜。

1.《蜀王本紀》中的古蜀移民。揚雄《蜀王本紀》是目前傳世文獻中記錄蜀地先民來源的最早史料,但其中屪雜着神話、傳說的成份,加上內容殘缺,很難做出合理的解釋。雖然有人提出並非揚雄所著②,但早在阮孝緒《七錄》中即著錄於史部,結合揚雄本人的治學態度與學風,所載史實又多與《華陽國志·蜀志》密合,揚雄不可能臆造出《蜀王本紀》。言及蜀民遷徙,則③:

> 蜀之先名蠶叢,後代名曰柏濩,後者名魚凫,此三代各數百歲,皆神化不死,其民亦頗隨王化去。魚凫田於湔山,得仙,今廟祀於湔。時蜀民稀少。後有一男子,名曰杜宇,從天墮,止朱提。有一女子名利,從江源井中出,爲杜宇妻。乃自立爲蜀王,號曰望帝。治汶山下邑曰郫,化民往往復出。望帝積百餘歲,荆有一人名鱉靈,其尸亡去,荆人求之不得。鱉靈尸隨江水上至郫,遂活,與望帝相見。望帝以鱉靈爲相,時玉山出水,若堯之洪水,望帝不能治。使鱉靈決玉山,民得安處。鱉靈治水去後,望帝與其妻通,慚愧。自以德薄不如鱉靈,乃委國受之而去,如堯之禪舜,鱉靈繼位,號曰開明帝。帝生盧保,亦曰開明……蜀王據有巴蜀之地,本治廣都樊鄉,徙居成都。

"化去、亡去"是指出蜀,而"天墮、井中出、復出、隨江水上"則是入蜀。這表明蜀人的祖先是頻繁遷徙的民族,又是多元一體融合而成的民族。

這段文字提到蠶叢、柏濩、魚凫、杜宇、鱉靈的來歷及消亡,與《華陽國志·蜀志》所述蠶叢—柏灌—魚凫—杜宇—開明序列大致相同。無論將這段記載看成蜀地部落政權更迭的縱向線型序列,還是看成橫向的共時狀態,

---

① 徐旭生《中國古史的傳說時代》19—20 頁。
② 周生傑《蜀王本紀的文獻學考論》,《四川圖書館學報》2008 年 1 期 65—66 頁。
③ 《太平御覽》卷八八八,文字略異。

部落之間的接觸與融合都是不可避免的。文獻用"蜀之先"統五王,也表明不應把"蜀人"看成單一民族,而是蜀地衆多民族的共稱。推而申之,這些民族部落的更替或並存無論以暴力方式還是非暴力方式,語言之間産生接觸、融合當無疑義。

古蜀移民現象很普遍,如古蜀國第一個王蠶叢氏[①],從天而降的望帝杜宇及由水而出的江原女,最後一個政權開明氏,都是遷徙而來的蜀人。孫華《蜀人淵源考》認爲開明氏是中土西遷的崇人,童恩正《古代的巴蜀》説(76頁):"開明族可能是從川東遷徙來的一種民族,熟悉水性,善於治水。最初到達川西時,定居在今樂山一帶。《水經注·江水》:(南安)縣治青衣江會,衿帶二水矣。即蜀王開明故治也。"川東屬巴,巴、蜀族源各異,其語言本亦有別。但從《蜀王本紀》看,蜀人有一支應該是楚人遷徙而來的。驗以其他文獻,《華陽國志·序志》:"荆人鱉靈死,尸化西上,後爲蜀帝。"《後漢書·張衡傳》載張衡《思玄賦》:"鱉令殛而尸亡兮,取蜀禪而引世。"唐李賢注:"鱉令,蜀王名也。"鄧少琴《巴蜀史迹探索》:"尸在甲骨文中與人形近義通,尸亡即人亡也,人亡外出,即曰出亡"。鄧廷良認爲古尸、夷字通,"鱉靈尸隨水上",就是説鱉靈夷溯江而上,"鱉靈夷也就是楚族西涉入蜀的一支"[②]。任乃强《華陽國志校補圖注》不同意上説,認爲"云'尸化'者,鱉令犯罪當死,乃僞稱投水而潛走投蜀。故楚人求其尸不得,而謂在蜀復生也"。其《四川上古史新探》亦以"犯罪當死,故謂其軀體爲尸"釋"尸化"之義,並謂"古言尸者,不一定爲已死尸骸……鱉令罪當死,乃率其族人奔蜀"(92頁)。他們的觀點表面上看有所不同,但其有一個共同點就是都把"尸化"看成遷徙。"上至郫"就是一種遷徙。其中尸、夷古字相通,筆者有過較詳盡的論述[③]。鱉靈取代杜宇,推動古楚語和蜀語的融合可見端倪。蜀語、楚語相似之處甚多,《山海經》楚語、蜀語兼備均得一解。開明氏十二世長期治蜀,遷徙民族的語言或者替代蜀語,或者與蜀語結合成新面貌的蜀語。

開明時代之前的原始蜀語是古蜀語的第一個層次,也是整個中上古時

---

① 范勇《蠶叢考》,《中華文化論壇》2009 年 5 期 98 頁。
② 鄧廷良《楚裔入王蜀説》,楚史研究會 1983 年論文。
③ 汪啟明《東夷非夷證詁》,11 頁。

期的蜀語，以及後來的蜀方言和現代四川方言的最底層或化石。

關於遠古蜀人的遷徙傳説，文獻中還有大量記載，如《華陽國志》所載蜀王娶武都女爲妃，因不習水土，未幾物故。命五丁至武都擔土爲冢，成爲武擔山。墓前立有大石，稱爲石鏡。秦惠王時，蜀王率萬餘人獵於褒谷，與秦王相遇，互贈禮物，與太子退至逢鄉，死於白鹿山等。這些傳説，提到蠶叢、魚凫、杜宇、鱉靈的來歷和他們的移徙，都是不同部落首領的遷移和消長，但實際的遷徙情况僅僅依靠這幾句話是很難作進一步推斷的①。近年來對三星堆出土文物的研究成果，使我們有可能對其中一些部落的興衰過程和大致時間作出新的判斷，至少證明揚雄《蜀王本紀》的説法並非完全出於後人的附會和想象。

2. 黄帝娶嫘祖傳説。除了《蜀王本紀》所載的五大首領更替或並存外，華夏族的勢力也在蜀地有所體現。

黄帝時代距今五千年。《一統志》："軒轅丘在開封府新鄭縣。""嫘祖"有不同的寫法：(1) 嫘祖。《史記·五帝本紀》："黄帝居軒轅之丘，而娶於西陵之女，是爲嫘祖。嫘祖爲黄帝正妃。"《世本·帝系》："黄帝居軒轅之丘，娶於西陵氏之子，謂之嫘祖。"《大戴禮記》："黄帝居軒轅之丘，娶於西陵氏，西陵氏之子謂之嫘祖氏。"劉恕《歷代通鑑輯覽》："西陵氏之女嫘祖，爲黄帝元妃，始教民育蠶，治絲繭以供衣服，後世祀爲先蠶。"(2) 㑋祖。《路史·後紀》："元妃西陵氏曰㑋祖……以其始蠶，故又祀先蠶。"(3) 累祖。《史記·五帝本紀》索隱引皇甫謐："元妃西陵氏女，曰累祖。"(4) 雷祖。《山海經·海内經》："黄帝妻雷祖。"西陵，亦蠶陵，其地在蜀，《漢書·地理志》蜀郡有蠶陵縣。蠶陵故城在茂漢羌族自治縣松坪河和岷江會口的疊溪，今茂汶羌族自治縣北疊溪城廢墟東北有蠶陵山，這是傳説中古蜀國最老的都城，後來逐漸遷移到郫邑（今郫縣境）、瞿上（今彭縣境）和成都②。《水經注·江水》官刻本作"西陵"；沈炳巽《水經注集釋訂訛》謂"西陵"乃"蠶陵"之誤。據

---

① 馮廣宏《魚凫時代是古蜀社會轉型期》(60 頁)："(1) 魚凫、杜宇兩個王朝並不是前後銜接的；(2) 在魚凫王朝之後，還有另類政權控制古蜀，在蜀民傳説中形成空白；這段空白區，歷時有千年之久；(3) 空白區間的歷史，須從中原和南方傳説中去尋覓信息，直至杜宇建國爲止；(4) 杜宇王朝起始於西周晚期，而魚凫王朝則結束於中原夏王朝建立之時。"

② 譚其驤《中國歷史地圖集》第 2 册 29—30 圖正標西漢蠶陵縣於此。

此,鄧少琴認爲:"黃帝所娶之西陵氏之女,是爲鼉陵氏也。鼉陵在今四川舊茂州之疊溪。"①嫘祖籍地一説在今鹽亭。四川鹽亭縣金雞、高燈等地世代流傳着許多關於嫘祖飼鼉治絲、嫘祖與黃帝的傳説,還存留着嫘祖早年生活的歷史遺址、人文地名、祭祀嫘祖的宮觀廟宇、傳統的祭祀習俗以及許多與嫘祖有關的地方文獻資料、名勝古迹、出土文物②。嫘祖,蜀人,是中華人文始祖黃帝之妻、西陵氏之女。這折射出黃帝部落曾經遷移入蜀,或者蜀人的影響已深入中原。

3. 黃帝二子娶蜀山氏傳説。《史記·五帝本紀》載嫘祖生有二子,其後皆有天下:一名玄囂(青陽),一名昌意;一個降居江水,一個降居若水。"昌意娶蜀山氏女,曰昌僕,生高陽,高陽有聖德焉。"索隱:"降,下也。言帝子爲諸侯,降居江水。江水、若水皆在蜀,即所封國也。《水經》曰:'水出旄牛徼外,東南至故關爲若水,南過邛都,又東北至朱提縣,爲瀘江水。'是蜀有此二水也。"張守節正義:"《華陽國志》及《十三州志》云:'蜀之先肇於人皇之際。黃帝爲子昌意娶蜀山氏,後子孫因封焉。帝顓頊高陽氏,黃帝之孫,昌意之子,母曰昌僕,亦謂之女樞。'"《華陽國志·蜀志》:"蜀之爲國,肇於人皇,與巴同囿。至黃帝,爲其子昌意娶塗山氏之女,生子高陽,是爲帝嚳,封其子庶於蜀,世爲侯伯。歷夏商周,武王伐紂,蜀與焉。""塗山"一作"蜀山",《路史·前紀》引《益州記》:"岷山禹廟西有姜維城,又西有蜀山氏女居,昌意妃也。"《太平寰宇記》卷七八劍南西道"茂州"下:"蜀山,《史記》黃帝子昌意娶蜀山氏女,蓋此山也。"黃帝子娶蜀山氏女,並居住於蜀地,也是一種部落間由通婚而移民的現象。

4. 蜀人爲黃帝後裔傳説。《史記·三代世表》:"傳云:天下之君王,爲萬夫之黔首請贖民之命者帝,有福萬世。黃帝是也。五政明則修禮義,因天時舉兵征伐而利者王,有福千世。蜀王,黃帝後世也。"司馬貞索隱:"《系本》:'蜀無姓,相承云黃帝後世子孫也。'且黃帝二十五子,分封賜姓,或於蠻夷,蓋當然也。《蜀王本紀》云:朱提有男子杜宇從天而下,自稱望帝,亦蜀王也。則杜姓出唐杜氏,蓋陸終氏之胤,亦黃帝之後也。"正義引《譜記》云:

---

① 鄧少琴《鄧少琴西南民族史地論集》103 頁。
② 趙鈞中、何天度《嫘祖與鹽亭》,41 頁。

“蜀之先肇於人皇之際。黃帝與子昌意娶蜀山氏女，生帝俈，立，封其支庶於蜀，歷虞夏商。周衰，先稱王者蠶叢，國破，子孫居姚、嶲等處。”姚是雲南姚安，嶲是四川西昌。蜀人這種“國破”後的遷徙，也會給當地的語言帶來變化，蜀語和當地語言會融合爲新的語言，或者融合進當地語言，或者代替當地語言。

　　以上情況表明，上古時期，或蜀人本即華夏族，或蜀地至少有一支或兩支是中原華夏族遷徙而來。黃帝娶蜀妻、封子到蜀、爲子娶蜀山氏等，均寓含着大規模移民。黃帝娶妻是蜀民出蜀，爲其子娶妻且居蜀是入蜀，這正是上古蜀人與華夏族融合的過程。不妨推論，古蜀語或與華夏語融合，或本身就是漢語的前身華夏通語的主要組成部分之一。

　　二、秦漢時期的古蜀移民

　　除了傳說中的古蜀先民遷徙，在文獻記載的信史中，也有不少蜀人遷徙的內容。秦漢時期的遷徙對蜀語的融合與形成同樣具有重要的作用，成爲蜀語形成的第二層次。《後漢書·西羌傳》：

> 至爰劍曾孫忍時，秦獻公初立，欲復穆公之迹，兵臨渭首，滅狄獂戎。忍季父卬畏秦之威，將其種人附落而南，出賜支河曲數千里，與衆羌絕遠，不復交通。其後子孫分別，各自爲種，任隨所之。或爲之氂牛種，越嶲羌是也；或爲白馬種，廣漢羌是也；或爲參狼種，武都羌是也。

　　據此，羌人的一部分在公元前4世紀後期曾經有過一次大遷移，從渭河上游遷至黃河上游河曲地區，又南下直到今四川西部和雲南，“任隨所之”。由於這段文字相當簡略，有關這次移民的具體情況語焉不詳。但根據現有的考古發現，在今橫斷山脈地區、四川岷江上游和川西其他地區存在一種石棺葬文化，具有明顯的遊牧民族特色；又有“邛籠—石碉”文化，在語言詞彙上也有所體現①，其淵源應該就是西北甘青山區的氐羌文化。

　　(一)傳世文獻記載的蜀人遷徙

　　秦漢時期，蜀民的遷徙多與政治有關，且往往有政府的影子。這裏從遷徙的發生學原理出發，歸納蜀人遷徙的類型：

　　1. 國破遷蜀。《史記·貨殖列傳》：“蜀卓氏之先，趙人也，用鐵冶富。

秦破趙,遷卓氏。卓氏見虜略,獨夫妻推輦,行詣遷處。諸遷虜少有餘財,爭與吏,求近處,處葭萌,唯卓氏曰:'此地狹薄。吾聞汶山之下沃野,下有蹲鴟,至死不飢。民工於市,易賈。'乃求遠遷。致之臨邛,大喜,即鐵山鼓鑄,運籌策,傾滇蜀之民,富至僮千人。田池射獵之樂,擬於人君。"葭萌,集解引徐廣:"屬廣漢。"正義:"葭萌,今利州縣也。"

2. 罪犯遷蜀。秦代嚴刑峻法,罪人遷蜀不少。《史記·項羽本紀》:"巴、蜀道險,秦之遷人皆居蜀。"《漢書·高帝紀》注引如淳:"秦法,有罪,遷徙之於蜀漢。"《史記·呂不韋列傳》:"諸嫪毐舍人皆没其家,而遷之蜀。"又始皇《賜文信侯書》:"其與家屬徙處蜀。"《史記·秦始皇本紀》:"不韋死……六百石以上奪爵,遷。五百石以下不臨,遷,勿奪爵。"秦始皇九年(前238)嫪毐事發,"車裂以徇,滅其宗。及其舍人,輕者爲鬼薪,及奪爵遷蜀四千餘家。家房陵"。房陵在今湖北,時爲蜀地。《華陽國志·漢中志》:"秦始皇徙呂不韋舍人萬家於房陵,以其隘地也。"

兩漢時期,也有官員因犯罪而被放逐到蜀。有些是舉家而來,如漢初的淮南王、梁王等。《三國志·蜀書·呂凱傳》引孫盛《蜀世譜》:"初,秦徙呂不韋子弟宗族於蜀漢。漢武帝時,開西南夷,置郡縣,徙呂氏以充之,因曰不韋縣。"不韋縣在今天的雲南保山縣,説明,蜀漢之地在當時是比較廣闊的。這些官員和隨從文化程度都比較高,會將一些語言因素帶到蜀地。

3. 豪俠遷蜀。《華陽國志·蜀志》:"然秦惠王、始皇克定六國,輒徙其豪俠於蜀,資我豐土。"劉琳注:"秦統一巴、蜀之後,特別是秦始皇統一中國後,不斷將内地貴族豪富、罪犯和一般人民遷入巴蜀,一則充實邊地,一則削弱反抗力量。卓王孫、程鄭之先即最著名的例子。"又:"臨邛縣,(蜀)郡西南二百里。本有邛民,秦始皇遷上郡實之。"任乃強注:"上郡,謂關東中原諸郡……秦徙趙、齊遷虜於臨邛,見《貨殖傳》。"

4. 政治原因遷蜀。揚雄《蜀都賦》:"秦漢之徙,充以山東。"謂秦漢時期,曾從關東之地遷徙了一部分人口到蜀地。充,《古文苑》作"元",章樵注:"成都由秦漢而徙,謂惠王及武帝時,其始基在山之東,謂蠶叢、望帝,皆治郫城,在岷山之陽也。"韓熙祚《古文苑校勘記》:"'元'字誤,《文選·魏都賦》注引作'充',此謂秦漢徙山東民以實蜀地。章氏以徙都釋之,誤矣。"劉邦曾任漢中王,領有巴蜀、漢中。劉邦將領多出山東。考之史實,秦代和西漢都有徙民於蜀地的記載。楚國的鬥氏、楊氏、樊氏、昭氏等,皆在蜀國活動,其中一些家族,還產生了深遠的影響,對巴蜀文化的發展起到了重大作用。春秋二百四十年間,鬥氏在楚國爲執政大臣。樊氏、楊氏(揚雄的祖先)都是晉國貴族,因内部權力之爭,不得不投奔楚國,再轉輾遷入蜀地定居。《漢書·揚雄傳》:"周衰,而揚氏或稱侯,號曰揚侯。會晉六卿爭權,韓、魏、趙興而范、中行、知伯弊。當是時,偪揚侯。揚侯逃於楚巫山,因家焉。楚漢之興也,揚氏溯江上,處巴江洲。"

5. 大饑遷蜀。《漢書·高帝紀》載,高祖二年(前205):"關中大饑,米斛萬錢,人相食。令民就食蜀漢。"《漢書·食貨志》:"漢興,接秦之敝,諸侯並起,民失作業,而大饑饉,凡米石五千,人相食,死者過半。高祖乃令民得賣子,就食蜀漢。"這實際上是一次向蜀漢地區的人口大遷移。中原之地受秦漢戰爭之苦最甚,必然有大批人口流往蜀地。《史記·平準書》載漢武帝時,"山東被河災,乃歲不登數年,人或相食,方一二千里……下巴蜀粟以振之"。《漢書·高帝紀》載,漢高祖十一年(前196):"六月,令士卒從入蜀、漢、關中者皆復終身。""復"是指免除國家賦税,這是漢高祖時期用鼓勵的辦法向關中和蜀地移民。

6. 避亂入蜀。《後漢書·隗囂公孫述列傳》載有因戰亂引起的移民:"延岑、田戎爲漢兵所敗,皆亡入蜀。"

7. 派遣入蜀。兩漢時期,除了鼓勵、行政强制向蜀地移民外,一些官員也從外地派來。這些移入的人口由於身份特殊,對蜀語的影響應該很大。《漢書·地理志》:"景、武間,文翁爲蜀守,教民讀書法令……及司馬相如遊宦京師諸侯,以文辭顯於世,鄉黨慕循其迹。後有王褒、嚴遵、揚雄之徒,文章冠天下。由文翁倡其教,相如爲之師。故孔子曰:有教亡類。"文翁(前156—前101),名黨,字仲翁,西漢廬江郡舒縣(今安徽舒城縣)人。"少好學,通《春秋》,以郡縣吏察舉。景帝末,爲蜀郡守,仁愛好教化。見蜀地辟陋有蠻夷風,文翁欲誘進之,乃選郡縣小吏開敏有材者張叔等十餘人親自飭厲,遣詣京師,受業博士,或學律令。減省少府用度,買刀布蜀物,齎計吏以遣博士。數歲,蜀生皆成就還歸,文翁以爲右職,用次察舉,官有至郡守刺史者"。文翁在當地創辦學校,施行教育。這對蜀的文化和語言都會產生很大的影響。

8. 自願入蜀。如《後漢書·隗囂公孫述列傳》:"蜀地肥饒,兵力精强,遠方士庶多往歸之,邛、筰君長皆來貢獻。"

9. 征人入蜀。西漢末年和東漢末年,中原曾長期戰亂,大量躲避戰亂的外地百姓進入較爲安定的巴蜀地區。《三國志·蜀書·劉二牧傳》《華陽國志·公孫述劉二牧志》等載,劉焉、劉璋集團率領大量軍民入蜀,其中僅從南陽等地遷入的"東州士、東州兵"就有數萬家之多。《後漢書·劉焉傳》:"南陽、三輔民數萬户流入益州。"《資治通鑑》卷六三:"劉焉悉收以爲兵,名曰東州兵。"蜀漢滅亡後,蜀人大規模外遷,"並三萬家於東及關中"(《華陽國志·大同志》)。不久,劉備、諸葛亮集團率大量軍民(其中以荆州人士爲最多)入蜀,據統計,16 名高級將領中,河南有 8 人,湖南、湖北有 5 人,山東、陝西、河北各 1 人[1]。這些外來將領,帶了大量的士兵和人口,而且長期定居蜀中。《三國志》曾爲蜀國七十多人立傳,而蜀地人不到四分之一。

10. 少数民族入蜀。這當中既有短期的,也有長期的。長期者如僚人入蜀,短期者,如漢朝冉夷者,有六夷、七羌、九氐,《後漢書·西南夷傳》:"冬則避寒,入蜀爲傭,夏則違暑,反其聚邑。"

11. 傳教入蜀與出蜀。宗教人士的遷徙,出蜀者如"到吴而蜀語"的李寬;入蜀者,道教天師張陵爲沛國豐(今江蘇豐縣)人,據說曾入巴郡江州爲官,後掛印而去;入江西龍虎山,結茅山中,煉丹築壇。漢順帝(115—144)時,張陵"聞蜀人多純厚,易以教化,且多名山,乃與弟子入蜀,住鵠鳴山(即鶴鳴山,在今成都市大邑縣西北三十里),著作道書二十四篇"(《太平廣記》)。張陵客居鶴鳴山,最初是爲了學道,而不是布道。《三國志·魏書·張魯傳》:"(魯)祖父陵,客蜀,學道鵠鳴山中。"《華陽國志·漢中志》:"漢末,沛國張陵學道於蜀鶴鳴山。"《後漢書·劉焉傳》:"(魯)祖父陵,順帝時客於蜀,學道鶴鳴山中。"張陵、張魯學道和傳道,道徒甚衆,他們都離不開語言的交流,這對語言的融合有很重要的作用。

12. 政府開邊出蜀。爲了打通向西南的官方經濟通道,漢代屢次"開西南夷",向盆地邊境地區移民,如《華陽國志·南中志》"晉寧郡"下載"司馬相如、韓説初開,得牛馬羊屬三十萬,漢乃募徙死罪及奸豪實之";"永昌郡"

---

① 藍勇《西南歷史文化地理》27 頁,西南師範大學出版社 1997 年。

下載“孝武時通博南山……徙南越相呂嘉子孫宗族實之”。

13. 秦地移民的擠壓。石碩認爲，因秦地移民擠壓，“蜀地人群及部落向越巂和南中的遷徙當是一個持續、漫長的過程，遷徙時間亦各有早晚”，漢代存在於西南夷地區的一個特定人群——由蜀地流散到西南夷地區的“南遷蜀人”，如“蜀王子”和居姚、巂等處“留有政權組織的蜀人勢力”。南遷年代可能是公元前 316 年前後秦滅蜀之際①。《水經注·葉榆水》引《交州外域記》：“交趾昔未有郡縣之時，土地有雒田，其田從潮水上下，民墾食其田，因名爲雒民。設雒王、雒侯主諸郡縣。縣多爲雒將，雒將銅印青綬。後，蜀王子將兵三萬來討雒王、雒侯，服諸雒將。蜀王子因稱爲安陽王。後，南越王尉佗舉衆攻安陽王，安陽王……遂敗。安陽王下船徑出於海。”交趾，地在今越南河南東北。徐中舒《交州外域記蜀王子安陽王史迹箋證》（《四川大學學報叢刊 5·四川地方史研究專集》1981 年）、蒙文通《越史叢稿·安陽王雜考》（人民出版社 1983 年）、孫華《蜀人南遷考》（《成都大學學報》1991 年 1 期），都專門討論了蜀人南遷的問題。

秦漢時期的蜀地移民，從量上看，以入蜀爲主。遷民與當地蜀人的語言發生接觸、融合，使蜀語在這一時期成爲一種典型的移民語言。尤其是“數萬家”“秦之遷民皆居蜀”等語，表明遷徙的規模很大。蜀地雖然還是主要以蜀語作爲交際工具，但是必然有一些新的語言成份融進蜀語中，使蜀語出現新的面貌。古蜀語只是作爲新面貌蜀語的底層而存在。

（二）出土文獻記載的蜀人遷徙

1. 簡文。秦簡《封診式》曾列舉一個蜀地遷徙的典型案例②：

爰書：某里士伍甲告曰：“謁鋈親子同里士伍丙足，遷蜀邊縣，令終身毋得去遷所，敢告。”告法（廢）丘主：士五咸陽才（在）某里曰丙，坐父甲謁鋈其足，遷蜀邊縣，令終身毋得去遷所論之。遷丙如甲告，以律包，今鋈丙足，令吏徙將傳及恒書一封詣令史，可受代吏徙，以縣次傳詣成都。成都上恒書太守處，以律食。法（廢）丘已傳，爲報，敢告主。

這段材料説“遷蜀邊縣”，咸陽士伍丙是被遷往蜀地去的。《封診式》這一段材料具有典型意義,説明秦滅蜀之後,一直將開發巴蜀作爲大事。當時的巴蜀,少數民族很多,秦的勢力相比之下極其微弱,要改變這種局面,當然要大量遷民。材料正反映了戰國末年秦大規模往巴蜀遷民的現實。

2. 蜀碑。1966 年 4 月,四川省郫縣犀浦公社二門橋出土了東漢順帝永建三年(128)《王孝淵碑》墓碑,碑文共 13 行,漫漶不清,可識的部分碑文爲①:

> 永初二年七月四日丁巳,故縣功曹郡掾□□孝淵卒。嗚呼!□孝之先,元□關東,□秦□益,功爍縱橫。漢徙豪傑,遷□□梁,建宅處業,汶山之陽。崇譽□□,□與叱功,故刊石紀,□惠所行,其辭曰:惟王孝淵,嚴重毅□,□懷慷慨。

墓主王孝淵,死於東漢永初二年(108)。王孝淵祖籍關東,秦代時被遷徙到了關中地區,西漢初年作爲關東豪傑又被遷徙到了蜀地。梁,指巴蜀之地。揚雄《蜀都賦》:"蜀都之地,古曰梁州。""汶山之陽"的汶山,即岷山。《王孝淵碑》所載王孝淵先祖的遷徙經歷與景雲先祖的遷徙經歷極爲相似。

2004 年,重慶市雲陽縣雙江鎮建民村的舊縣坪遺址出土了《漢巴郡朐忍令景雲叔于碑》②,碑文隸書,共 13 行 367 字,其文有:

> 漢巴郡朐忍令廣漢景云叔于,以永元十五年季夏仲旬己亥卒。君帝高陽之苗裔,封兹楚熊,氏以國別。高祖龍興,婁敬畫計,遷諸關東豪族英傑,都於咸陽,攘境蓄衛。大業既定,鎮安海内,先人伯沇,匪志慷慨,術(述)禹石紐、汶川之會,幃屋(帷幄)甲帳(帳),隨車留遷,家於梓潼。九族布列,裳娩(冕)相襲,名右冠蓋。

朐忍(今重慶雲陽)令景雲東漢時期是廣漢郡梓潼縣人,而他的先祖卻是經歷了西漢初年兩次遷徙纔到梓潼的。景雲是楚國貴族的後代。此碑立於東漢熹平二年(173)。景雲先人伯沇籍楚,一遷關中,再遷蜀地梓潼。"幃屋(帷幄)甲帳,隨車留遷",表明這次移民到蜀地的人很多。

四川博物館收藏有一塊東漢的墓門石枋石刻,其文爲:"唯吕氏之先,本

①　高文、高成剛《四川歷代碑刻》13 頁,四川大學出版社 1990 年。

②　李喬《從景雲碑看景氏起源及漢代以前的遷徙》,《中原文物》2009 年 4 期 55 頁。又參魏啟鵬《讀三峽新出東漢景雲碑》,《四川文物》2006 年 1 期 64—65 頁。

豐沛呂□子孫。呂禄,周呂侯。禄兄征過,徙蜀汶山,□□□□□□□□建成侯怠征過,徙蜀汶山,□□東杜(社)造墓藏丘冢。"①呂后死後,呂氏家族便有遷往蜀者。"周呂侯"爲呂太后的長兄呂澤,死於高祖八年(前 199);"建成侯"爲呂太后的次兄呂釋之,死於惠帝二年(前 193);呂禄爲建成侯呂釋之的少子;征過爲呂禄之兄,則當爲建成侯之子,很可能是建成侯的長子。《史記·呂太后本紀》:"建成康侯釋之卒,嗣子有罪,廢,立其弟呂禄爲胡陵侯。"則這個被廢的"嗣子"當爲遷徙到蜀地的呂征過。從建成侯死亡的時間看,呂征過遷徙到蜀地的時間可能在惠帝初年,即西漢初年。

可見,西漢初,確實從關中地區遷徙了一部分原籍是關東的貴族、豪傑到蜀地,即今四川地區,特別是今四川中北部地方,即漢碑所謂的"汶山之陽"或"汶川之會"地區②。

3. 蜀器。蜀地出土的器物與中原多有聯繫,前修時賢論述不少,此從略。述少者臚列如次:

(1)趙地出現的"蜀西工"器。1970 年至 1972 年,先後發掘了位於邯鄲南部東端張莊橋村北的兩座東漢磚拱多室墓③。在張莊橋 1 號、2 號漢墓中,出土了刻銘爲"建武廿三年蜀郡西工造乘輿大爵酒樽"的器物,乘輿器至少是諸侯王用器。該墓還出土了東漢永元三年(91)、四年(92)銅鑒等一批銅器,故該墓可能是死於東漢趙國最後的三代趙王(惠王劉幹、懷王劉豫、獻王劉赦)中的一位的陵墓。

(2)朝鮮出土的"蜀西工"器。1924 年,在王氏墓發現的漢永平十二年(69)銘神仙龍虎畫像漆盤,有 25 字隸書銘文:"永平十二年蜀郡西工夾紵行三丸治千二百盧氏作宜子孫牢。"④1933 年在朝鮮舊樂浪郡王光墓出土有以"蜀西工長廣成亞"爲代表的銘漆器,其年份最早者爲西漢始元二年(前 85),最晚者爲東漢永元十四年(102)。屬元始三年(3)"蜀西工"造器有 3 件;元始四年"蜀西工"造器有 7 件。在朝鮮平壤出土的一批由廣漢郡工官

---

① 張勳燎、袁曙光《四川省博物館藏漢代呂后族人墓葬石刻文字及其相關問題》,《中國西南的古代交通與文化》107 頁,四川大學出版社 1994 年。

② 袁延勝《新出〈漢景雲碑〉及相關問題》,61 頁。

③ 陳光唐、王昌蘭《邯鄲歷史與考古》94 頁,文津出版社 1991 年。

④ 張飛龍《中國漆文化的外傳和影響》,《中國生漆》2005 年 2 期 1 頁。

於元始年間製造的漆耳杯,也有同樣格式與内容的銘文。

（3）貴州出土的"蜀西工"器。貴州清鎮 M15 曾出土過一件由廣漢郡工官製造的漆耳杯,其上銘文:"元始三年廣漢郡工官造乘輿髹汨畫木黄耳杯容一升十六龠素工昌髹工立上工階銅耳黄塗工常畫工方汨工平清工匡造工忠造護工卒史惲守長音丞馮橡林守令史譚主。"[①]

這些漆器銘文與"蜀西工"造銅器的記載格式相同,都詳細記載了製器的年代和器物的"乘輿"屬性以及工官機構、官吏名稱,稍有區别在於,記載器物名稱和製造漆器的工種方面與銅器有所不同。建武廿一年"蜀郡西工造乘輿一斛承旋"器、建武廿三年"蜀郡西工造乘輿大爵酒樽"器,製造銅器的工匠爲"銅工、金銀塗、文工、造工";而製造漆器的工匠爲"素工、髹工、上工、黄塗工、汨工、清工、造工"[②]。由"蜀西工"銅器和漆器銘文可知,漢"蜀西工"組織體制可分爲製造、監造、主造系統。這與同時期設在其他地方的工官機構的組織體制相同。根據漢代官吏的設置,在東漢時期的工官機構中,"護工卒史"應爲少府派駐,是總領工官的官吏,並有督察、協調各級官吏的職能。長,其全稱爲"守長",是工官中負責行政的最高官吏。無論是用何種方式將這些古器物運到趙地、貴州或朝鮮,都要以語言作爲重要的交際工具,這也擴大了蜀語的傳播範圍。

（4）考古成果證實,早在 2300 年前的戰國晚期,入川北通道就被打通。在平武縣響巖鎮涪江村四社的瓦渣地武都水庫庫區,相繼發現了一批特殊的墓葬,這些墓葬全用白膏泥封實,木棺爲金絲楠木,楠木板長 185 釐米、寬 62 釐米、厚 10 釐米,出土了鼎、壺等組合而成的陶器。考古人員確認這些墓葬與青川縣郝家坪出土的戰國墓葬形制大體相同。由此推斷這些墓葬爲戰國時期的木槨墓和木板墓,以木槨墓爲主。墓室的主人應爲秦人或與秦人有密切關係的外來人口。整個區域的古秦墓葬不少於 50 座。從青川縣的郝家坪戰國墓葬到平武縣瓦渣地的戰國墓葬群,兩點連成一線,與陰平古道走向一致。上世紀 50 年代,廣元昭化出土了大量具有巴蜀文化特徵的戰國船棺。1962 年,平武南壩一位農民在耕地時意外發現秦時的戈,上面標注

---

①②　王仲殊《漢代考古學概說》48—49 頁。

“徐伯作戈”四字①。可見軍人入川作戰是先秦時期移民的重要方式。

4. 蜀字。從上世紀中期以來,就有不少學者研究“巴蜀圖語”。1985年,成都西郊十二橋遺址中期,發現了一件陶製紡輪,其中兩個字,與常見的“巴蜀圖語”完全不同,應屬於甲骨文系統。這表明,“至遲在商代後期,蜀人可能已經使用和甲骨文同屬一個系統的文字”。城固遺址出土的許多商文化遺物,如銅面具、銅泡、人面紋鉞,與蜀地三星堆器物極其相似②。馮廣宏通過研究發現,在同一器物上既有漢字又有古蜀文字的至少有八個:王、中、田、日(明)、十、大(或方)、老、弜。“有這麼多漢字與巴蜀文字相容,說明巴蜀文字的構造體系必然與漢字同類”③,結合蒙文通所舉“氏”這個巴蜀字來看,古蜀有一部分文字與中原文字有着同一個來源。關於蜀人同時使用中原及巴蜀文字,馮廣宏、王家祐有同樣意見④。佟柱臣則認爲蜀人商代已使用漢字,但蜀人當時並未有自己的文字⑤。從現在不斷出土的文字看,應該說馮廣宏、王家祐的意見較爲可靠。

兩漢時期的蜀地遷徙,較之先秦時期有新的特點:①規模更大;②遷徙原因更複雜;③既有主動的遷徙,也有被動的遷徙;④既有蜀地向中原甚至域外如朝鮮等地的遷徙,也有中原等向蜀的遷徙;⑤遷徙不是一次完成,而可能經過多次。這樣,蜀語的層次也就不能像大樹的年輪一樣分明,錯綜複雜的層次爲蜀語的層次性研究帶來了極大的障礙。

(三)魏晉南北朝時期的古蜀移民

漢末到魏晉時期,因中原戰亂,又有不少人遷移到蜀地。這一時期,對蜀語影響最大的是少數民族的入主。晉朝“汶山郡……夷人冬則避寒入蜀,傭賃自食,夏則避暑反落,歲以爲常”(《華陽國志·蜀志》)。在李氏政權時期,少數民族的進入達到高峰。其中以“僚人入蜀”最爲著名。

1. 僚人入蜀。魏晉南北時期,有一次重要的入蜀大移民,一批蜀地邊緣地區的少數民族來到了蜀地的腹心地帶。《太平寰宇記》引梁朝李膺《益州

---

① 廖伯遜《古秦墓葬重見天日,涪江峽谷見證秦滅巴蜀的歷史》,《四川日報》2007年4月6日第8版。

② 鄭紅利《商蜀文化互動交流的考古學觀察》,《四川文物》2003年2期61頁。

③ 馮廣宏《巴蜀文字的期待》(十),61頁。

④ 馮廣宏、王家祐《邵之愈鼎疑辨》,38—40頁。

⑤ 佟柱臣《巴與蜀考古文化對象的考察》,188頁。

記》載：

> 李雄時嘗遣李壽攻朱提，遂有南中之地。壽既篡位，以郊甸未實，都邑空虚，乃徙旁郡户三千以上實成都，又從牂柯引僚入蜀境，自象山以北，盡爲僚居。蜀本無僚，至是始出。巴西、渠川、廣漢、陽安、資中、犍爲、梓橦，布在山谷，十餘萬家。僚遂挨山傍谷，與土人參居。居家頗輸租賦，在深山者不爲編户。種類滋蔓，保據巖壑，依林履險，若履平地。性又無知，殆同禽獸，諸夷之中，難以道義招懷也。

僚本爲越人後裔之一。從《逸周書・王會》得知，蜀地早有越人居住。僚之進入，只是增加了在蜀越人的人數。《水經注・漾水》：“李壽之時，僚自牂柯北入，所在諸郡，布滿山谷。”宋郭允蹈《蜀鑑》卷四載，晉康帝建元元年（343）蜀李壽從“牂柯引僚入蜀”，《太平御覽》卷一六八、《寰宇記》卷一三九並引《四夷縣道記》載：“李特孫壽時，有群僚十餘萬從南越入蜀漢之間，散居山谷”。《資治通鑑》卷九七載晉永和二年（346）冬，“蜀土先無僚，至是始從山出，自巴西至犍爲、梓潼，布滿山谷，十餘萬落，不可禁制，大爲民患”。又卷一四六梁武帝天監五年（506）：“初，漢歸義侯勢之末，郡僚始出，北自漢中，南至邛、筰，布滿山谷。”

西晉初年，僚遷入蜀，較之當時最多只有二十二萬多户的蜀地，大規模地增加了户口。兩漢時期計算少數民族的數量單位爲“落”。“落”的單位比“家”大，有時指部落、村落、夷落，有時則等於“家”或“户”。換言之，這“十餘萬落”，也就是“十餘萬户”。入蜀僚人，每户以五口計，至少有五十餘萬人。僚人所到，郡縣皆廢，人民流離。《元和郡縣志》載，邛、簡、普、資、嘉、雅等近二十個州“没於夷僚”。據《宋書》卷三七、三八《州郡志》，劉宋大明八年（464）四川地區三十五郡（包括僑郡）僅五萬六千餘户，二十九萬七千餘口，略爲晉太康時户口的四分之一①。僚人入蜀後，分布很廣，西晉時期設立的蜀地十五郡，有十四郡都有僚人居住的記載，範圍包括蜀、犍爲、汶山、漢嘉、江陽、朱提、越巂、梓潼、廣漢、新都、涪陵、巴郡、巴西、巴東、建平。這樣大規模的人口遷徙，必然會在蜀語的發展中有表現。

2. 李特流民入蜀。晉元康八年（298）大量西北流民入蜀。《晉書・李

特載記》載侍御史李苾給朝廷的奏章説：“流民十餘萬口，非漢中一郡所能振贍，東下荆州，水湍迅險，又無舟船。蜀有倉儲，人復豐稔，宜令就食。”朝廷讓大量的流民進入蜀地。301 年，朝廷要求這些流民返回本土，益州刺史羅尚卻處處設卡，導致流民起義爆發。宋郭允蹈《蜀鑑》卷四：“晉太安二年（303），益州流民十餘萬户徙荆州。李特之亂，三蜀民流並南入東下……十餘萬户羈旅貧乏，鎮南將軍劉弘大給其田及種糧……流民稍安。”永興元年（304），李特攻入成都。306 年，其子李雄即帝位，國號大成。338 年，李壽改國號漢，史稱成漢。六郡流民大起義，人口大量入蜀。《晉書·地理志》載，晉初蜀、犍爲、梓潼、巴西、廣漢、新都六郡約爲 11. 18 萬户，秦、雍二州流民蜂擁入蜀後，短短數月間，蜀地人口劇增數萬，已近 20 萬户。

3. 僑置郡縣。譚其驤對各地移民情况做過詳細的研究，其中談及四川境内僅有十餘僑郡，移民多來自於陝西、甘肅及本省之北部，少數係河南人，所設地點在成都東北、川陝通途一帶，共有白水、永昌、始康、南漢、巴西、江陽、南陰平、晉西、安固、南漢中、北陰平、武都、南新巴、南晉壽、天水、懷寧 15 郡[1]。“益州地區《宋書·州郡志》載益州領郡 29，其中可以查證的各類僑郡達 15 個，佔 1/2；全州總户數 54042，而僑郡縣領户達 14791，佔 1/4 强，由此可見益州僑郡縣規模確實不小”[2]。而且没有土斷之舉，北周時代，益州僑郡縣纔消失殆盡。可見，外地移民的方言島現象應該保留得較久。

僚人入蜀、流民起義、僑置郡縣給這一時期蜀語的融合和面貌帶來了深刻的影響。如果説，先秦兩漢時期蜀語的接觸與融合主要體現在它與相鄰方言之間，那麽這一時期，則體現在少數民族語言對蜀語語音、詞彙的重要影響上。

第三節　文人遷徙與古蜀語

如果説，古蜀移民與古蜀語的形成、發展、接觸、融合相關，我們還只是依據語言學的一般原理所做的推論，那麽，古代文人記録的語言事實，更能夠證明蜀地移民與蜀語的密切相關。

---

① 譚其驤《晉永嘉喪亂後之民族遷徙》，《燕京學報》1934 年 15 期 64 頁。
② 陳乾康《論東晉南朝的僑州郡縣》，《四川師範大學學報》1995 年 2 期 103 頁。

　　我們能夠發現的古蜀語材料都是古代文人記載下來的。他們的記載包括親歷和聽說兩種來源,都是活生生的語言材料。蜀語的接觸與融合也具有雙向性。所謂入蜀,是指外地人來到蜀地,把他們原來的語言也帶到蜀地。有些外地文人,到了蜀地後就用蜀地的詞彙入詩,如杜甫、黃庭堅、陸游在他們的詩作中都使用了大量的蜀語詞①。所謂出蜀,就是一些在蜀地生長的居民,後來遷徙到蜀地以外的地方,他們也會把蜀語帶到那些地方去。他們當中的文人創作時會自覺不自覺地在文字中留下蜀語的痕迹。其中,揚雄、司馬相如、蘇東坡就是代表。歷代文獻記載古蜀語的不少,漢代,揚雄、鄭玄、許慎等都指出了文獻的一些蜀語詞。魏晉南北朝時期,郭璞、顧野王、陸法言、顏之推指明了蜀語的一些語音特徵,記録了少量的蜀語詞彙。蜀地自古是多民族地區,文化的多元一體勢必導致語言之間的融合,如僚人入蜀,便給古蜀語帶來很大影響。移民引起的語言接觸包括借用、融入、保留等種種形態,又主要表現在詞彙和語音上。

　　一、出蜀文人與古蜀語

　　蜀地文人出蜀,把蜀語帶到當地,與當地語言接觸,文獻記載他們保留着蜀語這種"鄉音"。這裏我們舉揚雄和蘇軾的例子。

　　1. 揚雄(前53—18),西漢蜀郡成都(今屬四川)人。漢成帝元延元年(前12)冬十二月,四十二歲時至京師,歷成、哀帝、新莽,中間兩次回成都,天鳳五年(18)七十一歲時卒於長安。他出蜀後著《方言》,收集20條古蜀語詞。這些蜀語詞,或以"蜀漢"名,如《方言》卷四:"襦,西南蜀漢謂之曲領,或謂之襦。"卷五:"俎,几也,西南蜀漢之郊曰杜。"或以"梁益"名,如卷六:"聳,聹,聾也。半聾,梁益之間謂之聹。秦晉之間聽而不聰,聞而不達,謂之聹。生而聾,陳楚江淮之間謂之聳。"卷一:"佲,躋,踚,登也。自關而西秦晉之間曰躡,東齊海岱之間謂之躋,魯衛曰郅,梁益之間曰佲,或曰跂。"有時與雍、楚並稱,卷二:"體不具謂之倚,梁楚之間謂之踦;雍梁之西郊,凡獸支體不具者謂之踦。"。

　　2. 蘇軾(1037—1101),宋代蜀眉州眉山(今屬四川)人,嘉祐元年(1056)二十一歲時出蜀,先後在杭州、汝州、黃州、密州、徐州、湖州、登州、常州、潁州等地爲官。他帶到海南的話至今尚有影響,被稱爲"蘇東坡話"①。宋人岳珂《桯史》卷二《賢己圖》:"元祐間,黃、秦諸君子在館。暇日觀畫,山谷出李龍眠所作《賢己圖》……適東坡從外來,睨之曰:'李龍眠天下士,顧乃效閩人語耶!'衆咸怪,請其故,東坡曰:'四海語音言六皆合口,惟閩音則張口,今盆中皆六,一猶未定,法當呼六,而疾呼者乃張口,何也?'龍眠聞之,亦笑而服。""四海語音",肯定包括蜀語在内。説明當時蜀語在這一方面與中原語言是一致的,而與閩地語音有所不同。又如他在詩文中用"鮮翠、元修菜"等蜀詞,皆此例。

二、入蜀文人與古蜀語

一些外地文人入蜀,常常用蜀語詞彙入詩、文,或以蜀語語音押韻。近人劉銘恕説杜甫、白居易、韓退之等人詩用蜀語:"蓋方言俚語,雖爲詩家之所戒,但入境原須問俗,加之受目前風物之漸染,恐有欲罷不能之慨,此所以杜詩中用蜀地方音方言之多也……此外與杜氏同時代之詩人,如白居易、韓退之等,如宋祁筆記、朱新仲《猗覺寮雜記》所記者,亦各偶有以蜀語入詩句者……老杜在秦以鄉語入詩,居蜀而又蜀語是化。則東坡固生於蜀、長於蜀者,於其鄉語,當亦點化慣用於其詩句,想必多用。"②

1. 杜甫(712—770),河南鞏縣(今鞏義市)人,唐肅宗上元元年(760)至代宗大曆二年(768)在蜀中八年。由於長期生活在蜀地,他在作品中常常使用蜀語詞。

土銼　是中上古時期的蜀語詞,炊具,猶今之砂鍋。杜甫《聞斛斯六官未歸》詩:"荆扉深蔓草,土銼冷疏煙。"《九家集注〈杜詩〉》卷二二注:"蜀人呼釜爲銼。"黃希原注、黃鶴補注:"詩云:'土銼冷疏煙。'蜀人以釜爲銼。王褒'土銼無煙'是也。此詩當在成都作,舊次上元二年。"慧琳《一切經音義》卷七八:"《坤倉》:住志,小釜。蜀人名銼。倉臥反。"《古今事文類聚·別集》卷二九"土銼無煙"下:"王褒家貧,土銼經日無煙。土銼,瓦釜也。蜀人呼釜爲銼。"《困學紀聞》卷十八:"滴水李氏云:老杜……其間又用方言,如岸溉、土銼,乃黔蜀人語,須是博問多讀。"宋李復《滴水集》卷五所載略同。

① 黃家教《海南臨高的"蘇東坡話"》,《蘭州大學學報》1957 年 1 期 69 頁。
② 劉銘恕《趣味的秦蜀閩三地方音方言》,《歷史與考古》1937 年 2 期 13—25 頁。

《蜀中廣記》卷六八："杜少陵詩:土銼冷疏煙。自注云:蜀人呼釜爲銼也。"
《詩話總龜·後集》卷八："子美'於菟侵客恨',乃楚人謂虎於菟。'土銼冷疏煙',乃蜀人呼釜爲銼。'富豪有錢駕大舸',《方言》:南楚、江、湘凡船大者謂之舸。'百丈誰家上水船',荆峽以竹纜爲百丈。'塹抵公畦棱',京師農人指田云幾棱,去聲。'市暨瀼西巔',夔人謂江水橫通山谷處爲瀼。"這個蜀語詞,後世在文人創作中多有使用。《宋史·隱逸傳下·蘇雲卿》:"土銼竹几,地無纖塵。"明李東陽《齋居日待諸同官不至》詩:"硯田曉滴薔薇露,土銼春回榾柮煙。"清吳偉業《途中遇雪即事言懷》詩:"山薪土銼續,村釀瓦罌提。"陳景雲《韓集點勘》卷一:"宋朱新仲《猗覺寮雜誌》云:韓詩'驛馬距地驅頻隤',蜀人謂'立地'爲'拒地'。立地者,不容少休意。按:蜀人方言如'土銼、岸溉'之類,屢見杜詩,蓋少陵久寓蜀地,故旅中所詠即用土人語耳。韓子陽山之行路不由蜀,何故忽采方言入詩乎?《漢書·甘延壽傳》'跋距'注云:'有人連坐相把據地而能拔取之。''拒地'之'拒',殆與'距'同。夫人以手據地可曰'距',則馬以足躔地亦可言'拒'矣。韓子時從臨武踰嶺南出經鳥道之險,驛馬力疲足倦據地不前策之,而猶不能升。故曰'驅頻隤',正取'虺隤'義也。"

2. 陆游(1125—1210),越州山陰(今浙江紹興)人,乾道六年(1170)到淳熙五年(1178)在蜀九年。

黎祁　《劍南詩稿》卷五六《鄰曲》:"拭盤堆連展,洗釜煮黎祁。"自注:"蜀人呼豆腐爲黎祁。"张澍《蜀典》卷七:"一名來其。黎、來音同,《虞伯生集》:'乡語謂豆腐爲來其。'"近人劉銘恕謂:"蜀語謂豆腐曰黎祁,初無二見,實覺珍奇。後而更名來其者,蓋守温尼、來二母通變所致也。然非至蜀地者,不得知'黎祁'之語,又非熟習於其地之方言者,則莫能點化於其詩句之中。若非放翁對蜀語既知之且好之,固難臻於此境。"[1]

三老、招頭　《入蜀記》卷四:"有嘉州人王百一者,初應募爲船之招頭。招頭,蓋三老之長,顧直差厚,每祭神,得胙肉倍衆人。既而船户趙清改用所善程小八爲招頭,百一失職快快。""三老、招頭"都是蜀人語詞,宋祁《宋景文公筆記·考古》:"蜀人謂柂師爲長年三老。"

---

[1] 劉銘恕《趣味的秦蜀閩三地方音方言》,《歷史與考古》1937年2期13—25頁。

3. 范成大(1126—1193),吴郡(治今江蘇蘇州市)人,曾在蜀地做官,淳熙二年(1175)知成都府,兼四川制置使,對蜀地蜀人的語音較爲瞭解。

波、塊 《吴船録》:"蜀中稱尊老者爲波,祖及外祖皆曰波。"元陶宗儀《説郛》卷六五上、明曹學佺《蜀中廣記》卷五八、《全蜀藝文志》卷六三引同。後蜀何光遠《鑑誡録·鬼傳書》:"獨滄州守禦指揮使姜知古卓旗占得西南肖波塊,其塊即趙畚相公墳也。"原注:"蜀人呼老弱爲波,墳冢爲塊。"吕祖謙《東萊集》引艾軒詩:"'忽然白晝自生哀,立馬橋東唤不回。驚起何波理殘夢,十年燈火上心來。'注云:'次章述夢中所見,何使君文舉爲同舍生,蜀人以波呼之,猶言丈人也。"此又見《愛日齋叢抄》卷五。

老子 是蜀人的特殊稱謂語。范仲淹《讓觀察使第一表》:"臣自到邊上,其熟户蕃部皆呼臣爲'龍圖老子',至於賊界,亦傳而呼之。"陸游《老學庵筆記》卷一:"予在南鄭,見西陲俚俗謂父爲老子,雖年十七八,有子亦稱老子。乃悟西人所謂大范老子、小范老子,蓋尊之以爲父也。"宋孔平仲《談苑》:"賊聞之曰:'無以延州爲意,今小范老子腹中有數萬甲兵,不比大范老子可欺也。'戎人呼知州爲老子,大范謂雍也。"南鄭(今陝西漢中)古時屬蜀。陸游《思蜀》:"老子饞堪笑,珍盤憶少城。"這裏指的是陸游自己。此語始出甚古,《後漢書·逸民傳·韓康》:"康曰:'此自老子與之,亭長何罪!'"《晉書·庾亮傳》:"老子於此處興復不淺。"《宋書·孝義傳·潘琮》:"兒年少,自能走,今爲老子不走去。"此語延至今日,蜀中父老至今還有自稱"老子"的習慣。巴金《憩園》十二:"你敢動一下,老子不把你打成肉醬不姓趙!"沙汀《在其香居茶館裏》:"老子這張嘴麽,就這樣,説是要説的,吃也是要吃的。"

三、未至蜀者記載古蜀語

還有一種是從來没有到過蜀地的人,他們會在自己的作品中記録蜀語。

1. 鄭玄(127—200),漢齊地高密(今屬山東)人。遍注群經,一生未至蜀,但他曾入關中從馬融學。《周禮·考工記·輪人》:"直以指牙,牙得則無槷而固。"鄭注引鄭司農:"槷,摋也,蜀人言摋曰槷。玄謂槷讀如涅,從木,熱省聲。"

2. 許慎(約58—約147),漢汝南召陵(今河南郾城縣東)人,號稱"五經無雙"。所著《説文解字》記有蜀音,女部:"嫼,好也。讀若蜀郡布名。"虫部:“蠸,蟲也。一曰大螫也。讀若蜀都布名。”有蜀産,羽部:“翰,天雞赤羽也。《逸周書》曰:文翰,若翬雉,一名鶤風。周成王時蜀人獻之。”有蜀地,邑部:“邡,什邡,廣漢縣。”“鄋,存鄋,犍爲縣。”

3. 顧野王(518—581),梁吴郡吴縣(今江蘇蘇州)人。所撰《玉篇》共收集了 20 條當時的蜀語,所引蜀語,或以“蜀、蜀中、巴蜀、蜀郡”爲名,或以“梁益之間、西南梁益”爲名。下面舉幾個例子:

土部:“坝,必駕切,蜀人謂平川曰坝。”《集韻》卷八、《龍龕手鏡》卷二、《類篇》卷三九、張慎儀《蜀方言》引略同。姜亮夫《昭通方言疏證·釋地》:“昭人謂平地寬闊而有山水事物爲四障者,其中平地,皆可曰坝也。”[1]

耳部:“聣,子亥切,《方言》云:半聾也,梁益之間謂之聣,秦晉之間聽而不聰聞而不達謂之聣。”《類篇》卷三四:“子亥切,《説文》:益梁之州謂聾爲聣,秦晉聽而不聞、聞而不達謂聣。”《龍龕手鏡》卷四、《重修廣韻》卷三、《集韻》卷五引同。“梁益、益梁”同,爲蜀地別稱,把“聣”解釋爲聾是蜀地方言。而中古時代的字書大多將其解釋爲半聾,這一解釋在《説文》時代則是秦晉一帶的方言。

履部:“屧,他回切,履也。西南梁益謂履爲屧。”《類篇》卷二四、《廣韻》卷一、《集韻》卷五引略同。履,即鞋。蜀地把鞋稱作“屧”。

4. 陸法言(約 562—?),隋魏郡臨漳(今屬河北)人。曾至長安,又主持八人論韻。《切韻序》:“論及音韻,以古今聲調既自有別,諸家取捨亦復不同。吴楚則時傷輕淺,燕趙則多涉重濁;秦隴則去聲爲入,梁益則平聲似去。”鄭樵《六經奧論·總文》:“蓋上世之書,無文字可傳,但口授而已。或以竹簡寫之,家藏不過幾本。此文所以不通乎古也。有隨方訓釋,取捨不同者。土音不同,而訓詁亦異。吴楚傷於輕淺,燕趙傷於重濁,秦隴則去聲爲入,梁益則平聲似去。”

這些學者雖從未到過蜀地,但他們記載了古蜀的語音、詞彙,説明有蜀地、蜀人位移到他們所居、所在地區,或是他們到過蜀地臨近地區,蜀語引起了他們的注意,並留下了寶貴記載。

結語:蜀地自古以來就是一個多民族大雜居小聚居之地,古蜀人也是由

---

① 姜亮夫《昭通方言疏證》184 頁,雲南人民出版社 2002 年。

進入蜀地的多民族融合而成。從蜀地疆域的延展來看,先秦時期蜀地已經定形,蜀語區的邊界也變動不大,大致南到南中,北到漢中,西到岷山,東至荊巴;但從語主來看,這期間變化非常大,尤其是移民來源複雜,數量多而且影響大。

　　古蜀語是漢語的一支方言,蜀語有三個層次:開明以前的古蜀語,爲蜀語的底層;秦漢以來的蜀語是蜀語的第二層;魏晉南北朝時期蜀語,是古蜀語的上層。底層由古蜀地各民族融合而生;第二層由於秦漢移民,更多地受到相鄰方言的影響;魏晉時期,因爲僚、氐、僑置的移民,蜀語受到少數民族語和漢語方言的雙重影響。遠古以來頻繁地入蜀和出蜀等大規模移民活動,是古蜀語形成的最重要原因,規定和影響着蜀語的内部結構和外部面貌。就蜀語的運動來看,其動力既有蜀語内部的,又有相鄰方言的;既有漢語的,又有少數民族的。時間和空間交錯,形成蜀語的大包容特性。這使得中上古時期蜀語的層次性中有底層語,有外來語,交錯相雜形成自己的特點。

第三章　蜀語的形成與發展

　　遠古時期中國並没有一個統一的標準語，漢語的前身也並不叫漢語。夏禹出蜀，禹羌文化一體①，如此則古蜀語在遠古時代是華夏語的基礎方言，是地位最高的方言。秦漢時期，成都與咸陽同制，長安人口 8.8 萬户，成都 7.62 萬户，爲全國第二大城市②。物産方面，蜀地還略勝一籌。班固《西都賦》：“竹林果園，芳草甘木，郊野之富，號爲近蜀。”李善注：“言秦境富饒，與蜀相類，故號近蜀焉。”文化方面，則漢初“蜀學比於齊魯”。據周祖謨的研究，先秦兩漢時期，“《方言》所記的語言，其中以秦晉語爲最多，而且在語義的説明上也最細，有些甚至用秦晉語來釋四方的方語，由此可以反映出來秦晉語在漢代的政治文化上所有的地位了。進一步來説，漢代的普通語恐怕是以秦晉語爲主的”③，秦晉語是秦漢時期華夏語地位最高的基礎方言。《方言》中，代表蜀地的“梁益”共出現 20 次，其中超過三分之一與秦並舉，單獨出現不多；蜀地轄有漢中，秦蜀語區相接。歷史上以關中爲紐帶，把秦地與蜀地緊密聯結起來。這對語言的發展會産生重要的影響。文獻中有這樣的語料：陝南略陽，“風氣兼南北，語音雜秦蜀，民務農耕，鮮爲商賈”④。陸游《閬中作二首》二：“遨樂無時冠巴蜀，語音漸正帶咸秦。”“雜秦蜀”和“漸正”是説蜀語和秦語之間有一個過渡帶。秦、蜀語通過這樣的過渡帶隔開，通過這樣的過渡帶相接觸。因此，學界一般認爲，先秦兩漢時期，蜀語是秦晉語的一個次方言區⑤，與秦語、晉語共同成爲華夏通語的基礎方言，成爲當時中國版圖中非常重要、勢力最大的方言。

　　蜀語是建立在蜀人、蜀地基礎上的。不同的時代，“蜀語”有不同的含義。涉蜀文獻往往歧解甚多，使蜀文化、蜀語研究迷霧重重。例如《蜀王本

---

① 譚繼和《禹生石紐簡論》，1—4 頁。
② 蒙文通《巴蜀史的問題》，《古族甄微》231 頁。
③ 周祖謨、吴曉鈴《方言校箋及通檢·自序》10 頁。
④ 嘉靖《略陽縣志》92 頁，《中國方志叢書》，成文出版社 1970 年。
⑤ 劉君惠、李恕豪等《揚雄方言研究》143 頁。

紀》“七國稱王，杜宇稱帝”，任乃强說：“七國稱王，在周顯王世，距滅蜀只數
十年，杜宇死已四百餘年矣。七字，應是巴之訛。形近，時間亦合。”①

　　任先生此說可商。（1）聯繫下文“號曰望帝，更名蒲卑，自以功德高諸
王”。“諸”字說明非一。（2）七字在此並非實指。古代“七”表示虛指義的
情况不少，如《詩經・召南・摽有梅》：“摽有梅，其實七兮。”《詩經・曹風・
鳲鳩》：“鳲鳩在桑，其子七兮。”今日尚有“七嘴八舌、七零八落”等。（3）“高
諸王”的七王，肯定不是中原的那些“王”，這“七國”也絕非中原地區戰國七
雄的“七國”，而應是蜀地周邊的“王”和“國”。如果這時的“蜀人”指的是杜
宇部落，則七國就是他周圍的非蜀人部分；如果七個稱王的“國”也是蜀人部
落，“杜宇”就是這“七國”的統治者或者宗主國。但是無論前者還是後者，
“蜀”的範圍都不會太大，更不會有一個大一統的蜀國。前已論及，遠古時
期，蜀人與中原各民族有着共同的祖先；進入農耕社會後，蜀人逐漸與中原
隔絕。在秦滅蜀之前，蜀人語言與中原語言已經有了大的差別。秦人入蜀
之後，原始蜀語作爲秦漢蜀語的底層，並吸收了秦語、楚語的成份，成爲獨具
特色的華夏語地域方言。

第一節　古蜀語的性質

一、古蜀語性質諸説述要

　　由於文獻不足徵，我們很難勾勒出古代蜀語的整體面貌。一些學者曾
就此做過一些研究，儘管他們在材料的搜集上，在研究的全面性和系統性
上，在材料與觀點的契合上不是盡善盡美的，但他們的研究具有開拓性，有
些結論也有重要的參考價值。概而言之，對古蜀語的性質，有以下這樣一些
代表性的觀點：

　　1. 蜀語和景頗語同源。徐南洲提出，景頗語與蜀山地區土著的語言有
同源關係。景頗語屬於漢藏語系藏緬語族的景頗語支。據近人的研究，景
頗語儘管有載瓦和景頗兩種方言，“但兩者在一些古老的詞和一些基本的語
言成份上又有着同源的關係，而這正是根源於其共同先民導傳及遠古時曾
共同使用氐羌語之故。上古的蜀山山脈在今四川、青海、甘肅三省交界之

---

① 　任乃强《華陽國志校補圖注》118頁。

處,這裏曾經是古代氐羌族活動、居留時間最久的地方。按照現在語言學所説的體系,蜀山地區的土著應該屬於藏緬語族的氐羌語支無疑。上文所説的景頗語中最古老的詞和最基本的語言成份,應該與蜀山氏的語言有着同源關係,也是不成問題的。語言是區別族系的主要標誌之一,景頗先民使用氐羌語,這一點也可以説明現在的景頗族應爲顓頊母族的遺裔"[1]。

2. 蜀語和中原語言相同。蒙文通力主蜀語和中原語言相同。劉逵注《蜀都賦》引《地理志》"蜀守李冰鑿離堆,穿兩江,爲人開田,百姓享其利。是時,蜀人始通中國,言語頗與華同"。這段話往往被學者引以爲蜀語和中原華夏語不同的證據,而蒙文通的觀點正好相反:"既説'頗與華同',也就是略有不同。蜀在漢代謂之南夷,它的語言和中原到底不同到什麼程度? 如果根本別是一種語言,就無從頗與華同。""蜀既與華同,也就是頗相接近。"蒙文通認爲,在秦滅蜀後百餘年間,舊的語言不可能完全消滅,而新的語言和文學又得到了高度發展,能産生司馬相如這樣傑出的文學家,是很可注意的。即如今天西南許多兄弟民族,如麼些、彝族等,在明清兩代五六百年,他們的語言和文字依然保存,若在古代,恐怕民族融合更要緩慢得多,不能在百餘年間就消滅到無蹤無影,例如《蠻書》曾提及南詔統治者的語言僅僅是"名物或與漢不同,及四聲訛重",蒙舍是哀牢夷之後,他們的語言與漢語無大異,蜀人的語言更不可能與華語不同,而只是方言的差別[2]。

3. 蜀人有自己的語言,與華夏語不同。李恕豪提出,公元前316年,巴、蜀被秦滅亡以後,這個地區迅速華夏化。"在這以前,巴、蜀兩族都有自己的語言,甚至獨立地發展出了自己的文字"。從周武王伐紂開始,巴蜀地區與中原保持着密切的聯繫,外地居民遷到蜀地,"必然帶來了先進的中原華夏文化。可以認爲,在中原文化傳播到巴蜀的同時,華夏語尤其是其中的秦方言便開始滲透到巴蜀地區,並與巴蜀原有語言接觸、融合和同化"。秦以後,由於秦王爲了推行"車同軌,書同文"政策而大規模移民,"巴蜀一帶的人民便逐漸改説華夏語了"。劉逵注《蜀都賦》所引的《地理志》文"言語頗與華

---

① 徐南洲《古巴蜀與〈山海經〉》159頁。
② 蒙文通《古族甄微》249頁。又參見本書第一章第三節。

同”中的“華語,應當是秦方言”①,同意這個觀點的人不少。

4. 古蜀語存在於文獻中,是今天全民語言的組成成份。蔣宗福《四川方言詞語考釋》有“古蜀語的消失”和“古蜀語的轉移”章節,談到古蜀語存在於大量的古代文獻中,例如揚雄《方言》、顧野王《玉篇》、顔之推《顔氏家訓》等。如(1)劉斧《青瑣高議》前集卷二《慈雲記》:“時過日中,有負束薪過堂下者,(楊)緒曰:‘秃棘將安用也?’”原注:“蜀人呼斫爲秃。”(2)郭忠恕《佩觿》卷上:“巴蜀謂北曰卜。”(3)陸游《老學庵筆記》卷三:“蜀人謂病風者爲雲,畫家所謂趙雲子是矣。至是京師市人亦有此語,館中會語及宸翰,或謂曹氏子曰:‘計家公富有雲漢之章也。’曹忽大怒曰:‘爾便雲漢。’坐皆惘然。而曹肆罵不已。”(4)清王士禎《池北偶談·談藝九·船》:“蜀人謂衣紐曰船。蓋方言也。海鹽陸處士冰修贈予詩,有‘跣足到門衣不船’之句。”但是,“這些蜀語恐怕也已經消失了”。“古代文獻中明確記載爲蜀語的部分詞語,今天已經成爲全民共同語詞,這是古蜀方言對全民共同語的貢獻”,例如揚雄《方言》卷六的“梁楚曰遥”,卷七“西南梁益之間曰肖”,《爾雅·釋木》郭注“蜀人名之苦荼”,都已經進入現代漢語。宋佚名《愛日齋叢抄》卷五:“林謙之詩‘驚起何波理殘夢’,自注:‘述夢中所見何使君,蜀人以波呼之,猶丈人也。’范氏《吳船録》記嘉州王波渡云‘蜀中尊稱老者爲波’……宋景文嘗辨之,謂當作‘嶓’字。”宋祁説見《宋景文筆記》卷上:“蜀人謂老曰嶓,取嶓嶓黃髮義。”

二、關於“蜀左言”的討論——古蜀語性質初探

(一)問題的提出

古蜀有文字,已成定論。但相當一部分學者認爲:公元前316年秦滅蜀前,蜀語與中原華夏語面貌完全不同;秦滅蜀後,蜀語被消滅,蜀人纔使用中原漢語作爲自己的交際工具②。這種看法帶有相當的普遍性,其基本依據有二:一是《文選·左思〈蜀都賦〉》劉逵注引《蜀王本紀》“蜀左言,無文字”;二是《文選·左思〈蜀都賦〉》劉逵注引《地理志》,説秦舉蜀後“是時蜀人始通

---

① 李恕豪《揚雄〈方言〉與方言地理學研究》75、77頁。
② 如徐中舒《巴蜀文化初論》,21—24頁;崔榮昌《四川方言與巴蜀文化》9頁;劉君惠、李恕豪等《揚雄方言研究》143頁等。

中國,言語頗與華同”。但是這種看法還可以進一步討論。

　　《文選·左思〈蜀都賦〉》:“夫蜀都者,蓋兆基於上世,開國於中古。廓靈關以爲門,包玉壘而爲宇。帶二江之雙流,抗峨嵋之重阻。”劉淵林注:“揚雄《蜀王本紀》曰:‘蜀王之先……是時人萌椎髻左言,不曉文字,未有禮樂。秦惠王討滅蜀王,封公子通爲蜀侯。惠王二十七年使張若與張儀築成都城,其後置蜀郡,以李冰爲守。《地理志》曰:‘蜀守李冰鑿離堆,穿兩江,爲人開田,百姓饗其利。’是時蜀人始通中國,言語頗與華同。”宋羅泌《路史》卷四“蜀山氏”下、宋祝穆《古今事文類聚·續集》卷二、宋王應麟《玉海》卷十六引《蜀王本紀》同。宋李劉《四六標準》卷二一、《太平御覽》卷一六六所引作“左衽”;嚴可均輯《全上古三代秦漢三國六朝文》卷五三引《蜀王本紀》,無“蒲澤”二字,“左言”亦作“左衽”[1]。任乃強説:“左衽非羌氏俗,應是‘左言’訛。”“左言,謂不同於漢語。六朝有‘左郡’,謂語言不同之郡。”[2]《文選》卷四六載齊王融“三月三日曲水詩序”李善注:“揚雄《蜀王本紀》曰:‘蜀人之先名曰蠶叢、柏濩、魚鳧、開明。是時人民椎髻左言。”《文選·左思〈魏都賦〉》李注稱“左語”,呂向、劉逵、呂延濟在《文選注》中稱“左言”,時代均早於《太平御覽》和《四六標準》,文作“左言”無疑。

　　劉逵,史書無傳。《唐抄〈文選〉集注彙存》卷八《蜀都賦》李善注引阮孝緒《七録》:“劉逵,字淵林,濟南人,晉侍中。”又陸善經注:“劉逵自尚書郎爲陽翟令,與傅咸、陸機、杜育同時。”《晉書》卷九二《左思傳》下記左氏撰寫《三都賦》“賦成,時人未之重,思自以其作不謝班、張,恐以人廢言”,皇甫謐卻“稱善,爲其賦序,張載爲注《魏都》,劉逵注《吳》《蜀》”,“中書著作郎安平張載、中書郎濟南劉逵,並以經學洽博,才章美茂,咸皆悦玩,爲之訓詁”。可見劉逵與左思是同時代人。劉逵注《蜀都賦》認爲秦滅蜀後“蜀人始通中國”,所引的《地理志》非《漢書·地理志》,當佚。從他“經學洽博”來看,或許代表了他那個時代學者的普遍看法。

　　左言,文獻又作“左語”。吴曾《能改齋漫録》卷五:“楊雄《蜀紀》曰:‘蜀之先代人,椎結左語,不曉文字。’故左思《魏都賦》斥蜀云:‘或魋髻而左言,

①　揚雄《蜀王本紀》,嚴可均輯《全上古三代秦漢三國六朝文》卷五三,中華書局 1958 年。
②　任乃强《蠶叢考》,《華陽國志校補圖注》219 頁。

或鏤膚而鑽髮。'古多借字，以魋爲椎，以結爲髻。故退之序'長頸而高結'句始於此，蓋言髻之高也。"①清趙殿成《王右丞集箋注》卷七引《蜀王本紀》亦作"左語"。"斥蜀"不辭。《文選·左思〈魏都賦〉》："或魋髻而左言，或鏤膚而鑽髮，或明發而媥歌，或浮泳而卒歲。"李注："揚雄《蜀記》曰：蜀之先代人，椎結左語，不曉文字。媥歌，巴土人歌也。"呂延濟注："左言，謂不曉文字。"這兩段文字中，四部叢刊本和文淵閣庫本《六臣注文選》作"士人"，文淵閣庫本《文選》李善注作"土人"，當以"土人"爲是，"楊雄"依戴震考訂應爲"揚雄"，守山閣叢書本、墨海金壺本《能改齋漫録》均作"左語"，"楊雄"並作"揚雄"。

《漢語大詞典》解釋"左言"：①指異族語言。晉左思《魏都賦》："或魋髻而左言，或鏤膚而鑽髮。"唐劉禹錫《武陵書懷》詩："鄰里皆遷客，兒童習左言。"②指外國；外族。南朝齊王融《三月三日曲水詩序》："侔食來王，左言入侍。"②

現代有些學者不僅指明"蜀左言"是少數民族語③，還有更進一步的申論，如說"左言"是指語序與常言不同，代表性論述如：

（1）"左言"是語法成分異序。錢玉趾認爲，古蜀語與彝語一樣，是主語在前，賓語在謂語之前，形容詞、指示代詞、數詞作定語時在中心詞之後。《蜀王本紀》說"蜀左言"，這個"左言"指的就是這種語言。當代四川方言，如"公雞"爲"雞公"等亦屬此類④。崔榮昌據錢說進一步推論"古蜀語絕不是漢語，當然也非古漢語下屬的地方方言，而是與今天四川境内尚存的羌語、嘉戎語、彝語、納西語和土家語等有血緣關係的一種語言"⑤。

① 吳曾《能改齋漫録》101 頁，上海古籍出版社 1979 年。

② 同樣認爲"左言"是少數民族語言的還有如孫安邦解評《元稹集》66 頁，山西古籍出版社 2005 年；張明非《唐賢三昧集譯注》31 頁，上海古籍出版社 2000 年；段渝《濯錦清江萬里流：巴蜀文化的歷程》430 頁，四川人民出版社 2001 年；譚紅《巴蜀移民史》37 頁；江藍生、陸尊梧《實用全唐詩詞典》130 頁，山東教育出版社 1994 年；顧國瑞、陸尊梧《唐代詩詞語詞典故詞典》980 頁，社會科學文獻出版社 1992 年等。

③ 有羌語、彝語、景頗語諸說，汪啟明《古蜀語諸家論述纂要》，《楚雄師范學院學報》2012 年 2 期 1—9 頁。

④ 錢玉趾《三星堆文化居民與彝族先民的關係》；又《青川戰國墓出土漆器文字符號考辨》，《成都文物》2004 年 1 期。

⑤ 崔榮昌《巴蜀語言的分化、融合與發展》，《四川師範大學學報》1997 年 1 期 104 頁。

（2）"左言"是構詞語素異序。《山海經·海内經》"都廣"，《後漢書》作"廣都"，《海内東經》叫"城都"，郝懿行注説"城當作成"。有學者認爲"廣都"是古羌語的倒裝式，是古羌漢語融合的表現，印證了任乃强所説"不言'叢鼉'而言'鼉叢'者，羌語賓語在謂語後"。他如揚雄《蜀王本紀》所説"蜀人左言"，如"公雞"叫"雞公"、"白鹽"叫"鹽巴"、"母王"叫"王母"。蜀人左言之習，來源於古羌語，但蜀人裏又生長一種古方言，這就是"漢語"，講起話來又出現"右言"，像"鮒魚"作"魚婦"，秦漢時黑羌人自稱"匈奴"，今黑羌人叫"納西、諾蘇"等[1]。

權威工具書和一些學者"左言"並非漢語的觀點影響很大，有必要作深入的討論。

（二）破："左言"不是什麼

"蜀左言"有兩種結構：或爲偏正結構，或爲主謂結構。其表層結構雖然同形異構，但就蜀與"左言"之間的深層語義關係而言，没有什麼變化。

1. 早期學者並不認爲"左言"非漢語。從始見書看，成書於唐高宗顯慶年間（656—660）的李善注引《蜀王本紀》首提"左語、左言"，但較爲謹慎，引而不釋。成書於唐玄宗開元年間（713—741）五臣注劉逵所引《蜀王本紀》同，用語爲"左言"；吕延濟説"左言"是"不曉文字"，都未説古蜀語是與華夏語不同的語言。《蜀王本紀》異文又有"咙言"。清人王琦注《李太白全集》卷三《蜀道難》録劉逵引揚雄《蜀王本紀》作"是時人民椎髻咙言，不曉文字"[2]。《説文》："咙，咙異之言……一曰雜語。"《國語·齊語一》："四民者，勿使雜處，雜處則其言咙。"韋昭注："咙，亂貌。"《小爾雅·廣訓》："雜言曰咙。"並没有少數民族語言的意義。明人張震注王維詩也説"左語，未詳。或謂江東爲江左，故曰左語"（詳下）。這表明較早時期的學者並不認爲"左言"是少數民族語言。

2. 構詞異序不是"左言"。經過清代初年"奉旨填川"後，近現代四川方言與中上古時期乃至元明時期的蜀語完全不同了。現代四川方言中"雞公、雞母"等其實是古代漢語裏中心語＋修飾語這種前正後偏結構的一種遺留，

---

① 阿波《談"都廣之野"》，14 頁。

② 王琦注《李太白全集》（卷三）162 頁，中華書局 1977 年。

並非"左言"。現代漢語有不少語素異序現象,如:講演:演講、覺察:察覺、積纍:纍積、夜半:半夜、膽大:大膽、質變:變質、開放:放開、焰火:火焰、整齊:齊整、奮發:發奮、質樸:樸質、寂静:静寂。同樣,古代文獻也有大量同素異序現象,程湘清《先秦雙音詞研究》列舉了 32 組這類詞,這方面的研究成果不少①。古代文獻中如"中谷、中林、中原、中國",其實就是"谷中、林中、原中、國中",《詩·葛覃》:"葛之覃兮,施于中谷。"毛傳:"中谷,谷中也。"孔疏:"中谷,谷中。倒其言者,古人之語皆然,《詩》文多此類。"我們特別注意到"皆然"這樣的説法,孔穎達是大學問家,所説當有所本。《文選·成公綏〈嘯賦〉》:"飛廉鼓於幽隧,猛虎應於中谷。"吕向注:"中谷,謂谷中也。"

　　中心語 + 修飾語結構在上古漢語中曾大量使用,如"桑柔、羔羊、樹杞"就是"柔桑、羊羔、杞樹"。古代地名、人名也有這種情況,例"城濮"即"濮城";"帝堯、祖甲"實際上就是"堯帝、甲祖"。這樣的結構中古時期亦存在,北魏清河(今邢臺市清河縣)人,數學家張丘建寫於 466—485 年的《算經》中有"雞翁一,值錢五;雞母一,值錢三"。這一結構近代也没有完全消失,關漢卿的《劉夫人慶賞五侯宴》有"雞母你如何叫唤?"現代漢語其他方言中也有不少這樣的現象,林華東提出泉州方言中這種構詞方式屬於正常現象,是上古漢語在泉州方言中的遺存②。在客家方言中,有"雞公、雞嫲、鴨公、鴨嫲"③,日本學者遠藤光曉還繪製了"雞公"和"公雞"在漢語方言中的地理分布圖。羅自群認爲"雞公"是漢語固有的,不是南方少數民族語的底層;而"公雞"是漢語在阿勒泰語影響下由形容詞素修飾語 + 中心語這一構詞方式後來產生的。對"雞公"型的看法大致分兩種:岑麒祥、橋本萬太郎等認爲是中心語 + 修飾語,稱之爲"正偏式";張洪年、項夢冰、麥耘、丁邦新等認爲是修飾語 + 中心語,稱之爲"偏正式",持這種觀點的人一般認爲"雞公"型的

---

① 如馬顯彬《古代漢語同素異序詞綜論》;黄建寧《〈太平經〉中的同素異序詞》;陳明娥《敦煌變文同素異序詞的特點及成因》;聶丹《〈水滸傳原本〉同素異序副詞討論》;劉福鑄《冰心作品中的同素異序同義詞研究》;王偉《現代漢語同素異序詞淺論》;張凌《現代漢語同素異序同義詞淺析》;洪麗娣《古代漢語中同素異序詞的研究》,《瀋陽師範學院學報》1997 年 2 期;張能甫《東漢語料及同素異序的時代問題》,《古漢語研究》2000 年 3 期,等等。

② 林華東《從複合詞的"異序"論漢語的類型學特徵》,《泉州師範學院學報》2004 年 3 期 68 頁;又《泉州方言研究》126 頁,廈門大學出版社 2008 年。

③ 袁家驊《漢語方言概要》171 頁。

"公"是名詞性的①。汪化雲的研究表明,武漢、大冶和黃岡方言都存在大量的文白異序現象②。丁邦新提及新湘語的長沙話、老湘語的雙峰話和洞口黃橋話,粵語中的廣州話、陽江話,閩語中的廈門話、福州話以及客家話均存在構詞異序③。以上這些都不是異族語言。

3. 語法成分異序也非"左言"。俞敏指出,在遠古的漢語中並存過兩套不同的詞序體系,經過了長期的融合和競爭,其中的一套體系處在被不斷淘汰的過程中。"咱們就該説'止詞因爲强調放在前頭'。詢問代字本身常常就是强調的對象,所以它們老往句子頭上竄……否定句裏往往强調那止詞極'輕而易舉',像漢語的'一個字也不認得'裏的'一個字',所以它們也好往句子頭上奔,當然,這只是一種傾向,不是非遵守不可的規律"。"藏語的詞序跟漢語的不一樣,它們把修飾語放在中心詞後頭,指名代字放在最末了"。"從早期到晚期越來越少這一點來推斷,這是個原始漢語的現象,藏語在這一點上比較保守"。"原始漢語跟藏語都保留漢藏母語的特點:止詞在前,動字在後;中心詞在前,修飾語在後。漢人入中土以後,也不知道爲什麼,詞序演變顛倒過來了"④。余志鴻指出:"上古漢語各種文獻中,'賓動'式與'動賓'式往往並存不悖,從甲骨文資料中可以找到最早的證據。"⑤所以這不是蜀語的專有特點,如果説是,那也是古藏羌語的共同特點,也是後來古漢語的特點之一⑥。

提出"左言"是語序結構與漢語一般語序不同的觀點,是以今律古。今天漢語書寫形式是橫寫,所以有從左到右的書寫習慣。但是從甲骨文時代起,一直到上個世紀中葉,我們的書寫方式是由上到下。從已出土的古蜀文字的結構來考察,它們是方塊字而非拼音字,是直行而非橫行,它與漢字一樣,應屬於表意文字的範圍⑦。如果語序有異,則應該稱爲"上言、下言",而不當稱爲"左言"。再説,"左言"如果是語序相反,那麼歷代漢語文獻中應

---

① 羅自群《從漢語方言"雞公""公雞"看動物名詞雌雄南北異序的成因》,《方言》2006 年 4 期 378 頁。

② 汪化雲《黃岡方言文白異序現象初探》,《史語所集刊》第 72 本第 3 分册。

③ 丁邦新《論漢語方言中"中心語—修飾語"的反常詞序問題》,《方言》2000 年 3 期 194 頁。

④ 俞敏《倒句探源》,78—82 頁。

⑤ 余志鴻《"賓動"倒句和語言交融》,57—60 頁。

⑥ 俞敏《漢藏兩族人和話同源探索》,45 頁;《東漢以前的姜語和西羌語》,1 頁。

⑦ 童恩正《古代的巴蜀》138 頁。

存在與其相對的'右言'這樣的詞,然而事實卻並非如此。

4. 中上古文獻用例足證"左言"非少數民族語。除上文所引,與語言有關的"左言"(含"左語")在中上古時期文獻用例不多,共6例,臚列如次:

(1)張九齡《故辰州瀘溪令趙公碣銘》:五鄉自專之子,左言難曉之民。①

(2)劉禹錫《武陵書懷五十詠》:鄰里皆遷客,兒童習左言。②

(3)劉禹錫《山南西道節度使廳壁記》:"人無左言,樂有夏聲。"③

(4)王維《送李判官赴東江》:"封章通左語,冠冕化文身。"④元楊士弘《唐音》卷三引王維詩,明張震注:"左語,未詳。或謂江東爲江左,故曰'左語'。文身,吳太伯奔荆蠻,文身斷髮,示不用耳。"⑤

(5)《晉書·孝友傳》:專洞之德,咸摛左言。⑥

(6)《文選·齊王融〈三月三日曲水詩序〉》:"侮食來王,左言入侍。"呂向注:"侮食左言,蠻夷國也。"⑦

這些"左言"的含義不同。例(1)的"左言"類似於"刁民之語"或"鄉人俚語";例(2)"遷客"是指外鄉人,"左言"應該是兒童呀呀學語時一種發音不準的語言;例(3)的"左言"雖然與"夏聲"相對,但也不是一種語言的稱謂,而是音樂走調、音調不諧,結合上下文可理解爲"不滿之言、違背之言";例(4)是用典,張氏並不認爲"左語"是少數民族語言;例(5)的"左言"是謙詞,只有第六例的呂向注可能與少數民族語言有關。但這個"左言"更像是從文化學意義而非語言學意義來講的。

宋以後文獻中的其他"左言"用例,多爲抄撮之辭,其義均無出其上所舉,例子也不多。如宋魏仲舉《五百家注昌黎文集》卷二一宋祝充注:"揚雄《蜀記》:'蜀之先代人椎結左語。'"趙殿成《王右丞集箋注》卷七:"揚雄《蜀紀》:'蜀之先代人民,椎結左語,不曉文字。'"《福建通志》卷七八載吳兆《閩

① 唐張九齡《張九齡集》1081頁,熊飛校注,中華書局2008年。
②③ 唐劉禹錫《劉禹錫集》199、78頁,上海人民出版社1975年。
④ 清趙殿成《王右丞集箋注》132頁,上海古籍出版社1984年。
⑤ 元楊士弘《唐音》308頁,明張震注,河北大學出版社2006年。
⑥ 唐房玄齡《晉書》第七册2273頁,中華書局1974年。
⑦ 蕭統《文選》852頁,李善等注,浙江古籍出版社1999年。

中風土十韻寄金陵知己》:"時見蠻煙黑,還驚左語嘩。"明王偁《虚舟集》卷四《五羊城遇張順論舊有懷》:"邑人傳左語,官樹隱殊鄉。"明袁表《閩中十子詩》卷二八載明人王褒《送醫士使海上還閩》:"諸番左語通三譯,絶域神方重百珍。"

"左言"在中上古時期文獻中還指左史記言。《文選·謝玄暉〈齊敬皇后哀策文〉》:"旋詔左言,光敷聖善。"李善注:"《漢書》:'左史記言,右史記事。'"張銑:"左謂左史記言也。"這與本文的討論關係不大。

5. 揚雄之前文獻並無"左言"一詞。古代文獻對少數民族語言早就有特定的稱謂,即"夷言、夷語"。《穀梁傳·定公五年》:"於越入吴。"范寧集解:"舊説於越,夷言也。"《左傳·定公五年》孔疏:"越是南夷,夷言有此發聲,史官或正其名,或從其俗。"《左傳·哀公十二年》:"大宰嚭説,乃舍衛侯。衛侯歸,效夷言。"歷代還有"夷語"與"華語"相對並稱的文獻,《隋書·經籍志》:"魏氏遷洛,未達華語,孝文帝命侯伏侯可悉陵以夷言譯《孝經》之旨,教於國人,謂之'國語孝經'。"唐釋道宣《廣弘明集》卷七:"佛則在夷,故爲夷言,道既在華,故爲華語,獨立不改。"又卷十三:"口誦夷言。"《南齊書·顧歡傳》:"教華而華言,化夷而夷語耳。"可見,"夷言、夷語"是少數民族語言的稱謂。揚雄對少數民族也使用過"夷"的稱謂,《方言》卷十二:"裔,夷狄之總名。"《法言》卷九:"綱紀夷貉,或入於沱,或淪於漢。"又卷十:"宗夷猾夏。""詾詾北夷。""大漠以北鳥夷獸夷。"《太玄經》卷四:"包荒以中督九夷也。"他録《蜀王本紀》不使用"夷言、夷語"而用"左言",説明這二者不是一回事。

6. 揚雄本人使用"左"的情況表明"左言"不是少數民族語言。筆者尋檢了揚雄著作中的全部"左"字用例,除三例外,其他均爲"左右"之"左"。不是"左右"之"左"的僅有三例:《法言》卷七:"茅焦歷井幹之死,使始皇奉虚左之乘。"虚左,空着左邊的位置,表示對賓客的尊敬。《河東賦》:"張耀日之玄旄,揚左纛,被雲梢。"左纛,天子車衡左方上注毛羽幢。《太玄經》卷五:"牽羊示於叢社,執圭信辟其左股野。"晉范望注:"圭以爲信亦股肱之臣也,股肱左辟,故股野也。"明葉子奇注《太玄本旨》:"與人讓者必左,故曰左股。詩曰'宛然左辟'是也。"這三句的"左"是尊、上之義;又《法言》卷七:"兼尚才,權右計左數,動謹于時人也。"宋人宋咸補注:"右,上也。左,下也。"可見，在揚雄的文章中，"左"既有尊上義，也有卑下義，但並無少數民族、野蠻文化之義。

（三）立："蜀左言"是什麽

1. "左言"與"正言"相對。《史記·晁錯傳》張守節正義引衛宏《詔定古文尚書序》："年九十餘，不能正言，言不可曉，使其女傳言教錯。"[1]"正言"就是當時的雅言，"不能正言"纔讓其女兒做翻譯"傳言教錯"。"左"的本義是手，是佐助，可引申爲不正義。蜀"左言"並不是與漢語"正言"不同的語言，而應該是它的一支方言。蜀"左言"與"正言"的差異，主要表現在語音尤其是聲調上而不是語言結構和語言種類上。"正言"與"左言"，是以中原漢語雅言爲準的。

2. "左言"指古蜀語聲調與中原漢語有別。（1）《方言》卷二："䑋（音壤），盛也……秦晉或曰䑋，梁益之間凡人言盛及其所愛，偉其肥晠謂之䑋。"[2]《説文》肉部："䑋，益州鄙言人盛諱其肥謂之䑋，從肉，襄聲。"䑋，本來是秦晉一帶的方言，從漢代到晉均如此，但是《集韻》陽韻："䑋，秦晉謂肥曰䑋。"[3]如陽切；而《集韻》養韻，釋義同《説文》，汝兩切。説明，秦晉梁益原來同一個詞，但是到了後代，它們的讀音走了不同的道路，蜀語念成去聲了。

（2）宋孫奕《示兒編》卷二二："楊文公《談苑》云：今之姓胥、姓雍者，皆平聲，春秋胥臣、漢雍齒、唐雍陶皆是也。蜀中作上聲、去聲呼之。蓋蜀人率以平爲去。"[4]《談苑》，《郡齋讀書志》著錄八卷，《直齋書録解題》作十五卷。此書明代尚存，大約明清之間散佚，今有《説郛》輯文。楊文公即楊億（974—1020），字大年，浦城（今屬福建）人，所記蜀音當可靠。《穀梁傳·桓公二年》謂"名從主人"，人名讀音最爲保守，其中的"率"字足證蜀音以平作去是一種普遍現象。

陸法言《切韻序》提到各地方音最突出的現象只有四句話，其中就有"梁益則平聲似去"[5]，這，纔應該是一種"左言"。

---

① 司馬遷《史記》2746 頁。

② 錢繹《方言箋疏》，《漢小學四種》（下）1260 頁，巴蜀書社 2001 年。

③ 宋丁度《集韻》458 頁，中國書店 1983 年。

④ 宋孫奕《示兒編》，《文淵閣四庫全書》576 頁，臺灣商務印書館 1986 年。

⑤ 張能甫《歷代語言學文獻讀本》52 頁，巴蜀書社 2003 年。

（四）上古漢語中的"左"和"右"

上古漢語複音詞不多。"蜀、言"易曉，鈐鍵在"左"。現代學者多認爲"蜀左言"指古蜀語非漢語而爲少數民族語，其理據當是以"左"爲卑，"左言"即蠻夷之語。從文獻用例看，秦漢時期"左、右"依其語境，均可爲尊。

1. 以右爲尊。秦漢時期文獻用例不少[1]。例略。

2. 以左爲尊。如《禮記·曲禮》："祥車曠左。"注："空神位也。"疏："車上貴左，故僕在右，空左以擬神也。"[2]《淮南子·繆稱》："凡高者貴其左，天道左旋。故下之於上曰左之，臣辭也；下者貴其右，故上之於下曰右之，君讓也。故上左遷則失其所尊也；臣右還則失其所貴矣。"[3]《史記·魏公子列傳》："公子從車騎，虛左，自迎夷門侯生。"[4]《屈原列傳》中屈原是"左徒"，比右徒大；《項羽本紀》中，項伯是楚國的左尹，比右尹大。《漢書·文帝紀》："乃令宋昌驂乘。"顏師古注："乘車之法，尊者居左，御者居中，又有一人處車之右，以備傾側。"又："左賢右戚。"顏注："以賢爲上，然後及親也。"[5]可見，漢代亦尚左。

3. 職官多尚右。秦、漢設左、右丞相，以右丞相爲上。秦朝的官制也是"右庶長"高於"左庶長"，"右更"高於"左更"。"閭左"指窮巷貧民，而"右族"指世家大族；貶官稱爲"左遷"，而居高位稱爲"右職"；"旁門左道、無出其右"等成語中，也是"左"爲貶義而"右"爲褒義。但六朝以後，職官則尚左，以左爲尊。

4. 從漢字構形意義看，"左、右"本義無別，原爲同義詞。構形字素相同但方向相反，都是手形。後來引申表方位。古文正反無別，從字形看，"左、右"都有以手從旁相助之義。

既然古文字"左、右"同義，本義均以手相助，都能引申爲從旁輔翼，又都能表示尊卑，何以古蜀語被稱爲"左言"呢？我們認爲，"左、右"從本義引申

<hr>

① 朱彥民《卜辭所見"殷人尚右"觀念考》；《"殷人尚右"觀念的再考察——以甲骨文字形和考古資料爲視角》。

② 阮元《十三經注疏》1253 頁，中華書局 1980 年。

③ 《諸子集成》7 冊 160 頁，中華書局 1957 年。

④ 司馬遷《史記》2377 頁，中華書局 1959 年。

⑤ 班固《漢書》107、126、2060、2061 頁，中華書局 1962 年。

到方位義，與古文字構形義聯繫已經不那麼緊密；再引申表示尊卑，則更多地是文化觀念意義而非實指。揚雄《蜀王本紀》中，"左言"原本指蜀人語音不正。唐人文獻用例雖不專指蜀語，但已開始有卑下義；宋以後文人用"左言"，指實爲虛，或爲抄撮之辭，或以鄙夷口吻入詩，則是我族文化中心論的表現：中原爲上，四周爲卑。概之，前人並無以"蜀左言"爲古蜀語非漢語的表述，現代學者將"左言"解爲"卑言"，再認定爲少數民族語，並用以指稱古蜀語，已經脫離了"蜀左言"的本來意義。

從文化心理學看，認爲揚雄所說的"左言"是少數民族語言，這是魏晉以後的中原人"中原文化中心論"的表現。《魏書·僭晉司馬叡竇李雄傳》："中原冠帶呼江東之人，皆爲貉子，若狐貉類云。巴、蜀、蠻、僚、溪、俚、楚、越，鳥聲禽呼，言語不同，猴蛇魚鱉，嗜欲皆異。"《魏書》作者魏收（505—572），字伯起，小字佛助，巨鹿下曲陽（今晉州市西）人，歷北魏、東魏和北齊三代。而早在先秦時期巴、蜀就已是漢語區了。這和蜀人在相當一段時期把中原語言賤稱爲"虜語、魯語"類似①。

《唐鈔文選集注彙存》"左言"的"左"，應該隸定爲"右"爲宜②。鑒於唐抄本是目前最早的《文選注》版本，而在劉注向北宋監本劉逵注的演變過程中，出現了新增、糾謬、補充、失誤等各種情形，北宋監本又是今存各本之源③。因此唐抄本更具有可靠性，更能印證我們對"左言"一詞的懷疑。

小結：揚雄《蜀王本紀》的"左言"，是蜀人語音上與中原漢語有所不同，這種不同，主要是聲調的不同，即陸法言所謂"梁益則平聲似去"。這個特點，作爲今天的四川方言的底層還保留着，四川話的上聲與普通話去聲正好是對應關係。如果把四川話的上聲念成去聲，四川話在聲調上就和普通話大致接近了。是不是中上古蜀語的遺留，還要進一步觀察。所以"左言"絕不是另外一種面貌的語言，而只是部分名物稱謂及語音異於中原④。也就是

---

① 參見本書導言第四節、第一編第三章論述。
② 《唐鈔文選集注彙存》卷八 14 頁，上海古籍出版社 2000 年。
③ 王立群《從左思〈三都賦〉劉逵注看北宋監本對唐抄本〈文選〉舊注的整理》，《河南大學學報》2007 年 1 期 115 頁。
④ 《史記·齊悼惠王世家》："高祖六年，立（劉）肥爲齊王，食七十餘城，諸民能齊言者皆予齊王。"索隱："謂其語音及名物異於楚魏。"

説,古蜀人語言是華夏族漢語的一支方言。

三、關於"是時蜀人始通中國,言語頗與華同"的討論——古蜀語性質再探

不少學者認爲,秦滅蜀前,蜀人語言屬於非華夏的民族語言系統,秦滅蜀後,經歷一個雙語的階段,蜀語逐漸轉變爲華夏語,並最終成爲後來漢語的一支方言。如徐中舒説:"《蜀王本紀》説'蜀左言,無文字',《世本》又説'蜀無姓'。這雖然寥寥的兩句話,它已充分説明蜀的言語文字以及社會組織,與中原地區都大不相同。"[①]崔榮昌説:"古蜀語絶不是漢語,當然也非古漢語下屬的地方方言。""民始能秦言",是説,秦人大規模遷蜀後,"此時的土著蜀人不僅能説早期的蜀語,而且開始學説秦語,在蜀地出現了蜀語和秦語並存並用,相互滲透的局面"[②]。揚雄《方言》中"秦晉、隴冀、梁益"並稱,是秦語和蜀語接觸的結果。贊成的學者還有不少[③]。

這些學者所引材料除上舉蕭統《文選·左思〈蜀都賦〉》劉淵林注外,尚有宋扈仲榮《成都文類》卷二三引唐代盧求《成都記》序:"蜀國自秦始通,秦遣蜀王五美女,蜀亦遣五丁迎之。到梓潼,見一大蛇入山穴中,一人掣其尾,不能得。五人相助,大呼拽之。山崩。五丁及秦女皆死。惠王遂遣張儀、司馬錯從石牛道滅蜀。因封公子通爲蜀侯,以陳莊爲相。置巴蜀郡。遷秦人萬家實之,民始能秦言。以蜀令張若爲太守。"《成都記》已佚,序中這段話又載明末曹學佺《蜀中廣記》卷九六、明周複俊《全蜀藝文志》卷三〇、清雍正川陝總督查郎阿領修《四川通志》卷四四等。

蒙文通有不同的看法,他反復強調"巴蜀言語,應與華同,只是方言的差別","巴、蜀和中原的文字是相同的","巴蜀和中原应該同是一种語言,只是有部分不同的方言,和不同的新字,在當時有些突出"[④]。童恩正指出:"揚雄的《方言》記載了一些陝西漢中地區和四川(即原巴蜀疆域以內)地區即'梁、益之間'的語言資料,從中可以看出,巴蜀地區的語言和秦、晉、齊、楚一

---

① 徐中舒《巴蜀文化初論》,24 頁。
② 崔榮昌《四川方言與巴蜀文化》55—56 頁。
③ 如周振鶴、游汝傑《方言與中國文化》80 頁;李恕豪《揚雄〈方言〉與方言地理學研究》77 頁;劉琳《華陽國志校注》89、93 頁;黃尚軍《四川方言與民俗》249 頁;段渝《四川通史·先秦卷》282 頁,四川人民出版社 2010 年。
④ 蒙文通《巴蜀史的問題》,249、250、252 頁。

樣,基本上屬於一個系統,僅方言有所不同。《方言》所載雖然是西漢時的語言,但此時距巴蜀的滅亡不過百餘年,語言的變化是不會太大的。"①他們的論證尚嫌不夠充分。我們贊成這樣的觀點:蜀與中原交往絕不始於秦滅蜀,蜀與秦發生接觸與聯繫,必在秦惠王舉蜀之前,這在前人的文獻中有大量記錄②。這裏采用傳世文獻、傳説、考古三重證據法切入,輔以文獻校讎學、文獻辨僞學、文本闡釋學、史源學諸方法,選擇一些較爲典型的材料,補正其説。

1. 傳世文獻中,蜀與中原相通材料不少,隅舉如次:(1)《論語·述而》:"述而不作,信而好古,竊比於我老彭。"何晏集解引包咸:"老彭,殷賢大夫。"邢疏引《世本》:"在商爲守藏史。"《大戴禮記》卷九有"商老彭",常璩《華陽國志》卷十二因此而推斷"彭祖本生蜀,爲殷太史"。

彭祖,既爲傳説人物,相傳壽八百歲;又當是歷史人物,有人推斷他活了146歲。從孔子、莊子、荀子、屈原均有論及可見史迹端倪。《史記·楚世家》:"彭祖氏,殷之時嘗爲侯伯,殷之末世滅彭祖氏。"清孔廣森注《列子·力命》時認爲,彭祖八百歲是彭氏歷虞夏商三代共八百年,可備一説。顧頡剛據此言:"老彭是蜀人而仕於商,可以推想蜀人在商朝做官的一定不止他一個。古代的史官是知識的總匯,不論自然科學和社會科學他應當都懂。蜀人而作王朝的史官,可見蜀中文化的高超。"可見"古代的巴蜀和中原的王朝關係何等密切"③。進而可以説,老彭所操蜀語,當然絕不是另一種語言,而是使用了與中原華夏語相同的語言。

(2)《新書·修正語上》:"是故堯教化及雕題、蜀、越,撫交趾。"文又見明孫毅《古微書》卷三引《墨子》,馮琦、馮瑗《經濟類編》卷七、董斯張《廣博物志》卷九、清馬驌《繹史》卷八等。

《新書》作者係西漢賈誼(前200—前168),《墨子》成書於戰國至漢初。"堯教化及雕題蜀、越",説明早在堯時代,蜀地、蜀語與華夏語就產生了接觸。只不過在墨子、賈誼看來,堯時蜀較中原落後,纔有"教化"一説。

① 童恩正《古代的巴蜀》137頁。
② 本書第一章第二節"載籍所見之蜀與中原"、第三節"考古所見之蜀與中原";第二章第二節"古蜀移民與古蜀語"有較爲詳細的討論。
③ 顧頡剛《論巴蜀與中原的關係》19、31頁。

（3）《史記·秦本紀》：（秦）孝公元年（前361），“楚自漢中，南有巴、黔中……秦僻在雍州，不與中國諸侯之會盟，夷翟遇之。”又：“厲共公二年，蜀人來賂。”“惠文君元年，楚、韓、趙、蜀人來朝。”“惠公十二年，子出子生。十三年，伐蜀，取南鄭。”

（4）《戰國策》載蘇秦説秦惠王：“大王之國，西有巴、蜀、漢中之利，北有胡貉、代馬之用。”宋鮑彪注：“（巴、蜀、漢中）三郡並屬益州。”明董説《七國考》卷三，明馮琦、馮瑗《經濟類編》卷六六、明唐順之《文編》卷十四、清馬驌《繹史》卷一一八載同。

結合材料（3）（4），秦滅蜀前，蜀地北轄漢中一帶。《史記》蘇秦本傳有“秦四塞之國，被山帶渭，東有關河，西有漢中，南有巴蜀，北有代馬”。孝公在位24年（前361—前337），蘇秦説此話較之秦伐蜀早11年，所言秦已能有“巴蜀漢中之利”。厲共公，前476—前443年在位，厲共公二年即公元前475年，較之秦伐蜀的公元前316年，早了159年。惠文君元年，公元前337年，較秦伐蜀早21年。惠公十三年，即公元前387年，較秦伐蜀早61年。蘇秦，字季子，東周洛陽（今河南省洛陽市）乘軒里人，準確生年今不可考。《史記·蘇秦列傳》記載其約卒於公元前320年，長沙馬王堆漢墓出土的帛書本《縱橫家書》，其中有11篇蘇秦上燕王或趙王書，不見於《戰國策》《史記》等傳世古籍。有學者將蘇秦卒年延至較晚，已有學者提出異議。

（5）《逸周書·世俘解》：“命伐宣方、新荒，命伐蜀。”又《路史》卷二八：“《呂氏春秋》：‘晉文公西伐巴蜀。’”

周武王姬發，？—前1043年。晉文公，前697—前628年在位，較秦伐蜀至少早312年。《呂氏春秋·簡選》“吳王伐巴蜀”説吳王闔廬“東征至於庳廬，西伐至於巴蜀”。闔廬，宋羅泌《路史》卷二八“巴姬之國”條引作“晉文公西伐巴蜀，此也”。可見，秦滅蜀前，蜀不僅通中原，而且還通像晉、吳這樣與蜀並不相鄰的國家。

材料（1）—（5）表明蜀與中原文化、地理之“通”。

2. 古代出土文獻和現代出土文獻充分證明，司馬錯伐蜀前，蜀與中原就聯繫緊密。

（1）《竹書紀年》：“夷王名燮。元年庚子春正月，王即位。二年，蜀人、呂人來獻瓊玉，賓於河，用介珪。”

　　周夷王(前894—前879年在位)二年爲前893年,干支紀年爲戊辰年。這與秦滅蜀相差了877年,蜀人向周進貢,不"通"則無以進貢。《北堂書鈔》卷三一、《太平御覽》卷八四引《紀年》同。

　　(2)《竹書紀年》:(顯王)"(八年)瑕陽人自秦道岷山青衣水來歸。"文又見《水經注》卷三六:"青衣水,出青衣縣西蒙山東,與沫水合也。縣故青衣羌國也。《竹書紀年》:梁惠成王十年,瑕陽人自秦道岷山青衣水來歸。"清朱右曾《汲冢繫年存趐》:"瑕陽人浮青衣水至蜀,自蜀至秦,又自秦來梁也。"明曹學佺《蜀中廣記》卷十四、清陳厚耀《春秋戰國異辭》卷四四、清沈炳巽《水經注集釋訂訛》卷三六載同。

　　材料記載中原與巴蜀古道相"通",事在梁惠成王十年(前361),較之周慎靚王五年(前316)秦伐蜀早55年;瑕陽,今山西猗氏縣,戰國屬魏,其人從蜀地取道於秦,還歸於魏,説明蜀與中原的交通確已存在,並且較爲方便,貿易活躍,否則不可能從相距數千里之外的魏國到達蜀地後又平安歸去。

　　材料(1)—(2)表明蜀與中原道路之"通"。

　　(3)《華陽國志·巴志》:"周武王伐紂,實得巴蜀之師,著乎《尚書》。"

　　蜀人在周武王伐紂戰爭中,曾隨周師到達殷都一帶。邯鄲距殷都僅百里,在商後期屬商王朝的畿内地,《史記·殷本紀》稱"益廣沙丘苑臺",《史記正義》:"南距朝歌,北據邯鄲及沙丘,皆爲離宮別館。"沙丘和邯鄲有紂王離宮,周武王伐紂戰爭所及,當亦至此。蜀地一些商代墓葬所出大量殷商兵器,極有可能就是通過參加伐紂戰爭獲取的。如在四川彭縣竹瓦街出土的 IIa 式戈與 Ib 式戈,邯鄲一帶的晚商墓中多見。此可爲蜀、趙兩地文化交流之證。四川廣漢三星堆遺址,是商周時代蜀國重要的政治、經濟、文化活動中心之一,這裏出土的玉琮,其形制與中原商周時代墓葬所出玉器基本一致,尤其是玉斧,同邯鄲趙窯商周墓出土的玉斧、玉鉞等幾無差別[1]。李建昌對巴蜀出土的一千多件青銅器進行系統研究,在解釋巴蜀與中原殷商時期青銅兵器相似性時認爲"可能從巴蜀地區流傳出去"[2]。

　　三星堆出土的凹弧首玉璋形態上與山東龍山文化、陝西神木石峁遺址、

①　孫繼民、郝良真《先秦兩漢趙文化研究》44 頁,方志出版社 2003 年。
②　李建昌《先秦巴蜀青銅兵器研究》,《軍事歷史研究》1997 年 2 期 106 頁。

二里頭文化玉璋相類;出土的十節玉琮,則與良渚文化相類。王芳指出,"由三星堆玉器與金沙玉器共同構成的古蜀玉器,受到了外來文化因素的深刻影響"。"古蜀目前發現的大量玉器體現出與黄河流域文化存在着聯繫與交流,器物的造型與裝飾明顯受到中原地區玉器風格的强烈影響,也有部分玉器還保留着一些長江中下游早期文化的因素"①。

三星堆出土的銅尊、銅罍顯示出其受到了殷商青銅禮器的影響,如尊均爲高領大口,口徑略大於肩徑,折肩,圈足較高,獸面紋有連體和分解獸面,身多曲折,多扉棱裝飾。

三星堆出土商代人像,寬8.2釐米,高14.6釐米。挽髻方頤,雙手撫膝,手戴二鐲,耳垂穿孔,張口露齒,跪坐(K:1);三星堆出土商代頂尊跪坐人像,高15.6釐米,底座直徑10釐米。人像雙手舉尊,乳頭突出,腰間繫带,下身著裙,跪坐(K:2)。2001年4月3日,金沙遺址東南部的祭祀場所内發現了跪坐石人像,頭髮中分,耳垂穿孔,雙手被縛,口眼塗朱,與石蛇放置於一個遺迹單位中。金沙遺址的跪坐石人像共出土12尊,分爲A、B、C型,均爲跪坐姿勢②。

三星堆曾經出土一件通高40.5釐米的爬龍銅柱首(K:1)。該器主體截面呈雞蛋形,側視呈倒置的圓筒形,筒的一側有一條龍形動物,狀如向柱帽頂端攀爬。象徵太陽棲息的大銅神樹上,也掛有一條大龍;大銅立人外服上同樣裝飾着龍的紋樣;就連銅神壇的尊形器蓋上,也有鏤空的龍紋。2014年7—8月,廣元昭化擺宴壩發現了重要的西周城池,面積約5萬平方米,發現各類遺迹43處,其中墓葬27處,是四川地區首次發現的西周城址。廣元是周、蜀文化的交匯點,它將以寶雞爲核心的周文化和以三星堆爲核心的蜀文化聯繫起來,對於全面認識周蜀文化的關係提供了重要資料③。雖然尚未發掘,但與中原文化的聯繫可期。

以上材料表明蜀與中原的考古文化之"通"。除兵器、禮器具有高度相似性,考古文化之通更有説服力。"跪"爲中原華夏人禮儀,《禮記·曲禮

---

① 王方《三星堆和金沙的古蜀玉器》,《文物天地》2006年1期。
② 王方《對成都金沙遺址出土石雕作品的幾點認識》,《考古與文物》2004年3期54頁。
③ 吴曉鈴《三星堆人在廣元建了座城》,《四川日報》2004年8月27日12版。

上》:"授立不跪,授坐不立。"韓愈《原道》:"孔子之作《春秋》也,諸侯用夷禮則夷之,夷而進於中國則中國之。"呂東萊注:"《左·僖二十七年》春,杞桓公來朝用夷禮,故曰子。"清汪琬《堯峰文鈔》卷九:"春秋之法,諸侯入於夷狄則夷狄之,如杞、邾是也;進於中國則中國之,如吳、越、秦、楚之類皆是也。"跪坐這種華夏之禮的具體情形,清趙翼《陔餘叢考·古人跪坐相類》:"蓋以膝隱地,伸腰及股,危而不安者,跪也;以膝隱地,以尻著蹠,而體便安者,坐也……據此則古人之坐與跪,皆是以膝著地,但分尻著蹠與不著蹠耳。"黃劍華認爲跪坐"本是一種禮儀習俗,可上溯到夏代,夏人和夷人都有這種習慣。在殷商時期,跪坐成爲崇尚鬼神的商朝統治階層的起居法,並演變成一種供奉祖先、祭祀神天,以及招待賓客的禮儀……所以他們並不是社會地位很低的人物,而是統治階層人物的象徵……用繩索捆綁雙手並非刑罰,而是表示一種祭祀行爲,一種與古蜀族或古蜀王國社會生活密切相關的宗教儀式"①。跪坐器物亦有出土,1963 年,四川郫縣宋家林村東漢磚石墓出土高 61.4 釐米跪坐執鏡陶俑一尊,左手執鏡,食指戴環,右手則中指、食指各戴一環。可見蜀地跪坐文化延續至東漢。龍是華夏民族的崇拜物,又是華夏民族的象徵。蜀出龍飾器,可見蜀人與華夏之間的關聯。"銅龍的前肢肘關節處有一對魚鰭般上翹的東西,應當是表現翅膀。這種翼龍在三星堆文化中不止一例,三星堆二號器物坑出土的一號大銅神樹,其樹幹上盤繞的頭下尾上的龍,前肢就有類似的翅膀",孫華認爲,春秋晚期以後,中原也出現了有翼的神獸,"在中國不少古代族群中,都有以龍爲族源標誌的傳說"②。蘇秉琦、鄒衡、李學勤、隗瀛濤、俞偉超、林向、段渝等通過對蜀地出土文獻的深入研究,指出四川盆地的古文化,早在三四千年前,就已同中原夏商文化有明顯聯繫③。李學勤通過對出土青銅器物的比較研究,認爲"以中原爲中心的商文化向南推進,經淮至江,越過洞庭湖,又溯江穿入蜀地。這很可能是商文化通往成都平原的一條主要途徑"④。他又指出,三星堆"一號坑相當於商文化的殷墟早期,二號坑相當殷墟晚期",這説明"當地的文化

① 黃劍華《金沙遺址》65—66 頁,四川人民出版社 2003 年。
② 孫華《三星堆出土爬龍銅柱首考》,《文物》2011 年 7 期 45 頁。
③ 黃劍華《三星堆文明與中原文明的關係》,《中原文物》2001 年 4 期 51—56 頁。
④ 李學勤《商文化怎樣傳入四川》,《中國文物報》1989 年 7 月 21 日。

（蜀文化）發展是與商文化的發展平行的,彼此的影響傳播是暢通的"。"三星堆兩座器物坑中與中原所出近似的青銅禮器,是當地文化接受中原影響的證據",其傳播的通道是今天湖南、湖北的文化。"這樣中原與地方特點駢列雜陳的狀態,反映着蜀與中原王朝的溝通"①。

有學者認爲,蜀地出土文獻表明是中原文化影響了蜀文化,但蜀文化與中原文化的影響應該是雙向的,尤其殷商時期更是如此。城固遺址出土的許多商文化遺物,如銅面具、銅泡、人面紋鉞竿,與蜀地三星堆器物極其相似②。可見,蜀文化是華夏文化的重要支系,也是中華文明的重要組成部分。

3. 遠古傳説考察。漢褚少孫補《史記·三代世表》:"蜀王,黄帝後世也。至今在漢西南五千里,常來朝降,輸獻於漢。非以其先之有德澤流後世邪? 行道德豈可以忽乎哉!"裴駰索隱引《世本》和《蜀王本紀》、張守節正義引《譜記》證成其説。張澍《蜀典》卷三"居寓類"下輯有《路史》,謂華胥(伏羲母)居華胥之渚(閬中),《路史》又有伏羲遊蜀、鉅靈(天神)治蜀、有巢氏居瞿(益部),《華陽國志》有女媧遊蜀③,《春秋元命苞》有安登(少典妃)遊常羊(華陽之常陽),《山海經》有祝融(炎帝生,黄帝司徒)居江水(朱提),《史記》有玄囂居江水(蜀州),《大戴禮記》有"青陽(黄帝子)降居泚水(蜀地),昌意(黄帝子)降居若水(蜀地)"。

中華民族的始祖,無一不與蜀地、蜀人發生關係。王國維説:"研究中國古史,爲最糾紛之問題。上古之事,傳説與史實混而不分。史實之中,固不免有所緣飾,與傳説無異;而傳説之中,亦往往有史實爲之素地。二者不易區別,此世界各國之所同也。"④他如《世本》"蜀無姓,相承云黄帝後世子孫也"(唐司馬貞《史記索隱》引)、"蜀王每世相承,爲黄帝後"(宋羅苹《路史注》引)亦然。李學勤對這些傳説進行了考證,"從昌意居若水,顓頊也生於若水看,其在後來蜀國範圍内是無疑的"。"蜀是一個發端於上古的民族,這一民族有自己的優秀文化,並長期保持着文化的特色。蜀山氏嫁給昌意或

---

① 李學勤《三星堆饕餮紋的分析》,《三星堆與巴蜀文化》79 頁,巴蜀書社 1993 年。
② 鄭紅利《商周文化互動的考古學考察》,《四川文物》2003 年 2 期 61 頁。
③ 宋羅泌《路史》卷十一:"今峨眉亦有女媧洞,常璩《華陽志》等謂伏羲、女媧之所常遊,此類猶多。"張澍《蜀典》卷三引《華陽國志》:"蜀,伏羲、女媧之常遊。"
④ 王國維《古史新證》1 頁,清華大學出版社 1994 年。

其子乾荒是在若水,即今雅礱江地區"。"昌意或乾荒與蜀山氏締姻,象徵着蜀同中原文化的聯繫。很多人以爲蜀地僻遠,交通封閉,長期不通中原,甚至懷疑隨武王伐紂的蜀的地理方位。現代考古學的發現已足糾正這種誤解,有充分證據表明,在商代及其以前,蜀地已與中原有文化上的溝通","傳說中的世系顯示,蜀和虞、夏、楚有共同的先世"①。如果這些論斷成立,則蜀人不僅僅是與華夏族"通",而是華夏民族的源頭,中華民族的祖先。如此又何來戰國"始通"之説呢? 應該指出的是,這些文獻的作者並非出自巴蜀。即使出自巴蜀,按王國維的説法,也不能説毫無根據。

4. 文獻校讎學考察。《文選》注本唐抄本與今通行宋刊本不同。《文選》舊注有二十餘種,保存在李善注中。今存《文選》唐注本只有敦煌本《西京賦》薛綜注殘卷和周勳初輯《唐抄本文選集注彙存》中的左思《蜀都賦》《吳都賦》劉逵注殘卷、《楚辭》王逸注幾種②。宋本《文選》注今藏有五:北京圖書館藏北宋刊遞修本李善注《文選》;北京圖書館、北京大學圖書館藏宋杭州開箋紙馬鋪鍾家刊刻本五臣注《文選》;日本汲古書院影印足利學校藏宋明州州學於欽宗朝刊刻、紹興初刷印本六家注《文選》(即明州本);《四部叢刊初編》影南宋建陽本《六臣注文選》(即六臣本);北京圖書館藏南宋淳熙八年貴池尤袤刊李善注《文選》(即尤刻本)。以上五種,後三種都爲足本。

中華書局 2000 年出版、饒宗頤所編《敦煌吐魯番本文選》只有俄藏 L.1502 左思《吳都賦》,未見《蜀都賦》。同治八年崇文書局刻清人胡克家《文選考異》未對劉注的這段文字加注。上個世紀初羅振玉從日本抄回、收入海外珍藏本善本叢書的《唐鈔文選集注彙存》,以五臣注、陸善經注本殿後,凡遇到李淵、李世民名諱,大半缺筆;多用唐代俗體書寫,周勳初考定其編於唐玄宗時,唐末宋初傳入日本③。在這部書中,劉注"始通"作"始服","上世"作"上代"④。而"服"與"通"字義大相徑庭。"服"説明二者之間早

① 李學勤《帝系傳説與蜀文化》,《四川文物》1992 年 S1 期 15—16 頁。
② 王立群《從左思〈三都賦〉劉逵注看北宋監本對唐抄本〈文選〉舊注的整理》,《河南大學學報》2007 年 1 期 115—122 頁。
③ 周勳初輯《唐鈔文選集注彙存·前言》3 頁,上海古籍出版社 2000 年。
④ 周勳初輯《唐鈔文選集注彙存》卷八 14 頁。

有交流,只是處於關係不好的狀況;而"通"卻是二者之間此前毫無交流①。此本時代當早於宋刻。從文獻的證據力看,五種宋刻本在此二者之後,唐抄本當優於宋刻本。這是"始通"説不可信的最有力證明。

　　不僅劉注可疑,連劉注所引的《蜀王本紀》的作者也是衆説紛紜,《隋志》、兩《唐志》認爲是揚雄著,徐中舒認爲是譙周著,《華陽國志》以爲祝元靈著。《文選》注所引文字也多有不同,王元長《曲水詩序》注,"蜀王之先","蜀"下無"王"字,"拍"作"柏","萌"作"民",《太平御覽·州郡部》十二首句引作"蜀之先稱王者","拍濩"作"折灌","魚鳧"作"魚易","左言"作"左衽","四千歲"作"凡四千歲"。《藝文類聚·州部》《初學記·州郡部》《路史前紀》《太平寰宇記》所引均各有差,且文字自相矛盾②。

　　5. 文獻辨僞學考察。劉逵注包括自注和引用《蜀王本紀》兩方面的内容,自注是解釋《蜀王本紀》的。其文本的可靠性問題,尚須進一步討論。文獻學檢驗是一種重要的文獻真僞考據方法,這種方法要求文獻本身内容的一致性,即不能以部分之僞證全部之非真。但如果有一部分之僞,例如作者僞、時代僞,則文獻的證據效力要相應大打折扣。正如清人梁啓超總結清人治學十法所言:"孤證不爲定説,其無反證者姑存之,得有續證則漸信之。遇有力之反證,則棄之。"③《蜀王本紀》始著録於《隋志》,兩《唐書》繼之,均以爲揚雄著。《宋史》後無著録,當亡於唐五代時期,明人鄭樸有輯本。是書作者衆説紛紜,徐中舒認爲其書名當稱《蜀本紀》,年代則出來敏、秦宓之後,"《蜀本紀》不是揚雄的作品,從内容、文體、書目、著録各方面加以考察,都是無可懷疑的"。並斷言:"《蜀本紀》或《蜀王本紀》的作者是蜀漢時代的譙周而不是西漢末年的揚雄。"④

　　如果劉逵看到了《蜀王本紀》,那麼他所看到的是什麼本子呢? 鄭德坤説:"漢晉之間,《蜀紀》之作,何止一家? 朱希祖《蜀王本紀考》所舉凡八,然其書皆亡佚。今本嚴可均所輯,多係唐宋間引文,時《蜀王本紀》及《蜀記》諸書或爲淺人僞記,已非漢晉之舊,然其中亦有原書佚文,且有自他書采輯,

---

① 周、蜀交好、交惡,見林向《巴蜀文化新論》72 頁。
② 高步瀛《文選李注義疏》883 頁,中華書局 1985 年。
③ 梁啓超《清代學術概論》40 頁,上海古籍出版社 2005 年。
④ 徐中舒《論〈蜀王本紀〉成書年代及作者》,《社會科學研究》1979 年 1 期 99—103 頁。

加以敷衍附會者,觀其文辭鄙陋,與揚雄筆法殊異,其非揚氏原著甚明。"①

　　不僅劉逵所引之書不可靠,劉逵是否注過《蜀都賦》也成了問題,雖然不能斷定其爲僞事,但疑點也不少:

　　(1)有文獻記載《蜀都賦》爲左氏自注。楊慎《丹鉛餘録》引《左思別傳》:"左思造張載,問岷蜀事,交接亦疏。皇甫謐,西州高士,摯仲治宿儒知名,非思倫匹。劉淵林、衛伯輿並蚤終,皆不爲思《賦》《序》注也。凡諸注解,皆思自爲,欲重其文,故假借名姓也。"王士禎《古夫於亭雜録》卷三所引同。

　　(2)有文獻記載《蜀都賦》爲張載注。李善《蜀都賦》下注:"《三都賦》成,張載爲注《魏都》,劉逵爲注《吳》《蜀》,自是之後,漸行於俗。"這段話,明州本、《集注》本、奎章閣本大同小異,但《唐鈔文選集注彙存》在李善注後,有一段陸善經的注文:"陸善經曰:臧榮緒《晉書》云:劉逵注《吳》《蜀》,張載注《魏都》。綦毋邃序注本及《集》題云:張載注《蜀都》,劉逵注《吳》《魏》。今雖列其異同,且依臧爲定。"②可見,劉注的著作權問題,還有待於進一步討論。

　　通過對劉注所引《蜀王本紀》内容、文體、書目、著録等諸方面的考察以及對劉注本身真僞的辨析,並不能確定作者、時代、内容之"真"。

　　6. 文本闡釋學考察。

　　(1)"是時"。劉逵注文中有兩處"是時",李學勤説,"是包括蠶叢一直到開明,還是只指較古老的時期,不完全清楚"③。第一個"是時"管轄揚雄《蜀王本紀》的"蜀王之先"句,後面有"故曰"做結,這是指上古時期;第二個"是時"後講了數事,有滅蜀,封公子通,張若、張儀築成都,置蜀郡,李冰爲守治水開田,總結語是"開國於中古"。"中古"歷代理解有所不同,劉、左時代及以前的人頭腦中,"中古"概念也不甚相同,如《漢書・藝文志》:"世歷三古。"顔注引孟康:"伏羲爲上古,文王爲中古,孔子爲下古。"《禮運》孔疏:"伏羲爲上古,神農爲中古,五帝爲下古。"《韓非子・五蠹》:"中古之世,天

---

①　　鄭德坤《四川古代文化史》20 頁。

②　　周勳初輯《唐鈔文選集注彙存》卷八 11 頁,上海古籍出版社 2000 年。

③　　李學勤《帝系傳説與蜀文化》,《四川文物》1992 年 S1 期 16 頁。

下大水,而鯀、禹决瀆。"文獻中,"中古"又寫作"中世",《商君書·徠民》:"中世有湯武,在位而民服。"《韓非子·五蠹》:"上古競於道德,中世逐於智謀,當今争於氣力。"這裏的"中古"是春秋時期,而"當今"則指戰國時代。《後漢書·朱穆傳》:"夫中世之所敦,已爲上世之所薄。"李賢注:"中世謂五帝時。"孔穎達《詩·小雅·甫田之什·序》疏:"古有遠近,其言無常。故《易》以文王爲中古,《禮記》以神農爲中古,各有所對。爲古不同,則太古之名亦無定限。"但無論是使用上述哪一種意義,都無法肯定劉逵、左思的中古就是秦滅蜀後的戰國晚期。正如高步瀛引朱銘注:"若秦置蜀郡,則國滅而爲郡縣,不可謂之開國矣。"高步瀛認爲"此説似勝舊注","至中古二字,無確定界限,此當指戰國時言"[1]。

（2）"蜀人"。蜀地自遠古以來便是一個多民族聚居的地方[2]。劉逵注中的"蜀人",既包括與中原民族相同的"華夏之民",也包括蜀地的各少數民族。《漢書·地理志》所説的"巴、蜀、廣漢本南夷","本南夷"應爲"本爲南夷聚居之地",而並非蜀地、蜀人均爲"南夷"。如前所論,除了南夷之外,尚有與中原民族同宗同祖的族群,他們的語言當與中原語言相同或有極近的血緣關係。唐代樊綽《蠻書》卷八:"言語音,白蠻最正,蒙舍蠻次之,諸部落不如也。但名物或與漢不同、及四聲訛重。大事多不與面,言必使人往來,達其詞意,以此取定,謂之行諾。大蟲謂之波羅密,犀謂之矣……飯謂之喻,鹽謂之賓,鹿謂之識,牛謂之舍……東爨謂城爲弄……謂酸爲制,言語並與白蠻不同。"又説:"烏蠻以言語不通,多散林谷。"這裏的文獻所指,是另一種民族,另一種語言,另一種文字。

（3）"秦言"。來敏《本蜀論》説"民始能秦言",雖然疑點很多,但説明方言之間的接觸現象,較之前者反而可信度更高些。"民始能秦言",不能説明"秦言"與蜀語是不同的語言,他們都應該是"華語"。這段話記錄的是同一通語下不同方言的接觸與融合。秦滅蜀後,向蜀地進行過大量的移民,這些移民,對蜀語會產生重要的影響。秦入蜀之民在蜀地有較高的社會地位或者較强的經濟實力,或者較强的能力,他們的語言影響蜀語語音、詞彙,進而

---

① 高步瀛《文選李注義疏》887頁,中華書局1985年。
② 段渝《四川通史》卷一427—455頁,"先秦四川的民族"有詳述,四川人民出版社2010年。

融入蜀語語音詞彙，是完全可能的。"秦言"當時是漢語的一支方言，"蜀語"也是漢語的一支方言。由於移民等多種因素，二者之間接觸頻繁。蜀語區的人會講秦方言，不是説他們丢了了原來的蜀語。至於有人説秦滅蜀後，滅掉了蜀語，改説秦語，還缺乏有力的證據支持。

　　（4）"頗"。《説文》："頭偏也。"段玉裁注："俗語曰頗多頗久頗有，猶言偏多偏久偏有也。"王筠《句讀》："見於經者皆偏也，未有涉及頭者。"頗有略、稍義，也有多、盡、很義。上文引用了蒙文通的觀點，他認爲這裏的"頗"應該理解爲多。這是因爲，從上下文分析，劉注説"頗與華同"，其前提是秦舉蜀後，則無論多或少，都是把語義重心落在"同"上的。尤爲重要的是，劉注"言語頗與華同"是以"是時蜀人始通中國"爲前提條件的，蜀人"始通"不成立，則結論"是時"纔"與華同"自然也不成立。

　　7. 秦舉巴蜀的史源學考察。"秦舉巴蜀"是蜀國歷史上的一件重大史實，但其史料待商。《史記·秦本紀》和《六國年表》都記載秦惠文王更元九年（前316）司馬錯伐蜀而滅之，但鄭德坤經過與《張儀傳》相對照，又參考馬培棠《巴蜀歸秦考》（《禹貢》卷二第二期）和鍾鳳年《論秦舉巴蜀之年代》（《禹貢》卷四第三期），"據此則秦舉巴蜀宜較舊説移前十三年之説，可立矣"[①]。如此，秦舉巴蜀年代這個"史"都成了問題，則由此兩個基點所推論的結果真僞便不言而喻了[②]。更爲重要的是，依據後起材料，即唐代劉淵林和盧求二人的材料來證明中上古時期蜀語的情況，顯爲證據不足。

　　8. 餘論與小結。早在宋代就有人對這段文字置疑。吳曾《能改齋漫録》卷九"蜀石牛"條認爲，既然《尚書·禹貢》載"華陽黑水惟梁州，岷、嶓既藝，沱、潛既道，蔡、蒙旅平，和夷底績"，"則蜀道與中國通久矣"，至於《蜀王本紀》載秦惠王謀伐蜀，牛能便金，蜀主使五丁力士開道，"秦因遣張儀等隨石牛以入，遂奪蜀焉。此事尤近誣"。並引蜀人吳師孟《題金牛驛》相證："唱奇騰怪可删修，争奈常情信繆悠，《禹貢》已書開蜀道，秦人安得糞金牛？萬重山勢隨坤順，一勺天波到海流。自哂據經違世俗，庶幾同志未相尤。"[③]

---

① 　鄭德坤《四川古代文化史》28—30 頁。
② 　秦舉巴蜀年代的争議頗多，馬培棠、鍾鳳年、張公量、黃少荃都有不同的意見，見《禹貢》1934 年 2 卷 2 期，1935 年 4 卷 3 期，6 期，1947 年《狂飆月刊》1 卷 1 期，參見林向《巴蜀文化新論》36 頁。
③ 　吳曾《能改齋漫録》卷九 259 頁，上海古籍出版社 1979 年。

　　古代的學者存在着中原文化中心論、優越論的思想，現代一些學者也如此。蒙文通談到《山海經》把四川西部作爲“天下之中”，所記十六個國家，有十二個屬西南地區，記了十二條水道，其對長江的記述，只講了岷江上游發源地區的三江。該書《海内西經》，六次提到古蜀帝開明，因而判定該書《海内經》部分，當爲蜀國的作品。該書《大荒經》五篇，提到“巫山”有四次，還有“巴國、巴人”的記載。因而判定，《大荒經》當爲巴國的作品①。可見，古蜀人也不例外。作者本身所處的區域决定了中心區的位置取向。如果擯棄中原文化中心主義，則中原文化是華夏文化的重要一支，蜀文化也是華夏文化重要的一支。蒙文通談到爲什麽會産生“以我爲中心”的原因説：“中國農業是從三個地區獨立發展起來的，一個是關中，一個是黄河下游，在長江流域則是從蜀開始的。農業使人們定居下來，‘以我爲中心’的思想也就逐漸産生，三個獨立發展的農業區，産生了三個‘天下之中’。”②例之蜀語亦然。堯距秦年不詳，或以爲數千年，但可證明其時已“通”。我們曾臚舉材料證明，蜀、夏共同創造了華夏文化。只是蜀地非蜀群落可能不是華夏民族。换言之，古蜀地是一個多民族地區，蜀人是華夏民族的一支；上古蜀、夏同源，則蜀語、夏語也是同樣的語言，蜀語是是華夏通語的方言可推。

　　從傳世文獻、出土文獻、傳説三重證據法分析，結合文獻校讎、辨僞、闡釋、史源全方位考究，秦滅蜀前，蜀與中原就不僅“通”，言語也應該“同”。“秦言”與“蜀語”都是漢語方言，它們的接觸是漢語方言之間的接觸。以一段各方面都還可以再討論的《文選》劉逵注，來論證先秦時期蜀人、蜀語與華夏族、華夏語之間接觸與融合這樣的重大問題，無論從材料、方法論還是結論，都還顯得不夠嚴謹。

四、“民始能秦言”説管見——古蜀語的性質三探

　　唐盧求《成都記》今佚，《宋史·藝文志三》卷一五七著録有“盧求《成都記》五卷”。學者所引材料出自盧求《成都記序》。盧求生活於晚唐，兩《唐書》無傳。《唐摭言》有“盧求者，李翺之婿”的記載，《唐詩紀事》卷三五“李翺”條下有“歸女於盧求”，卷五三“盧求”條下有“寶曆二年進士第，李翺之

---

① 　蒙文通《略論〈山海經〉的寫作時代及其産生地域》。
② 　蒙文通《古族甄微》258 頁。

婿也"。《全唐詩》"盧求"條下有"盧求,范陽人也。宰相攜之父,李翱婿也。登寶曆二年進士"。寶曆二年爲826年,這時盧求應該在成都居住過。《成都記序》是傳說與史實相混的作品,如開頭的"五美女、五丁"是傳說,而張儀、司馬錯"從金牛道滅蜀",以及公子通、陳莊的任免當是史;"遷秦人萬家實之"是史;但他說這時"民始能秦言",則是推測之辭;開明氏"納美女",其爲"武都山之精"則又是傳說。

　　蜀、夏語言二元論的邏輯,其缺陷在於違反了語言發展的歷史觀。文獻表明,在一定的時期,夏人、商人、周人都是"夷",春秋時期的各國,除魯人外都曾被稱爲"夷"①。如果蜀語是夷言,則如蒙文通所説:"在秦滅蜀後百餘年間,舊的語言是否可能完全消滅,而新的文學又得到了高度發展,能産生司馬相如這樣傑出的文學家,是很可注意的。即如今天西南許多兄弟民族,如麽些、如彝族等,在明清兩代五六百年統治下,他們的語言和文字依然保存。若在古代,恐怕民族融和更要緩慢得多,不能在百餘年間就消滅到無蹤無影。""巴、蜀和中原語言的不同,可能還不到齊、楚不同的那種程度。如果巴蜀語言和中原根本不同,也如像麽些、彝族語言那樣和漢語不同,就不僅是方言的不同,這種語言也不可能在蜀滅之後百餘年間,到漢代就消滅得毫無蹤迹。"②

　　例以今天的語言接觸,國家的法規制約,便捷的交通條件,輔以大衆媒介的推動,即便現代漢語方言都難於統一,遑論少數民族的語言。不同民族語言的融合是一個相當長且複雜的過程,置於古代,就更爲困難。"上古時期的各民族部落,實際上就是一個個語言社團,他們有獨立的語音爲基礎的語言形式,也有以獨立的語序配列(結構形式)爲基礎的語法形式。當部落與部落之間不斷進行接觸時,必然有一些人能説不止一種鄰近的語言。這些人增加了部落之間交際的可能性,並進一步模糊了語言社團的界線。當兩種本來不相通的語言緊緊靠在一起,廣泛的社會交際就不能單靠一些懂'外語'的人進行,於是除了在語音形式上各自作一些讓步,在語言結構上也努力模仿對方,以達到相互的瞭解。當然,一切都不那麼簡單,還牽涉到部落的

① 汪啟明《東夷非夷證詁》,11頁。
② 蒙文通《巴蜀史的問題》。

遷徙、征服或俘虜等等"①。如果蜀語與秦語的接觸是兩種完全不同的民族語言的接觸，能在一兩百年間就能完成由夷言變夏語的過程確實沒有可能。

華夏語的形成是一個非常繁雜而且相當長的過程。目前這個過程的發生學原理及來龍去脈還是一團迷霧，斷言蜀語和秦語不屬同一種語言還找不到充分的證據。所以我們不能從盧求的推測之辭出發，斷言秦言爲夏言，秦人遷蜀後"民始能秦言"是華夷之間的語言融合。但我們可以從文獻記載中，尋找蜀語和其他方言的蛛絲馬迹。

1. 秦滅蜀前後的秦蜀言語交際情況。

（1）傳說時期，文獻記載王喬、彭祖居蜀，同出漢犍爲郡武陽（今四川彭山）。《淮南子・齊俗》高誘注："王喬，蜀武陽人也。爲柏人令，得道而仙。"許慎《淮南子閒詁》亦稱爲"蜀人"，《華陽國志》卷十二則説彭祖"本生蜀，爲殷太史"，《世本》有老彭"在商爲藏史"。如果老彭與商人語言不通，要懂自然科學和社會科學，並在朝廷做官，是不可想象的。

（2）秦伐蜀前，秦、蜀口語交際並無語言障礙。《華陽國志・蜀志》載，周顯王時，"蜀王有褒漢之地"，蜀王畋獵時曾與秦惠王遇，秦人、蜀人之間有一段對話。蜀人"乃嘲秦人曰'東方牧犢兒'。秦人笑之曰'吾雖牧犢，當得蜀也'"。《太平寰宇記》卷一三三引闞駰《十三州志》："蜀王從卒數千餘，出獵於褒谷西溪。秦惠王亦畋於山中。"又《蜀志》："周顯王二十二年，蜀侯使朝秦。秦惠王數以美女進，蜀王感之，故朝焉。"蜀向周進貢，没有用翻譯的記載，可見雙方應該是能通話的；秦人説的話和蜀人説的話互相都能理解，足可證其二者交際中，語言上當無大的差異。即使有文人加工，那古代的文人也認爲他們語言無異。周夷王，？—前 858 在位。周顯王二十二年即公元前 347 年，均早於秦人遷蜀。

（3）秦滅蜀後，迅即派員管理，其語言不當相遠。《史記・秦本紀》："（惠文王）九年，司馬錯伐蜀，滅之。""（十一年）公子通封於蜀。"索隱："《華陽國志》曰：'赧王元年，秦惠王封子通國爲蜀侯，以陳莊爲相。'""（十四年）丹、犁臣，蜀相壯殺蜀侯來降。""（武王）元年……誅蜀相壯。"索隱所引爲《蜀志》。秦、蜀之交甚早，二者如果語言相遠，從秦滅蜀（前 316）到西

---

① 　余志鴻《"賓動"倒句和語言交融》，58—59 頁。

漢建立（前 206），總共 110 年，蜀人的語言就被消滅，這是不可思議的。

（4）秦伐蜀前，蜀地已有文獻傳世，説明兩地書面語亦相通。《漢書·藝文志》“道家者流”著録有“《臣君子》二篇”，原注曰“蜀人”。之下又記有“《鄭長者》一篇”，原注云“六國時，先韓子，韓子稱之”，段渝認爲，其時代遠在戰國末葉的韓非子之前，傳於漢代，書在道家，很有可能是嚴君平學術的來源。《漢書·藝文志》“道家者流”著録有“《鶡冠子》一篇”，原注曰：“楚人，居深山，以鶡爲冠。”但應劭《風俗通》認爲“賨人以褐爲冠，褐冠子著書”，以鶡冠子爲賨人。如考鏡源流，原爲巴人①。這些蜀人所著之書當用與中原語言一致的華夏文字。

2. 入蜀、出蜀者語言生活狀況。

（1）尸子入蜀著書。《漢書·藝文志·雜家》：“《尸子》二十篇。名佼，魯人，秦相。商君師之，鞅死，佼逃入蜀。”商鞅車裂在秦孝公三年（前 359）。尸佼約生於周安王十二年（前 390），卒於周顯王三十九年（前 330）。魏國曲沃（今山西省曲沃縣）人。亦有晉人、魯人、楚人三説。《史記·孟子荀卿列傳》裴駰集解引《別録》：“楚有尸子，疑謂其在蜀。”裴駰集解：“今按《尸子書》，晉人也，名佼，秦相衛鞅客也。衛鞅商君謀事畫計，立法理民，未嘗不與佼規之也。商君被刑，佼恐並誅，乃亡逃入蜀。自爲造此二十篇書，凡六萬餘言。卒，因葬蜀。”唐李賢注《後漢書·吕强傳》文並同，“衛鞅商君謀事畫計”作“鞅謀計”，“規之”作“規”，“佼恐並誅”無“佼”，“自爲造此二十篇”作“作書二十篇”，多“十九篇陳道德仁義之紀，一篇言九州險阻，水泉所起也”句。《五百家注昌黎文集》卷十九《送孟東野集》下：“祝曰：佼，魯人。商君師之，鞅死入蜀。著書二十篇，號《尸子》，死，因葬蜀。”諸書於尸子入蜀、葬蜀事並無異議。此書全書亡於宋代，“只存二篇，合爲一卷”。清代汪繼培、孫星衍在嘉慶年間輯刻爲現通行本《尸子》。尸佼到蜀著書早於秦伐蜀，所用文字應該與中原一致。可見，蜀人中必有相當熟悉“秦言”者，或秦人熟悉蜀語者。尸佼竄蜀，能在蜀著書，且死後葬蜀，其書當爲蜀人保存，又爲蜀人所能讀懂②。

---

① 段渝《巴蜀文化與漢晉文明》29 頁。
② 蒙文通《古族甄微》（251 頁）也有同樣的觀點。

（2）萇弘出蜀著書。《淮南子·氾論》：“昔者萇弘，周室之執術數者也。天地之氣，日月之行，風雨之變，律曆之數，無所不通。”據《史記·封禪書》，萇弘“以方事周靈王。諸侯莫朝周，周力少，萇弘乃明鬼神事，設射貍首。貍首者，諸侯之不來者。依物怪欲以致諸侯，諸侯不從，而晉人執殺萇弘。周人之言方怪者自萇弘”。《莊子·外物》：“萇弘死於蜀，藏其血，三年而化爲碧。”《華陽國志·序志》：“世俗間橫有爲蜀傳者，言……周萇弘之血，變成碧珠。”晉人干寶《搜神記》：“周靈王時萇弘見殺，蜀人因藏其血，三年乃化而爲碧。”萇弘（？—前492），春秋末周大夫（出生地在今四川資中縣西北邊境與資陽市相鄰一帶）。字萇叔，以星象、術數著稱，今資中縣發輪鄉龍水村有“萇弘祠、萇弘讀書臺”遺址。《史記·天官書》言天數者稱“周室史佚、萇弘”，至周景王時仍任大夫，常應對星象吉凶徵兆之事。周敬王即位（前519），因參謀遷都，輔佐興邦有功，升任内史大夫，執掌朝政，周敬王二十四至二十五年（前496—前495）間孔丘曾訪問萇弘，請教和探討音樂、天文知識。周敬王二十八年（前492），趙簡子派晉大夫叔向施反間計，周敬王信讒殺萇弘。《左傳·哀公三年》《國語·周語下》《莊子·外物篇》《史記》均有載。《華陽國志·序志》《蜀中廣記·人物記》《四川通志》都説他是四川資中人。梁顧野王《玉篇》卷一：“碧，《山海經》云：‘商山下多青碧。’郭璞曰：‘亦玉類。’今越巂會無縣東山出碧。莊子曰：‘萇弘死於蜀，其血化爲碧。’《説文》云：石之青美者。”《明一統志》卷六七：“周萇弘，資中人，敬王時爲大夫，孔子嘗從之問樂，死而血碧。蜀人祀之。”《漢書·藝文志》“兵書略”下三“兵陰陽”有“長弘十五篇，周史”。萇弘所著的書應該用蜀語寫成，中原人應該讀得懂；孔子向他請教，也説明蜀語與華夏語能相通。

（3）司馬相如遊梁。司馬相如（前179年，一説前171年），於漢景帝二年（前155）曾離蜀遊梁。《史記·司馬相如列傳》：“以訾爲郎，事孝景帝，爲武騎常侍，非其好也。會景帝不好辭賦，是時梁孝王來朝，從游説之士齊人鄒陽、淮陰枚乘、吳莊忌夫子之徒，相如見而説之，因病免，客游梁。梁孝王令與諸生同舍，相如得與諸生游士居數歲，乃著《子虛》之賦。”司馬相如是漢初蜀人，鄒陽、枚乘、莊忌等並非蜀人，他們相見時並無語言障礙；相如在梁共居住了七八年，他們相處時亦無語言障礙。《三國志·蜀書·秦宓傳》：“蜀本無學士，文翁遣相如東受七經，還教吏民，於是蜀學比於齊、魯。故《地理志》曰:'文翁倡其教,相如爲之師。'"可見,如果秦、蜀語言不同,秦滅蜀後僅一百多年時間,文化一下子就高度發達,"蜀學比於齊魯",把一個非華夏語變成華夏語,也是不可想象的。

3. 神話傳說的文化學考察。從蜀、夏文化同源,可推知蜀語和中原漢語同源。這裏僅從遠古傳說一端來驗證蜀、夏文化的聯繫。

宋羅泌《路史》卷九"有巢氏":"(有巢氏)居於璺及盤嶺。"注:"璺屬益部,盤嶺在長安。"①有巢氏是源自巴蜀的一個古老部落。清人張澍《蜀典》卷三"居寓類":"璺之爲益州地,他書無徵,唯《水經注》云:'筰,夷也。汶山曰夷,南中曰昆彌。'羅泌所言,璺或即昆彌也,否則即彌牟鎮也。"可見有巢氏所居,非西南夷昆明,即蜀地彌牟(今四川新都彌牟鎮),而兩地均屬古益部。雖然這個傳說尚有疑點,但如聯繫有關考古材料來看,確也有它真實的一面。周原甲骨中有"征巢"一辭②。《班簋》銘文裏巢國與蜀連言,證明巢、蜀當相距不遠。巢國得名源於巢居。從巴蜀爲有巢氏傳說産生的地域,可以推知其與中原的密切關係。《通志·三皇紀》:"厥初生民,穴居野處,聖人教之結巢,以避蟲豸之害,而食草木之實,故號'有巢氏',亦曰'大巢氏'。"有巢氏的年代與地域,學者有不同的意見。徐旭生指出:"有巢、燧人在我國古史的系統裏面,由於特別有大功,或者更可以說由於他們的功業更容易被人瞭解,所以除了《繫辭》所述的古帝以外他們特別佔着一種優勝的地位。"③張傳璽説:"在我國古代的文獻中,記載了不少有關原始群時期的人類的社會組織、婚姻和親族關係以及生活狀況等……《韓非子·五蠹》還有'構木爲巢,以避群害','號之曰有巢氏'……等記載。這些古文獻的記載時間,距今不過二千二三百年。但這些傳說可能由來已久,在一定程度上反映了原始群時期的某些社會情況。"④

4. 蜀語融合的多元化來源臆測。蜀語既與華夏語其他方言,如秦語進行接觸與整合,又與相鄰的楚語融合,其接觸與融合程度當與秦語相當⑤。

---

①　宋羅泌《路史》卷九 50 頁,中華書局四部備要本。
②　王宇信《西周甲骨探論》71 頁,圖 56,中國社會科學出版社 1984 年。
③　徐旭生《中國古史的傳說時代》221 頁。
④　張傳璽《中國通史講稿》5 頁,北京大學出版社 1983 年。
⑤　汪啟明《中上古蜀語與相鄰方言的接觸》,《中國訓詁學報》第二輯 88—101 頁,商務印書館 2013 年。

此外,不相鄰方言的接觸也是語言學家應該關注的問題。《吕氏春秋·仲秋紀第八·簡選》:

> 吴闔廬選多力者五百人,利趾者三千人,以爲前陳,與荆戰,五戰五勝,遂有郢。東征至於庳廬,西伐至於巴、蜀,北迫齊、晉,令行中國。

據《左傳·昭公二十六年》的記載推斷,闔廬元年爲公元前 514 年。這說明蜀與吴交流開始很早。《左傳·襄公二十九年》(前 544)載吴公子季札觀禮於魯,對所聽到的音樂大段稱贊。説明魯國人是能聽懂吴語的,吴國人也可以聽懂魯語。夏禹蜀人,早入吴地,是時吴爲"荒服",越在"九夷",尚未"夏服",蜀已爲華夏文明之邦。後來因爲地理形勢的阻隔,蜀人、蜀語、蜀事不見於載籍。春秋時期,吴爲五霸,這段文字中"巴蜀"與"齊晉"並稱,説明二者政治地位相當,蜀語當與吴語、齊語、晉語同。

吴人入侵蜀地,早於秦人遷蜀 198 年。其實,從各地遷徙入蜀的情況還不少,如《華陽國志·蜀志》有"惠文、始皇克定六國,輒徙其豪俠於蜀","其"應該指上文六國,並不單單指秦。更不能據此確定秦移民後蜀人"始能秦言",因爲這是一種更大範圍的向蜀地移民。這種移民給蜀語的融合帶來了新鮮的成份,即除了相鄰的秦語、楚語外,當有其他諸侯國家的語言融入。

5. 餘論與結語。通過對劉注"是時蜀人始通中國,言語頗與華同"的多方面考證,"是時始通"這個前提條件不成立,則"是時"纔"言語頗與華同"的結論自然不成立。"民始能秦言"之前,蜀、秦語言同源,其接觸是漢語不同方言之間的接觸與融合。至於有人説秦滅蜀後,滅掉了蜀語,改説秦語,還缺乏有力的證據支持,我們不同意這樣的説法。

五、蜀語、漢語、羌語關係蠡測——古蜀語性質四探

任何語言在其發展過程中,都有兩種基本過程:"一種爲分化過程,另一種爲整化過程"[1],——但無論是語言的分化還是整化,都與語主的分化與整化呈現出同步發展的狀態。對比中上古蜀語,我們也要研究它和中原諸語言的關係,是不同的語言的整化,還是同一個語言的分化。這只有通過對蜀人、蜀地、蜀史的研究纔能得出接近事實的答案。

1. 蜀人與羌人、夏人關係擬測。上古傳説和史料記載了夏、羌之間密切

---

[1]　A. C. 契科巴瓦《語言學概論》84 頁。

的聯繫和頻繁的接觸。古羌原本是生息於以積石山(阿尼瑪卿山)至岷山爲核心的甘青川地區的遊牧古族,是一個古老而龐大的人群系統。此區出土大量彩陶,即爲古羌遺物。新石器時期因部族繁衍而分化出若干支系。發祥於姬水的黄帝族從青海大通河經甘肅大夏河向六盤山區遷徒,又北向屈英山(窟英山)遇毛烏素沙漠之阻,遂折向陝北延河、洛河地區南下,渡黄河在秦晉高原扎根,逐漸轉爲農耕生産,成爲後世夏、周王朝族源。發祥於若水的炎帝族則向東經川陝間向巴山和神農架以北地區,再散向中原,在跟强悍的九黎蚩尤族鬥爭中炎、黄合流,發展成後世夏、周的另一族源。另一支古羌向西發展,轉化成藏蕃各族;而順雅礱江、大渡河向南遷徒的一支則演化成彝楚等少數民族。羌,牧羊之男;姜,牧羊之女。炎、黄二帝皆爲少典之子,炎帝姜姓,足見炎黄均出自古羌部族系統。炎帝東徒,發展了原始農業,黄帝隨後亦進入中原,最後二者融合成爲華夏族。可見華夏族源於古羌族,是一部分率先發展起農業的羌人。而其餘羌族部落則留在原處,繼續從事畜牧業,這也正是中原的羌人自稱爲"夏人"或"華人"而不稱爲羌人的原因。

　　"羌"爲"華夏族的重要組成部分,爲培育後來昌盛起來的偉大燦爛的華夏文化,作了重大的貢獻"[1]。徐中舒認爲"夏王朝的主要部族是羌。根據由漢至晉五百年間長期流傳的羌族傳説,我們没有理由再説夏不是羌"[2]。聞一多分析大量材料後指出:"齊人本爲西方的羌族,大致不成問題。""齊人本是西方遷來的羌族。"[3]曹振峰指出,羌人從青藏高原和川西高原東遷北徒,"進入黄河流域的中游和下游,一直到膠東半島,有的進入冀、晉和遼河流域,分成了若干支系,有的保留着原部族的獨立性,有的與東方部族融合,構成了華夏部族,有的建立了《山海經》中所謂的'國家',有的從嘉陵江上游沿長江而下,進入了兩湖和江浙一帶水鄉。留在西部的虎部族,又有若干獨立的支系'國家',有的因其受其他强大部族的逼迫,向西藏和新疆的天山南北遷徒。最早進入中原地區的虎部族,率先從遊牧向農耕轉化,創造了仰韶

---

① 冉光榮、李紹明、周錫銀《羌族史》8 頁。

② 徐中舒《中國古代的父系家庭及其親屬稱謂》,110 頁。

③ 聞一多《神仙考》,《聞一多全集》第三卷 134、136 頁,湖北人民出版社 1993 年。

文化。沿長江而下的部族,在江浙創造了良渚文化。"①鄧廷良指出:"炎黃、鯀、禹、稷皆古氐羌中功業昭著之大人(酋長),夏及其支系周亦綿爲羌中赫赫大部。""羌人縱部族繁雜,但概而言之'西戎牧羊人也',故乃是以'羊'爲總圖騰之一大系部族集團。也正如《山海經·西次三經》云:'凡西次三經之首崇吾之山至於翼望之山,凡二十三山,六千七百四十四里,其神狀皆羊身人面。'"②

華夏部落集團中很多部落和氏族本身就是羌人,商周之際融入夏族的羌人部落仍很多,如"周"和"秦"(有人認爲"秦"源自東夷部落集團)。關於夏羌關係,章太炎《檢論·序種姓》有專論。在考古發掘中,定爲羌族文化的有寺窪文化、火燒溝文化,兩者都深受齊家文化影響,齊家文化來源於仰韶文化,而後者正是夏族的原始文化。因此,夏文化與羌文化在考古上是同源的③。

近年有不少學者如任乃强、李紹明、林向等均提出大量的論據,指出古蜀人是發源於長江上游的羌人④。子房認爲,"三星堆社會居民的主體部分其實就是從川西高原的岷江河谷東南下的一支古羌人。岷山——岷江河谷應該説是古蜀先民的祖居地,也可以説是古蜀文明的一個主要發祥地"。"營盤山文化居民當屬古羌族群,它們與後來長期居住於成都平原的四川土著人在血緣上相通"。並舉出四條論據論證蜀羌同族,其中如"營盤山遺址與三星堆遺址甚至包括金沙遺址,它們在文化遺存方面有許多驚人的相似之處,如公布的營盤山陶人面像便與三星堆遺址及金沙遺址的部分銅人面像、金箔面具造型相近"⑤。

蜀夏同出一源。從考古資料上看,蜀文化與中原文化之間接觸很早。中國第一個王朝夏的開國者禹生蜀。《世本》:"蜀王每世相承云爲黃帝後。"《史記·三代世表》:"蜀王,黃帝後世也。"

---

① 曹振峰《中國民藝與中國虎文化》(下)。
② 鄧廷良《瓊鳥與犛牛羌——兼談圖騰變遷的另一面》,244 頁。
③ 徐中舒《中國古代的父系家庭及其親屬稱謂》,111 頁。田繼周《先秦民族史》,四川民族出版社 1996 年;又《夏族的形成及更名漢族》,《民族研究》1990 年 4 期 67 頁。
④ 如任乃强《四川上古史新探》39 頁;李紹明《古蜀人的來源與族屬問題》,14 頁;林向《周原卜辭中的"蜀"》(《巴蜀文化新論》)。
⑤ 子房《略説古羌—蜀人》,《文史雜誌》2008 年 6 期 11 頁。

　　從文化的相似性進行研究,打通蜀、夏、羌三者關係,近年有不少的成果。譚繼和提出羌文化、夏文化的三種關係,即原生、次生、續生,指出"禹文化、蜀文化、羌文化都是有獨立的始源和發展歷程的文化。禹文化西興東漸,後來成爲中原王朝文化,這是一支獨立文化。蜀文化也是有悠久而獨立的始源,從岷山走向寶墩,再到三星堆和金沙的燦爛輝煌的文化。羌文化是從河湟賜支河曲遷向岷山,後來又走向西部、南部和中原的一支文化,現在的羌族文化是歷史上的羌文化幾經變遷的結果。這三支文化有分有合,有各自的發展歷程和規律。不過,這三支文化相會於岷山的時期,是宛然石紐一樣紐結在一起的三位一體的時期"。"把夏、蜀、羌三種文化連接成三位一體,並提出'禹羌文化'的概念,這就是有相當依據(歷史的和文化的依據)的事情了"①。龍顯昭在列舉了記載夏禹緣於西羌的文獻後,指出"前漢要人、學者都説禹和羌存在着緊密關係,一説出生西羌,一説興起西羌。這其中必有隱情或其他緣由","禹、羌之間並非一般關係,而是存在着相互通婚的姻親關係","秦宓乃蜀中的飽學之士,諳熟地方掌故,其言來自鄉邦古籍和漢、羌歷世口述","司馬遷到過蜀地,揚雄、秦宓、常璩皆蜀人,瞭解熟悉西蜀地方史,我們認爲他們的記述是可信的,絕非耳食之言"②。

　　不僅夏人爲羌,殷商族團亦是羌人後裔③。如果從周民族始祖后稷來進行考察,則會發現,周人也是夷、羌兩族人的後裔。《史記·周本紀》后稷,"其母有邰氏女,曰姜原。"《詩·大雅·生民》鄭箋:"姜姓者炎帝之後,有女名嫄。"《説文》:"邰,炎帝之後,姜姓所封,周棄外家。"既然后稷的母親是姜嫄,爲姜姓有邰氏之女,而有邰又是神農氏的後裔,那麼,他自然是羌人後代,因其長期居於西方,所以又是西羌的後代。這是后稷母系系統的情況。

　　2. 羌語與蜀語的接觸。桓寬《鹽鐵論·國病》:"禹出西羌,文王生北夷。"明張之象注:"戴叔鸞傳云:'大禹生西羌。'《帝王世紀》曰:'伯禹生於石坳。'《水經注》云:'禹生於蜀之廣柔縣石紐村,今之石泉縣也。'石紐村,今之石鼓山。其山朝暮二時有五色霞氣。孟子曰:'文王生於岐周。'余氏解

---

①　譚繼和《禹生石紐簡論》,1 頁。
②　龍顯昭《禹羌文化惠澤華夏》,28 頁。
③　普學旺《試論殷人源於古羌人》,《中南民族學院學報》1994 年 1 期 87 頁。

云：‘周自古公遷於岐山之下周原，故號岐周。’即今鳳翔府岐山縣也。地與
猷夷近，故曰北夷。”

　　蜀人由羌人而來，可以推知古蜀語的底層是羌語。驗以文獻，有這樣的
例子：

　　（1）《説文》女部：“姐，蜀謂母曰姐，淮南謂之社。從女，且聲。”段注：
“方言也。其字當蜀人所制。”敦煌唐寫本《切韻殘卷》馬韻、《廣韻》馬韻
“姐”：“羌人呼母。”《字彙》：“媎同姐，羌人呼母爲媎。”馬宗霍説：“羌蜀地
接，蓋與蜀人語同也。”《爾雅·釋詁》：“祖，始也。”“祖”是“且”的後起字。
“姐”音，丁聲樹《古今字音對照手册》“兹野切，假開三上馬精”，《漢字古音
手册》作母義時爲“兹野切，精馬開三上假”。且，《廣韻》七也切，清馬開三
上假，[tshǐa]；祖，《廣韻》則古切，精姥合一上遇，[tsu]。“姐”與“且”的中
古音相符，與上古音亦一致。二字相通。“姐”與“姊”同。《正字通·女
部》：“北齊太子稱生母爲姊姊，至宋則呼生母爲大姊姊……高宗母韋后稱徽
宗嫡后爲大姊姊。”浦起龍《史通通釋》卷十七“母姊”：“姊本作姊，《北齊
書·文宣皇后李氏》：‘武成踐阼，逼淫有娠，太原王至閤不得見，愠曰：“兒豈
不知耶，姊姊腹大，故不見。”’《康熙字典》：‘北齊太子稱生母曰姊姊。’”《北
齊書·文宣李皇后傳》和葉紹翁《四朝見聞録·乙集》有載。《字彙》女部：
“羌人呼母爲媎，媎同姐。”《類篇》卷三五亦説“姐”是羌族稱謂。

　　鮑海濤、王安節：“［古］母親。《説文解字》：‘姐，蜀謂母曰姐。’《廣雅·
釋親》：‘姐，母也。’”字又作“毑”：“《廣雅·釋親》：‘毑，母也。’清王念孫
《疏證》引《説文解字》：‘蜀人謂母曰姐。’又《玉篇》：‘姐，古文作毑。’”重言
之，“姐姐”亦可稱母[1]。蔡希芹引同[2]。《續方言》引《説文》：“蜀謂母曰
姐”，《廣續方言》：“姐，羌人呼母。”

　　馬宗霍説“羌蜀地接，蓋與蜀人語同也”（《説文解字引方言考》），這表
明他是把二者相同看成語言的接觸。但“羌蜀地接”是漢以後的情況，先秦
傳世文獻中，有羌無蜀，説明他們之間可能有族源的關係。許慎時當東漢，
所見文獻尤多，《説文》所記風俗可靠性更强；據陸法言序，《切韻》廣采前人

①　鮑海濤、王安節《親屬稱呼辭典》21 頁，吉林教育出版社 1988 年。

②　蔡希芹《中國稱謂辭典》301 頁，北京語言學院出版社 1994 年。

韻書,唐寫本也是較早的語言史料。

古代文獻中有大量羌語用"姐"的例子,可見"姐"是羌語的常用詞:

彡姐。《漢書·馮奉世傳》:"永光二年秋,隴西羌彡姐旁種反,詔召丞相韋玄成、御史大夫鄭弘、大司馬車騎將軍王接、左將軍許嘉、右將軍奉世入議。"顏注:"彡,所廉反,又音先廉反。姐音紫。今西羌尚有此姓。而彡音先冉反。"《班馬字類》引此文同。《後漢書·西羌傳》:"時彡姐等七種羌寇隴西。""自彡姐羌降之後數十年四夷賓服邊塞無事。"

勒姐。《後漢書·桓帝紀》:"南蠻賊率衆詣郡降勒姐羌圍允街。"注:"勒姐,羌號也。姐音子野反。"又同卷:"虎賁中郎將鄧會下獄死,護羌校尉段熲擊勒姐羌,破之。"《後漢書·皇甫張段列傳》:"熲復進擊首虜三千餘人。冬,勒姐零吾種圍允街,殺略吏民,熲排營救之,斬獲數百人。""延熹二年……勒姐等八種羌,寇隴西金城塞。""勒姐"之名又見《耿弇列傳》。《東漢會要》卷三九:"六年春,勒姐種與隴西種羌號良等通謀欲反,馬賢逆擊之。"《東觀漢記》卷二二:"金城隴西卑湳勒姐種羌反出塞外。"

牢姐。《後漢書·皇甫張段列傳》:"上郡沈氏、隴西牢姐、烏吾諸種羌共寇并、涼二州。"《西羌傳》:"天水兵爲牢姐種所敗於白石,死者千餘人。時先零羌與封養牢姐種解仇結盟,與匈奴通,合兵十餘萬。"《東漢會要》卷三九:"四年,零吾復與先零及上郡沈氏、牢姐諸種寇并、涼及三輔。"

彌姐。《通志》卷二五"關西複姓"下有舉。《晉書·苻丕苻登》:"將軍竇洛、竇于等謀反發覺,出奔於莨,登進討彭池不克,攻彌姐營及繁川諸堡,皆克之。"

念姐。《周書》卷十五:"羌東念姐率部落反,結連吐谷渾,每爲邊患。"

蕩姐。《漢書·匈奴傳》載揚雄《上書諫勿許單于朝》:"籍蕩姐之場。"顏注:"劉德曰:羌屬也。師古曰:籍猶蹈也。姐音紫。"

"姐"爲羌語對音,漢文獻記爲"姐",音義兼取。姐從"且","且"爲始爲尊,而漢人很早就用"姐"呼同胞之女性長者,呼小姐,是宋以後事,《武林舊事》《夢粱錄》《東京夢華錄》多有所記。宋人吳曾《能改齋漫錄》卷二"婦女稱姐":"婦女以姐爲稱。《說文》曰:'嬭字或作姐。'古字假借也。子也切。近世多以女兄爲姐,蓋尊之也。按:魏繁欽《與文帝箋》曰:'自左驥史妠聲姐,名倡。'《魏志》曰:'文帝令杜夔與左驥等於賓客之中吹笙鼓琴。'李善注

云:'其史妠簀姐。蓋亦當時之樂人。'以是知婦之稱姐,漢魏已然矣。"這段
文字《説郛》卷十七上引"嫭"作"嬁"。沈自南《藝林匯考·稱號篇》:"六朝
人呼母曰姊姊,或曰家家,宋人曰姐姐,字或作媎。又羌人呼母曰扡,音與姐
同,字又或作她。閩人曰郎奶。"明陳耀文《天中記》卷十七"異稱"條:"《淮
南》:'東家母死,其子哭之不哀。西家子見之,歸謂其母曰:社何愛速死,吾
必悲哭社。'注:'江淮謂母爲社。'《説文》:江淮之間謂母曰媞,蜀謂母曰姐。
《集韻》:齊人呼母曰嫛,吳俗呼母曰㜷,淮南呼母曰媖。"《藝林匯考·稱號
篇》引《天中記》同。

　　在苗、瑶、畲語和壯侗語中,有些地方稱母親與"姐"音近。如霞浦畲語、
標敏瑶語、龍州壯語、武平話、武東話、長汀話、連城話、梅縣話、興寧話、曲江
馬埧話、衡陽話等。江西寧都一帶,也把母親叫"姐",上游、南康一帶叫"姐
老",其中"老"是詞綴。今天衡陽以南有稱母爲"唉姐"者,長沙通稱祖母爲
"唉姐"[1]。

　　今四川、重慶仍有部分地區稱母親爲"姐",如黔江、廣元、廣漢、威遠、西
昌等地稱母親爲"阿姐"或"老阿姐",營山稱母親爲"哎姐",萬源稱母親爲
"歪姐",渠縣稱母親爲"姐姐"。崔榮昌認爲"今四川一些地區'呼母爲姐'
不是受四川官話的影響,也不是蜀方言的殘迹和羌語的影響,而是廣東客家
人傳入四川的"[2]。

　　這個詞語的文獻、語音和語義源流説明蜀語與羌語有着千絲萬縷的聯
繫。聞宥《釋姐》認爲"姐"是羌語"水"的漢字對音,"彌姐"是由地理名發展
而成的氏族名。所以《廣韻》"彌"氏下説:"羌複姓。"《集韻》"彡"字下也説
是"羌姓"。並指出(739頁):"古代西羌的後裔,解放前聚居於四川西北部
的,還是以水溝區別其支派。這正是古代因水爲氏的遺存。"聞氏的説法不
無道理,但須要進一步考證。

　　(2)劉熙《釋名》卷七:"盾,遁也。跪其後避以隱遁也。大而平者曰吳
魁,本作於吳,爲魁帥者所持也。隆者曰須盾,本出於蜀。須,所持也。或曰
羌盾,言出於羌也。"《北堂書鈔》卷一二一、《太平御覽》卷三五六、《蜀中廣

①　林清書《客家話的娤姐及其相關的同源詞》,72頁。
②　崔榮昌《客家人謂母曰姐》,《文史雜誌》1991年3期42頁。

記》卷六九、《格致鏡原》卷四二引同。

（3）《史記·張儀列傳》："苴、蜀相攻擊,各來告急於秦。"集解："譙周曰益州'天苴'讀爲'包黎'之'包',音與'巴'相近,以爲今之巴郡。索隱:苴音巴。謂巴、蜀之夷自相攻擊也。今作'苴'者,按巴苴草名,今論巴,遂誤作'苴'也。或巴人、巴郡本因芭苴得名,所以其字遂以'苴'爲'巴'也……天苴即巴苴也。譙周,蜀人也,知'天苴'之音讀爲'芭黎'之芭。按:芭黎即織木葺爲葦籬也,今江南亦謂葦籬曰芭籬也。"

苴,《廣韻》有子魚切、七餘切、子與切、鉏加切;《集韻》側下切、臻魚切、班交切、徐嗟切。其中"班交切"讀脣音,釋:"天苴,地名,在益州。"

任乃强謂:"今按苴,有包裹之義,古音義並與苞通。《禮記·曲禮》'凡以弓劍、苞苴、簞笥問人者'之苞苴,爲雙聲語。如今云包袱,亦雙聲語。包、苞、褒,蜀語音同,古苴國即褒國也。""苴侯既是因褒國之舊以爲國,則其人爲羌支民族可無疑。""古音苴、苞與褒無別,秦漢時乃別有沮音(沮縣,與沮水,皆漢時地名。因苴之字而音轉爲'千餘反'。見顏師古《漢書·地理志》注)。"譙周説"苴"字益州的讀音爲"包黎"之"包",集解、索隱均以爲是蜀音,蜀王之弟又叫"苴侯",都葭萌,"包、苞、褒,蜀語音同,古苴國即褒國",褒國夏後,所以任乃强謂"其人爲羌支民族可無疑"①。

（4）光緒新修《潼川府志》卷二六載隋代"張嶸"下引《鹽亭縣志》:"張嶸,字峻夫,洛陽人。遊蜀至鹽亭時,邑人言語鄙俚,有氐羌之風,峻夫教授化導,悉歸於正。"②

法國漢學家沙加爾(Laurent Sagart)説:"有充分的理由認爲公元1世紀或更早的時候,蜀地居住着一些操藏緬語的人民。據《後漢書·西南夷列傳》,明帝時期(公元58—75年),蜀地一支被稱爲'白狼'的非漢人部族宣布效忠漢朝廷,他們語言中的一些詞,以歌詞的漢語音譯並附漢語翻譯的形式保留了下來,可以肯定這種語言是藏緬語。"③

3. 羌語與華夏語的密切關係。俞敏認爲姜人、羌民族同源,語言同

---

① 任乃强《四川上古史新探》207、209 頁。
② 何向東等《新修潼川府志校注》1166 頁。
③ ［法］沙加爾著《上古漢語詞根》206 頁。

源①。祁和輝指出："古羌人在華夏民族的形成中有着特殊的作用。古羌人與今羌族在文化學上有很大的差別。華夏之'夏'，主要組成部族是古羌人。""以古羌人爲主體，不斷融合四方各部族而形成的漢人以赤爲天道正色，以黑爲地道正色，以白爲人道正色。崇紅、崇黄、尚黑白，在顏色上繼承了多種尚好。""三星堆與金沙兩處文化遺存所標誌的古蜀文化有着深遠的古羌人淵源"，從語言上看，"古蜀人本是古羌人之小支（叟）活動區域，古蜀國作爲黄帝支庶，在夏商周世爲侯伯，成爲華夏文化一個大區。蜀人使用華夏主流語言是自然而然之趨勢，這爲蜀人在中華文化中作出重要貢獻奠定了基礎"②。羅驥指出："如果我們接受原始漢語是若干部族融合結果的觀點，並以之作爲討論的基礎的話，相應來説，我們就得承認原始漢語實際上是一種混合語，即由炎黄語（以古羌語爲主，其後繼爲藏緬語）、苗語（其後繼爲苗瑤語）、東夷語（後繼不明）、百越語（後繼爲侗台語）四種語言融合而成的一種語言……這種融合的結果不會是等量構成的，它應有一個主體語的選擇。""如果我們接受原始漢族主體源於東夷的話，這個問題會更簡單一些，按照系統轉換原理，既然漢族主體源於東夷，那麽漢族語言主體來源自然也應是東夷語。"③筆者《東夷非夷證詁》《東夷非夷新詁》指出"夷夏無別"④。

陳保亞指出："如果我們能夠證明夏人所説的語言和古蜀人所説的語言同源，就會對蜀、夏關係有一個根本的認識。從古代文獻看，夏、商、周的語言是有承傳關係的，在相互的更迭中並没有提到語言障礙。確定古蜀人的原始語言，就成了判定蜀、夏關係的關鍵，這又把我們引回到了三星堆玉器文字的解讀和漢藏語研究中。"⑤

（1）俞敏提出過去的一些學者，用漢藏兩族人同源證明漢藏語是同一語系，又用漢藏語同一語系證明漢藏兩族同源，犯了循環論證的毛病。他從上

---

① 俞敏《東漢以前的姜語和西羌語》，1頁。
② 祁和輝《古蜀文化與古彝文化都是炎黄文脈上的重要分支》，5—10頁。
③ 羅驥《論漢語主體源於東夷》，52—53頁。
④ 汪啟明《東夷非夷證詁》，11—15頁；《東夷非夷新詁》，臺灣《經學研究集刊》第十三輯1—22頁，2012年。
⑤ 陳保亞《解讀蜀夏文化的一線曙光——三星堆玉石文字和漢藏語系研究的啟示》，24頁。

古史出發,説明黃帝和炎帝是從同一個母系氏族有蟜派生出來的。他們後來成爲兩個部落聯盟的大酋長,這兩個部落後來都向東移民,順着黃河走,“移民的時候,也沒有一個不剩的,總有留下的,姜部族留在西北的就叫羌”。“要説姜、姬兩姓的發源地還夾着另一支羌人,還不如説羌人就是遊牧的姜人”。“姜跟姬兩個部族説的是一種語言的兩個方言……在北美印地安人那裏,凡是從一個母系氏族分出來的部落,都説一種話的方言,彼此聽得懂,姜、姬的情況也正是一樣”①。俞敏從“語音、虛字、詞類、詞組、詞序、所謂‘主謂’、詞彙”等方面,論證羌語和齊語(先秦漢語勢力最大的方言)的關係,説明二者同源。“藏話跟漢話也有親緣關係,最奇怪的是跟姜姓獨有的方言更像”②。

(2)古代的華夏語與羌語有關,錢大昕《十駕齋養新録》卷四③:

> 《後漢書·竇融傳》:“有金城太守庫鈞。”注引《前書》音義云:“庫姓即倉庫吏後也。今羌中有姓庫,音舍。”云:承鈞之後也,據此是庫有舍音。《廣韻》別出厙字云:此亦流俗所傳無稽之字。

錢氏指出“厙”是“庫”的俗體字,他的依據是“庫”有“舍音”,使用的研究方法是將漢語和羌語進行比較。該材料表明漢語和羌語有關。《釋名·釋宮室》:“庫,舍也,物所在之舍也。故齊魯謂庫曰舍也。”畢沅疏證:“庫讀爲舍,方言之異,非有兩字也。後漢時有庫鈞,其先世爲守庫大夫,以官爲氏者也。庫字從广,《姓苑》乃改广從厂,是因有異音而變文以別異之。訛舛甚矣。《廣韻》遂於禡部舍下附一厂下著車之字,音則是而文則非矣。”

齊人把“庫”稱爲“舍”,與羌人呼“庫”音舍並非巧合,正好説明他們語言上的親緣關係。

(3)先秦兩漢時期,齊人把麥叫作“秳”,與羌語同源。《説文》禾部:“秳,齊謂麥秳也。”《詩經·周頌·思文》:“思文后稷,克配彼天。立我烝民,莫非爾極,貽我來牟。”説明周室本無麥,是因“貽”而得。“來”古音在之部,西藏的青稞是燕麥的一種,隴西漢族稱爲“稞麥”,這種麥古藏文作[nas],今

---

① 俞敏《漢藏兩族人和話同源探索》,48—50頁。
② 俞敏《東漢以前的姜語和西羌語》,1頁。
③ 這以下齊語的相關内容,汪啟明《先秦兩漢齊語研究》(44頁)有詳細論證。

天的羌語讀作[nas]或[las]，而羌語麻窩方言讀[ʀlə]，桃坪方言讀[ʀuɐ]，藏文[a]與古代漢語的[ə]有對應關係，而麻窩方言讀[l]很接近齊語。齊語把麥稱爲"秾"，應該是羌語遺留。任乃强提出："今人把它叫作青稞，古代羌人把它叫作來。今天的藏族仍然把它叫作[nas]，這是羌族培育成功的唯一的耐寒麥種……'來'字是象麥之形，用羌語之音。""《思文》篇則只提出來、牟兩種從外來，而且把麥類只稱爲'來'，用羌人本語；《生民》則不作來，而作麥字。"今天山西臨汾把小麥成熟稱"來了"，當爲這種語言現象的遺留①。

（4）趙小剛對"語言底層並非漢語而文字層面具有漢語特徵的同源字"進行了探討②，認爲漢語的"盧"一詞來源於古羌語。"盧"有黑義，《説文解字》黑部："黸，齊謂黑爲黸。""多方面證據表明，先秦時代，山東半島是羌人駐地"。主要證據有：①種姓沿革。《左傳·昭公二十年》《山海經·海内經》《國語·晉語》《水經注·渭水》引《世本》《太平御覽·帝王世紀》等，證明齊地人姓姜，而"上古的姜姓實出於羌人，《後漢書·西羌傳》説：西羌之本……姜姓之別也"。章太炎《文始》卷五從語源學角度解釋説："姜姓本羌，以種爲姓。"董作賓《殷代的羌與蜀》從文字學角度解釋道"姜與羌本是一字"，"姜姓也就是羌人之姓"。周滅商期間，羌人是周部族依靠的主要力量。周朝建立以後，爲表彰羌人之功，分封了一批姜姓國，即史書中所説的"齊、吕、申、許由大姜"，"這裏的齊國其實是對山東半島原有羌人和新移居羌人的再次分封命名"。②考古材料。《殷墟書契前編》第 2.5.4 條和第 2.15.3 條均提到齊地，這是齊國的前身，王獻唐對山東出土的青銅器研究後指出："商周時期，在山東中部、東部，存在過一支龐大的姜姓統治集團。"1973 年冬，山東省博物館在臨淄辛店電場發現北朝崔氏墓地，出土東魏《元象元年崔混墓誌》："啟浚源於姜川。"姜川即姜水。説明中古齊地人追其祖源於西部姜水的羌族。③語言材料。《釋名·釋宮室》謂"齊魯謂庫爲舍"，畢沅疏證指明其爲方言，錢大昕引文獻中的羌人姓以證。可見齊魯人讀"庫"爲

---

① 任乃强《四川上古史新探》13—15 頁。山西方言材料見潘家懿《臨汾方言裏與農事活動有關的幾個古語詞》。

② 趙小剛《羌漢語言接觸形成的一組同源漢字》，《中央民族大學學報》2004 年 6 期 125 頁。

"舍"是古羌人語音。在古代漢文獻中,"黑水、黑河、黑江"等河流概念又用"瀘水、若水、諾水"等名。"瀘、諾和若是同一個羌語詞的不同漢譯轉寫"。趙小剛的文章有言不盡意的意味,但其認爲這是一組羌漢同源詞可知。

(5)俞敏曾對先秦人用齊魯語寫成的《公羊傳》、漢代揚雄的《方言》及其他相關材料進行綜合研究,認爲當時的齊魯語中有大量的羌語成份。他指出:"姜姓大國,第一個數齊國……所以齊話可以作姜話的代表。"①

六、蜀語是漢語的一支方言——古蜀語性質五探

1. 中上古蜀語是漢語的一支。漢語是從漢人而得的名稱。漢人的名稱是從漢朝而來,但這是後人給他的稱謂。漢朝的人並不自稱漢人,周邊的少數民族也不稱他們是漢人。對於中國人的稱謂,王國維認爲②:

秦人謂漢人。《史記·大宛列傳》言"宛城中新得秦人,知穿井"。《漢書·匈奴傳》言"衛律爲單于謀,穿井築城,治樓以藏穀,與秦人守之"。《西域傳》言"匈奴縛馬前後足置城下,馳言秦人,我匄若馬"。是匈奴、西域皆謂漢人爲秦人。

顏師古注《漢書》説:"謂中國人爲秦人,習故言也。"較早時期文獻中的"漢人"是漢朝之人而並非漢族之人,如《後漢書·耿恭傳》稱東師國王后夫人是"先世漢人"。《史記·大宛列傳》:"聞宛域中新得秦人知穿井,而其内食尚多。"《漢書·李廣利傳》將"聞宛城中新得秦人知穿井"中"秦人"改爲"漢人",這不是指漢族而是指漢朝之人。《漢書》也稱"秦人",《漢書·匈奴傳》:"於是衛律爲單于謀,穿井築城,治樓以藏穀,與秦人守之。"這裏的"秦人"是指秦朝滅亡以後,逃入匈奴境内的秦朝遺民,後裔在漢代仍被匈奴稱爲"秦人"。宋代胡三省注《資治通鑑》説:"據漢時匈奴謂中國人爲'秦人'。"可見,漢朝人在當時也被稱爲"秦人"。

有人認爲,"夏"是中原各國的名稱,《説文》:"夏,中國之人也。"但是,夏非國名,許慎所説的"夏"應該是指"諸夏",齊人、秦人、楚人、趙人都是夏人,也就是周人及其有血緣關係和親緣關係的諸國人,《左傳·閔公元年》:"諸夏親昵。"杜注:"諸夏,中國也。"周人自稱爲"夏"或"有夏",因爲他們是

---

① 俞敏《東漢以前的姜語和西羌語》,1頁。
② 王國維《觀堂集林》980頁。

夏人同姓分支,就把他們勢力的中心區域稱爲"中國",金文中寫作"中或",《何尊銘》:"惟斌(武王)既克大邑商,則廷告於天曰:'余其宅兹中或(國),自之薛(乂)民。'"

　　據此,蜀人既是自稱,又是他稱,例如,揚雄《答劉歆書》説"蜀人有嚴君平",這是蜀人自稱;鄭玄注《周禮・考工記》説"蜀人謂殺曰拨",這是他稱。在先秦兩漢時期,没有漢人,所謂的夏人、夷人之分只是文化學的觀念,而並非族團的概念①。既然商人、周人、齊人、楚人、宋人、燕人、韓人、吳人,還有春秋時期的杞人等都是以國稱人而非以族稱人,則蜀人也應和他們一樣,是華夏民族的一員。從語言來看,對於先秦時期這種可以互通的文獻語言,可能有兩種相反的解釋:一種是假設遠古時期有一種統一的語言,由於時代的遷延和地形的阻隔,後來逐漸分化成爲不同的方言。春秋戰國時期的齊語、楚語、秦語、晉語、宋衛語、魯語、燕趙語等都來源於這一種古代的語言。甲骨文中的周邊少數民族,其語言也具有共同性,否則,會盟、通婚、外交都會有溝通上的障礙。如此,則蜀語也是華夏民族語言的一個地域分支,與當時的華夏民族"雅言、正言、通語"相輔相成。後來的"漢語",也就是今天漢語的前身,應該是這些方言與之共同發展的結果。另一種解釋是,這些不同國家的語言,走了氏族語言——部落語言——部族語言——民族語言的道路。即設想在遠古時期,今天中國境内存在着許多不同的部落,由於這些部落的接觸和融合,形成了通行於各國的一種文獻語言。從漢語的情況來看,應該是前者,亦即費孝通所稱的"多元一體",換言之,漢語有一個共同的來源,即使是少數民族語言,也是漢語的親屬語言。夏商周三代,不會因爲國家的滅亡而改用不同的語言。商人宣布囚禁周文王時,也要周文王及屬下能聽得懂。正因爲有一個共同的來源或者叫作祖語,因而,對後來的分化,許慎取了一個確切的説法,"言語異聲"。我們説雅言是正言,但它只是先秦時期各國的一種外交禮儀用語,不是一種統一的語言,更不是今天意義上的共同語。《論語・述而》説"《詩》《書》執禮,皆雅言也",何晏集解引鄭玄注:"讀先王典法,必正言其音然後義全。故不可有所諱,禮不誦,故言執。"但是,江永説得好:"孔子傳《易》,亦不能改方音。"

---

① 　汪啟明《東夷非夷證詁》,11—15 頁。

　　總之,雅言不是無源之水,無本之木,它必須植根於一個基礎,這個基礎便是華夏各民族的祖先所使用的語言。後來的地方語也許在不同的時期,其重要性各有不同,但一經形成之後,它就是語言文字規範化的基礎。

　　從這一點出發,蜀語當然也是華夏民族語的一支,而且在當時是可以與中原各國溝通的。否則,《尚書》中的《牧誓》八國,如何統一軍令呢?我們不能簡單地以《漢書·地理志》"巴、蜀、廣漢本南夷"來認爲蜀族與中原各族不同。因爲,這裏的"本"也可以理解成"本爲南夷聚居的地方",但並不排除還住着與中原各族相同的人民,即蜀地自古以來便是一個多民族聚居之地,否則無法解釋在秦滅蜀後短短的時間内文化就"比於齊魯";司馬相如生於公元前179年,卒於公元前127年,但文獻中並没有司馬相如等人在朝廷中因爲語言不同而不能夠溝通的記載。相反,即使是在中原地區,也有不能溝通的情況,因爲在春秋時期,"列國之音即各爲正音"(戴震語)。有這樣一條材料,是説秦語和魏語之間差别的:"秦伯師于河西,魏人在東,壽餘曰:'請東人之能與夫二三有司言者,吾與之先。使士會。'"以今天方言例之,如果以溝通度來劃分,則粵語、江浙語、閩語等與北方普通話溝通都很困難,但不能因此説它們就不是漢語的方言。

　　2. 中上古蜀語有其自身的特色。蜀語與傳統意義上的中原語言相較還是有差别的,這種差别因時代不同而程度有所不同。有的時候比較大,如先秦時期和魏晉時期,有的時候比較小,如兩漢三國時期和唐宋時期。方言之别,首在語音。方言的發展變化,也主要表現在方音的發展變化上。黄侃説:"聲轉之變,由於方言;韻轉之變,本乎方音。故聲轉、韻轉變易,易與孳乳相溷。"[1]當然,語音的發展不是没有規律可尋,如"蠶讀蜀郡布名,而布名之字實應作縿,此可知由曷轉入寒矣"[2]。曷、寒對轉。我們用下面的材料來説明蜀語與中原語言的差别。

　　(1)蜀語語音在聽覺上會造成文字記録的錯誤,即所謂"白字"。例如宋人祝泌《皇極經世解起數訣》卷上:"《唐韻》皆中州之聲音,《皇極》字姥間有川蜀之聲音,如以卦爲天,爻爲聱,吹爲沸之韻,今不可用,蜀音緣聽於人

---

①　黄侃《文字聲韻訓詁筆記》31 頁。
②　黄侃《黄侃論學雜著》108 頁。

者,皆中州之景,不則俗之所謂白字,不可以爲經例,並從正音釐正,庶乎投籌不差。若問答之間有白字,則以白字隸之。初無强拂乖戾,如不字韻作否字之平聲,又有作孚字之平聲,各隨其所發,出於口者,投籌亦圓機而談,九流可也。五方言語不通由來久矣。"邵雍是宋初(1011—1077)范陽(今河北涿州)人,後隨父遷至共城(今河南輝縣),《宋史》本傳載他周遊"逾河、汾,涉淮、漢,周流齊、魯、宋、鄭之墟",最後定居於洛陽,一生未曾入蜀,何以著作中記有蜀音白字,尚待考究。

　　(2)晚唐五代時期,蜀人的語音仍然和中原地區有差別。以花蕊夫人用韻的實際情況來看就可以明確這一點。《全唐詩》:"花蕊夫人徐氏(一作費氏),青城(今四川都江堰市)人,幼能文,尤長於宮詞,得幸蜀主孟昶,賜號'花蕊夫人'。"由於沒有她出蜀的記載,她的詩歌用韻代表了當時蜀人用韻,應該沒有疑問。根據研究,花蕊夫人用韻與王力考證的晚唐五代的用韻系統基本一致,説明蜀語已經完成了與中原音的融合,但又有一些個別的特點,例如,王力考證,晚唐—五代音系中灰咍分爲兩部,但在花詩中灰咍出現15次,同用8次,顯然是合爲一部的。元部在晚唐—五代音系中元轉入元仙,與先仙合併,魂痕獨立成部。花詩中元韻與先韻通用一次,與先仙通用一次,魂韻同用也有一例,説明蜀語中沒有完全與中原同步①。

　　3. 蜀語的形成與漢語其他方言的形成具有一致性。黃侃認爲方言形成的原因有其普遍規律:"方言成因,其理有三:一,偏用。人之發音,本爲有限,以聲有偏用,故韻有偏用(如武昌人多齒音,山西人多腭音,廣東人多脣音)。意義亦有偏用(如普稱我,山東曰俺,北人曰咱),遂形成一時一地之特色。二,移居關係。如揚子《方言》稱某地曰某,今求之於其地,則無此語,反可於他地得之(北京話以南京語爲底,今之南京話以淮西語爲底,杭州語本與蘇、常同,今則同於汴、洛,以宋之南遷也)。三,急與緩。中國語言一字一語,費時甚緩,印度語則反是。是彼此時念觀念不同,性躁則高急,性平則和緩,始由一人,終成大化,久之亦不相通。"②"偏用"是指發音不準。方言形成的根本原因是時空兩端,黃侃《論音之變遷屬於時者》提出:"自古言語,隨

①　郭莉《花蕊夫人詩歌用韻考》,48—50頁。
②　黃侃《文字聲韻訓詁筆記》137頁。

時遷異,是故有輶軒之使,采録遠古之言。子雲《方言》之作,如其《答劉子駿書》所云:'其根柢純本於嚴君平、林閭翁孺所得輶軒之使舊奏;然把弱翰、齋油素,以問諸方人,加以論思而燕其疑。'計漢時,去古未遠,而方音遷變,固已多矣。"①《論音之變遷由於地者》提出:"漢世方音歧出,觀諸書注家所引可明。""大抵地域之分,南北爲其大介。昔《荀子》屢以楚、夏對言;至《方言》多載南楚之語;楚辭一篇,純乎楚聲;《文心雕龍》載張華論韻,謂'士衡多楚,可謂衡靈均之聲餘,失黃鐘之正響'。至永嘉之亂,中原入夷,遜彼東南,遂爲正朔,自爾南土之音,轉爲雅正;雖方言俚語,尚有楚風。"②

　　由此,蜀語的形成是由時間與地域造成的,而這兩個方面不是孤立的。"《輶軒使者絶代語釋別國方言》,言絶代,則時間有異,言別國則空間有異。惟空間縱之則爲時間,時間橫之則爲空間。故《方言》一書,即解釋古語之書也。南北之是非,由方言而可知之,古今之通塞,亦由方言而可知之也"③。時代、地域、時空交叉是形成蜀語最根本的原因。同樣,大的氣候帶、行政區劃變動,也可以造成人們語言上的差異。

　　結語:古羌語本身就是漢語、藏語、蜀語等語言的底層,是華夏語共同的源頭。蜀族與中原其他華夏各民族,走了"同源—分歧—合流"的道路。同一個來源,即古羌語。後來,由於遷徙的緣故,羌人的一支一直往東走,到達海邊;蜀人的這一支來到了川西平原。由於地形的阻隔,蜀語按照自身的規律發展演變,與中原各語言走了不同的道路,但不足以形成不同的語言。周秦時期,蜀語與中土語主要是秦語有了密切的接觸並産生融合,最終二者成爲一體,成爲漢代以前華夏民族的主體語言之一;兩漢時期,秦蜀語成爲漢民族各方言中的優勢語言,成爲華夏通語的源頭語言之一。

第二節　古蜀語的發展

一、蜀語是發展變化的

　　語言在時間的延續中既有統一,也有分化。蜀語發展的情況與之相同,亦隨時、隨地而變。許慎説六國之時,"言語異聲"。《方言》中,有"初別國

————————

① ② 黃侃《黃侃論學雜著》102、104 頁。
③ 　黃侃《文字聲韻訓詁筆記》6 頁。

不相往來之言也，今或同。而舊書雅記故俗語不失其方”的話，在“假、佫、懷、攓、詹……，至也”下，有“皆古雅之別語也，今則或同”的話，說明方言發展的過程，就是從“別”到“同”的過程。由此可以推論，因地理的構成和時間的發展，蜀語也會呈現出不斷發展變化的狀態。

語言的變化，蘊含語言各個要素的變化。王國維說：“景純注《方言》，全以晉時方言爲本。晉時方言，較子雲時固已有變遷，故注中往往廣子雲之說。其例有廣地，有廣言。”“讀子雲書可知漢時方言，讀景純注並可知晉時方言。”所謂廣地，“子雲時一方之言，至晉時爲通語者”。“漢時此方之語，晉時或見於彼方”。“凡此，皆漢時一方之語，景純時見於他方者也”。所謂廣言，“今語雖與古語同，而其義廣狹迥異，或與之相涉，則亦著之”。“義同而語異者，景純亦隨時記於注中”①。

1. 古蜀語的傳承性。“方言”在歷史上有不同的含義和稱謂②。蜀語有時被稱爲“蜀音③、蜀方言”。今天四川方言便是從中上古時期的蜀語變化而來，以歷史上的蜀語作爲自己的底層④。因此，古蜀語有些成份，可以較長時期保留下來，有些甚至保留在今天的四川方言中，如明代李實《蜀語》就有不少的中上古蜀語詞彙。

（1）李實《蜀語》說“平原曰壩”，《玉篇》土部：“壩，必駕切，蜀人謂平川曰壩。”《廣韻》禡韻：“蜀人謂平川爲壩。”《集韻》卷八：“平川謂之壩。”《龍龕手鏡》土部：“蜀人謂平川爲平壩。”《類篇》卷三十九：“又必駕切，平川謂之壩。”《字彙》：“必駕切，音霸，堰也。與壩不同。”“壩”字在《玉篇》之前未曾出現過，不限四川方言，在西南官話區都有使用。張慎儀《方言別録》卷下之二引阮元《研經室詩》注：“滇人……凡平土皆乎曰壩子。”姜亮夫《昭通方言疏證·釋地》：“昭人謂平地寬闊而有山水事物爲四障者，其中平地，皆可曰壩也。”易問耕《昆明方言詞彙考》：“平原地帶稱爲壩。”貴州《遵義府志》：“平原曰壩。”現代四川方言中仍有此語，從古到今通行範圍逐漸擴大。清張慎儀《蜀方言》：“地平而寬曰壩。”1935 年四川達縣《雲陽縣志》：“平原謂之

① 　王國維《觀堂集林》118 頁。
② 　魯國堯《“方言”和〈方言〉》，《魯國堯自選集》53 頁。
③ 　劉曉南《從歷史文獻看宋代四川方言》，36 頁。
④ 　劉曉南《試論宋代巴蜀方言與現代四川方言的關係》。

壩。"沙汀《木魚山》:"一、二兩個生産大隊的社幹、社員代表,大都陸續從平坎上下壩來。"成都平原又稱爲"川西壩子",又有"鄉壩、田壩、院壩",川北方言有"河壩",地名有"小溪壩、竹園壩、中壩、後壩",又有"操場壩、籃球壩"等。在西南官話區以外也有使用。《黄侃論學雜著·蘄春語》:"吾鄉謂地之平迤者曰壩。"又有重言"壩壩",有合成詞"院壩、河壩、壩子",地名有"中壩、北壩"等。這個意義從南北朝到近代,再到現代没有變化。

另外,中上古時期的雅言,有些變成了蜀方言①;或者中上古時期其他地區的方言,保留在後來的蜀方言中②。因爲明末清初的大移民,形成今天四川方言的三大組成成份③。有些蜀語的成份,具有强大的生命力,還成爲今天幾個方言共同使用的方言詞語。

(2)隋代無名氏的詩《綿州巴歌》有"白雨"一詞,意思是暴雨、雷雨(《古詩源》卷五三),這首民歌,又見於《蜀中廣記》卷三〇、卷八九引,這個例子又見佛經典籍《五燈會元》卷十九④:

　　　　祖一日陞堂,顧衆曰:"八十翁翁輥繡毬。"便下座。師欣然出衆曰:"和尚試輥一輥看。"祖以手作打仗鼓勢,操蜀音唱綿州巴歌曰:"豆子山,打瓦鼓。楊平山,撒白雨。白雨下,取龍女。織得絹,二丈五。一半屬羅江,一半屬玄武。"師聞大悟,掩祖口曰:"只消唱到這裏。"祖大笑而歸。師後還蜀,四衆請開法無爲,遷正法。

"白雨",是中上古時期的蜀語詞,唐代時成爲文人慣用詞。杜甫《寄柏學士林居》:"青山萬里静散地,白雨一洗空垂蘿。"李白《宿鰕湖》詩:"白雨映寒山,森森似銀竹。"白居易《遊悟真寺詩》:"赤日間白雨,陰晴同一川。"僧貫休《禪月集》卷十五《春晚寄盧使君》:"白雨飄花盡,晴霞向閣凝。"孫光

① 劉廷武《蜀語釋要》,《李實學術研討會文集》81頁,語文出版社1996年。
② 劉川民《〈蜀語〉方言考》,《李實學術研討會文集》99頁。
③ 向學春《四川方言中的古巴蜀土著語研究》,《重慶三峽學院學報》2008年5期103—106頁。又崔榮昌《四川方言的形成》,《方言》1985年1期6—14頁。
④ 《五燈會元》成書於宋淳祐十二年(1252),一説紹定間杭州靈隱寺普濟編集。有宋寶祐元年(1253)和元至正二十四年(1364)兩個刻本。所收五部禪宗燈録:①北宋法眼宗道原的《景德傳燈録》;②北宋臨濟宗李遵勗的《天聖廣燈録》;③北宋雲門宗惟白的《建中靖國續燈録》;④南宋臨濟宗悟明的《聯燈會要》;⑤南宋雲門宗正受的《嘉泰普燈録》,先後於北宋景德元年(1004)至南宋嘉泰二年(1202)的近200年間分别成書。蘇淵雷點校,中華書局1984年,1267頁。

憲《北夢瑣言》卷七："一朝白雨下,無鈍無嘍囉。"《靈隱大川普濟禪師語録》(《新纂續藏經》第六十九册):"旱地一聲雷,青天撒白雨。"

宋代文人也有用,劉敞《驟雨》(《公是集》卷十九):"黑雲過山岳,白雨覆江湖。"劉攽《題所種梧楸》(《彭城集》卷十四):"聲隨白雨涼生疾,影奪朱炎暑到遲。"蘇舜欽《夏熱晝寢感詠》(《蘇學士集》卷四):"對案不能食,揮汗白雨翻。"蘇軾《乘舟過賈收水閣收不在見其子》(《東坡全集》卷十一):"青山來水檻,白雨滿漁蓑。"《介亭餞楊傑次公》(《東坡全集》卷十八):"黑雲白雨如傾盆。"《和子由次月中梳頭韻》(《東坡全集》卷二三):"夏畦流膏白雨翻。"《望湖樓醉書》:"黑雲翻墨未遮山,白雨跳珠亂入船。"《驟雨》(《眉山詩集》卷四):"黑雲驚小市,白雨沸秋江。"梅堯臣《次韻和馬都官宛溪浮橋》(《宛陵集》卷四五):"白雨緊大筆,斷虹生橫舷。"司馬光《和宋復古大雨》(《傳家集》卷四):"白雨四注垂萬綹。"蘇轍《臨川陳憲大夫挽詞》(《欒城集》卷十二):"開樽不惜清泉潔,揮汗相看白雨翻。"張耒《初伏大雨呈無咎》(《柯山集》卷十):"玄雲駕風橫白雨。"秦觀《春詞絶句》(《淮海集·後集》卷四):"風驅白雨洗園林,蔽地飛花一寸深。"僧慧洪《和余慶長老春》(《石門文字禪》卷十六):"欲作清詩成瘦坐,生憎白雨解催人。"鄒浩《夜登臺光亭示主人莫亢》(《道鄉集》卷十三):"誰謂嶺雲收白雨,偶然莎徑入青眸。"賀鑄《海陵喜雨》(《慶湖遺老詩集·拾遺》):"清風卷地換塵世,白雨入林翻海濤。"陸游《大雨中作》:"貪看白雨掠地風,飄灑不知衣盡溼。"

元代以後文人繼續使用,但少得多了。明何景明《黑龍潭》:"白雨遥從白日來,黑雲低映黑龍臺。"清鈕琇《觚賸·廣東月令》:"六月,白雨足。"清潘時彤《綿州道中》:"巴歌唱過羅江去,瓦鼓聲中白雨多。"

現代四川方言中,"白雨"仍然流傳。章太炎《新方言·釋天》:"今陝西、四川皆曰夏月暴雨爲偏涷雨……亦曰分龍雨,亦曰白雨。"川籍作家沙汀《困獸記》十八:"他每天下午都要釣魚,逢到打過白雨,就上山撿菌子。"中原官話、蘭銀官話、西南官話都有①。《中國諺語資料·農諺》:"下白雨,娶龍女。"原注:"凡大晴天忽下暴雨稱白雨,也叫白撞雨。"並有短語"打白雨"。

---

① 許寶華等《漢語方言大詞典》1385 頁,中華書局 1999 年。

　　這條材料説明,唐代蜀語有自己的語音特色,所以纔能被聽出"操蜀音"。

　　這個詞在蜀地使用的時間很長。它雖然走了從方言詞—文人用語—方言詞的道路,但最終没能變成通語詞,表明了部分蜀語詞長期保持自己的特點,具有強大的生命力,同時也證明了蜀語詞彙的傳承性。

　　中上古蜀語是後代蜀方言和現代四川方言的底層,劉曉南曾就《顏氏家訓》記載的蜀豎言"豆逼"發表意見:"顏氏這條記述的意義就在於,揭示了六朝時代四川方言保有古老的秦晉方言特色,爲論證古四川方言的系屬提供了新的證據。"①羅憲華、經本植對段玉裁以當時方言、目驗、地名語源諸方面的内容疏證《説文》進行了研究,也説明了四川方言的存古性質②。有些學者從現代四川方言中探求古蜀語的痕迹,如蔣宗福的《四川方言詞語考釋》,毛遠明《釋四川方言詞"老革"》,董志翹《四川方言中的"老幾"、"幾娘"》,宋子然《四川方言詞義考釋》,徐適端《四川方言"窯褲"、"幺臺"考——兼及方言對文化的傳承保留作用》,向學春《四川方言中的古巴蜀土著語研究》,張俊之、龍小琴、湯永和《四川方言形容詞古語遺存舉隅》,楊小平《司馬相如作品中南充方言考》等,表明現代四川方言保留了不少中上古蜀語的詞彙成份③。

　　2. 古蜀語的變動性。在蜀語的發展過程中,還有這樣一種情況,就是原來並非蜀語的詞,經過歷史的發展,後來成爲蜀語詞,如《方言》卷三:"凡飲藥傅藥而毒……北燕朝鮮之間謂之癆。"《集韻》卷三:"北燕朝鮮之間,飲藥而毒謂之癆。""朝鮮謂中毒曰癆。"中古有憐蕭、郎刀二切;卷八載同,郎到切。《説文》卷七:"朝鮮謂藥毒曰癆。"《唐韻》郎到切。《廣韻》號韻也指明了它的方言性質。這種漢代僅在北燕朝鮮通行的方言,魏建功曾到相關地域考察,後代並不存在於北燕朝鮮,反倒是在蜀地能找到,李實《蜀語》:"以毒藥藥人曰癆。癆音澇。"今天川北方言有"癆人"(癆讀去聲),如:"我的飯不癆人。""我又没有給你下癆藥。""他喝藥癆死了。"等等。

　　3. 古蜀語發展的階段性。古蜀語處於不斷發展中,這種變化是漸變的。

① 劉曉南《從歷史文獻看宋代四川方言》,37 頁。
② 羅憲華、經本植《〈説文解字注〉與四川的方言與名物》。
③ 汪啟明《近十年(1997—2007)四川方言研究綜述》,39 頁。

"音韻遷流,百年前後,即生區畛;以今驗古,足信其然。惟音用圓神,蛻代之迹,不甚明了,必合數百年觀之,差別始大顯耳"(黄侃《黄侃論學雜著》102頁)。漸次變化不是脱胎换骨,因而蜀語具有存古的性質。今天的四川方言從古代的語言(包括雅言和方言二者)發展而來,中上古時期蜀語來自原始時期的古蜀語,經過與秦語等中原語言和楚語、吴語的接觸融合,形成了既有别於中原語,又有别於楚、吴語的具有自身特點的蜀語。這當中形成的原因非常複雜。從時空線索來看,蜀語經歷了六個漫長的發展階段:

第一個階段,無文字記録的"史前時期",這個時期的語言根據人類社會的發展歷史來分析,不夠發達,不夠豐富。約略相當於傳説時代到夏代,雖然有岣嶁碑、三星堆符號、巴蜀圖語等被認爲是古蜀文字、夏文字,但是由於没有其他的證據,其識别和解讀都還没有更多的成果。蜀語在一個相對封閉的地域相對獨立地發展,有自己的體系和通行區域。

第二個階段,有文字記録的上古時期,先秦時代。這一時期出現了書面語,語言出現整合、規範的可能,甲骨文、金文等則記録了蜀人的生産和生活情況。我們可以通過文獻的隻言片語,推測蜀語的情況。兩漢時期,蜀語與秦語、楚語接觸頻繁,揚雄《方言》、許慎《説文解字》、鄭衆注《周禮》都記録了蜀語語音、詞彙方面的特點。這個時期,蜀語和秦語一道,成爲漢語的優勢方言,是漢語共同語的主要成份之一。

第三個階段,魏晉南北朝隋唐時代。由於蜀地戰事頻仍,蜀人留下來的東西不多,《顔氏家訓》曾記録了語音上的一些特點。唐代,一些蜀人出蜀,也有一些詩人入蜀,他們的詩作反映出蜀語有自己的特有詞彙和語音。這時,蜀語發展較慢,語言的成份也變得十分複雜。

第四個階段,宋元明時期。這個時期,蜀語詞彙和語音有自己獨特的一方面。宋代建立四川行政區劃,成爲今天四川方言區的基礎。這個時期蜀地文人留下了大量的文學作品,可以作爲研究蜀語的語料。現存的李實《蜀語》反映的語音和詞彙現象,表明了蜀語的方言特色。

第五個階段,明末到五四運動以前。這時文學作品廣泛傳播,與口語結合緊密的白話文小説出現和普及,蜀語呈現出完全不同的面貌,它是以中上古蜀語爲底層,主要成份是北方方言的西南官話。

第六個階段,五四運動至今。四川方言成爲現代漢民族共同語的北方方言的一個次方言。

二、古蜀語音發展管窺

蜀語和中原語言在語音上差別最大，詞彙次之，而語法上二者的一致性很强。因此，我們把重點放在對蜀語語音和詞彙的研究上，對古蜀語語法，不做重點討論。

在秦漢以後的幾百年間，蜀人的語音與北方語音發展道路不盡相同。在聽覺上也能讓蜀語區以外的人感覺出來。有這樣一些特點和材料。

(1)古蜀語音域外民族不能盡悉。《續資治通鑑長編》卷一四二:"伏見差孫抃等使契丹。臣謂朝廷新遭契丹侮慢凌辱之後，必能發憤，每事掛心，凡在機宜，合審措置。及見抃等被選，乃知忘忽慮患，依舊因循。今西賊議和，事連北敵，中間屢牒邊郡，來問西事了與未了。今專使到彼，必先問及，應對之間，動關利害，一言苟失，爲患非輕。豈可令抃先往? 抃本蜀人，語音訛謬。又其爲性静默自安，軍國之謀未嘗與議，凡關機事，多不諳詳。"

(2)古蜀語音域外人不能盡曉。宋朱弁《曲洧舊聞》卷三:"東坡作《温公神道碑》，來訪其從兄補之無咎於昭德第。坐未定，自言:'吾今日了此文，副本人未見也。'啜茶罷，坡琅然舉其文徧，其間有蜀音不分明者，無咎略審其字，時之道從照壁後已聽得矣。坡去，無咎方欲舉示族人，而之道已高聲誦，無一字遺者。無咎初似不樂，久之，曰:'十二郎，真吾家千里駒也。'"

(3)古蜀語音從古到今變化很大。《胡適日記全集》第三册:"車上看《范石湖詩抄》，有二事足記:《丙申元日安福寺禮塔》詩自注云:'蜀人鄉音極難解，其爲京洛音，輒謂之魯語。'此可見宋時四川土音必與今日大異，今則蜀音爲全國最易解的音了。"[1]

這些材料均出自北宋時期。都提到古代四川方音不易理解和聽懂。説明宋代以前的蜀語與中原語音有不小的差別。歐陽修認爲"抃本蜀人，語音訛謬"，這裏的"訛謬"，應該是以文獻語言爲標準的。歐陽修(1007—1072)，吉州永豐(今屬江西)人，其所評價的蜀語音，當爲中上古時期的蜀音。《范石湖詩抄》作者范成大(1126—1193)，吴郡(郡治在今江蘇吴縣)人。曾在蜀地做官，淳熙二年(1175)知成都府，兼四川制置使，對蜀地蜀人

---

① 胡適《胡適日記全集》第三册 112 頁，臺灣聯經出版公司 2004 年。

的語音較爲瞭解。《丙申元日安福寺禮塔》自注:"蜀人鄉音極難解,其爲京洛音,輒謂之'虜語'。或是僭僞時以中國自居,循習至今不改也,既又諱之,改作'魯語'。"《蜀中廣記》卷一〇三"詩話記":"范成大詩注……尤可笑。故就用其字云。耳畔逢人無魯語,演和尚云:禪人回到成都,切須記取魯語。"黃震《黃氏日抄》卷六七"讀文集":"蜀音難曉,反以京洛音爲虜語。或是僭僞時以中國自居也。既又諱之,改曰魯語。見《安福寺禮塔》詩注。"説明宋初以前蜀人用"魯語"稱中原語音。詩中除"魯語"外,"逢場"也是直到今天還活躍在四川方言中的成份。范成大《送同年朱師古》:"遥知夢境尚京塵,啞吒滿船聞魯語。"自注:"蜀人以中原語音爲魯語。"

　　蜀人稱中原人爲"虜",還有其他的旁證,陸游《老學庵筆記》卷九:

　　　　南朝謂北人曰"傖父",或謂之"虜父"。南齊王洪軌,上谷人,事齊高帝,爲青冀二州刺史,勵清節,州人呼爲"虜父使君"。今蜀人謂中原人爲"虜子",東坡詩"久客厭虜饌"是也,因目北人仕蜀者爲"虜官"。晁子止爲三榮守,民有訟資官縣尉者,曰:"縣尉虜官,不通民情。"子止爲窮治之,果負寃。民既得直,拜謝而去。子止笑諭之曰:"我亦虜官也,汝勿謂虜官不通民情。"聞者皆笑。

　　陸游乾道五年(1169)入蜀,與范成大(1175年在蜀)約略同時,二人材料互證,所言不虛。蜀人稱北人爲"虜子、虜官",其語爲"虜語、魯語"。這不能從兩漢以前的文獻蜀語中找到例證,因它只能出現在蜀地割據時期。

　　可以看出,在中上古時期,蜀語語音不是一直都由"別"到"同"直線發展的。歐陽修雖然也有爲了表達自己的政治意見而尋找一個不是十分充足的理由,但蜀語在聽覺上不是外地人特別易懂則是一定的。從范成大的兩詩自注來看,蜀人將北方方言稱爲"虜語、魯語",既説明了蜀地方音在一個特定時期的封閉式發展,也説明它在某一段時期內具有保存前代音的特性。《胡適日記》所提及的蜀人語音,是指宋初以前的蜀語語音,去唐五代不遠。可以視爲中上古時期蜀語特色。值得注意的是胡適説"今則蜀音爲全國最易解的音了",從不易解到"最易解",不是一般的語言發展和變化,其間原因值得深究。

　　(4)古蜀語音和其他方音的一致性。《容齋隨筆》卷七:

　　　　王觀國彥賓、吳棫材老,有《學林》及《叶韻補注》《毛詩音》二書,皆云:"《詩》《易》《太玄》凡用慶字,皆與陽字韻叶,蓋羌字也。"引蕭該《漢書音義》:"慶,音羌。"又曰:"《漢書》亦有作羌者,班固《幽通賦》'慶未得其云已',《文選》作羌,而它未有明證。"予案:《揚雄傳》所載《反離騷》"慶夭憔而喪榮"。注云:"慶,辭也,讀與羌同。"最爲切據。

王顯説:"古韻陽部包括《切韻》的陽、唐兩個韻系的字,還有一部分庚韻系字。"[1]在三等開口,舉有"慶"字,在"揚雄"目下,未列《容齋隨筆》所舉的例子,另列有《元后誄》例"王明荒慶央",《童》"慶明",又"慶傷"。《盛》"光疆慶",《居》"慶疆享莊臧長"。"慶"與陽部相押者,不限於蜀地,下面這些例子都是:司馬遷《天官書》行慶方昌亡;《易林·否之豫》享慶;《噬嗑之屯》光慶;《晉之艮》祥慶;《明夷之睽》羊慶;《明夷之損》當慶;《夬之損》行明慶;《漸之大壯》光慶;《巽之夬》惶傷慶;《小過》惶慶。從這些例子看,除蜀語"慶、羌"相押外,其他地方也有這樣的情況,説明它們之間的一致性。

可見,在先秦兩漢時期,陽部與耕部讀音相近互押。作爲蜀人的揚雄,其作文即體現出這個特點。又可推論,蜀語作爲漢語的一支方言,雖然語音上有自己的特色,但不是説與他地方言之間完全不能通話。蜀語語音與文獻語言語音有較強的一致性。

(5)古蜀語音和其他方音的差異性。《太平廣記》卷九三"宣律師"載,大唐乾封二年(667)春二月,西明寺道律師逐靜在京師城南故净業寺修道。"不久復有人來,云姓羅氏,是蜀人也。言作蜀音,廣説律相。初相見時,如俗禮儀,敘述緣由,多有次第,遂用忽忘。"這段材料與唐高宗總章元年(668)釋道世所撰《法苑珠林》卷二二載文字相同。又載《大藏經》第五十二册《道宣律師感通録》。又載《中華大藏經·律相感通傳》的《道宣律師感通録》,爲唐代乾封二年(667)終南山沙門釋道宣所撰。道宣(596—667),唐代僧人。律宗創始人,俗姓錢。原籍丹徒(今屬江蘇),一説長城(治所在今浙江長興)。20歲入長安大禪定寺從智首律師受具足戒,並隨之學律10年。他應該既懂吳語,又懂秦語。這説明,唐時蜀語和吳語、蜀語和秦語在聽覺上有明顯的不同。

(6)古蜀語音的内部分歧。前代文獻記載了蜀語區域中部分地方的讀

音與蜀地其他地方有所不同。這種内部分歧,説明了語言發展的不平衡規律。《老學庵筆記》卷二:"魯直在戎州,作樂府曰:'老子平生,江南江北,愛聽臨風笛。孫郎微笑,坐來聲噴霜竹。'予在蜀見其稿,今俗本改'笛'爲'曲'以協韻,非也。然亦疑'笛'字不入韻。及居蜀久,習其語音,乃知瀘戎間謂'笛'爲"獨",故魯直得借用,亦因以戲之耳。"獨,定母屋部,屋韻合口一等,通攝;笛,定母覺部,錫韻開口四等,梗攝。二音相去甚遠,説明蜀地瀘、戎等地屋、錫二音相混。

《四庫全書總目提要》卷一四八:

> 至於五方音異,自古已然,不能謂之不協,亦不能執以爲例。黄庭堅詞用蜀音,以"笛"韻"竹"。《林外詞》用閩音,以"掃"韻"鎖"。是可據爲典要,謂宋韻盡如是乎? 又古音一字而數叶,亦如今韻一字而重音。"佳"字佳、麻並收,"寅"字支、真並見,是即其例。使非韻書俱在,亦將執其别音攻今韻之部分乎? 蓋古音本無成書,不過後人參互比校,擇其相通之多者,區爲界限。猶之九州列國,今但能約指其地,而不能一一稽其犬牙相錯之形。驥不究同異之由,但執一二小節,遽欲變亂其大綱,亦非通論。以其引證浩博中亦間有可采者,故仍從原本,與《餘論》並附録焉。

黄庭堅(1045—1105),字魯直,自號山谷道人,晚號涪翁,又稱豫章黄先生,洪州分寧(今江西修水)人。英宗治平三年(1066)省試第一,先後在河南、河北、江西、山東做官。紹聖元年(1094)十二月,黄庭堅被貶爲涪州(治今重慶市涪陵)别駕、黔州(今重慶市彭水)安置,在黔州四年,寓居開元寺摩圍閣。紹聖四年(1097)十二月,朝廷以"回避親嫌"爲由,下詔庭堅移到戎州(今四川省宜賓市東北),在州南的一個僧寺居住三年。他在四川做官的時間爲七年。《老學庵筆記》提及的《念奴嬌》詞,寫於紹聖元年(1094)謫居地處西南的戎州(治今四川宜賓)時。此時距五代不遠,地處偏僻,按照當時的交通條件,蜀音當變化不大,可以作爲中上古蜀語材料。竹,知母,屋韻,開口三等,通攝。屋韻讀[-juk],錫韻讀[-iuek]。"獨、笛、竹"均爲入聲[1]。説明中上古蜀語中部分地方有錫韻讀成屋韻的情況。

---

[1]　擬音參董同龢《漢語音韻學》,下同。關於中上古蜀語音韻的描寫,見本書第二編。

（7）古蜀語音發展中存在規律性。《老學庵筆記》卷六：

　　　　四方之音有訛者，則一韻盡訛。如閩人訛“高”字，則謂“高”爲
“歌”，謂“勞”爲“羅”；秦人訛“青”字，則謂“青”爲“萋”，謂“經”爲
“稽”；蜀人訛“登”字，則一韻皆合口；吳人訛“魚”字，則一韻皆開口；他
仿此。中原惟洛陽得天地之中，語音最正，然謂“弦”爲“玄”、謂“玄”爲
“弦”、謂“犬”爲“遣”、謂“遣”爲“犬”之類，亦自不少。

　　這段文字是以洛陽音爲基準音的。當時蜀人將“登”這個開口韻的全部
字都讀成了合口。登，都滕切，端母登韻，開口一等，曾攝，董擬[-əŋ]，合口
讀[-uəŋ]。“他仿此”，説明是規律性的現象而非小概率事件[1]。

　　（8）古蜀語音中的保守成份。中國自古以來即有“名從主人”的説法。
在語音的發展中，人名、地名是最保守的成份。我們注意了姓氏中保留的蜀
語語音特色。

　　①鄭樵《通志》卷二九：“鐔氏，音尋，又音淫。漢有廷尉鐔政，後漢有鐔
顯，《蜀志》又有太常鐔承望，出廣漢，今蜀中有此姓，乃呼爲蟾，蜀音之訛
也。”蟾，禪母鹽韻；淫，喻母侵韻；尋，邪母侵韻。鹽韻是開口三等，屬咸攝，
讀[-jæm]，侵韻是開口三等，讀[-jem]，屬深攝。《新修潼川府志》卷十九：
“《氏族略》：‘鐔望出廣漢，今蜀中有此姓，乃呼爲“蟾”，蜀音之訛也。’按：後
蜀陳寵爲廣漢太守，主簿鐔顯，郪人。李賢注：鐔，徒南反。蜀漢有太守譚
承，亦郪人，今人又讀鐔爲尋，與章懷太子讀異。”[2]説明蜀人把閉口韻[-m]
的兩個韻混讀，當然，它是不是中上古時期蜀音的特點，還須要進一步研究。

　　②光緒新修《潼川府志》卷第二九“射洪”條下[3]：

　　　　《蜀典》：“李吉甫《元和志》：‘蜀人謂水口爲洪。’按《益州記》：‘妻
僰灘東六里有射江，魏因置縣。土人訛江爲洪，後周從俗改縣爲射洪
云。’《寰宇記》引李膺《蜀記》云：‘郪江灘東六里有射江，土人語，訛以
江爲洪。’又與李宏憲説異。蓋古人爲石梁絶水，水激而洪大，如呂梁
洪、雞翹洪、落馬洪皆是也。”

<hr />

① 劉曉南《從歷史文獻看四川方言》討論了 11 種四川方音的特點，其中説“登字一韻皆合口—開合口
相混”。

②③ 何向東等《新修潼川府志校注》1246、1234 頁。

蘇子瞻詩集,亦有《百步洪》題,洪字取義,當以洪大爲近。江,古雙切,見母,江韻開口,讀[kɔŋ];洪,户公切,匣母,東韻合口,讀[ɣuŋ]。李吉甫(758—814),中唐趙郡人,所錄文獻爲魏晉南北朝時期文獻。這條材料説明,中上古時期在蜀地有些地方,把江韻開口讀爲合口。

③宋孫奕《示兒編》卷二二:"楊文公《談苑》云:今之姓胥、姓雍者,皆平聲,春秋胥臣、漢雍齒、唐雍陶皆是也。蜀中作上聲、去聲呼之。蓋蜀人率以平爲去。"又見宋江少虞《事實類苑》卷六一:"今之姓胥……(出《筆談》)。"楊文公《談苑》,晁公武《郡齋讀書志》著録八卷,《直齋書録解題》《文獻通考》作十五卷,約明清之間散佚,今有《説郛》輯文。楊文公,楊億(974—1020),字大年,浦城(今屬福建)人。距唐不遠,所言可信。説明這種"以平讀去"是中上古蜀語的一種普遍現象,與陸法言《切韻》"梁益則平聲似去"相吻合。

④還有一些人名、地名的讀音肇自遠古,如明代楊慎《升庵集》卷六四"塗字音"下説,"塗"字從余,有三種不同的讀法:"一音餘剩之餘","一音賒,故畬字從余","又雨多塗,則滑而顛得其音矣"。"李義山《蜀爾雅》云:《禹貢》:'厥土惟塗泥。'《夏小正》:'寒日滌凍塗。'二'塗'字音在巴茶之間,蓋禹本蜀人,故塗泥、凍塗皆叶蜀音。今蜀人目濡土曰塗泥,肉爛曰塗肉。蓋禹時已有此音,蜀之土音亦古矣"。

(9)前人所説的古蜀語音不盡可靠。有時,前人以後代的蜀語語音來説前代的蜀語語音,如宋末方回《桐江續集》卷三一《送汪復之歸小桃源》序:"惟魏公之文有佳者,三十二章:苴勝尚延年,還丹可入口。金性不敗朽,故爲萬物寶。乃蜀人押韻也。六十七章:植麥欲穫黍,運圓欲求方。竭力勞精神,終年不見功。七十章:廣求名藥,與道乖殊。七十三章:牝雞自卵,其雛不全。語意皆佳。用韻皆蜀音。"文中的四個韻段,均來自東漢魏伯陽《周易參同契》,如果是方回説的"用韻皆蜀音",則魏伯陽的用韻,正是中上古時期的蜀語語音;如果不是中上古時期的蜀語語音,而是宋代蜀語語音,以今之音律古之文獻,則不可作爲中上古時期蜀語的材料[①]。再,魏氏非蜀人而押蜀韻,可信度也不高。口,溪母侯部;朽,曉母幽部;寶,幫母幽部。方,幫母

①　汪啟明《〈周易參同契〉作者新證:從文本用韻看〈參同契〉爲齊人所作》。

陽部;功,見母東部。藥,喻母藥部;殊,禪母侯部。卵,來母元部;全,從母元部。侯、幽相押,藥、侯相押不是蜀漢方音特點①。

三、蜀語詞彙的發展及同言線的不確定性

趙振鐸指出:"通常所説某地有某詞,是指這個詞確實在某地流行,但是這並不排斥在別的地區的作品裏面也會發現它","不能推翻這些詞的方言屬性的結論。它只能够進一步説明這些詞分布的地區可能還要廣些。"②揚雄《方言》中,有大量通行於幾個地區的方言詞,它們並不因爲是同屬於幾個地區的詞改變它的方言性質。蜀語中亦有這樣的情況。

1. 其他方言區的詞成爲蜀語區的詞。這是一種歷時現象。《説文》聿部:"聿,所以書也。楚謂之聿,吳謂之不律,燕謂之弗。"這段文獻,又見於《廣韻》《集韻》《類篇》《禮部韻略》《玉篇》等。這些文獻均應源於《爾雅·釋器》:"不律謂之筆。"郭璞注:"蜀人呼筆爲不律也。語之變轉。"段玉裁注《説文》時説:"郭云蜀語與許異,郭注《爾雅》《方言》,皆不稱《説文》。"桂馥《義證》認爲是合音詞:"不律猶令丁爲鈴,終葵爲椎,俾倪爲陴,不疑爲丕。""不律"後代用例不多,個別用例也只是仿古。清吳騫《拜經樓詩話·自序》:"予於有韻之語,初未能研其得失,諧其良楛,又烏足以操三寸不律,而雌黄而陽秋哉?"馬宗霍:"許云吳語指漢代言,郭云蜀語指晉代言,各就所聞見而舉之。語音流貤,時異地異,彼此不足相難也。"③

2. 文獻記載的蜀語詞通行範圍大小不同。本來是幾個地方通行的方言詞,而甲文獻記録較大的方言區,乙文獻記録爲蜀語,是一種共時現象,它們之間是包容的關係。

《説文》言部:"譎,權詐也。益梁曰謬。欺天下曰譎。"其中"益梁曰謬。欺天下曰譎"在其他的文獻有引證,如《集韻》《類篇》《禮部韻略》《韻會》等。這個詞還見於《方言》卷三:"膠、譎,詐也。涼州西南之間曰膠,自關而東西或曰譎,或曰膠。詐,通語也。"戴震疏證《方言》本條時用了《説文》的解説:"郭璞《爾雅》序曰:並多紛謬。《釋文》引《方言》:謬,詐也。《廣雅》:

---

① 丁啟陣《秦漢方言》115 頁。
② 趙振鐸《論先秦兩漢漢語》,3 頁。
③ 馬宗霍《説文解字引方言考》。

謬、譎、詐、膠，欺也。謬與膠兩見，今方言無'謬，詐也'之語，或此條脱一謬字。"《方言》"謬"有"詐"義，還見於玄應《一切經音義》卷二〇《婆藪盤豆傳》，慧琳《一切經音義》卷六、七《大般若蜜多經》"迷謬"下，卷三八《佛説無崖際持法門經》"謬誤"下所引的方言："謬，詐也。"卷子本《玉篇》言部"謬"下："《方言》：謬，詐也。自關而東西或曰謬。""譎"字下："《方言》：自關而東西，或謂詐爲譎。"王國維："(《方言》)卷三：'膠、譎，詐也。涼州西南之間曰膠，自關而東西或曰譎，或曰膠。'案：原本《玉篇》《爾雅序》《釋文》，玄應《一切經音義》卷二，《慧琳音義》卷六、卷七、卷三十八並引'謬，詐也'。疑膠乃謬之訛。《説文》'譎'字注：'益梁曰謬欺，天下曰譎。'即本之《方言》。益梁即所謂'涼州西南之間'，天下所謂'自關而東西'也。是《方言》本作'涼州西南之間曰謬'，又原本《玉篇》：'自關而引東西或曰謬。'是末'膠'字亦本作'謬'。《廣雅》：'謬、譎、詐、膠，欺也。'上三字與《方言》次序同，當本之《方言》。"[1]"關"是函谷關，揚雄《方言》中，"函谷關以東和函谷關以西的差別單位(以出現一次爲一個單位計)有 127 個，而關東關西認同的只有 6 個單位，顯然，關東、關西分屬兩個方言區。關東屬趙魏方言和周洛方言，關西是秦晉方言"[2]。例中的"自關而東西"和"益梁"是包容的關係。

3. 蜀語詞通行的區域擴大。原本爲蜀語詞，不同的時代出現在不同的區域，蜀語詞的通行區域擴大了，如"諸葛菜"是中上古蜀語中的一個專名，開始只在蜀地某一部分人群中使用。但是隨着歷史的發展，使用這個詞的區域就變得非常廣泛。

(1)唐韋絢《劉賓客嘉話録》："公曰：諸葛所止，令兵士獨種蔓菁者何？……三蜀之人今呼蔓菁爲諸葛菜。江陵亦然。"宋高承《事物紀原·草木花果·諸葛菜》："今所在有菜野生，類蔓菁……人謂之諸葛亮菜。"《陸氏詩疏廣要》卷上之上："《爾雅》疏云：葑也、須也、蕪菁也、蔓菁也、蕦蕪也、蕘也、芥也，七者一物也……至若河朔呼爲蕪根，塞北呼爲九英，蜀呼爲諸葛菜。隨俗異名不可勝記。"《太平御覽》卷九八〇、《類説》卷五四、《山堂肆考》卷一九六、陳啟源《毛詩稽古編》卷三、姚炳《詩識名解》卷八、陳大章《詩傳名

---

①　王國維《書郭注方言後三》，《觀堂集林》246—247 頁。

②　丁啟陣《秦漢方言》34 頁。

物集覽》、《太平寰宇記》卷七三、《陝西通志》卷四三、《白孔六帖》卷十六、《説郛》卷三六下、《韻府群玉》卷十四元、明馮複京《六家詩名物疏》卷十一、明陳耀文《天中記》卷四六、宋李廌《濟南集》卷四都引用過這條蜀語。

江陵之人也呼此菜爲諸葛菜。顧棟高《毛詩類釋》卷十四："鄭樵曰：葑一名蔓菁……今三蜀江陵人猶呼此爲諸葛菜。"吳陸璣撰、明毛晉《陸氏詩疏廣要》卷上之上："三蜀江陵之人今呼爲諸葛菜。蔓菁根葉及子乃是菘類，與蘆菔全別。"《蜀中廣記》卷六十四引、明楊時偉《諸葛忠武書》卷九也指爲"三蜀江陵"。"諸葛菜"起於蜀，沒有疑問。江陵之稱應該是後來從蜀地傳去的。

有些文獻引了韋絢的《劉賓客嘉話録》，但未指明這個詞爲蜀語，如黃中松《詩疑辨證》卷二："劉禹錫《嘉話録》謂之諸葛菜。"王夫之《詩經稗疏》卷一同。

這個詞在山西也有出現。《山西通志》卷四七："蔓青出臨晉者佳，一名蕪菁，一名諸葛菜，根長而白，形如胡蘿蔔。"臨晉是今天的運城市臨猗縣臨晉鎮。説明後來山西也有稱蔓青爲"諸葛菜"的。

在湖南，諸葛菜的意義又有所不同。宋朱輔《溪蠻叢笑》："馬王菜，葉似蔓菁，味苦多刺，即諸葛菜也。"《古今説海》卷九、《説郛》卷六七下述同。在湖南地區，又有另一種植物被稱爲"諸葛菜"。《四庫全書總目提要》："溪蠻者，即《後漢書》所謂五溪蠻。章懷太子注稱武陵有雄溪、樠溪、酉溪、潕溪、辰溪，悉是蠻夷所居，故謂五溪蠻。在今辰州界者是也。"

這個詞也傳到了雲南。《授時通考》卷五九："《雲南記》：巂州界緣山野間有菜，大葉而麤莖，其根若大蘿蔔……名之爲諸葛菜。云武侯南征用此菜蒔於山中，以濟軍食。亦猶廣都縣山櫟木，謂之諸葛木也。"

這些不同地區出現的"諸葛菜"，究竟是蜀語擴大了通行範圍，還是本來通行範圍就比唐人文獻記載的大，其歷史發展線索有待於進一步驗證。但從文獻看，始見於中上古蜀語則沒有疑問。

（2）宋葉夢得《避暑録話》卷上："唐人言'冬烘'是不了了之語。故有'主司頭腦太冬烘，錯認顏標是魯公'之言，人以爲戲談。今蜀人多稱之。崇寧末，安國同爲郎，成都人詹某爲諫官。故以安國嘗建言移寺省，上章擊之。其辭略云：'謹按某官人材闒冗，臨事冬烘。'蓋以其蜀人，聞者無不笑之。安國性隱而口吃,每戟手躍於衆曰:'吾不辭譴逐,但冬烘爲何等語?'於是傳之益廣,遂目爲'冬烘公'。"

這段材料説明,蜀地方言經由在朝做官的蜀人著於文獻,然後逐漸擴大使用區域,成爲通語。五代王定保《唐摭言·誤放》載:唐鄭薫主持考試,誤認顏標爲顏魯公(顏真卿)的後代,將他取爲狀元。後來用"冬烘"的文獻很多,如宋范成大《冬日田園雜興》詩之十:"長官頭腦冬烘甚,乞汝青錢買酒回。"金王良臣《送任李二生赴舉》:"主司不是冬烘物,五色迷人莫浪憂。"清田雯《古歡堂集·丹陽津亭觀延陵墓碑歌》:"不眠夜以指畫被,渾茫莫記頭冬烘。"清李漁《巧團圓·傷離》:"是我自己頭腦冬烘,不曾講得實話,貽害不小。""冬烘",辭書解釋不盡相同,如新《辭海》釋爲"懵懂淺陋",新《辭源》釋爲"糊塗,迂腐",《漢語大詞典》則綜合爲"迂腐,淺陋"。

4. 蜀語詞的命名理據。前人在討論詞彙發展的時候,非常重視命名理據。有些蜀語詞,有明確的命名理據。前人對有些蜀語詞做了探求命名之由的工作,通過這種探求,我們看到蜀語詞產生的途徑和特點。

(1)與蜀地物產相關。北魏賈思勰《齊民要術·五穀果蓏菜茹非中國物產者》引晉張華《博物志》:"洛中有驅羊入蜀,胡枲子著羊毛,蜀人取種之,因名羊負來。"宋羅願《爾雅翼》卷三言同。唐孫思邈《備急千金要方》卷七九:"蒼耳子……蜀人名羊負來。秦名蒼耳,魏人名隻刺。"唐歐陽詢《藝文類聚》卷十:"《博物志》曰胡蕙,蜀中本無,洛中有人驅羊入蜀者,胡蕙子著羊毛,蜀人取種之因名曰羊負來。"枲,又作"蕙"。明毛晉《陸氏詩疏廣要》卷上之上:"蒼耳……一名羊負來……《國風》《爾雅》所載,則其來已久,而'羊負來'之名,僅出後代。則此名恐自洛入蜀者得之。"載有此條語料的文獻不少,如宋李昉《太平御覽》卷九九八、高承《事物紀原》卷十、葉庭珪《海録碎事》卷十四、羅願《爾雅翼》卷三,明張介賓《景岳全書》卷四八、李時珍《本草綱目》卷十五、盧之頤《本草乘雅半偈》卷四、馮復京《六家詩名物疏》卷二、朱橚《普濟方》卷二五七,清陳元龍《格致鏡原》卷六八、陳大章《詩傳名物集覽》卷七、張英等《淵鑑類函》卷四一一、又卷四三六等。

"羊負來"後引申以指相隨而來的事物。《猗覺寮雜記》引宋秦觀詩:"夢魂思汝鳥工往,世故著人羊負來。"

(2)與歷史典故相關。成都西北有一個"犀浦",明曹學詮的《蜀中名勝記》卷五引《寰宇記》説："犀浦縣,周垂拱二年(686)割成都之西鄙置,蓋因李冰所造石犀以名。"這個地名的命名理據,源於歷史典故。

又如温江有魚鳧城,"魚鳧"源出古蜀人先祖。《太平御覽》卷一六六引《蜀王本紀》:"魚鳧田於湔山,得仙。"《讀史方輿紀要》四川彭山:"魚鳧山在縣東北二里,或曰魚鳧津也。"《山海經·大荒西經》:"有魚偏枯,名曰魚婦。"《左傳·文十六年》杜預注:"魚,魚復縣。"賈誼《服鳥賦》的"服"即"鵩"字,即"鳧"的假借字。"鳧"是本字,而"符、涪、婦、復、服、鵩"則是"鳧"的假借字。

(3)與事物本身性狀相關。唐杜甫《十二月一日》詩之一:"一聲何處送書雁,百丈誰家上瀨船。"《秋風二首》:"吴檣楚柂牽百丈,暖向神都寒未還。"《送十五弟侍御使蜀》:"數盃巫峽酒,百丈内江船。"《祠南夕望》:"百丈牽江色,孤舟泛日斜。"《九家注》:"《海賦》:'揭百丈以牽船,連竹爲之。'"

"百丈"這個蜀語詞的形成,宋程大昌《演繁露》卷十五"百丈"下有釋:"杜詩舟行多用'百丈',問之蜀人云,水峻,岸石又多廉稜,若用索牽,即遇石輒斷不耐,故劈竹爲大瓣,以麻索連貫其際以爲牽,具是名百丈。百丈以長言也。《南史·朱超石傳》:'宋武北伐,超石董舟師入河陽,人緣河南岸牽百丈。'則知有百丈矣。"

這個詞後來傳到蜀地之外,如楚地。宋黃希《補注杜詩》卷十三《秋風》:"洙曰:檣柂、百丈,皆船上器用也。夢符曰:按,今湖湘間行舟以竹相續爲索以引上水舟,謂之百丈。"又成爲行業通用語,《補注杜詩》卷二七《十二月一日》:"蘇曰:古《離别曲》:'百丈牽船上,水遲鍾會呼。'挽船索爲百丈,今舟人皆呼之。趙曰:百丈者,牽船篾。"最後成爲社會通語,《醒世恒言·獨孤生歸途鬧夢》:"從此一路都是上水,除非大順風,方使得布帆,風略小些,便要扯着百丈。你道怎麽叫做百丈? 原來就是縴子。"

唐玄應《一切經音義》卷十四:"竿蔗,音干,下之夜反。《廣志》作竿蔗。今蜀人謂之竿蔗……甘蔗通語耳。"《廣志》晉郭義恭著,蜀人"竿蔗"的命名理據是形狀,通語"甘蔗"是從味道來命名的。甘,見母談部,開一平,咸攝;竿,見母元部,開一平,山攝。説明當時蜀語通語的陽聲閉口韻[-m]讀成陽聲前鼻韻[-n]。

5. 蜀語詞的消失和"絶緣無佐證"。有的蜀語詞會在流行一段時間後從文獻或現實生活中消失。還有的蜀語詞,在蜀語發展的歷史長河中,幾無用例,出現了"絕緣無佐證"的情況。

(1)酸桶　酢桶　構木。《格致鏡原》卷二三:"陳藏器《本草》:'鹽麩樹一名叛奴鹽,一名天鹽,一名木鹽。蜀人謂之酸桶。'《博物志》云:'酸桶七月出穗,蜀人謂之至,至音穗,其字從一從凵從土,與主客之主不同。'"《本草綱目》卷三二:"酸桶。《拾遺》藏器曰:'蜀人謂之酸桶,亦曰酢桶。吳人謂之鹽麩,戎人謂之木鹽。'時珍曰:'其味酸鹹,故有諸名。《山海經》云:橐山多構木。郭璞注云:構木出蜀中,七八月吐穗,成時如有鹽粉,可以酢羹。即此也。後人訛爲五倍矣。"《佩文齋廣群芳譜》卷六七:"《本草》鹽麩子,一名五構,一名鹽膚子,一名鹽梅子,一名鹽棙子,一名天鹽。生吳蜀山谷,蜀人謂之酸桶,戎人謂之木鹽。樹狀如椿,七月子成穗,粒如小豆,上有鹽似雪,可爲羹用。南人取子爲末食之,酸鹹止渴。《彙考》:《山海經》'橐山多構木'注:'今蜀中有構木,七八月中吐穗。穗成如有鹽粉著狀,可以酢羹。'"《通志》卷七六:"鹽麩子曰叛奴鹽。蜀人曰酸桶,吳人曰烏鹽。其實秋熟爲穗,著粒如小豆,其上有鹽如雪,可以調羹。戎人亦用此,謂之木鹽。故有叛奴鹽之名。"《韻府拾遺》卷三一:"酸桶。《本草》:鹽麩子。生吳蜀山谷。蜀人謂之酸桶,戎人謂之木鹽。"

"酸桶、酢桶"到了明代,連蜀人也不知道它是一種什麼植物。楊慎《丹鉛餘錄·續錄》卷六:"《博物志》無此文,酸桶亦不知爲何樹。《一統志》載女直國鹽生木枝上,即此類。中國亦有之,今人不知取之爾。"楊慎(1488—1559),李時珍(1518—1593),二人幾乎同時代,楊慎作爲蜀人,不知酸桶是何樹。李時珍則應該是從陳藏器、郭璞文中蒐萃資料而非目驗的結果。

(2)孟。"孟"有弱、不佳義,是中上古時期蜀方言獨有的詞義,本書第一章證"蜀語"一詞來源時已經提及,這裏從文獻互證上再詳論之。

宋張唐英《蜀檮杌》:"延璵即衍之舅。衍嘗幸其第,悦其華麗,於壁上書'孟'字以戲文,蓋蜀中以'孟'爲不佳故也。"宋洪邁《容齋隨筆·三筆》卷九"孟字義訓"下:"若孟字只是最長最先之稱,如所謂孟侯、孟孫、元妃孟子、孟春、孟夏之類是也。《國語》:'優施謂里克妻曰:主孟啗我。'注云:'大夫之妻稱主,從夫稱也。'而謂孟爲里克妻字則非矣。又云:'孟一作盍。'《史記·吕后本紀》注中引此句,而司馬貞索隱乃云:'孟者,且也。'言且啗我物。

其説無所據。班固《幽通賦》:'盍孟晉以迨群。'李善乃注'孟'爲勉。蜀王衍書其臣徐延瓊宅壁爲孟言。蜀語謂'孟'爲弱,故以戲之。其後孟知祥得蜀,館於徐第,以爲己讖,此義又爲無稽也。東坡與歐陽叔弼詩云:'主孟當啗我,玉鱗金鯉魚。'正用優施語,魯之寶刀曰孟勞,不詳其義。"宋吳處厚《青箱雜記》卷七:"衍舅徐延瓊造第新成,衍幸之。見其華麗,乃於廳壁大書一'孟'字。蓋蜀人謂孟爲弱,以戲之也。其後孟知祥入蜀,館於其第。見之歎曰:'此豈我之居乎?'遂據蜀而王,傳位至子昶,國除。"

"孟"的不佳義,前人文獻沒有看到用例。在蜀人文獻中,這更是僅見之例。

6. 蜀語詞彙内部分歧。在古蜀語詞彙内部,同一個詞在蜀語區,存在内部差異,如《方言》卷十三:"鼻,始也。獸之初生謂之鼻,人之初生謂之首。梁益之間,謂鼻爲初,或謂之祖。祖,居也。"卷一:"躇、郂、跂、佫、躋、踚,登也。自關而西秦晉之間曰躇,東齊海岱之間謂之躋,魯衛曰郂,梁益之間曰佫,或曰跂。"卷四:"扉,履也……西南梁益之間或謂之屨,或謂之𡲁。履其通語也。"揚雄的記載提示,在蜀語區有不同的説法。這些不同的説法,往往有語音上的關聯:

祖	精母魚部	精姥合一上遇	初	初母魚部	初魚開三平遇
佫	見母鐸部	見陌開二入梗	跂	群母支部	群支開三平止
屨	透母微部	透灰合一平蟹	𡲁	匣母歌部	匣馬合二上假

第一組,聲母是齒頭與正齒音的關係,同韻;第二組,聲母發音部位相同,韻母旁對轉;第三組較爲特殊,是上古的送氣流音關係,韻母旁對轉。它們是三組方言同源詞,在蜀地不同的地域使用。可能是揚雄調查了不同地區的蜀人得來的結果,這反映蜀語詞彙的内部分歧。

7. 中上古蜀語是今天四川方言的底層。《説文》木部:"机,木也。"段注:"按,蓋即檕木也。今成都檕木樹,讀若豈,平聲。揚雄《蜀都賦》曰'春机楊柳',机、檕古今字。'檕'見杜詩,王安石詩以檕、滋、移爲韻,《韻會》音丘其切,與蜀語合。"《山海經·北山經》郭璞注:"机木似榆,可燒以糞稻田,出蜀中,音机。"杜甫《覓檕木栽》:"飽聞檕木三年大,爲致溪邊十畝陰。"王安石《檕木》:"濯錦江邊木有檕。"宋祁《益部方物略記》:"民家蒔之不三年,材可倍常。疾種亟取,里人以爲利。"説明机木即檕木,這個蜀語詞成爲今天四川方言的詞，叫"橙木樹"，延續使用千年之久。杜甫雖然没有指明"橙木"的蜀語性質，但詩多用蜀地語，已爲定讞；諸家之説也能證實它的蜀語性質。

　　説中上古蜀語是今天四川方言的底層，不是説只有這一個底層。劉川民曾將李實《蜀語》和揚雄《方言》進行了對比，共得《蜀語》引其他方言的詞語 39 條，其中以秦晉(9 條)、南楚(8 條)爲最多①。二者相加爲 51%，説明地域的接近與語言的接觸存在着正相關的關係。

第三節　古蜀的文字

　　文字是記録語言的符號。古蜀文字有自己的特色。上個世紀以來，蜀地出土的器物上鑄的鳥、魚、龜、蟲(蠶)等紋飾，分布於青銅兵器、禮品、印璽；時間貫穿整個先秦時期，地域則分布於巴蜀各地。早期有圖語説、圖騰説和符號説②。近些年來，學者們又提出了一些新的觀點。

　　蜀地有没有文字，有出土的器物在，本來應該不是個問題。但由於揚雄《蜀王本紀》中一句"左言，不曉文字"，導致兩千年聚訟紛紜。上世紀 40 年代，衛聚賢《巴蜀文化》提出巴蜀有文字。商承祚《成都白馬寺出土銅器辯》指出兵器上的字是後來刻上去的，還以兵器上花紋所在處所不合位置、其字"其父永用"簡直不通等爲據，駁斥巴蜀有文字的觀點。1959 年，徐中舒《巴蜀文化初論》將巴人的象形文字和麽些的象形文字作了比較，推論巴人文字與中原文字在文字構造上，有一定的共同基礎，最初可能是同出一源，它們的分歧應當遠在殷周以前。殷墟甲骨文已具備了完整的六書，而巴文已有合體字，如手，如花蒂形，可能這還是會意的開始。1983 年，劉瑛發表《巴蜀銅器紋飾圖案》和《巴蜀兵器及其紋飾符號》；1991 年，羅開玉《晚期巴蜀文化墓葬初步研究》將巴蜀文字分爲五期，這是第一次爲巴蜀文字斷代；1998 年，高文、高成剛將蜀地印章文字集中出版，至此，現有古蜀文字的大規模搜集告一段落。

---

① 劉川民《〈蜀語〉引〈方言〉考》，《川北教育學院學報》1996 年 1 期 30—35 頁。
② 段渝《巴蜀古文字的兩系及其起源》和劉道軍《巴蜀文字研究的回顧與展望》。巴蜀圖語説以李復華、王家祐爲代表，符號説以孫華爲代表。

20 世紀 80 年代以來,蜀有文字已經成爲定論,但是蜀文字的實在情形究竟怎樣,卻沒有明確的結論,還須要做進一步的觀察。

一、蒙文通論蜀文字

1. 巴蜀地區有文字,且與華夏文字相同。他舉《説文解字》中的“氏”字爲例,説這是“巴蜀的字,是起於巴蜀而很早的字。從‘氏’的字也很多,説明它是中原遠古之字中的一個字,也就説明,巴蜀文字和中原文字是相同的”。他舉文獻爲例,如《蜀王本紀》和《華陽國志》中“蜀先稱王”的“王”字、“杜宇稱帝”的“帝”字、“先祀社主”的“主”字,都“顯然是華文華語,意義是一致的”。又推論説“不僅巴蜀與中原同語同文,而且在某些方面,還是先出現於蜀,而後纔漸次影響於秦”。他指出,常璩去古未遠,極力反對“蜀未知書”的説法,至引“彭祖生蜀,爲殷太史”爲證。“假如蜀是別種語文,他不會一點影子也不知道”。

2. 蜀地有自己的特殊文字。“司馬相如作《凡將篇》,史游作《急就篇》,李長作《元尚篇》。《急就篇》《元尚篇》皆《倉頡》中正字,《凡將》則頗有出矣”。《凡將篇》“卻別有些蜀地的新字,出《倉頡篇》之外,這正表示蜀文字和中原是一致的,而又有部分新字。這部分新字,也表示是同一系統的,而非根本是別種文字”。

3.《蜀王本紀》説蜀人“不曉文字”不盡可靠。蒙文通認爲“古代的人民都是從不曉文字到後來纔曉文字的,只是要問是什麼時間不曉文字”[1]。

二、徐中舒論蜀文字

《巴蜀文化初論》專辟“巴文與麼些象形文字的關係”一節。

蜀地有文字,“我們要依據這樣很少的資料研究巴文,當然是有許多不能克服的困難,不過我們可以肯定地説,這是文字而不是圖畫”。這些文字,既有獨體字,如虎、豹、焦、扁、人頭等,也有合體字,如手和花蒂。其中的指事字和會意字很少,“它有没有形聲字,我們還不能肯定作答”。蜀文字的創造者應該是巫師,“也由巫師世代相承,加以發展的”。“當時巴族中的巫師,必然有一定的數目,纔能夠分配在這樣廣闊的地區”。蜀文字與麼些文字相同點很多,如筆劃繁省、部位反正,都没有固定的作法。“在文字構成的條例

---

① 蒙文通《古族甄微》250—252 頁。

上,它們也是具有一定的共同基礎,最初還有可能是同出一源的"。

但徐中舒根據《蜀王本紀》説蜀人"不曉文字",認爲"兵器上不可識別的繪畫,就是文字,那也應與蜀無關"。這些文字分布於蜀地的腹心區域,"在同一時期之内分布在成都、巴縣、昭化、新津、萬縣等地"。在蜀而非蜀文字,這樣的看法還要進一步斟酌。

三、李學勤論蜀文字

《論新都出土的蜀國青銅器》依據四川新都出土的青銅器銘文以及巴蜀璽印文字,將巴蜀文字分爲兩類,即"符號"一類,稱"巴蜀文字甲";對那些似漢字又非漢字則稱爲"巴蜀文字乙"。《古文字與古文明》談到,在先秦時期,巴蜀文字是存在的,包括19世紀以來主要是在四川包括湖北湖南的一部分、貴州的一部分地區發現的一些符號。"這種巴蜀文字恐怕是現在世界上存在的很少的還没有被解讀的文字之一","不相信這是文字可能主要是看不起歷史上的四川古人,認爲他們的古輩都是蠻荒之輩,没有文字。現在我們知道古代的巴蜀文明的發展程度是很高的,特別是三星堆遺址、金沙遺址的發現令我們刮目相看。而且近些年來陸續發現的這種巴蜀地區的符號非常多,主要是在璽印上,再有些是在兵器、銅器上等"。2002年成都市商業街出土的船棺葬中就發現了大量的巴蜀符號,"這些符號肯定都是文字"。巴蜀文字的解讀,將"可能是對學術界起到震驚作用的重大貢獻"[1]。

四、鄧少琴論蜀文字

鄧少琴認爲古蜀有一些簡單的象形文字。他在《巴史新探》中提出,冬筍壩、寶輪院出土的銅兵器上,大多鑄或刻有圖案符號或象形文字;另有一些具有圖案和象形文字的銅印章,也有部族的虎紋族徽或使用者的符號,還發現了巴人使用的象形文字。不過巴人的象形文字,還在最初創字階段,有的如圖畫。巴蜀銅器中常見的一種圖飾,舊稱"心手紋/文",解釋爲"得心應手"(見《説文月刊》之《巴蜀文化專號》);徐中舒另以花蒂和手釋之,惟未加説明。冬筍壩出土銅劍上的花紋,"心手紋下有水紋,表示水災,心手紋上有人形,表示懷念帝君"。銅印章中的一些象形文字,"印文也有采用了漢文的'王'字"。對揚雄《蜀王本紀》的"無文字",鄧少琴指出:"此就其在初民氏

---

[1]　李學勤《古文字與古文明:二十一世紀初的認識和展望》,《東岳論叢》2005年第2期9頁。

族社會言之,不能語於已進入奴隸社會階段"①。

五、童恩正論蜀文字

童恩正宣導古蜀有文字傳入、自制兩類:"巴蜀境内有中原文字的流行,這是問題的一個方面;與此同時,在春秋戰國時代本地還有另外一種文字,這可能是巴蜀兩族自己的創造。""從文字結構來考察,這種文字是方塊字而非拼音字,是直行而非橫行。它與漢字一樣,應屬於表意文字的範圍,而且還經歷了一個相當長的發展歷史,完全脱離了原始的象形階段。""當巴蜀兩族進入階級社會以後,文字的出現和使用,應當是帶有必然性的。"②

六、馮廣宏論蜀文字

馮廣宏的研究成果豐碩,尤其是《巴蜀文字的期待》系列文章,表現了他研究的實力和討論的深入。該系列文章涉及了巴蜀文字的許多方面,包括巴蜀文字的現身、分類和討論、範圍的拓廣;巴蜀文字材料的初步整理、分期斷代的文字整理、巴蜀古印文的整理和公布;巴蜀戈文;巴蜀印章文字;巴蜀器物文字;道教特有的神秘文字、道教碑刻、道教銅印和其他器物文字;巴蜀文字的源頭、周鄰地區和友鄰民族古文字;文字所反映的蜀人諸如重視繁育等各種理念;兵器文字等諸多方面。馮廣宏認爲,巴蜀器物文字的釋讀,迄今還未充分展開,特別是從整體意義上作出解釋,仍然處於空白;道教碑刻疑爲巴蜀文字成份。從大量現存的道教文字中挖掘巴蜀文字遺存,大有希望。

巴蜀文字的源头應該是古漢字。他認爲巴蜀文字是一種初級階段的文字。除名詞外,已有許多形容詞出現,但目前發現的動詞卻相當少,詞彙也不夠豐富。其原因是我們所能見到的僅限於印章和器銘,這些載體的篇幅很小,不可能寫出什麽長篇大論③。巴蜀文字常與古漢字共存,因而可用對照法加以解讀,從而找到某些巴蜀文字研究的突破口。同時,對巴蜀文字的

---

① 鄧少琴《鄧少琴西南民族史地論集》27—29、270 頁。
② 童恩正《古代的巴蜀》137—138 頁。
③ 馮廣宏還有《巴蜀古文字的破譯途徑》(《文史雜誌》2000 年 2 期)、《巴蜀古文戈銘試讀》(《四川文物》1996 年 6 期)、《巴蜀雙科斗文考義》(《四川文物》1998 年 4 期)、《巴蜀心手文探義》(《四川文物》1995 年 5 期),並與王家祐合著《什邡巴蜀印文考義》(《四川文物》1996 年 3 期)等。

音義推測,可以分析研究巴蜀文字的構造特徵①。

七、段渝論蜀文字

段渝《巴蜀古文字的兩系及其起源》認爲巴蜀青銅戈銘文已是一種相當進步的方塊表意字。其字體,已達到簡化、省略、定型、單位小的水準,大多數看不出其所象形的事物,已經發展成爲象形符號。巴蜀方塊字是從上到下直行排列,即所謂下行。説明巴蜀文字在一定範圍内既經約定俗成,得到認可並推行使用,成爲一種通行的文字。從構造看,不僅有象形字,而且有會意字以至形聲字,證明它業已經過一個相當長的發展演化時期,達到足以用不同形態的符號表示各種複雜事物和觀念的階段。

符號象形文字,可分爲兩類:一類是直觀象形,比較複雜,稱爲符號 I;一類是抽象符號,比較簡化,稱爲符號 II。符號 I 有 5 種單符:A 型爲動物或動物的部分軀體;B 型爲植物及其部分;C 型爲器物;D 型爲自然景觀;E 型爲人物或人體的一部分。符號 II 則似從符號 I 簡化而來。段渝認爲表意文字當早於那些符號。

關於巴蜀文字的起源,段渝認爲可上溯到商代晚期。但考慮到廣漢三星堆、成都十二橋出土文字的進步程度,其濫觴還應予以提前。巴蜀符號的起源晚於方塊字,目前只能將濫觴期追溯到商代晚期。兩系巴蜀文字均源遠流長,春秋戰國時期大量使用,成爲巴蜀境内並行不悖的兩大系列文字。

巴蜀方塊字是一種比較成熟的文字,它以象形爲基礎,發展出了指事、會意形體結構,其水準接近於商周甲骨文和金文,已開始了由表形文字向表意文字的過渡。秦滅巴蜀後,巴蜀文字仍繼續使用。秦始皇統一文字,但直到漢初,巴蜀文字仍屢有所見,直到漢中葉後,作爲一個文字體系,歸於消失,但在民間仍有流傳,漢末張陵在蜀之鶴鳴山所得"符書",即巴蜀文字的孑遺。

商周至戰國,巴蜀在使用自己的文字時,也使用中原文字,這在滎經、新都、青川以及其他地點出土的巴蜀青銅器、漆器和印章上均有明確證據,一方面反映了中原文化對巴蜀的影響,另一方面也説明了巴蜀文化具有開放性,決不是一個封閉的系統。因而,巴蜀文字自有源流,自成體系,字體、結

---

① 馮廣宏《巴蜀文字探究和釋讀》,《成都理工大學學報》2004 年 3 期 2 頁。

構、音讀均與漢語古文字不同。

八、錢玉趾論蜀文字

錢玉趾有兩個最主要的觀點:蜀文字是拼音文字;蜀文字與彝文字有關。

錢玉趾對成都百花潭戰國墓出土的銅鑒蓋上外圈三組圖紋進行了觀察,同意孫華的判斷,認爲並不是紋飾,而是有特殊意義的"巴蜀符號"。這些"巴蜀符號"是以螺旋紋線爲主的拼音字母,全部字母約有 40 個。根據那些音素、音節文字的形象,他稱之爲"蠶絲文字"。並指出,通觀東方音素文字,如阿拉伯文字等,大都有此種特徵①。

1989 年,他發現四川新都出土的銘文戈、郫縣張家碾出土的銘文戈、峨眉符溪出土的銘文戈、四川收集的三角形銘文戈這幾件承載着古蜀族文字器物上的銘文與彝族文字"兩者有驚人的相似性","三戈上的字符的每一種筆劃,都可以從彝文的固有筆劃中找到,也就是説,彝文的固有筆劃,可以移用或組合成上述三戈銘文中的每一個字符"。特別是夔戈的右二字、張家碾戈第一和第四字、新都戈第一和第三字,竟與現在的彝文字母完全相同。從而認定戈上銘文應是蜀族文字,屬於與彝文相同的音節文字類型②。

錢玉趾的《巴族與蜀族文字考辨》(《三星堆與巴蜀文化》,巴蜀書社1993 年)對四川郫縣、萬縣,湖南常德等六件銅戈銘文進行了研究。

九、孫華論蜀文字

孫華對巴蜀文字持否定態度。他認爲巴蜀符號不是文字,它們只起備忘作用,而不能完整記録語言。蜀地器物上的圖像文字,只能叫作"巴蜀符號"。理由有三點:一是它的數量、種類太少;二是圖形極端紛繁和不規範;三是與漢字共存③。

十、且薩烏牛論蜀文字

且薩烏牛對三星堆博物館第一展廳展出的 60 個"巴蜀文字"作了研究,認爲"三星堆的文字已有較完備的文字特徵。(1)已不是簡單的圖畫描繪(如東巴文),而是表意與表音皆有,文字的基本要素形、音、義皆備;(2)其

---

① 錢玉趾《古蜀地存在過拼音文字》《巴族文字的發現及文字特徵》。
② 錢玉趾《古蜀地存在過拼音文字再探》,45 頁。
③ 孫華《巴蜀符號初論》,《巴蜀考古論文集》94—95 頁,文物出版社 1987 年。

文字多有重複出現,可見爲一段有意義的短文。'徽識'者重複出現,證明它已有表音性質;(3)筆劃構造講究對稱、和諧美;(4)字體形態的美與三星堆出土文物上的精美複雜圖案藝術是相吻合的,與當時生產、工藝水準如加工玉器,鑄銅器,製石器、兵器等技藝發展水準是相適合的。很難想象如此發達的文化没有文字。最能説明問題的是今彝族文字還與它保持一致性,且可認讀、考釋者不少"。且薩烏牛還對四川省博物館劉瑛收集的 180 個"巴蜀文字"也用彝文作了考釋,認爲破譯了其中 40 個字元。他指出古蜀文字就是古彝文。

十一、其他學者論古蜀文字

徐式文在李學勤的猜想、馮廣宏對岣嶁碑的比對基礎上做了研究。他認爲古蜀文字與中原漢字相似,有偏旁,也有六書,"讀音應該是古蜀人之音,其他中原的某些地名、人名意譯爲蜀語蜀詞者,也當有之"。古蜀文字的出現"參考中原的籀文、蝌蚪文、石刻文字來比較分析,它應不遲於春秋或戰國前期"。"也不會遲於《山海經》的整理成書"。

陳宗祥對巴蜀地區存在的 300 多個古蜀虎紋、手心紋進行了研究。認爲虎紋與巴人有關。結合他自己和王家祐在阿壩田野調查的材料,陳氏認爲手紋與勞動的標識有關;從考古遺存看,心紋的歸納並不確切,當與海螺有關。陳宗祥從上古音出發,認爲"氐羌"是白海螺的記音,"氐"是藏族、普米族的語言海螺[Tung]的标志,羌有白的意思,氐羌就是白海螺或白的含義①。

董其祥提出古巴蜀有兩種不同系統的文字:漢字;巴蜀的字。對《華陽國志・蜀志》"君長莫同書軌"和《蜀王本紀》的"不曉文字",提出有兩層意思:一是古代文字典籍掌於巫史,頭人、土官不知書數;二是巴蜀地區"另有一種地方語言文字,只通於巴蜀部族内部,中原的華夏族是不能認識的"。"巴蜀的方言爲揚雄所采録,編入《方言》一書,有的偶見其他文籍所徵引,只記音無法識義。如蠶叢、柏灌、魚鳧、杜宇、蒲卑、伏羲、咸鳥、乘釐、務相、精夫、姎徒等人名,朱提、朐忍、哀牢、楪榆、牂柯、葭萌等地名都是巴蜀方言,不

---

① 陳宗祥《巴蜀青銅器"手心紋"試解》,《貴州民族研究》1983 年 1 期 68 頁。

能用漢字的音義加以解釋"。"巴蜀是有完備的文字作爲記載工具的"①。

其他成果尚有梁文駿《從戰國帶銘相戈看蜀文字的存在》②、魏學峰《古蜀地存在過拼音文字質疑——兼論巴蜀文字的性質》以及一些碩博論文等③,此從略。

十二、本書對蜀文字的初步觀點

甲骨文已經是形音義完整、結構成系統的文字體系。甲骨文記錄了豐富的詞彙,較長的單句和句群,表達了完整的語意。從單字來講,每個字都有整齊的讀音和意義,大部分字有較爲固定的寫法。它還具備了成熟的文字構造方法。先秦兩漢時期,人們總結爲象形、指事、形聲、會意。並且有人提出象形在指事之前,也有人提出指事在象形之前。雖然有"文字畫"或者"語段文字"的假設,卻沒有得到證實。但是,所有的學者都不反對在甲骨文出現之前,有一個非常漫長而曲折的階段,這個階段漢字從無到有,從少到多。但還沒有形成有説服力的實物證據鏈條。

大汶口文化中的陶符和西安半坡村的陶符,有人認爲是文字,有人認爲是文字的萌芽,有人認爲不是文字而只是符號。如果是文字,在它們和甲骨文之間,必然有一個逐步的發展階段。這個發展階段,目前還沒有任何可以參考的資料,當然也得不出任何有用的結論。巴蜀文字的出現,恰恰爲我們對這個問題的研究提供了有益的參考和借鑒。

文字的產生有兩個最重要的原因:一是早期人類社會,爲了將越來越多的獵物或食物據爲己有,爲了保證後代不受其他部落的侵害,於是就要進行區別。這種區別具有多種形式,采用一種簡明易識的符號應該是最重要的一種。原始人族群最早的識別徽記是圖騰,這種用來區別一個族群和另外一個族群的標誌也可以叫符號。二是文字起源於人們記事的需要,某些大事,如戰爭、狩獵、天災等徵驗要保留下來,或傳遞給不在場的他人,便用某種符號來記錄。這應該是文字產生的社會原因,古蜀文字當不例外。

1. 巴蜀兩地的文字應屬同一系統。從分布地域看,巴蜀圖語散落在東

---

① 董其祥《巴蜀文字的探討》,《西南師範大學學報》1989 年 3 期 51—52 頁。
② 梁文見《四川文物》1995 年 2 期 25 頁。
③ 魏文見《四川文物》1989 年 6 期 52 頁。

到宜昌、西抵蘆山、北接昭化、南達犍爲的廣大區域,時代則從戰國綿延到西漢。例如成都郫縣紅光與巴地萬縣新田,相距一千公里,於 1972、1973 年分別出土的銅戈,不但形制相同,援後部至内兩面的虎紋相同;兩援脊上各有一行古字,也完全相同。這些古字爲方塊的表意字,不是拼音字。它不同於甲骨文、金文,字形已基本脱離原始象形階段,而是象意的符號。這已經是真正的文字了,表明巴、蜀可能同文。又如涪陵小田溪出土的鉦和成都百花潭出土的斤都有刻着兩個"王"字的印章。這也是有力的證據。

　　2. 史前時期,蜀地衆多部落都有文字,這些文字有共同的來源。文字的發明者不是一個人,也不當是一個氏族部落。文字發展有一段長期而複雜的過程,不可能一蹴而就。魯迅認爲"在社會裏,倉頡也不止一個,有的在刀柄上刻一點圖,有的在門户上畫一些畫,心心相印,口口相傳,文字就多起來了,史官一采集,就可以敷衍記事了。中國文字的來由,恐怕逃不出這例子的"。"自然,後來還該有不斷的增補,這是史官自己可以辦到的,新字夾在熟字中,又是象形,别人也容易推測到那字的意義。直到現在,中國還在生出新字來"[1],那麽,各代、各地文字形體不一應該是恒定的常態也是變化的動態。

　　從中原漢字看,《説文解字》的敘説,各地"往往於山川得鼎彝,其銘即前代之古文"。《漢書・郊祀志下》載,西漢張敞"好古文字",宣帝時美陽(今陝西扶風)出土古銅鼎,他曾釋讀其銘文。所謂古文,其中之一是相傳爲周宣王時太史籀所作的字書《史籀篇》的抄本。漢代人所説的籀文,就是指《史籀篇》的字,其字體屬於大篆。又指古文經,即秦始皇焚書時被藏匿起來的一些儒家經籍抄本,如漢初張蒼所獻的《春秋左氏傳》,漢景帝時魯恭王在孔子故宅牆壁裏得到的《尚書》《禮》《論語》等書。這些經籍抄本的字體既不是隸書,也不是小篆和籀文,漢代人多稱之爲古文。推崇古文經的經學家如許慎等人,認爲這種字體比籀文還要早。但是據後人研究,所謂古文其實是戰國時代東方國家(指秦以東各國)的文字。這種情況到秦漢時代仍然如此,這纔有了秦始皇的統一各國文字。

　　古蜀文字與中原漢字的情況相同。古蜀不同部落的文字來源不同。從

---

① 魯迅《且介亭雜文・門外文談》,《魯迅全集》第六卷 91—92 頁,人民文學出版社 1973 年。

形制上看,古蜀文字各地不太統一,説明蜀地多民族區域文字的多樣化。蜀文字也應該經歷過這樣一個過程,即秦滅蜀後,將古蜀來源不同的文字盡行廢除,只保留了漢字。概而言之,蜀文字與秦統一前的六國古文性質應該一樣,是一種方國文字。從出土器物看,只不過字的數量還比較少。

3. 在同一器上既有漢字又有古蜀文字,有助於我們理解蜀文字的性質。學者將青銅器上的符圖(即狹義的"巴蜀圖語")、巴蜀戈文、巴蜀印章統稱爲廣義的"巴蜀圖語"。馮廣宏發現,在同一器上既有漢字又有古蜀文字的至少有八個:王、中、田、日(明)、十、大(或方)、老、弜。"有這麼多漢字與巴蜀文字相容,説明巴蜀文字的構造體系必然與漢字同類"①,結合蒙文通所舉"氒"這個巴蜀的字來看,古蜀有一部分文字與中原文字有着同一個來源,應該没有疑問。關於蜀人同時使用中原及巴蜀文字,馮廣宏、王家祐有同樣意見②。佟柱臣則認爲蜀人在商代已使用漢字,並未有自己的文字③。從現在不斷出土的文字看,應該説馮廣宏、王家祐的意見較爲可靠。

4. 岣嶁碑與蜀文字的相似性。岣嶁碑原刻於湖南省衡山岣嶁峰。原迹已無存,相傳此碑爲頌揚夏禹遺迹,亦被稱爲"禹碑、禹王碑、大禹功德碑"。關於岣嶁碑的記載,最早見於東漢羅含的《湘中記》、趙曄的《吳越春秋》;其後,酈道元《水經注》、徐靈期《南岳記》、王象之《輿地記勝》均有記述。唐時劉禹錫、韓愈等聞而不得。南宋嘉定年間(1208—1224),何致在湖南衡山岣嶁峰重刻。共77字,無人可識。先後爲陶宗儀《書史會要》、孫星衍《寰宇訪碑録》、王昶《金石萃編》、朱彝尊《曝書亭記》等著録,後人轉刻於各處。碑文共9行,第一至八行每行9個字,最末一行5字。字形如蝌蚪,既不同於甲骨和鐘鼎文,也不同於籀文和蝌蚪文。

馮廣宏發現與蜀文字完全相同的有四字,佔6%;相似十三字,佔17%;近似四十三字,佔56%;總計與蜀文字有關者佔79%,與甲骨文、籀篆文字相似者佔52%。馮雲鵬《金石索・石索》所載的《夏禹書》也與巴蜀文字相似,又《續修陝西通志稿》卷一三五載有潘冢禹碑現存八字,亦與《夏禹書》文字

---

① 馮廣宏《巴蜀文字的期待》(十),61頁。
② 馮廣宏、王家祐《邵之愈鼎疑辨》,38—40頁。
③ 佟柱臣《巴與蜀考古文化對象的考察》,177—192頁。

相似①。如果此言成立,則中夏文字與蜀文字同源又得一鐵證。碑述夏禹功,則只能是夏人或與夏人有關的人來做。古蜀文字與岣嶁碑文字密合,説明蜀文字源於夏文字,至少可以證明二者是同源的。但是碑是否確爲夏碑,尚待進一步的考據。

5. 戰國時書體衆多,其中當有與蜀文字性質相同者。《説文・敍》:"自爾秦書有八體:一曰大篆;二曰小篆;三曰刻符;四曰蟲書;五曰摹印;六曰署書;七曰殳書;八曰隸書。"這八體是秦統一文字之後確定的八種標準文字,而這些體當不始於秦。明汪珂玉《珊瑚網》卷二三下:"八分書殆不始於秦,《水經注》齊地掘得古冢棺前有八分書,驗文乃太公三世孫胡公之墓。科斗、古文、大篆、小篆亦自五帝時有之矣,如禹刻岣嶁碑則用科斗;宣王刻石鼓則用籀書。唐人《錢譜》太昊氏金尊盧氏幣,其文具存,悉皆小篆。太公九府圜錢、黃帝布刀亦是小篆。蓋書契既作,字體悉具決不始於秦也。"如果將這些與蜀地的器物文字對比,當能有所斬獲。

6. 蜀文字與漢字造字法和結構的一致性。蜀文字能不能記錄蜀語,有人提出了疑問。從結構上看,古蜀文字有實物圖像,有抽象符號;有獨體,有合體。至爲關鍵的是,合體符號中使用獨體,存在獨體的重複使用現象。還有正寫、反寫,有異形,異構。如"手心紋"是反復使用的,説明它已經在一定地域流行。馮廣宏指出,古蜀文字中的"王"字有不同的寫法;文字還可以拆開用在兵器的前後兩面,又可以有左有右②。這與中原文字的古文正反無別極其相似。所以從構字方法看,古蜀文字與中原文字是一致的。

7. 蜀文字與中原文字走了不同的發展道路,蜀文字是漢字的古化石。

蜀文字中有不少的中原古漢字因素,即所謂巴蜀化的漢字和漢字化的蜀文字③。今天我們無法看到甲骨文字之前的不系統的、萌芽狀態的漢字,不排除古蜀文字正好是範本的可能。

8. 反對古蜀有文字的,理由多不成立。孫華等不承認古蜀有文字,他的三點理由都較爲勉强。數量和種類只是文字的"量",而與是否爲文字的性

---

① 馮廣宏《岣嶁碑巴蜀文試析》;《巴蜀文字的期待》(六),13—17頁。

② 馮廣宏《巴蜀文字的期待》(五),20—27頁。

③ 馮廣宏《巴蜀文字的期待》(九),8頁。

質無涉;初民造字,肯定是由少到多。傳説中的倉頡造字,一開始就是完整的系統,那只是天方夜譚。圖形紛繁和不規範也不能成爲不是文字的理由;與漢字共存就不是文字的説法更當斟酌。至於説古蜀文字是彝文的,不能排除它們有個別的字相同。正如上文所提到的,古蜀地本來是一個多民族區域,要記録這些民族語言當然可以有不同的文字。在民族的接觸與融合中,出現文字的交流或借用是不可避免的。但我們不認爲古蜀文字都是彝文。

李學勤指出,我國先秦古文字中,除漢字外唯一可以確定的,只有巴蜀文字[1]。徐中舒指出,巴蜀文字與漢字在構成條例上具有一定的共同基礎;而它們的分枝,則當在殷商以前[2]。李復華、王家祐認爲,巴蜀方塊字可能就是夏代文字[3]。這些論述對古蜀文字的深入研究具有啟發性。

綜上,我們贊成"古蜀有文字",不同意將文字分爲符號和文字,因爲文字本身也是符號。蜀文字與中原文字同源,可能保留了中原文字的早期形態。"巴蜀文字的根,應該還是古漢字"[4]。圖騰和印章是氏族的徽記,不是漢字。

---

[1]　李學勤《論新都出土的蜀國青銅器》,40頁。
[2]　徐中舒《論巴蜀文化》47頁。
[3]　李復華、王家祐《關於"巴蜀圖語"的幾點看法》。
[4]　馮廣宏《巴蜀文字的期待》(六),13—17頁。

第四章　蜀語的地位與融合

有語言必有方言,即使一些典範的文獻,也會存在方言。在文學作品中,提倡用規範的文獻語言。在教學和公事場合,提倡使用通用的文獻語言。歷代方言地位不高,蜀語也不例外。但作爲通語的基礎方言一般地位則高於其他方言,秦漢時期的蜀語應該是通語的基礎方言之一。

第一節　古蜀語的地位

早在明代,就有學者對漢語進行了分區,張位《問奇集》敍述各地方音時,分爲八個區:燕趙、秦晉、梁宋、齊魯、西蜀、吳越、二楚、閩粵。蜀語爲單獨的方言區。

章太炎是 20 世紀最早對漢語方言進行明確分區,並討論了各方言地位的學者。他在《檢論》卷五"方言"中,把漢語方言分成九個區:①河之朔,暨於北塞,東傅海,直隸、山西,南得彰德、衛輝、懷慶爲一種。②陝西爲一種……甘肅肖之。③開封以西……汝寧、南陽,今曰河南……及江之中,湖北、湖南、江西三省是一種方言。④福建⑤廣東,各爲一種……福建長汀附屬於江西而從贛。⑥開封而東,山東曹、沇、沂至江淮間,大略似朔方而具四聲爲一種。⑦江南蘇州、松江、太倉、常州,浙江湖州、嘉興、杭州、寧波、紹興爲一種……浙江温、處、台附屬於福建而從福寧。⑧東南之地獨徽州、寧國處高原爲一種。厥附屬者浙江衢州、金華、嚴州,江西廣信、饒州也。⑨四川……雲南、貴州、廣西,音皆大類湖北,爲一種……湖南之沅州亦與貴州同音①。

章太炎特別提到蜀語:"夫十土同文字,而欲通其口語,當正以巴、蜀、楚、漢之聲。""是故言必上楚,反朔方之聲於二《南》,而隆《周》《召》。"説明章太炎曾認爲近代巴蜀楚漢的方言地位最高,打算把它們作爲國家的共同語標準,以之"正"其他方言。因爲這些方言遠紹周秦,是周秦時代的"正

---

① 章太炎《章太炎全集》第三卷,上海人民出版社 1984 年。

聲", 而現代漢語的北方的方言, 是漢語和少數民族語的混合語。在他的分類中, 四川、雲南、貴州、廣西爲一個單獨的方言區。雖然他說的是當時漢語方言的分區, 但因爲他的分區標準是保存古音多寡的情況, 所以我們不妨將其看作是他對古代方言的分區及其地位的認識。

一、歷代學者論古蜀語地位

現代方言學的確立很晚, 對各種不同方言的分區及其特徵的描寫也不過是上個世紀初的事。討論蜀語的地位, 是要將它放到漢語歷代存在過的各方言集群中比較。那麼, 它能不能成爲一種獨立的方言? 與其他方言相較, 它的地位如何? 在哪個時期獨立性更強一些? 這些問題, 前修時賢從揚雄《方言》出發, 提出了不同觀點。

1. 林語堂確立了四條原則來劃分方言區:(1)甲地在《方言》所見次數多半爲與乙地並舉, 則可知甲乙地方音可合爲一類(如秦晉)。(2)甲地與某鄰近地名並舉之次數多於與其他鄰近地名次數, 則可知甲方音關係之傾向(如齊之與魯)。(3)某地獨舉次數特多者, 可知其獨爲一類(如楚與齊)。(4)凡特舉一地之某部, 其次數多者, 則可知某部有特別方音, 別成一類, 由該地分出(如齊分出東齊, 73 次; 楚分出南楚, 85 次; 燕分出北燕, 43 次)。用這樣的方法, 林語堂將揚雄《方言》中的 50 來個地名分爲 26 區, 再歸納爲 14 系, 其中蜀語未列目, 他稱爲"梁", 其文說[①]:

> 梁(亦稱西南蜀、漢、益)。《方言》作者雖爲蜀人, 而書中言蜀語者絕少, 其理由或(1)因子雲生長其地, 不自覺其方言之異;(2)因爲漢都邑不以方言例之, 或因知者較衆不另録之。其書中言"梁益"及"益"(漢時用名)二十次, 其中獨立不與他地並稱者十一次。其最要關係爲北與秦並引六次, 東與楚並引六次。(《方言》書中亦言"梁宋"五次, 惟漢有梁州, 近宋, 即所指非此地甚明)

2. 吕叔湘說:"漢語從很早以來就有方言。漢朝的揚雄編過一部《輶軒使者絕代語釋別國方言》, 後代簡稱爲《方言》, 記録了很多漢朝的方言詞。按照這部書的内容, 漢朝的方言大致可以分成十一區:秦晉、趙魏、燕代、齊魯、東齊青徐、吳揚越、衛宋、周韓鄭、汝潁陳楚、南楚、梁益。但是揚雄的書

---

① 林語堂《前漢方音區域考》,《語言學論叢》35 頁。

只管方‘言’，不管方‘音’，所以看不出這些地區的語音是怎樣不同。後來續《方言》的書很不少，可惜那些作者都只著重在古書裏考求方言詞的‘本字’，不注重實地調查，不能反映方言的分布情況。因此一部漢語方言發展史研究起來就很困難。要説各地方言古今一脈相承，顯然不大可能，因爲居民有遷徙（歷史上有很多大量遷徙的記載），方言也有消長。也有人以爲現代方言都出於古代的一種有勢力的方言，這也不近情理，因爲在封建社會的條件下，不可能有一種方言的力量能夠把別的方言徹底排除。”①

3. 羅常培、周祖謨認爲“凡是常常單舉的應該是一個單獨的方言區域，凡是常常在一起並舉的應當是一個語言比較接近的區域”。漢代的方言分爲七個大的方言區域：（1）秦晉，隴冀，梁益；（2）周鄭韓，趙魏，宋衛；（3）齊魯，東齊，青徐；（4）燕代，晉之北鄙，燕之北鄙；（5）陳楚江淮之間；（6）南楚；（7）吳越。兩位先生承認這樣的區分“非常籠統”。他們將古蜀語劃至秦晉隴冀梁益區，是看到它們之間的相似性比較多。

4. 趙振鐸討論了古蜀語的地位，“秦晉隴冀梁益”包括“古代秦國的本土，晉國西南的那片地方，還有後來被秦吞併的古代巴蜀地區，就是今天的甘肅、陝西、山西和四川等地”，其中隴和冀是西漢所置的縣，治所分別在今甘肅張家川和天水。這些地區“確爲一個語言比較接近的區域”，由於這個地區“是周民族的故土，秦國也是在這個地區發展起來，秦都咸陽、漢都長安都在這個地區，秦漢時期漢民族共同語的基礎方言正是這個地區的方言，它在當時佔有非常重要的地位，而且在漢語發展歷史上也很有影響”②。

5. 丁啟陣根據揚雄《方言》中“説明一個詞語在各地的各種説法的差異時，叫法一樣的幾個地區並舉，我們稱之爲‘地名組合’，叫法特別的，一個地區獨舉”。“根據這些獨舉與並舉的情況來劃分方言區”，將排列次序不同和虛詞作用不同的除外，有大約三百多種組合。各種組合的排列和多少都不一樣，根據對這種資料的綜合分析考慮來分區，對比分析的資料從詞彙的差異來取得。一個方言之內的語言差別總是小於不同方言之間的語言差別。“反過來説，我們通過對詞彙差別程度的分析，也可以劃分出能全面反映語

---

① 呂叔湘《語文常談》第七章“方言和方言之音界限”，《呂叔湘全集》第 6 卷。
② 趙振鐸、黃峰《揚雄〈方言〉裏的秦晉隴冀梁益方言》，《四川大學學報》1998 年 3 期 51 頁。

言差別的方言區。因爲任何語言（包括方言）體系的各要素（語音、詞彙、語法）之間是互相聯繫的，即具有内在的高度一致性。因此，選擇詞彙作爲劃分方言的根據在理論上是可行的”。每個方言區都有自己的代表點，這個點有一種會聚力，各個會聚中心都是密點，越往外則越稀疏，最稀疏的地區就是不同方言區之間的界限。並對揚雄《方言》的地名進行了轉換。

與蜀地有關的地名，即梁、益、巴、蜀，梁“當指梁國”，益“當指益州郡”，巴“當指巴郡”，蜀“當指蜀郡”。丁啟陣對涉及蜀語的“州郡同名”現象進行了研究，“益”既可指益州，也可指益州郡，梁可以指梁國，也可以指梁州，這兩者範圍相差很大。於是便根據“《方言》中常與之組合的項來決定（類推）它們的所指”。在這樣的原則下，丁啟陣統計了《方言》中 303 種地名組合，並分析得出了八個漢方言的密點中心：（1）北燕朝鮮洌水；（2）趙魏；（3）齊海岱；（4）關東周洛；（5）吳越；（6）楚鄭；（7）秦晉；（8）蜀漢。在此基礎上，丁啟陣將蜀語所在的區域命名爲“蜀漢方言”。“蜀漢方言”的區域劃定爲今天的四川省，與秦晉方言、楚方言關係相近。

6. 劉君惠等、李恕豪、華學誠依據《方言》所提供的方言詞語的分布情況，不使用語音特徵分析法；采用中心地區歸納法，不采用一般使用的同言線法；廣泛使用歷史人文地理方面的材料。再從古代的國名出發，對《方言》中的地名進行統計。根據各個地名單獨出現及與其他地名並舉的不同情況來確定大的方言區。劃分出 12 個方言區，代表蜀語的梁益與秦晉合併爲秦晉方言區，並成爲它的次方言區。

李恕豪認爲，揚雄《方言》中，梁益地區包括梁益、（雍）梁、西南、蜀、漢等地名，梁出現 15 次，13 次與益並舉，2 次與雍並舉；西南出現 6 次，其中 3 次與梁益並舉；蜀出現 3 次；漢出現 4 次，3 次與蜀並舉。除去重複的部分，代表梁益地區的地名在《方言》中總共出現 20 次。但是，不能把梁益作爲一個單獨的方言區，其理由是：（1）出現的次數雖然很多，但是在《方言》中只有 12 次是單獨列舉梁益地名，有 8 次與其他地名並舉。其中 1 次與西楚並舉，7 次與秦地並舉。（2）秦出現的 109 次除去 7 次，剩下的 102 次“大都可以看成是秦與梁益的並舉，即使不除去代表梁益的地名與代表秦的地名的並舉的 7 條，以《方言》中表示梁益地區的 20 來次來看，也是很少的”。（3）揚雄是蜀人，在他 40 歲以前一直生活在蜀地，他對自己的方言一定所知甚多,但是在《方言》中,"表示梁益地區的地名是如此之少,這只能解釋爲當時的梁益方言與秦方言非常接近"。

7. 美國學者司禮義從地理方位的角度,把揚雄《方言》分爲六個大區:(1)西部諸方言;(2)中部諸方言;(3)北部及東北諸方言;(4)東部諸方言;(5)東南諸方言;(6)南部諸方言。其中,代表蜀語的梁益、西南等劃爲西部諸方言,是這個大區下面的小區①。

8. 嚴耕望將漢代的方言從歷史地理的角度分爲七區:關東西區、關西區、關東區(中原區)、東北海岸之燕及朝鮮北部區、海岱間之齊國區、江淮區、長江中下游區,其謂蜀語:"巴蜀漢中及其受秦晉之影響'蜀漢'三見,'梁益之間'九見,地理範圍相同,是漢中巴蜀爲一個亞強區(C 級)。又'自關而西秦晉梁益之間'兩見,'梁益秦晉之間'、'秦漢之間'、'雍梁之間'各一見,則蜀漢區與秦晉區有相當關涉,疑秦國取漢中滅巴蜀,秦國方言亦向西南影響,相結爲一個懶弱區(D 級)。"②;丁邦新利用郭璞的《爾雅注》劃分了與之對比的晉代方言的五區:關西、北燕、東齊、江東、荆巴③,他們的分區中都沒有蜀語的地位。

上述諸家的研究方法大體有兩類:

一類是從揚雄《方言》的並稱和獨稱上考慮,即對相鄰方言詞語的同言線進行研究。如果並稱的資料比較多,多於單稱的次數,就可以認爲關係很近,直到成爲一個方言區;如果並稱的資料少,而單稱資料多,就可以認爲是獨立的方言區。這樣的做法,注意到並稱的量的方面,但是忽略了方言的質的方面。正如揚雄《方言》中秦晉語記錄最多,周祖謨得出了"漢代的普通語恐怕是以秦晉語爲主的"結論④,而丁啟陣得出"《方言》中舉秦晉語最多並不能證明這一點","當時的共同語是超越方言的,或是沿古而來由官方約定的一種語言"。偏重獨稱,注意到了方言的"漢語方言區的成立是以一個定

---

① Paul L-M Serruys:The Chinese Dialects of Han Time According to Fang Yen,p77—99,University of California Press,Berkeley and Los Angeles,1959,參見劉君惠等《揚雄方言研究》107 頁。

② 嚴耕望《揚雄所記先秦方言地理區》,《新亞書院學術年刊》1975 年第 17 期,後收入《嚴耕望史學論文集》,上海古籍出版社 2009 年。

③ 丁邦新《漢語方言史和方言區域史的研究》,《丁邦新語言學論文集》196 頁。

④ 周祖謨等《方言校箋及通檢·自序》。

點爲中心逐漸擴大範圍而來……這些定點不止影響四鄰人民的經濟生活，同時也是四鄰人民文教的傳習中心。中心點方言對四鄰的方言來說，好比是一個磁場的核心，也好像是一個'震央'，抓住中心方言的特色，四鄰方言就容易綱舉目張，一網成擒。由於這個緣故，現代漢語方言分區主要是看相鄰方言的異同，而不計較隔區方言的異同。但是爲了分區的目的去同求異，卻不免割捨歷史聯繫"①。

另一類是用歷史語音分類法的根據。丁邦新曾提到方言分區的標準要以歷史爲根據，强調同一個方言間各個方音的歷史聯繫"以漢語語音史爲根據，用早期歷史性的條件區別大方言；用晚期歷史性的條件區別次方言；用現在平面性的條件區別小方言。早期、晚期是相對的名詞。不一定能確指其時間。條件之輕重以相對之先後爲序，最早期的條件最重要，最晚期的條件也就是平面性的語音差異了"②。

二、古蜀語地位初探

漢語方言區的劃分是一個難題，正如吕叔湘所説："如果只要口音有些不同，就算兩種方言，那就多得數不清，因爲有隔開十里二十里口音就不完全一樣。要是一定要語音系統有出入（甲地同音的字乙地不同，而這種分合是成類的，不是個別的）纔算不同的方言，大概會有好幾百，或者一二千。要是只抓住幾個重要特點的異同，不管其他差別，那就可能只有十種八種。現在一般説漢語有八種方言，就是用的這個標準。"③因此對揚雄《方言》中的蜀語的地位，各學者有不同的看法是正常的。我們有這樣的認識：

1. 從並稱和獨稱出發進行分區，其缺陷是没有注意到《方言》材料雜糅的性質，没有注意歷史層次性，重量不重質。《方言》的材料不僅是漢代，還有不少秦漢以前的。這樣的材料並不在一個時間平面上，跨越的時間可能有五百年到一千年之久。如果從這樣的材料出發來進行漢語方言的分區，其可靠性也大大地打了折扣。

揚雄《方言》中來自蜀人嚴君平的材料有"千餘言"，所佔的比例不小。

---

① 張光宇《閩客方言史稿》21 頁，臺灣編譯館 1996 年。
② 丁邦新《漢語方言分區的條件》。
③ 吕叔湘《語文常談》第七章"方言和方言之音界限"，《吕叔湘全集》第 6 卷。

揚雄所搜集的材料,由於交通、溝通等原因,遠遠不是漢代方言的實際情況,當時的漢語方言要比《方言》所反映的情形複雜得多。就當時的實際情況推測,有些條目並不多的材料,也許正是一個單獨的方言區。因其地處偏遠,而揚雄未及所聞罷了。蜀語的條目在《方言》中如此地少,影響了我們對蜀語地位的判斷。而且僅有的一些條目,還有的叫梁益,有的叫蜀漢,這種稱謂上的不同,正是蜀語歷史層次性的反映。因爲材料性質與時代的不同,導致《方言》地名的混用,也導致了某方言詞不僅在某地,也在其他地方出現;一些方言詞本身又是通語,反之,另外的一些通語又成爲方言詞。在甲時期,某詞是方言詞,而到乙時代,這個詞變成通語,揚雄仍然認爲是方言詞;某詞在甲時代是通語,到乙時代,又變成方言詞,揚雄認爲還是通語。因此,對中上古時期方言的分區,尚須做大量的工作。

2. 揚雄爲蜀人,40 歲後纔到京師。秦蜀音近,可懂度强,能相互通話,許多應該是蜀語的材料,他並不認爲是蜀語。正如林語堂所説的或"因子雲生長其地,不自覺其方言之異";"因爲漢都邑不以方言例之,或因知者較衆不另録之"①。《方言》蜀語詞彙很少的原因恰恰因爲揚雄本身是蜀人,作爲本地人,在確定哪一個詞語是蜀語時,往往會把許多自身的方語詞當成文獻語言的詞,即認爲"蜀語非方語"。而他所指明爲蜀語的詞,往往應該是蜀地較爲偏僻地方的詞甚至少數民族的詞語。

3. 研究中上古時代的方言,必須要考慮少數民族語言和當時的外國語的情況。《方言》中有不少的外語和少數民族語言的詞彙,這些揚雄並没有説明。但是我們從他的書名就應該有所體察。"絶代、別國"有時間與空間之異,他所記録的方語,一定包括少數民族語言成份。這個問題,本書第三編第三章涉及,但究竟有多少少數民族語言成份,還要進一步考究。

4. 對方言進行分區,必須考慮移民的因素。移民使用相鄰的方言,產生詞彙的借用,也是造成並稱的原因。這並不意味着就形成一種獨立的方言,或者屬於某個方言區。秦晉方言與蜀語、楚方言與蜀語的情況就應該是這樣。《方言》呈現出的最大特點是,較大的方言區都在中原四周,如秦晉區、河北趙魏區、北燕朝鮮區、齊區、吳越區、楚區,而中原地區的情況卻十分混

---

① 　林語堂《前漢方音區域考》,《語言學論叢》38 頁。

亂,根據不同的方言詞彙並稱,可以劃出許多不同的區域,如陳楚宋魏區、陳楚宋衛區、宋魏區、陳楚區、周韓鄭區、周韓鄭衛區等。嚴耕望將這些混亂的區域合併成一個"中原區"就是這個道理。

5.《方言》中的梁益語,不能認爲就是漢代的蜀語,除了《方言》稱"梁益"可知其存古外,再考察馬宗霍《説文解字引方言考》和錢繹《方言箋疏》中之蜀語條目疏證,引證漢代蜀人文獻並不多。

6.《方言》中的"梁益"語,應該有不同的資料來源:一是調查而來,這應該非常少,因爲揚雄本人即蜀人,不排除他也有以蜀爲天下中心的觀念,因爲漢代蜀地並不稱梁益,而"梁宋"之"梁"纔是漢代的地名。二是嚴君平的那"千餘言"中的一部分。梁益地區的 20 條有 12 條獨稱,有 7 條與秦語並稱,有 1 條與楚語並稱,説明秦語、楚語和蜀語的密切關係,但不能因此而得出蜀語應併入秦語的結論。

7. 蜀語是漢語一支特色鮮明的方語。漢代蜀地文人文化程度很高,蜀語既是方語,也是通語的基礎方語。王褒的文集有大量開詞源、開義源、準義源的例子①。這當中應該有不少的蜀語,只是在没有對漢代全部文獻做系統的專書詞彙、詞義研究之前,還不能完全準確判斷哪些是蜀語的詞語。

8.《漢書·地理志》:"故秦地於《禹貢》時跨雍、梁二州。"秦與中原文化植根於以河南、陝西爲中心的地區,蜀文化則植根於秦嶺以南、金沙江以北、巴地以西的地區。秦蜀兩地呈交錯狀態,如漢中曾爲蜀地,而蜀曾爲秦佔領。秦與中原和蜀地政治、經濟、文化聯繫緊密,這是形成以秦蜀語爲主的漢語標準語主體的重要條件。蜀語與秦語中間有一個過渡帶,之間的差別不小,唐代詩人薛能《西縣途中二十韻》:"蜀音連井絡,秦分隔褒斜。"是説"蜀音"在蜀地是統一的,好些學者,像明代張位,現代吕叔湘、丁啟陣等都將蜀語單獨列爲一個方言區。

9. 討論歷史上蜀語的地位問題,不應該脱離基本的材料,即《方言》《説文》和中上古時期文獻的注釋資料,要從這些材料出發進行研究。但是也要看到,這些材料不是一時一地的材料,不具有共時性。所以,僅憑這樣的材

---

① 王褒的文集用詞,與《漢語大字典》《漢語大詞典》《經籍籑詁》《中華大字典》相較,開詞源 506 條,開義源 368 條,當推王褒爲源,辭書誤列他人者 597 條。參王洪林《王褒集考譯》6 頁。

料給漢語歷史方言分區會有重大的缺陷。這些材料隨歷史發展是有所變轉的，甲時甲地的方言，可能在乙時乙地出現，反之亦成立。蜀語有自己的特點，但是又與其他方言有着各種關聯。揚雄所記的蜀語，不僅流行於蜀，也流行於其他地方；其他地方的詞語，也在蜀地文獻中使用。這使得蜀語的分區存在着同言線難於確定的問題。

10. 過去習慣於用方言邊緣的接觸與融合來解釋不同區域的共詞現象，如果是對相鄰的地域，這樣做無可厚非。但是對較早時期，例如中上古時期，這樣的做法就沒有完全考慮材料的性質。古人在歷史上並不太重視方言，他們還沒有明確的時地觀念。揚雄也沒有考慮到我們今天會給方言分區，因此，在揚雄《方言》中出現了地名上的混亂。

第二節　蜀語和其他方言的接觸與融合

由於社會發展的需要，不同方言之間的人們必須要找到一種超越彼此方言障礙進行交際的共通語言形式。商周時期，由於交際範圍的擴大，戰爭與遷徙的頻繁，通婚與經商的需要，這種跨方言的交際工具，如"雅言、通語"等應運而生。到了魏晉南北朝時期，由於種種原因，連當時的雅言也受到方言和少數民族語言影響，"南染吳越，北雜夷虜"。同時，每個時代的"通語"或"雅言"的基礎仍是漢民族語各方言，廣大下層人民普遍使用的交際語也是方言。只不過在不同的歷史階段，通語的基礎方言有所不同。

橋本萬太郎認爲（204頁）："語言歷史上的演變，大部分都不是由該語言的内在的因素引起的。那麼，比親屬關係更重要的是跟周圍語言的相互影響，和作爲其結果的整個結構的區域性推移和歷史發展。"根據方言發展的基本規律，相鄰方言之間，必然產生接觸和融合。古代的"方言"本身包括各少數民族的語言。《方言》大量的並稱説明了相鄰方言的接觸現象，蜀語與秦語、楚語、巴語有並稱的關係，説明這幾個方言與蜀語關係密切①。

方言之間的接觸，可能會使不同的方言在某種特定的情況下具有部分的相似性，這些相似性，可以表現爲語音的相近、詞彙的借用與同用。從歷時看，還可能發生語音、詞彙和語法的移用或變轉。但是就其方言系統而

---

① 李恕豪《揚雄〈方言〉與方言地理學研究》74頁。

言,它們還是不同的方言。向學春分析了李實《蜀語》詞彙中來源於古楚方言區的詞語共 17 條,佔所考察詞語總數的 24.3%,在所有來源中居於首位;其次是來源於古秦晉方言區的詞語共 12 條,佔所考察詞語總數的 17.1%。劉川民在研究李實《蜀語》引用《方言》的情況時發現,“與楚方言有關的共 9 條,約佔總數的 43%;與秦晉方言有關的共 4 條,約佔總數的 20%,與東齊方言有關的共 3 條,約佔總數的 13%,與北燕有關的共 2 條,約佔總數的 10%,與趙魏有關的共 2 條,約佔總數的 10%,不明來歷的有 1 條,約佔總數的 4%”①。雖然他們的統計角度不同,但還是合乎實際情況的。這裏進一步討論中上古蜀語與相鄰方言的接觸問題。

一、蜀語與秦語的關係

秦蜀關係研究成果甚多。不僅從文獻上,從考古上亦有不少的論述,例如,彭文認爲“蜀墓腰坑與關中腰坑墓之間有着很明顯的承繼關係。在陝西寶雞地區發現的一批西周時期弳國墓葬,出土的許多器物都與三星堆和金沙遺址的出土器物相似,顯示出古蜀文化在這裏的强烈影響②。

李恕豪認爲,“歸納《方言》中的通語詞,並與漢代的書面語相比較,便可以看出,兩者基本上是一致的。可見,漢代的書面語是建立在通語的口頭形式的基礎上的。由於秦晉方言往往與通語一致,因此可以確定秦晉方言是漢代通語的基礎”。李恕豪甚至把梁益方言(即蜀語)看作秦晉方言的一個次方言③。

就語主而言,蜀人與秦人有關。林閭翁孺就是秦人。《廣韻》卷一:“漢複姓四氏……林閭氏,出自嬴姓。《文字志》云:後漢有蜀郡林閭翁孺,博學善書。”從地理上看,《漢書·地理志》:“(武都)民俗略與巴蜀同,而武都近天水,俗頗似焉。”秦語與蜀語關係密切,有不少的文獻記載。

明葉盛《水東日記》卷三:“然‘林’與‘興’叶,亦是秦語。以‘興’爲韻,乃其方言。終非音韻之正,今蜀人語猶如此。蓋多用鼻音也。”所言見《晦庵集》卷六四“答聾仲至”。林,侵部;興,蒸部。“林”與“興”叶,既是秦語,也

① 劉川民《〈蜀語〉引〈方言〉考》,《李實學術研討會文集》105 頁,語文出版社 1996 年。
② 盧連成、胡智生《寶雞弳國墓地》圖録與文字介紹,文物出版社 1988 年。
③ 李恕豪《揚雄〈方言〉與方言地理學研究》22、73—83 頁。

是蜀語。雖然説的是明代,但在先秦兩漢時期,蜀語就存在這種現象①。雖然這種現象不僅在蜀,也不單在秦。

陸游的《閬中作二首》二:"遨樂無時冠巴蜀,語音漸正帶咸秦。""語音漸正帶咸秦",明曹學佺《蜀中廣記》卷五八引作"語音漸正近咸秦","帶咸秦"是説蜀語兼有秦音,"近咸秦"則蜀、秦二語相近,同時也説明二者有別。"漸正"是説與秦音比,閬中是蜀語和秦語的過渡帶。蜀地閬中語和正音秦音相比,略有不同。秦、蜀人通過這樣的過渡帶隔開,也正是通過這樣的過渡帶相接觸。正如薩丕爾所言②:

> 可能發現個別的人,他們説一種語言的兩種方言的妥協語,如果這種人的數量和重要性不斷增加,最後可能創造出他們自己的新方言規範來。在這新方言裏,它的雙親的極端特點被磨滅了。往後,妥協成的方言把它的雙親都吸收了。雖然更常見的情況是雙親語言無定期的遺留下來,成爲擴大了的語言區的邊緣形式。

歷史上以關中爲紐帶,把秦地與蜀地緊密相聯起來。這對語言會産生重要的影響。文獻載陝南略陽,"風氣兼南北,語音雜秦蜀"③。這也説明秦語、蜀語之間有一個過渡帶,在過渡帶上的人,説着一種"妥協語"。

蜀語與秦語雖然有別,但是經過學習,二者之間很快就能互通。唐末悟達國師(811—883),眉州洪雅人。十三歲時"升座講於大慈寺普賢閣下,黑白日計,萬許人注耳傾心,駭歎無已,自此蜀人弗斥其名號"。曾赴長安參學於資聖寺,但恨自己的"鄉音不堪講貫",影響講法。"乃於象耳山誦大悲呪,夢神僧截舌換之,明日俄變秦語"④。一個"俄"字告訴我們,經過學習,就能很快(明日)掌握秦語,可見秦音與蜀音或許存在一定的對應規律。

中上古時期蜀語與秦語有一些區別,主要表現在名物詞語上。唐孫思邈《備急千金要方》卷七九説蒼耳子"蜀人名羊負來。秦名蒼耳"。

---

① 丁啟陣根據《漢魏晉南北朝韻部演變研究》的韻譜,也得出蜀漢方言區蒸、侵相近的結論,參《秦漢方言》115 頁。
② 愛德華・薩丕爾《語言論・言語研究導論》93 頁。
③ 嘉靖《略陽縣志》卷一。
④ 曹學佺《蜀中廣記》卷八五。

二、蜀語和楚語的關係

蜀語和楚語也有密切的聯繫。這一方面是因爲地緣的接近，另一方面是因爲歷史上雙方進行過大量的移民①。蜀楚文化交流，從考古上已經得到證明②。紀國泰曾將《武漢方言單音詞彙釋》和《武漢方言詞彙》所載的方言詞彙與四川方言的的詞彙進行比較，結果發現："在《彙釋》所收的491個單音語中，與四川方言音義全同者204個，略有差異者57個。在《詞彙》所收的1606個複音詞中，與四川方言音義完全相同者417個，略有差異者208個。"③"反映了湖廣填四川的歷史真實"。黃尚軍《蜀方言、麻城話與成都話》說："現在的成都話與古人所說的蜀方言已經不是同一個概念了……今天成都人廣泛使用的一些詞語……如：揞（讀暗上聲，指隱藏）、漚（讀音同惡，指長時間地浸泡），本是楚方言……這些詞語中，尤以楚地方言的數量最大。"這種現象不光說明今天的四川方言與楚方言有關，也說明了古蜀語與古楚語的關係。從語主來看，楚文化甚至早於秦文化與蜀文化產生了關係④。

蜀語和楚語在漢代可以交流。《蜀都賦》："闛齊啑楚而喉不感慨。"宋章樵注："蜀物豐美，負販者多齊楚之人，還至都市，喧嘩而爭售之。"《詩·小雅·十月之交》："噂沓背憎。"毛傳："噂，猶噂噂；沓，猶沓沓。"鄭箋："噂噂沓沓，相對談語。"釋文："啑，本又作沓，同徒答反。"可見齊楚之人到蜀地做生意，能夠與蜀人面對面交談。

"播琴"是蜀語詞，又是楚語詞。《山海經·海內經》："西南黑水之間，有都廣之野，后稷葬焉。爰有膏菽、膏稻、膏黍、膏稷，百穀自生，冬夏播琴。"曹學佺《蜀中名勝記》認爲地在今成都附近的雙流縣境內。《齊民要術》卷十"五穀"下："《山海經》曰：'廣都之野，百穀自生，冬夏播琴。'郭璞注曰：'播琴猶言播種，方俗言也。'"畢沅："播琴，播種也。《水經注》云：'楚人謂冢爲琴。'冢、種聲相近也。"郝懿行云："畢說是也。劉昭注《郡國志》'銅陽'引《皇覽》曰：'縣有葛陂鄉，城東北有楚武王冢，民謂之楚武王岑。'然則楚

---

① 譚紅《巴蜀移民史》12頁。
② 徐中舒、唐嘉弘《古代楚蜀的關係》，17—25頁。
③ 紀國泰《〈蜀方言〉疏證補》4頁。
④ 楊劍《從什邡戰國時期墓葬再談楚文化入蜀的有關問題》，318頁。

人蓋謂冢爲岑,岑、琴聲近,疑初本謂之岑,形聲訛轉爲琴耳。"

都廣,《後漢書·張衡傳》注,《太平御覽》卷九五九"木部八",《藝文類聚》卷八五"百穀"部、卷九〇鳥部上作"廣都";《太平御覽》卷八三七"百穀一"、《藝文類聚》卷六"地部"作"都廣"。楊慎《山海經補注》:"黑水廣都,今之成都也。"《華陽國志·蜀志》云:"廣都縣,郡西三十里,元朔二年置。"黃生《義府》卷下"公琴":"《水經注》:楚人謂冢爲琴。六安縣都坡中有大冢,民曰公琴,此皋陶冢也。按冢之爲鄭(琴即鄭初聲),亦如《詩》風之爲分(淒其以風叶實獲我心),中之爲簪(騏駽是中叶騳驪是驂。驂音參)也。又《山海經》:百穀是生,冬夏播琴。此又以琴爲種。冢、種一聲也。"[1]明董斯張《廣博物志》卷七、清張尚瑗《左傳折諸》卷八、清趙一清《水經注釋》卷三二、清陳元龍《格致鏡原》卷九、清毛奇齡《西河集》卷六三述同。

揚雄《方言》蜀、楚並稱和上面文獻用例表明秦漢時期蜀語與楚語同屬漢語的方言,且語言面貌相同點不少。

三、蜀語和巴語的關係

巴、蜀地緣相近,且均爲多民族聚居之地。巴人、蜀人有不同的來源,文獻有載[2]。但自先秦開始,巴人大量入蜀[3],《史記·六國年表·楚表》:"蜀伐我茲方。"《史記·楚世家》載楚肅王四年(前377)"蜀伐楚,取茲方,於是楚爲扞關以距之"。正義引《古今地名》:"荆州松滋縣,古鳩茲地,即茲方是也。"松滋即今松滋縣,古屬荆州,戰國屬楚,秦屬南郡。漢高祖五年(前202)設縣,名高成。東漢建武六年(30)裁高成,併入孱陵(今湖北公安縣)。蜀國攻打楚國,巴國是必經之地。越過巴攻楚,説明秦滅蜀前,巴蜀已經連爲一體。地域的接近必然會使兩地的語言文字發生接觸。巴蜀並稱起源很早,《説文》卷十二:"氐,巴蜀名山岸脅之旁箸欲落墮者曰氐。"段玉裁注:"巴蜀方語也。"

1. 出土文獻的證明。巴蜀圖語既見於四川成都、郫縣、灌縣、彭縣、新都、雙流、大邑、蒲江、綿陽、廣漢、什邡、綿竹、中江、三臺、樂山、峨眉、蘆山、

---

① 清黃生、黃承吉《字詁義府合按》206頁。

② 蒙默《試論古代巴、蜀民族及其與西南民族的關係》;又段渝《巴人來源的傳説與史實》。

③ 譚紅《巴蜀移民史》13頁。

滎經、峨邊、越嶲、西昌、宜賓、瀘州、犍爲、廣元、閬中、南充，也見於重慶、巴縣、豐都、涪陵、忠縣、奉節、巫山、合川、渠縣等地，要之，早在巴蜀圖語時期，巴蜀的語言文字已經發生了廣泛的接觸甚或融爲一體。從器物學上觀察，徐中舒《巴蜀文化初論》專門撰寫"船棺葬與巴族的關係"，指出1954年之所以能在四川廣元寶輪院及巴縣冬筍壩發現船棺，是因爲這裏曾是巴族的居所。而最近一些年，除了在成都商業街發現船棺外，在成都平原的成都、綿竹、雙流、郫縣、彭縣、蒲江、廣漢等地也發現了用獨木挖成的船棺葬具①。關於船棺葬的族屬，學者之間存在不同看法，有的認爲是巴人葬俗②，有的認爲和蜀人關係很大③。有人認爲是庸人被楚滅後，隨開明氏入蜀的群蠻之一的葬俗④。但無論如何，這都説明巴與蜀很早就廣泛接觸，成爲緊密的鄰邦，至遲戰國時融爲一體。

2. 學者的研究。

(1)巴語與蜀語，在結構上具有一致性。鄧少琴《巴蜀史稿》專列一節"語言文字"，説道："巴蜀語言，類多雙音，不如中原之多用單音。"其中舉出13個複音詞，不分巴與蜀：①地名之屬有"牂柯"（"牂柯"之名見於《管子·小匡篇》。《漢書·地理志》牂柯郡注略謂：屬益州。牂柯，繫船杙也。莊蹻伐夜郎至且蘭[今貴州凱里]椓船處，因名牂柯）；"朐忍"（闞駰《十三州志》：朐忍，蟲名，夔州名此，遂以名縣，即今雲陽縣境，按即蚯蚓）；"灩澦"（《水經注·江水》：白帝城西有孤石，爲淫預石，冬出水二十餘丈，夏則没。行者歌之曰：灩澦如象，行人莫上；灩澦如馬，行人莫下。峽人以爲水候）；"葭萌"（《華陽國志·蜀志》：蜀王别封弟於漢中，號苴侯，命其邑曰葭萌[在舊昭化縣]焉"）。②物名之屬有"蟒蛦"（左思《蜀都賦》"蟒蛦山棲"，劉淵林注："今名山雞。"《宋稗類鈔》："夔峽間之子母鵲也。"按蟒蛦應作鷴鵜，即《爾雅·釋鳥》之比翼鳥）；"陬隅"（《世説新語》："陬隅躍清也。"）；"桃笙"（《方言》："巴蜀謂簟爲桃笙。"左思《蜀都賦》劉淵林注："桃枝，竹屬，可以爲杖。"

① 吴怡《蒲江船棺墓與新都木椁墓出土印章的研究》；顔勁松《成都市商業街船棺、獨木棺墓葬初析》；王有鵬《四川綿竹縣船棺墓》；龍騰《四川蒲江縣巴族武士船棺》。

② 四川省博物館《四川船棺葬發掘報告》84—86頁，文物出版社1960年。

③ 四川省博物館《四川文物考古工作三十年》，《文物考古工作三十年》，文物出版社1979年。

④ 孫華《四川盆地的青銅時代》217—226頁，科學出版社2000年。

即今之棕竹）；"文草"（譙周《巴蜀異物志》贊："文草作酒，能成其味，以金買草，不言其貴。"按今石硅縣出產之"麝五茄"酒，爲世所珍）；"芎藭"（揚雄《甘泉賦》："發蘭蕙與芎藭。"今稱川芎，入藥）；"鏽鋧"（《説文》金部："鏽，鏽鋧，火齊。"《廣韻》："火齊也。"左思《三都賦》注："火齊，雲母也。"今丹巴縣以產雲母著稱）。③人名之屬有"乘釐"（《山海經·海内經》"西南有巴國，太皥生咸鳥，咸鳥生乘釐，乘釐生後照，後照是始爲巴人"）；"務相"（《後漢書·南蠻西南夷列傳》"巴郡南郡蠻""巴氏之子生於赤穴"，"巴氏子務相乘土船獨浮，因共立之，是爲廩君"）；"槃瓠"（《後漢書·南蠻西南夷列傳》略謂：高辛氏［即帝嚳］有畜狗，其毛五采，名曰槃瓠，銜帝仇吳將軍頭造闕下，帝大喜，以女配槃瓠，遂負女入南山石室，生子女十二人，衣服制裁皆有尾形。名渠帥曰精夫，相呼爲姎徒。《説文》曰："姎，女人自稱，我也。"以是巴濮之人則自稱爲阿姎［通姎］）。鄧少琴説這些詞語，應視爲"巴蜀所用之語言詞彙，經漢譯乃知"①。

（2）巴語與蜀語詞語多同用。鄧少琴《巴史新探》"巴族象形文字和方言"一節，舉出"阿蝎、務相、胸忍、蟲蜈、娵隅、靈義、桃笙、靈壽、給客、文草、彭排、冒絮、不律、穆護"14個巴語詞語，與巴蜀語13例中5例相同，而鄧先生所錄巴人語中"不律"應爲蜀人語，"娵隅"在《巴蜀史稿》中作"陬隅"。"冒絮"引文獻《史記·絳侯世家》："薄太后以冒絮提文帝。"集解："晉《巴蜀異物志》云：'巴蜀名頭巾爲冒絮。'""給客"引的文獻也説明是"今蜀中"，"文草"説"蜀産"，可見，有9例與蜀有關。這爲我們説蜀語和巴語在先秦時期就融爲一體提供了有力的證據②。

蒙文通曾舉"客有歌於郢中者，其始曰下里巴人，國中屬而和者數千人"爲證，説"楚人能和巴歌，必須巴與楚是同一語言纔有可能。楚和中原同文，這是從銅器可以證明的，可見巴和中原語言也是相同"③。我們不能因楚與中原同、巴與楚同、蜀與巴同，就得出蜀與中原同的結論。但周秦兩漢到唐五代，蜀、巴語同應該没有疑問。如果有差别，那也只是個别的詞語、語音上的差異，不是系統性的差異。

---

①②　鄧少琴《鄧少琴西南民族史地論集》268—269、29—30頁。
③　蒙文通《巴蜀史的問題》，40頁。

巴蜀並稱，並形成“巴蜀方言”，應該是戰國以近的事。

四、蜀語與蜀地少數民族語言的關係

戴慶廈《古漢語研究與少數民族語言》指出：“研究語言，如果只局限在所研究的單一語言上是不夠的，還要通過語言對比，從別的語言的反觀中加深對所研究語言的認識。”“由於語言發展的不平衡性，少數民族語言中保留了許多漢藏語古代的特點，有些也是古漢語的特點，因而古漢語和漢語史的研究能夠從中獲取有用的證據。”反過來，在漢語及其文獻中，也保留了少數民族語的詞彙，反映了古代少數民族語言的特點。蜀地是少數民族與華夏族共居之地，蜀語與周邊的少數民族語言有完全不同的性質。但是，二者既同處一域，則相互的接觸、交流與融合不可避免。在蜀地居住過的少數民族語言的一些詞語保留在中上古時期的蜀語當中。

《史記·西南夷列傳》記載，“自冉、駹以東北，君長以十數，白馬最大”，然後説“皆氐類也”。先秦兩漢時期氐羌與蜀人之關係，學者論述很多。魏晉時代，蜀地被流民起義政權所控制，這個政權的族屬就是氐族。但是這個氐族“全屬使用漢族語言、文字，有漢族生活習俗和制度的的漢族隊伍的組織，隋唐以後，便無氐這民族的迹象存在了”[1]。我們在《華陽國志》的《李特雄期壽勢志》中，考察他們與蜀地官吏、士兵、平民的交際，没有發現有語言的隔閡。《三國志·魏書》裴注引魚豢《魏略》有《氐傳》一篇，記述氐族“各有王侯，多受中國封拜”。“其俗、語不與中國同……各自有姓，姓如中國之姓……多知中國語，由與中國錯居故也。其自還種落間，則自氐語。其嫁娶有似於羌”。“其自相號曰盍稚”。流民入蜀之氐，當爲漢化之氐。例“梓潼”，《漢書·地理志》：“莽曰子同。”“二字是譯民族本語的音，並無漢文取義。王莽改作子同，並非他也提倡簡化字，只是‘譯無定字’。使用‘子同’二字，還有表示‘同屬子民’之義，亦即説明這個地區還有一部分舊民族未完全融合，仍自稱爲‘子同’，即梓潼。”[2]

文獻還記載順政（今陝西）地方的少數民族“白馬氐”的語言與蜀語的關係，氐人的語言有自己的系統，但與蜀語接觸後，“語帶蜀音”。《太平寰宇

---

① 任乃強《四川上古史新探》175 頁。

② 轉引自任乃強《四川上古史新探》184 頁。

記》卷一三五"山南西道三""興州"條下："興州順政郡,今理順政縣,《禹貢》梁州之域。戰國時爲白馬氏之東境,秦併天下,屬蜀郡。漢武帝元鼎六年,以白馬氏分置武都郡。""語帶蜀音,然山高水峻,人居山上,種植甚微。惟以負販爲業,禮樂之道未之聞也。"《明一統志》卷三四:"《隋志》順政語帶蜀音,人居山上,種植甚微,惟以負販爲業。"

徐中舒特別重視從語言現象研究民族史,在《巴蜀文化續論》中説:"黔、越、溪、洞、陰、陽、林、箐等名稱,是歷史上常用以記述南方部族居處的自然環境的,懂得這些名詞的含義,對於理解我國境内南方少數民族的歷史,是有幫助的。"又指出,西南古代的農村公社,有許多地方都稱爲"甸",應當都是隋唐以來蠻夷所在的農業區。西南民族地區多丘陵地帶,又多山間谷地,唐宋時漢文史料中稱之爲"溪洞",如《宋史·西南溪洞諸蠻傳》説,"諸蠻族類不一,大抵依阻山谷,並林木爲居","溪洞"一詞長期未得實解。范成大《桂海虞衡志·羈縻州洞》:"自唐宋以來内附,分析其種落大者爲州,小者爲縣,又小者爲洞。"徐先生《論商於中、楚黔中和唐宋以後的洞》指出,"洞"是羈縻州縣下的基層組織,湘西五溪蠻被稱爲"洞蠻(峒蠻)",海南島黎民所居被稱爲"黎洞"都是此意。"洞"又寫作"峒",洞有洞丁(峒丁),民稱洞民(峒民)。

魏晉南北朝時期,有一次重要的大移民,一批蜀地邊緣地區的少數民族來到了蜀地的腹心地帶。《水經注》卷二十:"李壽之時,僚自牂柯北入,所在諸郡,布滿山谷。"《太平御覽》卷一六八"巴州"引唐《四夷縣道記》:"李特孫壽時,有群僚十餘萬從南越入蜀漢間。散居山谷,因斯流布在此地,後遂爲僚所據。"僚人入蜀後,分布很廣,西晉時期設立的蜀地 15 郡,其中 14 郡都有僚人居住的記載(蜀、犍爲、汶山、漢嘉、江陽、朱提、越巂、梓潼、廣漢、新都、涪陵、巴郡、巴西、巴東、建平),只有新都没有僚人,《新唐書·地理志》載唐代 55 州,其中有 33 州有僚人[1]。他們定居下來後,與蜀語發生了接觸,其中的一些詞語便被保留了下來。僚人語言與當地蜀語有所不同,有這樣的材料:

《太平寰宇記》卷七六"簡州風俗"載:"有獠人,言語與夏人不同,嫁娶

---

① 劉琳《僚人入蜀考》。

但鼓、笛而已。遭喪乃立竿懸布置其門庭,殯於別所。至其體骸燥,以木函盛置於山穴中。李膺《記》云:‘此四郡獠也。’又有夷人與獠類一同,又有僚人與獠夷一同,但名字有異而已。”《隋書・地理志》上“梁州”條下:“傍南山雜有僚户,富室者頗參夏人爲婚。衣服、居處、言語殆與華不同。西城、房陵、清化、通川、宕渠,地皆連接,風俗頗同。”

羅常培《語言與文化》(64 頁)指出:“被征服民族的文化借字殘餘在征服者的語言裏的,大部分是地名。”劉複生曾對此進行了比較深入的研究,認爲像帶“羅、思、都、賴”等字或接近這些字讀音爲詞首的地名,都是蜀語與少數民族語言接觸融合的結果。從時間和空間上分析,這些地名是被融合的僚人留下的歷史遺痕[①]。

(1)“思”字頭的地名。例如:思濛江(今四川眉山、丹棱)、思濛鎮、思溪峽、思量坎(今四川眉山)、思棱井(今四川井研)、思蓬溪(今四川蓬溪)、思賴水(今四川巴中)、思營(今四川營山)。《新唐書・地理志》六:“(瀘州)貞觀元年以夷僚户置思隸、思逢、施陽三縣。”瀘州有思娥洞、思晏江和羈縻“思峨州”、羈縻“思晏縣”,《元和志》卷三〇載思州有思王縣、思邛縣、思邛水,《輿地紀勝》卷一七八有載思州,《九域志》卷十載夔州路有化外充州思王縣、思渝縣。

(2)“羅、奴”字頭地名。帶“羅”字頭的地名相當多,比較有代表性的如“羅目”,嘉州有“羅目縣、羅目山、羅蒙山”。《寰宇記》卷七四載:“嘉州民與夷僚錯居……唐麟德二年置沐州及羅目縣,取夷中羅目山爲名……羅蒙山在舊縣北三里,俗語訛呼爲羅目山。”《元和志》卷三一:“羅目,僚中山名,因以名縣。”《古今圖書集成》卷六四四載大渡河部有“羅目溪、羅浮山”,在涪州(今重慶涪陵)。小溪縣(今屬四川遂寧)有“奴厥山”,普州(今四川安岳)有奴雞山、奴南山,“奴”可能是“羅”的變音。

(3)“落”字地名。《永樂大典・瀘州》記“懷德鎮”“舊名落來鎮,宣和三年(1121)安撫司狀奏,據落來市鄉老稱,落來鎮初因落來夷人。落來歸明於本鎮住,遂呼鎮市爲落來,乞改換,得旨,落來鎮改爲懷德鎮”。鎮名之改,説明“落來夷人”已逐漸與漢民融合。《元史・地理志三》載敘南地區有“四十

---

① 以下的五類地名内容參考劉複生《僰國與瀘夷》第三章第三節。

六囤蠻夷千户所”，“領豕蛾夷地”，在今宜賓高縣地帶。其四十六囤中，有二十二囤都帶有“落”音，多數在詞頭。比例之高，顯然與其使用的語言有關。

（4）“都、多”等字頭地名。唐宋時期，瀘州下已有“都掌”見載，著名的“都掌蠻”爲僚人的一支，其本意雖難以稽考，但爲民族語譯則可以肯定。若以漢文釋“都”等字，則不可取。“多”字頭或爲“都”字之意譯。蜀州晉原縣（今四川崇州）爲北周多融縣改，縣有“多融山”。眉州青神縣有多稜山和多稜川。《寰宇記》：“多稜川在縣西三十四里，其今有僚居。”另嚴道縣（今屬四川雅安）有“多切鎮”，普慈縣（今屬四川樂至）有“多葉縣”，眉山縣有“多悦鎮”，鄰山縣（今屬四川大竹）有“多來鎮”，璧山縣有“多昆鎮”，通川縣（今屬四川達州）有“都池鎮”，江油縣有“都竹鎮”等。

（5）“賴”等字頭地名。《寰宇記》載昌元縣（今重慶榮昌）有“賴婆溪”，“因賴婆村爲名，舊爲州所理”，又有“賴婆山”在縣南 90 里。又記昌州風俗爲：“無夏風，有僚風。”説明昌州僚人極盛。《元和志》：“李雄據蜀，夷僚内侵……隋仁壽三年（603），於此置簡州，因境内有賴簡池爲名。”《新唐書·地理志六》載嘉州犍爲郡下有“賴泥鎮”，乃“麟德二年開生僚置，以縣置沐州”。《寰宇記》載榮州（今四川榮縣）有大牢溪（今越溪河），“一名賴溪”。當地有雄據一時的“鐵山生僚”，有“竹王廟”。《輿地紀勝）卷一六七富順監：“土僚：監之西隅賴牛、賴易兩鎮，乃夷人聚落……呼爲土僚。”《寰宇記》卷八七載蓬溪縣“賓王山，在縣西四十八里，又名賴王山。大歷十四年（779），度支使牒，管内山川有‘賴’字者，並改易。刺史盧幼平改爲賓王山”。接近“賴”音的地名，有“來、牢、僚、瀨”等。分布於今四川成都至重慶一線以南地區，其中以樂山、自貢、宜賓、内江數地區最爲集中，頗具代表性。

五、中上古蜀語與域外民族語

由於蜀地早與域外發生種種聯繫，如安南、古印度等，蜀語還可能與域外的民族語言有所接觸。

1. 法國漢學家沙加爾説：世界上許多語言關於“茶”的詞語都直接或間接來源於漢語，“飲茶的源頭似乎在四川”。西漢時期，王褒（前73—前48）的《僮約賦》中“最早提到‘茶’字，談及茶葉當時在蜀地是一種賣品”，“由於茶葉源於蜀地，我們須要考慮漢語的‘茶’是否從藏緬語借入。不少藏緬語言表示茶的詞借自漢語………從'葉子'到茶的語義演變又見於景頗語和緬語。藏緬語 la'茶'是漢語詞的最佳來源,它跟一般表示詞根[*]la 的……諧聲系列吻合。漢語'茶'的-r-或者解釋爲漢語從藏緬語借入後加上了中綴,用來表示散粒狀的乾茶葉,或者解釋爲藏緬語原詞聲母爲捲舌的[l],漢語用[lr-]來轉譯它"①。可以看出,蜀語的"茶"與藏緬語有親緣關係。

2. 文獻記載,蜀王子安陽王南遷越南,對東南亞文化産生了直接影響。在《水經注·葉榆水》所引《交州外域記》以及其他一些史籍中,記載了安陽王南遷的史料:"蜀王子將兵三萬來討雒王、雒侯,服諸雒將。蜀王子因稱爲安陽王。"越籍《大越史記全書》《安南志略》《越史略》《欽定越史通鑑細目》等記載,蜀王子安陽王名泮,是蜀王開明氏的後代。蜀泮入越並在民間享有崇高威望,其語言也應該有所接觸。越南舊史尊稱蜀泮爲"蜀朝"②,"蜀"應該既是他稱,又是蜀人自稱而在越南流行的蜀語詞。

3. 段渝指出,將支那指爲秦國或楚國的觀點是錯誤的。Cina 中譯爲"支那、脂那、至那"等,是古代成都的對音或轉生語。其出現年代至遲在公元前 4 世紀或更早。印度古書裏提到"支那産絲和紐帶"是指成都出産的絲和絲織品,Cina 這個名稱從印度轉播中亞、西亞和歐洲大陸後,又形成其轉生語,如今西文裏對中國名稱的稱呼,其來源即與此直接相關。而 Cina 名稱的西傳,是隨絲綢的西傳進行的,説明古蜀絲綢對西方的巨大影響③。這是蜀語詞通過絲綢之路與域外語言發生接觸的例證。

4. 中上古時期,蜀人與域外的交流除南絲綢之路外,《史記·西南夷列傳》:"及元狩元年,博望侯張騫使大夏來,言居大夏時,見蜀布、邛竹杖。使問所從來,曰'從東南身毒國,可數千里,得蜀賈人市'。或聞邛西可二千里有身毒國。騫因盛言大夏在漢西南,慕中國,患匈奴隔其道,誠通蜀。"集解:"韋昭曰:'邛縣之竹,屬蜀。'瓚曰:'邛,山名。此竹節高實中,可作杖。"建元六年(前 135),漢武帝遣唐蒙出使南越,見到蜀地特産"蒟醬"。既然有物質文化的交流,則語言發生接觸亦是必然。南越人與唐蒙的對話已經呼出

①　沙加爾《上古漢語詞根》206—207 頁。
②　鄒一清《先秦巴蜀對外文化交流研究的回顧》,153 頁。
③　段渝《支那名稱起源之再研究》,《中國西南的古代交通與文化》126—162 頁,四川大學出版社 1994 年。

其名,則此詞爲南越人所借用。

5. 明李實《蜀語》:"齒畏曰齼。"清李調元《卍齋瑣録》卷一:"今人謂齒怯者曰齼,音楚,齒傷醋也。蜀人謂之牙齼即此。"齼齗,切齒盛怒貌。《新唐書·南蠻傳中·南詔下》:"州縣繕甲厲兵,掎角相從,皆蠻之深讐,雖女子能齼齗薄賊,况彊夫烈士哉。"南詔至唐始入畛域。

方言之間的接觸,可能會使不同的方言在某種特定的情况下具有部分的相似性,這些相似性,可以表現爲語音的相近、詞彙的借用與同用;在語言發展的歷史中,這些接觸會使一種方言的成份成爲另一種方言的成份。有時,一種方言的成份没有在自己的方言中保存下來,卻在相鄰的方言裹保存下來。但是就其方言系統而言,它們還是不同的方言。中上古蜀語與相鄰的漢語方言和其他民族語言産生了接觸與融合,這種接觸與融合大至有以下幾種類型:(1)詞語的借用與同用;(2)語音的相似與過渡;(3)蜀語與相鄰方言和通語之間總體面貌的相似性,妥協語與雙語;(4)給外來事物造詞。

第二編　中上古蜀語音韻考論

第一章　兩漢蜀語韻考及韻譜

第一節　兩漢蜀韻考論

一、考論（一）

關於上古蜀語的韻部，有足夠而確鑿的語料可資考論者，最早莫過於兩漢。《漢書·地理志下》：

> 巴、蜀、廣漢本南夷，秦并以爲郡，土地肥美，有江水沃野，山林竹木疏食果實之饒……景、武間，文翁爲蜀守，教民讀書法令，未能篤信道德，反以好文刺譏，貴慕權勢。及司馬相如游宦京師諸侯，以文辭顯於世，鄉黨慕循其迹。後有王褒、嚴遵、揚雄之徒，文章冠天下。繇文翁倡其教，相如爲之師。

又《華陽國志·蜀志》：

> 蜀自漢興至乎哀、平，皇德隆熙，牧守仁明，宣德立教。風雅英偉之士，命世挺生，感於帝思。於是璽書交馳於斜谷之南，玉帛戔戔乎梁、益之鄉。而西秀彦盛，或龍飛紫闥，允陟璿璣；或盤桓利居，經綸皓素。故司馬相如耀文上京，揚子雲齊聖廣淵，嚴君平經德秉哲，王子淵才高名雋，李仲元湛然岳立，林翁孺訓詁玄遠，何君公謨明弼諧，王延世著勳河平。其次，楊壯、何顯、得意之徒恂恂焉。斯蓋華、岷之靈標，江、漢之精華也。

可見這一時期蜀中文學之繁榮。可惜的是，歷經兩千多年的歲月，以上諸人的著述不少已經亡佚，如今只有下列作家的以下韻文材料能夠利用：

司馬相如。《史記》本傳謂其"蜀郡成都人"[1]，"口吃而善著書"。《漢

---

①　一説今四川蓬安人，參見鄧郁章《司馬相如故里在蓬安》。

書·藝文志》著録“司馬相如賦二十九篇”，嚴可均《全上古三代秦漢三國六朝文》之《全漢文》卷二一、二二輯其有韻之文六篇，即《子虛賦》①《哀秦二世賦》《大人賦》《美人賦》《長門賦》和《封禪文》，並《題市門》韻語一則。其餘《棃賦》《魚菹賦》兩篇，或僅一句，或有目無辭。

　　王褒。其《僮約》中自稱“資中男子王子淵”，《漢書》本傳稱其“有俊材”，漢宣帝曾“令褒與張子僑等並待詔，數從褒等放獵，所幸宮館輒爲歌頌”，《藝文志》著録“王褒賦十六篇”。嚴可均《全漢文》卷四二有其《洞簫賦》《九懷》《四子講德論》《聖主得賢臣頌》《甘泉宮頌》《碧雞頌》《僮約》及《責鬚髯奴辭》共八篇，其中至少有《甘泉宮頌》《碧雞頌》並不完整。

　　嚴遵。《漢書·王貢兩龔鮑傳》：“蜀有嚴君平……博覽亡不通，依老子、嚴周之指著書十萬餘言。”《華陽國志·先賢士女總贊上》：“嚴遵，字君平，成都人也……著《指歸》，爲道書之宗。”陸德明《經典釋文·序録》記《老子》有“嚴遵注二卷”，並謂其“又作《老子指歸》十四卷”。《正統道藏》收録其《道德真經指歸》，存第七至十三共七卷，乃《德經》部分，《四庫提要》認爲係後人僞造。劉琳《華陽國志校注》（703 頁）以爲“其經文往往與馬王堆出土帛書《老子》及其他古書所徵引的《老子》古本相合，應是魏晉前古本，即嚴遵所著”。嚴可均《全漢文》卷四二末有其《道德指歸説目》及《座右銘》。

　　揚雄。在兩漢蜀中作家中著述最豐。《漢書》本傳謂其“蜀郡成都人”，年輕時喜好辭賦，後來發現“賦勸而不止”，不過雕蟲小技，“於是輟不復爲”。晚年校書天禄閣，不預朝政，“實好古而樂道，其意欲求文章成名於後世，以爲經莫大於《易》，故作《太玄》；傳莫大於《論語》，作《法言》；史篇莫善於《倉頡》，作《訓纂》；箴莫善於《虞箴》，作《州箴》；賦莫深於《離騷》，反而廣之；辭莫麗於相如，作四賦”。《藝文志》著録“揚雄賦十二篇”，嚴可均《全漢文》卷五一、五二“得完篇九、殘篇一，《廣騷》《畔牢愁》僅存篇名”。“完篇九”即《蜀都賦》《甘泉賦》《河東賦》《羽獵賦》《長楊賦》《太玄賦》《逐貧賦》《酒賦》《反離騷》，“殘篇一”即《覈靈賦》。又《全漢文》卷五三、五四所輯韻文有《解嘲》《解難》《趙充國頌》《連珠》，十二《州箴》，二十五《官箴》，《元后

---

① 據學者考證，司馬相如《子虛》《上林》二賦實爲一篇，參見高步瀛《文選李注義疏》第四册 1623—1625 頁，中華書局 1985 年。

誄》《琴清英》。其中《連珠》《琴清英》係殘篇,而二十五《官箴》中有的(如《侍中箴》《國三老箴》)只是殘句。與其辭賦箴頌等比較而言,揚雄更多的押韻資料保存在其《法言》和《太玄》兩部著作中。

李尤。《華陽國志・先賢士女總贊中》:"李尤,字伯仁……雒(今四川廣漢)人也。侍中賈逵薦尤有相如、揚雄之才,明帝召作《東觀》《辟雍》《德陽》諸觀賦銘,《懷戎頌》,百二十銘,著《政事論》七篇。帝善之,拜諫大夫,樂安相。"據《後漢書》本傳,賈逵爲侍中當在漢和帝時。《隋書・經籍志》:"有《樂安相李尤集》五卷,亡。"嚴可均《全後漢文》卷五〇有賦五篇,即《函谷關賦》《辟雍賦》《德陽殿賦》《平樂觀賦》《東觀賦》,雖各篇皆有若干韻,但無一完整;《七款》一篇,僅二十餘句;另有《河銘》至《權衡銘》凡八十三篇,題材極爲廣泛,大多僅存幾句或十來句,《漏刻銘》最長,也不過二十四句。

趙壹。《後漢書・文苑傳下》謂其"漢陽西縣(今甘肅天水西南)人","著賦、頌、箴、誄、書、論及雜文十六篇"。嚴可均《全後漢文》卷八二有《迅風賦》《刺世疾邪賦》《窮鳥賦》,另《解擯賦》僅殘存一句。

兩漢蜀人的詩歌數量不多。在逯欽立輯《先秦漢魏晉南北朝詩》中,司馬相如《琴歌》,李尤《九曲歌》《武功歌》(均爲殘篇),今四川西南、雲南北部少數民族首領白狼王唐菆的《遠夷樂德歌》《遠夷慕德歌》和《遠夷懷德歌》,是其中不可多得的能知作者姓名的作品;其餘如《詠譙君黄詩》《通博南歌》《蜀中童謠》《益州民爲尹就謠》等二十首(則),作者皆已無從查考。另外,在《華陽國志》的《蜀志》等篇,尚有四則韻語爲逯氏輯詩遺漏,韻譜一中已經補入。

在匯集上述語料的基礎上,我們逐一解讀,分析韻例,摘録韻字,參照羅常培、周祖謨《漢魏晉南北朝韻部演變研究》①之"兩漢詩文韻譜"劃分韻部,歸納韻字,編出韻譜(詳見韻譜一)。

根據韻譜一,兩漢蜀人作品共有 1516 個獨立韻段。其中陰聲韻 660 個韻段,魚部最爲強勢,獨用有 159 個韻段,超過總數的三分之一;支部最少,獨用僅 16 個韻段。陽聲韻 614 個韻段,陽部最多,獨用有 188 個韻段;談部最少,獨用僅一個韻段。入聲韻 242 個韻段,職部最多,獨用有 75 個韻段;盍部最少,獨用僅兩個韻段。其中的押韻字,删除重複,舒聲韻、促聲韻使用的

---

① 以下簡稱《研究》,括號中的數碼爲該書頁碼。

單字分別統計如下表:

韻 部	平 聲	上 聲	去 聲	小 計
之	59	45	30	134
幽	53	37	10	100
宵	35	10	11	56
侯	35	19	25	79
魚	104	85	53	242
歌	76	28	10	114
支	31	10	12	53
脂	84	33	70	187
祭			56	56
合 計	477	267	277	1021
蒸	30		1	31
冬	17			17
東	47	6	6	59
陽	125	10	10	145
耕	69	6	15	90
真	124	11	8	143
元	111	17	39	167
談	10	3	2	15
侵	27	5	2	34
合 計	560	58	83	701
總 計				1722

職	沃	藥	屋	鐸	錫	質	月	盍	緝	合計
50	32	18	47	64	19	61	46	9	18	364

以上兩類合計,共 2086 字。由於從前漢到後漢少數字的讀音發生了變化,其韻部由甲部轉入乙部,所以它們在上表中被重複計算。

二、考論(二)

《太玄》被認爲是揚雄模仿《周易》而作的一部卜筮之書,當今學者則多認爲它實質上"是一部含有深刻内容的學術著作"①。"玄"是揚雄哲學體系

---

① 張岱年《〈太玄校釋〉序》,鄭萬耕《太玄校釋》1 頁,北京師範大學出版社 1989 年。

的最高範疇,它代表着天地的本原或整個世界的根本性規律。其書的主旨,在於探討這一規律以及個人如何順應這一規律以立身處世、趨利避禍。

《太玄》多韻語,出自揚雄一人之手,成書於一個時代,因而對於研究漢代蜀語乃至整個漢民族共同語韻部的真實面貌,考察周秦至漢代韻部系統的歷史演變,都具有不可取代的重要價值。

《太玄》前六卷與後四卷風格迥異,韻語的使用也不相同。司馬光謂首辭“統論一首之義”,贊辭以明其象,測辭“所以解贊”。它們構成全書的主體,文句一般短小精悍,語意則大多朦朧晦澀;又各自獨立,互不連屬,缺少上下文的聯繫和其他背景。這些因素都增強了該書的神秘色彩,加大了解讀剖析的難度。

就押韻而言,首辭、贊辭屬於同一種類型。它們一律在一辭之內押句尾韻,因而韻字不多,一般爲兩個,少數有三個,四個的較少,例如:

《法首》:陽高縣厥法,物仰其墨,莫不被則。

《養初一》:藏心于淵,美厥靈根。

《飾首》:陰白陽黑,分行其職,出入有飾。

《夷次三》:柔,嬰兒于號,三日不嚘。

《守次八》:白無杵,其碓舉,天陰不雨,白日毀暑。

《奘次三》:奘其膝,守其節,雖勿肆,終無拂。

《夷次三》例宋衷、宋惟幹、陸績、王涯本均作“嚘”,唯范望本作“嗄”。《玉篇》口部:“嚘,气逆也。”於求切。俞樾《諸子平議》卷三三認爲“實以作嚘爲長。蓋此贊三句,‘柔’一字爲句,‘嚘’與‘柔’韻。若作‘嗄’,失其韻矣”。《老子》五十五章“含德之厚,比於赤子……終日號而不嗄,和之至也”,傅奕本作“嚘”;馬王堆帛書甲本“嗄”字作“心”下“攵”,當爲“憂”之省形;乙本作“嚘”。今以“柔、嚘”與“號”爲幽、宵合韻。其餘各例,分別以“墨、則”,“淵、根”,“黑、職、飾”,“杵、舉、雨、暑”,“郄、節、肆、拂”爲韻。儘管韻字不多,一辭之內換韻的情況仍然可以見到,例如:

《增次六》:朱車燭分,一日增我三千,君子慶,小人傷。

《迎次二》:蛟潛於淵,陵卵化之;人或陰言,百姓和之。

前者“分、千”真部;“慶、傷”陽部;後者“淵、言”真元合韻,“化、和”歌部。交叉爲韻,僅此一例。如果句尾是語氣詞、代詞等虛字,則上承《詩經》

韻例,韻字必然出現在它們的前面,即所謂韻在詞上:

　　《竈首》:陰雖沃而灑之,陽猶執而穌之。

　　《礥上九》:崇崇高山,下有川波其;人有輯航,可與過其。

　　《閑次五》:礥而閑而,拔我姦而,非石如石,厲。

　　《飾次六》:言無追如,抑亦飛如,大人震風。

　　《務初六》:華實芳若,用則臧若。

　　以上各例中的韻字,分別爲"之"前的"灑、穌","其"前的"波、過","而"前的"閑、姦","如"前的"追、飛"和"若"前的"芳、臧"。

　　不過,《太玄》一書的特殊性質,決定了它的首辭、贊辭無論如何不同於一般的詩賦箴銘之類。即便是有韻者,一辭之中也可能帶有並不押韻的分句,如上述例句中的"陽高縣厥法""非石如石,厲""大人震風"等等。

　　還有一部分首辭、贊辭則全然無韻,如《格首》"陽氣內壯,能格乎群陰,攘而卻之",《禽首》"陰來逆變,陽往順化,物退降集"。而贊辭有的少到三五字,如《晦次二》"盲征否",《失初一》"刺虛滅刃",《閑上九》"閑門以終虛"等,斷句且難,遑論押韻?有的斷句不難,但絕不押韻,如《少初一》"冥自少,眇于謙",《堅初一》"磐石固內,不化貞",《爭上九》"兩虎相牙,知掣者全"之類。另有七贊的贊辭,相鄰兩句末尾爲同一字,如《事初一》"事無事,至無不事",無所謂韻不韻。不過,這幾類加起來也只有197則。全書81家、729贊,外加二"踦贊",首辭、贊辭共812則,無韻者不足總數的四分之一。

　　"測曰"以下文字的押韻屬於另一種類型。《玄測》一篇,爲范望拆散分繫於各贊贊辭之下,各"家"之"測"遂全被一一孤立;各贊的"測曰"又一律只有兩個小句,而且前一小句總是復述其上贊辭的第一句,或綜述贊辭之意,其押韻的真相於是被長期掩蔽,無人揭示。于安瀾《漢魏六朝韻譜》不著一例①,大半個世紀過去了,後來的學者也未置一詞②。

　　其實,只要以"家"爲單位,把各贊"測曰"以下的文字集中起來考察,作者的良苦用心、押韻的本來面目便立即呈現,例如第一家《中》下九測:

---

① 《漢魏六朝韻譜》,以下簡稱《韻譜》,括號中的數碼爲該書頁碼。

② 羅常培、周祖謨《漢魏晉南北朝韻部演變研究》雖曾多次列舉《太玄》的韻段,如86—89頁"個別方言材料的考查",但因它與《法言》都是專書,所以其"兩漢詩文韻譜"未錄兩書一個韻字。

昆侖旁薄,思諸貞也;

神戰于玄,善惡並也;

龍出于中,見其造也;

庫虛無否,不能大受也;

日正于天,貴當位也;

月闕其博,明始退也;

酋酋之包,任臣則也;

黄不黄,失中德也;

巔靈之反,時不克也。

　　"貞、並"耕部,"造、受"幽部上聲,"位、退"脂部去聲,"則、德、克"職部,非常整齊。這種情況絶非偶然。有的"家"下九測的文字,其韻脚或不緊鄰,而是彼此交錯混雜,但這並不足以否認其押韻的事實,例如《疑》下九測:

疑恒失貞,何可定也;

疑自反,反清静也;

疑强昭,中心冥也;

疑考舊,先問也;

紬黄疑中,邪奪正也;

誓貞可聽,明王命也;

鬼魂之疑,誠不可信也;

顛疑遇客,甚足敬也;

疑無信,終無所名也。

　　"定、静、正、命、敬"耕部去聲,"冥、名"耕部平聲,"問、信"真部去聲。81家"測曰"之後的文字盡皆如此,概無例外。它們所含韻段多則三四個,少則兩個,個别的甚至只有一個。典型者如《更》下九測甚至一韻到底:

冥化否貞,少更方也;

時七時九,不失當也;

化白于泥,變不明也;

更之小得,民所望也;

童牛角馬,變天常也;

車杭出入,其道更也;

更不更,不能自臧也;

馴馬跙跙,更御乃良也;

不終之代,不可久長也。

極少數的"贊",其後"測曰"的文句的確不與其上句或下句押韻。有的可能是測內兩句自韻,如《差上九》測曰"過其枯城,改過更生也","城、生"耕部;又《視次六》測曰"素車翠蓋,徒好外也","蓋、外"祭部。這可能只是一種特例。有的或因異文影響,如《失次四》測曰"信過不食,失禄正也",范望本作"失正禄也";又《勤次六》測曰"勤有成功,天所來輔也",宋衷、陸績、王涯本均作"天夾也"。還有數測不韻,原因未明。不過即使把這三類加起來也僅僅 17 例,不到總數的百分之三,而其餘 714 贊的"測曰"所包含的韻段卻多達 255 個。

後四卷九篇,都是解析"本經"之作,韻語的使用參差不齊。其中《玄衝》《玄錯》與《玄數》代表了兩個極端:司馬光謂"《衝》者序八十一首,陰陽相對而解之","《錯》者雜八十一首而説之",幾乎全爲韻語,只是換韻自由,幾句一韻,並無規律;"《數》者論九贊所象",全篇不韻。試比較:

《玄衝》:《中》則陽始,《應》則陰生。《周》復乎德,《迎》逆乎刑。

《玄錯》:《中》始《周》旋,《羨》曲《毅》端。《睟》《文》之道,或淳或班。

《玄數》:[五五]類爲其裸……爲輿,爲轂,爲稼,爲嗇,爲食,爲宲,爲棺,爲犢,爲衢,爲會,爲都,爲度,爲量,爲土工,爲弓矢,爲黄怪,爲愚,爲牟。

前者"生、刑"耕部,次者"旋、端、班"元部,它們分別爲其所在篇目的第一韻段。《玄數》的文句與之形成鮮明的對比,其論"三八爲木,爲東方,爲春","四九爲金,爲西方,爲秋","二七爲火,爲南方,爲夏","一六爲水,爲北方,爲冬","五五爲土,爲中央,爲四維"之類,連續的"爲×"句各達數十個,"五五"一段更多達 43 個;其中"×"之所指,遍及動物、植物、器物、職官等,哪裏談得上什麼"韻"呢? 有學者截取上文中的"興轂稼嗇食宲棺犢衢都度量弓矢",指爲魚脂鐸屋陽東合韻,"也可以看成是'魚鐸陽'三部同時通押"[1],實在不足憑信,且原文"弓"字不韻,當爲"工"字。

---

[1]　劉冠才《兩漢韻部與聲調研究》183 頁。

　　其餘《玄攡》《玄瑩》《玄文》《玄掜》《玄圖》《玄告》六篇,雖然韻語也多,
但是用韻漫無規律,而且往往有散句夾雜其間,韻字的識別,韻部的歸屬,韻
段的劃分,都必須分析句式,斟酌文意,謹慎從事,例如:

　　《玄瑩》:立天之經曰陰與陽,形地之緯曰從與横,表人之行曰晦與明。

　　《玄掜》:剛割匏竹革木土金,擊石彈絲,以和天下,掜擬之八風。

　　《韻譜》以"陽、横、行、明"爲韻,但是在《玄瑩》的三個分句中,"行"跟上
兩個分句的"經、緯"相對,實不當韻;而以《玄掜》的"土、下"爲語麌姥厚與
哿果馬(相當於魚、歌兩部的上聲)合韻,更令人殊不可解。又如《玄掜》中
以下文字:

　　垂裓爲衣,襞幅爲裳,衣裳之示,以示天下,掜擬之三八。比札爲甲,冠
　　矜爲戟,被甲何戟,以威不恪,掜擬之四九。尊尊爲君,卑卑爲臣,君臣之
　　制,上下以際,掜擬之二七。鬼神耗荒,想之無方,無冬無夏,祭之無度,故
　　聖人著之以祀典,掜擬之一六。時天時,力地力,維酒維食,爰作稼穡,掜
　　擬之五五。

　　有學者認爲其中"夏、度、六"韻魚鐸覺,"也可以看成是魚鐸通押的韻
段"[1]。仔細琢磨這一組排比句式,其中的"三八、四九、二七、一六、五五",
從前面《玄數》一篇可知,揚雄不過用它們分別代表五行木、金、火、水、土,五
方東、西、南、北、中等,並以此擬及各種自然現象、社會人事,其第二個數目
字根本不入韻。"度"字《廣韻》暮韻徒故切,又鐸韻徒落切。揚雄《青州箴》
"馬殆其衛,御失其度。周室荒亂,小白以霸",《研究》歸"度、霸"爲魚部去
聲,"祭之無度"之"度"同。因此"一六"所在句,當由陽部"荒、方"轉魚部
"夏、度",魚鐸覺合韻説令人難以信從。

　　《研究》之九爲《〈淮南子〉韻譜》和《〈易林〉韻譜》,前者共有 1035 個韻
段,後者共有 3484 個韻段。而據我們整理統計,《太玄》共有 1091 個韻段,
其押韻材料之豐富,在兩漢著述中多於《淮南子》而僅次於《易林》,其在漢
語語音史上的重要地位,由此可見一斑。

　　《法言》是揚雄一部代表性的哲學著作。《漢書》本傳載其《自序》云:

　　　雄見諸子各以其知舛馳,大氐詆訾聖人,即爲怪迂,析辯詭辭,以撓

────────────

[1]　劉冠才《兩漢韻部與聲調研究》184 頁。

世事。雖小辯,終破大道而或衆,使溺於所聞,而不自知其非也。及太史公記六國,歷楚漢,訖麟止,不與聖人同,是非頗謬於經。故人時有問雄者,常用法應之,譔以爲十三卷,象《論語》,號曰《法言》。

由此可見,該書的主旨在於捍衛和發揚儒家學説。

汪榮寶説"《法言》多韻語"[1],這只是跟同類型的其他著作相對而言的,它的語言跟《太玄》畢竟大不一樣。正因爲"人時有問雄者,常用法應之","象《論語》",所以它從頭到尾幾乎都是問答體,其語言的口語化色彩非常鮮明。韻語的使用不過偶一爲之,因而没有規律,似乎"出没無常",例如:

《學行》:或曰:"猗頓之富以爲孝,不亦至乎? 顔其餒矣!"曰:"彼以其粗,顔以其精;彼以其回,顔以其貞。顔其劣乎? 顔其劣乎?"

《重黎》:或問:"嬴政二十六載,天下擅秦。秦十五載而楚,楚五載而漢。五十載之際,而天下三擅,天邪? 人邪?"曰:"具。周建子弟,列名城,班五爵,流之十二,當時雖欲漢,得乎? 六國蚩蚩,爲嬴弱姬,卒之屏營,嬴擅其政,故天下擅秦;秦失其猷,罷侯置守,守失其微[徽],天下孤睽。項氏暴彊,改宰侯王,故天下擅楚;擅楚之月,有漢創業山南,發迹三秦,追項山東。故天下擅漢,天也。"

汪榮寶義疏:"精、貞爲韻",又"蚩、姬、營、政、猷、守、徽、睽、彊、王各爲韻",甚是。唯其如此,有關文句韻與非韻,難免有見仁見智之虞。除了古音知識,還必須結合文意,尤其要緊扣句式,謹慎判别,例如:

《吾子》:或曰:"君子尚辭乎?"曰:"君子事之爲尚。事勝辭則伉,辭勝事則賦,事辭稱則經。足言足容,德之藻矣。"

于安瀾《韻譜》(30)以"尚伉"韻漾宕即陽部去聲,割裂文意,殊不可取。

經過逐篇仔細解讀,我們從《法言》中摘得 90 個韻段,祭、蒸、談、沃、盍、緝六部没有押韻字。

迄今爲止,輯録《法言》和《太玄》的押韻資料最全者非《韻譜》莫屬。不過,正如《研究》所批評的那樣,其"搜羅之富,可以説前所未有。但是全書的缺點還很多。在摘舉韻字一方面,有的讀破句,有的不合韻例,這些可以不

---

[1]　見《問神》"捘中心之所欲,通諸人之嗒嗒者,莫如言"汪氏義疏,《法言義疏》161 頁,中華書局 1987年。

談,單就處理材料一方面來說,還缺乏整理的工夫"①。此書出版半個多世紀後於 1989 年手寫影印,校改者"將所有入韻字與《廣韻》重新校對","改正其中韻部歸屬錯亂的字",並"重新排列"②,給學者提供了便利。但是由於各種原因,不僅原有的缺點似未得到徹底糾正,反而增添了新的瑕疵。這主要反映在以下方面:

1. 失收韻字。即以揚雄兩書而論,脱漏的韻字不在少數,例如:

《法言·孝至》:麟之儀儀,鳳之師師,其至矣乎! 螭虎桓桓,鷹隼駿駿,未至也。

《太玄·格次六》:息金消石,往小來弈。《務次五》:蜘蛛之務,不如蠶之緰。《遇次六》:俾蛛罔,罔遇鑫,利雖大,不得從。《窮次七》:正其足,蹐于狴獄,三歲見録。《將次五》:大爵將飛,拔其翮;毛羽雖衆,不得適。《玄攡》:高者下之,卑者舉之,饒者取之,罄者與之。《玄文》:故君子得位則昌,失位則良;小人得位則橫,失位則喪。《玄掜》:棘木爲杼,削木爲軸。杼軸既施,民得以澳。

以上各例,句式整齊,韻脚顯明,《法言》例"儀、師"歌、脂合韻,"桓、駿"韻元部;《太玄》諸例,從"石、弈"至"軸、澳",依次韻鐸部、魚部、東部、屋部、錫部、魚部上聲、陽部和沃部,《韻譜》一概付諸闕如。粗略統計,《太玄》全書即使除開《玄測》一篇,爲《韻譜》所收録的韻段也不過十之六七。

2. 體例未善。例如韻字的出處,概無所據版本的頁碼,檢核十分不便;文名、篇名若干韻段後一次性標明,而不是逐段標注,又未復案原書,因此常常張冠李戴,導致一連串的失誤,比如"天軫、天根"非出《太玄·窮》而出《瞢》(9)③,"定瑩情、清平情、冥盈、生盈、生并靈"非出《玄瑩》而出《玄攡》(17),"觸王"非出《太史令箴》而出《太官令箴》,"强亡"非出《太玄·養》而出《逃》(25),"菲尾"非出《太玄·度》而出《昆》(44),"鋭二、四[時]利、利至"非出《太玄·格》而出《鋭》(45),"位氣、味彙"非出《玄圖》而出《玄告》(45),"繫繼義際會"非出《玄告》而出《玄圖》(48),"投漚"非出《太玄·周》

---

① 羅常培、周祖謨《漢魏晉南北朝韻部演變研究》4 頁。
② 于安瀾《漢魏六朝韻譜》590—591 頁。
③ 爲敘述簡便,這裏用( )標出該書頁碼,用[ ]標出正確的字。

而出《反離騷》(54)，"舌折"非出《司空箴》而出《尚書箴》(75)等。有的則自亂其例，比如"凡例"第六條謂"凡二獨立韻部韻字通用者，視較多互韻字之部爲歸。其僅二字互韻者，則依上一字爲歸。故閱者當於通用之部對照觀之"。據此，凡合韻之韻段，當只能列於其中一部之下。然而事實上，如《太玄·干》韻"正命"，既出"庚耕清青"(16)，又出"映勁徑"(21)。類此重出例，僅其《兩漢譜》中出自揚雄者即多達三十多處。

3. 文字訛誤。韻字因音近、形似，或連類而及，訛誤所在多有，如：獻[巘]岸(6)，顛[巓]天(8)，貧根[振](9)，天麟[鱗](9)，嬴[贏]程生(16)，正令[命](16)，楨正[城](17)，兵名鯨刑[形]聲(18)，姓[性]正(21)，荒箱[倉]亡(25)，鐘[鍾](31)，宗明[朋](34)，耽還深[淫]心[音]風窮(36)，厲沛[霈]逝(47)，謂劓害剖[割]泰敗謁(48)，弊[幣]賴(48)，度羈[霸](57)，叫[虯]旗游(63)，昝[晷]道(65)，鳥小[少](67)，惡[堊]索席洛澤(79)。文名、篇名亦如此，如：覉性[靈]賦(2、63)，甘泉宮[此字衍]賦(6)，太玄·祖[視](25)，欽[斂](39)，徽[匱]匣銘(46)，城内(門)校尉箴(54、61)，九懷通語[路](57)，疆[彊](58、84)，廊[廓](58)，太樂命[令]箴(80)，等。一字之差，常常可能與事實相去甚遠，如"剖、割"不可能押韻，揚雄絕無《甘泉宮賦》，其《太玄》的81首中根本就沒有"祖、欽、疆、廊"。

三、考論(三)

討論兩漢音系，《漢魏晉南北朝韻部演變研究》是參考文獻中的首選。我們對上古蜀語的考論，無論哪個方面都從中深受教益。韻譜一的編制，除《太玄》外，即直接從其八"兩漢詩文韻譜"中過録，再一一核對原書而成。在研讀和核對中，我們陸續發現了《研究》的若干瑕疵。儘管已有學者從多方面對其中"兩漢詩文韻譜"作過一些校補①，但嫌多有未及。今主要以關涉上古蜀語的内容爲限，就此作些申説補充。

1. 前後牴牾。明言割棄，卻收録，如《研究》"緒論"以"李尤《德陽殿賦》嚴氏據《文選》李善注補'曰若炎唐，稽古作先'兩句，'先'字應當是韻脚，但是未必就跟下文'楹''經'爲韻，所以只好割棄不取"(5)爲例，強調"寧缺勿濫"。但是，大約由於"收-n的真元兩部彼此通押的例子極多，這是

---

① 黃耀堃《"兩漢詩文韻譜"訂補》。

漢代韻文中極普遍的現象”（51）之故，該書韻譜的“真部合韻譜下”中真元耕合韻的平聲之下，卻依然收列李尤《德陽殿賦》“先楹經蜓門雲”（206）。

前指押韻，譜中不録。《研究》之八“兩漢詩文韻譜”前列舉兩漢詩文韻例凡八條，其中第五條“句中字與句尾字押韻例”（123），例證爲：

司馬相如《上林賦》：槐檀木蘭，豫章女貞。（《全漢文》21/4 下）

司馬相如《上林賦》：傑池茈虒，旋還乎後宫。雜襲累輯，被山緣谷，循陂下隰，視之無端，究之無窮。（《全漢文》21/4 下）

以上“檀、蘭”韻，“章、貞”合韻；“池、虒”韻，“襲、輯、隰”韻。此韻例及例證又見周祖謨《兩漢韻部略説》，後者强調“句中韻，兩漢詩文中尚不多見”，所舉多一例揚雄《蜀都賦》“勃與拂韻”。而這五個韻段在《研究》的“兩漢詩文韻譜”中均付闕如。

又如韻字歸部，“兩漢韻部分論”脂、微部包括後來《廣韻》“支紙寘三韻的一部分”，脂、微“完全同用，没有分别”（29—30），但脂部韻字表中卻未見支紙寘三韻一字（162—163）。是否兩漢文籍没有用例呢？王褒《聖主得賢臣頌》：“無有游觀廣覽之知，顧有至愚極陋之累，不足以塞厚望、應明指。”“累、知”相對，猶言過失或缺陷，當讀《廣韻》寘韻良僞切。唐作藩、郭錫良皆歸微部，《研究》之三曾出小注説“‘累’在脂部”（27），“兩漢詩文韻譜”亦列“累”於脂部上聲（165）。又如陽部庚韻一類字東漢“大半都轉入耕部，惟有‘行’字或跟本部叶，或跟耕部叶，没有一定的屬類，只可兩類兼收”（34），如李尤《東觀賦》韻“洋廊行棠陽”，趙壹《刺世疾邪賦》韻“方亡行强殃昌涼藏”，列陽部，但後漢陽部韻字表中卻不列“行”字（182）。

2. 一例兩收。或一個韻字歸兩部，如《研究》之三“兩漢韻部分論”的“真部”（35—37）特別舉出“《廣韻》仙韻的川字，穿字”，並指出凡在諧聲上和“川”有關係的都屬文部，而到了兩漢時期真、文兩部已完全合用，和陰聲韻脂、微合爲一部相應。但是，在其“兩漢詩文韻譜”的真部韻字表（198—199）中卻根本没有“川”字，《廣韻》仙獮線三韻字包括“川”字全部列入了元部韻字表（208）。譜中“川”字凡十三見，列入真部韻譜的只有揚雄《甘泉賦》“門川侖”一段（200），真部合韻譜下（205）另有一例，其餘十一例都列入了元部韻譜。這種混亂還引出了相應的問題，例如：

李尤《七款》：奇宫閒館，回庭洞門。井幹廣望，重閣相因。夏屋渠渠，

嵯峨合連。前臨都街,後據流川。"(《全後漢文》50/3下)

韻譜先列"門因"於眞部(201),後又將它們與"連川"合爲一段列入眞部合韻譜,後兩字標爲元部(205)。作爲押韻字,"門因"與"連川"分別連屬,若當分屬兩部,依照《研究》分韻的通例,就應視爲兩個韻段,分別列入眞、元二部,哪能列入合韻譜呢?

又如"戾"字,《廣韻》郎計切,又練結切,分屬霽、屑二韻。其上古音學者或歸月部(如唐作藩),或歸質部(如郭錫良)。《研究》之四"兩漢韻部之間通押的關係"把劉向《九歎·思古》的"泣戾"作爲緝、質"可能由於元音相同或相近"而押韻的例證(55),此例後面列入緝部合韻譜(241)。但此前三"兩漢韻部分論"已把它列入脂部(29);列舉脂、祭通押的例證時即包括揚雄韻"戾沛",指其"屬於《詩經》音微部的字"(49);"兩漢詩文韻譜"也列入脂部韻字表(163),王褒《四子講德論》"戾氣"列入脂部去聲譜(166)。按:《九歎·思古》:"風騷屑以搖木兮,雲吸吸以湫戾。"洪興祖補注"戾,曲也",此爲本義;《雍州箴》:"陵遲衰微,秦據以戾。"此用其引申義暴虐。兩字實爲一詞,卻分歸兩部。

或一個韻段入兩譜。"韻譜總説"談到摘錄韻字的相關問題時説,"還有一些地方是從押韻的形式上難以斷定的,我們就根據古音的知識和當時一般韻文所表現的聲音系統來做決定"(117),例如:

　　司馬相如《封禪文》:胡聖王不替,而修禮地祇,謁款天神,勒功中岳,以章至尊;舒盛德,發號榮,受厚福,以浸黎民。(《全漢文》22/7上)

《研究》指出"這裏'替神尊榮民'爲韻。張成孫《諧聲譜·韻附》把'替祇'分爲一韻是錯誤的","考'替'字古有平入二音",並引《詩經·大雅·召旻》"替、引"爲韻和屈原《離騷》"艱、替"爲韻的例子,證明"替"字可讀爲眞部平聲。其實,該書此前之四"兩漢韻部之間通押的關係"論及眞、耕因元音比較接近可以通押時,就舉這一韻段爲例(52),所以"替神尊榮民"順理成章地被錄入眞、耕合韻譜內(204)。但是,大約因爲中古韻書中"替"字沒有相應讀音的緣故,不僅其眞部韻字表(198—199)無此字,而且該韻段中"神尊民"又作爲一個獨立韻段被列入眞部韻譜中(200)。又如:

　　揚雄《羽獵賦》:及至獲夷之徒,蹶松柏,掌蒺藜。獵蒙蘢,轔輕飛。屢般首,帶修蛇。鈎赤豹,摼象犀。跇巒阬,超唐陂。(《全漢文》51/8下)

韻譜在歌部合韻譜的歌脂合韻下收列“蛇犀陂”(157),又在脂部合韻譜的脂歌合韻下收列“藜飛蛇犀陂”(167)。

一字歸兩部、一段入兩譜,有時還糾纏在一起,同時出現在韻譜中,例如:

司馬相如《子虛賦》:於是鄭女曼姬,被阿緆,揄紵縞。雜纖羅,垂霧縠。襞積褰縐,紆徐委曲,鬱橈溪谷。衯衯裶裶,揚施戍削,蜚襳垂髾。(《全漢文》21/2上)

縞,《廣韻》晧韻“素也。又音告”,古老切;號韻“白縑。又音高”,古到切。韻譜列入宵部去聲韻字表(138),因而這裏的“縞削髾”被列在宵部合韻譜的宵藥合韻之下(140)①。但是這個“縞”後來又列入藥部韻字表,並出小注“縞見司馬相如《子虛賦》,與‘縠曲谷’合韻。《廣韻》縞入晧韻,無入聲一讀”(224),且在屋部合韻譜的屋藥合韻之下收録韻段“縞縠曲谷”(227)。可見,有關賦的韻脚、韻例、韻段切分以及韻字歸部等,的確值得重新審視。如這裏的“縐”字,《廣韻》有初教、初爪、側救三切,《文選》李善注取側救切。《研究》也指出在諧聲上和“芻”有關係的都屬於侯部(21),爲“縠曲谷”對應的陰聲,“兩漢詩文韻譜”中多有同類而去、入相叶者,高步瀛認爲“縠、縐、曲、谷,侯部。通轉爲韻”②,不無道理。

3. 失收韻段韻字。有的十分明顯,不明所由,例如:

司馬相如《美人賦》:臣排其户而造其堂,芳香芬烈,黼帳高張。有女獨處,婉然在牀。奇葩逸麗,淑質艷光。(《全漢文》22/1下)

王褒《僮約》:唯得染脣漬口,不得傾盂覆斗。不得辰出夜入,交關伴偶。(《全漢文》42/12上)

揚雄《元后誄》:祖宗之愆,終其不全。天命有託,謫在于前。屬遭不造,榮極而遷。皇天眷命,黄虞之孫。歷世運移,屬在聖新。代于漢劉,受祚于天。(《全漢文》54/10上)

李尤《辟雍賦》:延忠信之純一兮,列左右之貂璫。三后八蕃,師尹舉卿。

① “髾”字《廣韻》肴韻“髮尾”,所交切。《研究》認爲此賦“‘縞削髾’爲韻,‘髾’讀去聲。《集韻》兼收去聲效韻,音所教切”。

② 高步瀛《文選李注義疏》1682頁,中華書局1995年。

加休慶德,稱壽上觴。戴甫垂畢,其儀蹌蹌。(《全後漢文》50/2 上)

以上文段,司馬相如以"堂、張、牀、光"韻陽部,王褒以"口、斗、偶"韻魚部上聲,揚雄先以"愆、全、前、遷"韻元部、後以"孫、新、天"韻真部,李尤賦"璑、卿、觴、蹌"陽耕合韻,當無任何爭議,而其"兩漢詩文韻譜"均未録。

另外,嚴輯《全漢文》卷五二有揚雄《太玄賦》,該賦出自《古文苑》,李善爲《文選》中嵇康《琴賦》和陸機詩《日出東南隅行》作注時都曾徵引。《研究》只在其七"個別方言材料的考查"中論及"司馬相如、王褒、揚雄的韻文"時(89),提到該賦"亂曰"前的部分"入聲-k、-t、-p 三類完全通押"①,但是該賦的所有韻段,韻譜卻一概未予收列。

有的或因檢核韻例偶有疏漏,例如:

王褒《四子講德論》:含淳詠德之聲盈耳,登降揖讓之禮極目。進者樂其條暢,息者欲罷不能偃息。匍匐乎詩書之門,游觀乎道德之域。咸絜身修思,吐情素而披心腹。(《全漢文》42/8 上)

據其兩漢詩文韻例中"前後一韻相叶,中間另隔一韻"即 abba 例,"目、腹"當韻沃部,但其"兩漢詩文韻譜"中只録中間"息、域"二職部字。

有的則很可能由於作者態度極爲審慎,有意棄置,如揚雄《蜀都賦》文字脱誤較多,怪字難字不少,以于安瀾《韻譜·兩漢譜》相較,後者要多出二十多個韻段,例如:

其淺涇則生蒼葭蔣蒲,藿芧青蘋,草葉蓮藕,茱華菱根。其中則有翡翠鴛鴦,梟鸝鵁鷺,霍鶒鸍鵝。(《全漢文》51/2 上)

乃使有伊之徒,調夫五味,甘甜之和,勺藥之羹,江東鮐鮑,隴西牛羊,糶米肥豬,麈麀不行。鴻猾羶乳,獨竹孤鶬。(《全漢文》51/3 上)

儘管于安瀾《韻譜》確如《研究》批評的那樣"顯出叢雜瞀亂,而不得要領"(4),但只要文意大致清楚,韻脚合於常規,未嘗不可收録。如以上兩段中"蘋、根"韻真部,"鴦、鵝""羹、羊、行、鶬"韻陽部,當屬可信。

韻字的脱漏跟韻段的失收頗有些類似。有的脱漏不知何故,如:

揚雄《元后誄》:寅賓出日,東秩暘谷。鳴鳩拂羽,戴勝降桑。蠶于蘭

---

① 這一段凡二十四韻,並非全押入聲韻,韻字包括祭部和魚部的字;其"亂曰"以後尚有十二韻。一韻到底的賦極少,賦的換韻往往跟內容段落一致,因此應據文意劃分爲若干韻段。

館，躬筐執曲。帥導群妾，咸脩蠶蔟。（《全漢文》54/10 下）

屋部韻譜只列"谷木蔟"（226），而"曲"字分明就在其屋部韻字表中。

更多的脫漏當緣於對韻例的把握未能"一視同仁"，例如《揚州箴》："夫差一誤，太伯無祚。周室不匡，勾踐入霸。"誤、祚、霸，列入魚部去聲（145）。這種首句尾字入韻，而後偶句尾字入韻即 AA○A○A 的押韻格式由來已久，《研究》的韻譜對第一個 A 計入與否似乎比較隨意，無論賦還是箴、銘的片段，都時有漏列者，例如：

揚雄《解嘲》：往者周罔解結，群鹿爭逸，離爲十二，合爲六七，四分五剖，並爲戰國。（《全漢文》53/2 上）

揚雄《荊州箴》：戰戰慄慄，至桀荒溢。曰我在帝位，若天有日。（《全漢文》54/2 上）

李尤《席銘》：施席接賓，士無愚賢。值時所有，何必羊豚。（《全後漢文》50/10 下）

第一例王力主編《古代漢語》以"結"字入韻[①]，但韻譜只錄"逸、七、國"（235），後兩例的"慄、賓"不錄。

個別韻文片段首句尾字的忽略，可能由於別的原因，例如：

揚雄《趙充國頌》：明靈惟宣，戎有先零。先零猖狂，侵漢西疆。（《全漢文》53/7 下）

《研究》的韻譜把"零狂疆"列入陽耕合韻（188）。據《廣韻》，"零"字有三讀：先韻《漢書》云：先零，西羌也"，落賢切；青韻"落也。《說文》曰：'徐雨也。'又姓"，郎丁切；徑韻："郎定切。零落"。第一音義跟後兩者全然無關。《漢書・趙充國傳》："先零豪言願時渡湟水北。"顏師古注："鄭氏曰：零音憐。"于安瀾《韻譜》以"宣零"韻元部，"狂疆"韻陽部，甚是。

另外，"兩漢詩文韻譜"各韻部下均先依《廣韻》韻目列出"韻字表"，用者稱便，惜其各部字表所列多未窮盡，尤其是只在合韻時出現的韻字往往漏列，此不備舉。

4. 校對欠精細。未經仔細校正的訛誤表現在多方面：張冠李戴者，如將《解嘲》的韻段"氣位"置於王褒名下（166）；人名、篇名錯訛者，如屋部合韻

---

① 王力《古代漢語》第四冊 1255 頁，中華書局 1998 年校訂重排本。

譜屋沃合韻下《刺世疾邪賦》"濁毒酷足"韻段,作者標"趙整"（228）；王褒《責鬚髯奴辭》在脂歌合韻（167）陽部平聲（183）下訛作《青鬚髯奴辭》。還有一篇文章而篇名稱説不一者,如出自司馬相如《子虛賦》的韻段,多數只標《子虛賦》,獨宵幽合韻"浮森"（140）、魚幽合韻"間隝"（150）、質月祭脂合韻"潰汩濞折洌瀄灂瀨沛墜磕湢沸沫疾"（235）三段下標《上林賦》。

韻字有訛者,如脂部韻譜列司馬相如《子虛賦》"麋犀"（163）,"麋"字從米,麻聲,歌部,檢原文本當作"麎"；職部合韻譜職沃合韻下有王褒《四子講德論》"力睦德"（220）,檢原文作"福"不作"德"；屋部韻譜收揚雄《大司農箴》"穀斛"（226）,箴文"時維大農,爰司金穀。自京徂荒,粒民是斛",作"穀"則與大司農職不侔；質部韻譜列李尤《七款》"節密"（234）,檢原文作"旨于飴蜜"。有衍者,如司馬相如《長門賦》最後一個韻段只有二十七韻,"按流徵以卻轉兮,聲幼妙而復揚",韻字"揚"僅此一見,而陽部韻譜平聲就此出韻字二十八個（183）,"揚"字疊出。有顛倒者,如揚雄《司空箴》"臣人均""賢天"兩組韻字,真部韻譜平聲下卻先出者後列,後出者前置（200）。

出處標示不準確者,所在多有,如魚部去聲司馬相如名下第一組韻字"處舍具"標"同上"（145）,等於没有標示；"真元"合韻内揚雄名下《少府箴》之後的韻段"勤山樊門人信蘭",標"同上"（204）,而實出自《元后誄》。有的韻段,如元部韻譜去聲王褒《僮約》的"桉蒜""炭岸"（210）等,漏標頁碼。

諸如此類,凡已檢出者,我們在編制韻譜的過程中,都一一作了訂正或補充。韻字的歸部,凡是《研究》前後不一者,悉從其"兩漢韻部分論"所述。就嚴可均輯《全上古三代秦漢三國六朝文》中司馬相如、揚雄、王褒、李尤四人的全部作品而論,共增補 74 個韻段,其中《蜀都賦》22 段,《太玄賦》13 段,共 25 段,佔到增補數的三分之一；爲 28 個韻段增收韻字,其中 18 字係一個片段的首句尾字。

5. 異調通押的處理。兩漢韻文中同韻部而不同聲調的字究竟能否押韻,換個角度來説,一個韻段内是否允許使用同部而不同調的韻字？周祖謨指出："惟論兩漢之音,尚不能不注意四聲分用之例。"如司馬相如《上林賦》"扈野"與"櫧櫨邪閭"分用,"去獸兔耀宙"與"羽虞""處仆"上去分用,王褒《僮約》"脯筈"與"具竇鬭"及"酒口斗偶"平上去分用,揚雄《甘泉賦》亂曰以下“卉對”與“依迟”平去分用，《研究》之五“漢代四聲的類別”重申“我們在研究漢代韻文的押韻的時候，不能不分辨四聲”，並列舉上述例證，以強調“四聲是要加以區別的”(67)。《研究》認爲“平上去的名字雖然是齊梁人所創的，現在我們也不妨利用它來説明古聲調的類別”，其韻譜“在陰聲韻和陽聲韻一部之内都把平上去三聲分列”。但是，“假如一字的聲調跟韻書的分類不同”，則“只能根據韻文來定，絶不受韻書的限制。有時一字古人有兩種不同的押法，也許是古人押韻不拘一聲，也許是古人有兩種不同聲調的讀法，究竟如何，很難斷定，現在只有從例證的多少來做判斷了”(121)。這一處理，對於分析兩漢詩文的押韻，尤其是正確切分韻段，從而進一步認識和分析兩漢的韻部系統，很有指導意義。

那麽，漢代韻文中是否存在同部異調通押的情況？《研究》没有正面觸及這一問題。它一方面説明“在漢代的韻文裏平上去三聲字的分類跟後世韻書中所分差不多都相同，只有一部分字跟韻書不一樣”，這些字“在江有誥《唐韻四聲正》裏差不多都已經舉出來了”(68—69)；另一方面，又在各韻部韻字表下屢出小注，或引前代學者考訂，或列中古韻書反切，以證明某字漢代有某聲一讀；或徑出某篇某個韻段，有時更加上相關的文字考訂，作爲將某字列入某調的依據。儘管如此，《研究》的韻譜中韻字同部不同調的韻段還是頻頻出現，不作任何説明。其中好些韻段其實並未從例證多少來判斷，而更像是“隨文定調”，例如：

地：《廣韻》《集韻》只有一讀，在去聲至韻，《研究》韻字表中前漢、後漢均列入支部去聲。據《研究》的全部資料統計，漢代韻文中作押韻字凡九見（《太玄·内上九》另有韻“地過”一見），揚雄《元后誄》“地帝懈”，司馬遷《史記自序》“帝地”，班固《典引》“帝地”，蔡邕《釋誨》“知地賜”，以及司馬相如《子虚賦》以“擊眦繫地”支錫合韻，揚雄《羽獵賦》以“地彎擊地”支脂錫合韻，以上七例《研究》皆列去聲。但是，司馬相如《子虚賦》“地離追施”，卻列歌支脂合韻的平聲(157)；李尤《小車銘》“地離”，亦列在支部平聲(159)。

記：《廣韻》《集韻》只有居吏切一讀，在去聲志韻，《研究》之部韻字表只列去聲。漢代韻文中作押韻字凡五見，揚雄《太史令箴》“記司”，邊韶《對嘲》“字笥事意記”；又司馬相如《子虚賦》“類萃記計”、李尤《太學銘》“記位”，並爲脂之合韻。此四例均列在去聲下，獨揚雄《長楊賦》“之旗記”徑列於之部平聲(126)。

滌:《廣韻》錫韻徒歷切①,漢代韻文中作押韻字僅兩見。《研究》韻字表列入沃部,並注"班固《東都賦》與'嶽洛作'相叶,見鐸部合韻譜"(222)。但是王褒《僮約》"晨起早掃,食了洗滌。居當穿臼縛帚",滌字卻因"掃、帚"而被視爲上聲字,韻段"掃滌帚斗"列入幽魚合韻上聲下(136)。

爲了説明問題,再選若干同類例子簡單對比列表如下:

例字	《廣韻》《集韻》	《研究》韻字表	相關韻段	兩漢詩文韻譜排列
祉	只收上聲止韻	只列之部上聲	《河東賦》祉載	之部去聲
椕	只收去聲候韻	只列幽部去聲	《子虚賦》抱椕	幽部上聲
嶢	只收平聲蕭韻	只列宵部平聲	《四子講德論》寶嶢	幽宵合韻上聲
笑	只收去聲笑韻	只列宵部去聲	《兖州箴》朝笑	宵部平聲
阻	收語、御二韻	只列魚部上聲	《幽州箴》阻都胡	魚部平聲
繼	只收去聲	只列支部去聲	《元后誄》濟娣繼	支部上聲
上	收養、漾二韻	前漢無,後漢上	《九懷》洋荒上强	陽部平聲
榛	只收平聲	只列真部平聲	《哀秦二世賦》衍榛	真元合韻上聲
溱	只收平聲臻韻	只列真部平聲	《聖主得賢臣頌》獻溱	真元合韻去聲
亂	只收去聲換韻	只列元部去聲	《光禄勳箴》湎亂	元部上聲
輓	收阮、願二韻	只列元部去聲	《解嘲》輓安	元部平聲
御	只收去聲,韻目字	只列魚部去聲	《長楊賦》巧御	幽魚合韻上聲
候	只收去聲,韻目字	只列魚部去聲	《解嘲》搜塗候鈇書廬	魚部平聲
至	只收去聲,韻目字	只列脂部去聲	《上林苑令箴》差至指	脂歌合韻上聲
静	只收去聲,韻目字	只列耕部上聲	《解嘲》静廷	耕部平聲

江有誥《唐韻四聲正》卷首《再寄王石臞書》:"古人實有四聲,特古人所讀之聲與後人不同。陸氏編韻時,不能審明古訓,特就當時之聲,誤爲分析……有一字上去入三音而遺其上入者,如'至'字是也;有一字平上去三音而遺其平聲者,如'上'字是也;有一字平上去三音而遺其平去者,如'静'字

---

① 《集韻》亭歷切。另外嘯韻有"滌,養牲室",徒弔切。此音義跟這裏的討論無關。

是也。"這能否作爲將上表中包含"上、至、静"三字的韻段徑直列入平聲和上聲的依據呢？恐怕也難，因爲江氏所謂一字有幾音，指周秦古音，如果漢代依然如此，則必須提供相應的證據，僅僅類推未必靠得住。

王力《詩經韻讀》："應該承認，《詩經》時代有異調通押的情況。今天我們的京劇和曲藝是異調通押的，元曲也是異調通押的，異調通押並沒有什麽奇怪，因爲韻既相同，聲調不同也是相當諧和的。我們説，在《詩經》時代，同調相押是正常情況，異調通押是特殊情況。"[1]對於兩漢韻文的押韻，也應當作如是觀。因此，不能因爲四聲分用的例子至多，便用它來"一刀切"，漠視異調通押的事實。既然"漢代的韻文裏平上去三聲字的分類跟後世韻書中所分差不多都相同"，凡遇異調通押者，不妨一律依《切韻》系韻書標明。

四、考論（四）

王力定漢代音系的韻部爲二十九部[2]，《研究》分二十七部。兩者區別在於王先生以脂、微，真、文，質、物兩兩分立而没有祭部，因爲"祭部原是古入聲字，應與月部合爲一部"。《研究》則認爲"到了兩漢時期脂微兩部除了上聲有一點兒分用的迹象以外，平去聲完全同用，没有分别"，"質術兩部，漢代也是通用爲一類的"，"真文兩部在兩漢時期也是合爲一部的"（30），並從戴震、王念孫、江有誥等人之説將只有去聲的祭部獨立出來。

古代韻文中的合韻現象非常普遍，如何劃分兩部合用跟本爲一部這二者的界限，能否在分、合之間確定一個量化指標？有學者以王力脂、微分立爲例，據其《詩經韻讀》逐一統計分析，然後提出了一個"參照系"：獨用在70% 以上的算分，在60% 以下的算合；介於二者之間的爲"難以確定"[3]。鑒於脂、微分立早已得到學界的普遍承認，我們不妨借用這一指標來考察蜀語的韻部。

首先來看真文二部。司馬相如《子虚賦》韻"紛雲"，皆文部字；又"銀鱗"，前者爲文部字，後者爲真部字；又"顛榛"，皆真部字。這三個韻段分别

---

① 王力《詩經韻讀》28 頁，上海古籍出版社 1980 年。
② 王力《漢語語音史》82—83 頁。
③ 劉冠才《兩漢韻部與聲調研究》24 頁。據該書統計，《詩經》押脂微韻的有137 個韻段，脂微兩部獨用96 個韻段，佔70.1%。王力自己統計的數據是"在110 個押韻的地方，脂微分用者84 處，約佔全數四分之三；脂微合韻者26 處，不及全數四分之一"，見《漢語音韻》144—145 頁，中華書局1980 年。

計入文獨用、真文合用和真獨用。韻譜一中的真部有 132 個這樣的獨立韻段,另有真、文與其他韻部之間通押的韻段 126 個,例如與元部合用,揚雄《法言·寡見》天山淵,"天淵"真部字,計入真獨用;王褒《九懷·尊嘉》門欣難根,"門欣根"文部字,計入文獨用;司馬相如《子虛賦》濱山麟輪,"濱麟"真部字,"輪"文部字,計入真文合用。下表列入"其他合韻"的,主要指三個及三個以上的韻部通押,例如揚雄《元后誄》生經顛盈傾衡,"生經盈傾"耕部字,"衡"陽部字,而"顛"真部字,此例計入真獨用;李尤《函谷關銘》陘庭門□零泉經,"陘庭零經"耕部字,"泉"元部字,而"門"文部字,此例計入文獨用;司馬相如《長門賦》心音宮臨風淫陰音襜闇吟南中宮崇窮音,"宮中崇窮"冬部字,"襜"談部字,"闇"文部字,餘皆侵部字,此例計入文獨用。

漢代西蜀作家的作品中使用這兩部字押韻的情況如下:

	獨立韻段	與元合韻	與耕合韻	與侵合韻	其他合韻	合　計
真	32	34	8	5	7	86
文	26	35	9	3	6	79
真文	74	16	1	2	0	93

蜀人以真文兩部字押韻,共 258 次,其中兩部獨用 165 次,佔總數的 64%;合用 93 次,佔總數的 36%。陰、入、陽相承,脂與微、質與術,彼此的對應情況跟真、文大體一致。既然如此,脂、微兩類分立便缺少了充分的依據。

沿用前例,韻譜一中祭、月二部字押韻的情況如下:

	獨立韻段	與脂合韻	與質合韻	與緝合韻	其他合韻	合　計
祭	40	35	3	1	0	79
月	19	2	16	1	5	43
祭月	9	0	0	1	1	11

其他合韻,如揚雄《幽州箴》別偪陸鬻,"陸鬻"沃部字,"別"月部字,"偪"職部字,計入月獨用;司馬相如《子虛賦》潰汨瀄折洌瀄鼈瀨沛墜礧溉沸沫疾,"潰墜鼈沸"脂部去聲字,"汨瀄溉疾"質部字,"折洌沫"月部字,"瀄瀨沛礧"祭部字,計入祭、月合用。兩部共 133 次,合用 11 次,獨用 122 次,佔總數的 91.7%。這足以證明,祭、月兩部應當分立。

對於《詩經》音魚、侯兩部在漢代的分合,學者們的意見頗爲分歧。《研究》認爲"魚侯兩部合用是西漢時期普遍的現象,這是和周秦音最大的一種不同"(21)。三國時代"東漢魚部的侯韻字分出與幽部的尤幽兩韻合爲一部",侯部得以分立①。邵榮芬則從押韻材料、歷史音變等多角度作了專題討論,指出前漢"魚、侯合用總數佔魚、侯出現總數的 11.72%",這樣的通押大致由"偶出的寬韻"、"方言的反映"及"風格兼方言因素"所造成;而虞韻字"一直分居於魚、侯兩部之中",後漢時隨着侯部中的虞韻字併入魚部中的虞韻字,魚、侯兩部的界限更加分明。"所謂魚、侯合併,不論在前漢或是後漢,都是根本不存在的"②。

考慮到侯部中的虞韻字後漢併入魚部引起的相應變化,這裏只以前漢蜀人的作品爲據,統計出他們使用魚、侯兩部字押韻的情況,結果如下:

	獨用	與之合	與幽合	與宵合	與歌合	與屋合	與鐸合	其　他	合　計
魚	153	8	12	1	12	0	6	1	193
侯	36	4	2	3	0	4	1	3	53
魚侯	38	0	3	0	0	2	0	1	44

魚、侯兩部共 290 次,其中合用 44 次,佔 15.2%;獨用 246 次,佔 84.8%。此外,魚部跟歌部通押 12 次,而侯部跟歌部卻無一例相通。這説明魚、歌兩部的主元音相近,而侯、歌兩部的主元音相遠,這也是兩部關係的一個力證。既然如此,魚、侯兩部也應當分立③。

綜上所述,我們將兩漢蜀語的韻部分爲二十八部。

上述二十八部各自所包括的單字,跟先秦以《詩經》音爲代表的各相應韻部所包括的字大體相同,當然也有一些細微的變化。

首先,原之部的少數字轉入了幽部,即尤韻一類的"牛丘久舊"和脂韻一

---

① 周祖謨《魏晉南北朝韻部之演變》上篇 2 頁。
② 邵榮芬《古韻魚侯兩部在前漢時期的分合》《古韻魚侯兩部在後漢時期的演變》,《邵榮芬語言學論文集》,商務印書館 2009 年。
③ 劉冠才《兩漢韻部與聲調研究》第三章的結論是:蜀漢方言區魚、侯兩部在兩漢時期分合"難定"。不過,即使根據該書的數據,魚、侯兩部獨用共 183 個韻段,合用僅 42 個韻段,獨用的比例佔總數的 81.33%,大大超過其參照系中認定"分"的 70%。見王力《漢語音韻》95—96 頁,中華書局1980 年。

類的"龜"字,如:王褒《九懷·危俊》蜩州脩遊牛流休悠浮求懤儔怞,《聖主得賢臣頌》刀牛,《僮約》矛州牛愚、枷杷盧車呴頭叜纑醶醯麤烏魚鳧龜餘豬芋駒廡牛叜;揚雄《太玄·礥次七》丘牛;王褒《九懷·蓄英》蕭條蜩丘嗥留,揚雄《反離騷》流丘,《太玄·養次三》丘荵。用作押韻字,蜀人的韻文中"牛"字凡五見,在《九懷·危俊》中與之叶韻的全是幽部字,在《聖主得賢臣頌》中跟宵部字(刀)通押,在《僮約》中或跟侯部字(愚)通押,或跟歌部字(枷)、魚部字("枷龜牛"以外諸字)通押。"丘"字凡四見,在《九懷·蓄英》《反離騷》中與之叶韻的全是幽部字;在《太玄》中與之部字"荵"相叶,當是周秦古音的承用;跟"丘"字相叶,我們視爲幽部的韻段。又如:揚雄《兗州箴》久咎,《太玄·永首》取與久、《永測》道久保、《去測》醜咎久;《疑次四》舊孚。以上"久"作押韻字凡四見,有三次都跟幽部字相叶,只有一次跟魚、侯部字(取、與)通押。"舊"僅一見,跟它叶韻的也是幽部字。"龜"作押韻字,除上述《僮約》之外,另有兩見:揚雄《荊州箴》調茅龜饒,李尤《辟雍賦》要牢朝龜。這兩例中,"龜"字均和其他幽部字(調茅牢)一道跟宵部字(饒要朝)合韻。

其次,《詩經》音屬於幽部的"軌"字在蜀人作品中的讀音變化也值得注意。此字從車,九聲,在《詩經》中僅一見,《邶風·匏有苦葉》二章"濟盈不濡軌,雉鳴求其牡",跟幽部"牡"字叶韻。揚雄作品凡五用,有兩次跟之部上聲字相叶:《博士箴》軌士,《太玄·昆次六》市軌。僅由此看,似乎此字在蜀地跟在其他地區一樣已轉入幽部①。但是,《太玄》中其餘三次卻並非如此:《銳次六》醜軌,《裝次八》軌道,《永次八》軌後。前兩次跟幽部字(醜、道)相叶,後一次跟侯部字(後)通押。這種分歧,正如《研究》所說,反映了"軌"字"晉以後轉入脂部的一個過程"(18)。

陽聲韻中只有蒸部"雄"字的讀音發生了轉變。此字《詩經》中兩見(《無羊》《正月》),跟它相叶的全是蒸部字。漢代蜀人只有揚雄用作押韻字:《羽獵賦》窮雄溶中,《法言·淵騫》容雄,例中"雄"都跟東部字"容溶"通押,前一例中"窮中"是冬部字。這兩條材料似乎可以看成冬、蒸、東通押或者東、蒸通押,僅僅據此尚不能肯定"雄"字已經轉入冬部。但是,後來跟

---

① 　參見《研究》三"兩漢韻部分論",17—18 頁。

"雄"同在《廣韻》東韻的"夢"等字即使在揚雄的作品中也没有發生類似的變化,例如其《甘泉賦》即韻蒸部"繩夢"。結合同時代的其他作品,尤其是東漢時期的作品來考察,可以"足證雄字已轉入冬部"①。

有漢一代長達四個多世紀。由前漢到後漢,蜀地某些字的讀音也發生了一些變化。這些變化主要有三個方面:

1. 魚部麻韻一系的字轉到歌部。例如:王褒《九懷·通路》户者覩語處陼,《四子講德論》下緒夏莒;揚雄《酒賦》壺酤車家乎,《太僕箴》馬野魯。這幾個韻段,跟"家、車、下、者、馬、野"相叶的全是魚部字。而揚雄《逐貧賦》韻"遐加砂家羅呵何",跟魚部字"遐、家"通押的卻全是歌部字,就已經顯出了這種變化。如果這裏還僅僅是合韻,那麼以下韻段則應當視爲歌部字相叶了,因爲這種變化跟後漢時期其他作品的情形完全一致②:李尤《舟楫銘》馬下野可,《九曲歌》斜車;趙壹《窮鳥賦》野下者左我可墮火。

2. 歌部支韻一系的字轉到支部。歌、支兩部的字在晚周的韻文中已經可以通押,在前漢時期兩部相叶更爲普遍。從韻譜一可見,司馬相如、王褒、揚雄的作品中歌、支通押多達二十八例,如:平聲:司馬相如《子虛賦》隄犧施鵝加池、崖陂波、雞鸃;揚雄《蜀都賦》嵯倚崎施倚岢巇巇、虵螭、多桅蘿斯,《甘泉賦》施沙厓、峨厓,《羽獵賦》池河崖陂、碕螭蠵,《光禄勳箴》籬岐、差鼙,《元后誄》斯支離,《法言·淵騫》規隨,《太玄·夬次八》枝羅。上聲:司馬相如《子虛賦》靡豸;王褒《洞簫賦》迤睨;揚雄《解難》此彼,《太玄·唫次八》禍解。去聲:司馬相如《子虛賦》化義帝;揚雄《覈靈賦》義智,《博士箴》化易。

以上"隄崖雞巇螭厓蠵岐鼙斯支規枝,豸睨此解,帝智易"爲支部字,其餘爲歌部字。通押韻段數量之多,分布之普遍,説明當時兩部的實際讀音相近,似乎可以併爲一部。但是,歌部字可以跟魚部字通押,韻譜一中有上述三人兩部合韻共十一例,平、上、去三聲均出現,而支部字則絶不跟魚部字押韻,我們未曾從蜀人作品中發現一例,可見兩部應當分立。另外,上述歌、支兩部的通押在字類上也有一些分别:歌部跟支部支韻一系押韻的字大體都是歌部的支韻字(舉平以賅上去,下同),如"池虒、籬岐、枝螭、斯支離、規隨、

---

① 《研究》三"兩漢韻部分論",32頁。

② 《研究》三"兩漢韻部分論",23—24頁。

此彼、靡豸、義智"等,而跟支部佳韻一系字通押的大體是歌部的歌、戈、麻韻字,如"峨厓、禍解"等(也有以上兩類混合的情況)。既表現出歌部的歌、戈、麻韻字跟支韻字的分別,也表現出支部的支韻字和佳韻字的分別。歌部的支韻字跟歌、戈、麻韻字有分別,到了後漢歌部的支韻一系字,如"池、移、施、宜、離、爲"等,就都轉入了支部。這一轉變也是跟當時的通語的變化同步的①。所以,以下李尤的韻段便被視爲同部字叶韻了:《鴻池陂銘》陂規池,《欜銘》移危,《鍾簴銘》知規施宜迤,《鎧銘》危爲,《小車銘》地離。

3. 陽部庚韻一類字如"兵、衡、京、鯨、竟、明、卿、英"等,後漢大半轉入耕部。試比較:司馬相如《長門賦》:梁撐梁將光章綱央楊堂房長揚卬橫徨殃牀香旁亡光方霜更明忘(《全漢文》22/2 下)。李尤《印銘》:明行程(《全後漢文》50/11 上)。揚雄《甘泉賦》:行兵狂裝梁攘眆章(《全漢文》51/4 上)。李尤《寶劍銘》:兵名鯨刑聲(《全後漢文》50/9 上)。王褒《九懷・通路》:陽行光英祥裳將旁光當(《全漢文》42/3 上)。揚雄《解嘲》:卿光衡當(《全漢文》53/2 上)。無名氏《時人爲折氏諺》:卿英平經(《漢詩》8/245)②。

以上《長門賦》中跟"明"叶韻的其餘二十六字都是陽部字,而《印銘》中與之相叶的"程"則是耕部字;《甘泉賦》中跟"兵"叶韻的"行狂裝梁攘眆章"也都是陽部字,而《寶劍銘》中與之相叶的"名刑聲"則是耕部字;《九懷・通路》中跟"英"叶韻的都是陽部字,《解嘲》中跟"卿"叶韻的"光當"也是陽部字,而《時人爲折氏諺》中與"卿英"相叶的"平經"則是耕部字。李尤與揚雄,相去不過百年,他們作品叶韻的對比如此鮮明,上述庚韻諸字音讀的變化顯而易見。其實,王褒《四子講德論》韻"清明靈",揚雄《太玄・玄瑩》韻"明靈",已將"明"與耕部字通押;又《甘泉賦》韻"羌陽章亢京庭",用耕部"庭"跟包括"京"在內的陽部字通押;而李尤《辟雍賦》韻"璫卿觴蹌",《圍棊銘》韻"竟陽張",則用庚韻字"卿竟"跟陽部字通押。正是這些合韻的韻段,留下了上述庚韻諸字的音讀逐漸演變的軌迹。

五、考論(五)

《研究》指出(45):"'合韻'的材料很重要。根據這種材料,一方面可以

---

① 《詩經》屬於脂部的"爾、累"以及從它們得聲的字從東漢開始也轉入支部,但蜀人作品中未見。
② 劉琳《華陽國志校注・先賢士女總贊中》,421 頁。

瞭解各部之間聲音的遠近,凡是兩部字通押較多的,聲音一定相近,凡是很少在一起相押的,聲音一定相差較遠;另外一方面還可以進一步從通押的關係上推測各部的讀音。"下面分析韻譜一中的合韻材料。

1. 陰聲韻部之間的合韻。韻譜一中兩兩合韻數如下表:

	之	幽	宵	侯	魚	歌	支	脂	祭
之		13		3	3		1	6	
幽	16		15	2	8				
宵		8			1				
侯	1	1	3		12				
魚	5	4		31		4			
歌					9		19	21	
支						9		6	
脂	13				15	1			19
祭								16	

上表中合韻總數爲 265 個韻段。這九部可以分爲兩組:之幽宵侯魚爲一組,歌支脂祭爲一組。前一組中,之、幽合韻共 29 段,幽、宵合韻共 23 段,魚部跟之部(8 段)、幽部(12 段)和宵部(1 段)都有合韻,侯部跟之、幽、宵也偶有通押者,而侯、魚兩部的合韻最多,達 43 個韻段。另有 5 段爲三部合韻,如侯、魚、幽通押等。後一組中,歌、支合韻共 28 段,而脂部跟歌、祭的合韻分別達 36、35 段,跟支部也有合韻(7 段)。本組有 5 段爲三部合韻,皆歌、支、脂通押。兩組組內韻部之間的合韻數佔到陰聲韻部合韻總數的 85% 以上。

之、幽合韻涉及的兩部字如下:之部:梅豺才芝謀時來頤殆薹旗晦軌止齒母悔有始已友晷事富。幽部:陶柔蚪籌游憂收酉罩丘道咎缶獸茂醜保牖守首莠救究。

之部共 24 字,其中有 9 個是之韻字:芝時頤旗止齒始已事;4 個是尤韻字:謀友有富。二者相加,超過一半。幽部共 23 字,"陶蚪道茂保"之外全是尤韻字。證明之、幽二部的之、尤兩韻字讀音最爲相近。

跟魚部字合韻的之部字是:蒔、騏、罘,子、止、海,事、態。其中"蒔、騏、子、止、事"是之韻字,"罘"是尤韻字。跟魚部合韻的幽部字是:流、游、憂、孚、陶、道、獸、九、首、巧、咎、醜、冒。其中"流、游、憂、獸、九、首、咎、醜"是尤韻字。而跟之、幽、宵、侯合韻的魚部字中麻韻字卻很少(詳後)。由此可以推知,之、幽(尤)跟麻韻以外的魚部字的元音可能比較接近。

據韻譜一和《研究》提供的其他押韻資料統計,前漢時期幽、宵二部合韻總共28個韻段,除了枚乘《柳賦》"醪庖彫寥髦袍毛醪撩",淮南小山《招隱士》"幽繚",韋孟《在鄒詩》"舊朝",《淮南子·修務》"豪休",《史記·太史公自序》"驕條"(其中"髦毛撩繚朝豪驕"爲宵部字)這五個韻段之外,其餘都見於蜀人作品(司馬相如4段,王褒5段,揚雄14段),正如《研究》所説,"幽宵兩部通押主要是蜀人"(47),"這兩部的聲音必然相近。但還不能確定幽宵是否爲一部"(86)。另外,蜀人作品中跟幽部字通押的宵部字是:猋、饒、巢、繇、號、昭、堯、趭、消、刀、苗、飆、要、朝、廟、沼、紹、鎬、杳、少、矯、表、詔、笑、照。除"巢、號、堯、刀、鎬、杳"之外全是宵韻字。而在這一組中,宵部跟之部卻沒有通押的例子,説明它的元音跟之、幽二部當有一定的距離。

魚部跟本組中其餘四部合韻最多,共74段,其中單跟侯部通押達45段。跟之、幽、宵、侯四部字通押的魚部字是:無、徒、車、居、娛、梧、魚、虞、胥、斜、罝、胡、豬、諸、餘、旴、圖、墟、辜、廬、輿、虛、駐、塗、邪、閭、如、舖、夫、間、浦、野、下、渚、緒、户、所、斧、敍、處、語、女、虎、雅、武、寓、序、父、午、古、舉、與、呂、鼓、矩、寡、伍、雨、黼、去、處、舍、靶、射、路、與、譽、步、庶、度、誤、御、禦、怒、懼。只有"邪、閭、車、罝、斜,野、下、雅、寡,舍、射、靶"是麻韻字,不足六分之一;單跟侯部字通押的64字中,絕大多數是魚、虞、模韻字,麻韻字只有10個。而魚部跟歌部通押,只見於司馬相如、王褒和揚雄的作品,其中的魚部字是:盧、車、呿、辜、虛、華、湖、遮、䍐、荼、遐、家,矩,杷、罵。多數(車、遮、華、荼、家、䍐、遐,杷、罵)是麻韻字。魚部的其他幾類字中,虞韻字絕不與歌部字相押,魚、模韻字跟歌部字合押的也很少。由此可知,魚部麻韻字的讀音當與歌部字近,所以後漢時和其他魚部字分道揚鑣,併入了歌部。

後一組中,歌部跟支部支韻一系押韻的字大體都是歌部的支韻字,如"池、籬、螭、離、隨、彼、靡、義"等(已如前述)。歌部字除跟支部字合韻之外,還跟脂部字通押。跟脂部通押的歌部字是:蘿、莎、危、馳、離、化、波、隨、奇、爲、儀、差、垂、蛇、螭、巇、靡、我、禍、挫、義。除"莎、化、波、差、蛇、我,禍、挫"之外全是支韻字。這一點很值得注意。此外,跟支部以及支、歌二部通押的脂部字是:眉、犀、肥、衰、追、泥、蠡、乖,水,帥、繼。它們中的一大半,即"眉、衰、追、蠡、水,帥"都是脂韻一類的字。可見,歌(支)、支(支)、脂(脂)

的元音應該比較接近。

祭部跟脂部通押的字後來分屬《廣韻》祭（世枻逝衛裔厲歲鋭弊劇晣綴噬）、泰（大害外蓋沛貝籟會沫礚藹）、夬（敗喝快）廢（廢穢）四韻。跟它們合韻的脂部字都是去聲字，有至韻字 7 個：位遂燧類鼻瀌祟；霽韻字 1 個：戾；未韻字 4 個：費既貴沸；隊韻字 4 個：隊内退對；除了"鼻瀌既"以外都是合口字。它們都是屬於《詩經》音微部的字，其讀音一定跟祭部比較接近，而跟屬於《詩經》音脂部的字近於支部有别。《研究》認爲"脂祭通押……可能是陝西、甘肅的方音現象"（59），其實，在跟陝、甘接壤的西蜀也是如此①。

前漢蜀人的韻文中陰聲韻和陽聲韻通押的有以下兩例：

　王褒《洞簫賦》：哮呷呟唤，躋躓連絶，溷殄沌兮。攬搜澤捎，逍遥踊躍，若壞頽兮。（《全漢文》42/2 下）

　揚雄《少府箴》：共寮不御，不恢夏殷。喪其國康，而卒以陵遲。（《全漢文》54/7 上）

以上兩個韻段比較特殊，都以真、脂相叶，説明兩部陰陽對轉的關係，而且揚雄很可能受"齊人言殷聲如衣"的影響②，"衣"是脂部字。

2. 陽聲韻部之間的合韻。如下表：

	蒸	冬	東	陽	耕	真	元	談	侵
蒸		4		2	3	1			4
冬	4		8		3				2
東		12		2					1
陽	5	2	13		7				
耕	3	1	2	6		6			
真					11		47	3	5
元					1	37		2	
談						1			5
侵	2	5	1			4	3	4	

① 這些字上古音的歸屬，學者的意見並不一致，如唐作藩、郭錫良多數歸物部，少數（鼻瀌）歸質部。此從《研究》。但《研究》謂蜀人"脂部與祭部通押的字都是未韻或隊韻的字"（86）則未確，即使不計《太玄》《法言》，其脂部合韻譜上《子虚賦》"位"（168），又祭部合韻譜上《子虚賦》"燧"，《大人賦》"瀌"，《雍州箴》"戾"，《少府箴》"祟"（171—172），五字皆非未、隊韻字。

② 《禮記·中庸》"壹戎衣而有天下"鄭玄注。參見汪啟明《先秦兩漢齊語研究》152—163 頁。

表中的合韻總數爲 222 個韻段，其中-ŋ 韻尾的韻部之間 77 段，-n 韻尾的韻部之間 84 段，-m 韻尾的韻部之間 9 段，同韻尾韻部之間合韻共 170 段，佔總數的四分之三以上。在同韻尾韻部之間的合韻中，真、元通押 84 個韻段，佔了同類的一半，最爲突出。真部有獨立韻段 130 個，元部有獨立韻段 94 個，兩部通押數超過了獨用數總和的三分之一，證明兩部通押之普遍[①]。另外，跟真部字通押的元部字共 73 個，其中四分之三是《廣韻》的元韻字（20 個：樊煩熑藩蕃誼喧軒元言原源垣園、反偃遠、獻苑願），山韻字（3 個：閒間山），先韻字（5 個：邊前妍、宴縣）和仙韻字（26 個：川穿船舡連漣篇愆遷錢全泉權然燃宣旋焉延猭緣、善衍轉、挻羨），寒、桓、刪韻字只有 19 個（安班殂餐端干關汗寒環蠻難蘭巒摶、涎、散觀晏）。説明元、山、先、仙韻字的讀音跟真部字比較接近。

冬、東兩部合韻共 20 個韻段，在同韻尾韻部的合韻中僅次於真、元兩部。《研究》認爲“東冬兩部王褒和揚雄的韻文裏通押的比單獨應用的多”，加上“揚雄的《太玄經》裏也有七八處東冬合用的例子。下至東漢時，廣漢人李尤所作的韻文裏東冬也合用不分”，儘管“司馬相如的韻文裏不見有東、冬合用的例子”，仍然推斷“這兩部可能就是一部”，這“可能是蜀方言的一般現象”（87）。這種推斷是否符合實際，還可以商量。首先，《研究》的數據有失誤，有遺漏。即使依照其“兩漢詩文韻譜”所列（175—179），冬獨用：王褒沒有例，揚雄 3 段；東獨用：王褒 5 段（平聲 3、上聲 1、去聲 1），揚雄 9 段（皆平聲）。冬東合韻：王褒、揚雄各 1 段；東冬合韻：王褒 2 段，揚雄 5 段（皆平聲）。王褒兩部獨用共 5 段，通押共 3 段；揚雄兩部獨用共 12 段，通押共 6 段。二人通押共 9 段，獨用共 17 段，前者顯然不比後者多。今加上《太玄》與《法言》的語料，據韻譜一全面統計，兩漢蜀人的作品中冬東兩部的使用情況如下：

	獨立韻段	與蒸合韻	與陽合韻	與耕合韻	與侵略韻	其他合韻	合　　計
冬	24	8	2	4	7	1	46
東	43	0	15	2	3	0	63
冬東	20	1	0	0	1	0	22

---

① 參見《研究》四“兩漢韻部之間通押的關係”，51—52 頁。

總數爲 131 次,冬、東合用僅 22 次,只佔總數的 16.8%。

其次,横向比較。《研究》在論定《淮南子》中"《詩經》音的東冬兩部……合爲一部"時(78—79),指出"《詩經》音冬部字在《淮南子》中押韻的例子有十九處":獨用四處,與東部字合用十二處,與侵部字合用兩處,與蒸部字合用一處。冬部字獨用數只佔其使用總數的 21%,與東部字的通押佔其總數的 63%。而據上表,蜀人作品中冬部字的使用總數爲 68 次,獨用 46 次,佔總數的 67.6%,這是《淮南子》同一比例的三倍多;單與東部字通押僅 20 次,只佔總數的 29.4%,不足《淮南子》同一比例的一半。

最後,考察與左鄰右舍的關係。江有誥《音學十書》卷首《復王石臞先生書》:"東每與陽通,冬每與蒸侵合,此東冬之界限也。"從這一角度看,《淮南子》與蜀人作品的相關數據比較如下表所示:

	東陽合韻	冬蒸合韻	冬侵合韻	東蒸合韻	東侵合韻	冬陽合韻
淮南子	24	1	2	6	0	1
蜀人作品	15	8	7	0	3	2

《淮南子》中東部跟陽部合韻多,冬部跟蒸、侵兩部合韻少;兩漢蜀人作品中冬部跟蒸、侵兩部的合韻數是《淮南子》的五倍,與東、陽兩部的合韻數相等。這種差別説明,漢代蜀語中東、冬之間雖然音近,但界限大致分明,跟《淮南子》所代表的陳楚江淮方言東、冬合爲一部並不完全一致[1]。

至於東、陽兩部合韻一共 15 個韻段,司馬相如、王褒和揚雄的作品中都有例子,但主要見於揚雄的作品。這兩部的通押,在於其元音可能比較接近,跟陰聲韻中魚、侯兩部的通押最多相應。

不同韻尾的韻部之間通押數雖然不到陽聲韻部通押總數的四分之一,但是三種不同韻尾的韻部交叉互叶的例子都有。

-n 與 -ŋ。主要是真部和耕部通押,共有 17 個韻段,司馬相如、王褒和揚雄的作品中都有這樣的例子,如:司馬相如《封禪文》民秦聲;王褒《四子講德

---

[1] 劉冠才《兩漢韻部與聲調研究》第四章第三節在列舉"西漢蜀漢方言區作家詩文東冬兩部入韻"的情況之後認爲"可以斷定,西漢時代蜀漢方言區的東冬兩部也是合在一起的",128—129 頁。且不説他使用的材料未及《法言》《太玄》,即使按照他自己列舉的數據,東獨用 19,冬獨用 10,東冬合用 12,入韻共 41,(19 + 10)∶41 = 70.73%,也達到了作者自己提出的兩部當分的標準。

論》名文緡；揚雄《法言·重黎》因成，《太玄·玄瑩》經分形。以上"聲名成經形"爲耕部字。李尤的韻文中沒有真、耕通押的例子，但是他和揚雄的作品中都有真、耕、元三部通押的例子：揚雄《法言·孝至》臣蕃神靈；李尤《函谷關銘》陘庭門□零泉經，《德陽殿賦》先楹經蜓門雲。其中"靈陘庭零經楹"爲耕部字，"泉蜓蕃"爲元部字。其餘都是真部字，其中多數又是《詩經》音的真部字（臣恩民緡親秦人神天新信因膜），少數是《詩經》音的文部字（分根君門文先雲尊吝順），可能真部的元音跟耕部更爲相近。這種現象，也出現於賈誼、嚴忌、枚乘的韻文，《淮南子》《易林》中亦多見①。因此，尚無法據此判斷漢代蜀語有把韻尾-ŋ讀成-n的可能。

　　-n與-m。韻譜一中有真部跟侵部合韻9個韻段，跟談部合韻4個韻段；元部跟侵部合韻3個韻段，跟談部合韻兩個韻段，一共18個韻段。例如：真侵：王褒《四子講德論》聞音心；嚴遵《座右銘》蔭因；揚雄《法言·序》親神心，《太玄·銳次五》西心、《禮測》親心真、《逃次五》林淵、《昆測》人心親貧旬倫均仁身、《窮測》心民；李尤《函谷關賦》咽年君文勱循門琛奔論坤。元侵：王褒《洞簫賦》耽還，嚴遵《座右銘》深言。真談：王褒《四子講德論》陳賢廉；揚雄《法言·君子》堅廉，《太玄·少首》淵鐵、《交測》慭人。元談：揚雄《法言·寡見》觀兼，《太玄·視測》全瞻。

　　以上"音心蔭林琛耽"爲侵部字，"廉鐵兼瞻"爲談部字，"還言觀全"爲元部字，其餘都是真部字。司馬相如的韻文中雖無上述兩兩合韻的例子，但其《長門賦》韻"心音宮臨風淫陰音襜闔吟南中宮崇窮音"，真（闔）、冬（宮中崇窮）、侵（心音臨風淫陰吟南）、談（襜）四部通押。根據《研究》的韻譜，同類現象前漢只偶見唐山夫人、無名氏各一例，後漢則《易林》有侵、真合韻11例，侵、元合韻兩例，《漢書·敘傳》有真、侵合韻4例②；其餘不足10例，出自馮衍、鄭衆、傅毅、王逸、崔瑗等，人各一例。如此集中地使用，只有蜀人的作品，特別是前漢時期。由此推測，當時的蜀語中真部與侵部、元部與談部的主要元音可能比較接近，而韻尾-m變爲-n也並非沒有可能。

　　-m與-ŋ。蜀人作品中侵部與冬、東、蒸共通押16個韻段。其中，侵、冬

①　參見《研究》52頁，又259—260、291頁。

②　分別見《研究》204、297、315頁。

合韻 7 段：司馬相如《子虛賦》蓼風音宮窮；王褒《洞簫賦》淫慘音風窮；揚雄《長楊賦》戎禽，《太玄·進次四》陰融、《減測》禁眔、《沈首》陰宮、《玄瑩》深密中。以上"宮窮戎融眔密中"爲冬部字。侵、蒸合韻 6 段：揚雄《甘泉賦》乘風澄兢，《解難》風升閎絋蒸，《元后誄》崩心音勝，《太玄·周次七》淫朋、《裝次二》冰風乘、《應次八》陰應。以上"風心音淫陰"爲侵部字。侵、東合韻 3 段：揚雄《蜀都賦》岑瓏，《尚書箴》聰恭風；闕名《西狹頌》雍恫風。"岑"侵部字。另外，趙壹《迅風賦》風充中終，則爲冬（中終）東（充）侵（風）合韻。《史記·司馬相如列傳》："沙棠櫟櫧，華氾枰櫨。"集解："徐廣曰：氾一作楓。"《漢書·司馬相如傳》《文選·上林賦》並作"華楓枰櫨"，是"氾"與"楓"通，而"氾"爲談部字。

　　根據上述材料推斷，漢代蜀語中侵部與冬、蒸的元音可能比較接近。至於韻尾的變化，引人注目的主要是"風"字，因爲它的韻母後來讀成了-ŋ。兩漢蜀人的作品中此字凡 11 見，另有司馬相如《子虛賦》韻"音風"，揚雄《蜀都賦》韻"衽陰風金"，李尤《牖銘》韻"陰風"，與之相叶的都是侵部字。儘管前、後漢都有只和侵部字押韻的例子，但比起跟-ŋ 韻尾韻部的合押來，畢竟是少數，所以不能肯定其韻尾仍然是-m。《研究》認爲"'風'字在東漢時期已經有些方言讀爲-ng 尾"（61），也不能肯定蜀語就在其中，因爲三國時楊戲的《季漢輔臣諸葛丞相贊》"濱真文風身"，"風"還是作爲侵部字跟真部字合韻，與《季漢輔臣王元泰等贊》韻"真文林"一樣；到了晉代常璩的《華陽國志》，"風"字跟-ŋ 韻尾的字合韻（參見韻譜二）。由此看來，兩漢時期蜀語"風"字的韻尾正處於由-m 向-ŋ 演變的過程中①。

　　3. 入聲韻部之間的合韻。韻譜一中合韻數如下表：

	職	沃	藥	屋	鐸	錫	質	月	盍	緝
職		5	1	7	4	2	5			1
沃	4			2	1					
藥	1	1			1					

---

① 參見劉冠才《兩漢韻部與聲調研究》153—176 頁。劉書論及三國時期"風"的讀音時將"《鼓吹曲·通荊門》章風弘央"列於楊戲名下（165 頁），非是，《吳鼓吹曲·通荊門》乃韋昭所作，見《晉書·樂志下》（作"通荊州"），又郭茂倩《樂府詩集》卷十八。

續表

	職	沃	藥	屋	鐸	錫	質	月	盍	緝
屋	3	6	1		3					
鐸	1	1	3	2		1				
錫	1			1						
質	1							8	2	1
月							8			
盍				1						1
緝	1				1		1	2		

　　合韻總數爲 84 個韻段,其中-k 韻尾的韻部之間 51 段,-t 韻尾的韻部之間 16 段,-p 韻尾的韻部之間 3 段,同韻尾韻部之間合韻共 70 段,佔總數的 83%。由此可知漢代蜀語中對-k、-t、-p 三類韻尾分辨得比較嚴格。

　　-k 韻尾的韻部之間的通押分布廣泛,兩兩通押的例子都有,幾乎難以看出彼此的界限。其中通押數量較多的是以下三組:①職屋:揚雄《長楊賦》國谷,《太玄賦》伏域燭,《上林苑令箴》穀麓伏,《法言·修身》服燭、《問明》俗則德、《重黎》國粟,《太玄·周測》束克、《禮測》則禄、《玄捝》禄福;李尤《德陽殿賦》翼縟。共 10 個韻段,其中"谷燭禄俗粟縟穀麓束"爲屋部字。②職沃:王褒《四子講德論》力睦福、賊睦;揚雄《冀州箴》陸服,《司空箴》力救鬻覆側,《太玄·法次五》陸腹食、《禮次二》穆肅棘、《度上九》貸復、《唫次五》督醬、《晦次八》直目。共 9 個韻段,其中"睦鬻覆復目陸腹穆肅督"爲沃部字。③屋沃:司馬相如《子虛賦》瑪目;揚雄《將作大匠箴》屋戮,《元后誄》獨斛學,《太玄·釋上九》穀梏、《格上九》目角撲、《翕次五》腹穀;李尤《函谷關賦》目谷;趙壹《刺世疾邪賦》濁毒酷足。共 8 個韻段,其中"目戮學毒酷腹"爲沃部字。

　　上述三類共 27 個韻段。它們的通押,和對應的陰聲韻部之魚、之幽、幽魚的通押一樣,主要元音的相近是一個重要的原因。

　　-t 韻尾的質、月合韻共 16 個韻段,如王褒《洞簫賦》溢鬱律譎折溢滅出,《四子講德論》溢發;揚雄《太玄賦》日滅,《解嘲》實熱室、烈律解嘲,《尚書箴》哲慄密舌折,《法言·問道》筆舌,以及《太玄》的《羨上九》折拐括血,《銳次二》一達,《達首》出達,《達初一》達屈,《衆上九》趹折伐血,《度次八》奪必,《飾次三》舌聿,《窮次八》雪郄,《割次七》日割。其中"折滅發熱達割舌烈哲捌括趹伐奪雪"爲月部字。合韻數量之多,可證兩部的讀音相近。

-p 韻尾的盍、緝兩部也有三個韻段合韻:王褒《洞簫賦》法合雜獵擸,《四子講德論》入法,揚雄《太玄·玄告》翕乏。其中"合雜入翕"爲緝部字。它們的通押,在於韻尾相同。

不同韻尾的入聲韻部之間的合韻主要有:職質:揚雄《解嘲》結逸七國,《法言·寡見》惑賊一,《太玄·失次二》德失、《劇次三》德室、《玄文》息德即極域、《玄捝》國秩。共 6 個韻段,其中"國德息極域惑賊"爲職部字。職緝:司馬相如《子虛賦》魶翼,揚雄《上林苑令箴》殖給。這兩個韻段中"魶給"爲緝部字。

職、質、緝三部的韻尾不同,它們分別兩兩通押,可能是由於主要元音相同相近的緣故。或許正因爲如此,揚雄的作品中盍部既可以和屋部字通押(《反離騷》捷足,足爲屋部字),又可以和質部字通押(《甘泉賦》節業,《太玄·釋首》物甲,節、物爲質部字)。

韻譜一中還有三個乃至四個入聲韻部合韻的情況,例如司馬相如《子虛賦》韻"谷閣屬宿",谷屬,屋部;閣,鐸部;宿,沃部。又韻"略獲欒若藉靾伏藉澤",略獲若藉靾澤,鐸部;欒,藥部;伏,職部。這是韻尾相同的例子。王褒《四子講德論》韻"覆德國接",德國,職部;覆,沃部;接,盍部。揚雄《幽州箴》韻"別偪陸鶿",陸鶿,沃部;別,月部;偪,職部。李尤《豐侯銘》韻"逸式説",依次爲質、職、月部字。白狼王唐菆《遠夷懷德歌》韻"塠穀樂狹石洛帛僕",塠穀僕,屋部;石洛帛,鐸部;樂、狹,分別爲藥、盍部字。《研究》把《太玄賦》"亂曰"以外的部分視爲一韻,令人懷疑,但該賦中的確存在把-k、-t、-p韻尾通押的情況,如:

> 聖作典以濟時兮,驅蒸民而入甲。張仁義以爲綱兮,懷忠貞以矯俗。指尊選以誘世兮,疾身歿而名滅。(《全漢文》52/3 下)

上文言"翠羽嫩而姎身兮,蚌含珠而擘裂",下文言"豈若師由聃兮,執玄静於中谷",因此,這幾句在意思上是一個層次,而韻"甲、俗、滅",依次爲盍、屋、月部字。這些合韻的少數特例,並不能反映入聲韻尾的混同或者失落,如《研究》所説,不過證明"古人押韻不一定都很謹嚴","作者所要求的只在於這些字音都是入聲而已"(89)。

4. 陰聲韻部和入聲韻部之間的合韻。並不限於"魚部、宵部、支部、脂部、祭部"五部(《研究》86),具體情況如下表:

	之	幽	宵	侯	魚	歌	支	脂	祭
職	12			1					
沃		3						3	
藥			2						
屋				4					
鐸				1	6	1			
錫							3		
質								16	3
月								2	9
緝									1

表中共 67 個韻段,其中如之與職、幽與沃等同類的陰聲與入聲合韻共 53 個韻段,佔此類的 80% 以上;其中的陰聲韻絕大多數爲去聲字,如跟職部通押的之部字"事治異備嗣笥代戴意戒懝"等。

脂、質二部合韻最多,如:王褒《洞簫賦》愲惠棄肆遂味懟失氣類領貴,《聖主得賢臣頌》密味,揚雄《太玄·少次二》至卹、《奕次三》郄節肆拂、《玄衝》位詘、《玄攟》氣類卒、《玄圖》物類貴,等等。其中"失密卹郄節拂詘卒物"等爲質部字,跟它們通押的脂部字大部分是至、未、隊三韻的合口字,如"遂類領位、味彙貴、愲懟内"等。

祭部與月、質、緝三部都有通押的例子。祭、月合韻,如:司馬相如《哀秦二世賦》瀨世勢絕、沫逝,揚雄《太玄賦》焫裂,《廷尉箴》害割殺泰敗謁,《太玄·達次七》割賴、《斷首》外決,其中"絕沫裂割殺謁決"爲月部字。祭、質合韻,如:揚雄《冀州箴》替弊,《將作大匠箴》世沕室卒,其中"替沕室卒"爲質部字。祭、緝合韻,如:司馬相如《封禪文》際沓,"沓"爲緝部字。

鐸部跟魚部通押共 6 個韻段:司馬相如《子虛賦》度朔、庶獲,《封禪文》澤護慕,揚雄《徐州箴》庶獲,《法言·修身》宅路,《太玄·童次六》幕客,其中的魚部字"度庶護慕幕路"沒有一個是麻韻字。

　　韻譜一中有陰聲韻部與入聲韻部三部或四部通押者共 11 個韻段,如司馬相如《子虛賦》泅至礐眦繫地,揚雄《羽獵賦》地彎礐地,支(眦繫地)、脂(泅至彎)、錫(礐)通押;王褒《四子講德論》射鏃處鷙欲拊兔仆寇,揚雄《解難》鼓斯後睹,侯(鷙拊仆寇後)、魚(射處兔鼓睹)、屋(鏃欲斯)通押;揚雄《羽獵賦》轄礚岋外,月(轄礚)、緝(岋)、祭(外)通押;司馬相如《子虛賦》潰泪澌折冽瀅鼇瀨沛墜礚涽沸沫疾,脂(潰鼇墜沸)、質(泪澌涽疾)、月(折冽沫)、祭(瀅瀨沛礚)通押;揚雄《羽獵賦》與隃觸玃邊注怖腥玃聚,侯(隃注腥聚)、魚(與邊怖)、鐸(玃玃)、屋(觸)通押等。

　　陰聲韻爲什麼能够和入聲韻合押? 學者們的看法主要有兩種:一是二者的元音相同或相近;一是二者不僅元音相同或相近,而且有相近的韻尾輔音。王力認爲"漢語閉口音節的清尾-p、-t、-k 由於是唯閉音(不破裂),所以不可能另有濁尾-b、-d、-g 和它們對立",陰聲和入聲"主要元音相同(如-ei:-et),互叶完全是可能的,這樣就構成了所謂'協押'"[1]。這一解釋比較合理,但因牽涉到漢語上古韻部系統音值的構擬,兹事體大,此不具論。

　　綜上所述,可以得出以下結論:(1)兩漢蜀語的韻部系統由二十八個韻部組成,魚與侯、東與冬、祭與月各自分立,而脂與微、質與術、真與文的分立則缺乏充分的依據;(2)從西漢到東漢,一些字類的讀音發生了顯著的變化,歌部支韻一系字併入支部,魚部麻韻一系字併入歌部,侯部虞韻一系字併入魚部。其中(1)跟漢代民族共同語一致,(2)跟漢代通語的變化同步。

　　兩漢特別是西漢時期蜀語的特點是:(1)幽、宵音近;(2)真、元音近,而侵、談的韻尾多與這兩部的韻尾混同;(3)東、冬音近;(4)耕、真音近;(5)質、月音近;(6)之、侯、魚、脂、祭各部去聲字與入聲字通押。其中(3)(4)(6)跟毗鄰的以《淮南子》爲代表的陳楚江淮方言比較接近[2]。

　　附"兩漢西蜀詩文作家生卒年表"[3]:

---

①　王力《上古漢語入聲和陰聲的分野及其收音》;又參見《研究》87 頁。丁邦新《上古漢語的音節結構》及《上古陰聲字具輔音韻尾説補正》,《丁邦新語言學論文集》2—32、33—41 頁。

②　參見《研究》83、89 頁。

③　據羅常培、周祖謨《漢魏晉南北朝韻部演變研究》第一分册。

人　　名	籍　　貫	生　　　年	卒　　　年
司馬相如	蜀郡　成都	前179(?)	前118
王　褒	蜀郡　資中		前50以前
嚴　遵			
揚　雄	蜀郡　成都	前53	18
白狼王唐菆			75以後
李　尤	廣漢　雒		126以後
趙　壹	漢陽　西縣		178以後

第二節　兩漢蜀語韻譜(韻譜一)

　　本譜匯集兩漢時期有關西蜀方言的韻語資料編輯而成。除將魚、侯分立之外，其餘韻部劃分、韻字歸部，悉以羅常培、周祖謨《漢魏晉南北朝韻部演變研究》之"兩漢詩文韻譜"爲準；該書前後處理不一者，悉從其"兩漢韻部分論"所述；韻字爲該譜未及者，參照該書"淮南子韻譜""史記自序分韻"，或其諧聲偏旁及中古讀音類推。

　　各韻部的内容分爲兩個部分：某部韻譜；某部合韻譜。各部韻譜内先依聲調分類，各調之下再依作者年代先後排列語料。各部合韻譜，先依合在一起押韻的韻部數由少到多、其他韻部在本譜中的次第先後排列；合韻的各組韻部之下，除入聲韻部外悉依聲調分開，再按前漢、後漢兩組連續排列韻段、韻字。合韻的韻段，字數不相等者列於多數字所屬韻部之下，相等者列於首字所屬韻部之下，別部字分別用下劃線標示。

　　本譜所據原始語料如下：嚴可均輯《全上古三代秦漢三國六朝文》，中華書局1958年影印本；逯欽立輯《先秦漢魏晉南北朝詩》；司馬光《太玄集注》，新編諸子集成(第一輯)，劉韶軍點校本，中華書局1989年；汪榮寶《法言義疏》，新編諸子集成(第一輯)，陳仲夫點校本，中華書局1987年。

　　各韻段的韻字之後，均標出篇名及其在上述文獻中的卷次、頁碼。爲省篇幅，一律不用書名號；凡出自嚴可均輯《全上古三代秦漢三國六朝文》者"全漢文、全後漢文"一並省去；卷次、頁碼也儘量簡明，如"臺持之子虛賦21/2下"中的數碼表示這三個韻字在嚴可均輯《全漢文》卷二一第二頁下半頁。《太玄》一書，范望作注時已析《玄首》一篇分冠八十一首之前，析《玄測》一篇分繫七百二十九贊之下，其篇名只出某首、某測；贊辭中的韻字，也只標明其在八十一首中的位置,如"中初一、中次二、中次八、中上九"之類。

　　一個韻段之内,若有個別韻字跟其他韻字同韻部而不同聲調、或不同韻部合韻而聲調有別,該韻段列於多數字或首字聲調之下,個別韻字的聲調以圓括号另行標出。

　　有關的異文、異讀及非源於上述文獻的個別韻語出處等,隨譜注明。

陰聲韻

1. 之部

韻字表

咍海代

　災哉來臺骸怠才該能
　財材薆

海在改采亥殆輆

態來載戴代懝貸

灰賄隊

　灰塵恢梅坏

悔晦

佩悔誨

之止志

　之期時兹思綦詩菑持
　旗娸疑詞治頤釐嶷辭
　輜基嗤熙孳芝姬司淄
　騏蚩氂嘻飴醫蒔嬰犛

里理止起已祀士
子齒恃耳使喜矣
時祉恥恥始市枲
紀史俟峙己裏以

志事意思記司異嗣
喜治字憶笥嶷

尤有宥

　謀尤訧罘郵

有友婦

囿富

脂旨至

否軌鄙晷

備

厚

母

皆駭怪

　豺

戒械憊

之部韻譜

　　(1)平聲

[司馬相如]臺持之子虚賦21/2下　旗娸疑大人賦21/7下　來哉封禪文22/7下

[王褒]詞思之九懷·通路42/3上　娸①疑嶷辭塵一作埃怠兹謀詩九懷·陶壅42/4下

---

①　《九懷·陶壅》"吾乃逝兮南娸",嚴輯《全漢文》"娸"作"娯",此從《楚辭》改。"娸"音熙。

頤骸灰氂哉 責鬚犛奴辭 42/13 上

[揚雄] 頤旗 甘泉賦 51/5 下　輜旗 河東賦 51/6 上　罘旗 羽獵賦 51/8 上　茲基哉 同上 51/9 上　罘之茲 同上 51/9 下　之旗記（去）長楊賦 52/1 下　嗤辭 逐貧賦 52/4 下　辭縈 反離騷 52/5 下　辭基熙 解難 53/4 下　思孳 揚州箴 54/2 上　該恢 交州箴 54/4 上　謀①基 廷尉箴 54/6 下　時災 執金吾箴 54/7 下　臺恢 將作大匠箴 54/7 下　該來 元后誄 54/10 上　臺材 太玄・上次七 19　菑基 太玄・上上九 19　蚩飴坏 太玄・干次五 21　時菑 太玄・爽次六 40　期訧治 太玄・傒測 42　基之 太玄・從測 42　嘻期 太玄・樂次七 52　來氂②太玄・事次三 58　治疑謀 太玄・斷測 61　淄頤 太玄・裝次五 65　能材荄 太玄・親測 72　時菑 太玄・斂上九 74　謀時基來尤基 太玄・彊測 74—75　基來 太玄・大測 93　恢基 太玄・廓初一 95　治醫 太玄・常測 107—108　嶷（去）辭 太玄・唫次三 118　時辭疑 太玄・飾次七 129　謀財 太玄・玄衝 179　時茲 太玄・玄錯 184　時謀 太玄・玄攡 185　時基 太玄・玄瑩 191　蚩姬 法言・重黎 354

[李尤] 時熙茲 詩漏刻銘 50/8 上　時詩基 良弓銘 50/9 下　時思孷銘 50/10 上　辭茲 麈尾銘 50/11 上

（2）上聲

[司馬相如] 起耳子 虛賦 21/5 下　止母使喜 大人賦 21/8 上　子齒起止矣 美人賦 22/1 上　時祀祉有 封禪文 22/7 下

[王褒] 理士子 洞簫賦 42/2 上　里海 四子講德論 42/5 下　殆鄙 同上 42/6 下　恥里 同上 42/8 上　市枲僮約 42/12 上　起里 同上 42/12 下

[嚴遵] 始矣 道德指歸說目 42/13 上

[揚雄] 起里 蜀都賦 51/2 上　有改 反離騷 52/6 上　士紀已母 解嘲 53/2 上　起子祀史 豫州箴 54/3 上　止市 廷尉箴 54/6 下　軑士 博士箴 54/8 下　否母 太玄・進初一 44　以耳 太玄・進次七 45　理已 太玄・務測 55　耳止 太玄・事上九 58　否耳 太玄・斷次二 61　否有恥 太玄・斷次四 61　恥理 太玄・斷測 61　始耳 太玄・衆初一 66　恃有 太玄・盛次二 78　理子 太玄・遇測 89　子婦 太玄・廓次三 96　市軑 太玄・昆次六 114　有以 太玄・守測 119　否基（平）太玄・積初一 125　俟止 太玄・止次二 151　以止 太玄・止測 153　否已 太玄・成初一 156　改殆 太玄・成次二 157　否止 太玄・將次三 167　理始 太玄・玄攡 187　士有 太玄・玄

---

① 《廷尉箴》"穆王耄荒，甫侯伊謀，五刑訓天，周以阜基"，"謀"原作"謨"，與"基"不叶，《古文苑》作"謀"，據改。

② 《太玄・事次三》"時往時來，間不容氂"，"氂"當讀爲"釐"。《廣韻》之韻："釐，十毫。"里之切，在"釐"小韻。

瑩 189 理紀太玄·玄瑩 191 已始太玄·玄捝 209 有紀太玄·玄圖 211 海裏法言·問道 115 子有法言·寡見 227 海理法言·君子 511

[白狼王唐菆]有里母遠夷慕德歌 漢詩 8/165

[李尤]海在河銘 50/4 上 已起開陽門銘 50/6 下 亥晦采在夏城門銘 50/7 上 里止彎銘 50/10 上

[無名氏]止起時人爲楊氏四子語 漢詩 8/239

(3)去聲

[司馬相如]態來子虛賦 21/3 下 來態同上 21/5 上 事富封禪文 22/7 下 圃①喜態來 同上 22/7 下

[王褒]戒意四子講德論 42/6 上

[揚雄]祉(上)載河東賦 51/6 上 記司太史令箴 54/8 上 佩戴琴清英 54/11 上 意事悔 太玄·羨測 25 來悔太玄·交次八 38 戴載太玄·務次四 56 事字太玄·事次四 58 事誨 太玄·事次八 58 志喜太玄·裝次三 64 志事太玄·裝測 65 意事志太玄·竈測 92 志茲 (平)太玄·翕初一 122 事喜僮太玄·玄衝 180—181 思事太玄·玄攡 187

[李尤]憶思圍棊銘 50/13 上

之部合韻譜

(1)之幽

平聲

[司馬相如]梅陶子虛賦 21/4 下

[王褒]豺柔才四子講德論 42/8 下

[揚雄]芝蚘甘泉賦 51/4 上 謀籌揚州箴 54/2 下 時憂太玄·格次八 48 來收②太玄· 積測 127

上聲

[嚴遵]母首道德指歸説目 42/13 上

[揚雄]晦道太玄·童測 28 軌道太玄·裝次八 65 止咎太玄·止初一 151 齒缶太玄· 闞次五 159 晷道太玄·玄攡 187

---

① 《封禪文》“般般之獸，樂我君圃，白質黑章，其儀可喜”，“圃”原作“圃”，與“喜”不叶，今據五臣本《文選》改作“圃”。

② 所據本作“招”，今從范望注本。

去聲

[揚雄] 事救_{太玄·事次六 58}

　　（2）之侯

平聲

[揚雄] 芝珠_{蜀都賦 51/1 上}

[無名氏] 郵頭_{世爲唐蒙諺 華陽國志① 3/271}

　　上聲

[揚雄] 軌後_{太玄·永次八 112}

　　（3）之魚

平聲

[揚雄] 蒔無_{太玄·永次七 112}

　　上聲

[王褒] 子父_{洞簫賦 42/1 下}

　　去聲

[揚雄] 事去_{太玄·裝首 64}

　　（4）之支

平聲

[無名氏] 期尤爲_{刺巴郡郡守詩 漢詩 12/326}

　　（5）之脂

平聲

[揚雄] 時利_(去)_{太玄·銳次四 34} 來衰_{太玄·常次七 107}

　　去聲

[王褒] 志惠_{四子講德論 42/6 下} 備內_{聖主得賢臣頌 42/10 上}

[揚雄] 概代械備_{蜀都賦 51/3 上}

[李尤] 記位_{太學銘 50/4 下}

　　（6）之職

去聲

[揚雄] 事食_{太玄·事次五 58} 時_(平)治直_{太玄·難測 170—171}

---

① 　此書卷次、頁碼據劉琳《華陽國志校注》標示，下同。

［白狼王唐菆］治意來異食備嗣熾遠夷樂德歌 漢詩 5/164

［無名氏］筍識益都鄉里爲柳宗語 漢詩 8/242

　　（7）之幽職

　　上聲

［揚雄］紀士守稷博士箴 54/8 下

2. 幽部
韻字表

豪晧號

噪皋翱牢陶　　　　　　保考道草抱稻寶　　　奧蹈冒
　　　　　　　　　　　造好老掃陶皓

肴巧效

茅苞　　　　　　　　　巧爪卯飽

蕭篠嘯

聊蜩蕭條彫調　　　　　鳥

小

　　　　　　　　　　　擾

幽黝幼

幽彪虯　　　　　　　　虬

尤有宥

流遊求修疇憂留州游　　久咎首柳守受九　　　救宙究就舊獸
浮油柔牛休悠懤儔怮　　醜丑酉皁牖獸箒
丘愁矛周仇舟猷瘳收　　缶莠
籌綢旒龜脩蓲酋罩嘈

侯厚候

　　　　　　　　　　　茂　　　　　　　林

虞

孚

幽部韻譜

　　（1）平聲

［司馬相如］州留游浮大人賦 21/7 上　綢浮同上 21/7 上　油游封禪文 22/7 下

［王褒］留疇求洞簫賦 42/2 上　蜩州脩遊牛流休悠浮求懤儔怮九懷・危俊 42/3 上

蕭條蝸丘嘷留_{九懷}·蓄英 42/4 上　皋悠聊愁_{同上} 42/4 上　遊州_{四子講德論} 42/6 上　翱游_{聖主得賢臣頌} 42/10 下　矛周遊_{僮約} 42/12 下

［嚴遵］矛仇_{座右銘} 42/13 下

［揚雄］流州_{蜀都賦} 51/2 上　游彫_{羽獵賦} 51/9 下　州游_{覈靈賦} 52/3 上　舟浮休求留逑_{貧賦} 52/4 下　茅皋_{反離騷} 52/6 上　流丘_{同上} 52/6 上　州流_{益州箴} 54/3 上　悠流_{并州箴} 54/4 上　遊獸_{將作大匠箴} 54/8 上　丘牛_{太玄·礥次七 11}　流苞_{太玄·達次三 35}　猶孚_{太玄·聚次五 124}　愁幽_{太玄·晦次六 142}　休憂_{太玄·玄衝 180}　幽柔流_{太玄·玄捝 209}　流浮_{太玄·玄告 216}　獸守(上)_{法言·重黎 354}

［李尤］修周幽_{高安館銘} 50/5 下　求游_{儿銘} 50/10 下

［無名氏］流修思治詩 _{漢詩 12/326}

　　（2）上聲

［司馬相如］抱楸(去)_{子虛賦} 21/4 下　首柳_{同上} 21/5 下

［王褒］巧道_{洞簫賦} 42/2 下

［揚雄］久咎_{兗州箴} 54/1 下　稻飽_{益州箴} 54/3 上　爪保_{執金吾箴} 54/7 下　造受_{太玄·中測 5}　道保_{太玄·戾次四 16}　守首道醜_{太玄·戾測 16—17}　道好保道_{太玄·干測 20—21}　九道_{太玄·更次二 59}　首九_{太玄·禮上九 101}　守道_{太玄·唐測 104}　道久保_{太玄·永測 110—111}　道咎_{太玄·永次三 111}　醜咎久_{太玄·去測 140—141}　道保老_{太玄·玄衝 181}　好醜_{太玄·玄攡 185}　造醜_{太玄·玄捝 209}　道寶_{太玄·玄告 216}　道考_{法言·序 568}

［李尤］擾受虬_{平樂觀賦} 50/3 上　首阜缶_{同上} 50/3 上　丑首穀_{城門銘} 50/6 上　卯爪考_{中東門銘} 50/6 上　酉阜雍_{城門銘} 50/7 上

　　（3）去聲

［王褒］宙究_{四子講德論} 42/6 下

［揚雄］救收(平)_{蜀都賦} 51/2 下　舊孚(平)_{太玄·疑次四 131}

幽部合韻譜

　　（1）幽之

　　平聲

［司馬相如］蚪旗游_{子虛賦} 21/5 上

［揚雄］酋頤_{太玄·中次七 6}　罦殆(上)_{太玄·翕次八 123}　丘荄_{太玄·養次三 174}

　　上聲

［王褒］獸茂母_{四子講德論} 42/8 下

［揚雄］醜軌太玄·銳次六34 保悔太玄·樂測52－53 道有太玄·盛測79 牖有太玄·

守初一119 守有太玄·守次二119 守首殆太玄·守上九121 咎始太玄·視測134 莠有

太玄·内次七138 首已太玄·踦嬴測176 友道守太玄·玄圖214

　　　　去聲

［揚雄］究富太玄·少次七15

　　　（2）幽宵

　　　　平聲

［司馬相如］浮猋子虛賦21/5 上

［揚雄］調茅鼂饒荆州箴54/2 下 州巢豫州箴54/3 上 瘳聊繇大司農箴54/5 上 柔號

嗄①太玄·夷次三49 彪昭太玄·文次五98

　　　　上聲

［司馬相如］道獸廟子虛賦21/6 上 獸獸沼封禪文22/7 上

［王褒］寶堯(平)四子講德論42/5 下 好醜紹同上42/5 下

［揚雄］道草鎬杳羽獵賦51/7 下 鳥少解嘲53/2 下 皓矯太玄·視測134 好表太玄·

玄瑩191

　　　　去聲

［揚雄］道(上)笑長楊賦52/2 下

　　　（3）幽侯

　　　　平聲

［王褒］矛州牛愚僮約42/12 上

［趙壹］求謳留迅風賦82/8 上

　　　（4）幽魚

　　　　平聲

［揚雄］游豬憂上林苑令箴54/9 上 孚如太玄·交次二37

　　　　上聲

［王褒］首雅四子講德論42/6 下

---

① 所據本作“嗄”。《玉篇》口部：“嗄，氣逆也。”於求切。俞樾《諸子平議》卷三三：“實以作嗄爲長。蓋
此贊三句，‘柔’一字爲句，‘嗄’與‘柔’韻。若作‘嗄’，失其韻矣。”《老子》五十五章：“含德之厚，比
於赤子……終日號而不嗄，和之至也。”傅奕本作“嗄”；帛書甲本作“心”下“夂”，當爲“憂”之省形；
乙本正作“嗄”。

［嚴遵］九首下道德指歸説目 42/13 上

［揚雄］巧御(去) 長楊賦 52/2 上　咎譽(去) 太玄·達上九 36　醜矩 太玄·玄攟 210

　　去聲

［揚雄］冒緒 太玄·堅首 154

　　（5）幽沃

　　去聲

［揚雄］柔休縮 太玄·奘首 39　就奥 太玄·玄文 205

　　（6）幽侯之

　　平聲

［李尤］流游留州偷搜修基 函谷關賦 50/1 下

　　（7）幽魚侯

　　平聲

［揚雄］旒輿驅 羽獵賦 51/8 上

　　（8）幽沃侯

　　上聲

［王褒］掃滌箒斗 僮約 42/11 下

3. 宵部
韻字表

豪晧號

　高旄勞號膏豪逃刀臊敖忉　　　腦倒鎬　　　暴縞

肴巧效

　交肴巢崤梢髇呹郊骰　　　　　　　　　髇

宵小笑

　搖驕朝消苗喬饒飆橋繇焱　　　表沼紹小少矯　　　笑照耀廟哨峭詔趒

　要昭

蕭篠嘯

　梟堯　　　　　　　杳
　　　　　　　　　　宵部韻譜

　　（1）平聲

［司馬相如］旄髐搖 大人賦 21/7 上

［王褒］暴(去)高四子講德論 42/9 上

［揚雄］交肴勞臊蜀都賦 51/3 上 旄梢河東賦 51/6 上 高號長楊賦 52/2 下 驕高嶠朝逐貧賦 52/4 下 朝笑(去)兗州箴 54/1 下 逃呶光禄勳箴 54/5 下 高嶢(去)太玄·增次七30 交肴太玄·交次六 38 臊殽太玄·密次四 69 郊刀太玄·大次四 93 高勞逃太玄·逃測 104 膏勞太玄·馴次二 165 勞豪太玄·馴次四 166 勞高消饒交逃高太玄·玄圖 213 喬忉法言·修身 94 堯哨法言·問道 118

［無名氏］苗饒巴郡人爲吳資歌 漢詩 8/215

　　　（2）上聲

［司馬相如］腦倒子虛賦 21/5 上

［揚雄］小少太玄·大次六 94

宵部合韻譜

　　　（1）宵幽

　　　平聲

［司馬相如］趫消求大人賦 21/7 下

［王褒］刀牛聖主得賢臣頌 42/10 上 調苗颻責髯奴辭 42/12 下

［李尤］要牢朝龜辟雍賦 50/2 上

　　　上聲

［王褒］詔茂四子講德論 42/8 上

［揚雄］少保城門校尉箴 54/8 上

　　　去聲

［揚雄］笑要造(上)太玄·度測 109—110 照道(上)太玄·晦測 141

　　　（2）宵魚

　　　平聲

［揚雄］輿趫橋崤河東賦 51/6 上

　　　（3）宵藥

　　　去聲

［司馬相如］縞削髯子虛賦 21/2 上

［揚雄］淖樂太玄·樂首 51

　　　（4）宵沃幽

　　　去聲

［揚雄］要奧蹈法言・君子 498

4. 侯部
韻字表

虞麌遇

俱濡腴笯愚喁謏符樞
侏渝隅儒駒須姝臾梟
珠區驅殊襦

偄附府取聚柱
主數竇

數注坿具仆遇鶩
拊聚趣務諭樹隃

侯厚候

侯投漚搜頭偷鈎
婁樓陬綸謳

後耦偶口走斗藕
部厚訽

寇竇鬬轕脰候偷
楱逅眤

宥

綯

侯部韻譜

（1）平聲

［揚雄］腴梟蜀都賦 51/3 上　區濡長楊賦 52/2 下　隅侯同上 52/3 上　隅侯反離騷 52/5 上
投漚同上 52/6 上　侯驅解嘲 53/3 上　區侯司空箴 54/4 下　樞隅太玄・周次二 8　侏儒太
玄・童次七 28　偄訽太玄・釋次七 46　鈎渝太玄・格次三 47　樞謏符太玄・事次二 57　襦
珠鈎太玄・迎次四 88　須姝太玄・視次四 133　區隅太玄・玄攡 187

（2）上聲

［王褒］口斗偶僮約 42/12 上

［揚雄］附主宗正卿箴 54/6 上　耦後主偄後太玄・㪍測 39—40　口後太玄・爭次八 54
柱主太玄・毅次六 63　口後太玄・密次七 69　取偄太玄・親次三 70　厚走太玄・親次五
71　厚斗太玄・親次六 71　喁口太玄・飾次八 129　口主太玄・割次三 149　主後太玄・將
測 167　主府太玄・玄文 205

［李尤］走耦平樂觀賦 50/3 上　後口經橋銘 50/8 下

（3）去聲

［王褒］寇仆四子講德論 42/9 上　具竇鬬僮約 42/12 上　聚偷（平）同上 42/12 上

［揚雄］務綸（平）太玄・務次五 56　趣務太玄・事測 58　眤逅太玄・迎次七 88　遇諭太
玄・遇次二 89　遇數太玄・玄掜 208

侯部合韻譜

(1) 侯之

去聲

[揚雄] 務事太玄·務首55

(2) 侯幽

平聲

[王褒] 濡臾流四子講德論42/7上

(3) 侯宵

平聲

[揚雄] 區繇解嘲53/2下 婁梟太玄·沈次七136

去聲

[王褒] 附笑四子講德論42/9上

(4) 侯魚

平聲

[揚雄] 搜塗候(去)解嘲53/2下 殊如同上53/3上 頭餘太玄·毅次三62

[李尤] 婁盱陬樓舖平樂觀賦50/2下

上聲

[嚴遵] 偶後寡道德指歸説目42/13下

[揚雄] 部伍羽獵賦51/8下

去聲

[王褒] 遇路四子講德論42/6上

[揚雄] 務禦長楊賦52/2下 聚禦聚太玄·聚首123

(5) 侯職

平聲

[揚雄] 躅極太玄賦52/4上

(6) 侯屋

去聲

[司馬相如] 榛朴子虛賦21/4下 趣欲羽獵賦51/8上

(7) 侯魚幽

上聲

［揚雄］取與久_{太玄·永首 110}

（8）侯魚屋

去聲

［王褒］射鏃處騖欲拊兔仆寇_{四子講德論 42/9 上}

（9）侯魚鐸屋

去聲

［揚雄］與隃觸玃遽注怖脰獲聚_{羽獵賦 51/8 下}

5. 魚部

韻字表

模姥暮

蒲辜都徒吾圃胡圖鸕　　虜伍土古怒鼓覩　　故悟瘏度路護慕
櫨塗酤舖梧湖乎孤駑　　睹浦扈虎圃苦戶　　素兔怖暮步誤祚
盧呶纑醵烏荼觚弧狐　　怙祜澝祖弩賈股　　作賂固露綺幕摹
壺姑鳴逋㧨矗舖呱　　蠱咢魯櫖午悃繡

魚語御

疏疎虛輿車墟與苴　　胥語處渚與女虡　　與處禦去居御譽
蘆如𤡔樗餘閭居魚　　所鼠陼莒侶圄序　　遽豫舉柜怨助庶
胥渠躇廬儲豬漁書　　緒敘旅許紓禦舉　　蹠
挐諸初篨齬　　　　　黍暑距杵予呂阻跙諝

虞麌遇（前漢）

膚砆蕪芋娛無亡虞盱　　輔宇雨武羽甫父寓　　慮鑢虞懼脯傅芌
扶夫竽紆迂衢躕趺巫　　禹斧舞廡個矩榘䰤

虞麌遇（後漢）

踰符珠芻愚驅　　　　　主　　　　　具務

麻馬禡（前漢）

牙家華葭霞遮斜　　　　夏下野者社馬寡　　舍射霸詐罵賈夜靶
罝邪奢杷遐瑕㵎　　　　雅赭閉

魚部韻譜

（1）平聲

［司馬相如］吾砆子_{虛賦 21/1 下} 圃蒲蕪苴_{同上 21/1 下} 葭胡蘆芌圖_{子虛賦 21/1 下}
輿娛如_{同上 21/2 下} 驥鸕_{同上 21/3 下} 樗櫨餘閭_{同上 21/4 下} 徒都_{同上 21/5 下} 塗虞

同上 21/6 上　都霞華 大人賦 21/8 上　虛居 美人賦 22/1 下　虞居 長門賦 22/2 上

[王褒] 墟疎 洞簫賦 42/1 上　興娛胥墟居躇竽紆 九懷・昭世 42/3 下　酤舖僮約 42/12 上

[揚雄] 與遮 羽獵賦 51/8 上　儲虞亡 同上 51/9 下　廬吾 長楊賦 52/2 上　居虞 逐貧賦 52/4
下　壺酤車家乎 酒賦 52/5 上　吾華 反離騷 52/5 下　鈇書廬 解嘲 53/2 下　吾渠夫 同上 53/
2 下　餘傅漁 同上 53/3 上　墟書 兗州箴 54/1 下　邪都圖牙 夫徐州箴 54/2 上　挐都 豫州箴
54/2 下　居墟如圖牙 同上 54/2 下　圖夫 益州箴 54/3 上　胡都 雍州箴 54/3 下　阻(上)都
胡 幽州箴 54/3 下　孤辜 廷尉箴 54/6 下　魚巫書 太常箴 54/7 上　圖奢觚 少府箴 54/7 上　奢
家 將作大匠箴 54/7 上　車虛 太玄・礥次六 11　跙(上)簴廬 太玄・閑次七 13　初塗 太玄・
羨初一 24　塗如 太玄・羨次三 24　虛邪夫 太玄・羨次六 25　疏扶 太玄・進次五 44　牙徒 太
玄・夷次四 50　廬虛 太玄・夷次六 50　孤壺 太玄・事次七 58　衢路(去)賈(上) 太玄・裝
次六 65　車孚瑕 太玄・衆次三 66　膚齬 太玄・親初一 70　車荼姑家 太玄・斂次七 73　壺
姑塗 太玄・居次二 80　車壺家 太玄・居次七 82　辜邪 太玄・法次八 84　迂觚舖 太玄・大
次七 94　餘譽(去) 太玄・文測 98　嗚烏狐 太玄・疑次七 132　弧無 太玄・疑上九 132　廬車
疏 太玄・止次五 152　車遐 太玄・將次七 168　吾呱扶 太玄・勤次三 172　如初 太玄・養上
九 176　餘初 太玄・玄錯 182　虞慮(去) 太玄・玄瑩 189　虛度(去) 太玄・玄告 215　書虛 太
玄・玄告 216　孤逋 法言・先知 287　孚女(上) 法言・重黎 389

[李尤] 踰符 函谷關賦 50/4 下　書居娛 讀書枕銘 50/8 上　娛與 盂銘 50/12 上

[趙壹] 珠芻愚驅夫 刺世疾邪賦 82/8 下

　　　(2)上聲

[司馬相如] 扈野 子虛賦 21/4 下　者櫓 同上 21/5 上　虎馬 同上 21/5 上　羽虞 同上 21/5
上　宇虞鼓舞 同上 21/5 下　雅胥圃 同上 21/6 上　馬下 題市門 22/8 上

[王褒] 户者覩語處陼 九懷・通路 42/3 上　土覩禹緒輔 九懷・亂曰 42/5 上　下緒夏
莒 四子講德論 42/8 上　户鼓僮約 42/12 下　赭苦土侶怙虜 責鬚髯奴辭 42/13 上

[揚雄] 怒旅 長楊賦 52/2 上　虜舞胥祜雅 同上 52/2 下　馬書(平) 覈靈賦 52/3 上　下睹
反離騷 52/5 下　舉處 同上 52/6 上　與許 同上 52/6 上　土武矩 青州箴 54/1 下　寓處紵土 兗
州箴 54/1 下　渚宇 徐州箴 54/2 上　澔處 揚州箴 54/2 上　距處 豫州箴 54/2 下　宇野夏 益州
箴 54/3 上　序緒 宗正卿箴 54/6 上　馬野魯 太僕箴 54/6 下　祖虜 太常箴 54/7 上　夏祖禦 城
門校尉箴 54/8 上　女予諝 太玄・戾次七 17　鼠黍 太玄・交次七 38　雅户 太玄・樂次三 51
馬古 太玄・更次五 60　跙御(去) 太玄・更次八 60　斧矩 太玄・斷初一 61　羽圉 太玄・彊
次二 74　序父 太玄・居次三 81　甫矩 太玄・法次三 83　罟野 太玄・應次四 85　偶雨 太玄・

遇次四 90 户虜太玄・廓次四 96 股馬户太玄・逃次三 102 所予太玄・唐測 105 予處太玄・唵初一 117 雨脯太玄・唵上九 119 杵舉雨暑太玄・守次八 121 羽舉太玄・翕次四 122 與予舞輔太玄・翕測 122—123 社野太玄・聚次四 124 羽女太玄・内次六 138 宇所遽(去)太玄・窮首 147 户蠱太玄・止次三 151 野下太玄・養首 173 下與殂太玄・玄錯 184 馬下太玄・玄文 206 下阻怙太玄・玄文 207 夏度(去)太玄・玄捝 209 緒女絮太玄・玄圖 212 野賈法言・修身 97 所與法言・先知 292

[白狼王唐菆]處部主厚雨遠夷慕德歌 漢詩 5/165

[李尤]武主敘鼓平樂觀賦 50/3 上 古覩弩虜弩銘 50/9 下 綿鼓怒武功歌 漢詩 5/175

[無名氏]樹(去)蕭傷三貞詩 漢詩 12/325 古祖時人爲任安語 漢詩 8/253

（3）去聲

[王褒]脯芋僮約 42/12 上

[揚雄]步與河東賦 51/6 下 度虞長楊賦 52/2 下 懼舉解嘲 53/2 下 度霸青州箴 54/1 下 誤祚霸揚州箴 54/2 上 豫御荊州箴 54/2 下 懼摹交州箴 54/4 上 居禦衛尉箴 54/6 上 詐寤同上 54/6 上 悟賂太常箴 54/7 上 去居將作大匠箴 54/7 下 路固柜虞城門校尉箴 54/8 上 恕慮懼太玄・周測 8 固舍太玄・閑測 13 故塗(平)太玄・羨次七 25 懼虞(平)太玄・樂次八 52 素恛(上)太玄・爭測 53 慮鑢太玄・大次二 93 舍度太玄・度首 108 舍度太玄・度次二 108 故恛(上)素太玄・守測 119—120 助譽太玄・翕測 122 步露太玄・去次三 139 懼居太玄・去測 140 素故太玄・玄衝 179 固故太玄・玄錯 183 舍素太玄・玄文 205 夜夏(上)太玄・玄告 216 蹠餘(平)太玄・玄告 217

[李尤]怒度馬箠銘 50/10 上 具務鼎銘 50/12 上

[無名氏]度暮作①綺蜀郡民爲廉范歌 漢詩 8/210

魚部合韻譜

（1）魚之

平聲

[司馬相如]虛驗騏子虛賦 21/2 上 邪罝諸同上 21/3 上

上聲

[揚雄]下止太玄・止首 150 所海太玄・玄瑩 189

去聲

---

① 《後漢書・廉范傳》李賢注："作，協韻音則護反。"

［司馬相如］與怒懼態子虛賦 21/2 上

　　（2）魚幽

　　平聲

［揚雄］間流蜀都賦 51/2 上

　　　上聲

［司馬相如］閉隝子虛賦 21/4 上

［揚雄］午道太玄·戾次八 17

　　　去聲

［司馬相如］御獸子虛賦 21/2 上

　　（3）魚侯

　　平聲

［司馬相如］無俱子虛賦 21/5 上 徒車隅居娛美人賦 22/1 上

［揚雄］梧魚虞珠①胥羽獵賦 51/9 上 斜置隅胡豬胥餘圖長楊賦 52/1 上 墟辜隅尚書箴 54/5 上 廬輿渝太玄·周次五 9 虛豬襦太玄·劇次五 164

　　　上聲

［司馬相如］浦野下口怒子虛賦 21/3 下 渚藕同上 21/4 上

［嚴遵］主緒戶道德指歸說目 42/13 下 斧部座右銘 42/13 下

［揚雄］敍後河東賦 51/6 下 處野宴聚語逐貧賦 52/4 上 女耦反離騷 52/6 上 虎雅武後趙充國頌 53/7 下 緒走兗州箴 54/1 下 主緒寓雍州箴 54/3 下 序主太玄·永次四 111 父主太玄·去次四 140 古後太玄·玄錯 183 下舉取與太玄·玄攡 187 呂數太玄·玄瑩 189 武主法言·孝至 551

　　　去聲

［司馬相如］處舍具子虛賦 21/5 上 處仆同上 21/5 上

［王褒］靶鶩聖主得賢臣頌 42/9 下

［揚雄］候射路羽獵賦 51/8 上 與趣太玄·玄錯 183 步數庶太玄·玄瑩 188 候度誤太玄·玄瑩 189

　　（4）魚歌

　　平聲

---

① 《羽獵賦》“剖明月之珠胎”，“珠胎”《文選》五臣本作“胎珠”，“珠”與“梧、魚、虞、胥”爲韻，今據改。

［王褒］枷杷盧車呿儃約 42/11 下

［揚雄］辜觖(上)太玄·積測 127　虛羅太玄·玄瑩 189

　　上聲

［揚雄］矩施(平)太玄·戾次六 16

　　(5)魚鐸

　　去聲

［司馬相如］度朔子虛賦 21/6 上　庶獲同上 21/6 下　澤護慕封禪文 22/12 上

［揚雄］庶獲徐州箴 54/2 上　幕客太玄·童次六 28

　　(6)魚幽宵

　　去聲

［司馬相如］去獸兔耀宙子虛賦 21/5 上

　　(7)魚侯幽

　　平聲

［王褒］頭剹繼醲麤烏魚梟軀餘豬芋駒厇(上)牛剹儃約 42/11 下

　　(8)魚侯屋

　　上聲

［揚雄］鼓斲後睹解難 53/4 下

6. 歌部
韻字表

歌哿箇

　　何羅峨陀嵯駝多　　　　我可砢岢橢哿左　　　佐
　　荷歌囉他磋柯阿
　　沱蹉鵝呵河蛾跎

戈果過

　　波頗贏和娑穌劇　　　　夥火禍墮瑣姬　　　破過臥挫
　　蠡戈過科莎

麻馬禡(前漢)

　　沙加化差嗟蛇虵　　　　　　　　　　　　化吲
　　灑砂枷鹺嘉

麻馬禡(後漢)

斜車　　　　　　　　　馬下野閭

支紙寘（前漢）

施爲爲池螭離崎奇垂宜　　骫靡倚佹䌈麗　　　義靡誼
隨移巇鸃儀隳馳陂籬碕　　彼迆崺蜲
籬䌈危虧桅踦觭犧䴉巇

<h3 style="text-align:center">歌部韻譜</h3>

（1）平聲

［司馬相如］差虧子虛賦 21/1 下　陀河同上 21/1 下　峨嵯峨崎同上 21/4 上　河駝贏同上 21/4 上　河沙大人賦 21/7 下　奇垂施美人賦 22/1 下

［王褒］崎巇洞簫賦 42/1 上　歌囉娿他穌同上 42/1 下　嗟磋柯和阿跎多劇化蛇阿歌和加羅沱九懷·株昭 42/5 上

［揚雄］羅波羽獵賦 51/8 上　駝蠡長楊賦 52/2 上　虧危同上 52/2 下　蛇歌反離騷 52/6 上　戈儀解嘲 53/3 下　蹉戈阿并州箴 54/4 上　差宜隳大鴻臚箴 54/5 下　和宜太史令箴 54/8 上　波過太玄·礥上九 11　爲危太玄·釋測 46　和嘉多太玄·夷測 49—50　施頗儀太玄·爭首 53　羅蛾太玄·衆次七 67　羅離太玄·應初一 85　施和太玄·應次二 85　化和太玄·迎次二 87　灑穌太玄·竈首 91　差施太玄·禮次六 101　化施太玄·唫首 117　離姬太玄·差次六 146　瑳嘉觢①太玄·曹上九 147　和楠(上)太玄·窮次四 147　化爲太玄·堅測 154　差離太玄·闕次七 160　科劇太玄·玄攡 185　離踦化太玄·玄瑩 188　化宜太玄·玄瑩 190　施誼(去)太玄·玄瑩 191

［李尤］斜車九曲歌 漢詩 2/11 上

（2）上聲

［司馬相如］夥靡砢子虛賦 21/3 下　倚佹骫砢䌈同上 21/4 下　麗倚大人賦 21/7 上

［揚雄］麗靡羽獵賦 51/9 下　禍我太玄·溪次八 42　火禍太玄·竈上九 92　瑣禍太玄·成次六 157

［李尤］馬下野可舟楫銘 50/11 下　閭可杯銘 50/12 下

［趙壹］野下者左我可墮火窮鳥賦 82/9 上

［無名氏］可我益州民爲尹就諺 漢詩 8/235

（3）去聲

---

① 《曹》上九"男子折笴，婦人易觢"，王涯注讀"觢"爲"珈"，是。"珈"《廣韻》古牙切，故列於此。

［揚雄］破過羽獵賦 51/8 下　義靡長楊賦 52/2 下　過佐嘉（平）太玄·睟測 77—78

歌部合韻譜

（1）歌魚

平聲

［司馬相如］池移華沙子虛賦 21/1 下　湖池螭離子虛賦 21/3 下　歌和波遮歌同上 21/5 下　峨差參差㠑哀秦二世賦 21/6 下

［王褒］多虛四子講德論 42/7 上　蹉鵝荼荷同上 42/12 上

［揚雄］遐加砂家羅呵何逐貧賦 52/4 上

去聲

［王褒］臥罵僮約 42/12 上

（2）歌支

平聲

［司馬相如］隄𧑅施鵝加池子虛賦 21/2 下　崖陂波同上 21/4 上　池虒（上）子虛賦 21/4 下

［揚雄］峗倚崎施倚岈㠢蜀都賦 51/1 下　虵鱺蜀都賦 51/2 上　多桅蘼斯同上 51/2 下　施沙厓甘泉賦 51/5 下　峨厓同上 51/6 上　池河崖陂羽獵賦 51/9 上　碕螭蠵同上 51/9 上　多崖危隮冀州箴 54/1 上　籬岐光禄勳箴 54/5 下　差㩟光禄勳箴 54/5 下

上聲

［司馬相如］靡豸子虛賦 21/4 上

［王褒］迤睨洞簫賦 42/2 上

［揚雄］禍解太玄·唫次八 119

去聲

［司馬相如］化義帝子虛賦 21/6 下

［揚雄］義智覈靈賦 52/3 上　化易博士箴 54/8 下

（3）歌脂

平聲

［司馬相如］蘼夷莎子虛賦 21/4 上　危坻同上 21/5 上　馳離離魁大人賦 21/7 下［王褒］靡巍甘泉宫賦 42/11 上

［揚雄］化回甘泉賦 51/5 上　化綏長楊賦 52/2 上　波纍反離騷 52/5 下　馳師同上 52/6 上　隨奇隤爲解嘲 53/3 下　危梯太玄·上次八 19　儀階太玄·禮次四 100　差階太玄·度次三 108　儀階太玄·減次三 115　危毁（上）爲太玄·減測 116—117　儀師法言·孝至 550　離

徽法言・序 566

上聲

［揚雄］我魋(平)太玄・周次三 8　禍罪太玄・積次八 127

去聲

［王褒］靡塊聖主得賢臣頌 42/9 下

［揚雄］挫眛太玄・晦測 142　義利法言・學行 35

（4）歌鐸

去聲

［揚雄］佁白太玄・闕上九 160

（5）歌支脂

平聲

［司馬相如］地(去)離追施子虛賦 21/5 上

（6）歌魚宵之

上聲

［李尤］馬下倒羽峙舞平樂觀賦 50/3 上

7. 支部

韻字表

支紙寘（前漢）

卑枝雌知斯支岐	此豸氏技跂虒	智易眦刺避
規觜窺傂羈繫		

支紙寘（後漢）

| 池移施宜離爲 | | 刺義 |

齊薺霽

| 蹄雞繫圭鱄蠵隄鼃 | 禰睨 | 帝繫 |

佳蟹卦

| 佳崖厓黿解崨 | | 懈解 |

至

| | | 地 |

支部韻譜

（1）平聲

〔揚雄〕窺知太玄·童首 27　𥉻訾太玄·唐次五 105　規訾太玄·度次七 109　傀蹄太玄·止次七 152

〔李尤〕陂規池鴻池陂銘 50/4 上　移危楹銘 50/7 下　知規施宜迤鍾簴銘 50/7 下　斯知經橈銘 50/8 下　危爲鎧銘 50/10 上　地（去）離小車銘 50/11 下

（2）上聲

〔揚雄〕跂褊太玄·禮初一 99

（3）去聲

〔王褒〕帝智四子講德論 42/8 下

〔揚雄〕地帝懈元后誄 54/10 上　解刺①太玄·傒測 41　繫繣（平）太玄·樂次四 52

〔李尤〕刺義書案銘 50/8 下

支部合韻譜

（1）支歌

平聲

〔司馬相如〕雞鵝子虛賦 21/5 下

〔揚雄〕枝螭蜀都賦 51/1 上　斯支離元后誄 54/10 上　知差太玄·差測 26　枝羅太玄·奭次八 40　圭電他太玄·窮上九 148　規隨法言·淵騫 460

上聲

〔揚雄〕此彼解難 53/4 上

去聲

〔揚雄〕地過太玄·內上九 139

（2）支脂

平聲

〔揚雄〕佳眉反離騷 52/5 下　羈支犀交州箴 54/4 上　枝肥知太玄·玄文 207

上聲

〔司馬相如〕水豸氏豸子虛賦 21/5 上

〔揚雄〕技帥（去）羽獵賦 51/8 上

〔李尤〕虵微熏鑪銘 50/11 上

（3）支脂歌

---

① 解，同"懈"。刺，所據本作"刺"，今從范望、葉子奇注本。

平聲

［司馬相如］雌蠵蛫（上）子虛賦 21/4 下

［揚雄］雌離乖太玄・戾上九 17

去聲

［揚雄］繫繼義玄圖 213

（4）支脂錫

去聲

［司馬相如］浰至擊眦繫地子虛賦 21/2 上

［揚雄］地譬擊地羽獵賦 51/8 下

8. 脂部

韻字表

咍海代		
開	凱	概薆
灰賄隊		
回頹隤魁徊踓恛輻	罪壘磈壨腇	内隊塊對背昧退輩磓
皆		
階諧偕懷排乖喈嚌		
脂旨至		
脂私師綏悲夷麋追遲 泜衰肌祇遺惟坻誰眉 姿榱楣槐蕤資梨胝尸 耆推維纍泲梶蝞蓍	几美水死指矢兕比 視旨妣朼牝垁匕笫	至二位遂鼻淚墜燧棄 肆類比懟頪轡劓祟濞 帥悴鷙貳器匱萃次粹 利贄恣嗜睟浰
微尾未		
飛歸微妃機非依衣幾巍 徽希譏闈違肥狶偉威	菲葦鬼尾	味貴氣渭瀢沸惸卉謂 毅未蔚欷費彙既餼聵
齊薺霽		
齊躋犀迷棲梯泥藜 犁氐睽劑	禮體悌濟娣	計惠戾盭譓繼隸
支紙寘		
累	毀委	累

脂部韻譜

（1）平聲

［司馬相如］蕤綏子_{虛賦}21/2 上 懷歸回_{同上}21/3 下 麋犀_{同上}21/4 上 依悲遲衰私衣_{美人賦}22/1 下 棲妃諧誰飛悲_{琴歌} 漢詩 2/4 上

［王褒］悲偉_{洞簫賦}42/2 上 惟歸飛夷躋泝師夷_{九懷・陶雍}42/4 下 懷綏_{四子講德論}42/9 上 階坻_{甘泉宮頌}42/11 上 楷楣榱誰_{同上}42/11 上

［揚雄］夷眉_{蜀都賦}51/1 上 歸梨開諧_{甘泉賦}51/5 下 依迡_{同上}51/6 上 機違_{長楊賦}52/2 下 衣遺_{反離騷}52/6 下 資師_{解嘲}53/2 下 師眉_{同上}53/3 上 尸希回_{徵耆解難}53/4 下 遺排_{連珠}53/10 上 維階_{冀州箴}54/1 上 違齊_{青州箴}54/1 下 師遲_{同上}54/1 下 衰衣_{雍州箴}54/3 下 夷推維_{衛尉箴}54/6 上 歸齊_{太僕箴}54/6 下 希依懷乖階_{城門校尉箴}54/8 上 師懷_{博士箴}54/8 下 非微回_{太玄・干測}20 夷微_{太玄・羨次五}25 縈躍麋_{太玄・差次八}27 著資脂_{太玄・童次二}28 麋犀_{太玄・童上九}29 徽階_{太玄・從上九}44 脂夷_{太玄・釋次五}46 夷利（去）_{太玄・夷次五}50 喈嘈衰_{太玄・樂次五}52 幾悲資_{太玄・樂上九}53 衰尸_{太玄・衆次八}67 夷微非遲資_{太玄・大測}94 縈飛_{太玄・逃次七}104 飛歸_{太玄・唐次七}105 衰非_{太玄・常測}107 衰微_{太玄・減首}115 違肥微希非譏_{太玄・唫測}117—118 開歸_{太玄・積首}125 追飛_{太玄・飾次六}129 怕矢（上）_{太玄・疑初一}131 悲階_{太玄・内次三}137 衣麋_{太玄・去次五}140 迷資_{太玄・曹次四}146 齊氏_{太玄・堅測}154 幾微_{太玄・失測}161 微肥違_{太玄・玄衝}179 推衰非_{太玄・玄衝}180 齊懷悲_{太玄・玄衝}180 微資階_{太玄・玄圖}213 師犂_{法言・修身}99 微睽_{法言・重黎}354 夷犀_{法言・孝至}551

［李尤］私非機_{鞠城銘}50/5 上 依闈巍_{闕銘}50/5 下

［無名氏］徊懷_{巴郡人爲吳資歌} 漢詩 8/216

（2）上聲

［司馬相如］麂豷嶵_{子虛賦}21/4 上

［王褒］凱腠_{洞簫賦}42/2 上 累指_{聖主得賢臣頌}42/9 下

［揚雄］美葦_{蜀都賦}51/2 上 濟娣繼（去）_{元后誄}54/9 下 坺第_{太玄・閑次六}13 兕矢_{太玄・戾次五}16 兕美_{太玄・童次五}28 比死_{太玄・密上九}70 禮几_{太玄・親次四}71 體偕（平）_{太玄・親測}70—71 几杘旨_{太玄・居次八}82 委毀_{太玄・竈次八}92 體禮_{太玄・禮首}99 違（平）匕矢_{太玄・禮次五}100 體劑（去）悌_{太玄・永測}112 菲尾_{太玄・昆次二}113 死遺（平）_{太玄・昆上九}114 體毀_{太玄・唫次七}118 鬼體_{太玄・聚次六}125 水牝_{太玄・飾次五}129 妣視_{太玄・視首}133 美矢_{太玄・沈次三}135 體美_{太玄・沈測}135 美體_太

玄·玄瑩 189

[李尤]矢兒鎧銘 50/9 下

　　（3）去聲

[司馬相如]渭内子虚賦 21/3 下　隸至同上 21/6 上　諭贄二封禪文 22/7 上

[王褒]欷淚洞簫賦 42/2 上　戾氣四子講德論 42/7 下　至比同上 42/8 下

[揚雄]卉對甘泉賦 51/6 上　氣位解嘲 53/3 下　罪位連珠 53/10 上　位類揚州箴 54/2 上
謂劓廷尉箴 54/6 下　位貴太常箴 54/7 上　貴遂將作大匠箴 54/7 下　位退太玄·中測 6　崇
墜太玄·干測 21　利至太玄·銳次七 34　利死(上)太玄·釋次八 46　貳内太玄·夷初一
49　器毅太玄·毅次四 63　毅類太玄·毅次七 63　至死(上)太玄·裝測 65　比次太玄·密
次二 68　至恣太玄·法測 84　墜退類太玄·應測 86　内睟太玄·文測 97—98　位棄太玄·
禮測 101　鼻彙太玄·聚上九 125　類匱太玄·晦次四 141　蔓昧太玄·瞢測 146　利嗜太
玄·闕測 159　次餒利太玄·養次六 175　類彙太玄·玄衝 179　鷙二太玄·玄錯 183　類氣
太玄·玄攡 184　位氣輩太玄·玄攡 187　氣類太玄·玄文 205　位氣太玄·玄告 216　味彙
太玄·玄告 217　蔚萃法言·吾子 72　粹類法言·問神 140

[李尤]未鷙津城門銘 50/6 下　匱器匱匣銘 50/12 下

　　　　　　　　　　脂部合韻譜

　　（1）脂之

　　　平聲

[司馬相如]衣肌脂懷回辭美人賦 22/1 下

[揚雄]猻氂麋羽獵賦 51/8 上　衣脈肌遲之逐貧賦 52/4 上　泥淄太玄·更次三 59　時
微資非幾太玄·斂測 73-74　泥嬰夷太玄·内次五 138　眉辭法言·重黎 369

　　　上聲

[李尤]矢紀弧矢銘 50/9 上

　　　去聲

[司馬相如]類萃記計子虚賦 21/3 上

[揚雄]位事太玄·親次七 71　類瞶晦(上)太玄·玄攡 185　繼治太玄·玄告 216

[無名氏]貸匱悴刺巴郡郡守詩 漢詩 12/326

　　（2）脂歌

　　　平聲

[司馬相如]夷師危歸大人賦 21/7 下　衰危祇遺封禪文 22/8 上

［王褒］眉姿脂綏垂 _{責鬚髯奴辭 42/12 下}

［揚雄］威危馳回蕤蛇妃眉資 _{甘泉賦 51/5 下} 藜飛蛇犀陂 _{羽獵賦 51/8 下} 夷馳 _{長楊賦} 52/2 上 眉危懷徽輴泥夷 _{酒賦 52/5 上} 微離 _{太玄·戾首 15} 微儀 _{太玄·羨次二 24} 爲衰累 _{太玄·童測 28—29} 嗜螭 _{太玄·衆次五 67} 開階差 _{太玄·廓次五 96} 磑離非 _{太玄·疑首 130} 上聲

［揚雄］差 (平) 至 (去) 指 _{上林苑令箴 54/9 上} 禮巇 (平) _{法言·重黎 379}

　　（3）脂支

　　平聲

［王褒］衰卑 _{四子講德論 42/7 上}

　　（4）脂祭

　　去聲

［司馬相如］位大 _{子虚賦 21/3 上}

［揚雄］內外 _{羽獵賦 51/7 下} 戾沛 _{雍州箴 54/3 下} 內敗 _{衛尉箴 54/6 上} 廢內退 _{太玄·達測 36} 費廢遂 _{太玄·交測 38} 退外 _{太玄·進測 44} 類屬 _{太玄·格次七 48} 內穢 _{太玄·晬初一 76} 類衛內 _{太玄·迎測 88} 內屬 _{太玄·唐初一 104} 害遂類 _{太玄·翕測 123} 內外 _{太玄·視次二 133} 外內既 _{太玄·內首 137} 鼻弊 _{太玄·勤次七 173} 外內退 _{太玄·玄錯 182} 廢退貴位 _{太玄·玄文 205} 對劇 _{太玄·玄告 216} 內外 _{法言·學行 41}

　　（5）脂質

　　平聲

［揚雄］悲懷畢 _{太玄·樂測 52}

　　　去聲

［王褒］惆惠棄肆遂味懟失氣類頜貴 _{洞簫賦 42/2 上}

［揚雄］至卹 _{太玄·少次二 14} 肆失 _{太玄·奐測 39} 位結格測 47—48 內失 _{太玄·夷測 49} 比恤 _{太玄·密次六 69} 位詘 _{太玄·玄衝 181} 二一 _{太玄·玄錯 183} 氣類卒 _{太玄·玄捛 208} 物類貴 _{太玄·玄圖 212}

　　（6）脂歌之

　　平聲

［揚雄］綏纚開柂旗 _{甘泉賦 51/4 上}

　　（7）脂支歌

　　平聲

［揚雄］泥雌施太玄·閑初一 12

　　（8）脂月質

　　去聲

［揚雄］類孽節太玄·内測 138—139

　　（9）脂質月祭

　　去聲

［司馬相如］潰汩濞折冽澩漻瀨沛墜礚渨沸沫疾子虛賦 21/3 下

9. 祭部
韻字表

泰

　　大害外蓋沛帶蔡貝籟賴瀨會泰艾沫礚藹蠆

怪

　　界介芥澩躉

夬

　　敗邁喝夬快

廢

　　廢乂穢

祭

　　世枻逝衛裔厲制歲勢際祭筮噬銳贅晣綴幣掣炳弊劇藝

霽

　　达瘱

祭部韻譜

［司馬相如］蔡蓋子虛賦 21/2 上　界外芥同上 21/3 上

［王褒］瘱达洞簫賦 42/1 下　沛逝礚瀨蓋蔡裔九懷·尊嘉 42/4 上

［揚雄］礚厲沛世甘泉賦 51/5 下　躉賴反離騷 52/5 下　邁瀨同上 52/6 上　大敗豫州箴 54/3 上　裔際外交州箴 54/4 上　外衛光禄勳箴 54/5 下　祭筮①太常箴 54/7 上　外大太玄·周次八 9　界敗太玄·戾測 17　外大太玄·狩首 22　逝大太玄·狩次六 23　大勢賴害

---

① 《太常箴》“慢行繁祭，無曰我材，輕身恃筮”，“祭、筮”韻。“筮”原誤作“巫”，今據《全後漢文》崔駰《太常箴》改正。兩文相同，今列揚雄名下。

太玄·狩測 23 衛大太玄·差測 26 逝大太玄·童測 28 銳敗太玄·銳次八 34 制大格測 47—48 害挈太玄·爭測 55 挈敗太玄·務次三 55 外快快賴太玄·裝測 64 穢應太玄·睟測 76 介裔害太玄·竄次二 91 蓋害太玄·視次六 134 邁敗太玄·沈測 136 外廢太玄·晦測 141 贅穢太玄·割次二 149 外大太玄·割測 149 介蠆太玄·堅次四 154 賴大害世敗太玄·將測 168—169 外敗大賴太玄·養測 174 制際太玄·玄捝 209 貝幣賴太玄·玄捝 209 際會太玄·玄圖 213

[李尤] 藝弊太學銘 50/4 下 外穢辟雍銘 50/4 下 會害門銘 50/6 上 害大鎧銘 50/9 下 沛敗鞍銘 50/10 上 又帶樽銘 50/12 上

祭部合韻譜

（1）祭脂

[司馬相如] 柹蓋貝籟喝沸會磑外燧隊裔子虛賦 21/2 下 厲澫逝大人賦 21/8 上 逝沫昕內封禪文 22/7 上

[揚雄] 會藹綴外內羽獵賦 51/8 下 世噬祟少府箴 54/7 上 內外蓋城門校尉箴 54/8 上 內外蓋敗大太玄·增測 29—30 銳退太玄·奧初一 39 內歲廢快太玄·樂測 51—52 敗隊太玄·務上九 56 外內太玄·斂首 72 大退太玄·斂測 73 內外蓋太玄·大首 93 外內太玄·廓次八 97 敗遂太玄·成測 156—157 外內太玄·勤首 171

（2）祭月

[司馬相如] 瀨世勢絕哀秦二世賦 21/6 下

[揚雄] 炳裂太玄賦 52/3 下 害割殺泰敗謁廷尉箴 54/6 下 外決太玄·斷首 61

（3）祭緝

[司馬相如] 際答封禪文 22/8 上

陽聲韻

10. 蒸部

韻字表

登

　登朋崩騰增肱矰

蒸○證

　升稱乘徵興烝澄繩蒸承兢陵　　　　　　　　　　應

　馮應冰凌勝證

東

　夢薨

耕

　閎紘耾

蒸部韻譜

　　平聲

［司馬相如］徵興封禪文 22/7 下

［王褒］繩增聖主得賢臣頌 42/9 下

［揚雄］繩夢甘泉賦 51/5 上　乘興閎朋羽獵賦 51/7 下　證①朋太玄‧從測 43　陵朋太玄‧釋次四 46　升朋太玄‧務次四 56　矰繩太玄‧逃次八 104

［李尤］登陵承京師城銘 50/5 下　承徵高安館銘 50/5 下　興乘竈銘 50/7 下

蒸部合韻譜

　　(1)蒸冬

　　平聲

［司馬相如］乘中子虛賦 21/5 上

［揚雄］興崇太玄‧釋次三 46　崇馮興太玄‧廓次六 96　凌中太玄‧堅次三 154

　　(2)蒸陽

　　平聲

［司馬相如］升煌烝乘封禪文 22/8 上

［揚雄］徵陽朋應太玄‧迎測 88

　　(3)蒸耕

　　平聲

［王褒］肱成四子講德論 42/7 下

［揚雄］征騰崩幽州箴 54/3 下　應貞太玄‧玄圖 212

　　(4)蒸真

　　平聲

［揚雄］陵淪蜀都賦 51/1 下

　　(5)蒸侵

―――――――――――――

① 《管子‧心術下》"專於意，一於心，耳目端，知遠之證"，"心、證"爲韻。今從唐作藩《上古音手册》列"證"爲平聲。

平聲

［揚雄］乘<u>風</u>澄<u>兢</u>_{甘泉賦} 51/4 上　<u>風</u>升閎<u>紘蒸</u>_{解難} 53/4 上　崩<u>心</u>音<u>勝</u>_{元后誄} 54/10 下
<u>冰風乘</u>_{太玄·裝次二} 64

11. 冬部
韻字表

冬
　宗
東
　中忠終崇宗戎融宮窮躬隆衆忡冲雄
江
　隆

冬部韻譜

平聲

［司馬相如］忠<u>宮</u>_{美人賦} 22/1 上　中<u>宮</u>_{同上} 22/1 上　戎<u>隆終</u>_{封禪文} 22/6 下

［揚雄］中<u>窮</u>_{蜀都賦} 51/2 下　中<u>宮</u>_{甘泉賦} 51/5 上　宮<u>崇</u>_{羽獵賦} 51/7 下　忠<u>宗</u>_{兗州箴} 54/1
下　宮<u>中</u>_{太玄·中首} 4　中<u>窮</u>_{太玄·周測} 9　中<u>衆</u>_{太玄·上測} 18　中<u>隆宗</u>_{太玄·進測} 44　中
<u>隆躬</u>_{太玄·爭測} 54　中<u>隆</u>_{太玄·彊次三} 75　冲<u>中</u>_{太玄·減測} 115　中<u>隆窮</u>_{太玄·晦次五}
142　窮<u>中</u>_{太玄·窮初一} 147　窮<u>中</u>_{太玄·窮次二} 147　中<u>隆</u>_{太玄·窮測} 147　窮<u>中</u>_{太玄·止}
_測 151—152　終<u>中冲窮</u>_{太玄·玄文} 207　中<u>窮</u>_{太玄·玄告} 216　宗<u>冲</u>_{太玄·玄告} 217　崇<u>終</u>
_{法言·學行} 12

［李尤］中<u>宮融</u>_{平城門銘} 50/6 下

冬部合韻譜

　（1）冬蒸

平聲

［揚雄］中<u>承</u>中<u>終</u>_{太玄·成測} 158　崇<u>隆窮</u>中<u>承宮</u>_{太玄·玄圖} 213　宗<u>朋</u>_{太玄·玄圖} 214
中<u>稱</u>_{法言·君子} 496

　（2）冬東

平聲

［王褒］中<u>窮從</u>_{鄹宮九懷·匡機} 42/2 下　隆<u>功</u>_{聖主得賢臣頌} 42/10 上

［揚雄］窮<u>雄溶</u>中_{羽獵賦} 51/8 下　中<u>衆</u>_{公元后誄} 54/10 上　中<u>庸</u>_{太玄·中次三} 5　窮<u>從</u>

忠_{太玄·玄告 217}

[李尤]中崇通_{函谷關賦 50/1 上} 隆中豐_{辟雍賦 50/2 上}

　　（3）冬耕

　　平聲

[揚雄]中貞_{太玄·務次八 56} 中貞_{太玄·翕次二 122} 中正_{太玄·玄掜 210}

　　（4）冬侵

　　平聲

[揚雄]戎禽_{長楊賦 52/2 下} 深密中_{太玄·玄瑩 190}

　　（5）冬東侵

　　平聲

[趙壹]風充中終_{迅風賦 82/8 上}

12. 東部
韻字表

東董送

工同東通公功洪　　　　　動　　　　　　　弄貢
蒙空叢葱椶童豐
充聰攻瓏酆曚莪

鍾腫用

容鍾訟溶庸春頌封　　　勇竦冢奉恫　　　用頌縱共
凶邕雒饔重從逢恭
鋒龍供蹤鼇雍匈

江

雙江摐

東部韻譜

　　（1）平聲

[王褒]洪封_{四子講德論 42/6 下} 邕從容_{同上 42/8 下} 鋒龍_{聖主得賢臣頌 42/9 下} 椶葱
封春重_{僮約 42/12 上}

[揚雄]叢從東_{蜀都賦 51/2 上} 工逢_{同上 51/2 下} 公江_{同上 51/3 上} 從凶_{解嘲 53/3 下}
蒙同_{徐州箴 54/2 上} 同凶_{宗正卿箴 54/6 上} 供龍_{太僕箴 54/6 上} 供同_{少府箴 54/7 上} 饔
供_{太官令箴 54/9 上} 蒙從_{太玄·周次七 9} 通從_{太玄·周測 9} 東雍容_{太玄·差首 26} 容

同太玄·增次五 30　通從太玄·達測 36　庸空太玄·谿次五 41　攻從太玄·從次三 43　從凶訟功太玄·從測 43—44　通功同太玄·密測 69　匈公太玄·盛次三 78　鏓從太玄·遇次六 90　庸童太玄·廓上九 97　功容從太玄·唐測 105　蕺公太玄·昆次四 113　從凶太玄·晦次三 141　從竦(上)太玄·失次三 161　從通攻太玄·玄衝 179　同功凶太玄·玄衝 181　公通太玄·玄攡 186　凶龍同太玄·玄文 206　容攻從公通太玄·玄文 207

［李尤］通從同<small>小車銘 50/11 下</small>　雍容通恭<small>天輧車銘 50/12 上</small>

［無名氏］公雙<small>益都爲任文公語 漢詩 8/243</small>

　　（2）上聲

［王褒］動竦勇<small>四子講德論 42/7 下</small>

［揚雄］動勇<small>太玄·奐測 39</small>　竦冢<small>太玄·聚次七 125</small>

　　（3）去聲

［王褒］縱弄貢<small>頌甘泉宮頌 42/11 上</small>

［揚雄］共用<small>太玄·法測 83</small>　用奉(上)<small>太玄·竈測 91</small>

東部合韻譜

　　（1）東冬

　　平聲

［王褒］從同聰衆<small>四子講德論 42/7 下</small>

［揚雄］鍾窮<small>甘泉賦 51/5 上</small>　降隆東雙功龍融<small>頌</small>雝蹤從<small>河東賦 51/6 下</small>　恭降<small>宗正卿箴 54/6 上</small>　崇庸從<small>元后誄 54/10 上</small>　降凶功<small>太玄·逃測 103</small>　摐降<small>太玄·逃次四 103</small>　重中<small>太玄·玄瑩 189</small>　容雄<small>法言·淵騫①484</small>

［李尤］重崇從聰忡<small>函谷關賦 50/1 下</small>　封充窮<small>七款 50/3 下</small>

　　上聲

［揚雄］動衆(平)<small>太玄·玄文 206</small>

　　（2）東陽

　　平聲

---

① 　各本皆作"非夷齊而是柳下惠,戒其子以尚容,首陽爲拙,柱下爲工,飽食安坐,以仕易農,依隱玩世,詭時不逢,其滑稽之雄乎",汪榮寶義疏以爲"非舊本如此","皆(司馬)温公據《漢書·東方朔傳·贊》增補",當作"非夷尚容,依隱玩世,其滑稽之雄乎"。參見《法言義疏》484—488 頁。于安瀾《漢魏六朝韻譜》(32 頁),羅常培、周祖謨《漢魏晉南北朝韻部演變研究》(32 頁注①)皆以"容工農逢雄"爲韻,今不取。

［揚雄］江<u>望</u>蜀都賦 51/1 上 <u>聰明</u>法言·問明 179

（3）東<u>侵</u>

平聲

［揚雄］<u>聰</u>恭<u>風</u>尚書箴 54/4 下

［闕名］雍<u>悀</u>（上）<u>風</u>西狹頌①

（4）東冬<u>蒸</u>

平聲

［揚雄］<u>雍宫陵</u>博士箴 54/8 上 <u>升降通東逢雍</u>太玄·玄測序 3

13. 陽部
韻字表

唐蕩宕

唐光行綱荒喪旁藏當岡桑湯　　莽盪簜穎　　　　罞
黄堂凰康卬皇徨葬蹌亢茫剛
廊囊璜煌棠璜芒昈臧狼鶬頑
鄉簀恍抗远尪杭螗

陽養漾

陽揚楊鄉方長傷亡央羊章莊　　壤往象上罔　　　相王昶暘讓上償壯
芳忘常疆王張良翔涼房觴殃
商祥梁徉糧將量裳牆腸鴦裝
强彊場牀香霜彰望攘廂亨昌
湘洋嘗羌壃箱狂尚養饗爽鵝
防肪彊創倡匡

庚梗敬（前漢）

明英横衡兵撑京慶卿更猛羮　　炳　　　　　　　病
盲烹亨

陽部韻譜

（1）平聲

［司馬相如］<u>章楊芳</u>子虚賦 21/2 上 <u>堂房</u>同上 21/4 上 <u>狼羊</u>同上 21/5 上 <u>凰明</u>同上 21/

---

① 此據洪适《隸釋》卷四補。洪氏以爲"碑以……悀爲踴，植爲殖"，後者見職部。

5下 堂張牀光美人賦22/1下 梁撐梁將光章綱央楊堂房長揚卬横徨殃牀香旁亡光方霜更明忘長門賦22/2下 明良封禪文22/6下 鄉凰將堂房腸鴦翔琴歌 漢詩2/4上

［王褒］翔行洞簫賦42/2上 房芳横堂洋翔忘傷九懷·匡機42/2下 陽行光英徉裳將旁光當九懷·通路42/3上 陽行横臧殃湘傷九懷·尊嘉42/3下 洋荒上(上)强九懷·蓄英42/4上 陽光糧行方傷九懷·思忠42/4下 翔揚九懷·株昭42/5上 望章聖主得賢臣頌42/10下 埸疆同上42/10下 荒鄉疆皇碧雞頌42/11上 翔荒同上42/11上 桑行當嘗僮約42/12下 唐臧商堂責鬚髯奴辭42/12下

［嚴遵］殃埸座右銘42/13下

［揚雄］黄方蜀都賦51/1下 鴦鶇蜀都賦51/2上 羹羊行鶬蜀都賦51/3上 陽楊堂岡皇光蜀都賦51/3下 行兵狂裝梁攘昕章甘泉賦51/4上 芳英堂同上51/5下 蹌光唐羽獵賦51/8上 揚皇陽方光同上51/8下 衡房央同上51/9下 嘗羊太玄賦52/4上 藏岡逐貧賦52/4下 張堂陽行同上52/4下 裳房反離騷52/5下 行芳同上52/6上 行堂解嘲53/2上 卿光衡當同上53/2上 狂疆趙充國頌53/7下 湯横冀州箴54/1上 埸王同上54/1上 長殃兖州箴54/1下 方康徐州箴54/2上 陽湯荆州箴54/2下 强亡豫州箴54/3上 常荒益州箴54/3上 京荒雍州箴54/3下 壃荒幽州箴54/3下 康唐忘芒旁同上54/3下 方王享并州箴54/4上 兵荒綱同上54/4上 京亡交州箴54/4上 王常忘大司農箴54/5上 荒箱亡同上54/5上 行尚璜執金吾箴54/7下 觴王太官令箴54/9上 陽方唐王旁元后誄54/9下 王明荒慶央同上54/10上 黄皇同上54/10上 臧常忘行同上54/10上 章光陽臧太玄·玄測序3 黄常太玄·中次八7 喪行太玄·周上九9 堂裳慶太玄·上次六18 行往(上)長方當太玄·狩測22—23 爽行太玄·羨首24 行常太玄·羨測24 亡光太玄·差次三26 明行太玄·童次三28 慶明太玄·童測28 方光太玄·增次二30 慶傷太玄·增次六30 當行亡擅太玄·增測30—31 狂盪(上)太玄·鋭次三34 方明量方太玄·達測35 陽堂皇太玄·交首37 明行方光太玄·交測37—38 尪顙(上)太玄·傒上九42 臧匡亡太玄·從次四43 章行太玄·進次三44 章行長太玄·進測45 疆亡方行殃太玄·釋測46—47 匡行傷太玄·格測48 亡彊傷鄉太玄·夷測50—51 方罔(上)太玄·務初一55 芳行太玄·務次二55 芳臧太玄·務次六56 芳往(上)太玄·務次七56 行亡太玄·事測57 方亨行太玄·事測58 杭更太玄·更次六60 更病(去)太玄·更次七60 方當明望常更臧良長太玄·更測59—60 良行太玄·毅首62 亡剛長方當彊太玄·毅測62—63 裝行太玄·裝初一64 臧方傷揚王疆往(上)太玄·衆測66—67 方鄉臧太玄·密測68 良行太玄·親次八72 方疆太玄·親測71 當光太玄·斂測72 剛

梁太玄·彊首 74 明擴太玄·彊次四 75 梁疆太玄·彊次六 75 傷彊猛太玄·彊測 75—76 明光陽太玄·睟首 76 黃方太玄·睟次五 77 光疆慶太玄·盛次六 79 堂远太玄·居次四 81 綱光太玄·法次六 84 爽行方明張太玄·法測 83—84 橫買(去)太玄·應次三 85 亡喪太玄·遇次八 90 行喪當太玄·遇測 90—91 鱅莊太玄·竈次五 92 肪烹太玄·竈次七 92 洋方太玄·大初一 93 方傷太玄·大測 93 彊亡太玄·逃首 102 創將太玄·逃測 102 亡當太玄·唐測 105—106 常行太玄·常次四 107 橫常太玄·常次五 107 剛常太玄·常次六 107 明①行常太玄·常測 107 爽常太玄·永初一 110 爽祥太玄·永次二 111 方長亡太玄·永測 111 傷當望太玄·唫測 118—119 明光太玄·視初一 133 光方太玄·視上九 134 明王太玄·沈次六 136 剛穎(上)喪太玄·沈上九 136 盲方糧明臧太玄·沈測 135—136 陽倡太玄·去首 139 將光行望太玄·去測 139—140 陽明太玄·晦首 141 明行太玄·晦次七 142 行喪明太玄·晦測 142—143 創方太玄·割次六 150 明行當太玄·止測 151 常芳太玄·闕測 159 行傷將太玄·劇測 163—164 囊黃太玄·馴次五 166 傷彊太玄·將測 167 桑黃太玄·將上九 169 剛常太玄·難次三 170 狂方亡太玄·玄衝 179 揚藏太玄·玄衝 180 鄉行剛更太玄·玄衝 181 艸頭太玄·玄錯 183 陽行明太玄·玄攡 186 方央太玄·玄瑩 189 陽橫明太玄·玄瑩 191 昌良橫喪太玄·玄文 207 方行明當剛太玄·玄文 207 張明太玄·玄捝 208 荒方太玄·玄捝 209 明行太玄·玄圖 211 疆光太玄·玄圖 212 方行明太玄·玄告 217 堂裳法言·吾子 71 明方法言·問神 140 皇京章疆法言·寡見 235 望行法言·寡見 245 張良法言·五百 278 養葬桑法言·先知 287 彰明揚光法言·先知 291 茫亡法言·重黎 327 彊王法言·重黎 354 羊狼法言·淵騫 428 皇將光法言·孝至 534 璜方法言·孝至 548 恍方法言·序 568 煌疆法言·序 569

[李尤]章光陽方張湯梁匡饗_{辟雍賦 50/2 上} 洋廊行棠陽_{東觀賦 50/3 上} 鄉梁方良康洛銘 50/4 上 方陽洋房良梁_{明堂銘 50/4 下} 章昌雲臺銘 50/5 上 王光陽方荒_{德陽殿銘 50/5 上} 牆陽當常_{鞠城銘 50/5 上} 光房當荒_{王平樂館銘 50/5 下} 堂涼嘗廂簀_{堂銘 50/7 上} 長涼揚_{笛銘 50/8 上} 張方抗常_{屏風銘 50/8 上} 常防殃芒_{載銘 50/9 上} 常傷_{弩銘 50/9 下}

[趙壹]方亡行強殃昌涼藏_{刺世疾邪賦 82/8 下}

　　(2)上聲

---

① 所據本《常》次三“測曰：日常其德，君道也”，范望注本及葉子奇《太玄本旨》均作“君道明也”。

〔王褒〕莽盪洞簫賦 42/1 上

〔揚雄〕簜往揚州箴 54/2 上　炳往養（平）太玄·文測 98—99　上往太玄·禮測 101　往盪太玄·唐首 104　象猛病（去）太玄·養次七 175　象往太玄·玄捪 208

（3）去聲

〔王褒〕暘壤（上）四子講德論 42/8 下

〔揚雄〕壯病讓①太玄·成測 157　王壯太玄·玄告 216　病償太玄·玄告 216

〔無名氏〕昶讓閬君謠 漢詩 8/227　將相巴西郡謠 華陽國志 1/90

陽部合韻譜

（1）陽蒸

平聲

〔司馬相如〕羊絋鄉子虛賦 21/5 下

〔揚雄〕方升太玄·上測 18　量方殃崩太玄·銳測 34　常承興慶疆享莊臧長太玄·居測 80—82

去聲

〔揚雄〕上應太玄·應首 85

（2）陽冬

平聲

〔王褒〕行窮聖主得賢臣頌 42/10 下

〔揚雄〕商冲揚章傷長太玄·飾測 129—130

（3）陽東

平聲

〔司馬相如〕東光陽皇方行大人賦 21/7 下

〔王褒〕明聰聖主得賢臣頌 42/10 下

〔揚雄〕嶆翔東蜀都賦 51/1 上　裳頌羽獵賦 51/9 上　皇龍解嘲 53/3 上　莊光將龍元后誄 54/9 下　空康行方喪太玄·堅測 155—156　昌長同太玄·玄衝 179　陽凶太玄·玄攡 185　光明盲矇法言·修身 94　光通法言·寡見 227　荒空法言·先知 287

上聲

〔揚雄〕往逢（平）太玄·遇首 89

---

① 所據本《成》次六"測曰:成之魁瑣,不以謙也",范望注本及葉子奇《太玄本旨》均作"不以讓也"。

（4）陽耕

平聲

［司馬相如］章貞子虛賦 21/4 下

［揚雄］楊榮甘泉賦 51/5 上 羌陽章亢京庭同上 53/7 下 茫荊剛强荊州箴 54/2 下 明靈太玄·玄瑩 189

［李尤］璠卿觴蹭辟雍賦 50/2 上 竟陽張圍綦銘 50/13 上

（5）陽耕冬

平聲

［揚雄］盈亡章終太玄·玄攡 188

14. 耕部

韻字表

庚梗敬

（前漢）生平榮嶸鳴荊瑩命　　　　　　　　　敬命跰

（後漢）英兵明行衡卿竟鯨　　　　　　　　　病

耕耿諍

耕莖嚶鏗爭崝　　　　　　　幸

清静勁

城貞征名聲傾情清成精旌營程　　領嶺省静騁　　正政盛聖静浄性姓聘

誠并楨正盈令盛嬰楹嶸嬴禎絣

青迥徑

冥形零庭寧青星靈苓聽廷銘　　　　　　　　定脛

熒刑經玲丁陘霆猩鈃

耕部韻譜

（1）平聲

［司馬相如］清榮庭傾嶸生子虛賦 21/4 下 莖榮同上 21/4 下 鳴經同上 21/4 下 冥零聲美人賦 22/1 下 成聲封禪文 22/6 下 榮成同上 22/7 上

［王褒］冥形精聲洞簫賦 42/1 下 征冥生傾靈九懷·昭世 42/3 下 征嶺（上）旌冥榮九懷·思忠 42/4 下 誠平寧四子講德論 42/8 上

［揚雄］領(上)成冥情聲蜀都賦51/3 下　清玲①傾嶸嫈成甘泉賦51/5 上　營耕寧城平靖河東賦51/6 下　熒冥形榮嚶鳴霆羽獵賦51/9 上　聲平長楊賦52/2 上　星霆同上52/2 上　正貞反離騷52/5 下　苓榮同上52/5 下　靜(上)廷解嘲53/3 上　定(去)平同上53/3 下　形聲解難53/4 上　莖成同上53/4 下　營征青州箴54/1 下　經成豫州箴54/2 下　寧傾同上54/2 下　平營同上54/3 上　贏程生大司農箴54/5 上　省(上)清庭經光祿勳箴54/5 下　刑寧廷尉箴54/6 下　令征太史令箴54/8 上　楨寧成清經博士箴54/8 下　靈精禎成元后誄54/9 下　生經寧成傾旌名同上54/10 下　精冥征庭銘同上54/10 下　形成生名貞太玄·玄首序2 貞并太玄·中測4—5 誠貞太玄·少測14 貞榮名太玄·上次四18 城骿太玄·干次八21 城青太玄·差上九27 城生太玄·差測27 猩榮太玄·交次五37 貞城太玄·交上九38 廷貞太玄·釋次六46 名聽太玄·釋測45 爭冥太玄·爭初一53 形靈太玄·更首59 貞性(去)太玄·更初一59 貞名太玄·次八63 熒傾太玄·盛次八79 并誠太玄·迎測87 名貞太玄·竈測91 楨城太玄·廓次二95 形成太玄·禮次三100 骿(去)城太玄·逃上九104 冥征太玄·唐次二104 貞玲太玄·唐次三105 形正太玄·常測106 楨城太玄·度次四109 成正傾營寧貞太玄·度測108—109 庭冥太玄·永次六111 貞寧太玄·減次五116 丁平太玄·減測116 聽誠太玄·疑次六132 冥名太玄·疑測131—132 貞寧情榮太玄·內測137—138 成名太玄·去次六140 貞令太玄·去次七140 冥貞太玄·晦初一141 冥貞太玄·晦上九143 貞星太玄·晉次八147 平生太玄·窮測148 榮成太玄·割測149 形貞太玄·堅次二154 清靈形太玄·成首156 成貞太玄·成次八158 靈貞太玄·馴初一165 生貞太玄·馴上九166 形生傾太玄·難測169—170 正情命太玄·勤測171—172 贏生太玄·贏贊二176 生刑太玄·玄衝178 平傾太玄·玄衝180 清平情太玄·玄攡187 生盈太玄·玄攡188 生并靈太玄·玄攡188 生成太玄·玄瑩190 形冥太玄·玄文205 生形太玄·玄文206 贏貞經情冥太玄·玄文207 情靈誠太玄·玄文208 絣情太玄·玄摁208 聽成成經太玄·玄摁208—209 令刑太玄·玄摁209 精鳴生營靈貞太玄·玄圖212 營生經并貞太玄·玄圖212—213 精榮精太玄·玄告215—216 精貞法言·學行40 生平法言·吾子53 瑩青法言·吾子57 生成法言·修身90 聽正聽法言·寡見226 榮成法言·寡見227 營政(去)法言·重黎354 傾并法言·淵騫428

---

① 《甘泉賦》"和氏玲瓏"，"玲瓏"五臣本《文選》作"瓏玲"。按"玲"與"清、傾、嶸、嫈、成"爲韻，作"瓏玲"是。今據改。

〔李尤〕平清庭并正平樂觀賦50/2下 生榮零七款50/3下 清平盈傾井銘50/7下 形名金馬書刀銘50/9上 兵名鯨刑聲寶劍銘50/9上 令聽鉦銘50/10上 靈莖傾名靈壽杖銘50/10下 明行程印銘50/11上 名盛成鳴安哉銘50/12下 衡明權衡銘50/13上

〔任永〕平清 華陽國志10中/776

〔無名氏〕卿英平經時人爲折氏諺 漢詩8/245 貞聲詠譙君黄詩 漢詩12/325

　　（2）去聲

〔揚雄〕聖正命豫州箴54/2下 正聖盛聘敬静太玄·少測14—15 正定争（平）太玄·戾測16 正命太玄·干次二20 正幸（上）太玄·羨次四24 正定太玄·羨測24 正命太玄·務測56 敬榮（平）命正太玄·聚測124—125 定静正命敬太玄·疑測131—132 正姓幸（上）太玄·窮測148 静命太玄·馴次二165 正命太玄·馴次八166 正浄盛太玄·馴測165—166 聖命太玄·玄攡186 静政太玄·玄瑩189 性正太玄·玄捝208

〔李尤〕正病杯銘50/12下

耕部合韻譜

　　（1）耕蒸

　　平聲

〔揚雄〕貞甍太玄·甍首145 霆耺盈聖（去）法言·問道124

　　去聲

〔王褒〕正定應四子講德論42/9上

　　（2）耕冬

　　平聲

〔揚雄〕瑩情終太玄·玄攡185

　　（3）耕東

　　平聲

〔揚雄〕蹤聲形太玄·玄文205 形功太玄·玄圖211

　　（4）耕陽

　　平聲

〔王褒〕平攘四子講德論42/8上 清明靈四子講德論42/8下

〔揚雄〕傾正生營堂平太玄·廓測95—96 平生常太玄·玄攡187 營行太玄·玄圖211

〔李尤〕征鳴囊函谷關銘50/4下

（5）耕真

平聲

［司馬相如］騁(上)形精恩子虛賦 21/6 下

［王褒］嬰親四子講德論 42/5 下

［揚雄］誠天太玄·周次六 9　脛(去)䐡太玄·爭次六 54　貞根太玄·馴次三 165　經分形太玄·玄瑩 189

（6）耕真陽

平聲

［揚雄］生經顛盈傾衡元后誄 54/9 下

（7）耕真元

平聲

［李尤］陘庭門□零泉經函谷關銘 50/1 上

15. 真部

韻字表

痕很恨

　恩根痕　　　　　　　　　很

魂混慁

　門存尊昏沌奔閽崙孫論坤豚　　本損混　　　困

　魂溫罇唔芚遁蓀

真軫震

　仁人親信真神鄰珍臣濱麟銀　　畛引　　　刃軔吝進

　鱗民秦身辰晨陳塵賓頻蘋駰

　貧震栝振緡新薪因津申寅斌

　闉瑞邠瀕砏腪替①

臻

　臻榛溱

---

① 司馬相如《封禪文》以"替神尊榮民"真耕合韻，"替字讀爲真部平聲"，未見中古韻書相應的讀音，姑列於此。參見羅常培、周祖謨《漢魏晉南北朝韻部演變研究》117 頁。

諄準稕

均輪倫侖春脣純醇遵旬巡循　　　　　　　　　順潤

馴鶉諄淪

殷隱焮

勤殷垠昕欣炘齦狺　　　　　近隱

文吻問

文聞分芬紛雲君軍勳墳熏暉　　　忞扻　　　　　問

先銑霰

天年顛賢闐憐怜躅堅先田玄　　　洗

弦淵千西眠眩咽礥

真部韻譜

（1）平聲

［司馬相如］紛雲子虚賦 21/1 下　銀鱗同上 21/1 下　顛榛同上 21/5 上　垠門天聞存大
人賦 21/8 上　人親長門賦 22/2 上　君存聞封禪文 22/6 下

［王褒］眠闐怜九懷・通路 42/3 上　昏真臻芬九懷・昭世 42/3 下　紛憐門同上 42/3 下
神晨紛雲憐九懷・思忠 42/4 下　君臣四子講德論 42/7 下　天人同上 42/7 下　仁文同上
42/8 上　臣賓同上 42/8 下　臣雲聖主得賢臣頌 42/10 上　仁倫碧雞頌 42/11 上

［揚雄］蘋根蜀都賦 51/2 上　垠瑞鱗炘神嶙栚甘泉賦 51/4 下　魂恩神同上 51/5 上　芬
麟閽神同上 51/5 下　門塵羽獵賦 51/8 下　民身長楊賦 52/1 上　雲珍太玄賦 52/4 上　顛天
逐貧賦 52/4 下　紛紛反離騷 52/5 下　君臣貧存遁解嘲 53/2 下　天淵解難 53/4 上　臣軍
震趙充國頌 53/7 下　震晨殷兗州箴 54/1 下　親君揚州箴 54/2 上　純昏豫州箴 54/2 下　崙
垠門臣雍州箴 54/3 上　臣人均同上 54/4 下　賢天司空箴 54/4 下　人信臣頻鄰人身尚書
箴 54/4 下　躅人大鴻臚箴 54/5 下　文倫鄰大鴻臚箴 54/5 下　人堅衛尉箴 54/6 上　殷昕駰
太僕箴 54/6 上　神躅太常箴 54/7 上　仁顛將作大匠箴 54/7 下　陳遵振賓博士箴 54/8 下
孫新天元后誄 54/10 上　玄天太玄・玄首序 1　純根太玄・礥次二 10　淵人太玄・礥次五
10　君淵門信堅太玄・閑測 12　貧振太玄・少次四 14　貧振太玄・少次八 15　根天淵太
玄・上次二 18　堅民人太玄・上測 19　天馴太玄・干次六 21　雲天太玄・干上九 21　辰聞
太玄・狩次七 23　遵臣太玄・羨測 25　分千太玄・增次六 30　熏門太玄・交次四 37　淵田
太玄・從首 42　鄰昏太玄・爭測 53—54　人年太玄・務測 56　身仁太玄・斷測 61　賓溫太
玄・衆次二 66　民刅（去）太玄・衆測 67　親人太玄・密次三 68　齦君太玄・密次八 69　天

淵太玄·睟次三 77　臣門太玄·盛次四 79　門賢太玄·盛測 78—79　淵鱗太玄·法次七 84　天鱗太玄·應次五 86　君真陳仁太玄·應測 85　薪瀕太玄·竈次三 91　人聞臣太玄·廓測 96—97　邠文太玄·文次四 98　鄰信貧新太玄·守測 120—121　年門太玄·聚次三 124　根信太玄·飾上九 130　紛暉太玄·視次五 134　天畛(上)太玄·曹初一 145　天根太玄·曹次二 145　信頻太玄·曹測 146　鱗身太玄·窮次六 148　臣分太玄·割測 150　震鄰太玄·止測 152　田根太玄·失次六 162　砋引(上)太玄·難次七 170　淵根太玄·養初一 174　天身因墳太玄·養測 174—175　西巡太玄·玄攡 185　玄人太玄·玄攡 185　天淵畛(上)太玄·玄攡 187—188　循神太玄·玄瑩 190　因馴太玄·玄瑩 190　因均太玄·玄瑩 191　熏門太玄·玄瑩 191　淵神太玄·玄文 206　天神馴太玄·玄文 208　天田太玄·玄捝 208　君臣太玄·玄捝 209　辰申太玄·玄圖 214　唔忞(上)法言·問神 160　苞鶉存法言·寡見 217　陳分鏗捖(上)法言·先知 291　新墳法言·重黎 389　民人法言·孝至 540　真身法言·序 567

[李尤]珍鄰平樂觀賦 50/2 下　陳文東觀賦 50/3 上　信津殷鄰珍河銘 50/4 上　循陳門淵文東觀銘 50/4 下　遵春辰人欣永安宮銘 50/5 上　因雲雲臺銘 50/5 上　寅春上東門銘 50/6 上　申分廣陽門銘 50/6 下　辰振旌門銘 50/6 下　文身錯佩刀銘 50/9 上　先存陳武庫銘 50/10 下　賢賓陳文醇几銘 50/10 下　賓賢豚席銘 50/10 下　陳申勳研墨銘 50/11 下　仁斌身塵文履銘 50/11 下　民陳算銘 50/13 上

[趙壹]賢憐西恩天年孫窮鳥賦 82/9 上

[無名氏]賓津人通博南歌 漢詩 8/209　真身民巴人歌陳紀山 漢詩 8/214

　　(2)上聲

[揚雄]洗本太玄·失測 162　畛垠(平)太玄·玄文 206

　　(3)去聲

[揚雄]刃陳(陣)太玄·衆次二 66　軔塵(平)太玄·守次六 120　問信疑測太玄·131—132

真部合韻譜

　　(1)真脂

　　平聲

[王褒]沌頹洞簫賦 42/2 下

[揚雄]殷遲少府箴 54/7 上

　　(2)真耕

　　平聲

〔司馬相如〕民秦聲封禪文 22/6 下　替神尊榮民同上 22/7 上

〔王褒〕名文緍四子講德論 42/7 上

〔揚雄〕神貞太玄·交初一 37　門庭太玄·迎次八 88　信貞人太玄·飾測 128　新成太玄·玄攡 187　因成法言·重黎 354

〔無名氏〕君名蜀中爲費貽歌 漢詩 8/209

　　去聲

〔揚雄〕順貞(平)太玄·馴次七 166　吝形(平)玄攡 185

　　(3)真元

　　平聲

〔司馬相如〕濱山麟輪子虛賦 21/1 上　年園同上 21/1 下　天軒同上 21/4 下　諄巒封禪文 22/8 上

〔王褒〕門欣難根九懷·尊嘉 42/4 上　分宣四子講德論 42/6 下　眩泉甘泉宮頌 42/11 上　淵千言僮約 42/11 下

〔嚴遵〕門源座右銘 42/13 下

〔揚雄〕藩顚天甘泉賦 51/4 下　門川侖同上 51/5 上　天垣同上 51/5 下　山門瀕河東賦 51/6 下　門淵山羽獵賦 51/7 下　紛環同上 51/8 上　前神鄰同上 51/9 上　臣山同上 51/9 上　先端蔽靈賦 52/3 上　年山反離騷 52/6 上　文言泉天倫門解嘲 53/2 上　存全同上 53/3 上　雲臣遵煩少府箴 54/7 上　殷難鐲太史令箴 54/8 上　礦難礦首 9　堅穿太玄·干首 19　進(去)漆前太玄·進首 44　淵船太玄·進次八 45　淵言太玄·迎次二 87　門干太玄·守首 119　淵園太玄·去初一 139　順(去)端根太玄·馴首 165　淵舡太玄·將次八 169　勤淵山太玄·勤上九 173　天泉太玄·踦贊一 176　昣(上)根然太玄·玄攡 185　天震元淵新太玄·玄圖 211　天山淵法言·寡見 229

〔李尤〕濱山榛分平樂觀賦 50/2 下　門因連川七款 50/3 下　咽篇函谷關銘 50/4 下

〔無名氏〕天親安人新風巴郡太守詩 漢詩 12/326

　　上聲

〔揚雄〕本善太玄·馴測 165—166　損反太玄·玄錯 183　近遠太玄·玄攡 188　隱遠隱太玄·玄捇 209　混轉太玄·玄圖 211

　　去聲

〔揚雄〕進願太玄·傒首 40

（4）真談

平聲

［王褒］陳賢廉四子講德論 42/8 上

［揚雄］淵戜太玄·少首 13 堅廉法言·君子 503

　　（5）真侵

平聲

［揚雄］西心太玄·銳次五 34 親心真太玄·禮測 99—100 人心親貧旬倫均仁身太玄·昆測 112—114 親神心法言·序 573

［李尤］咽年君文勳循門琛奔論坤函谷關賦 50/1 下

　　（6）真元蒸

平聲

［揚雄］身山稱淵玄攀太玄賦 52/4 上

　　（7）真元耕

平聲

［揚雄］臣蕃神靈法言·孝至 551

［李尤］先楹經蜓門雲德陽殿賦 50/2 下

16. 元部

韻字表

寒旱翰

　安寒丹壇翰餐汗殰干難蘭豣　　誕　　　　　　汗散難岸爛旦炭漢粲嘆按幹
　殫殘刊彈檀奸鼉

桓緩換

　官端丸完歡槃盤漫孿摶桓觀　　管款　　　　　館觀漫亂畔叛蒜絆斷
　冠曼酸般鼟鸞

删潸諫

　關還蠻顔環姦班患　　　　　屼瓹　　　　　訕晏

元阮願

　原猨怨軒垣園藩蕃言樊蘋黿　　輓遠反蹇偃鍵　　遠願苑
　諠元煩憲獻轅源喧

仙獮線

然旃鞭狿蜓延卷焉仙連旋乾　　衍轉善免涎勉　　羨變禪倦埏面攣

愆全遷漣傳縣泉船舡川穿錢

緣篇宣權便燃猭嘼纏揮攣

先銑霰

前肩湔邊妍研　　　　　　　　　　　　　　見宴眄縣

山產襇

山閑閒間艱　　　　　　　　　　　　　　　間辨

元部韻譜

(1)平聲

[司馬相如]蘭干子虛賦 21/1 下　曼山蘋同上 21/1 下　鼉黿同上 21/2 上　鴛干豻狿同上 21/2 上　園原同上 21/4 下　檀蘭子虛賦 21/4 下　閒遷子虛賦 21/5 上　殫還同上 21/5 下　蜓卷顏大人賦 21/7 上　延言美人賦 22/1 下　傳觀封禪文 22/6 下　觀全同上 22/7 下

[王褒]安閑洞簫賦 42/1 上　然桓歡四子講德論 42/5 下　船湔錢僮約 42/12 上　山轅殘盤同上 42/12 上

[揚雄]蘭關閒卷焉蜀都賦 51/2 下　壇山甘泉賦 51/5 下　旃鞭關翰羽獵賦 51/8 上　狿猭卷同上 51/8 下　然患長楊賦 52/2 上　旃還同上 52/2 下　完殫歡槃逐貧賦 52/4 上　嘼山怨焉仙干同上 52/4 下　安患解嘲 53/2 下　輓(上)安同上 53/3 下　宣零趙充國頌 53/7 下　乾丹益州箴 54/3 上　難乾憲交州箴 54/4 上　官漫大鴻臚箴 54/5 下　安閑愆太僕箴 54/6 下　艱山元后誄 54/9 下　愆全前遷元后誄 54/10 上　瓄環太玄·周次四 8　然閑太玄·閑首 12　閑姦太玄·閑次五 12　關閑太玄·閑次八 13　還患安還太玄·差測 26—27　川還太玄·進上九 45　間般太玄·樂次六 52　全然太玄·務測 55—56　閑間(去)太玄·親測 70　縣元太玄·斂次六 73　肩揮太玄·盛次五 79　難安太玄·昆次八 114　山川太玄·減上九 117　顏班太玄·積次七 127　刊便全太玄·割測 150　蕃愆太玄·失次五 162　川山川太玄·難次六 170　旋端班太玄·玄錯 182　纏連太玄·玄攡 185　研干太玄·玄攡 187　山川太玄·玄捪 210　乾酸法言·修身 97　桓豩(上)法言·孝至 550

[李尤]安原函谷關賦 50/4 下　閑寒然室銘 50/7 上　彈丸彈銘 50/9 下　安歡奸臥牀銘 50/10 下　顏冠鏡銘 50/11 上

[無名氏]桓安時人爲任安語 漢詩 8/253

(2)上聲

[揚雄]岠遠羽獵賦 51/8 上　涫亂(去)光祿勳箴 54/5 下　鍵管太玄·閑次三 12　款遠太

玄・欒初一 51 遠免反太玄・盛測 79—80 勉遠太玄・遇測 90 反遠太玄・疑次二 131 善反太玄・闕測 160 反遠太玄・失測 162 蹇遠太玄・勤次五 172

(3)去聲

[司馬相如]爛汗子虛賦 21/3 下 館變禪封禪文 22/7 上 變見同上 22/7 上

[王褒]汗倦旦聖主得賢臣頌 42/9 下 觀遠甘泉宮頌 42/11 上 按蒜僮約 42/12 上 炭岸同上 42/12 上

[揚雄]觀見漫亂甘泉賦 51/4 下 畔亂難長楊賦 52/2 上 叛漢益州箴 54/3 上 絆獻亂叛交州箴 54/4 上 斷亂太玄・斷測 62 幹衍(上)愆(平)太玄・法上九 84 見衍(上)太玄・聚測 124 見眄太玄・沈次二 135 見爛辨太玄・瞢測 145—146 願嘆太玄・瞢測 147 面見太玄・玄攡 188 散見太玄・玄瑩 190 面孿太玄・玄掜 209 原(愿)訕法言・淵騫 490 粲晏法言・孝至 556

元部合韻譜

(1)元耕

去聲

[揚雄]幹營(平)太玄・度次五 109

(2)元真

平聲

[司馬相如]蘭干蓀蘋原衍(上)子虛賦 21/4 上 鱗閒焉子虛賦 21/4 下 巒寒春同上 21/5 下

[王褒]還堅天山淵根顛閒豨諠恩然洞簫賦 42/1 上 轉(上)殞倫同上 42/2 上

[揚雄]延春連脣焉蜀都賦 51/3 下 延淵甘泉賦 51/5 上 關侖長楊賦 52/1 下 餐汗天同上 52/1 下 山連君玄解嘲 53/3 下 巒旋山川昏干揚州箴 54/2 上 全淵廷尉箴 54/6 下 元勤山樊門人信蘭元后誄 54/10 上 摶西太玄・中次六 6 誕(上)雲太玄・耎次五 39 天蘭間太玄・密首 68 間門太玄・密初一 68 文班然太玄・文首 97 漣根太玄・減次八 116 蕃損(上)太玄・積測 126 園淵太玄・去次二 139 弦縣愆太玄・去次八 140 難淵太玄・難首 169 間勤太玄・難次五 170 寒信太玄・玄攡 187 川馴太玄・玄掜 210

[趙壹]賢權痕緣狺前燃姸門年存延賢錢邊刺世疾邪賦 82/8 下

[無名氏]喧門錢刺巴郡郡守詩 漢詩 12/326

上聲

［司馬相如］衍榛(平)哀秦二世賦 21/6 下

［揚雄］衍田(平)太玄・斂次五 73　反很偃太玄・止次八 153　善恩(平)太玄・玄衝 181

　　　去聲

［司馬相如］羨散埏潤封禪文 22/6 下

［王褒］觀苑困宴四子講德論 42/8 上　獻溱(平)聖主得賢臣頌 42/10 下

［揚雄］晏弦(平)羽獵賦 51/8 下　願鄰(平)太玄・玄衝 178

　　（3）元談

　　　平聲

［揚雄］全瞻太玄・視測 133　觀兼法言・寡見 233

17. 談部

韻字表

感

　　　　　　　　　　坎

談敢闞

　　慭　　　　　　　　　　　　　　　　　濫淡

鹽琰豔

　　廉詹瞻襜韱　　　　　檢刿

添

　　兼

咸

　　鑡

銜

　　巖

嚴

　　嚴

談部韻譜

　　去聲

［司馬相如］濫淡子虛賦 21/3 下

談部合韻譜

　　（1）談真

　　平聲

[揚雄]憨人太玄・交測 37

　　（2）談侵

　　平聲

[王褒]濫(去)含洞簫賦 42/1 下

[揚雄]嚴嵒蜀都賦 51/1 下　詹壏太玄・礥測 10　嚴湛太玄・玄告 216

　　　上聲

[揚雄]檢范太玄・度次六 109

18. 侵部
韻字表

覃感勘

　　南耽含　　　　　　　　　　惨穆

侵寢沁

　　音心深金琴臨吟唫禁林淫陰　　　　　　　　　　衽
　　禽蓡欽任岑琛湛堪蔭

咸

　　嵒

東

　　風

桥

　　　　　　　　　　　　　　　僭

鹽

　　潛

范

　　　　　　　　　　犯範范

侵部韻譜

　　平聲

[司馬相如]音風子虛賦 21/5 下

[王褒]吟陰同上 42/7 下　唫陰聖主得賢臣頌 42/10 上

[揚雄]衽(去)陰風金蜀都賦 51/2 下　深琴甘泉賦 51/5 上　深金解難 53/4 上　禽耽兗州

箴54/1下 心僭（去）太玄·周初一8 任堪太玄·事測58 禽禁太玄·遇次五90 林禽太玄·聚次八125 深心太玄·視測133 陰禁太玄·内測138

［李尤］陰風牖銘50/7下 音心深禁淫琴銘50/7下 欽陰音金漏刻銘50/8上

侵部合韻譜

（1）侵蒸

平聲

［揚雄］淫朋太玄·周次七9 陰應太玄·應次八86

（2）侵冬

平聲

［司馬相如］蓼風音宮窮子虛賦21/4下

［王褒］淫慘音風窮洞簫賦42/2下

［揚雄］陰融太玄·進次四44 禁眾太玄·減測115 陰宮太玄·沈首135

（3）侵東

平聲

［揚雄］岑瓏蜀都賦51/1上

（4）侵真

平聲

［王褒］聞音心四子講德論42/6上

［嚴遵］蔭因座右銘42/13下

［揚雄］林淵太玄·逃次五103 心民太玄·窮測147

（5）侵元

平聲

［王褒］耽還洞簫賦42/2下

［嚴遵］深言座右銘42/13下

［揚雄］范（上）川太玄·文次六98

（6）侵談

平聲

［揚雄］心鐔太玄·上初一17 陰兼太玄·玄瑩189

上聲

［揚雄］糝坎範太玄·窮次五148 犯剡法言·先知303

（7）侵真元

平聲

［揚雄］潛畛（上）泉礥初一 10

（8）侵冬談真

平聲

［司馬相如］心音宮臨風淫陰音襜閶吟南中宮崇窮音長門賦 22/2 上

入聲韻

19. 職部

韻字表

德

德國得則北黑墨塞克賊忒刻默惑棘貸①

職

植殖識職極息食直力色稷式棘域翼救勑弋飾翼熾測側偪嗇穡匿

屋

服福蔔伏牧郁

麥

革

職部韻譜

［司馬相如］得職子虛賦 21/3 上　極北同上 21/3 下　得食哀秦二世賦 21/7 上　色墨美人賦 22/1 上　德②翼封禪文 22/8 上

［闕名］服息黃羊鏡銘③力極黃羊鏡銘

［王褒］息翼洞簫賦 42/2 上　棘墨四子講德論 42/7 上　德力同上 42/7 下　息域同上 42/8 上　德識德服同上 42/9 下　革墨得聖主得賢臣頌 42/9 下　極息得同上 42/10 上　塞得同上 42/10 下　極域甘泉宮頌 42/10 下

［揚雄］福極甘泉賦 51/6 上　伏息長楊賦 52/2 上　弋域同上 52/2 下　德則飾惑得逐貧賦 52/4 下　直服極息同上 52/4 下　默極解嘲 53/3 上　域德克趙充國頌 53/7 下　德國北

---

① 貸，《集韻》惕得切。

② 《封禪文》“聖王之德”原作“聖王之事”，此從《文選》。“德”與“翼”爲韻。

③ 任乃强以爲此鏡乃漢武帝用兵匈奴時所造，其銘文爲：“黃羊作竟四夷服，多賀國家人民息。胡虜殄滅天下復，風雨時節五穀熟。長保二親得天力，傳告後世樂無極。”見《四川上古史新探》170 頁。

并州箴 54/4 上 則國職司空箴 54/4 下 植救大司農箴 54/5 上 極力職大鴻臚箴 54/5 下 救職衛尉箴 54/6 上 □德賊執金吾箴 54/7 下 救福德元后誄 54/10 下 則德克太玄·中測 6—7 德克太玄·礥次四 10 得式太玄·少次三 14 匐德太玄·狩初一 22 直翼太玄·羨次六 25 默得太玄·增初一 29 得服太玄·傒測 41 職力太玄·事首 57 北食太玄·裝次四 64 貸忒國太玄·斂初一 72 德力太玄·彊次五 75 極得則克太玄·睟測 77 墨德太玄·盛初一 78 克德太玄·盛測 78 墨則太玄·法首 83 極稷太玄·應上九 86 則賊太玄·遇測 89—90 食力太玄·竈次四 91 德賊太玄·竈測 92 墨式稷太玄·常初一 106 德食太玄·常次三 107 得極福太玄·永次五 111 得默太玄·守次三 119 食力太玄·積次三 126 黑職飾太玄·飾首 128 飾服太玄·飾次二 128 德國太玄·視次三 133 翼賊太玄·視次八 134 國測太玄·內次八 138 得北太玄·去上九 141 賊得測太玄·失首 161 食匿太玄·失次四 161 力食克太玄·勤次四 172 德福太玄·難測 172 國得太玄·難測 173 得福息太玄·玄衝 181 得刻太玄·玄錯 183 革得太玄·玄瑩 190 革則太玄·玄瑩 190 式飾太玄·玄捭 208 力食稽太玄·玄捭 209 翼德太玄·玄捭 209 極德太玄·玄捭 210 力德法言·修身 98 國克法言·先知 292 德忒法言·重黎 362 德力法言·淵騫 418 國測法言·孝至 537

［李尤］則德刻忒漏刻銘 50/8 上 飾忒冠幘銘 50/11 下

［闕名］則國德植服直福西狹頌

職部合韻譜

（1）職之

［揚雄］力得代賊克太玄·礥測 10—11 克戴太玄·增次四 30 德代太玄·更上九 60 塞意太玄·盛首 78 塞較（上）太玄·難測 170 刻戒太玄·玄瑩 189 極勒代太玄·玄文 205 刻懝塞太玄·玄文 206

（2）職沃

［王褒］力睦福四子講德論 42/6 上 賊睦同上 42/8 下

［揚雄］力救鬻覆側司空箴 54/4 下 貸忒復太玄·度上九 110 直目太玄·晦次八 143

（3）職藥

［司馬相如］服郁躒藐側子虛賦 21/6 上

（4）職屋

［揚雄］國谷長楊賦 52/2 上 伏域燭太玄賦 52/3 下 則禄太玄·禮測 100 服燭法言·修

身 92 俗則德法言·問明 193 國粟法言·重黎 369

［李尤］翼縟德陽殿賦 50/2 下

(5) 職鐸

［揚雄］熾伯解嘲 53/2 下 極石牧青州箴 54/1 上 黑白太玄·昆初一 112 克逆太玄·玄告 216

(6) 職錫

［揚雄］食易大司農箴 54/5 上 息益殖太玄·增首 29

(7) 職質

［揚雄］德失太玄·失次二 161 德室太玄·劇次三 164 息德即極域太玄·玄文 207 國秩太玄·玄捝 209 惑賊一法言·寡見 222

(8) 職緝

［揚雄］殖給上林苑令箴 54/9 上

(9) 職屋緝

［揚雄］極族集太玄賦 52/3 下

(10) 職沃盍

［王褒］覆德國接四子講德論 42/9 上

20. 沃部
韻字表

沃

毒酷梏篤督

屋

目復腹覆陸戮育淑逐肉宿縮築熟隩燠睦鷲蓄粥軸肅穆

覺

學

錫

戚滌

號

竃

沃部韻譜

［司馬相如］鷲陸築子虛賦 21/4 上 育蓄封禪文 22/7 下

［闕名］復熟黄羊鏡銘

［王褒］目腹四子講德論 42/8 上

［揚雄］宿逐蜀都賦 51/3 下 戮腹太玄賦 52/4 上 陸隩益州箴 54/3 上 腹目太玄・達次二 35 目腹太玄・達次八 36 縮復太玄・耎上九 40 目腹太玄・從次六 43 淑逐太玄・從次八 43 篤睦太玄・親首 70 肉[①]戚太玄・親次二 70 肉復太玄・唐上九 106 腹粥太玄・沈次五 136 目腹太玄・割初一 149 縮逐太玄・成次三 157 腹肉復太玄・養次五 174 軸燠太玄・玄掜 209

［李尤］逐覆[②]鞍銘 50/10 上

［無名氏］腹復蜀中童謡 漢詩 8/216

沃部合韻譜

（1）沃幽

［揚雄］覆救太玄・昆次七 114

（2）沃脂

［揚雄］腹背太玄・戾次二 16 腹背太玄・戾次三 16 竈背太玄・居次六 81

（3）沃職

［揚雄］陸服冀州箴 54/1 上 陸腹食太玄・法次五 83 穆肅棘太玄・禮次二 100 督嗇太玄・唫次五 118

（4）沃屋

［揚雄］腹穀太玄・翕次五 122

［李尤］目谷函谷關賦 50/1 上

（5）沃鐸

［揚雄］惡淑肉太玄・從次七 43

（6）沃月職

［揚雄］別偪陸鷩幽州箴 54/3 下

21. 藥部

韻字表

鐸

---

① 所據本作“内”，今從范望、王涯注本。

② 《全後漢文》作“騰躍覆被”，“被”字不韻，此從羅常培、周祖謨譜。

　　樂鞻鶴

藥

　　約弱躍簫嫋虐削藥鑠酌爵

覺

　　駮卓藐

錫

　　櫟

藥部韻譜

［司馬相如］約嫋削_{子虛賦 21/5 下}

［王褒］樂躍_{四子講德論 42/9 上}

［揚雄］弱樂_{長楊賦 52/2 下} 樂簫_{太樂令箴 54/8 下} 藥酌_{太玄・失次七 162} 弱約_{太玄・}_{玄錯 182} 約卓_{法言・吾子 77}

［趙壹］樂駮_{刺世疾邪賦 82/8 上}

藥部合韻譜

　　（1）藥職

［揚雄］樂簫國_{太樂令箴 54/8 下}

　　（2）藥沃

［揚雄］虐酷_{執金吾箴 54/7 下}

　　（3）藥鐸

［揚雄］樂貉_{法言・問道 122}

　　（4）藥屋月

［揚雄］樂曲渴_{太玄賦 52/3 下}

22. 屋部
韻字表

屋

　　屋族木沐瀆蔟鏃縠獨禄牘黷轂穀麓録鶩斛哭卜

燭

　　足谷屬玉曲燭續束欲蜀俗辱縟獄觸瑂埲粟

覺

　　角岳嶽樸濁斲撲朴

沃

　僕

屋部韻譜

［司馬相如］谷瀆子虛賦 21/4 上　足獨子虛賦 21/6 上

［王褒］屋牘束僮約 42/12 上

［揚雄］谷屬甘泉賦 51/4 下　谷岳足太玄賦 52/3 下　觳族解嘲 53/2 上　穀斛大司農箴 54/5 上　谷木曲蔟元后誄 54/10 下　沐瀆谷太玄・少上九 15　谷木穀太玄・上次三 18　足穀太玄・菿次五 23　足瀆太玄・羨次八 25　角足穀太玄・僕次四 41　嶽足太玄・從首 42　穀禄太玄・毅次五 63　足屋太玄・迎上九 88　角辱太玄・遇次七 90　角足太玄・遇上九 91　樸足太玄・文次三 98　禄穀太玄・文次七 99　足禄太玄・唐次六 105　禄哭沐太玄・唐次八 105　穀玉太玄・昆次五 113　穀俗族太玄・唫次四 118　角族太玄・會上九 123　足獄録太玄・窮次七 148　木穀太玄・止次四 151　角木太玄・失次八 162　禄足太玄・劇測 164　瀆木太玄・難次二 169　木角太玄・難次八 170　曲欲穀太玄・玄衝 179　卜瀆太玄・玄瑩 189　斛觸太玄・玄捊 209　角足太玄・玄捊 209　續贖太玄・玄告 216　瀆獄法言・學行 13

［李尤］木樸角鶩彈銘 50/9 下　足續金羊燈銘 50/13 上

［無名氏］蜀足蜀中爲費貽歌 漢詩 8/209

屋部合韻譜

　（1）屋侯

［司馬相如］穀縐曲谷子虛賦 21/2 上

［揚雄］欲寇太玄・積次七 127

　（2）屋職

［揚雄］穀麓伏上林苑令箴 54/9 上　束克太玄・周測 8—9　禄福太玄・玄捊 209

　（3）屋沃

［司馬相如］琩目子虛賦 21/3 下

［揚雄］屋戮將作大匠箴 54/7 下　獨斛學元后誄 54/10 上　穀梏太玄・釋上九 47　目角撲太玄・格上九 48

［趙壹］濁毒酷足刺世疾邪賦 82/8 上

　（4）屋藥

［揚雄］爵禄觳解嘲 53/2 上

　（5）屋鐸

［王褒］<u>趼射</u>四子講德論 42/6 上　樸<u>咢</u>聖主得賢臣頌 42/9 下

［揚雄］<u>木石</u>太玄·止上九 153

　　（6）屋鐸沃

［司馬相如］谷閣<u>屬宿</u>子虛賦 21/4 上

　　（7）屋藥職沃

［王褒］<u>虐賊伏毒</u>足族四子講德論 42/8 下

　　（8）屋藥盍鐸

［白狼王唐菆］堁穀樂<u>狹石洛帛</u>僕遠夷懷德歌 漢詩 5/165

23. 鐸部

韻字表

鐸

作怎索惡噩搏薄簿錯度寞落廓洛恪絡貉鄂亳閣郭穫橐壑咢

藥

若略鵲卻訊獲

昔

石席籍藉繹譯夕弈奕尺踖碩腋舃

陌

白伯帛迫百陌客額逆宅澤赫劇戟

麥

獲

覺

朔

禡

射骼赦

鐸部韻譜

［王褒］度廓四子講德論 42/7 上　落陌僮約 42/11 下　噩索席洛澤同上 42/12 上　索簿同上 42/12 上　索席石白客白百索搏落尺陌額惡同上 42/12 下

［揚雄］繹錯度薄鄂甘泉賦 51/4 下　白落解嘲 53/2 上　寞宅同上 53/3 上　白鵲同上 53/3 上　骼索橐同上 53/3 上　石伯宅冀州箴 54/1 上　亳宅兗州箴 54/1 下　譯逆揚州箴 54/2 上　宅射太僕箴 54/6 上　伯奕太常箴 54/7 上　恪射作度薄宅元后誄 54/10 上　石弈太

玄·格次六 48 赫郭度太玄·居首 80 惡度獲太玄·積測 125—126 客射太玄·疑次八

132 劇若太玄·劇次四 164 宅迫落太玄·劇測 164—165 踖卻太玄·勤次八 173 索夕太

玄·玄錯 182 戟恪太玄·玄捝 209 錯射太玄·玄捝 209 索度太玄·玄捝 209

［無名氏］石獲傷三貞詩 漢詩 12/325 絡帛符縣人語 華陽國志 3/293

鐸部合韻譜

　　　（1）鐸侯

［司馬相如］堊坿子虛賦 21/1 下

　　　（2）鐸魚

［揚雄］宅路法言·修身 92

　　　（3）鐸職

［揚雄］赦塞太玄·玄錯 183

　　　（4）鐸沃

［揚雄］石宿太玄賦 52/3 下

　　　（5）鐸藥

［揚雄］石弱長楊賦 52/2 上 鶴澤愬太玄·上次五 18 碩鑠太玄·斷次七 61

　　　（6）鐸屋

［王褒］腋木略四子講德論 42/7 下

［揚雄］族伯籍錯宗正卿箴 54/5 下

　　　（7）鐸錫

［揚雄］愓焉窒太玄·逃次二 102

　　　（8）鐸魚屋

［王褒］穫芋轝僮約 42/12 上

　　　（9）鐸職屋

［揚雄］白黑角太玄·昆次三 113

　　　（10）鐸藥職

［司馬相如］略獲欒若藉貱伏藉澤子虛賦 21/5 下

24. 錫部
韻字表

錫

　　續擊鬩翮

昔

益易役僻璧辟適迹碧積惥

麥

策翩嘖嘒

錫部韻譜

［王褒］策迹聖主得賢臣頌 42/10 上

［揚雄］易役長楊賦 52/2 下　辟迹解嘲 53/3 上　僻繢益州箴 54/3 上　繢僻廷尉箴 54/6 下
嘖適太玄·礥測 10　役勳太玄·增次八 31　鬄易太玄·夷首 49　適辟太玄·唐次四 105　翩
適太玄·將次五 168　璧辟太玄·玄捇 209　適嘒①法言·問神 160

錫部合韻譜

　　（1）錫支

［揚雄］擊刺太玄·童次八 29　適避太玄·銳測 34　辟易太玄·常首 106

　　（2）錫職

［揚雄］碧僰蜀都賦 51/1 下

　　（3）錫鐸

［揚雄］積石太玄·減次六 116

25. 質部
韻字表

質

質日汩實一室疾失密蜜畢慄溢七必吉逸秩悉筆詰郅

術

卒崒聿律出術述戌繘恤卹

櫛

瀄

物

物沕芴屈鬱佛詘拂黻

沒

忽惚殁骨淈勃矻杚

---

① 　所據本作“嘒”，宋咸、吳祕本作“嘒”，詳汪榮寶《法言義疏》161 頁，中華書局 1987 年。

屑

　結節血趺穴譎

職

　洫即

霽

　替齻

質部韻譜

［司馬相如］鬱崒_{子虛賦 21/1 下}忽佛_{同上 21/2 上}勃芴惚_{同上 21/4 上}

[司馬相如]鬱崒子虛賦 21/1 下　忽佛同上 21/2 上　勃芴惚同上 21/4 上

[王褒]逸疾四子講德論 42/6 上　律節同上 42/6 上　骨矻聖主得賢臣頌 42/9 下

[揚雄]勃拂蜀都賦 51/3 上　惚汹出畢蜀都賦 51/3 下　筆詘解嘲 53/3 上　慄溢日荊州箴 54/2 下　律卒衛尉箴 54/6 上　室實太玄・閑測 13　趺室太玄・差次六 27　一必一太玄・銳測 33—34　節術殉太玄・奭次七 40　吉日太玄・徯測 41　扢失室太玄・廓次七 96　密黻太玄・文上九 99　日質太玄・文測 99　疾詰太玄・常次八 107　疾失太玄・常上九 108　血骨太玄・唫次二 117　骨血太玄・割上九 150　趺一物太玄・闞首 158　穴室太玄・闞次三 159　繘頷太玄・劇次八 164　節一必太玄・馴測 166　室實太玄・玄錯 183　述術太玄・玄捹 209　日物溢太玄・玄圖 213—214

[李尤]節蜜_{七款 50/3 下}戌悉_{上西門銘 50/7 上}物實_{盤銘 50/12 上}

[李尤]節蜜七款 50/3 下　戌悉上西門銘 50/7 上　物實盤銘 50/12 上

質部合韻譜

（1）質脂

[王褒]密昧_{聖主得賢臣頌 42/9 下}

[揚雄]郗節肆拂_{太玄・奭次三 39}疾岬至_{太玄・減次七 116}失二_{太玄・闞測 159}物彙_{太玄・玄捹 209}

（2）質祭

[揚雄]替弊_{冀州箴 54/1 上}世洫室卒_{將作大匠箴 54/7 下}齻穢_{太玄・斷次三 61}

（3）質職

[揚雄]結逸七國_{解嘲 53/2 上}

（4）質月

[王褒]溢鬱律譎折溢滅出_{洞簫賦 42/1 下}溢發_{四子講德論 42/7 上}

[揚雄]日滅_{太玄賦 52/3 下}實熱室_{解嘲 53/3 上}一達_{太玄・銳次二 33}出達_{太玄・達}

首 35　日<u>割</u>太玄·割次七 150　筆<u>舌</u>法言·問道 122

　　　（5）質<u>盍</u>

［揚雄］節<u>業</u>甘泉賦 51/9 下　物<u>甲</u>太玄·釋首 45

　　　（6）質<u>緝</u>

［無名氏］出<u>戢</u>蜀郡童謠 漢詩 8/218

　　　（7）質職<u>月</u>

［李尤］逸式<u>說</u>豐侯銘 50/12 下

26. 月部

韻字表

曷

　　達頒遏割轄渴

末

　　闊奪沫括脫活

屑

　　決蔑

薛

　　烈裂洌絕折雪熱滅桀舌哲孽缺缼別說悅薛偈

月

　　月拐越鉞發伐蹶闕謁倔咙

黠

　　殺拔

月部韻譜

［司馬相如］<u>烈越</u>子虛賦 21/4 上

［揚雄］<u>月烈</u>羽獵賦 51/7 下　<u>絕滅</u>同上 51/8 上　<u>滅絕</u>解嘲 53/3 上　<u>頒沫</u>同上 53/3 下　<u>奪鉞桀</u>荊州箴 54/2 下　<u>拔折</u>太玄·礥次八 11　<u>悅活</u>太玄·上測 17—18　<u>決脫活</u>太玄·斷次五 61　<u>決闊鉞</u>太玄·斷次六 61　<u>達拔奪</u>太玄·密測 69—70　<u>拔折蹶</u>太玄·彊上九 76　<u>薛絕</u>太玄·居上九 82　<u>發遏</u>太玄·應測 86　<u>殺絕</u>太玄·割首 149　<u>折缺偈</u>太玄·闕次八 160　<u>脫發</u>太玄·養次八 175　<u>滅缺</u>太玄·玄圖 214　<u>說舌</u>法言·學行 6　<u>活哲</u>法言·問明 199

［李尤］<u>別說舌滅</u>筆銘 50/8 下

月部合韻譜

　　（1）月脂

［揚雄］艾位太玄·減次四115 括器太玄·馴次六166

　　（2）月祭

［司馬相如］沫逝哀秦二世賦21/7 上

［揚雄］割賴太玄·達次七36 伐①夬太玄·斷次八62 蔑外太玄·大上九94 廢呿絶太玄·聚測125

　　（3）月質

［揚雄］烈律解嘲53/3 下 哲慄密舌折尚書箴54/4 下 折捌括血太玄·羨上九25 達屈太玄·達初一35 敆折伐血太玄·衆上九67 奪必太玄·度次八109 舌聿太玄·飾次三128 雪郄太玄·窮次八148

　　（4）月緝祭

［揚雄］轄礚岋外羽獵賦51/8 上

27. 盍部
韻字表

葉
　　接獵捷

怗
　　擪

業
　　業

狎
　　甲

洽
　　狹

乏
　　乏法

盍部韻譜

［揚雄］乏業長楊賦52/1 下 法獵太玄·毅測63

---

① 《集韻》月韻：“伐，房越切。《說文》：‘擊也……一曰敗也。’或作伐。”

盍部合韻譜

（1）盍屋
［揚雄］捷足反離騷 52/5 下

（2）盍緝
［王褒］法合雜獵擸洞簫賦 42/1 下

（3）盍屋月
［揚雄］甲俗滅太玄賦 52/3 下

28. 緝部
韻字表

合

合遝雜魶岋答

緝

邑集立入翕歙輯襲隰給念戢

緝部韻譜

［司馬相如］歙襲輯隰子虛賦 21/4 下

［揚雄］合襲解嘲 53/2 下　入集太玄・玄衝 179

［李尤］集遝辟雍賦 50/2 上　立集德陽殿賦 50/2 下　集邑立洛銘 50/4 上

緝部合韻譜

（1）緝職
［司馬相如］魶翼子虛賦 21/3 下

（2）緝鐸
［揚雄］念廓太玄・廓首 95

（3）緝月
［王褒］集闕四子講德論 42/8 上

（4）緝盍
［王褒］入法四子講德論 42/8 下

［揚雄］翕乏太玄・玄告 216

第二章　魏晉時期蜀語韻考及韻譜

第一節　魏晉時期蜀韻考論

一、考論(一)

對兩漢至隋唐之間近四個世紀蜀語的考論,最大的難題是"無米之炊"的困窘。特別是長達 160 多年的南北朝時期,可資利用的語料幾乎空白。查遍相關的文獻,有韻的詩文沒有一篇,唯見一則民間歌謠而已[①]。所以,韻譜二只是魏晉時期蜀語的韻語資料,其中主要的作家、作品包括:

1. 楊戲。《三國志》卷四五本傳謂其"字文然,犍爲武陽(今四川彭山)人","書符指事,希有盈紙。然篤於舊故,居誠存厚",可見其著述之嚴謹。他"延熙四年著《季漢輔臣贊》",從昭烈皇帝至潘濬,或一人一則,或數人一章,均四言爲句,但長短不齊,凡三十二首。例如:

忠武英高,獻策江濱。攀吳連蜀,權我世真。受遺阿衡,整武齊文。敷陳德教,理物移風。賢愚競心,僉忘其身。誕靜邦内,四裔以綏。屢臨敵庭,實耀其威。研精大國,恨於未夷。　　　　——贊諸葛丞相

關、張赳赳,出身匡世。扶翼攜上,雄壯虎烈。藩屏左右,翻飛電發。濟于艱難,贊主洪業。侔迹韓、耿,齊聲雙德。交待無禮,並致姦愿。悼惟輕慮,隕身匡國。　　　　——贊關雲長、張益德

2. 郤正。周祖謨指出(58):"東晉以後出生的作家還有一個僑郡的問題。史書所載大都是原來的郡望,不是本人的里貫,應歸於所居的僑郡。這樣,要論其方音如何如何就多有一層困難,必須加以分辨。"[②]其實,東晉以前出生的作家也有這個問題,郤正便是如此。《三國志》本傳稱其"河南偃師人"。但其"祖父儉,靈帝末爲益州刺史……正父揖因留蜀……正本名纂。

---

① 逯欽立《先秦漢魏晉南北朝詩》下册 2148 頁《梁詩》卷二九"雜歌謠辭"據《南史·庾域傳》輯入《巴東行人爲庾子興語》:"淫預如襆本不通,瞿塘水退爲庾公。"

② 周祖謨《魏晉南北朝韻部之演變》,下文簡稱《演變》,括號中的數字爲該書的頁碼。

少以父死母嫁……尤耽意文章,自司馬、王、揚、班、傅、張、蔡之儔遺文篇賦,及當世美書善論,益部有者,則鑽鑿推求,略皆寓目。自在內職,與宦人黃皓比屋周旋,經三十年"。從其出生、成長直至供職,除了最後"捨妻子單身隨侍"後主東遷洛陽的十餘年外,都在蜀中①。"凡所著述詩論賦之屬,垂百篇",今大多亡佚,唯《釋譏》載其本傳②。

3. 李密。《晉書》卷八八本傳謂其"犍爲武陽(今四川彭山)人",以《陳情表》名世,但韻文只有本傳所載《賜餞東堂詔令賦詩》一首。

4. 李興。李密之子,《晉書》謂其"有文才","興之在[劉]弘府,弘立諸葛孔明、羊叔子碣,使興俱爲之文,甚有辭理",是爲《諸葛丞相故宅碣表》和《鉅平成侯羊公碑》。今前者見於《三國志》卷三五《諸葛亮傳》裴松之注,又兩文均爲嚴可均輯入《全上古秦漢三國六朝文》之《全晉文》。

5. 常璩。生平事迹很少記載,只大略知其"字道將,晉世蜀郡江原縣(今四川崇州)人。江原常氏爲巨族,頗多治學藝、擅文辭、喜著述者"。永和三年,桓溫伐蜀,軍至成都,常璩與中書監王嘏等勸李勢降晉,並隨李勢徙建康。"哀削舊作,改寫成爲《華陽國志》"。"其書凡十二卷,約分三部:第一至四卷,述梁、益、寧三州地理與其古史;第五至九卷,志公孫述以來割據蜀地者始末;第十、十一兩卷,標榜蜀中人物,殿以《自序》一卷,又輯附三州人物目錄。全書共約九萬字"③。唯其如此,書中的韻語並不爲人注意。儘管

---

① 丁邦新《魏晉音韻研究》第六章結論用其《釋譏》韻"群林殷"真侵合韻證蜀、益方言"鼻音尾-n 與-m 有相混的現象"説(266頁):HsiCheng 郤正 was from HoNan 河南,but his family had moved to YiChou 益州 in his grandfather's time。對此也是認同的。

② 反之,閻纘(逯輯《先秦漢魏晉南北朝詩·晉詩》卷四作"讚",《晉書·楊駿傳》及《五行志上》作"纂"),《晉書》卷四八本傳謂其"字續伯,巴西安漢(按:今南充)人也",官至"牂柯太守",但他"僑居河南新安,少遊英豪",有《爲周處士上詩》。又逯欽立《先秦漢魏晉南北朝詩·晉詩》(915頁)載"王蘊之,一名蘊,字叔仁,廣漢人",下錄其《蘭亭詩》一首。但馮惟訥《古詩紀》卷四三列其名於王羲之諸子及王渙之、王彬之後,周祖謨《魏晉南北朝韻部之演變》中"魏晉宋北魏詩文作家籍貫生卒年表"(682頁)列王蘊之爲"琅邪國臨沂"人。又《三國志》卷四二《譙周傳》"凡所著述……百餘篇"裴注引《益部耆舊傳》曰:"益州刺史董榮圖畫周像於州學,命從事李通頌之曰:'抑抑譙侯,好古述儒……'"其中有韻字"儒虛書譽圖模",但李通其人籍貫不明。又周祖謨《魏晉南北朝韻部之演變》中歌部(三國晉宋北魏)韻譜出"多過(淫豫歌)"(197頁),逯欽立《先秦漢魏晉南北朝詩·晉詩》十八(1021頁)謂"金沙浮轉多,桂浦忌經過"乃"《樂府》所載,原作梁簡文帝《淫湎歌》"。以上各條,韻譜二皆未錄。

③ 任乃强《華陽國志校補圖注·前言》。

其所載晉世以前的民間歌謠40餘則也曾爲明代馮惟訥《古詩紀》、楊慎《全蜀藝文志》及逯欽立《先秦漢魏晉南北朝詩》等輯入，但常氏自己創作的70餘則韻語，從于安瀾《漢魏六朝韻譜》直至周祖謨《魏晉南北朝韻部之演變》，皆未録一字，不置一詞。常氏自創者大致出現於其書的三個部位：一是個別卷的末尾評述本卷内容的"譔曰"，典型者如卷十二《序志》：

> 駉牡驈驈，萬馬龍飛。陶然斯猶，阜會京畿。麟獲西狩，鹿從東麋。邠伯勞之，句不挩衣①。嘗兹珍嘉，甘心庶幾。中爲令得，一行可師。瑲瑋俶儻，貴韜光暉。據冲體正，平揖宣尼。導以禮樂，教治化齊。木訥剛毅，有威有懷。鏘鏘宫縣，磬管諧諧。金奏石拊，降福孔皆。綜括道檢，總覽幽微。選賢與能，人遠乎哉？

一連十五韻，除了末句的語氣詞用之部字外，全用脂部字，不啻一首標準的四言詩。二是末卷中爲全書十二卷所作的序，它們全是四言詩，如：

> 先王經略，萬國剖分。厥甸巴梁，式象縣辰。九牧述職，賦政以均。佐周戮紂，相漢亡秦。實繁其民，世載其俊。　　——述《巴志》第一

而更多的韻語則集中於卷十《先賢士女總贊》及卷十一《後賢志》。在記述這些人物的事迹時，作者總是先冠以四言韻語作贊辭，或兩句，或四句，或六句。卷十一不同的是，先用目録盡列本卷所記人物，每人官職、姓名之後有兩句韻語作贊辭（最後二人闕），這些用韻語寫成的贊辭，深受楊戲的影響，跟《季漢輔臣贊》一脈相承。對這些韻語贊辭，如何確定兩首之間的界限呢？我們的作法是：一看郡望，二分"人士"與"列女"，三察叶韻。如卷十上蜀郡列女十二人的贊辭：

> 敬司穆穆，暢始玄終；叔紀婉娩，十媛仰風；公乘氏張，兩髦義崇；助陳撫孩，節篤分充；二常甇甇，頹構再隆；紀常哀哀，精感昭融；貢羅誓志，玆何忘生；昭儀殉身，二姚見靈；峨峨淑媛，表圖銘旌。

這一段不得與上文本郡"人士"及緊接其後的巴郡士女連綴。又以上末兩句之後作者説明"言此十二女皆圖象列傳"，證明在意義上這兩句跟前十六句各爲層次，但這不應當是贊辭的分界。從押韻看，前十二句韻"終風崇充隆融"，後六句韻"生靈旌"，是正確的切分。韻譜二中分别以《敬司等贊》

---

① 原作"句不接辰"，從劉琳改，見《華陽國志校注》910頁。

及《貢羅等贊》標示之。

《華陽國志》中的其餘韻語贊辭以此類推。

韻譜二共有韻段 193 個,其中陰聲韻 76,陽聲韻 92,入聲韻 25。其中的押韻字,删除重複,舒聲韻、促聲韻使用的單字分別統計如下表:

韻　部	平　聲	上　聲	去　聲	小　計
之	12	21	3	36
宵	0	3	8	11
侯	13	8	4	25
魚	20	16	8	44
歌	1	7	0	8
支	8	2	1	11
脂	33	6	15	54
祭			16	16
合計	87	63	55	205
蒸	3	0	0	3
冬	7	0	0	7
東	14	0	0	14
陽	43	2	0	45
耕	33	1	9	43
真	40	2	8	50
元	21	0	20	41
談	0	1	1	2
侵	7	0	1	8
合計	168	6	39	213

職	沃	屋	鐸	錫	質	月	盍	緝	合計
16	3	2	12	4	11	9	3	2	62

兩類合計共 480 字。對於兩個世紀蜀語的研究來説,這些材料是殘缺的,很不完備的。

二、考論（二）

由漢及魏，蜀語的韻部如何？根據周祖謨的研究，"三國時代韻部的分類跟東漢不同的地方很多，最主要的有七點"（1）；"晉代跟三國時代顯著的差別是分韻加細，在陰陽入三聲裏都有變革"，"在部類的數目上就增多爲三十九部"（5）。下面從韻譜二中有限的材料出發逐一考察①。

1. "之、咍兩部。之部包括之韻字和脂韻'否鄙軌鮪痏備'等字，咍部包括咍（來）灰（梅）皆（戒）三類字"，魏晉宋時期"這兩部分別比較嚴格，除曹操、曹丕父子偶爾有合韻的例子以外，其餘的作家是很少用在一起的"（9）。其韻譜的咍部（三國晉宋北魏）韻字表按《廣韻》咍海代、灰賄隊、皆駭怪依次列出。今照此核對，上述諸韻只有咍韻"哉才"、代韻"愛"、灰韻"瑰"、對韻"退"、皆韻"皆諧懷"八字被魏晉蜀中作家用作押韻字。其具體使用情況如下：

"哉皆懷諧"，韻譜二中都只一見，並不是跟上述咍部字相叶。常璩《華陽國志・序志》"譔曰"以下韻"駪飛幾麋衣幾師暉尼齊懷諧皆微哉"，除"哉"外全係脂部字。司馬相如《封禪文》來哉，王褒《責髯奴辭》頤骸灰釐哉，揚雄《羽獵賦》茲基哉，"哉"全跟之部字相叶。而司馬相如《琴歌》棲妃諧誰飛悲，揚雄《城門校尉箴》希依懷乖階，又《博士箴》師懷。這些韻段以及韻譜一蜀中作家之、脂通押的 19 個韻段，可資比較。可見，常璩此例屬之、脂合韻。"才"字一見，與之部字相叶：常璩《華陽國志・楊洪等贊》才治時。王褒《四子講德論》豺柔才，"才"跟皆韻"豺"作爲之部字跟幽部"柔"合韻。"愛"兩見，"退"一見：楊戲《季漢輔臣吳子遠贊》愛墜，常璩《華陽國志・王渙等贊》愛惠退。墜，至韻；惠，霽韻。二字皆脂部去聲。韻譜一中未見"愛"，但有同小韻的"薆"，揚雄《太玄・礨測》薆昧，昧，隊韻；《應測》墜退類，類，亦至韻；王褒《洞簫賦》㥾惠棄肆遂味黓失氣類頷貴，"惠"跟其他脂部字一起跟質部"失"字合韻。因此，"愛退"在魏晉蜀中作家筆下仍然作爲脂部字使用。"瑰"一見：常璩《華陽國志・楊羲等贊》隨危垂瑰。前漢歌部支

---

① 對魏晉南北朝韻部的劃分，自高本漢以來學者們的看法多有分歧，如丁邦新分爲 37 部，王力晚年分爲 42 部等，參丁邦新《魏晉音韻研究》17—45 頁；王力《漢語語音史》113 頁。下文主要參照周祖謨《魏晉南北朝韻部之演變》，因爲其書晚出，且由三國而魏晉宋，再到齊梁陳隋，脈絡更爲明晰。

韻一系字到後漢併入了支部,已如前述。因此,此例只能視爲支、脂合韻。

根據已有的材料,魏晉時期蜀語中咍部並未分化出來。

2. "魚部、侯部、宵部分爲三部。魚部包括魚虞模三韻字,侯部包括尤侯幽三韻字,宵部包括豪肴宵蕭四韻字。換言之,就是東漢魚部的侯韻字分出,與幽部的尤幽兩部合爲一部,而幽部的豪肴宵蕭四韻字又和宵部的豪肴宵蕭四韻字合爲一部。這就跟《切韻》分韻的大類相同了"。與此相應的字類方面的重要變動,便是"東漢音之部所有的尤(尤)侯(母)兩類字,三國時代轉入侯部"。這意味着,從三國時代起幽部已經不復存在。我們對兩漢蜀語韻部的劃分,跟羅、周最大的不同,即魚、侯分立,侯部中的虞韻字後漢時已經併入魚部,已如前述。而原宵部字本來就不包括豪肴宵蕭四韻以外的字。這樣,魏晉時期便只剩下一個環節:對原幽部字使用的考察和重新整合。

尤侯幽三韻字,魏晉蜀人作品使用了尤韻四字:尤有友婦;侯韻一字:茂。"尤"兩見,均與之部字相叶:郤正《釋譏》尤思之、時滋期尤辭。揚雄《太玄・彊測》謀時基來尤基,無名氏《刺巴郡郡守詩》期尤爲,之支(爲)合韻。兩相比較,其例正同。這是習慣使然,還是實際讀音已變但缺乏資料證明,不得而知,韻譜二只好讓它繼續留在之部。其餘四字都已成爲侯部字。"有"一見,晉無名氏詩"有母"。"友"一見,常璩《華陽國志・王累等贊》首受咎主(魚)守友後。"婦"一見,常璩《華陽國志・季姜贊》婦母;"茂"一見,常璩《華陽國志・序志》覆茂秀臭裕,與宥韻去聲"秀臭"、魚部遇韻"裕"一道跟沃部屋韻"覆"通押。

3. "祭部分爲祭、泰兩部。祭部包括祭霽怪(屆)三類字,泰部包括泰夬廢怪(介)四類字"。又"月部分爲屑、曷兩部。屑部包括屑薛月黠四韻字,曷部包括曷末鎋三韻字"。周先生在緊接的第二章中說,"在兩漢的時候祭部和相承的入聲月部不大混用,但是在三國的時候,祭泰兩部和相承的入聲屑曷兩部通押的次數很多……祭部同屑部相押,泰部同曷部相押,很少相混";晉宋時期"祭部還跟脂部、皆部、咍部的去聲字合韻;泰部也是如此",並爲此一一列舉出這三部的字及合韻次數(14)。

魏晉蜀中作家的韻文中使用祭部字只有以下三個獨立韻段:楊戲《季漢輔臣馮休元張文進贊》害沛大;郤正《釋譏》乂敗沛會;李興《諸葛丞相故宅

碣表》世厲。

　　沒有霽、怪韻字，很容易分開：李興韻祭部，楊戲、郤正韻泰部，似乎的確分化了。但從合韻的情況來看並非如此。祭部跟其他韻部合韻有以下韻段：祭脂：楊戲《季漢輔臣張君嗣贊》惠對世，郤正《釋譏》廢翳、計①世穢；祭質：郤正《釋譏》節藝制逝裔世滯誓；祭沃：楊戲《季漢輔臣輔元弼劉南和贊》篤裔。這些韻段中“世廢穢藝制逝裔世滯誓裔”爲祭部字。與其合韻的“惠對翳計”，脂部去聲；節，質部；篤，沃部。它們都不是屑、曷兩部即原先月部的字，而且應當分屬祭、泰二部的“世”與“廢穢”都跟脂部字通押，因而看不出兩部的分化。司馬相如《子虛賦》位大，揚雄《城門校尉箴》內外蓋，又《少府箴》世噬祟，都以祭部泰韻字“大外蓋”及祭韻字“世噬”跟脂部去聲字“位內祟”通押；揚雄《將作大匠箴》世涵室卒，以祭部祭韻“世”字跟質部字通押。兩相對比，沒有根本的差別。

　　另外，魏晉蜀中作家的韻文中還有包括祭部字在內的其他三個韻段：郤正《釋譏》敗世計舌，爲祭脂月三部合韻；楊戲《季漢輔臣關雲長張益德贊》世烈發業德懿國，爲祭月盍職四部合韻；常璩《華陽國志·序志》桀物計設世替國，月質脂祭職五部合韻。但是，正如周先生所説，這些“複雜合韻”“只是特殊的單個例子，並不能給我們什麼啟示”（15）。

　　這樣，上述三個獨立韻段的分明，也許確係兩部分化的徵兆，也許只是作者遣詞用字的偶然。語料太少，魏晉蜀語韻部的祭、泰二部或正處在分化的過程之中。

　　月部僅一個韻段，《三國志·蜀書·譙周傳》：“諺曰：‘射幸數跌，不如審發。’”跌，屑韻；發，月韻。魏晉蜀中作家的韻文中使用的所有月部字不過九個，其餘七字是：烈桀舌設，薛韻；越，月韻；察，黠韻。曷韻只有一個“葛”字②。因此，月部無法分立，跟其對應的陰聲祭部一樣。

　　4.“蒸部蒸登兩韻分用，各爲一部”；“入聲藥、鐸兩部合爲一部”；“東漢音緝部包括緝、合兩韻字，三國時代緝韻字獨成一部”（2），“晉和北魏合韻

---

① 據周祖謨考訂，“‘計’字在兩漢三國時期屬於脂部”，晉宋纔“轉爲祭部字”（15）。
② 此字見逯欽立《先秦漢魏晉南北朝詩·晉詩九》，據《華陽國志·大同志》輯入之元康三年蜀中童謠三：“巴郡葛，當下美。”

字完全獨用”，於是“分爲緝合兩部”（32）。魏晉蜀中作家的韻文中蒸部只有一個韻段：李興《諸葛丞相故宅碣表》稱徵，用蒸部字押韻者還有楊戲《季漢輔臣昭烈皇帝贊》音興，侵蒸合韻。這三個韻字都是蒸韻字，没有登韻字。其次，他們的韻文中根本没有使用藥部字押韻，因此韻譜二中只有鐸部。最後，緝部只有一個韻段、兩個韻字：郤正《釋譏》入執，並且它們都是緝韻字。因此，魏晉蜀語中蒸與登、藥與鐸、緝與合的面貌究竟如何，惜乎材料太少，無從知曉。

　　5. 周先生《演變》認爲東漢的職部到三國時分化爲職、德二部（4）。魏晉蜀中作家的韻文中職部只有兩個獨立韻段：譙周《譏》賊得賊，全用德韻字；楊戲《季漢輔臣麋芳等贊》偪德北國，職（偪）德混用。還有兩字以上跟他部合韻的三個韻段：郤正《釋譏》目服仄極側覆，職（仄極側）、屋（服）跟沃（目覆）通押，常璩《華陽國志·費立等贊》直物巍，職（直巍）、質（物）通押，但楊戲《季漢輔臣龐士元贊》曄臆德，跟盍部（曄）通押者卻職、德兩韻各一。因此，僅有的證據很難説明職部與德部之間已經有了明確的界限。

　　6. 根據周先生《演變》的研究，由魏入晉，“分韻加細”的結果，“在部類的數目上就增多爲三十九部了”（5）。具體説來，脂部在三國時代包括脂微皆咍灰齊六韻，到晉代分爲脂、皆兩部，脂部包括脂微兩韻，皆部包括皆咍灰齊四韻；真部在三國時代包括真諄臻欣文痕魂七韻，到晉代，痕魂獨立，分爲真、魂兩部；寒部在三國時代包括寒桓删先仙山元七韻，到晉代分爲兩部，寒桓删三韻爲寒部，先仙山元四韻爲先部；侵部分爲侵覃兩部，談部分爲談鹽兩部；質部在三國時代包括質術櫛物迄没六韻，到了晉代没韻獨成一部，不與質術等韻相混（5）。

　　可是，蜀語中相關的語料卻少得可憐。脂部，僅常璩有五個獨立韻段：《華陽國志·趙典等贊》遲師微維機飢，《楊宣等贊》睎咨畿徽師幾微輝，《費詩贊》夷遲，又《陳雅等贊》揆瑋斐死，又《王涣等贊》愛惠退。其中，前四個用脂、微韻，後一個用皆、咍、灰、齊。其卷十二“譔曰”中連用十四個脂部韻字：驥飛畿麋衣幾師暉尼齊懷諧皆微，九個脂微韻字後接四個齊、皆韻字，最後又是“微”字，證明兩類混用無別。真部，痕、魂兩韻只有慁韻“遯”一字，且用於跟元部通押的韻段中。常璩此部另有六個獨立韻段，七個可視爲真部跟其他韻部字通押的韻段，卻未使用痕、魂兩韻一字。元部，僅七個獨立韻段。如果按照周先生的劃分，其中包括一個寒部韻段，常璩《華陽國志·章明等贊》亂漢貫難榦；五個先部韻段：李密《賜餞東堂詔令賦詩》言緣田然，常璩《華陽國志·序志》言然，又《進楊等贊》憲援彥，無名氏《元康三年蜀中童謠一》堅穿，《巴蜀爲讁登等語》西前；另有李興《諸葛丞相故宅碣表》晏歎，寒、先合押。侵部，僅一個獨立韻段，且無覃韻字。談部，沒有一個獨立韻段，僅有用於合韻韻段中的"窆艷"兩個韻字。質部，則連一個韻字都沒有。

這樣，根據已有的材料，只能看出晉代蜀語中脂與皆、寒與先略有分化的趨勢，至於真與魂、侵與覃、談與鹽、質與沒，則無從論其分合。

關於字類方面的重要變動，只有一個"風"字。兩漢蜀語中司馬相如《子虛賦》音風，揚雄《蜀都賦》衽陰風金，李尤《牖銘》陰風，還讀成《詩經》音的侵部。但那時已或跟冬部字通押，如司馬相如《子虛賦》蓼風音宮窮，王褒《洞簫賦》淫慘音風窮；或跟蒸部字通押，如揚雄《甘泉賦》乘風澄兢，《解難》風升閎紘蒸，《太玄·裝次二》冰風乘；或跟東部字通押，如揚雄《尚書箴》聰恭風，闕名《西狹頌》雍恫風，韻尾顯出由-m 向-ŋ 的轉變。《演變》指"到魏晉時期，韻文裏幾乎全跟冬部字押韻。跟侵部字押韻的，我們只看到魏卞蘭《贊述太子賦》以'音今尋風'爲韻和晉王珣《琴贊》以'琴愔風林'爲韻兩個例子，此外再沒有了"(21)。但是楊戲《季漢輔臣諸葛丞相贊》濱真文風身，卻跟真部字合押，這與他的《季漢輔臣楊威公贊》韻"人侵云"沒有區別，至少無法證明其韻尾會讀成-ŋ。常璩《華陽國志》卷十下"譔曰"風宗冲崇，又《敬司等贊》終風崇充隆融，與跟東部"充"字合韻，説明蜀語中"風"字轉入冬部當在晉代。周先生《演變》上篇第四章根據韻部通押的關係考察魏晉時期的方音，發現三國時益州犍爲郡武陽人楊戲"作品雖然不很多，但從中也可以看出少許現象"(84)：首先是侵部字的韻尾-m 有變爲-n 的傾向，如：《季漢輔臣諸葛丞相贊》演真文風身（"風"爲侵部字，其他爲真部字，三國文 62/7 下）。《王元泰等贊》真文林（"林"爲侵部字，"真文"爲真部字，文 62/8）。《楊威公贊》人侵云（"侵"爲侵部字，"人云"爲真部字，文 62/9）。這跟雍州陝甘一帶的情形相似。

其次是入聲韻尾，《季漢輔臣贊》的幾例：《麗士元贊》曄臆德（德職葉三部通押，"曄"爲葉部，三國文 62/8）。《鄧孔山贊》烈惑業（德葉屑通押，

"烈"爲屑部，"業"爲葉部，文 62/8）。《關雲長張益德贊》世烈發業德愿國（"世"爲祭部，"烈發"爲屑部，"業"爲葉部，文 62/8）。-k、-t、-p 韻尾的字在一起押韻，推想入聲韻尾已經發生變化。一種可能是-k→-t，因爲楊戲《昭烈帝贊》"音、興"押韻，"音"爲侵部字，"興"爲蒸部字，侵蒸的元音當相近。其韻尾，未必没有趨於相同的可能。另一種可能就是-k、-t、-p 都變爲-ʔ，所以三種韻尾字通押。這是值得注意的現象。

　　周先生將上述兩點只定位於"益州犍爲"，反映了態度的嚴謹審慎。如今把蜀郡江原人常璩及郤正的相關材料與楊戲相較，其特點毫無二致，例如：《華陽國志·何祗等贊》群懃深臻琳（10 上/732），《華陽國志·穆姜等贊》仁親遵歆仁金（10 下/815），《華陽國志·泰瑛等贊》訓韻潤信任（10 下/815）；郤正《釋譏》面豔見練（42/1035），《華陽國志·周度等贊》全然刊寃㝱（10 中/787）。上一組中"深琳歆金任"爲侵部字，其餘爲真部字。下一組中"㝱豔"爲談部字，其餘爲元部字，這更能證明"韻尾-m 有變爲-n 的傾向"。又如：郤正《釋譏》質術悉祕執出失（42/1035），《華陽國志·翟酺等贊》察越葉（10 中/748），《華陽國志·序志》枻物計設世替國（12/905）。郤正例中"執"爲緝部，"祕"爲脂部（有的學者歸質部），其餘爲質部字；常璩例中"葉"爲盍部字，"察越"爲月部字；下一例則爲月（枻設）、質（物替）、祭（世計）、職（國）四部合韻。

　　其實，上述第一點可以追溯至王褒《四子講德論》聞音心，陳賢廉；揚雄《法言·序》親神心，又《寡見》觀兼；李尤《函谷關賦》咽年君文勳循門琛奔論坤，等。第二點兩漢時期不乏其例，司馬相如《子虛賦》鮪翼，揚雄《上林苑令箴》殖給，以職、緝通押；王褒《四子講德論》覆德國接，以職、沃、盍三部字合韻；白狼王唐菆《遠夷懷德歌》坿穀樂狹石洛帛僕，以屋、鐸、藥、盍四部字相叶；揚雄《太玄賦》甲俗滅，三字依次分屬盍、屋、月三部。説明這樣的現象由來已久，而這正是蜀語韻部重要的個性特徵。附"魏晉西蜀詩文作家生卒年表"[1]。

---

[1]　據周祖謨《魏晉南北朝韻部之演變》上篇第七章；常璩生卒年據任乃强《華陽國志校補圖注·前言》。

人　名	籍　貫	生　年	卒　年
雍　闓	益　州		223
秦　宓	廣漢縣竹		226
楊　戲	犍爲武陽		261
郤　正	河南郡 偃師		278
李　密	犍爲郡 武陽	223	290
李　興	犍爲郡 武陽		306 前後
常　璩	蜀　郡 江原	約 291	約 361

第二節　魏晉時期蜀語韻譜(韻譜二)

本譜匯集魏晉時期有關西蜀方言的韻語資料編輯而成。綜合搜集到的韻文材料押韻的實際情況,參照羅常培、周祖謨《漢魏晉南北朝韻部演變研究》中"兩漢詩文韻譜"及周祖謨《魏晉南北朝韻部之演變》來劃分韻部,並將押韻字歸入相應的韻部。

各韻部的内容分爲兩個部分:某部韻譜;某部合韻譜。各部韻譜内先依聲調分類,各調之下再依作者年代先後排列語料。各部合韻譜,先依合在一起押韻的韻部數由少到多、其他韻部在本譜中的次第先後排列;合韻的各組韻部之下,除入聲韻部外悉依聲調分開排列韻段、韻字。合韻的韻段,字數不相等者列於多數字所屬韻部之下,相等者列於首字所屬韻部之下,别部字分别用下劃線標示。

本譜所據原始語料如下:《三國志》,中華書局 1982 年標點本;逯欽立輯《先秦漢魏晉南北朝詩》;常璩《華陽国志》,劉琳校注本。

各韻段的韻字之後,均標出篇名及其在上述文獻中的卷次、頁碼。爲省篇幅,一律不用書名號,凡采自《三國志》的語料不出書名,卷次、頁碼也儘量簡明,如"[楊戲]思時季漢輔臣王國山等贊 45/1085",表示這兩個韻字出自《三國志》卷四五第 1085 頁。

一個韻段之内,若有個别韻字跟其他韻字同韻部而不同聲調、或不同韻部合韻而聲調有别,該韻段列於多數字或首字聲調之下,個别韻字的聲調以圓括号另行標出。

　　有關的異文、異讀及非源於上述文獻的個別韻語出處等,隨譜注明。

陰聲韻

1. 之部

韻字表

咍

　　哉才

之止志

　　之期時滋思欺治辭持　　　里理止起已市士子矣恃祉恥　　　事記治

　　　　　　　　　　　　　　　紀己跱汜圯趾

尤

　　尤

旨

　　　　　　　　　　　　否軌晷

之部韻譜

　　（1）平聲

［楊戲］思時季漢輔臣王國山等贊 45/1085

［郤正］尤思之釋譏 42/1035　時滋期尤辭釋譏 42/103

［常璩］才治①時楊洪等贊 華陽國志 10 中/781

［無名氏］持期巴東三峽歌 晉詩 18/1022

　　（2）上聲

［郤正］記（去）止恥釋譏 42/1035　紀恃跱己否釋譏 42/1037

［李興］矣已諸葛丞相故宅碣表 35/937

［常璩］子士趙媛姜贊 華陽國志 10 中/788　理已晷陳綱等贊 華陽國志 10 下/803　子士趾軌王宗等贊 華陽國志 10 下/809

［無名氏］里已蜀人謠 晉詩 9/784　市子元康三年蜀中童謠二 晉詩 9/785　子里南廣郡行人語 晉詩 9/794

　　（3）去聲

---

① “治”字《廣韻》有直之切、直利切、直吏切三讀,此當讀平聲。

［郤正］治事釋譏 42/1037

之部合韻譜

（1）之支

平聲

［無名氏］欺爲蜀民爲許遜謠 晉詩 9/783

上聲

［常璩］只土理紀杜慈等贊 華陽國志 10 下/827

（2）之脂

上聲

［秦宓］紀己弟起里子遠遊①

［常璩］士四（去）譔曰 華陽國志 10 下/828 紀否圯死己氾祉張綱等贊 華陽國志 10 中/780

［無名氏］子細（去）元康三年蜀中童謠一 晉詩 9/785

2. 宵部
韻字表

豪晧號

	保老		蹈

效

			教

宵小笑

	紹		笑照耀妙要

嘯

			廖

宵部韻譜

（1）上聲

［無名氏］老保時人爲李馣語 晉詩 18/1035

（2）去聲

［李興］妙要諸葛丞相故宅碣表 35/936

---

① 此詩逯欽立《先秦漢魏晉南北朝詩》未錄，此據明馮惟訥撰《古詩紀》卷二七補。

［常璩］教要照蹈笑紹(上)耀譔曰 華陽國志 10 下/828

3. 侯部
韻字表

尤有宥

流周仇牛休饐脩州球浮逎柔由　　　　咎首受有友婦　　　　臭秀

侯厚候

　　　　　　　　　　　　　　母後　　　　茂句

侯部韻譜

(1) 平聲

［李興］由流諸葛丞相故宅碣表 35/937

［常璩］柔休汝敦妻等贊 華陽國志 10 中/770 流浮逎黃帛贊 華陽國志 10 中/789

［無名氏］牛流淫豫歌 晉詩 18/1021

(2) 上聲

［常璩］婦母季姜贊 華陽國志 10 下/825

［無名氏］有母詩 晉詩 15/964

侯部合韻譜

(1) 侯宵

去聲

［無名氏］句廖時人語 漢詩 12/533

(2) 侯魚

平聲

［常璩］仇饐朱脩甯叔奐等贊 華陽國志 10 中/762 符州休流球序志 華陽國志 12/904

上聲

［常璩］首受咎主守友後王累等贊 華陽國志 10 中/767

(3) 侯魚沃

去聲

［常璩］覆茂秀臭裕序志 華陽國志 12/908

4. 魚部
韻字表

模姥暮

模徂壺鱺圖塗吳　　　　　五魯鼓堵圃　　　　　故暮度

魚語御

諸書初餘墟憮　　　　　舉黍序敘女　　　　　譽舉

虞麌遇

誣朱符扶愚區無　　　　輔矩雨武父主　　　　務慮裕

魚部韻譜

（1）平聲

［雍闓］壺鱺吳假鬼教 41/1012

［郤正］塗徂憮圖釋譏 42/1035　初符書扶區釋譏 42/1036　符愚誣諸無釋譏 42/1037

［李興］吳模諸葛丞相故宅碣表 35/936

（2）上聲

［楊戲］武舉敘季漢輔臣費賓伯贊 45/1081

［李興］魯堵諸葛丞相故宅碣表 35/937　輔矩武度（去）鉅平成侯羊公碑①

［無名氏］黍父詩 晉詩 15/964　鼓雨女五武綿州巴歌②

（3）去聲

［郤正］慮舉譽務釋譏 42/1036

［無名氏］暮故三峽謠 晉詩 18/1033

魚部合韻譜

（1）魚侯

　平聲

［李興］塗墟周餘諸諸葛丞相故宅碣表 35/937

（2）魚歌

　上聲

［常璩］雅魯矩圃序張寬等贊 華陽國志 10 上/713

5. 歌部

韻字表

哿

---

① 此碑據嚴可均輯《全上古秦漢三國六朝文》之《全晉文》卷七○。

② 此歌逯欽立《先秦漢魏晉南北朝詩》未錄，據明馮惟訥撰《古詩紀》卷五三補。

　　　　　　　　　我可
果
　　　　　　　　　禍
麻馬禡
　　嘉　　　　　　　　　馬下野雅
　　　　　　　　　　歌部韻譜
　　上聲
［無名氏］馬下 淫豫歌 晉詩 18/1021　可我禍 蜀人謠 晉詩 9/784
　　　　　　　　　歌部合韻譜
　　歌<u>魚</u>
　　上聲
［郤正］野<u>矩</u> 釋譏 42/1037

6. 支部
韻字表

支紙寘
　　移垂隨爲危規裨　　　　沘只　　　　　　　　義
佳
　　崖
　　　　　　　　　支部韻譜
　　平聲
［楊戲］移規裨 季漢輔臣王文儀贊 45/1082
　　　　　　　　　支部合韻譜
　　（1）支<u>脂</u>
　　平聲
［常璩］隨危垂<u>瑰</u> 楊羲等贊 華陽國志 10 中/784
　　上聲
［無名氏］沘<u>伊</u>（平）南廣郡行人語 晉詩 9/794
　　去聲
［常璩］義<u>二</u> 譔曰 華陽國志 10 下/828
　　（2）支<u>歌</u>

平聲

［無名氏］崔嘉詩 晉詩 15/964

7. 脂部
韻字表

代

　　　　　　　　　　　　　　　　　　　愛

灰賄隊

　瑰　　　　　　　　　　　　　　　　退

皆

　皆諧懷

脂旨至

　祇私師綏悲夷糜資遲維　　　美揆死　　　二四輊悸懟祕墜類醉
　伊騤衰飢咨諮尼

微尾未

　飛威微輝機畿睎衣幾暉徽　　斐瑋

齊薺霽

　齊　　　　　　　　　弟　　　　　　計惠細翳

脂部韻譜

（1）平聲

［楊戲］綏威夷季漢輔臣諸葛丞相贊 45/1080 衰諮機季漢輔臣法孝直贊 45/1081 祇私季漢輔臣楊季休贊 45/1084

［郤正］微衰機威飛資私輝釋譏 42/1035

［常璩］遲師微維機飢趙典等贊 華陽國志 10 上/721 睎咨畿徽師幾微輝楊宣等贊 華陽國志 10 中/744 夷遲費詩贊 華陽國志 10 中/781

［無名氏］悲衣巴東三峽歌 晉詩 18/1022

（2）上聲

［常璩］揆瑋斐死陳雅等贊 華陽國志 10 下/807

（3）去聲

［楊戲］愛墜季漢輔臣吳子遠贊 45/1083 類計季漢輔臣馬季常等贊 45/1085

［郤正］醉懟釋譏 42/1037

［常璩］愛惠退_{王渙等贊 華陽國志 10 中/746}

脂部合韻譜

　（1）脂之

　平聲

［常璩］騤飛畿麋衣①幾師暉尼齊懷諧皆微哉_{譔曰 華陽國志 12/909}

　（2）脂祭

　去聲

［楊戲］惠對世_{季漢輔臣張君嗣贊 45/1084}

8. 祭部
韻字表

泰

　大害沛會

夬

　敗

廢

　廢乂穢

祭

　世誓逝滯裔厲制藝

祭部韻譜

［楊戲］害沛大_{季漢輔臣馮休元張文進贊 45/1088}

［郤正］乂敗沛會_{釋譏 42/1035}

［李興］世厲_{諸葛丞相故宅碣表 35/937}

祭部合韻譜

　（1）祭脂

［郤正］廢翳_{釋譏 42/1036} 計世穢_{釋譏 42/1037}

　（2）祭質

［郤正］節藝制逝裔世滯誓_{釋譏 42/1038}

---

① 　原作“旬不接辰”。劉琳校注：“義不可通，且此譔通協脂部韻，‘辰’字不協，必有誤。疑‘接辰’二字本作‘捝衣’……‘旬不捝衣’言郇伯禮士之殷懃辛勞也。”

（3）祭脂月

［郤正］敗世計舌 釋讖 42／1036

陽聲韻

9. 蒸部
韻字表

蒸

　稱徵興

蒸部韻譜

　平聲

［李興］稱徵諸葛丞相故宅碣表 35／936

10. 冬部
韻字表

冬

　宗

東

　終崇融隆冲風

冬部韻譜

　平聲

［李興］終冲諸葛丞相故宅碣表 35／937

［常璩］風宗冲崇讚曰 華陽國志 10 下／828

冬部合韻譜

　冬東

　平聲

［常璩］終風崇充隆融敬司等贊 華陽國志 10 上／735

11. 東部
韻字表

東

　櫳同童潼通功空充聰

鍾腫用

從鍾龍雍

江

邦

東部韻譜

平聲

［常璩］邦同童雍陳立等贊 華陽國志 10 上/716 功通聰空王延世等贊 華陽國志 10 中/772

［無名氏］櫳通南廣郡行人語 晉詩 9/794

東部合韻譜

東陽

平聲

［楊戲］從潼同亡龍季漢輔臣馬孟起贊 45/1081

12. 陽部

韻字表

唐蕩宕

臧光卬皇荒喪剛藏綱岡桑狼琅

陽養漾

陽揚芳鄉方長嘗亡祥梁章莊　　　象上
償常疆王張彰良翔糧裳望攘
讓鏘香驤彊亢

陽部韻譜

（1）平聲

［楊戲］臧鏘季漢輔臣許司徒贊 45/1080 常綱季漢輔臣董幼宰贊 45/1081 鄉張彊季漢輔臣李德昂贊 45/1084 方章祥彊季漢輔臣黃公衡贊 45/1084 章光季漢輔臣秦子勑贊 45/1085 臧芳季漢輔臣馬季常等贊 45/1085 常剛香季漢輔臣王國山等贊 45/1086

［常璩］章光琅常秦宓等贊 華陽國志 10 中/764 揚荒桑喪亮^①方望李固等贊 華陽國志 10 下/801 翔驤讓曰 華陽國志 10 下/828 光陽長序志 華陽國志 12/903 荒攘王良綱序志 華陽國志 12/904 王望皇亢臧喪序志 華陽國志 12/906 綱狼梁嘗荒亡序志 華陽國

---

① 《集韻》陽韻："亮,信也。或作諒。"呂張切。

志 12/907

〔無名氏〕常望詩 晉詩15/964 糧償蜀民爲何隨語 晉詩9/802 長裳巴東三峽歌 晉詩18/1021

　　（2）上聲

〔無名氏〕象上淫豫歌 晉詩18/1021

陽部合韻譜

　　（1）陽東

　　平聲

〔楊戲〕方鍾驤季漢輔臣昭烈皇帝贊 45/1080

〔常璩〕邦陽鄉岡譔曰 華陽國志3/330

　　（2）陽耕

　　平聲

〔李興〕陽光鄉方常驤裳莊藏行良荒疆諸葛丞相故宅碣表 35/936

〔常璩〕卬衡綱橫讓彰疆攘趙戒等贊 華陽國志10上/724 亨良長亢行望序志 華陽國志12/906

　　（3）陽元

　　平聲

〔楊戲〕綱端喪季漢輔臣李正方贊 45/1085

13. 耕部
韻字表

庚梗敬

　京橫亨明行衡盟生榮荆　　　　　　　　境　　　　　　命病鏡詠

清静勁

　誠并貞名聲傾情清成精旌令呈　　　　　　　　　正聖性

青迥徑

　冥形亭庭寧刑經星靈佞①　　　　　　　　聽佞

耕部韻譜

　　（1）平聲

---

① 《集韻》青韻：“佞，詔也。《莊子》‘佞人之心’鄭象讀。”囊丁切，在“寧”小韻。按：“佞”爲“佞”之異體，“鄭象”乃郭象之誤。《莊子·在宥》：“而佞人之心翦翦者，又奚足以語至道！”陸德明釋文：“佞，如字，郭音寧。”今據此列“佞”平聲一讀。

〔楊戲〕荊盟并寧聲季漢輔臣昭烈皇帝贊 45/1080　生精呈季漢輔臣程公弘贊 45/1090

〔郤正〕形聲荊名清寧釋譏 42/1038

〔李興〕靈精清生諸葛丞相故宅碣表 35/936　明形榮清□□□旌鉅平成侯羊公碑

〔常璩〕冥形聖(去)名經刑傾嚴遵等贊 華陽國志 10 上/709　生靈旌貢羅等贊 華陽國志 10 上/736　庭刑貞誠清生義舊等贊 華陽國志 10 中/769　京鳴成聲名明精貞趙㫋等贊 華陽國志 10 中/777　清亭情庭傾生精經鄭子真等贊 華陽國志 10 下/796　平聲生令榮明誠平經傾王化等贊 華陽國志 11/835　精靈生貞明名序志 華陽國志 12/908

（2）去聲

〔常璩〕詠鏡病聽譔曰 華陽國志 10 下/829

〔無名氏〕佞正蜀人謠 晉詩 9/784

耕部合韻譜

（1）耕蒸

平聲

〔郤正〕星生榮矜佞經成刑釋譏 42/1036

（2）耕元

去聲

〔楊戲〕命境(上)亂性季漢輔臣魏文長贊 45/1085

14. 真部
韻字表

真軫震

　仁人親信真神鄰甄臣貧震瀕　　　　　盡　　　　　信進
　振民秦身辰陳賓

臻

　臻

諄準稕

　均淳倫春純醇遵　　　　　　　　　　準　　　　　俊

殷隱焮

　殷懃

文吻問

　文聞分芬紛雲君軍墳群云　　　　　　　　　　　　韻運潤訓

恩

遜

真部韻譜

（1）平聲

［楊戲］身文人季漢輔臣劉子初贊 45/1082　賓臣季漢輔臣麋子仲贊 45/1082　君身軍季漢輔臣程季然贊 45/1089

［郤正］民春文醇真釋譏 42/1036　鄰人民真分貧釋譏 42/1037　春陳釋譏 42/1036　倫仁釋譏 42/1037

［常璩］臣神甄貧仁倫雲震人段恭等贊 華陽國志 10 中/760　賢先任安母等贊 華陽國志 10 中/768　墳臣芬俊李譔等贊 華陽國志 10 下/825　分辰均秦俊序志 華陽國志 12/903

（2）上聲

［常璩］準盡李燮等贊 華陽國志 10 下/804

（3）去聲

［常璩］俊運何宗贊 華陽國志 10 上/730

真部合韻譜

（1）真蒸

平聲

［常璩］瀕振民真純身仁稱倫文文齊等贊 華陽國志 10 下/821

（2）真冬

平聲

［楊戲］濱真文風身季漢輔臣諸葛丞相贊 45/1080

（3）真耕

平聲

［常璩］君貞倫身淳文立等贊 華陽國志 11/834

（4）真元

平聲

［常璩］淵雲山真譔曰 華陽國志 10 下/829　身雲玄君宣譔曰 華陽國志 10 下/829

去聲

［常璩］遜戔（平）彥信王稚等贊 華陽國志 10 中/753

（5）真侵

　　平聲

［楊戲］真文林季漢輔臣王元泰等贊 45/1082 人侵云季漢輔臣楊威公贊 45/1085

［郤正］群林殷釋譏 42/1037

［常璩］群懃深臻琳何祗等贊 華陽國志 10 上/732 仁親遵歆仁金穆姜等贊 華陽國志 10 下/815

　　去聲

［常璩］訓韻潤信任泰瑛等贊 華陽國志 10 下/815

　　(6) 真元冬蒸

　　平聲

［常璩］元君民紛風仁君稱張充等贊 華陽國志 10 上/728

15. 元部

韻字表

寒旱翰

　刊戔肝殄　　　　　　　　　　　　難炭漢歎榦幹

桓緩換

　觀　　　　　　　　　　　　　　　亂畔貫

諫

　　　　　　　　　　　　　　　　　晏諫篡

元阮願

　元寃言援　　　　　　　　　　　　建獻憲

仙獮線

　然全川穿緣焉翩　　　　　　　　　彥援面

先銑霰

　堅前田賢西　　　　　　　　　　　見練

元部韻譜

　　(1) 平聲

［郤正］言殄肝元焉釋譏 42/1035 歎然釋譏 42/1036 獻畔諫釋譏 42/1037

［李密］言緣田然賜餞東堂詔令賦詩 晉詩 2/579

［常璩］翩賢觀鐔顯等贊 華陽國志 10 中/750 言然序志 華陽國志 12/909

［無名氏］堅穿元康三年蜀中童謠一 晉詩 9/785 西前巴蜀爲譙登等語 晉詩 9/804

（2）去聲

［楊戲］難幹季漢輔臣黃漢升贊 45/1081

［李興］晏歎諸葛丞相故宅碣表 35/937

［常璩］亂漢貫難幹章明等贊 華陽國志 10 上/730　憲援彥進楊等贊 華陽國志 10 中/785

元部合韻譜

（1）元真

平聲

［常璩］聞川賢序志 華陽國志 12/909

去聲

［常璩］篡炭建進難序志 華陽國志 12/905

（2）元談

平聲

［常璩］全然刊宛窆（上）周度等贊 華陽國志 10 中/787

去聲

［郤正］面豔見練釋譏 42/1035

16. 談部

韻字表

鹽琰豔

窆　　　　　　　　　　　豔

17. 侵部

韻字表

侵寢沁

深金侵沈琳歆林　　　　　　　　　　　　　任

侵部韻譜

平聲

［常璩］沈林杜微等贊 華陽國志 10 下/822

侵部合韻譜

侵蒸

平聲

［楊戲］音興季漢輔臣昭烈皇帝贊 45/1080

入聲韻

18. 職部

韻字表

德

德國得慝北克賊惑

職

極仄臆嶷直側偪

屋

服

職部韻譜

［楊戲］偪德北國<small>季漢輔臣麋芳等贊 45/1090</small>

［譙周］賊得賊讖 <small>華陽國志 9/697</small>

職部合韻譜

（1）職沃

［郤正］目服仄極側覆<small>釋譏 42/1036</small>

（2）職質

［常璩］直物嶷<small>費立等贊 華陽國志 11/835</small>

（3）職月

［楊戲］克烈<small>季漢輔臣趙子龍陳叔至贊 45/1084</small>

（4）職盍

［楊戲］曄臆德<small>季漢輔臣龐士元贊 45/1081</small>

（5）職盍月祭

［楊戲］世烈發業德慝國<small>季漢輔臣關雲長張益德贊 45/1081</small>

19. 沃部

韻字表

沃

篤

屋

目覆

沃部合韻譜

　沃祭

［楊戲］篤裔季漢輔臣輔元弼劉南和贊 45/1084

20. 屋部
韻字表

屋
　木
燭
　曲

屋部韻譜

［無名氏］木曲南廣郡行人語 晉詩 9/794

21. 鐸部
韻字表

鐸
　索郭壑
昔
　夕
陌
　陌客宅澤頟魄格
麥
　獲

鐸部韻譜

［郤正］澤頟壑魄釋譏 42/1036

［李興］宅郭夕格諸葛丞相故宅碣表 35/937

［無名氏］澤格詩 晉詩 15/964 夕獲詩 晉詩 15/964 客陌索元康三年蜀中童謠四 晉詩 9/785

22. 錫部
韻字表

昔
　益迹
麥

責畫

錫部韻譜

[郤正]責迹益釋譏 42/1036

[李興]迹畫諸葛丞相故宅碣表 35/936

23. 質部

韻字表

質

質失悉

術

出術邺絀

物

物

没

忽没

霽

替

質部韻譜

[譙周]忽没書版示文立 42/1032

質部合韻譜

(1)質脂

[郤正]失悸軽絀邺釋譏 42/1037

(2)質緝脂

[郤正]質術悉祕執出失釋譏 42/1035

24. 月部

韻字表

曷

葛

屑

跌

薛

　烈桀舌設
月
　越發
黠
　察

月部韻譜

［無名氏］跌發譙周引諺 42/1029

月部合韻譜

　（1）月脂
［無名氏］葛美元康三年蜀中童謠三 晉詩 9/785
　（2）月盍
［常璩］察越葉翟酺等贊 華陽國志 10 中/748
　（3）月職盍
［楊戲］烈惑業季漢輔臣鄧孔山贊 45/1081
　（4）月質祭職
［常璩］桀物計①設世替國序志 華陽國志 12/905

25. 盍部
韻字表

葉
　葉曄
業
　業

26. 緝部
韻字表

緝
　執入

緝部韻譜

［郤正］入執釋譏 42/1037

―――――――――

① 據周祖謨《演變》,“‘計’字在兩漢三國時期屬於脂部”,晉宋“則轉爲祭部字”(15)。

第三章　隋唐五代時期蜀語韻考及韻譜

第一節　隋唐五代時期蜀韻考論

一、考論（一）

研究中古蜀語的真實面貌，必須以蜀籍作家的作品爲基本語料。"蜀籍作家"，首先是祖籍、出生地、主要活動都在蜀中者，如唐求、歐陽炯等；其次是祖籍蜀中並生長於蜀，儘管長期宦遊於外，或最後歸蜀，或至老不歸者，如陳子昂、孫光憲等；第三是祖籍雖非蜀地，但生長於蜀，語言文學素養孕育於蜀，在蜀作品亦多者，如李白、李珣等①。如果僅僅祖籍蜀地，本人卻出生境外，如李頎②，無論其成年之後是否曾經返鄉，有無跟蜀地、蜀人相關的作品；外籍入蜀的作家，著名者如杜甫、薛濤、貫休等，他們在蜀生活的時間或許較長，其詩作記錄了當時蜀中的某些風習，乃至使用了當時蜀人的部分語彙。在整理中古蜀語的韻部系統時，這兩類作者的作品一概未納入討論的範圍。

隋代蜀人的韻文，只從逯欽立所輯《先秦漢魏晉南北朝詩》中檢得兩首詩。唐五代蜀人的韻文，從《全唐詩》《全唐文》《文苑英華》《李太白全集》以及《巴蜀佛教碑文集成》等書搜集的結果如下：

作　者	詩	詞	賦	頌贊銘碑文等
陳子昂	115			
李　白	1027	10	8	26
仲子陵	1		7	
雍裕之	33			
朱　灣	20			

① 後蜀何光遠《鑑誡錄》卷四："李珣，字德潤，本蜀中土生波斯也。"《全唐詩》卷七六〇："李珣，字德潤，梓州人。"

② 元辛文房《唐才子傳》卷二："李頎，東川人。"《全唐詩》卷一三二："李頎，東川人，家於潁陽。"潁陽故城在今河南許昌縣。上海辭書出版社《唐詩鑒賞辭典》附錄《詩人小傳》："李頎（690？—751？），趙郡（治今河北趙縣）人。"

續表

作　　者	詩	詞	賦	頌贊銘碑文等
廣　　宣	16			
李　　遠	33		3	
雍　　陶	132		2	
姚　　鵠	36			
唐　　求	35			
李　　珣		54		
尹　　鶚		17		
孫光憲		84		
毛熙震		29		
歐陽炯	4	48		
花蕊夫人	100			
其　　他	125			4
合　　計	1677	242	20	30

　　上表所列,有極少數人是入宋後去世的,如孫光憲、歐陽炯。"其他"一欄,均係《全唐詩》及《巴蜀佛教碑文集成》收錄的作品,多數爲具姓名及詩作題目者,如成都人閻丘均《臨水亭》詩、内江人范元凱《章仇公席上詠真珠姬》詩、成都府菩提寺沙門鑒周開成三年(836)所撰《西方閣院碑》等;有的詩歌只知其作者身份或職業,如郫城令《示女詩》、成都醉道士《示胡二郎歌》等;也有無名氏或闕名的歌謡、韻語,如《咸通十四年成都謡》、王衍時《蜀選人嘲韓昭》等;更有純係民間傳説者,如巴峽鬼《夜吟》、任彦思家鬼《血書詩》等。

　　上述各類作品加起來,篇目總數不足兩千,其作者不過八十餘人。在長達三個多世紀、文化輝煌燦爛,尤其是詩歌極爲繁榮昌盛的唐五代,這實在是很少的一部分,由此可見中古蜀語資料的缺乏。

　　二、考論(二)

　　由於歷史的原因,上述作品未必盡然可信,如李白詩,早在唐代就有魚目混珠者,《柳河東集》卷十七《李赤傳》:"李赤,江湖浪人也,嘗曰:'吾善爲歌詩,詩類李白。'故自號曰李赤。"《全唐詩》卷四七二詩人小傳:"李赤,吳郡舉子,嘗自比李白,故名赤。詩十首。"其下《姑熟雜詠》,"一作李白詩";

今《李太白全集》卷二二載之,題曰《姑熟十詠》。蘇軾《東坡志林》卷一:"近見曾子固編《李太白集》,後謂頗獲遺亡,而有《贈懷素草書歌》並《笑矣乎》數首,皆貫休、齊己辭格。二人皆號有知識者,故深可怪。"胡仔《苕溪漁隱叢話》前集卷五"李謫仙"條引黃山谷云:"《太白集》中《長干行》二篇,'妾髮初覆額',真太白作也;'憶妾深閨裏',李益尚書作也,所謂'癡妬尚書李十郎'者也。詞意亦清麗可喜,亂之太白詩中,亦不甚遠。大儒曾子固刊定,亦不能別也。"黃氏甚至謂"今太白詩中謬入他人作者,略有十之二三"。嚴羽《滄浪詩話·考證》指"《文苑英華》有太白《代寄翁參樞先輩》七言律一首,乃晚唐之下者;又有五言律三首,其一《送客歸吳》,其二《送友生遊峽中》,其三《送袁明甫任長江》,集本皆無之,其家數在大歷、貞元間,亦非太白之作;又有五言《雨後望月》一首,《對雨》一首,《望夫石》一首,《冬月歸舊山》一首,皆晚唐之語;又有'秦樓出佳麗'四句,亦不類太白,皆是後人假名也";"《太白集》中《少年行》只有數句類太白,其他皆淺近浮俗,決非太白所作,必誤入也";"太白詩'斗酒渭城邊,壚頭耐醉眠',乃岑參之詩誤入太白;《塞上曲》'驄馬新誇紫玉鞍'者,乃王昌齡之詩,亦誤入。昌齡本有二篇,前集乃'秦時明月漢時關'也"。吳企明《讀〈全唐詩〉中的偽托詩和重出詩》認為"《清平調》三首,或為小説家所作,或為他人所作,托名李白",而"《長干行二首》(其二),既和李益詩重出,又和張潮詩重出"[1]。根據上述諸人之見並參酌《李太白集分類補注》中楊齊賢、蕭士贇注及《李太白全集》王琦注説,今從所見李白作品中删汰確有證據或疑似的詩、詞凡46題共60首[2]。

又如花蕊夫人詩,《全唐詩》卷七九八共收録158首,其末首為《述國亡詩》,編者注:"一作蜀臣王承旨詩。前二句云:'蜀朝昏主出降時,銜璧牽羊倒繫旗。'"有異説、異文,不能計。其餘157首均為宮詞,前95首編者無異

---

[1]　吳企明《唐音質疑録》3、8頁。

[2]　其篇目是:《長干行》之二,《清平調》三首,《少年行》《去婦詞》《笑歌行》《悲歌行》《歷陽壯士勤將軍名思齊歌》《草書歌行》《贈張相鎬二首》《聞謝楊兒吟猛虎詞因此有贈》《宿清溪主人》《繫尋陽上崔相涣三首》《巴陵贈賈舍人》《送別》(斗酒渭城邊)《答王十二寒夜獨酌有懷》《姑熟十詠》《南奔書懷》《軍行》《庭前晚開花》《暖酒》《戲贈杜甫》《會別離》《雨後望月》《對雨》《望夫石》《冬日歸舊山》《入清溪行山中》《日出東南隅行》《代佳人寄翁參樞先輩》《送客歸吳》《送友生遊峽中》《送袁明甫任長江》《送史司馬赴崔相公幕》《戰城南》《胡無人行》《鞠歌行》《題峰頂寺》《瀑布》《陽春曲》《舍利佛》《摩多樓子》《普照寺》《釣臺》《小桃源》《清平樂令》《桂殿秋》。

辭,後 41 首注明"一作王珪詩",最後 21 首注明"一作王建詩"。《苕溪漁隱叢話》後集卷四〇引王安國(字平甫)云:"熙寧間,奉詔定蜀、楚、秦氏三家所獻書,得一弊紙,所書花蕊夫人詩共三十二首,乃夫人親筆,而辭甚奇,與王建宮詞無異。自唐至今,誦者不絕口……謹令繕寫入三館而歸,口誦數篇於丞相安石;明日中書語及之,而王珪、馮京願傳其本,於是盛行於世。"胡仔謂"花蕊又別有逸詩六十六首,乃近世好事者旋加搜索續之"。但哪些是花蕊夫人親筆,哪些是好事者所續,則語焉不詳。舊題宋陳師道所撰《後山詩話》云"費氏,蜀之青城人,以才色入蜀宮,後主嬖之,號花蕊夫人,効王建作宮詞百首"。宋陳振孫《直齋書錄解題》卷十五"總集類"有"《三家宮詞》三卷",爲"唐王建、蜀花蕊夫人、本朝丞相王珪"三人所著。今所見《四庫全書》本《三家宮詞》則爲明代毛晉所編,收錄三人七言絕句各一百首,毛氏自謂"歷參古本……他作一一删去","悉釐正無錯"。《四庫全書總目提要》:"(王)珪所撰《華陽集》明代已佚,今始以《永樂大典》所載裒輯成帙,惟此宮詞以別行之本僅存,而流俗傳寫,誤以其中四十一首竄入花蕊夫人詩中,而移花蕊夫人詩三十九首屬之於珪,又摭唐詩二首足之,顛舛殊甚。此本亦一一校改。"此書中王珪之詩跟王建、花蕊沒有糾纏,唯卷上王建名下第七十二首(宮花不共外花同)後注云"此首或見花蕊夫人集中";卷中花蕊夫人名下第九十五首(鴛鴦瓦上瞥然聲)後亦注云"此首或見王建集中"。

　　宋王珪字禹玉,成都華陽人,文集名《華陽集》,《四庫全書》據《永樂大典》所載裒輯成帙,其卷五收有宮詞 101 首。以與《三家宮詞》卷下相較,僅第九十六首(翡翠盤龍裝繡額)爲後者所無,其餘 100 首全同,唯彼此次第有別。《四庫全書》又有王建《王司馬集》八卷。王建,字仲和,大曆十年進士,太和中曾爲陝州司馬。據《文獻通考》,建集本十卷,此本爲清代胡介祉所校刊,凡古體二卷、近體六卷,蓋後人所合併。其卷八有"宮詞一百首",又附錄九首。計有功《唐詩紀事》卷四四載王建宮詞一百首,除"後宮宮女無多少"一首(此首見於《全唐詩》卷三〇二王建名下,並云"一作花蕊夫人詩",但卷七九八花蕊夫人名下無)外盡在其中。以兩書與《三家宮詞》卷上相較,後者所錄全同,僅次第有別;《王司馬集》第九十八首(鴛鴦瓦上瞥然聲)後注云"一作花蕊夫人",也跟《三家宮詞》一致。

　　既然如此,當可以用《三家宮詞》跟《全唐诗》互校,並以上述其他幾種

典籍互證,以確定花蕊夫人宮詞的真僞。經逐一核對,結果如下表所示:

《全唐詩》卷七九八	《三家宮詞》			其 他
	卷上:王建	卷中:花蕊	卷下:王珪	
花蕊夫人 95	0	57	37	1
一作王建 21	21	0	0	0
一作王珪 41	0	41	0	0
——	——	2		
合 計 157	21	100	37	1

　　“其他”欄中的一首,爲《全唐詩》所載花蕊夫人第九十首,“錦鱗躍水出浮萍,荇草牽風翠帶橫。恰似金梭擿碧沼,好題幽恨寫閨情”,此詩《三家宮詞》三人名下均不載,今從《全唐詩》計入花蕊夫人詩中。前述“宮花不共外花同”爲《全唐詩》花蕊夫人名下二十一首“一作王建詩”之第九首,不計入。《三家宮詞》卷中花蕊夫人名下第九十五首“鴛鴦瓦上瞥然聲”,編者注“此首或見王建集中”,但這一首連同第九十六首“雨灑瑤階花盡開”《全唐诗》卷七九八花蕊夫人名下均不載。浦江清《花蕊夫人宮詞考證》謂“趙與時《賓退録》謂當時人刻王建《宮詞》者,往往得九十首,而以他詩十首補之,內八首可辨明作者,餘二不明來歷,其一即‘鴛鴦瓦上忽然聲’也。可知此首之入王建《宮詞》自南宋已然。楊慎《詞品》以爲蜀昭儀李舜弦作……洪邁《萬首絕句》録李舜弦詩,無此首。《全唐詩》又以之屬於李玉簫……李調元《全五代詩》從之。若是舜弦、玉簫,則皆前蜀時人,雖以之入宣華宮詞,亦無不可”,“倘真是李作,則竟入之花蕊《宮詞》中可矣,前人所以除外者,以李爲前蜀,花蕊在孟蜀耳”①。今從《全唐詩》,以“鴛鴦瓦上瞥然聲”屬李玉簫,不計入花蕊夫人。綜上,爲花蕊夫人詩者凡100 首:《全唐詩》列其名下之95 首中,除去《三家宮詞》歸屬王珪之37 首,依次爲第一至第五十八首;列其名下又謂“一作王珪詩”之41 首,依次爲第五十九至第九十九首;“雨灑瑤階花盡開”一首遍檢《全唐詩》未得,證明該詩的“著作權”不存在花蕊與其他唐

---

① 轉引自吳企明《王建〈宮詞〉辨證稿》,見《唐音質疑録》349 頁。

人的衝突,列爲其第一百首。

另外,一詩多見在《全唐詩》中極爲普遍,胡震亨《唐音癸籤》卷三二説,“唐人詩既多出後人補輯,以故篇什淆錯,一詩至三四見他集中,是正爲難”,蜀人的詩作也不例外。對此,如果證據確鑿,理當歸其作者名下,如胡震亨謂“其顯而易見、習誤不察者,無如釋廣宣《紅樓》《道場》二律之作沈佺期詩”,“廣宣之誤,始高氏《品彙》,自後歷選者因之”。所指即《紅樓院應制》和《再入道場紀事應制》。《韓昌黎集》卷十《廣宣上人頻見過》詩題下注“廣宣,蜀僧,元和中住長安安國寺,寺有紅樓,宣有詩名,號《紅樓集》”。劉禹錫有《送慧則法師歸上都因呈廣宣上人》,白居易亦有《贈別宣上人》等詩;兩詩中“支遁、曇摩”均爲釋家人物,“經聲、法筵”等亦反映僧人生活,這些細節無不和廣宣的身份切合。總之,用當時詩人的唱和贈答詩及兩詩的内容爲證,當係廣宣所作。反之,作爲高宗、武后時人,沈佺期絶不可能在安國寺未建之前預先寫出這樣的詩來①。

但是,由於材料的缺乏,更多類似詩作的“著作權”難以判明歸屬。廣宣《九月菊花詠應制》一作釋清江詩,儘管《全唐詩》卷八一二清江詩中未見此詩,但僅僅以此爲據,恐不足以斷爲廣宣詩。爲慎重可靠計,共有10人14首類似的詩作被排除在外②。

三、考論(三)

考察中古蜀語的真實面貌時,各類韻文的押韻字並不等價。唐代以科舉取士,律詩、律賦事關功令,必須按照朝廷統一頒布的規則行事,而古風則没有這樣的限制,押韻比較自由。詞的風行較晚,且爲“艷科”,不登大雅之堂,所以更爲自由,其押韻不僅有上、去聲可以通押等特殊的規則,而且能够更多地反映當時實際讀音的變化。因此,在利用唐五代蜀人的韻文資料時,首先必須進行體裁的鑒别,例如陳子昂《喜遇冀侍御珪崔司議泰之二使》詩:

---

① 參吴企明《讀詩偶識》六,見《唐音質疑録》84—86 頁。

② 其他 9 人 13 首爲:李義府《招諭有懷贈同行人》(一作李乂詩)、劉灣《出塞曲》(一作劉濟詩)、何兆《玉蘂花》(一作嚴休復詩)、馬逢《宫詞二首》(一作顧況詩)、朱灣《長安喜雪》(一作陳羽詩)、《宴楊駙馬山亭》(一作陳羽詩)、《送李司直歸浙東幕兼寄鮑行軍持節大夫初拜東平郡王》(一作朱長文詩)、李遠《過馬嵬山》(一作李益詩)、《黄陵廟詞》(一作李群玉詩),雍陶《答蜀中經蠻後友人馬艾見寄》(一作馬乂詩)、姚鵠《曉發》(一作趙嘏詩)、孫光憲《采蓮》(一作皇甫松詩)。

"謝病南山下，幽臥不知春。使星入東井，云是故交親。惠風吹寶瑟，微月憶清真。憑軒一留醉，江海寄情人。"徐倬《全唐詩録》列入近體詩。但此詩整體上第二、四聯分別是第一、三聯平仄的重複，且首聯即失對，第三句二、四字皆平，第四、五兩句又不相粘，第七句二、四字亦皆平。又如其《月夜有懷》詩："美人挾趙瑟，微月在西軒。寂寞夜何久，殷勤玉指繁。清光委裘枕，遙思屬湘沅。空簾隔星漢，猶夢感精魂。"《全唐詩録》也列入近體詩。但"清光委裘枕""空簾隔星漢"兩句，第二、四字皆平聲；"遙思屬湘沅"與"空簾隔星漢"之間也不相粘；整個後半首的兩聯只是一聯平仄的重複。但是，如其《上元夜効小庾體》詩："三五月華新，遨遊逐上春。相邀洛城曲，追宴小平津。樓上看珠妓，車中見玉人。芳宵殊未極，隨意守燈輪。"

《全唐詩録》未選録，此詩用韻、粘對、對仗等，無一不合律。可見，入唐以後雖然近體詩格律的完善有一個過程，但用一致的標準來衡量蜀人的詩歌，應該是可行的。因此，本文不以前兩首爲近體詩，而視第三首爲近體詩。

賦的特殊情況在於律賦。這種賦追求對仗工整，注意平仄諧和，押韻有嚴格的限制，一般規定八類韻脚，即所謂八韻律賦，如李遠《日中爲市賦》，題下標明"以'日中而市易志所明'爲韻"；雍陶《學然後知不足賦》，題下標明"以'君子強志然後成立'爲韻"等。但是，一則此類賦的量很少，蜀人的20篇賦中只有仲子陵、李遠、雍陶3人共8篇；二則它們可押仄聲韻，仲子陵《鹿盧賦》（以"利用汲引"爲韻）甚至全用仄聲韻。這一點跟近體詩大異其趣，跟古體詩倒是完全一致。

考慮到這些因素，我們將唐五代蜀人的韻文作品分成古體詩與賦、近體詩、詞三類。然後摘取韻字，分別辨識其在作品中的音義，並一一查明其在《切韻》音系中的韻部歸屬，再根據通行的十六攝，編制出《隋唐五代蜀語韻譜》，即韻譜三。根據韻譜三，刪除重複，按照《廣韻》206韻統計，隋唐五代蜀人詩詞歌賦所使用的押韻字如下表（表中的數據包括異體字，如"叢"與"藂"計爲兩字）：

平聲	上聲	去聲	入聲	小計
東46	董1	送7	屋30	84
冬3		宋1	沃0	4

平聲	上聲	去聲	入聲	小計
鍾 23	腫 7	用 4	燭 19	53
江 5	講 0	絳 0	覺 14	19
支 47	紙 16	寘 14		77
脂 33	旨 10	至 22		65
之 37	止 24	志 10		71
微 27	尾 2	未 8		37
魚 32	語 16	御 5		53
虞 38	麌 11	遇 10		59
模 28	姥 25	暮 21		74
齊 43	薺 1	霽 14		58
		祭 16		16
		泰 10		10
佳 6	蟹 0	卦 1		7
皆 6	駭 0	怪 1		7
		夬 0		0
灰 23	賄 1	隊 6		30
咍 21	海 8	代 5		34
		廢 2		2
真 44	軫 8	震 4	質 21	77
諄 17	準 1	稕 0	術 4	22
臻 2			櫛 2	4
文 24	吻 0	問 1	物 6	31
欣 2	隱 2	焮 0	迄 0	4
元 27	阮 4	願 2	月 15	48
魂 23	混 0	慁 3	沒 14	40
痕 4	很 0	恨 0		4
寒 27	旱 5	翰 9	曷 2	43

續表

平聲	上聲	去聲	入聲	小計
桓 16	緩 10	換 11	末 9	46
删 14	潸 0	諫 5	黠 2	21
山 9	產 5	襉 3	鎋 0	17
先 30	銑 1	霰 14	屑 13	58
仙 45	獮 13	線 15	薛 17	90
蕭 10	篠 7	嘯 8		25
宵 31	小 8	笑 12		51
肴 5	巧 0	效 4		9
豪 25	晧 17	號 2		44
歌 20	哿 3	箇 1		24
戈 15	果 6	過 2		23
麻 29	馬 14	禡 9		52
陽 66	養 12	漾 12	藥 9	99
唐 36	蕩 4	宕 3	鐸 29	72
庚 24	梗 5	映 2	陌 25	56
耕 6	耿 0	諍 0	麥 6	12
清 33	靜 8	勁 2	昔 24	67
青 33	迥 0	徑 3	錫 14	50
蒸 19	拯 0	證 0	職 23	42
登 12	等 0	嶝 0	德 7	19
尤 46	有 13	宥 7		66
侯 12	厚 10	候 3		25
幽 1	黝 1	幼 0		2
侵 28	寢 8	沁 0	緝 9	45
覃 6	感 1	勘 1	合 1	9
談 1	敢 0	闞 1	盍 1	3
鹽 11	琰 7	豔 3	葉 5	26

續表

平聲	上聲	去聲	入聲	小計
添 3	忝 2	㮇 0	怗 3	8
咸 1	豏 0	陷 0	洽 1	2
銜 1	檻 0	鑑 0	狎 2	3
嚴 1	儼 0	釅 0	業 1	2
凡 0	范 0	梵 0	乏 0	0
1177	297	299	328	2101

　　從表中可見,這些押韻字分布得極不平衡。206 韻中無一字者共 37 韻:平聲 1 韻,上聲 17 韻,去聲 15 韻,入聲 4 韻;僅一字者 23 韻:平聲 5 韻,上聲 7 韻,去聲 7 韻,入聲 4 韻。兩類共 60 韻,接近總數的 30%。僅 2 至 5 字者 40 韻:平聲 7 韻,上聲 9 韻,去聲 17 韻,入聲 7 韻。三類共 100 韻。從 61 類來看,有 12 類韻字數不足 5 個,即:冬 4,夬 0,廢 2,臻 4,欣 4,痕 4,幽 2,談 3,咸 2,銜 3,嚴 2,凡 0,幾乎是總數的五分之一。

　　若以十六攝和平上去入四聲來統計,上述韻字可以列表如下:

攝	平聲	上聲	去聲	入聲	小計
通	72	8	12	49	141
江	5	0	0	14	19
止	144	52	54		249
遇	98	52	36		186
蟹	99	10	55		164
臻	143	15	10	62	230
山	141	34	57	43	275
效	71	32	26		129
果	35	9	3		47
假	29	14	9		52
宕	102	16	15	38	171
梗	96	13	7	69	185

續表

攝	平聲	上聲	去聲	入聲	小計
曾	31	0	0	30	61
流	59	24	10		93
深	28	8	0	9	45
咸	24	10	5	14	53
合　計	1177	297	299	328	2101

　　這些韻字不僅分布的差異很大,在隋唐五代蜀人韻文中使用頻率的差異也很大。許多字只有一次,少數字則往往被多次使用,典型者如:人133,時98,山85,聲81,天80,情79,春78,間76,月75,雲69,樓62,煙(烟)61,年52,城51,名50,君49,塵46,門45,前42,雪37,群35;生80,行59,明57,深51,還51,清46,平38,聞36,言34,鳴31,分30,閑30,發25。作者既可能因爲共同的需要而產生大致相同的取捨,也可能同時要受到詞的音義及色彩的制約,最終的結果往往使某一韻的用字趨向於同一字群。以侵韻爲例,蜀人的古體詩、近體詩及詞共92個韻段,有28個韻字使用349次。其中:心67,深51,吟32,尋24,僅此4字就174次,佔總數的一半。又如賄、海同用,李白、仲子陵、李遠的詩賦共27個韻段,賄韻1字、海韻8字共使用75次,其中:海23,在20,待11,彩9,僅此4字就63次,佔總數的80%以上。上述情況,既增加了據以探索這一時期蜀語韻部系統的難度,也必然影響到描寫其韻母系統的細緻和準確程度。

　　四、考論(四)

　　按照唐五代詩歌押韻的通例,陰聲韻七攝中果攝歌、戈同用,流攝尤、侯、幽同用,蜀人韻文平上去聲均無例外;假攝只有麻韻,不過佳韻"涯崖娃"、蟹韻"罷"、卦韻"挂畫"跟麻馬禡韻字合押,說明它們已經從蟹攝分化出來,併入了假攝麻韻;效攝蕭、宵同用,肴、豪均獨用,蜀人韻文也大多遵從此例,唯一例外是李白詩,其《扶風豪士歌》"脱吾帽,向君笑",又《經亂後將避地剡中留贈崔宣城》"徼嘯廟照峭笑弔料豹召叫眺妙貌調嶠釣棹要誚"一韻到底,但"帽"號韻,"豹貌棹"效韻,餘皆嘯、笑韻字,幾乎是合一攝諸韻而通押。相對而言,止、遇、蟹三攝的合韻現象多一些,也更值得注意。

　　1. 止攝。例當支脂之同用而微獨用，但蜀人韻文中卻多四韻混用者。符載《甘州歌》眉衣歸，"眉"脂韻而"衣歸"微韻。蜀太妃徐氏《遊丈人觀謁先帝御容》儀闈徽衣妃，"儀"支韻而"闈徽妃"微韻；又《題金華宮》衣危脂眉夷，"衣"微韻而後四字爲支（危）、脂韻。姚鵠《及第後上主司王起》闈岐時枝池，"闈"微韻而後四字爲之（時）、支韻。這些例子雖説明支脂之與微關係密切，但還僅僅是首句尾用鄰韻字入韻而已。李義府《在巂州遙敘封禪》期沂祠兹思維龜姬師司逵麾旗帷芝夷坻釐墀時悲，凡二十一韻，其中二十字爲支、脂、之韻字，唯第二聯尾字"沂"爲微韻。此字"一作湄"，則脂韻字。陳子昂《感遇詩》之三二衰違洏期蚩時，"違"微韻，餘皆支（衰）、之韻；《鴛鴦篇》虧涯迤池垂隨枝肥離，"涯"之韻，"肥"微韻，餘皆支韻；《薊丘覽古贈盧居士藏用七首》之五《田光先生》，首尾兩韻微韻字，中間一韻之韻字。李白《感時留別從兄徐王延年從弟延陵》差吹迤支斯維滋思師池墀眉移垂詩馳帷知嫠旗危隨姿蕤誰宜緇湄之慈期龜逵坼遲夷辭，凡三十七韻，一韻到底，多爲支、脂、之韻字，唯"策馬搖涼月，通宵出郊坼"夾以微韻字。王琦注："坼，音畿。"朱駿聲《説文通訓定聲》屯部："坼，假借爲畿。"《書·畢命》："申畫郊坼，慎固封守，以康四海。"孔傳："京畿安則四海安矣。"《集韻》微韻："畿，或作坼。"《山鷓鴣》詞首句入韻，六韻字中"輝飛歸違衣"皆微韻，唯第四韻"南禽多被北禽欺"之"欺"爲之韻。《贈裴司馬》全詩九韻，八個微韻字（衣輝譏歸機微稀違），唯第七韻"絲"爲之韻。又《江上寄巴東故人》飛違希，微韻；時，之韻。蘇涣《變律》之二枝飛兒疑隨之幾，枝兒隨，支韻；飛幾，微韻；疑之，之韻。雍裕之《兩頭纖纖》眉帷飛垂，眉帷，脂韻；飛，微韻；垂，支韻。

　　近體詩中也偶有微韻和支、脂、之韻合押的例子，如雍陶《離家後作》："世上無媒似我希，一身惟有影相隨。出門便作焚舟計，生不成名死不歸。"此七絶而首句入韻者。希歸，微韻；隨，支韻。

　　晚唐五代蜀人的詞作中，上述情況也很常見，如李珣《望遠行》之二欹垂移幃，前三字支韻，後一字微韻。尹鶚《菩薩蠻》之一上片"隴雲暗合秋天白，俯窗獨坐窺煙陌。樓際角重吹，黃昏方醉歸"，換韻後"吹"支韻，"歸"微韻。孫光憲《浣溪沙》之十八稀輝帷衣歸，"帷"脂韻，餘皆微韻字；又《更漏子》之五眉違，亦脂、微合押。歐陽炯《三字令》："春欲盡，日遲遲，牡丹時。羅幌卷，翠簾垂。彩牋書，紅粉淚，兩心知。人不在，燕空歸，負佳期。香爐落，枕函欹。月分明,花澹薄,惹相思。"除了"歸"字外皆支、脂、之韻字;《更漏子》之一時衣,之、微通押;又《西江月》之二衣眉,微、脂合韻。

本攝上聲例當紙、旨、止同用,尾獨用。在隋唐五代蜀人的作品中,唯見前者,没有尾獨用的韻段。尾韻的韻字總共只有3字4見:李白《鞠歌行》李恥毀鬼。李、恥:止韻;毀:紙韻;鬼:尾韻。僧鸞《贈李粲秀才》耳鬼起。耳、起:止韻;鬼:尾韻。歐陽炯《西江月》之一水葦裹起。水:旨韻;葦:尾韻;裹、起:止韻。又《南鄉子》三尾水起。

本攝去聲例當寘、至、志同用,未獨用。唐五代蜀人作品中獨用未的韻段,只有李白《贈瑕丘王少府》氣尉貴、雍陶《千金裘賦》貴衣費,而這四韻合押的韻段則更多,如:李白《江上望皖公山》氣意味異遂地。氣、味:未韻;意、異:志韻;遂、地:至韻。又《比干碑》智義氣視易。智、義、易:寘韻;視:至韻。僧鸞《苦熱行》地沸翠。地、翠:至韻;沸:未韻。歐陽炯《題景焕畫天王歌》置氣事。置、事:志韻。

可見支、脂、之三韻跟微韻的實際讀音可能非常相近。

另外,周仲美《書壁》子理已耳洗死起里,它們多數是止攝上聲,唯"三載無朝昏,孤幃淚如洗"一聯例外,《廣韻》薺韻"洗,洗浴",先禮切。由此可以窺見唐代蜀語中止、蟹二攝部分字實際讀音趨同之一斑。

2. 遇攝。平聲魚獨用,虞、模同用,這兩類在唐五代蜀人詩賦用韻中大體分明。近體詩中偶有主用魚韻而首句尾字爲虞、模韻,或主用虞、模韻而首句尾字爲魚韻者,如張立《又詠(蜀都城上芙蓉花)》都舒初,花蕊夫人《宫詞》十六除圖呼,又五十膚虛書,這只是當時的通例。

但是,古體詩中卻有跟以上獨用、同用不合的例子,如李白《擬古十二首》之五:如居魚舒鮒。《李太白集分類補注》卷二四蕭士贇補注:"鮒字本作魚。若作魚,是重一字,今當作鮒。《莊子》'守鯢鮒'注曰:'鮒,音附。又音蒲。李云:鯤、鮒,皆小魚也。'當作鮒,音蒲無疑。"王琦注從之。"鮒"本遇韻字,"音蒲",則在模韻,而全詩前六韻皆魚韻字。又《秋浦寄内》凡八韻:餘書居疎除魚如,皆魚韻字,獨末尾"殊"爲虞韻字。

本攝的上聲韻和去聲韻中,因爲没有近體詩的緣故,類似的情況更爲突出。上聲語獨用,麌、姥同用。唐五代蜀人詩賦三韻共47個韻段中,語獨用僅5個韻段,麌、姥同用18個韻段,加上麌獨用2個韻段,姥獨用8個韻段,共 33 個韻段。而語、麌合用 5 個韻段，語、姥合用 1 個韻段，三韻合用 6 個韻段。不合通例者共 12 個韻段，超過前一類的三分之一，佔總數的四分之一。去聲御獨用，遇、暮同用，唐五代蜀人詩賦三韻共 29 個韻段中，御獨用 2 個韻段，遇、暮同用 6 個韻段，加上遇獨用 3 個韻段，暮獨用 4 個韻段，共 15 個韻段。合通例者超過總數的一半。而御、遇同用 5 個韻段，御、暮同用 3 個韻段，三韻同用 3 個韻段。不合通例者共 11 個韻段，接近總數的四成（另有 3 個韻段跟麌、姥韻合押，詳下文）。這樣的事實説明，唐五代蜀語中魚、虞跟模的韻母正在逐漸混同。

本攝的押韻中值得注意的其他例子還有：李白《大獵賦》陡渠入居。《廣韻》緝韻：“入，人執切。得也，内也，納也。”本爲收-p 尾的入聲字，這裏卻跟魚韻平聲字“陡渠居”爲韻，非常特別。《全唐詩》卷八六二成都醉道士《示胡二郎歌》，最後八句包含兩個韻段：“語暑去”與“苦路古”，但“去、路”爲去聲御、暮韻字，跟其所在韻段的上聲語、姥韻調不相合。《全唐詩》卷八七五載闕名《成都羅城北門石記》編者注：“上有乾符三年高駢名銜，餘字斷缺。莫知其爲何詩也。”其韻“五數故土”，調亦不合：五土，姥韻；數，麌韻；故，暮韻。

也有以個別上聲字跟去聲字相押者，如仲子陵《五色琴弦賦》汗故度冱羽，徐光溥《題黃居寀秋山圖》塢渡雨，“羽雨”麌韻，卻跟暮韻“汗故度冱塢渡”相押；僧鸞《贈李粲秀才》浦霧處，姥韻“浦”跟御、遇韻“處霧”相押。類似情況在李白的詩中早已出現，其《遠別離》女浦苦雨補怒禹虎，又《梁甫吟》主鼓女雨怒，這兩個韻段均語（女）、麌（雨禹主）、姥（浦苦補虎鼓）合用，並以去聲暮韻字“怒”夾雜其間。這種上、去聲韻字的混用，是純粹由於古體詩及民間歌謠的押韻對聲調的要求不嚴所致，還是由於唐五代蜀語上、去二聲調值差別不大因而可以通用，還有待進一步考察。

李白《大獵賦》苦酤罟圃户覩數母，僧鸞《贈李粲秀才》侶圃母，均以流攝厚韻的“母”字跟語（侶）、麌（酤覩數）、姥（苦罟圃户）相叶。又僧可朋《耕田鼓詩》以流攝宥韻的“富”字跟姥（鼓苦土）、麌（雨）韻字相叶。雖然李白《化城寺大鐘銘》以“母”字跟有韻的“久朽”相押，但僅此一見，而依照傳統的詩韻，“厚富”二字無論如何是不應該和遇攝的字押韻的。由此可見，唐代蜀語中這兩個字的實際語音已經非常接近現代的讀音了。

3. 蟹攝。本攝包含的韻雖多,隋唐五代蜀人的詩賦用作押韻字的卻較少,僅 164 字,其中 99 個是平聲字。而且,不合當時韻例的情況都出在李白的作品中。

平聲齊獨用,佳、皆同用,没有例外。灰、咍同用,唐五代蜀人的詩賦用韻大多遵用,唯李白的詩作有將灰、咍與佳、皆合用者,如其《蜀道難》豗雷哉嵬開豺,《早秋單父南樓酬竇公衡》來埃懷,《感興八首》之三懷來,其中"豺懷"皆韻;《北風行》開來臺摧哀靫埃回灰裁,"靫"佳韻。而《感興八首》之三最後兩聯韻"開、非(但恐生是非)","非"止攝微韻,相去更遠。

上聲僅賄海同用有用例,共 28 個韻段,且多爲海韻字,賄韻僅"罪"一字,見李白《經亂離後天恩流夜郎憶舊遊書懷贈江夏韋太守良宰》:"炎涼幾度改,九土中橫潰。漢甲連胡兵,沙塵暗雲海。草木搖殺氣,星辰無光彩。白骨成丘山,蒼生竟何罪?"此段諸本無異文。若以"改"與"海彩罪"韻,則合於賄海同用的通例。但本段前韻"狼張王驤亡鄉堂皇觴行梁陽望涼",後韻"居舒渠菹墟",該句爲換韻後之首句,例當偶句尾字入韻。《文選·謝靈運〈擬魏太子鄴中集詩八首〉》之一:"天地中橫潰,家王拯生民。"李善注:"橫潰,以水喻亂也。"詩用其辭,非常切合,但《廣韻》隊韻"潰,逃散也,又亂也。胡對切",韻、調皆不合。"罪"字《廣韻》唯徂賄切一讀,爲全濁從紐字。這裏詩人是否改用 ABBA 韻例,"潰罪"與"海彩"各自爲韻?"潰、罪"之間是上、去聲混用,還是二字的聲調已經混同? 姑且存疑。

去聲卦怪夬同用無一例,隊代廢同用亦僅 4 個韻段。祭霽同用,詩唯李白有用例,其《答高山人兼呈權顧二侯》濟翳裔意際計逝涕制勢歲袂栚繫麗替蔽滯厲帝,除"意"字外皆祭、霽韻字。此字所在聯,《全唐詩》卷一七八及《李太白集分類補注》、《李太白全集》卷十九等均無異文,《廣韻》僅於記切一讀,爲志韻字。又《枯魚過河泣》制帝勢噬誡,前四字皆祭、霽韻,而"誡"怪韻,《廣韻》唯古拜切(《集韻》居拜切)一讀。此詩末句《全唐詩》卷二六爲"柏人以爲誡","誡"字"一作識";卷一六五爲"柏人以爲識","識"字"一作誡"。《李太白集分類補注》卷六作"識"。"識"職韻,於調不協。王琦注本作"誡",引胡震亨曰:"誡,居吏切。作識者誤。"胡氏音讀,不知何據;但依此讀,即爲止攝志韻,與"意"字跟祭、霽韻字押韻相合。泰獨用是唐代的通例,但李白《明堂賦》霈瀎會外退,《贈從弟宣州長史昭》對外帶會大愛蓋會,

《送王屋山人魏萬還王屋》外會大瀨對，並以隊韻字“退對”跟泰韻字合押，且《贈從弟宣州長史昭》中的“愛”爲代韻字。

五、考論（五）

爲了以類相從，陽聲韻九攝的討論按韻尾分爲三部分，其對應的入聲韻也剝離出來，放到最後。

陽聲韻九攝中，隋唐五代蜀人詩賦用宕攝字完全合乎陽唐同用的通例，江攝只有平聲韻 4 個韻段，且其中 3 個韻段爲江獨用，唯李白《送王屋山人魏萬還王屋》以江韻“雙窻”與鍾韻“峰”及冬韻“濃”相押；又《魏郡別蘇明府因北遊》蓉衝鐘逢峰龍雙邛從重胸，“雙”爲江韻，其餘皆鍾韻。這樣的押韻，雖打破了攝的界限，但跟宕攝字無關，多少透露出一點江韻字的實際讀音跟通攝字相近的信息。

1. 通攝。平聲方面，蜀人詩賦的押韻主要用東、鍾韻字，冬韻僅“宗濃悰”三字，且沒有一個單用或爲主的韻段。東、鍾之間的界限大致分明。少數例外如下：李白《怨歌行》宮紅中風窮蓬空龍桐忡，“龍”爲鍾韻，其餘皆東韻。《李太白全集》注“一作籠”，則全係東韻字。但王琦注謂“蕭士贇曰：雕龍，謂舞衣上之雕畫龍文也”（此注不見《李太白集分類補注》卷五），則當以作“龍”爲是。又《爲宋中丞祭九江文》亦以鍾韻“兇”字與東韻“宮”字相叶。鄭可元《蜀報國院西方並大悲龕記》空通松風，歐陽炯《題景煥畫應天寺壁天王歌》公蹤胸容恭紅中東空、蹤公風，並以鍾韻字“松蹤胸容恭”與其餘東韻字相叶。李白《登廣武古戰場懷古》蓬瞳東中同功風雄翁穹空虹通公宗，又《崇明寺佛頂尊勝陁羅尼幢頌》宮虹空穹雄蒙宗功，兩“宗”字均無異文，此冬韻字，卻與其餘東韻字相叶。

近體詩中偶有這種情況，如李遠的五律《遊故王駙馬池亭》瓏通風紅濃，“濃”即鍾韻字；黃崇嘏七絶《下獄貢詩》首句以鍾韻“邛”字入韻，第二、四句韻“松籠”，分別爲鍾、東韻字。

詞中也有類似情況，如歐陽炯《菩薩蠻》一，又《鳳樓春》用鍾韻“慵”字跟東韻“籠叢櫳通融同”相叶，《獻衷心》用鍾韻“重”字跟東韻“風同中通紅櫳空”相叶。孫光憲《更漏子》之二悰東，是冬、東合用，李珣《臨江仙》紅濃慵悰，則東、鍾、冬三韻合用。

上、去聲方面，蜀人詩賦用這幾韻的字很少，合例與不合例的都有。不合例的如：李白《經下邳圯橋懷張子房》“動、勇”爲董、腫韻字。歐陽炯《貫休應夢羅漢畫歌》縫動夢，三韻字分別爲用、董、送韻字，“動”字《廣韻》徒摠切，聲母似已清化，調亦轉爲去聲了。

　　根據以上例外的用韻情況來推測，唐五代蜀語中東、鍾、冬（舉平以賅上去）三韻的實際讀音應該非常接近。

　　2. 梗、曾二攝。這兩攝關係密切，所以放到一起討論。李白《公無渡河》馮鯨，馮，蒸韻；鯨，庚韻。二攝混用。又《上留田行》平旌鳴驚征荆形榮兵陵名清聽，“平鳴驚荆榮兵”庚韻，“旌征名清”清韻，“形聽”青韻，獨“陵”爲蒸韻①。唐五代蜀人古體詩及賦作中，梗攝四韻的使用情況如下表②：

韻	韻段數	韻	韻段數
庚獨用	6	庚清合用	49
耕獨用	0	庚耕合用	2
清獨用	12	庚青合用	1
青獨用	3	耕清合用	3
小　計	21	耕青合用	0
		清青合用	5
庚耕清合用	6	小　計	60
庚耕青合用	0		
庚清青合用	0	庚耕清青合用	8
庚清青合用	28	庚清青蒸合用	1
小　計	34	小　計	9
合　計	56		69

　　當時用韻的通例是庚、耕、清同用，青獨用，以此衡量，合乎此例的共 82 個韻段，佔總數的 65.6%；不合此例者共 43 個韻段，佔總數的 34.4%。這意味着有超過三分之一的韻段在庚、耕、清與青之間沒有分明的界限。

　　與上述平聲對應的上、去聲韻，雖然蜀人的詩作中使用較少，卻也能看

---

① 上文“交柯之木本同形，東枝顦顇西枝榮。無心之物尚如此，參商胡乃尋天兵”，至此轉爲四言：“孤竹延陵，讓國揚名。高風緬邈，頹波激清。尺布之謠，塞耳不能聽。”就全詩末尾這一段而言，似乎屬於首句尾字可用鄰韻之例。但上文“形榮兵”青、庚合用，已非當時通例，曾、梗兩攝之韻的合用，未必沒有可能。

② 表中“獨用、合用”主要是根據各種可能產生的搭配來設置的，數據完全按照實例統計。

出當時讀音的一些事實，如韋表微《池州夫子廟麟臺》聖定正命，徐光溥《題黃居寀秋山圖》静映徑，以青韻去聲字"定徑"與庚韻去聲字"命映"及清韻去聲字"聖正"相叶，這跟以上平聲韻的合用完全對應。

　　唐五代蜀人的近體詩用梗攝韻共 64 個韻段，有 7 個爲青韻字跟其他三韻合用。其中三例爲七絶，只是首句尾字是青韻字，其餘爲庚、清韻字，並非例外。但是另外四首卻肯定不合當時詩歌用韻通例。它們是：陳子昂《于長史山池三日曲水宴》：汀生箏平明橫，李白《觀胡人吹笛》：聲亭縈情，李白《寄遠十二首》之九：情生庭輕，可朋《中秋月》：清明形平。以上各詩，或有個別字平仄不合影響粘對，或有個別聯對仗略欠工整，但總體上皆合律。"汀亭庭形"皆青韻，其餘則爲庚、清韻字，這更能證明唐五代蜀語中庚、耕、清三韻與青韻之間的混同。

　　另外，徐光溥《題黃居寀秋山圖》郁蕷緑，静映徑，奇窺姿。"静"爲全濁從母字，《廣韻》疾郢切，而"映徑"爲《廣韻》去聲韻目字。據《全唐詩》作者小傳，徐光溥曾"事孟知祥爲觀察判官，知祥稱尊號進翰林學士，後主昶時拜中書侍郎同平章事"。由此可見，五代時蜀語中當已有全濁上聲字變爲去聲。

　　3. 臻攝。唐五代蜀人詩賦的用韻基本合乎通例，即真、諄、臻同用，文、欣同用，元、魂、痕同用，但有少數例外。

　　以文、欣韻字與真、諄、臻韻字合押，如李白《對雪奉餞任城六父秩滿歸京》晨鶉身親倫秦臻春塵人慇鄰，《江上送女道士褚三清遊南岳》巾雲塵人，《感遇四首》之一濱春親人勤，《嘲魯儒》巾塵君倫濱，《自代内贈》秦隣雲人，其中"慇勤"欣韻字，"雲君"文韻字，餘皆真、諄、臻韻字。韋表微《池州夫子廟麟臺》麟廬群，"群"文韻字，餘爲真韻字。近體詩没有這樣的例子。

　　以真、魂韻字跟文、欣韻字合押。蜀人韻文中文、欣同用一類幾乎全是文韻字，没有欣韻字。非文韻字除了個別近體詩首句尾字用真韻字外，陳子昂《同宋之問參軍夢趙六贈盧陳二子之作》君雲屯，李白《贈張公洲革處士》分聞雲濱群文君芬，其中"屯"魂韻，"濱"真韻。

　　以真、文乃至山攝山、先、仙韻字跟元、魂、痕韻字合押，如李白《古風》之五十一昏門源娟論，《上留田行》言田，《書情贈蔡舍人雄》門猿元翻言寃園魂氛原蓀恩轅論騫奔存援，《贈別從甥高五》山璠門元存援喧恩魂翻論繁寃，《答從弟幼成過西園見贈》誼園軒門樽言繁昏陳，《羽林范將軍畫贊》垣尊恩門魂騫琨藩軒吞存，韋表微《池州夫子廟麟臺》尊存門仁，其中"陳仁"真韻字，"氛"文韻字，而"山"山韻字，"田"先韻字，"娟騫"仙韻字。

上聲本當阮、混、很同用，但李白《涇溪東亭寄鄭少府諤》遠轉晚，《下途歸石門舊居》遠產，《尋高鳳石門山中元丹丘》遠晚轉，以山攝產韻字"產"、獮韻字"轉"跟阮韻字"遠晚"合押，性質相同。近體詩沒有這樣的例子。

以上三類現象說明，唐五代蜀語臻攝內部各韻主元音的差別應該不會很大，而元韻則是溝通臻、山二攝的橋梁。

此外，以下兩例還涉及與其他韻尾的關係：李白《梁甫吟》以侵韻"吟"跟真韻"津濱親人"、諄韻"春綸"相叶。"長嘯《梁甫吟》"雖爲該詩首句，但以雙脣鼻音韻爲鄰，恐非偶然。歐陽炯《巫山一段雲》之二上片以文韻"醺"、諄韻"輪"跟登韻"曾"相叶，這似乎可以證明，五代蜀語中鼻韻尾音節的元音如果是細音，後鼻尾可能讀成前鼻尾。

4. 山攝。本攝用韻通例是寒、桓同用，刪、山同用，先、仙同用，但唐代蜀人尤其是李白的古體詩和賦作卻時有不合者，如以先、仙韻字跟寒、桓韻字合押。李白《明堂賦》安泉，《長相思》安闌寒嘆端天瀾難肝，"泉"仙韻字，"天"先韻字，其餘爲寒、桓韻；李白《蜀道難》"問君西遊何時還"以下一段韻"還攀間山天顏"，其中"天"先韻字，而其餘爲刪、山韻字。此或因重複其主題"蜀道之難難於上青天"所致，可算作特例。

以刪、山韻字跟寒、桓韻字合押。李白《幽州胡馬客歌》冠干端蘭難殘餐山寒盤鞍攢丹嘆閑，《東山吟》山安寒懽冠，《贈參寥子》官巒攀端；雍陶《明月照高樓》寒歡還乾山難顏間，"還顏"刪韻，"山閑攀間"山韻，其餘爲寒、桓韻字。以刪、山韻字跟先、仙韻字合押。李白《行路難》之一千錢然川山，《送楊燕之東魯》賢天蓮還篇筵邊年泉，《下途歸石門舊居》筌山天，"山"山韻字，"還"刪韻字，其餘爲先、仙韻字。以臻攝元韻字跟先、仙乃至寒、桓韻字合押。李白《蜀道難》天然烟巔連川援，《長歌行》年言泉鞭宣，"援言"元韻字，其餘爲先、仙韻字；陳子昂《感遇詩三十八首》之二十患干歡言肝酸①，元韻"言"跟寒韻"干肝"、桓韻"歡酸"合押。

---

① 此詩首聯"蜻蛉遊天地，與世本無患"，用《戰國策·楚策四》莊辛説楚襄王典，"患"字中古只有胡慣切一讀，去聲諫韻，何以跟平聲字韻，存疑。

上、去聲韻中也有類似情況,如例當銑、獮同用,而李白《玉真公主別館苦雨贈衛尉張卿二首》之二卷塞巘限轉辨簡眼淺蘚,"限簡眼"産韻,其餘皆獮韻字;例當霰、綫同用,而李白《贈從弟南平太守之遙二首》之一、《雜言用投丹陽知己兼奉宣慰判官》卻都用襉韻"盼"跟霰韻"見殿"合押。

蜀人的近體詩也偶有不合當時押韻通例者,如雍陶《送宜春裴明府之任》然川前還,"還"删韻字,餘爲仙、先韻字。尾聯"此任無辭遠,親人貴用還","還"字"一作邊","邊"則先韻字。花蕊夫人《宮詞》之八十天園鈿,以元韻字"園"跟先韻字合押。

5. 深攝。本攝韻段比較多,但韻字相對集中,已如前述。

陳子昂《喜馬參軍相過醉歌》韻"月忽(没)",轉韻"吟心分",以本攝侵韻字"吟心"與臻攝文韻字"分"合押,跟前述李白《梁甫吟》正同。

6. 咸攝。本攝有一半的韻,即平聲凡,上聲敢、琰、檻、儼、范,去聲勘、梽、陷、鑑、釅、梵共十二韻無一押韻字。韻字最多的是鹽韻,11 字;其次爲覃、琰,各 5 字;談、嚴、咸、銜、感、闞六韻只有 1 個韻字。韻字總共 35 個,韻段總數不足 30,非常"冷清"。

李白《秋浦感主人歸燕寄内》嚴潛簷瞻簾淹缄,"嚴"嚴韻,"缄"咸韻,其餘爲鹽韻字;僧紹□《蜀普慈縣永封里再興王董龕褒報國院碑記》瞻嚴□,雖有一個韻字不明,但鹽、嚴合用當無疑。二者都跟唐代詩歌用韻的通例不合。雍裕之《四色》詩之四黔嫌,雍陶《千金裘賦》霑添兼,"黔霑"鹽韻,其餘爲添韻字,而徐光溥《題黄居寀秋山圖》則以銜韻"嚴"跟添韻"嫌"相叶,也不合當時押韻的通例。由此推測,唐五代蜀語咸攝的平聲細音字似乎出現了合流的趨勢。僧鸞《苦熱行》焰驗簟,"焰驗"去聲豔韻,而"簟"爲上聲忝韻,《廣韻》徒玷切;李珣《酒泉子》詞之一撼澹,"撼"爲上聲感韻,《廣韻》胡感切,"澹"爲去聲闞韻(其《酒泉子》詞同一體之二於相同位置韻翰韻"岸"和换韻"斷",可資比較)。這些例子,透露出晚唐蜀語中全濁上聲字轉讀去聲的消息。

六、考論(六)

入聲韻段一般見於古風及賦,唐五代蜀人韻文中使用三類入聲韻的情況如下:

-p 尾韻。極少,只有 23 個韻字,13 個韻段,大都合乎當時獨用、同用的通例。其中緝韻 7 個韻段,佔到一半以上;而業、乏合用則没有用例。

-t 尾韻。除了黠、鎋合用没有用例外,其餘韻例均有用例。其中月、没合用最多,單是"月"字使用即多達 74 次;屑、薛同用次之,質、術、櫛同用有 29 個韻段,而物、迄同用(迄韻没有韻字),曷、末同用都各 4 個韻段。這一類共有韻字 104 個,大多合於當時的通例。不合者有以下三種情況:

(1)攝内合押。如歐陽炯《貫休應夢羅漢畫歌》詰佛一,以物韻"佛"跟其餘質韻字合押;僧鸞《贈李粲秀才》物彿出,以術韻"出"跟其餘物韻字合押。又如李白《大鵬賦》月忽雪,《將進酒》髮雪月,《方城張少公廳畫師猛贊》雪發骨月屼歇;《江夏行》發月絶,《淮海對雪贈傅霭》渤月發絶,《琴贊》骨月發絶,《自金陵泝流過白壁山翫月達天門寄句容王主簿》月雪發没歇越絶;《送韓準裴政孔巢父還山》月別。這些韻段都以薛韻"雪絶别"跟其餘月、没韻字合押。再如李白《秋浦歌十六首》之五雪月,《越女詞五首》之五月雪絶;《蘇武》節札絶雪别血,《代贈遠》别雪絶切結察滅,則以"月"字及黠韻"札察"跟其餘屑、薛韻字合押。

(2)臻、山跨攝互押。如李白《明堂賦》出室沏密崒,"沏"爲山攝屑韻,其餘爲臻攝質、術韻;劉灣《李陵别蘇武》卒没闕屈窟,朱灣《題段上人院壁畫古松》捽出物,"屈物"爲臻攝物韻,"出"爲臻攝術韻,其餘爲山攝月、没韻。

(3)不同韻尾的字合押。如-t 與-k,李白《大獵賦》卒歇月發蹶格窟没,《天馬歌》窟骨髮没極蹶越惚,《遊泰山六首》之六白歇發,"格白"陌韻,"極"職韻,其餘爲月、没韻;仲子陵《珊瑚樹賦》結爇列晰,"晰"錫韻,其餘爲屑、薛韻字;歐陽炯《貫休應夢羅漢畫歌》壁室筆、擲逸日,《題景焕畫應天寺壁天王歌》逸出敵,"壁敵"錫韻,"擲"昔韻,其餘爲質韻或術韻。

類似現象,在五代蜀人的詞中也可見到。孫光憲《漁歌子》之二滅闊疊,依次以薛、末二韻字跟收-p 尾的帖韻字合押,這或許可以證明五代蜀語中這三韻的主元音相近。

-k 尾韻。同攝合用的傾向比較突出,只有藥、鐸韻没有一個韻段跟其他入聲韻字合押,如:李白《司馬將軍歌》目蜀屋,《妾薄命》屋玉,《對雪醉後贈》竹緑目,黄萬祐《題蜀宫壁》足撲哭,徐光溥《題黄居寀秋山圖》竹菊浴、郁蔽緑,"蜀玉緑足浴"燭韻,餘皆屋韻;李白《空城雀》促族足逐粟欲,《金門答蘇秀才》木緑勗足,蜀選人《嘲韓昭》蜀肉,"族逐木肉"屋韻,餘皆燭韻。

當時用韻的通例是陌、麥、昔合用而錫獨用,但唐五代蜀人的古體詩和賦作中,二者的合用更爲常見,錫獨用無一例。以李白的詩賦而論,這幾韻獨用或合用共44個韻段,其中雜用錫韻字者17個韻段,是總數的40%。如《明堂賦》籍戚辟帛,《古風五十九首》之二十四陌宅赫惕跖,《草創大還贈柳官迪》易魄的隙隻軛翮宅液寂曆隔尺籍格擲益客策適,《淮南臥病書懷寄蜀中趙徵君蕤》客迫劇壁爲隔宅曆白適析,“戚惕的寂曆壁歷”皆錫韻字。

跨攝合押的例子也有,如李白《送魯郡劉長史遷弘農長史》束岳,燭、覺合韻;《商山四皓》側識色息極匿翼臆測迹,“迹”昔韻,餘皆職韻字。鑒周《西方閣院碑》蠹濁嶽較,“蠹”屋韻,餘皆覺韻字。蜀選人《嘲韓昭》壁識,錫、職合用。不過,跟同攝入聲合用相比,它們的數量要少得多。

不同韻尾的入聲字合押同樣存在,如李白《大獵賦》殖織色側獵,以葉韻“獵”跟其餘職韻字合韻。主元音相近或許是它們得以通押的條件。

七、考論(七)

在綜合考察隋唐五代蜀語韻部的時候,不能不考慮到所據語言材料中的個人因素,如李白長於古風,詩歌用韻合押的範圍更加寬泛。但是,這只是問題的一個方面。韻律和諧是詩區別於散文的重要形式之一,無論協韻如何寬,都要受到時代的、語言的實際條件制約,例如在主要元音相同相近的前提下,陰聲韻、陽聲韻和入聲韻可以通押,這是公認的上古詩歌押韻的條例,爲什麼李白的詩歌中竟無一例呢? 所以,即使李白古風詩的押韻,也在一定程度上反映出唐代蜀語韻部系統的真情實況。隋唐五代蜀語的韻部有以下特點:

1. 一攝內部諸韻的區別較小,界限比較模糊,而實際的讀音趨於混同。這在止、遇、通、梗、臻、山等包含韻數較多的攝表現得尤爲明顯。十六攝,代表了唐宋時期民族共同語韻部的“通語大類”。隋唐五代蜀人詩賦的用韻,除了功令性的律詩之外,已經將攝韻部化,應當是蜀地方言語音的真實反映。

2. 陽聲韻中梗、曾二攝之間,臻、山二攝之間,少數韻部的讀音逐漸趨於相近相同。

3. 部分雙脣鼻音韻尾的字,其實際讀音混同於舌尖鼻音韻尾。

4. 入聲韻的三種塞音韻尾之間界限不分明,是否混一成爲某一種塞音,難以定論。

　　5. 上、去聲之間的差異似不明顯,晚唐五代時有的全濁上聲字已讀去聲。

　　從韻譜一到韻譜三不難發現:上述 3、4 兩項,由兩漢、魏晉而至隋唐五代,確係蜀語韻部中"一以貫之"的地方特色。下面是隋唐五代巴蜀詩人作家名録①:

隋

　　智炫(生卒不詳),益州成都(今屬四川)人,周隋間僧人。周武帝斥佛,炫駁之,逃北齊。後歸蜀,隱居三學山。

　　李桓(生卒不詳),蜀華蓋山道人。

唐

　　道會(580?—約 649),俗姓史,犍爲武陽(今四川彭山)人。初出家於益州嚴遠寺,貞觀中入京,與法琳同修《辨正論》。後因事入獄,獄解後歸住眉州聖種寺。

　　李義府(614—666),祖籍瀛州饒陽,祖父爲射洪縣丞,移家永泰(今四川鹽亭)。貞觀中對策擢第,官至監察御史。後以贊立武后,拜中書侍郎,改右相。以罪流放死。

　　李榮(生卒不詳),巴西(今四川綿陽市)人,高宗時長安東明觀道士。

　　陳子昂(661—702),字伯玉,梓州射洪(今屬四川)人。文明元年進士第。以獻書授麟臺正字,補右衛冑曹參軍,授右拾遺。武攸宜征契丹,參謀軍事,議不合,徙軍曹。還鄉,縣令段簡陷害,死獄中。

　　閭丘均(生卒不詳),益州成都(今屬四川)人。景龍中因安樂公主薦拜太常博士。公主被誅,坐貶循州司倉,卒。善詩文,與杜審言齊名。

　　李白(701—762),字太白,幼居綿州彰明縣(今四川江油),開元十二年出蜀漫遊,天寶元年以玉真公主薦,應詔入京,供奉翰林;三載春,以讒"放還"。安史亂起,隱臥廬山,永王璘徵至幕中,璘敗亡,白繫潯陽獄坐流放夜郎,中途遇赦。尋病卒。

　　苑咸(生卒不詳),成都(今屬四川)人,開元中進士及第,爲李林甫主書記,預修《唐六典》。天寶時任考功郎中、知制誥,轉中蜀舍人。官終永陽太守。

范元凱(生卒不詳),資州内江(今屬四川)人,開元中登進士第,與兄崇凱號"梧桐雙鳳"。

蘇涣(？—775),蜀人,廣德二年登進士第,遷至監察御史。大曆中爲湖南觀察史從事,避亂奔廣州。嶺南部將哥舒晃反,涣爲謀主,爲路嗣恭所殺。

嚴震(724—799),字遐聞,梓州鹽亭(今屬四川)人。世爲田家,以出財助軍,授州長史,官終山南西道節度使,加同平章事。

白元鑒(？—817),西川成都(今屬四川)人,玄宗幸蜀時爲威儀道士,住上皇觀。後移居余杭,元和十二年卒。

劉灣(生卒不詳),字靈源,西蜀(今四川成都)人。天寶中進士及第,曾任吏部員外郎。建中中,以職方郎中爲黜陟史。

符載(760—？),祖籍鳳翔,家於蜀郡。大曆末,與楊衡、王簡言、李元象等同棲青城山,後又同隱廬山,稱"山中四友"。後歸蜀,復遊幕各處。

韋表微(771—830),字子明,隋韋元禮七世孫,居成都。登貞元進士第,歷官監察御史、翰林學士等,拜中書舍人,遷户部侍郎知制誥,加承旨。

何兆(生卒不詳),蜀人。大曆時人,盧綸、李端均有送其落第歸蜀詩。

仲子陵(774—802),成都(今屬四川)人。大曆十三年登進士第,官至司門員外郎。

馬逢(生卒不詳),東川(今四川三台縣)人。貞元五年登進士第,曾從軍出塞。歷官咸陽尉等,後以殿中侍御史充荊南節度使從事。

雍裕之(生卒不詳),蜀人。貞元、元和時屢舉進士不第。

何元上(生卒不詳),自稱峨眉山人,嘗居道州。

朱灣(生卒不詳),字巨川,西蜀人,自號滄洲子。貞元、元和間爲李勉永平從事。

廣宣(生卒不詳),俗姓廖,蜀中人。與劉禹錫最善,元和、長慶兩朝並爲内供奉,賜居安國寺紅樓院。

韜光(生卒不詳),蜀僧。長慶中遊杭州,與白居易有詩酬唱。

卓英英(生卒不詳),成都女郎,元和間在世。

朱休(生卒不詳),劍南人。憲宗至文宗時在世,以能賦名於太學。

李餘(生卒不詳),成都(今屬四川)人。長慶三年登進士第,曾爲湖南觀察史從事。

李遠(生卒不詳),字求古,夔州云陽(今屬重慶)人。大和五年登進士第,官至御史中丞。

雍陶(生卒不詳),字國鈞,成都(今屬四川)人。大和八年登第,歷任監察御史、國子博士、簡州刺史,後辭官閒居。

鑒周(生卒不詳),成都府菩提寺沙門,開成三年撰《西方閣院碑》。

柳棠(生卒不詳),東川(今四川三台縣)人。開成二年因裴休薦登進士第,曾參越巂軍事。

姚鵠(生卒不詳),字居雲,蜀人。會昌三年以宰相李德裕薦登進士第,官至台州刺史。

唐求(生卒不詳),成都(今屬四川)人。隱於味江山,人稱"唐山人"。王建帥蜀,召爲參謀,不就。

知玄(809—881),字後覺,俗姓陳,眉州洪雅(今屬四川)人。文宗時住長安資聖寺,名聞宮内,宣入顧問。後歸蜀,住彭州丹景山,僖宗賜號悟達國師。

僧鸞(生卒不詳),蜀僧。俗姓鮮于,名鳳。薛能刺嘉州,以其顛率,令其出家。後爲江西李鋌判官。

羅袞(生卒不詳),字子刾,臨邛(今四川邛崍)人。大順中登進士第,官左拾遺,起居郎。後梁時官至禮部員外郎。

黃崇嘏(生卒不詳),臨邛(今四川邛崍)人,昭宗時曾因事下獄,以詩自陳,得釋,攝府司戶參軍。後自明女身乞罷,歸隱。

可朋(生卒不詳),眉州丹稜(今四川丹棱)人。約生於唐末,好詩酒,自號醉髡。與盧延讓、歐陽炯友善,炯比之郊、島。

徐太妃(?—926),名不詳,徐耕長女,與妹同爲王建妃。蜀亡降後唐,途中被殺於秦川驛。

花蕊夫人(?—926),姓徐,里貫不詳。蜀主王建妃,人稱小徐妃,號花蕊夫人。干預朝政,賣官鬻爵。後唐滅蜀,隨降,被殺。

李珣(生卒不詳),字德潤。先世波斯人,隨僖宗入蜀,居梓州。前蜀王衍時以秀才豫賓貢事。蜀亡不仕。

李舜弦(?—926?),李珣妹。蜀後主王衍昭儀,王衍降唐,從降被殺。

　　尹鶚(生卒不詳),成都(今屬四川)人。前蜀時爲校書郎。

　　孫光憲(895?—968),字孟文,陵州貴平(今四川仁壽縣)人。唐末爲陵州判官,唐亡,爲荆南高季興掌書記,官荆南節度副使、檢校秘書少監兼御史大夫。入宋,授黄州刺史。

　　梁震(生卒不詳),邛州伊政(今四川邛崍)人。唐末登進士第,後事高季興父子,爲其賓客。晚年退居監利。

　　歐陽炯(896—971),益州華陽(今四川雙流)人。事前、後蜀,官至中書舍人,門下侍郎同平章事。入宋,除爲右散騎常侍、翰林學士。

　　張立(生卒不詳),新津(今屬四川)人。或作張玄。李昊薦之於孟昶,不赴。自號"皁江漁翁"。

　　徐光溥(生卒不詳),蜀人。仕後蜀,歷官觀察判官、翰林學士、兵部侍郎,拜相。

　　幸寅遜(生卒不詳),夔州雲陽(今屬四川)人。仕後蜀,入宋爲鎮國軍行軍司馬。

第二節　隋唐五代蜀語韻譜(韻譜三)

　　本譜搜集隋唐五代蜀籍作家的詩詞歌賦、頌贊碑銘以及蜀地民間謠諺等,摘取其中的押韻字編輯而成。按照中古音系十六攝將押韻字分類,各攝之下首先分韻列出所有入韻的單字,再依聲調平、上、去、入爲序,並據戴震《廣韻同用獨用四聲表》,將同用的韻合併以領轄韻段、韻字。本譜内不再分列合韻譜,凡兩韻以上同用者,其中一韻或兩韻的押韻字另以下劃線相區別。

　　各獨用的韻或同用的韻,其下的韻段分爲 A、B、C 三小類列出,A 爲賦及古體詩,B 爲近體詩,C 爲詞。

　　A、B 及 C 之下,依照作者時代先後排列其韻文的韻段、韻字;無名氏及闕名的作品,根據文獻記載確定其年代,不一定排在同一小類的末尾。

　　兩韻以上同用的韻段,押韻字數不相等者列於多數字所屬韻部之下,相等者列於首字所屬韻部之下,非同用韻部而合押的押韻字徑用"[ ]"標出其韻部。

　　本譜所據原始語料如下:隋代詩歌,逯欽立輯《先秦漢魏晉南北朝詩》;

李白詩賦頌贊等,王琦注《李太白全集》,上海書店 1988 年影印世界書局本;
唐五代其他作者詩詞,《全唐詩》,上海古籍出版社 1986 年剪貼縮印康熙揚
州詩局本;李遠賦,《全唐文》,中華書局 1983 年影印本;仲子陵、雍陶賦,《文
苑英華》,中華書局 1966 年影印本;太元上人塔記、鑒周碑文等,《巴蜀佛教
碑文集成》,巴蜀書社 2004 年。

　　各韻段的韻字之後,均標出篇名及其在上述文獻中的頁碼。爲省篇幅,
一律不用書名號;韻文題目過長者,適當節縮,以不致重複爲度,如《夢遊天
姥吟留別》簡作"夢遊天姥"之類;李白韻文不標卷次,徑出頁碼;其餘數碼等
亦儘量簡明,如"功忠翁終感遇詩四 83/211 上"表示這四個韻字出自陳子昂《感
遇詩三十八首》之四,位於上述《全唐詩》卷八三,全書通號第 211 頁上欄。

　　有關異文、異讀的取捨,《廣韻》《集韻》未收字韻部的確定等,隨譜注明。

1. 通攝

韻字表

東	董	送	屋
東通同桐童瞳	動	送衆中貢	屋木目谷沐族
雄戎融風豐酆		棟鳳夢	哭逐宿竹卜服
蒙濛蓬瓏籠櫳			覆菊掬牧伏復
朧曨穹窮工公			獨熟肅撲郁燠
弓功宮躬空紅			蔌簇肉竺六蠹
虹洪鴻中忠終			
鬆嵩充忡蟲聰			
驄叢藂翁			

冬		宋	沃
宗悰淙		統	

鍾	腫	用	燭
容蓉茸鋒峰逢	勇湧寵重恐悚	用縱共縫	燭蜀屬玉足促
龍胸兇濃慵邕	捧		粟欲綠旭浴曲
衝從重舂松蹤			續束俗辱褥渌
鐘邛蛩恭			勗

東

A

[益州人吏]通風語876/2139下

[陳子昂]功忠翁終感遇詩四83/211上 蒙終中窮感遇詩五83/211上 窮風中公感遇詩十八83/211下 雄翁中弓功同送別出塞83/213下 窮同雄空風翁登澤州城北樓讌83/214上 雄戎功風東征答朝臣相送84/214下 功雄題祀山烽樹84/217上 同風初入峽苦風84/217上

[李白]曨蒙空明堂賦16 中工風戎大獵賦30 弓雄風紅大獵賦31 叢中大獵賦34 空同雄大獵賦39 風東蓬功蟲鴻古風二十八61 中公風蓬雄梁甫吟84 桐空紅風前有樽酒行二99 瞳紅上雲樂102 風同獨漉篇109 空風紅中陽春歌111 宮空雄中雙燕離112 中東翁鴻鞠歌行115 瞳髮東公鴻風豐中虹宮功結客少年場行125 宮通空風中虹東童窮上之回129 空鴻終白紵辭一130 宮紅中風窮蓬空龍[鍾]桐忡怨歌行139 風功躬中通虹東豐桐宮窮公蓬空雄終翁東武吟153 東風中少年行二166 虹風通窮元丹丘歌187 雄空公赤壁歌218 空公虹酬殷明佐220 雄功東蓬空窮公同贈從兄襄陽少府皓226 東風東魯見狄博通230 空風同窮蓬虹贈盧徵君昆弟246 童通窮聰東風宮空工虹躬終充酆蓬嵩訪道安陵臨別留贈254 東空風通贈僧崖公264 風桐中窮贈崔秋浦一267 紅欖風經亂離後贈韋太守278 蒙籠同風雄東宮通功中窮翁鴻童蓬流夜郎半道承恩放還287 東中空通風宮終公同窮秋夜宿龍門香山寺317 風東空窮虹同下尋陽城汎彭蠡330 公中叢同風寄上吳王一340 通中宮寄上吳王三340 風功躬中通虹東豐桐宮窮公蓬空雄終翁遷山留別346 宮中虹同公叢空風桐窮鴻將遊衡岳過漢陽356 東叢空虹送溫處士歸黃山374 蓬空公單父東樓秋夜383 空風蓬同魯城送張子384 雄公風宮空送程劉二侍御389 風戎功空宮送族弟縮從軍395 中宮雄風鴻同魯中送二從弟398 空欖東翁通功同虹蓬五月東魯行423 中空通鴻聰戎蓬籠東叢公風宮童窮至陵陽山登天柱石442 中風東攜妓登棲霞山450 雄功空望廬山瀑布一480 蓬瞳東中同功風雄翁穹空虹通公宗[冬]登古戰場懷古487 中空公風崌山懷古501 風公空經下邳圯橋503 中風夏日山中521 中宮空通風騣雄桐豐公蓬翁效古一529 宮欖東寓言三539 中翁同風見野草白頭翁553 中風空鴻寄遠二568 宮同窮風長信宮571 中公在潯陽寄內581 宮虹空穹雄蒙宗[冬]功崇明寺陁羅尼幢頌641 風公聰鴻安吉崔翰畫贊643 宮兜[鍾]爲宋中丞祭九江文679

[嚴震]朧中蓬風虹縣嚴孝子墓196/458上

［仲子陵］叢同紅風終幽蘭賦 147/5 上　宮風通中五色琴弦賦 77/3 上　空風櫳同清簟賦 109/4 下　雄中風珊瑚樹賦 119/1 下　功終中風斷織賦 120/7 下

［雍裕之］功紅剪綵花 471/1193 上

［朱灣］同蟲中題壁畫古松 306/769 下　雄中寒城晚角 306/770 中

［李遠］風窮中日中爲市賦 765/3 下

［唐求］空風中紅題鄭處士隱居 724/1819 下

［僧鸞］東中空苦熱行 823/2019 上

［鄭可元］空通松［鍾］風蜀報國院西方並大悲龕記 87

［歐陽炯］公蹤［鍾］胸［鍾］容［鍾］恭［鍾］紅中東空題景煥畫天王歌 761/1890 上　蹤［鍾］公風題景煥畫天王歌 761/1890 上

B

［陳子昂］戎雄中功送魏大從軍 84/214 下　同東風叢春晦餞陶七於江南 84/215 中　叢風紅中魏氏園林人賦一物 84/215 下　風宮功通中窮白帝城懷古 84/216 上

［李白］宮風空同宮中行樂詞三 147　豐宮紅上皇西巡南京歌三 213　風東空同鴻贈任城盧主簿 228　空通中風窮江夏別宋之悌 362　戎雄宮通虹功送梁公昌北征 396　風雄童宮在水軍宴韋司馬 461　中空風公流夜郎至江夏 461　空虹桐公秋登謝朓北樓 485　空風中秋下荊門 496　東風空春怨 572

［嚴公弼］公同中題漢州西湖 470/1192 中

［雍裕之］風公題蒲葵扇 471/1193 中

［朱灣］窮蓬同中風平陵寓居 306/770 上

［廣宣］通功中宮同風降誕日内庭獻壽應制 822/2016 下　宮中紅功寺中柿樹詠應制 822/2016 下　風中八月十五夜獨遊安國寺聯句 789/1938 下

［李遠］紅蟲風蘂立春日 519/1315 上　瓏通風紅濃［鍾］遊故王駙馬池亭 519/1315 上　蓬東同籠紅長安即事寄友人 519/1315 下

［雍陶］中空蟲同秋露 518/1310 下　中同風空和劉補闕秋園寓興二 518/1311 上　瓏風紅聞杜鵑一 518/1313 中　雄空宮夷陵城 518/1313 中

［姚鵠］翁同空風蓬將歸蜀留獻二 553/1414 下　通功戎風空贈邊將 553/1414 下　窮空鴻蓬同中桐終風融通書情獻知已 553/1415 中

［唐求］空東風蓬中夜上隱居寺 724/1820 上　空風瓏紅東送僧講罷歸山 724/1821 中　中通功風空贈楚公 724/1821 下

[知玄]紅空風五歲詠花 823/2017 下

[蜀太后徐氏]同空風功紅中通洪三學山夜看聖燈 9/38 上

[蜀太妃徐氏]宮空紅中同和題丹景山至德寺 9/38 中

[花蕊夫人]通風中宮詞三 798/1955 下　通中紅宮詞四 798/1956 上　通中風宮詞六 798/1956 上　逢[鍾]中紅宮詞二五 798/1956 中　東紅中宮詞三六 798/1957 中　紅叢宮宮詞六十 798/1957 下　風中紅宮詞八一 798/1958 上

C

[李珣]風中南鄉子六 896/2179 上　風紅西溪子一 896/2179 中　風同河傳一 896/2180 上

[孫光憲]風空紅籠同浣溪沙三 897/2182 中　濛功風楊柳枝詞 762/1893 中　風紅空中河傳一 897/2183 上　宮紅中通女冠子一 897/2184 上

[毛熙震]紅融更漏子一 895/2178 中　空紅更漏子二 895/2178 中

[歐陽炯]融濛風紅櫳春光好四 896/2180 下　籠慵[鍾]菩薩蠻一 896/2181 中　中紅南鄉子六 896/2181 下　風同重[鍾]中通紅櫳空獻衷心 896/2181 下　叢櫳通慵[鍾]融同鳳樓春 896/2181 下　中窮風空紅鳳樓春 896/2182 上

冬鍾

A

[李白]蓉衝從鋒重逢古風十六 53　峰蓉松龍從古風二十 56　容春從重峰松蹤筐篠謠 100　峰龍蹤逢玉真仙人詞 219　峰蓉從松望九華山贈韋仲堪 268　松容茸贈南陵常贊府 299　容峰重松蹤胸從鐘夕霽杜陵登樓 316　蓉衝鐘逢峰龍雙[江]邛從重胸魏郡別蘇明府 347　峰蓉松蹤逢重送温處士歸黃山 374　松龍峰從送長沙陳太守一 400　峰松茸龍送楊山人歸嵩山 403　中[東]逢容龍峰洞庭醉後送呂使君 412　蓉峰逢重恭蹤從鐘松江上答崔宣城 435　峰蓉松望廬山五老峰 481　蓉重逢松湖邊采蓮婦 575

[蘇渙]風[東]兕龍贈零陵僧 255/643 下

[李遠]容蜑蹤逢蟬蛻賦 765/1 下

[唐求]容鐘蹤松古寺 724/1819 下

[僧鸞]龍慵從苦熱行 823/2019 上

[徐光溥]蹤峰松題黃居寀秋山圖 761/1889 中

B

[李白]蹤松峰逢送通禪師還南陵 406　中[東]濃鐘峰松訪道士不遇 524　峰松鐘重聽蜀僧濬彈琴 548

［雍陶］蹤峰鐘松胸憶山寄僧 518/1311 下　峰龍武侯廟古柏 518/1313 下　逢容邕路逢有
似亡友者 518/1314 下

［唐求］中［東］峰鐘逢重舟行夜泊夔州 724/1820 上

［黃崇嘏］邛松籠［東］下獄貢詩 799/1961 中

C

［李珣］紅［東］濃慵悰臨江仙 896/2180 中　蓉蹤峰臨江仙 896/2180 中

［孫光憲］悰東［東］更漏子二 897/2184 上

［毛熙震］叢［東］慵胸濃重浣溪沙四 895/2178 上

董

A

［李白］動勇［腫］經下邳圯橋 502

C

［李珣］動夢［送］西溪子一 896/2179 中

［孫光憲］動送［送］上行杯二 897/2184 中

腫

A

［李白］寵重怨情一 574

［徐光溥］湧恐悚題黃居寀秋山圖 761/1889 中

C

［毛熙震］寵重酒泉子一 895/2178 上

送

A

［仲子陵］衆中貢洞庭獻新橘賦 145/8 下

［雍陶］衆棟鳳千金裘賦 113/4 上

C

［李珣］夢送西溪子二 896/2179 中　夢重［腫］鳳酒泉子一 896/2179 下　送鳳虞美人 896/
2180 中

宋用

A

［仲子陵］統縱共用鹿盧賦 110/6 上

[歐陽炯]縫動[董]夢[送]貫休應夢羅漢畫歌 761/1889 下

C

[孫光憲]共捧[腫]上行杯二 897/2184 中

屋

A

[李白]木谷大獵賦 34 目谷木族哭古風五十四 75 目蜀[燭]屋司馬將軍歌 123 屋玉[燭]妾薄命 132 宿竹秋浦歌十六 207 服目覆哭逐谷流夜郎半道承恩放還 286 竹綠[燭]目對雪醉後贈 294 逐牧菊九日登山 467 宿竹沐目伏木宿鰕湖 498 竹搠獨宿卜復覆熟潯陽感秋作 541

[仲子陵]目竹清簟賦 109/4 上 服肅燠清簟賦 109/4 下

[黃萬祐]足[燭]撲哭題蜀宮壁 875/2137 上

[徐光溥]竹菊浴[燭]題黃居寀秋山圖 761/1889 中 郁蕨綠[燭]題黃居寀秋山圖 761/1889 中

C

[歐陽炯]色[職]撲宿南鄉子八 896/2181 下

沃燭

A

[陳子昂]足曲續同宋之問夢趙六 83/213 中

[李白]綠促束續蜀曲燭古風二十三 58 促族[屋]足逐[屋]粟欲空城雀 157 旭玉燭幽歌行 185 足粟俗書懷贈常贊府 312 曲玉綠憶舊遊寄元參軍 322 束岳[覺]送魯郡劉長史 384 勗曲綠以詩答元丹丘 428 木[屋]綠勗足金門答蘇秀才 428 曲續酬岑勳見尋 431 綠續曲足春滯沅湘有懷 528 曲續寄遠十 570

[僧鸞]屬粟苦熱行 823/2019 上

[蜀選人]蜀肉[屋]嘲韓昭 878/2134 上

C

[李白]褥宿[屋]燭續清平樂二 696

[李珣]淥足簇[屋]續漁歌子一 896/2180 上 束曲屋[屋]辱漁歌子一 896/2180 上

[孫光憲]玉束女冠子二 897/2184 上 曲北[德]淥織[職]促屋[屋]風流子一 897/2184 上 促覆[屋]定風波 897/2184 下

[歐陽炯]淥浴足南鄉子一 896/2181 中

2. 江攝
韻字表

<table>
<tr><td>江</td><td>講</td><td>絳</td><td>覺</td></tr>
<tr><td>江邦窗幢雙</td><td></td><td></td><td>學樸濁嶽握較岳角
朔樂邈斲幄喔</td></tr>
</table>

江

A

[大元上人] 幢邦 古雒縣塔記 10

[陳子昂] 邦窗江雙 群公集畢氏林亭 84/215 下

[李白] 峰 [鍾] 雙窻漴 [冬] 送王屋山人 364

B

[姚鵠] 幢窗江雙 野寺寓居即事二 553/1414 中

覺

A

[李白] 學岳角握促 [燭] 木 [屋] 來日大難 142　岳幄邈朔學 贈嵩山焦鍊師 248

[仲子陵] 學邈樂 音樂角 五色琴弦賦 77/3 上　學斲斷織賦 120/7 下

[鑒周] 蠹 [屋] 濁嶽較 西方閣院碑 59

[歐陽炯] 樸嶽握 題景煥畫天王歌 761/1890 上

3. 止攝
韻字表

<table>
<tr><td>支</td><td>紙</td><td>寘</td></tr>
<tr><td>枝知肢卮陲衰垂池
吹馳螭差雌隋隨施
褷斯兒儀移迤宜爲
危萎離籬鸝驪羈奇
岐歧衹欹曦犧窺虧
麾隳碑陂疲披規</td><td>紙此是毀髓靡綺紫被
倚旎侈煒蟻妓蘂</td><td>智臂義易瑞帔戲跂爲
翅寄睡吹</td></tr>
<tr><td>脂</td><td>旨</td><td>至</td></tr>
<tr><td>資姿錐遲茨墀坻師屍
私悲眉湄嵋尼跽肌飢</td><td>旨水死比指美壘否
履蘂</td><td>至二醉地涘遂視鼻
墜翠次利四匱萃肆</td></tr>
</table>

伊推蕤帷維誰梨纍夷　　　　　　　　　　祕寐媚彎膩
遺洟龜葵逵夔

之　　　　　　　止　　　　　　　志

之芝茲滋輜緇淄而　　止里李起子似已己矣　　志意寺思異事使字
洏持嗤蚩癡辭慈詞　　裏恥市耳史氾始芷以　　置記
祠詩時絲思司鷥釐　　喜紀徵齒士理
釐姬期欺旗淇萁碁
熙涯疑頤嶷

微　　　　　　　尾　　　　　　　未

微薇威違圍幃非飛　　鬼葦　　　　　　味氣謂貴衣費沸尉
妃菲扉肥霏騑緋歸
徽輝暉揮希稀衣依
機磯譏

支脂之

A

[李義府]期沂[微]祠茲思維龜姬師司逵麾旗帷芝夷坻小渚釐墀時悲在巂州遙
敘封禪 35/123 中

[陳子昂]頤嶷①持錐時感遇詩十 83/211 中 嗤夷持欺感遇詩二十 83/211 下 期眉時
帷感遇詩二六 83/211 下 姿時墀思感遇詩三十 83/212 上 衰違[微]洏期蚩時感遇詩三
二 83/212 上 欺眉時淄洟感遇詩三三 83/212 上 眉期洏芝螭之感遇詩三六 83/212 上
虧涯迤池垂隨枝肥[微]離駕鴛篇 83/212 中 窺垂推薊丘覽古·鄒衍 83/212 下 淇持
誰旗征東至淇門答宋之問 83/213 中 期眉時夷欺同宋之問夢趙六 83/213 中 隨疲卮池
離晦日重宴高氏林亭 84/216 上

[李白]湄垂池吹披跂馳窺爲大鵬賦 4 隨離大鵬賦 5 維規虧蕤離差[參差]明堂賦
18 曦螭絲儀規熙蕤明堂賦 23 蕤熙滋儀師施時大獵賦 30 枝兒馳時辭絲嗤古風八
48 枝移詩絲爲古風四十四 70 姿持眉悲古風四十九 73 歧絲移期虧巇疑離池規古風
五十九 77 癡爲之之公無渡河 79 悲時之梁甫吟 86 時施烏棲曲 88 時悲枝爲之戰城南

---

① 嶷，《說文》：“小兒有知也。從口，疑聲。《詩》曰：‘克岐克嶷。’”《廣韻》魚力切；又魚記切，訓“無聞
見”；《集韻》止韻：“嶷，聲也。”偶起切。《感遇詩》十：“讒說相咬食，利害紛嶷嶷。”《漢語大詞典》不
收此字及詞。此字與上下“頤、持、錐、時”爲韻，當讀平聲，今從其聲旁歸入之韻。

88 遺之悲飢枝眉池天馬歌 93 時雌褫悲雄朝飛 101 絲時白頭吟一 120 絲時披白頭吟二 121 兒時池悲眉枝知獨不見 130 思兒遲枝知塞下曲四 141 碑兒襄陽曲四 145 時遲思絲悲期相逢行 163 眉吹期知擬古 164 湄兒時欺少年行一 166 鸝吹悲滋秋思 169 絲枝時帷春思 169 奇知隨時猛虎行 176 奇移期吹知誰眉離扶風豪士歌 188 時奇東山吟 197 衰絲秋浦歌四 204 奇枝秋浦歌八 205 師旗池永王東巡歌一 208 時池眉上皇西巡南京歌五 214 時眉隨峨眉山月歌送蜀僧 217 姿持思江夏行 218 兒隨離知江夏行 219 離爲滋酬殷明佐 220 宜茲師岐枝頤池辭期贈徐安宜 227 離時誰悲姿辭贈易秀才 275 移爲詩之贈從弟南平太守一 284 飢枝儀思贈柳圓 286 枝隨贈南陵常贊府 299 枝池吹隨贈友人一 301 陂池帷期葵茨贈閭丘處士 305 辭尼悲師旗屍葵書懷贈常贊府 312 枝思時詩秋山寄衛尉張卿 315 悲枝時春日獨坐 317 枝思隨憶舊遊寄元參軍 321 期吹思池枝絲時悲詩新林浦阻風 324 時枝思蘐詩池悲滋書情寄從弟 330 悲宜羈枝吹時思秋日魯郡堯祠亭 341 差參差吹迤支斯維滋思師池墀眉移垂詩馳帷知氂旗危隨姿蘐誰宜緇湄之慈期龜逵圻[微]遲夷辭感時留別從兄 351 離維池時岐滋眉師悲隨之遲思竄夜郎於烏江留別 354 時遲期思送張舍人 363 時期枝遲悲思送王屋山人 369 疑之姿期夷眉思枝江西送友人 417 時詞離師兒窺吹姿司疑馳離湄詩葵卮思涯悲池枝宣城送劉副使 419 之鸑時祠知期詞滋眉詩離羈枝垂悲思涇川送族弟 420 姿祇移池眉詩酬崔五郎中 427 知垂飢墀枝酬岑勳見尋 431 詩思池芝張相公出鎮荊州 437 奇推時答杜秀才 440 時之姿遲陂欺誰梨飢離詞期宜池尋魯城北范居士 446 池兒宜吹秋夜與劉碭山泛 450 兒絲枝詞垂池誰悲邯鄲南亭觀妓 453 移宜池誰宴鄭參卿山池 456 時之隨把酒問月 457 陂枝移思遊秋浦白笴陂一 460 時期湄絲窺夷知九日登山 467 知差參差吹思九日登山 467 思辭絲下途歸舊居 491 茲時遲絲上三峽 495 絲遲時茲宜待酒不至 518 虁湄疑萎詩之寓言一 538 枝時絲悲白田馬上聞鶯 567 枝離思寄遠八 569 思窺寄遠八 569 馳絲陲代贈遠 572 葵悲代秋情 573 絲時代秋情 574 持移時絲怨情一 574 眉誰怨情二 575 時之自代內贈 579 枝眉姿錐爲斯壁畫蒼鷹贊 644 嵋時規儀天長韋公德政碑 665 知陂師儀維吹滋之爲竇氏祭璠和尚文 678 慈枝悲思之爲竇氏祭璠和尚文 678

[蘇渙]枝飛[微]兒疑隨之幾[微]變律二 255/643 下　之知池贈零陵僧 255/644 上

[劉灣]資期慈時虹縣嚴孝子墓 196/458 上

[仲子陵]疲知斯隳斷織賦 120/7 上

[雍裕之]眉帷飛[微]垂兩頭纖纖 471/1193 中

[朱灣] 思疑誰之同清江師月夜聽 306/770 中　兒吹寒城晚角 306/770 中

[李遠] 時悲絲衰蟬蜕賦 765/2 上　時期而資日中爲市賦① 765/3 下

[雍陶] 遲時感興 518/1312 中　規遺兹之時千金裘賦 113/3 下

[無名氏] 巳[止]②之咸通十四年成都謠 878/2143 中　垂兒巴州薛刺史歌 874/2136 上

[歐陽炯] 錐知兒題景焕畫天王歌 761/1890 上

[徐光溥] 奇窺姿題黄居寀秋山圖 761/1889 中

B

[李義府] 芝滋施移宣正殿芝草 35/123 中

[孫長史女] 時枝與焦封贈答 867/2124 中

[李白] 知枝對雪獻從兄 253　湄時知悲贈漢陽輔録事一 282　時絲遲師贈錢徵君 305　枝絲知遲望漢陽柳色 333　時遲旗送外甥鄭灌從軍三 394　時絲遲師送趙雲卿 407　時期送陸判官 415　羅宜答友人贈 424　池絲梨時同族姪遊山池二 458　枝窺滋移時與賈至望鸚湖 485　羅時魯中都東樓 514　時眉兒詩初月 685

[劉灣] 滋遲時衰即席賦露中菊 196/458 上

[雍裕之] 枝吹江上山 471/1193 上　垂吹枝折柳贈行人 471/1193 中

[朱灣] 滋遲時衰秋夜宴王郎中宅 306/769 下　兹私持時奉使設宴 306/769 下　期誰持時詠壁上酒瓢 306/769 下　疑思詩師帷詠玉 306/769 下　期師知枝爲過宣上人湖上蘭若 306/770 上

[廣宣] 枝窺期遲詩慈爲禁中法會應制 822/2016 下

[李餘] 絲知兒寒食 508/1283 下

[李遠] 知羅綦時閒居 519/1315 上

[雍陶] 時綦梨詩和劉補闕秋園寓興五 518/1311 上　離思時枝池寒食夜池上 518/1311 中　知時悲疑自述 518/1311 中　池垂知時宜詠雙白鷺 518/1311 中　時詩遲期經杜甫舊宅 518/1311 下　師知遲誰贈玉芝觀王尊師 518/1311 下　時詩懷無可上人 518/1312 中　遲時知哀蜀人爲南蠻俘虜三 518/1313 下

[姚鵠] 時遲移垂野寺寓居即事一 553/1414 中　誰維時旗池虢州獻楊抑卿二 553/1414 下闈[微]岐時枝池及第後上主司 553/1415 上

<hr>

① 此賦《文苑英華》卷四六謂作者"失名"，今從《全唐文》。

② "咸通癸巳，出無所之。蛇去馬來，道路稍開。頭無片瓦，地有殘灰"，"巳、之"雖調不同，當韻。

［唐求］爲時縈枝贈著上人 724/1819 下 之時枝誰發卭州寄友人 724/1820 上 兒陲知悲期邊將 724/1820 上 知時酬舒公見寄 724/1821 下

［羅袞］危衰悲卮差清明登奉先城樓 734/1836 下

［黄崇嘏］湄詩眉姿兒辭蜀相妻女詩 799/1961 中

［蜀太妃徐氏］衣［微］危脂眉夷題金華宮 9/38 中

［張立］時維詩詠蜀都城上芙蓉花 761/1891 上

［花蕊夫人］池知宮詞十三 798/1956 上 池時詩宮詞十四 798/1956 上 隨池詩宮詞十五 798/1956 上 池時眉宮詞三三 798/1957 上 籬兒知宮詞三八 798/1957 中 時枝兒宮詞四二 798/1957 中 衣詞墀宮詞五五 798/1957 下 基時遲宮詞六二 798/1957 下 垂知兒宮詞九七 798/1958 中

［王昪］池知遲回舊山 731/1833 下

C

［李珣］湄姬期巫山一段雲一 896/2179 下 垂悲祠巫山一段雲一 896/2179 下 時眉期遲望遠行二 896/2180 上 欹垂移幃［微］望遠行二 896/2180 上 期遲期虞美人 896/2180 中

［尹鶚］期危女冠子 895/2177 中 兒肢女冠子 895/2177 中 吹歸［微］菩薩蠻一 895/2177 中 時伊菩薩蠻一 895/2177 中 時詞肢清平樂二 895/2177 中

［孫光憲］隋垂吹楊柳枝詞四 762/1893 中 眉疑知時伊浣溪沙十二 897/2182 下 思期知虞美人二 897/2183 中 知時酒泉子三 897/2183 下 眉違［微］更漏子五 897/2184 上 垂涯窺時更漏子五 897/2184 上 絲鸝時定風波 897/2184 下 期枝定風波 897/2184 下 時肌期南歌子二 897/2184 下 遲枝兒南歌子二 897/2184 下

［毛熙震］幃［微］欹①眉酒泉子一 895/2178 上 帷稀［微］菩薩蠻一 895/2178 中 期時更漏子二 895/2178 下

［歐陽炯］期枝西江月二 896/2181 上 池時絲姿女冠子二 896/2181 上 時衣［微］更漏子一 896/2181 上 思伊更漏子一 896/2181 上 時枝菩薩蠻三 896/2181 中 垂宜肌枝時浣溪沙二 896/2181 中 遲時垂知三字令 896/2181 中 歸［微］期欹思三字令 896/2181 中

---

① 詞云："錦檀偏，翹股重，翠雲欹。"欹，傾斜，歪斜。《集韻》支韻："欹，丘奇切。《説文》：'攲，持也。'或作欹。"

微

A

[陳子昂]稀疑[之]衣薊丘覽古‧田光先生 83/212 下　微違同宋之問夢趙六 83/213 中

[李白]輝違圍威歸擬恨賦 7　扉衣飛違擬恨賦 7　違歸飛衣擬恨賦 8　輝飛稀歸擬恨賦 8　微扉輝威明堂賦 17　微暉霏非威衣古風二 44　依揮飛歸古風五十七 76　衣歸前有樽酒行二 99　違飛夜坐吟 99　妃歸王昭君一 116　稀飛臨江王節士歌 122　衣暉飛稀歸微違白紵辭三 131　衣暉歸沐浴子 167　輝衣歸幽歌行 185　輝歸飛西岳雲臺歌 186　衣歸暉梁園吟 191　歸稀暉金陵城月下吟 197　衣歸白雲歌 200　稀衣秋浦歌三 204　飛歸秋浦歌十三 206　違暉衣霏酬殷明佐 221　輝飛歸欺[之]違衣山鷓鴣詞 222　威微歸衣暉贈郭將軍 237　歸飛輝走筆贈獨孤駙馬 247　衣輝譏歸機微絲[之]稀違贈裴司馬 257　稀菲芳菲微輝歸贈秋浦柳少府 266　輝衣歸稀贈歷陽褚司馬 294　飛輝自梁園有此贈 300　歸衣違譏書懷贈常贊府 312　輝衣飛憶舊遊寄元參軍 322　飛時[之]違希江上寄巴東 334　歸肥衣輝南陵別兒童 361　扉薇依贈別王山人 362　譏歸暉送蔡山人 402　揮霏歸酬中都小吏 430　依歸菲譏威飛暉醉後答丁十八 438　輝微衣歸機飛遊泰山六 449　歸微扉衣揮稀機下終南山過斛斯山人宿 452　輝飛衣陪族叔遊洞庭四 464　暉飛歸依菲春日獨酌一 518　飛歸醉題王漢陽廳 523　衣稀自遣 523　飛歸衣徽擬古一 530　妃飛輝違衣歸譏感興二 535　稀歸飛輝感興八 537　飛歸暉衣稀揮秋夕旅懷 539　稀輝歸衣扉詠鄰女海石榴 549　飛暉衣寄遠七 569　暉歸衣學古思邊 576　衣輝代美人愁鏡 577　衣歸機別內赴徵二 578　飛歸自代內贈 579　飛歸巴女詞 583

[李遠]微機飛歸蟬蛻賦 765/1 上

[雍陶]依歸長安客感 518/1312 中

[無名氏]歸扉巴州薛刺史歌 874/2136 上

[歐陽炯]輝飛衣題景煥畫天王歌 761/1890 上

[無名氏]飛歸鴛鴦樹歌 874/2136 上

B

[李義府]衣歸堂堂詞一 35/123 中

[陳子昂]歸磯飛微依非騑違萬州曉發放舟 84/216 下　歸機題田洗馬遊巖 84/217 中

[李白]微衣歸飛宮中行樂詞一 146　歸飛衣輝宮中行樂詞七 148　歸輝衣飛溫泉侍從歸 238　衣機歸微飛送賀監歸四明 387　威輝飛衣送白利西征 396　歸飛陪侍郎叔遊洞庭 462　歸衣奔亡道中二 492　磯輝衣威至鴨欄驛 494　歸衣飛越中覽古 500　微菲輝依感遇

二 540 衣飛初出詠鸚鵡 550 機違歸飛依題崔明府丹竈 551 威輝圍飛歸觀獵 563 衣圍歸從軍行 564

[符載] 眉[脂] 衣歸甘州歌 472/1194 上

[朱灣] 暉微飛歸送陳偓 306/769 下 微稀飛衣歸同達奚宰遊 306/770 上

[李遠] 違飛歸磯及第後送家兄遊蜀 519/1315 上 飛衣稀歸詠鴈 519/1315 中

[雍陶] 稀歸飛衣送裴璋還蜀 518/1311 上 歸衣扉稀贈宗静上人 518/1311 上 稀衣飛歸和劉補闕園寓興三 518/1311 上 衣歸公子行 518/1312 下 希歸喜夢歸 518/1312 下 希隨[支] 歸離家後作 518/1313 上 緋衣歸送友人棄官 518/1314 中 稀扉歸送客歸襄陽 518/1314 下

[姚鵠] 微扉歸飛衣送李潜歸綿州 553/1414 上 微歸飛機嘉川驛樓晚望 553/1414 上 扉微歸飛暉玉真觀尋趙師尊 553/1415 上 衣機歸微飛送賀知章入道 553/1415 上 暉歸稀飛衣違送僧歸新羅 553/1415 上 闈歸飛和工部楊尚書 553/1415 中

[唐求] 微稀歸衣扉山東蘭若遇静公 724/1820 上

[蜀太妃徐氏] 儀[支] 闈徽衣妃游丈人觀謁先帝 9/38 中

[花蕊夫人] 時[之] 飛衣宮詞二四 798/1956 中

C

[李珣] 稀微南鄉子八 896/2179 上 歸霏南鄉子十一 896/2179 上 歸徽霏違衣定風波三 896/2180 中

[孫光憲] 稀輝帷[脂] 衣歸浣溪沙十八 897/2183 上 歸歸暉飛河傳四 897/2183 上 歸衣菩薩蠻二 897/2183 上 依飛歸暉河瀆神一 897/2183 中 飛暉歸清平樂二 897/2184 上

[毛熙震] 飛薇衣歸定西番 895/2177 下 飛歸菩薩蠻一 895/2178 中 幃微飛清平樂 895/2178 中

[歐陽炯] 衣眉[脂] 西江月二 896/2180 下

紙旨止
A

[陳子昂] 止子慶雲章 83/211 上 矣始耳子感遇詩七 83/211 中 起子裏贈趙貞固一 83/213 上 子始靡芷已水旎春臺引 83/214 上

[李白] 里毀此擬恨賦 6 水起子死擬恨賦 7 李水古風十八 54 已里死矣水古風三十一 62 里水起已古風三十三 64 死似是遠別離 78 似死比裏齒于闐采花 114 李恥毀鬼[尾] 鞠歌行 114 齒子水起白紵辭一 130 里已指鳳笙篇 138 裏死樹中草 164 止市猛虎

C

2184 中 <u>起死地</u>[至]<u>子</u>思越人二 897/2184 中

[歐陽炯]<u>水葦</u>[尾]<u>裏起</u>西江月一 896/2180 下 <u>起被</u>[寢衣]菩薩蠻一 896/2181 中 <u>尾</u>[尾]<u>水起</u>南鄉子三 896/2181 下

寘至志
A

[李白]<u>至臂</u>二<u>地</u>君道曲 124 <u>寺醉淚地思</u>流夜郎永華寺 332 <u>至醉</u>酬岑勳見尋 431 <u>氣</u>[未]<u>意味</u>[未]<u>異遂地</u>江上望皖公山 481 <u>智義氣</u>[未]<u>視易</u>比干碑 670

[仲子陵]<u>意至</u>次<u>地</u>爲清簞賦 109/4 上 <u>意利事異至地</u>匱志四鹿盧賦 110/6 上

[李遠]<u>異使地</u>記字題橋賦 765/3 上 <u>萃志肆至</u>日中爲市賦 765/3 上

[雍陶]<u>祕至寐志</u>學然後知不足賦 62/7 下

[僧鸞]<u>地沸</u>[未]<u>翠</u>苦熱行 823/2019 上 <u>翅彎字</u>苦熱行 823/2019 上

[任氏]<u>事字</u>書桐葉 799/1961 中 <u>字地</u>書桐葉 799/1961 中

[歐陽炯]<u>置氣</u>[未]<u>事</u>題景煥畫天王歌 761/1890 上 <u>地寺</u>士[止]題景煥畫天王歌 761/1889 下

C

[李白]<u>起</u>[止]<u>墜瑞砌</u>[霽]清平樂三 696 <u>帔淚里</u>[止]<u>至</u>連理枝二 697

[李珣]<u>美</u>[旨]<u>醉睡</u>南鄉子六 896/2179 上 <u>意翠水</u>[旨]南鄉子十 896/2179 上 <u>意裏</u>[止]<u>墜</u>西溪子二 896/2179 中 <u>醉水</u>[旨]定風波一 896/2180 中 <u>意寄</u>定風波四 896/2180 中

[尹鶚]<u>翠里</u>[止]菩薩蠻二 895/2177 中 <u>翠事墜地</u>清平樂一 895/2177 中 <u>妓</u>[紙]<u>翠媚意</u>清平樂二 895/2177 中 <u>膩媚翠比</u>[旨]<u>地</u>撥櫂子二 895/2177 下 <u>淚醉水</u>[旨]<u>睡</u>撥櫂子二 895/2177 下 <u>地貴</u>[未]<u>事翅吹翠氣</u>[未]金浮圖 895/2177 下 <u>醉媚意比</u>[旨]<u>墜易彎</u>金浮圖 895/2177 下

[孫光憲]<u>翠臂</u>菩薩蠻四 897/2183 中 <u>蘂</u>[紙]<u>地瑞裏</u>[止]<u>異</u>生查子六 897/2183 下 <u>事淚水</u>[旨]<u>起</u>[止]思越人一 897/2184 中

[毛熙震]<u>事思</u>菩薩蠻二 895/2178 中

[歐陽炯]<u>易寄裏</u>[止]木蘭花一 896/2181 上 <u>睡至醉</u>木蘭花一 896/2181 上 <u>睡墜</u>菩薩蠻一 896/2181 中 <u>睡氣</u>[未]菩薩蠻二 896/2181 中

未
A

[李白]<u>氣意</u>[志]江夏贈韋南陵冰 283

[仲子陵]貴謂瑞[實]珊瑚樹賦 119/1 下

[雍陶]貴衣①費千金裘賦 113/3 下

C

[孫光憲]氣易[實]更漏子四 897/2184 上

4. 遇攝

韻字表

魚	語	御
魚予餘輿於虛墟徐噓	語女舉許拒渚佇紓處侶	去處曙絮踞
諸葅初除躇鋤書疏梳	所敘阻暑楚緒	
疎舒踈如居車且琚裾		
渠蕖閭廬		

虞	麌	遇
虞娛臾愚隅渝竽褕歈吁	主雨宇覩取舞父縷武	遇數霧賦樹句注喻住戍
紆鬚須盱輸珠殊銖誅俱	數禹	
駒無蕪誣區驅趨軀衢蹰		
雛鸛夫符敷膚趺臾		

模	姥	暮
模謨都租蒲鋪吾梧烏盧	姥鼓戶苦午浦古杜櫓	暮怒顧故路步素庫措
鑪爐孤姑沽鴣枯胡湖呼	弩虎滸五酤罟圃虜堵	布度兔誤妒渡汙塢墓
乎壺弧奴蘇途圖徒	土補賈組股魯莽	露鷺洳

魚

A

[陳子昂]初餘虛書春夜別友人二 84/214 下

[李白]陜渠入居大獵賦 33 車且虛矧居墟魚餘大獵賦 37 輿居如大獵賦 42 疎車妾薄命 132 餘居書擣衣篇 172 居魚噓墟贈崔侍御 238 魚渠諸醉後贈從甥 266 居舒渠葅墟經亂離後贈韋太守 277 書餘如居疎初魚江夏贈史郎中 280 居魚疎鋤舒如贈從弟南平太守一 284 魚如疎車送族弟凝 372 書居予早秋酬竇公衡 424 居書蕖金門答蘇秀才 428 餘書酬張卿夜宿 431 疎虛魚廬遊南陽白水 445 如居魚餘疏舒鮒擬古五 532 書居

---

① 《廣韻》未韻：“衣，於既切。衣著。”

寄遠十 570 書居疎代寄情 575 餘書居疎除魚如殊[虞]秋浦寄内 578 餘虛雜言 680 如去①雜言 680

[仲子陵]舒徐如餘疎虛斷織賦 120/7 下

[李遠]如居書間題橋賦 765/2 上

B

[李白]虛居魚書送別三 408 疎書奔亡道中三 492 餘虛疎書魚如秋日與張少府 524 疎餘虛居詠山樽一 549 居疎書南流夜郎寄内 581 居虛蹯餘題許宣平庵壁 690

[廣宣]餘虛書初儲琚諸蹯皇太子頻賜存問並索唱和 822/2016 下

[李遠]餘居書除虛贈弘文杜校書 519/1315 下

[姚鵠]如書餘魚寄贈許璋少府 553/1414 中

[知玄]虛餘初如疎書廬答僧澈 823/2018 上

[張立]都都城[模]舒初又詠 761/1891 上

[花蕊夫人]膚[虞]虛書宮詞五十 798/1957 下

C

[李珣]餘書虛魚漁父一 760/1889 上　梳裾南鄉子九 896/2179 上　虛裾女冠子二 896/2179 中　徐書女冠子二 896/2179 中　虛徐疎餘臨江仙 896/2180 中　魚書如臨江仙 896/2180 中　居於魚書虛定風波二 896/2180 中

[孫光憲]魚居初疎書浣溪沙九 897/2182 下

虞模
A

[陳子昂]途軀隅奴孤感遇詩三 83/211 上　臾珠徒蘇湖感遇詩十五 83/211 中　驅謨圖虞途胡蘇奴孤租誣都答韓使同在邊 83/213 上

[李白]殊模盱夫愚明堂賦 22　隅盧大獵賦 37　珠隅都盱紆古風五十六 76　呼趨鳧烏珠衢都區沽愚天馬歌 92　隅壺珠姑古有所思 119　吳枯呼盱乎鳴鴈行 131　敷都隅胡梧愚躕陌上桑 160　圖驅途湖俱弧盱大鵬賦 3　湖都駒永王東巡歌七 210　隅壺湖蒲俱無珠都贈丹陽周處士 231　都圖殊湖贈韋秘書 234　都駒趨贈楊山人 237　駒區隅圖衢贈

---

① 《李太白全集》卷三〇《雜言用投丹陽知己兼奉宣慰判官》："恭聞士有調相如，始從鎬京選，復欲鎬京去。能上秦王殿，何時回光一相盼。""如、去"似韻，但調有平去之分，韻有魚御之別。王琦注："此詩多有缺文訛字，與下八首蕭氏本皆不錄，唯姑蘇繆氏依宋本所刊者有之。"據此，錄以存疑。

崔咨議256 鬚壺對雪醉後贈294 梧湖殊隅珠無贈宣州仲濬公306 珠湖①無夫軀贈僧
朝美306 都蘇湖吁送王屋山人368 湖衢都俱孤隅敷珠歘娛笭蘇壺吁春日陪宴北湖
456 褕壺無鴣呼笭秋浦清溪雪夜對酒459 隅都無湖俱泛沔州郎官湖462 俱隅梧蕪湖
蹰登單父半月臺471 蒲珠鬚娛蕪魯東門觀刈蒲549 都壺梧哭晁衡584 趨無都呼隅
區漢東紫陽先生碑銘701

[仲子陵]殊無幽蘭賦147/5 上 區湖無洞庭獻新橘賦145/7 下

[歐陽炯]枯趺麤貫休應夢羅漢畫歌761/1889 下

B

[陳子昂]都圖吳枯孤蹰峴山懷古84/216 中

[李白]都圖無上皇西巡南京歌二212 吳珠見京兆韋參軍一231 隅珠都胡區符誅圖
中丞……脫余之囚參謀幕府因贈之272 無珠白胡桃554

[嚴公貺]湖隅紆渝題漢州西湖470/1192 中

[李遠]盧蒲呼友人下第519/1316 上

[雍陶]須無沽蘇壺酬李紺送酒518/1312 上 湖途孤送人歸吳518/1312 下

[姚鵠]圖殊謨都鑪襄州獻盧尚書553/1414 中

[唐求]區珠孤夫無傷張玖秀才724/1821 中

[可朋]雛無銖桐花鳥849/2083 中

[蜀太妃徐氏]都隅無玄都觀9/38 上

[徐光溥]株壺無同劉侍郎詠笋761/1889 下

[花蕊夫人]除[魚]圖呼宮詞十六798/1956 上 爐呼無宮詞三四798/1957 中 壺圖
輸宮詞六三798/1957 下

C

[李珣]蕪鴣菩薩蠻一896/2179 下

[尹鶚]爐孤菩薩蠻三895/2177 中

[歐陽炯]梧壺鋪更漏子二896/2181 上 爐蘇蕪孤更漏子二896/2181 上吁珠菩薩蠻四
896/2181 中 珠娛鋪膚無浣溪沙三896/2181 中

---

① 所據本《贈僧朝美》"中有不死者,探得明月珠。高價傾宇宙,餘輝照江潮……","潮"字不韻,《四庫
全書》本《李太白集分類補注》、《李太白集注》卷十二、《全唐詩》卷一七一均作"湖"。

語

A

[李白]女語雨[麌]烏夜啼 87　語女飛龍引二 91　女語舉采蓮曲 122　語雨[麌]酬殷明佐 220　許語拒渚雨[麌]女陳情贈友人 303　佇許語送王屋山人 365　紵語湖邊采蓮婦 574　取[麌]主[麌]侶語所志公畫贊 649　苦[姥]女許雨[麌]寒女吟 684

[李遠]敘阻所日中爲市賦 765/4 上

[成都醉道士]語暑去[御]示胡二郎歌 862/2111 下

C

[李珣]許去[御]女南鄉子十二 896/2179 中　楚許語酒泉子二 896/2179 下　侶處[御]定風波一 896/2180 中　阻雨[麌]定風波五 896/2180 中

[尹鶚]侶處[御]女冠子 895/2177 中　語去[御]菩薩蠻一 895/2177 中　語鼓[姥]菩薩蠻二 895/2177 中

[孫光憲]女雨[麌]住[遇]河傳一 897/2183 上　語雨[麌]虞美人一 897/2183 中　女舞[麌]鼓[姥]河傳二 897/2183 上　語緒去[御]風流子二 897/2184 上

[歐陽炯]語去[御]菩薩蠻三 896/2181 中

麌姥

A

[陳子昂]宇古戶杜酬暉上人夏日林泉 83/213 中

[李白]櫓弩虎五覩大獵賦 36　苦酤罟圉戶覩數母[厚]大獵賦 40　古虜堵莽武鼓土雨圉苦虎古風十四 52　女[語]浦苦雨補怒[暮]禹虎遠別離 78　主鼓女[語]雨怒[暮]梁甫吟 85　虎苦梁甫吟 85　虎武筈篠謠 100　鼓舞白鳩拂舞辭 103　苦浦雨主臨江王節士歌 122　賈商賈苦土雨滸古丁都護歌 162　戶語[語]西看岳雲臺歌 186　賈商賈苦土江夏行 218　組古戶土贈清漳明府姪聿 243　虎古游溧陽贈同旅 265　楚[語]虎雨古經亂離後贈韋太守 277　主雨書懷贈常贊府 312　舉[語]舞股憶舊遊寄元參軍 321　虎虜苦憶舊遊寄元參軍 322　姥覩夢遊天姥 342　虎戶送韓準還山 376　鼓苦舞魯郡送竇明府 379　苦魯單父東樓秋夜 383　古戶望月有懷 526　浦雨自代內贈 579　宇覩處語[語]趙公西侯新亭頌 635　魯苦雨舞浦古崇明寺陁羅尼幢頌 641

[仲子陵]古父鼓幽蘭賦 147/5 上　覩取武五色琴弦賦 77/3 下

[朱灣]取古題壁畫古松 306/769 下

[僧鸞]雨土苦苦熱行 823/2019 上　侶[語]圉母[厚]贈李粲秀才 823/2019 中

[闕名]五數故[暮]土成都羅城北門石記 875/2138 上

[成都醉道士]苦路[暮]古示胡二郎歌 862/2111 下

[可朋]鼓鼓鼓苦土雨富[宥]耕田鼓詩 849/2083 中

C

[李珣]暮[暮]浦雨南鄉子八 896/2179 上　午處[御]女冠子一 896/2179 中

[孫光憲]土主渡[暮]河傳二 897/2183 上　雨去[御]菩薩蠻四 897/2183 中　暮[暮]雨緒[語]縷語[語]生查子一 897/2183 中　苦雨更漏子五 897/2184 上　雨住[遇]定風波 897/2184 下

[毛熙震]舞雨清平樂 895/2178 中

[歐陽炯]去[御]浦語[語]南鄉子四 896/2181 下　雨語[語]菩薩蠻四 896/2181 中

御

A

[李白]處路去樹[遇]鳴皋歌奉餞 194　踞去樹[遇]金陵歌 200　處去自梁園有此贈 300　路[暮]去處送蕭三十一之魯中 402　處去以詩答元丹丘 428　去樹[遇]下途歸舊居 490

C

[李珣]處顧[暮]舞[麌]南鄉子十四 896/2179 中　處去菩薩蠻二 896/2179 下　去處楚[語]雨[麌]河傳一 896/2180 上　曙處虞美人 896/2180 上

[孫光憲]語[語]去住[遇]處清平樂二 897/2183 下

遇暮

A

[李白]步顧素擬恨賦 6　庫措步數素布路度明堂賦 18　布路度兔大獵賦 33　度誤故步路霧古風二十 57　度路獨漉篇 109　妒暮賦白頭吟一 120　度顧去[御]贈裴十四 238　兔賦遇霧樹去[御]　顧路素步贈溧陽宋少府 263　遇霧句江夏贈韋南陵冰 283　渡樹處[御]贈漢陽輔録事二 282　遇賦去[御]憶舊遊寄元參軍 323　渡素注霧墓顧樹句早過漆林渡 338　去[御]樹遇霧金鄉送韋八 380　顧素去[御]酬中都小吏 430　句霧嘲魯儒 562

[仲子陵]汙故度洍羽[麌]五色琴弦賦 77/3 下　路暮度素霧清簟賦 109/4 下

[朱灣]喻住路同清江師月夜聽 306/770 中　成住寒城晚角 306/770 中　路暮度寒城晚角 306/770 中

[僧鸞]浦[姥]霧處[御]贈李粲秀才 823/2019 中

[歐陽炯]霧去[御]題景焕畫天王歌 761/1890 上

［徐光溥］塢渡雨［麌］題黃居寀秋山圖 761/1889 中

C

［李珣］渡處［御］暮南鄉子一 896/2179 上　女［語］顧去［御］南鄉子七 896/2179 上　路去［御］菩薩蠻三 896/2180 上　樹暮浦［姥］去漁歌子三 896/2180 上　醑［語］處［御］渡鷺漁歌子三 896/2180 上　暮雨［麌］浦［姥］處［御］河傳二 896/2180 上

［孫光憲］縷［麌］霧絮［御］河傳二 897/2183 上　路去［御］酒泉子一 897/2183 下　露度女冠子一 897/2184 上　暮侶［語］處［御］風流子二 897/2184 上

［毛熙震］暮戶［姥］清平樂 895/2178 中

［歐陽炯］女［語］顧住［遇］南鄉子二 896/2181 下

5. 蟹攝
韻字表

齊	薺	霽
齊妻棲悽栖萋恓淒擠稽躋雞西溪奚攜蹊醯觿閨珪睽繄犁藜犂迷篦嘶低堤鞮隄梯啼題蹄稊泥霓倪鯢鼜	洗	帝替涕濟麗翳繫計細閉砌蒂髻
		祭
		裔蔽際厲制勢噬世滯逝杝袂歲綴曳汭
		泰
		艾會外霈帶最蓋大瀨濊
佳	蟹	卦
娃鞋街涯崖釵豺		畫
皆	駭	怪
諧齋階懷乖楷		誡
		夬
灰	賄	隊
灰恢回迴徊瓌嵬隈煨	罪	對佩退背碎潰

疊雷杯醅梅枚媒堆頹
催摧磓瑰魁

咍　　　　　　　海　　　　　　　　代

咍孩開垓該哀埃來萊　海在改待彩宰采載倍　代黛愛態愾
倈才材裁猜災哉栽臺
苔台胎

廢
廢穢

齊

A

［李桓］梯霓齊李仙君歌 10/2785

［李白］梯低題霓躋迷明堂賦 20　棲啼烏夜啼 87　閨啼夜坐吟 99　梯棲泥雉朝飛 101
妻奚泥鞠歌行 115　鞮迷襄陽曲一 145　嘶蹄泥迷閨紫騮馬 165　西迷鞮泥襄陽歌 179　妻
恓啼江夏行 218　溪西堤和盧侍御通塘曲 225　迷閨蹊攜泥齊梯雞啼妻贈范金鄉一 229
迷泥贈韋待御黃裳一 235　雞迷西啼蹊齊閨犁攜梯泥珪藜溪贈從弟洌 304　溪啼梯雞
夢遊天姥 342　西溪梯低齊啼別山僧 361　霓棲啼堤悽犁雞泥犁閨低梯鯢齊迷西登
黃山凌歊臺 421　隄西溪東魯門泛舟二 446　躋溪迷西春日遊羅敷潭 454　倪西梯雞泥珪
夜泛洞庭 463　西溪稽與謝良輔遊 466　齊西迷啼奔亡道中五 493　棲妻啼盧江主人婦 506
棲題感興三 536　鯢齊西悽啼泥迷齊妻攜雞犁栖擠①醯縈低狴珪萬憤詞投魏郎中
545　梯啼西別內赴徵三 578　泥妻贈內 580

［歐陽炯］西齊鞮題景煥畫天王歌 761/1890 上

B

［李義府］啼栖詠烏 35/123 中

［李白］稽齊泥西口號贈楊徵君 249　啼溪西聞王昌齡遙有此寄 320　啼溪別東林寺僧
353　西啼齊送外甥鄭灌從軍二 394　妻低齊溪曉晴 686

［雍裕之］泥啼栖宮人斜 471/1193 下

［朱灣］暌題齊西重陽日陪韋卿讌 306/770 中

［李遠］齊題梯棲迷贈咸陽李少府 519/1316 上

---

① 《廣韻》齊韻："擠,排擠。"相稽切,又子計切。

［雍陶］迷西低閨贈金河戌客 518/1310 下　低棲雞放鶴 518/1312 中　低棲題大安池亭 518/1313 下　西低啼哀蜀人爲南蠻俘虜五 518/1314 上　啼迷溪洛源驛戲題 518/1314 中
［蜀太后徐氏］溪低齊迷梯玄都觀 9/38 上

C

［李珣］淒啼南鄉子一 896/2179 上　閨箆低虞美人 896/2180 中
［孫光憲］泥西啼蹊閨浣溪沙八 897/2182 下　西觿菩薩蠻四 897/2183 中低淒西清平樂一 897/2183 下
［毛熙震］迷萋低齊閨浣溪沙二 895/2178 上
［歐陽炯］泥嘶菩薩蠻二 896/2181 中

佳皆
A

［李白］乖階諧書懷贈常贊府 312

B

［李白］諧街釵齋春感 693
［范元凱］階鞋釵章仇公席上詠 311/777 下
［雍裕之］階懷秋蚤 471/1193 中
［廣宣］齋懷階諧乖九月十五日夜宿鄭綱東亭 822/2017 中
［李遠］懷諧齋皆贈殷山人 519/1315 中

C

［毛熙震］釵階鞋乖懷浣溪沙六 895/2178 上

灰咍
A

［李桓］開孩來胎台臺徊灰李仙君歌 10/2785
［陳子昂］來哉感遇詩十七 83/211 下　才萊臺哉埃感遇詩三五 83/212 上臺哉來嵬萊感遇詩三七 83/212 上　臺埃隈薊丘覽古·軒轅臺 83/212 下　臺哉來薊丘覽古·燕昭王 83/212 下　才臺薊丘覽古·郭隗 83/212 下　頹哀苔來春臺引 83/214 上　回開臺來才該回杯洛城觀酺應制 84/216 上　臺來回開才酬田逸人遊巖 84/216 上
［李白］嵬開哀雷來劍閣賦 13　開材嵬臺雷恢垓來才哉明堂賦 28　哉來才開臺隈哀嵬雷萊回灰古風三 45　臺來埃才徊古風十五 53　臺來哉哀古風五十八 76　隤雷哉嵬開豺［皆］蜀道難 81　來回將進酒 89　來杯將進酒 89　猜才臺來行路難二 94　摧杯上雲

樂 103　隈來哉徊日出入行 104　回摧胡無人 105　開來臺摧哀軷[佳]埃回灰裁北風行
107　開猜獨漉篇 109　臺催來苔久別離 119　杯回臺白頭吟一 120　杯回臺白頭吟二 122
臺雷開司馬將軍歌 123　魁鬼孩梅垓臺司馬將軍歌 123　來梅猜開回灰臺堆哀苔長干
行一 126　臺開回來杯相逢行 162　回來高句驪 168　臺來回摧秋思二 170　杯杯醅臺梅
催疊苔哀推襄陽歌 180　哉來雷西岳雲臺歌 185　摧開臺西岳雲臺歌 186　開回杯苔來
白毫子歌 190　回開來橫江詞四 196　哉來灰金陵歌 200　回哀來永王東巡歌五 209　回摧
來永王東巡歌八 210　回來和盧侍御通塘曲 225　開來催杯灰才哀贈衛尉張卿一 232　才
臺雷上哥舒大夫 239　才臺雷台開來杯回贈從孫義興宰 259　回來臺枚哉贈王判官 268
來開回流夜郎贈辛判官 273　來回灰才經亂離後贈韋太守 279　摧開臺夢遊天姥 342　哀
灰臺摧回贈別鄭判官 356　回雷魯郡送竇明府 379　來哀開臺魯郡送竇明府 379　臺開徠
杯魯郡送杜甫 386　催開送姪良 389　回來開杯送殷淑二 403　來埃懷[皆]早秋酬竇公衡
424　萊苔灰哉疊酬張卿夜宿 431　開回來東魯門泛舟一 446　開回苔哀摧雷臺來垓杯
才哉遊泰山一 447　來摧携妓登棲霞山 450　來苔哀春陪裴使君遊 454　臺開來回台疊杯
苔催金陵鳳凰臺置酒 458　開臺才猜埃來徊梅摧雷杯哀灰陪族叔當塗宰遊 469　杯來
開回哉萊臺月下獨酌四 516　苔開埃徊來哀哉尋山僧不遇 517　才臺來開疊哀杯催
徊苔過汪氏別業 517　開杯來山中對酒 521　杯來開疊催臺埃哉對酒 523　懷[皆]來感
興三 536　開非[微]感興三 536　摧雷胎硇煨回來臺鬼哀頹災咍哉孩催媒杯恢材
猜灰上崔相百憂章 544　開雷來回苔台求百丈崖瀑布圖 552　催摧臺寄遠四 568　來苔寄
遠十一 570　來臺寄遠十二 571

[韋表微]乖[皆]開哀哉池州夫子廟麟臺 473/1198 上

[雍裕之]來開四色二 471/1193 上

[雍陶]回來秋館雨夜 518/1312 中

[無名氏]來開灰咸通十四年成都謠 878/2143 中

B

[陳子昂]臺開隈來度荊門望楚 84/214 中

[李白]開回來橫江詞六 197　臺來開上皇西巡南京歌一 212　來開才催回臺宣城九日
二 336　才回臺來杯台送友人尋越中山水 371　來開回送外甥鄭灌從軍 393　回來陪從
祖泛鵲山湖三 455　開來杯回與夏十二登岳陽樓 484　開回來望天門山 486　來回杯開對
酒醉題 514　杯回重憶 527　雷開來回才放後遇恩不霑 566　回來越女詞三 582　摧來材開
自溧水道哭王炎三 585

［雍裕之］回<u>開</u>農家望晴 471/1193 下

［朱灣］苔<u>來</u>灰腮回逼寒節寄崔七 306/770 上

［廣宣］<u>來開才</u>寺中賞花應制 822/2017 中

［李遠］回<u>臺來開</u>苔聽話叢臺 519/1315 中

［雍陶］回<u>開來埃</u>胎梅灰災哀<u>臺</u>蜀中戰後感事 518/1312 上　杯回<u>來</u>寄題峴亭 518/1313 上　回媒回人間應舉 518/1313 上　回<u>來</u>送春 518/1313 下　<u>栽開來</u>過舊宅看花 518/1314 上　<u>來</u>回<u>開</u>美人春風怨 518/1314 上　回<u>來</u>渡桑乾河 518/1314 上　<u>才埃來</u>再經天涯 518/1314 中　回<u>開來</u>送客 518/1314 中

［姚鵠］梅<u>開</u>回<u>來才</u>送友人出塞 553/1415 上

［唐求］胎催裁裁<u>來</u>贈道者 724/1821 中　梅<u>埃開來</u>回題李少府別業 724/1821 中　摧<u>來</u><u>臺</u>巫山下作 724/1821 下

［蜀太后徐氏］回<u>臺開</u>萊題金華宮 9/38 上

［梁震］<u>來</u>哉<u>臺</u>荊臺道院 762/1893 下

［花蕊夫人］苔<u>開</u>萊宮詞十二 798/1956 上　<u>開</u>回<u>來</u>宮詞十八 798/1956 上回<u>裁</u><u>來</u>宮詞二六 798/1956 中　回<u>開來</u>宮詞三十 798/1957 上　<u>開</u>杯<u>來</u>宮詞五八 798/1957 下　<u>裁來開</u>宮詞六九 798/1958 上　隈<u>來</u>宮詞七二 798/1958 上　<u>開裁來</u>宮詞八八 798/1958 中　回隈<u>來</u>宮詞九十 798/1958 中　<u>開埃來</u>宮詞九一 798/1958 中　<u>開來</u>回宮詞一〇〇[①]

［王嵒］<u>臺</u>哀<u>來</u>題嚴君觀 731/1833 中

C

［李白］懷［皆］<u>開來</u>清平樂一 696

［李珣］<u>開來</u>南鄉子二 896/2179 上　<u>開來</u>南鄉子十七 896/2179 中　<u>開</u>苔女冠子一 896/2179 中　徊萊女冠子一 896/2179 中　<u>來</u>徊酒泉子四 896/2179 下　瑰<u>臺</u>南鄉子十五 896/2179 中

［尹鶚］<u>來</u>回菩薩蠻三 895/2177 中

［毛熙震］催<u>來</u>菩薩蠻二 895/2178 中

賄海

A

［李白］改海惜餘春賦 10　在海明堂賦 26　海待改在彩古風十一 50　在海行路難一 94　海在彩待登高丘而望遠海 110　海在彩改待對酒行 171　彩在海西岳雲臺歌 186　在待海

---

①　此首見明代毛晉所編《三家宮詞》卷中。

梁園吟 191 海在待懷仙歌 219 海在改贈從弟南平太守一 284 潰[隊]海彩罪經亂離後贈
韋太守 277 海在贈僧朝美 306 海在送王屋山人 363 海彩在魯郡送竇明府 379 改海單父
東樓秋夜 383 海彩待送程劉二侍御 389 海在送祝八之江東 398 在海早秋酬竇公衡 424
待海酬崔五郎中 427 在待海九日登山 467 改在待下途歸舊居 490 在海自巴東舟行 495
海在觀山水粉圖 550 彩待寄遠三 568 宰在倍彩安吉崔翰畫贊 643

[仲子陵]海采洞庭獻新橘賦 145/8 上

[李遠]載年在待題橋賦 765/3 上

C

[孫光憲]在黛[代]定風波 897/2184 下

霽祭

A

[李白]制帝勢噬誡[怪]枯魚過河泣 161 裔濟世袂涕臨路歌 221 裔滯袂蔽禪房懷
友人 327 濟翳裔意[志]際計逝涕制勢歲袂枻繫麗替蔽滯厲帝答高山人 439

C

[李珣]細閉菩薩蠻一 896/2179 下

[尹鶚]砌閉袂綴醉公子 895/2177 中

[孫光憲]砌閉菩薩蠻一 897/2183 上　翳曳虞美人二 897/2183 中

[歐陽炯]砌細薺勢清平樂 896/2181 中

泰

A

[李白]需濊會外退[隊]明堂賦 25 最外大蓋瀨贈從孫義興宰 260 對[隊]外帶會大
愛[代]蓋會贈從弟昭 299 外會大瀨對[隊]送王屋山人 367

隊代

A

[李白]背代慨退贈從弟昭 299

C

[李白]佩醉[至]碎清平樂三 696

[孫光憲]態在[海]菩薩蠻二 897/2183 上

[毛熙震]背態菩薩蠻一 895/2178 中

廢

A

[仲子陵] 廢穢艾①斷織賦 120/7 下

6. 臻攝

韻字表

真	軫	震	質
真珍臣辰陳晨宸	軫引盡緊忍泯	進信藺鬢	質失實室密蜜謐
塵身申神伸紳呻	哂牝		一乙逸日帙疾吉
人仁賓濱頻蘋貧			詰畢匹悉栗抶筆
鼙曛顜旻珉麟鱗			
鄰磷隣潾因銀垠			
茵新辛薪親秦巾			
斤津			

諄	準	稕	術
諄遵春脣淳鶉	準		術出崒怵
均鈞輪倫綸淪			
純旬巡馴荀			

臻			櫛
臻榛			瑟颸

文	吻	問	物
文聞雲云沄氳		問	物佛拂彿鬱屈
緼君軍群裙熏			
薰勳曛醺分芬			
氛紛汾墳焚濆			

欣	隱	焮	迄
勤懃	隱近		

元	阮	願	月

---

① 賦云："我友我生，無落無廢。學若山積，心無蓬穢。當求斷織之義，若之何以艾？" 此 "艾" 當讀《廣韻》廢韻魚肺切。

元源原轅猨猿	晚畹遠返	遠飯	月越闕歇發髮伐
冤援言園垣沅			襪韤蹶蕨謁揭
鵷喧軒諠喧萱			竭蹶
諼繁煩翻蕃藩			
璠騫			

魂	**混**	**恩**	**没**
魂昏渾溫論崙	寸論悶		没忽卒捽骨窟突
敦墩坤琨鯤鷗			兀抯渤扢矹扤惚
噉屯門奔盆尊			
樽存村孫蓀			

| **痕** | **很** | **恨** | |
| 痕恩根吞 | | | |

真諄臻

A

[陳子昂]真人因親秦感遇詩九 83/211 中　春珍鈞人感遇詩二四 83/211 下　磷真倫人觀荊玉篇 83/212 中　新真人秦辛春馴珍貧賓酬李崇嗣 83/213 中　新人塵春居延海樹聞鶯 84/214 下　春親真人喜遇冀侍御珪 84/215 中　宸人申神陳仁辛春親新奉和皇帝述懷應制 84/216 上　辰濱人津新申三月三日宴王明府山亭 84/217 中

[李白]親秦人惜餘春賦 10　春人新愁陽春賦 10　濱因親人愁陽春賦 11　仁真輪麟濱大獵賦 39　陳榛秦人垠淪珍真鱗旻春麟古風一 43　珍秦鄰塵濱真輪申人春親古風四 46　顰鄰人真神身淪斤古風三十五 66　神津人春辛古風四十八 72　磷真珉古風五十 73　吟[侵]春津濱綸親人梁甫吟 84　人身濱行路難三 95　脣神親輪銀身人塵真上雲樂 102　鄰珍均馴春人真仁晨鱗臣白鳩拂舞辭 104　珍人春身塵辛中山孺子妾歌 117　賓輪親辛巾春身塵濱人鄰秦仁鈞門有車馬客行 133　身薪脣春來日大難 142　津人洛陽陌 155　蘋人淥水曲 168　春人秦鳳凰曲 168　貧臣人猛虎行 176　鱗塵人猛虎行 176　春人塵賓親猛虎行 177　顰身人玉壺吟 184　親人白毫子歌 190　呻人鄰珍薪塵秦身親鳴皋歌 193　真人塵鳴皋歌奉餞 194　珍身人粉圖山水歌 207　塵秦春上皇西巡南京歌九 215　珍人鄰親秦臣綸磷句巾茵賓薪因身贈崔司戶 262　春巾人親戲贈鄭溧陽 263　人春貧巾醉後贈從甥 266　淪親人身博平立馬贈別 280　鱗人春贈漢陽輔録事二 282　辛春人江夏贈韋南陵冰 283　人春淪贈從弟南平太守一 284　人秦塵贈友人二 301　塵濱親鄰

臣人贈友人三 302　人倫隣春塵辛親陳情贈友人 303　人麟贈僧行融 307　人身春濱寄韋
南陵 325　倫親伸春磷塵因身賓晨辛遵津潁陽別元丹丘 348　臣秦人南陵別兒童 361
濱津塵人送王屋山人 368　真親送韓準還山 376　人春送韓準還山 377　晨鷁身親倫秦臻
春塵人慭［欣］鄰對雪奉餞任城 378　塵人臣單父東樓秋夜 383　鱗人薪春鄰塵臣淳送
魯郡劉長史 384　身塵人濱鄰魯郡送張十四 386　身人陳親送侯十一 398　濱身人春送長
沙陳太守二 401　真鄰垠人身臣鄰津塵送岑徵君歸 404　巾雲［文］塵人江上送女道士
407　濱春臣人送郗昂謫巴中 415　人春身答湖州迦葉 425　鱗人酬中都小吏 430　春人親
鄰賓馴真津秦淪紳酬王補闕 432　人春親巾酬裴侍御 437　春人攜妓登棲霞山 450　春
鄰人把酒問月 457　真塵賓神人王右軍 499　親人身春月下獨酌一 515　臣人辛冬夜醉宿
龍門 516　真人塵巾對酒憶賀監一 527　鄰曠人神珍效古二 530　辛春人身鄰真擬古三
531　春人津珍親擬古四 531　人塵薪春珍擬古九 534　濱春親人勤［欣］感遇一 539　綸
晨人濱鄰春身新真津賓避地司空原言懷 542　春人紫藤樹 550　濱人塵春題江夏修静
寺 561　巾塵君［文］倫濱嘲魯儒 563　人新春寄遠三 568　因人寄遠六 569　秦隣雲［文］人
自代内贈 579　身親真塵鄰金陵粉圖慈親贊 642　真塵鄰身李居士贊 643　濱津鱗神輪辰
人珍塵親天門山銘 656　人春神塵武昌宰韓君碑 673　荀賓人春真南陵別荀七 680
［蘇渙］神身贈零陵僧 255/644 上
［韋表微］麟麕群［文］池州夫子廟麟臺 473/1198 中
［仲子陵］濱珍春鄰蘋人幽蘭賦 147/5 上　珍新人純塵洞庭獻新橘賦 145/8 上
［歐陽炯］秦親人貫休應夢羅漢畫歌 761/1889 下
［徐光溥］濱臣題黃居寀秋山圖 761/1889 中

B

［陳子昂］人親春新送東萊王無競 84/215 上　秦人新輪送梁李二明府 84/215 上　新春
津人輪上元夜效小庾體 84/216 上　津人秦新嗁旬鄰合州津口別舍弟 84/216 下　諄鄰辰
麟宸塵親巾春人同旻上人傷傅少府 84/217 上
［李白］新春人親宮中行樂詞五 148　秦津人橫江詞三 196　人春新臣贈崔秋浦三 267
春人真新送李青歸華陽川 408　親春人津江夏送張丞 416　臣人九日龍山飲 468　新春人
蘇臺覽古 499　春塵人長門怨二 571　塵親人贈段七娘 577　春塵人出妓金陵子一 583　春人
哭善釀紀叟 585
［何兆］貧人贈兄 295/742 下
［雍裕之］巡春人春晦送客 471/1193 上

［朱灣］淪塵人鄰秦尋隱者韋九山人 306/770 上

［廣宣］身真輪臣駕幸聖容院應制 822/2017 上　鄰人塵身巡安國寺隨駕幸興唐觀 822/2017 上　綸賓人春鈞賀王起 822/2017 上　句身新春蘋駕幸普濟寺應制 822/2017 上　身人宣上人病中相尋聯句 789/1938 下

［卓英英］春塵人錦城春望 863/2113 中

［李遠］親真人新春翦綵 519/1315 上

［雍陶］鄰人身新送徐山人歸睦州 518/1311 中　頻人春春詠 518/1313 上　塵春人訪友人幽居二 518/1313 中　春新人送蜀客 518/1313 下　身春人勸行樂 518/1314 上

［姚鵠］雲［文］新春人鄰塞外寄張侍御 553/1414 上　身塵春人感懷陳情 553/1414 中　秦身春人隨州獻李侍御二 553/1414 下

［唐求］身塵人巾貧山居偶作 724/1821 中

［羅袞］新鄰身春貧清明赤水寺居 734/1837 上

［歐陽炯］春真神人塵大遊仙詩 761/1890 上　人嚬神楊柳枝 761/1890 上

［花蕊夫人］新臣人宮詞七 798/1956 上　神巡人宮詞三一 798/1957 上　巾頻人宮詞三二 798/1957 上　人身宮詞七十 798/1958 上　辰陳宮詞九四 798/1958 中

C

［李珣］魂［魂］人塵春頻浣溪沙三 896/2179 下　頻人塵潾新浣溪沙四 896/2179 下　淪春身人塵定風波一 896/2180 中

［尹鶚］春身人新醉公子 895/2177 中

［孫光憲］人身雲［文］鄰真浣溪沙十一 897/2182 下　人親更漏子四 897/2184 上　身鱗茵春更漏子四 897/2184 上　真珍身南歌子一 897/2184 下　塵人春南歌子一 897/2184 下

［歐陽炯］新塵君［文］巫山一段雲二 896/2180 下　春人菩薩蠻一 896/2181 中

文

A

［陳子昂］雲氲薰紛慶雲章 83/211 上　氛雲君文分群感遇詩十一 83/211 中　君雲屯［魂］同宋之問夢趙六 83/213 中　氲雲芬聞君紛綵樹歌 83/214 上　文雲群聞詠主人壁上畫鶴 84/214 下

［李白］紛雲惜餘春賦 9　紛勳文分雲明堂賦 16　聞君焚群雲芬古風三十六 66　紛雲分群君古風五十三 74　聞分雲鳳笙篇 138　雲軍聞氛塞下曲六 142　君氲雲擣衣篇 172　君墳雲梁園吟 191　氲紛聞雲鳴皋歌 193　雲君白雲歌 200　聞雲秋浦歌十七 207　聞群雲

分芬贈瑕丘王少府230　分紛雲文勳芬軍群贈何七判官236　紛君雲贈楊山人237　芬雲群聞贈清漳明府姪聿243　分聞雲濱[真]群文君芬贈張公洲革處士250　君雲群聞氛濱贈僧崖公264　君群贈王判官268　雲君聞博平立馬贈別280　雲文自梁園有此贈300　雲君聞丹丘子以寄之318　君群紛憶舊遊寄元參軍323　雲群分禪房懷友人327　君群雲涇溪東亭335　雲芬群君送王屋山人368　分聞雲魯郡送竇明府379　群雲紛分軍墳勳送張秀才從軍397　雲群聞分君焚濱曛送崔度還吳397　雲君白雲歌送友人405　甒君聞群雲紛分芬文氛勳焚云送張秀才謁高中丞409　雲君分與諸公送陳郎將413　文群雲君酬宇文少府見贈423　雲分文汾紛①軍聞曛氛群九日望洞庭水軍483　君分群雲擬古十二535　雲君芬文感興一535　分君焚群雲芬感興七537　分氛聞雲觀巫山屏風551　君群文分雲芬曛濱題潁陽山居558　君分曛雲聞群學古思邊576　君雲聞思邊576　分雲聞在潯陽寄内581

[蘇渙]雲君贈零陵僧255/644 上

[仲子陵]文君分緼五色琴弦賦77/3 下

[李遠]紛群文雲題橋賦765/2 下

[雍陶]耘墳君聞學然後知不足賦62/7 上

<h2 style="text-align:center">B</h2>

[陳子昂]群濱聞曛沄分氛文雲甒入東陽峽84/217 上

[李白]聞雲君芬贈孟浩然226　雲君群氛贈郭季鷹244　君聞分雲群別中都明府342　文雲聞君侍從遊宿温泉宮452　分雲君陪族叔遊洞庭一463　君雲聞群過崔八丈水亭486　雲軍聞紛夜泊牛渚懷古509　群雲憶東山二526　君文雲墳宣城哭蔣徵君586

[劉灣]紛分文雲君對雨愁悶196/458 上

[馬逢]群聞雲從軍772/1913 下

[朱灣]群雲文君假攝池州留別306/770 上

[李餘]裙熏君臨卭怨508/1283 下

[雍陶]君雲群聞寄永樂殷堯藩518/1312 上　君雲送客遙望518/1312 中　雲君聞蟬518/1312 下　人[真]聞雲路中問程518/1313 上　分聞雲送客不及518/1313 中　分聞題等界寺二518/1314 中

[姚鵠]紛分群雲軍送劉耕歸舒州553/1414 中　分聞雲君送程秀才歸蜀553/1414 中

---

① 《九日登巴陵置酒望洞庭水軍》"今兹討鯨鯢,旌旆何紛繽",今從《全唐詩》卷一八〇作"繽紛"。

B

［巴峽鬼］根痕夜吟 865/2117 中

［陳子昂］言宛喧尊宴胡楚真禁所 84/215 下　猿喧魂軒恩言宿空舲峽青樹邨浦 84/216 中

［李白］喧園猿言留別龔處士 355　樽門詠山樽二 550　根園流夜郎題葵葉 553

［雍陶］喧園門樽和劉補闕秋園寓興六 518/1311 上　昏痕村門原晴詩 518/1311 中　蕃存痕陰地關見手迹 518/1314 上　門猨自蔚州南入真谷 518/1314 中　村存門題等界寺一 518/1314 中　喧昏根安國寺贈廣宣 518/1314 下

［姚鵠］門昏盆恩旱魚詞上苗相公 553/1414 中

［唐求］琨門村尊送友人歸卭州 724/1820 上

［李舜弦］鱗［真］魂吞釣魚不得 797/1955 中

［幸夤遜］痕坤尊魂雲 761/1891 上

［花蕊夫人］園昏門宮詞五六 798/1957 下　痕昏門宮詞九八 798/1958 中

［王昷］根魂猿山中有所思 731/1833 中

C

［毛熙震］門魂菩薩蠻三 895/2178 中

軫準

A

［李白］泯引［軫］準緊牝軫盡哂北山獨酌 325　盡哂送趙判官赴黔 414　盡哂尋高鳳元丹丘 513

［仲子陵］準軫引盡鹿盧賦 110/6 下

C

［歐陽炯］盡忍定風波 896/2181 上

隱

A

［李白］隱近北山獨酌 325

阮混很

A

［李白］遠①晚天馬歌 93　遠晚梁園吟 191　遠轉［獮］晚淫溪東亭 335　遠飯②返晚答長

---

① 《李太白全集》卷三《天馬歌》作"白雲在青天，丘陵遠崔嵬"，"嵬"字上下俱不韻；《全唐詩》卷一六二云"一作崔嵬遠"，則"遠"與下句"晚"韻，今從之。

② 《廣韻》阮韻："飯，餐飯。《禮》云'三飯'是。扶晚切，又扶萬切。"

安崔少府 426 遠産［産］下途歸舊居 491 遠晚轉［獮］尋高鳳元丹丘 513 遠返飯晚金陵江上遇隱者 519 晚飯遠返擬古十二 535

［仲子陵］晼遠幽蘭賦 147/5 上 遠晚洞庭獻新橘賦 145/8 上

震

A

［李白］進鬢藺醉後贈從甥 266

問

C

［歐陽炯］問信［震］定風波 896/2181 上

願恩

A

［李白］寸論悶江夏贈韋南陵冰 283

質術櫛

A

［陳子昂］失一同宋之問夢趙六 83/213 中 密瑟疾失逸吉室畢術瑟秋園臥病呈暉上人 83/213 下

［李白］疾日惜餘春賦 10 日質室明堂賦 16 出室沏［屑］密猙明堂賦 19 失逸術大獵賦 39 日質實失飈古風四十七 72 畢日烏棲曲 88 出栗行路難二 94 出日王昭君一 116 日室畢白頭吟二 121 日失質長歌行 174 出日一和盧侍御通塘曲 225 帙抶室逸贈清漳明府姪聿 243 一出贈僧行融 307 逸帙畢一失聞丹丘子以寄之 319 實匹送薛九去魯 381 匹悉出術瑟畢失日登峨眉山 470 出日密術室謐朮逸匹畢望黄鶴山 482 逸栗失夜泊黄牛 498 日質實失一感興四 536

［仲子陵］質乙實日珊瑚樹賦 119/1 下

［李遠］質出日蟬蜕賦 765/1 下 日出實日中爲市賦 765/3 下

［歐陽炯］壁［錫］室筆貫休應夢羅漢畫歌 761/1889 下 擲［昔］逸日貫休應夢羅漢畫歌 761/1889 下 詰佛［物］一貫休應夢羅漢畫歌 761/1889 下 逸出敵［錫］題景焕畫天王歌 761/1890 上

［無名氏］日一蜜室失度世古玄歌 862/2112 中

物
A

［李白］物拂_{白頭吟二} 121　物鬱拂_{酬殷明佐} 221　物佛_{地藏菩薩贊} 652

［僧鸞］物彿出_{［術］贈李粲秀才} 823/2019 中

月没
A

［李義府］越忽没月歇闕_{和邊城秋氣早} 35/123 上

［陳子昂］月忽_{喜馬參軍相過醉歌} 83/214 中

［李白］月忽雪_{［薛］大鵬賦} 3　歇没_{擬恨賦} 6　没月越_{悲清秋賦} 12　没月扢矹_{明堂賦} 17　卒歇月發蹶格_{［陌］寙没大獵賦} 36　月忽_{大獵賦} 39　月没_{古風二} 43　月歇忽没發_{古風三十二} 63　没月歇發_{古風三十八} 67　髮雪_{［薛］月將進酒} 89　寙骨髮没極_{［職］蹶越惚天馬歌} 92　蕨月_{行路難三} 95　没寙骨_{上雲樂} 102　月没_{獨漉篇} 109　襪月_{玉階怨} 144　闕歇没月發_{邯鄲才人} 154　歇髮月_{擣衣篇} 172　歇發渤_{燭照山水壁畫歌} 189　發越月_{金陵城月下吟} 197　越闕月_{峨眉山月歌送蜀僧} 217　發月絶_{［薛］江夏行} 218　渤月發絶_{［薛］贈傅靄} 227　闕没月髮_{贈韋祕書} 234　越月_{贈王判官} 268　髮月_{經亂離後贈韋太守} 278　歇月_{自梁園有此贈} 300　發骨月_{贈僧行融} 307　歇^①月_{書懷贈常贊府} 312　没歇越髮_{禪房懷友人} 327　發没盧_{山謠} 328　月雪_{［薛］發没歇越絶［薛］自金陵泝流} 339　越月_{夢遊天姥} 342　歇月_{贈別王山人} 362　越忽月_{送王屋山人} 365　没兀月_{送王屋山人} 366　發歇月越_{送友人遊梅湖} 373　越月歇渤_{送崔十二} 373　忽月越發_{送楊山人歸天台} 373　月別_{［薛］送韓準還山} 377　越闕月_{魯郡送竇明府} 380　越忽月_{送祝八之江東} 398　骨發月_{宣州謝朓樓餞別} 418　發月_{送崔氏昆季} 421　忽骨_{酬談少府} 422　寙月歇骨_{答族姪僧中孚} 436　白_{［陌］}歇發_{遊泰山六} 449　月渤髮没骨忽歇闕_{同友人舟行} 451　歇發月_{春陪裴使君遊} 454　闕發没_{把酒問月} 457　越月渤没忽歇骨闕_{天台曉望} 471　發闕突没歇越骨月_{伐蕨轍謁登梅岡望金陵} 478　骨月謁髮闕發_{登巴陵開元寺} 484　歇月_{自巴東舟行} 495　闕月歇髮没_{廬山夜懷} 522　蕨月歇發忽没骨寙_{憶崔郎中感舊} 525　没月蕨骨_{憶竄夜郎} 528　月忽_{擬古十} 534　歇月骨闕_{感興五} 536　髮骨月歇_{感遇三} 540　歇髮月没闕_{江南春懷} 548　越歇月_{寄遠八} 569　髮越襪_{寄遠十二} 571　月襪越_{女詞} 581　月骨髮闕_{宣城吳錄事畫贊} 643　雪_{［薛］}發骨月虮歇_{方城畫師猛}

---

① 《書懷贈南陵常贊府》"置酒凌歊臺，歡娛未曾息。歌動白紵山，舞回天門月"，《全唐詩》卷一七一作"未曾歇"。

贊 644 骨月發絕[薛]琴贊 650

[劉灣]卒没闕屈[物]窟李陵別蘇武 196/458 上 骨月李陵別蘇武 196/458 上

[朱灣]捽出[術]物[物]題壁畫古松 306/769 下 伐月發結[屑]寒城晚角 306/770 中

[雍陶]歇月聞子規 518/1312 中

C

[李白]咽[屑]月月色[職]憶秦娥 158

[尹鶚]切[屑]月歇力[職]説[薛]撥櫂子一 895/2177 下

[孫光憲]月絕[薛]酒泉子二 897/2183 下

[毛熙震]節[屑]發揭越後庭花一 895/2178 中 歇黦月闕後庭花一 895/2178 中

[歐陽炯]月發女冠子二 896/2181 上

7. 山攝

韻字表

寒	旱	翰	曷
寒韓難干肝竿	旱散坦瓉嬾	翰漢嘆歎散爛	達渴
乾玕丹單鄲歎		案岸看	
嘆蘭欄瀾闌殘			
餐飡安鞍看刊			
壇彈灘貒			

桓	緩	換	末
歡懽謾酸端鸞	緩滿短斷伴暖	換觀翫斷漫幔	活奪闊潤豁脱
戀湍團盤蟠觀	椀管館睅	判畔半絆亂	聒掇括
冠寬般攢			

删	潸	諫	黠
還環鬟寰闤獌		患晏雁澗慣	察札
蠻顔關灣彎頑			
班斑			

山	産	襉	鎋
山間艱閑閒鷳	産限簡眼醆	幻盼綻	
攀屏殷			

先	銑	霰	屑
先玄弦懸絃賢	撚	宴燕見薦縣練	屑穴泬結切咽血

邊眠天田鈿烟　　　　　電殿填遍徧硯　　　訣蔑潔鐵截節
煙燕妍顛巔連　　　　　片蒨
憐漣蓮肩堅涓
前千牽芊帴年

仙　　　　　獮　　　　　線　　　　　薛

仙鮮旋宣涎狿　　薛卷蹇捲綣巇　　線羨院禪扇面　　薛雪絶別折滅列
縣綿鞭焉筵沿　　展轉淺辨輦頓　　變戰轉囀箭卷　　冽烈裂説徹熱設
圓蜒然燃川穿　　剪　　　　　　　倦眷釧　　　　　舌輟爇
傳禪泉全筌權
拳荃詮遷錢鉛
韉偏篇翩緣湲
鳶斾專邅捐娟
煎蟬船

寒桓

A

[陳子昂]難謾干歡鄲歎感遇詩十六 83/211 中　患[諫]①干歡言[元]肝酸感遇詩二一 83/211 下

[李白]安泉[仙]明堂賦 26 猵②竿大獵賦 36　端歡寒歎鸞古風二十七 61　漫③寒瀾端鸞難古風三十九 68　玕淪湍寒端歎古風四十 68　盤巒歎蜀道難 81　難難行路難一 94　安闌寒歎端天[先]瀾難肝長相思 96　盤端團餐殘安觀肝古朗月行 128　冠干端蘭難殘餐山[山]寒盤鞍攢④丹歎閑[山]幽州胡馬客歌 133　山[山]安寒懽冠東山吟 197

---

① 此詩全文"蜻蛉遊天地，與世本無患。飛飛未能止，黄雀來相干。穰侯富秦寵，金石比交歡。出入咸陽裏，諸侯莫敢言。寧知山東客，激怒秦王肝。布衣取丞相，千載爲辛酸"，用《戰國策·楚策四》莊辛説楚襄王典，原著"[蜻蛉]六足四翼，飛翔乎天地之間……自以爲無患，與人無爭也"，亦無異文。但此詩押平聲韻，獨"患"字去聲，《廣韻》《集韻》均只"胡慣切"一讀，韻、調皆不合。

② 《大獵賦》："別有白猵飛駿，窮奇貙貓，牙若錯劍，鬣如叢竿。"楊齊賢注："貓音瞞。"《廣韻》删韻："猵，狼屬。又莫干、晚販二切。"莫還切。又願韻："猵，猵狿，獸長百尋。《説文》曰'狼屬'，《爾雅》曰'猵狿，似豻'。""貓，'猵狿，似狸'，本或作此貓。"無販切。今取莫干切，入寒韻。

③ 《集韻》桓韻："漫，水廣大兒。"謨官切。

④ 《幽州胡馬客歌》："爭戰若蜂攢。"楊齊賢注："蜂攢，猶蜂之聚叢也。"《廣韻》换韻："攢，在玩切。聚也。"《漢語大字典》《漢語大詞典》均只有這一個反切，而調標陽平。此詩全韻平聲，因入桓韻。

難歡安上皇西巡南京歌四 213 官巒攀[山]端贈參寥子 242 寒端鸞歡看冠餐①嘆韓殘贈元六兄林宗 251 寬寒安江夏贈韋南陵冰 283 鞍盤歡贈從弟南平太守一 284 難殘瀾贈友人而 302 端盤壇安鸞瀾難漫歡丹登敬亭山南望 308 難觀端寒送王屋山人 366 干湍蟠魯郡送竇明府 379 鞍歡端闌嘆彈難送竇司馬貶宜春 388 寒灘賦得白鷺鸞 416 歡觀鞍闌答杜秀才 440 盤安寒答杜秀才 440 寒瀾端看遊秋浦白笴陂二 460 盤湍觀安竿金陵望漢江 485 灘瀾盤竿下陵陽六剌灘 497 端歡丹觀鸞感興六 537 安冠寒觀山水粉圖 551 觀盤安刊天長韋公德政碑 666

[蘇渙]寒難變律三 255/643 下

[仲子陵]觀瀾盤冠珊瑚樹賦 119/1 下

[雍陶]寒歡還[删]乾山[山]難顏[删]間[山]明月照高樓 518/1310 下

[可朋]寒般耕田鼓詩 849/2083 中

B

[李義府]巒端寒安詠鸚鵡 35/123 中

[陳子昂]冠歡安闌彈秋日遇荊州府崔兵曹使 84/216 下

[李白]寒看鞍闌塞下曲一 140 灘難寒安見京兆韋參軍二 231 安看寒歡三山望金陵 338 寒灘送殷淑三 403 歡難竿安送梁四歸東平 415 歡寒盤餐宿五松山下 497 安盤瀾歡金陵一 503

[先汪]端殘寒題安樂山 472/1194 上

[朱灣]觀看難歡詠柏板 306/770 中

[李遠]鸞寒看壇觀廉女真葬 519/1315 上 看竿壇寒欄隣人移竹 519/1316 上

[雍陶]漫難寒盤安到蜀後記途中 518/1311 中 寒難單苦寒 518/1313 上寒看干題寶應縣 518/1313 下 般難看山行 518/1314 中

[柳棠]歡難答楊尚書 516/1309 中

[唐求]難冠寒丹壇題青城山范賢觀 724/1821 中 寒難壇題劉鍊師歸山 724/1821 下

[花蕊夫人]盤闌冠宮詞四十 798/1957 中 壇冠看宮詞九二 798/1958 中

[王昭]顏[删]看灘貧女 731/1833 中

C

[尹鶚]殘寒菩薩蠻二 895/2177 中 干寒歡清平樂一 895/2177 中

---

① 《秋日煉藥院鑷白髮贈元六兄林宗》"窮與鮑生賈,飢從漂母飧",《全唐詩》卷一六九作"餐"。

[孫光憲] 乾寒干楊柳枝詞 762/1893 中　寒冠干般端鸞臨江仙一 897/2183 下

[毛熙震] 鸞寒殘酒泉子二 895/2178 上

[歐陽炯] 鸞寒端巫山一段雲一 896/2180 下

删山

A

[李白] 關山明堂賦 17　顔間閑山攀間古風十二 51　艱顔還古風二十 57　還關山閑顔間攀古風三十 62　間還山遠別離 78　山間還公無渡河 79　還攀間山天[先]顔蜀道難 81　閑劍[醶]①間顔還關飛龍引二 91　山間關灣還顔閑關山月 108　山關間還鳴鴈行 131　關山還鳳笙篇 139　關還顔間攀山閑頑艱灣斑豫章行 167　山環間關從軍行 169　關闡山攀間顔間還灣斑南都行 181　山間梁園吟 190　還間山關鳴皋歌奉餞 194　關間山永王東巡歌六 210　間顔關贈楊山人 237　山間贈裴十四 238　間攀關走筆贈獨孤駙馬 247　山還間攀關灣顔遊溧陽贈同旅 265　山間還贈盧司戶 284　關攀山顔自梁園有此贈 301　鵑顔間閑山還贈黃山胡公 308　關山顔環禪房懷友人 327　間還山盧山謠 328　閑山還顔寄從弟宣州長史 335　還間山顔夢遊天姥 343　間還山顔送王屋山人 364　閑還間山顔攀送族弟單父 385　關山間閑屧顔還送張遙之壽陽 391　山間攀還送范山人歸 404　顔還間山關餞校書叔雲 411　斑還間山送趙判官赴黔 414　山閑間山中問答 424　鬟間山酬張司馬 424　還關山酬崔五郎中 427　間閑山以詩答元丹丘 428　山顔關間閑還遊泰山二 448　觀[桓]關間山閑鬟顔攀遊泰山三 448　關間遊泰山六 449　間閑關春陪裴使君遊 454　關山閑間同族姪遊山池一 457　還間山陪族叔遊洞庭五 464　還間閑攀山與南陵常贊府遊 465　攀關間山還登太白峰 473　間閑關山攀顔還登邯鄲洪波臺 473　山閑顔間望廬山瀑布一 480　還山望木瓜山 486　還山關間登敬亭北二小山 486　山間攀閒顔下途歸舊居 490　山顔閑間關攀還西施 498　間閑還尋高鳳元丹丘 513　間閑山還顔春日獨酌二 519　山間金陵江上遇隱者 519　閑間山攀顔還雜詩 567　關山間顔攀斑還閨情 573　還關山別內赴徵一 578　顔山金銀泥變相贊 647　閑間攀魯郡葉和尚贊 652

[雍裕之] 間殷四色三 471/1193 上

[朱灣] 間閒題壁畫古松 306/769 下

---

① 《飛龍引二首》之二起始段句句韻，"鼎湖流水清且閑，軒轅去時有弓劍。古人傳道留其間，後宮嬋娟多花顔。乘鸞飛煙亦不還，騎龍攀天造天關"，但"閑間、顔還關"爲山、删韻字，獨"劍"爲《廣韻》梵韻字，丁聲樹《古今字音對照手冊》依項跋本《王仁昫刊謬補缺切韻》改列醶韻，今照錄存疑。

［徐光溥］<u>山間顏</u>題黃居寀秋山圖 761/1889 中

B

［李白］<u>關還山</u>永王東巡歌十 211　<u>還間山顏</u>廣陵贈別 349　<u>山還</u>陪從祖泛鵲山湖二 455

<u>還山</u>銅官山醉後 465　<u>間山</u>杜陵絕句 472　<u>關還山顏</u>斑奔亡道中四 492　<u>間還山</u>早發白帝

城 496　<u>閑山</u>獨坐敬亭山 523

［廣宣］<u>關間山閑</u>駕幸天長寺應制 822/2017 上

［李遠］<u>間閉山關還</u>贈潼關不下山僧 519/1315 中

［雍陶］<u>關山閉間</u>塞上宿野寺 518/1311 中　<u>寰閉山攀顏間</u>斑<u>關蠻羱還</u>廬岳閒居 518/

1312 上　<u>環間山</u>峽中行 518/1312 下　<u>間還山</u>再下第將歸 518/1312 下　<u>山間鷳</u>和孫明府

518/1313 下　<u>蠻山</u>哀蜀人爲南蠻俘虜四 518/1314 上　<u>間山</u>句 518/1314 下

［姚鵠］年［先］<u>還閑山關</u>送石貫歸湖州 553/1414 中　權［仙］<u>閉山間還</u>隨州獻李侍御

一 553/1414 下　牽［先］<u>間關閉攀</u>和陝州參軍 553/1415 上

［唐求］<u>關間山顏</u>馬嵬感事 724/1819 下　<u>間寰山</u>題常樂寺 724/1821 下

［蜀太后徐氏］<u>顏山間攀</u>丈人觀謁先帝 9/38 上

［李舜弦］<u>山閑間</u>隨駕遊青城 797/1955 中

［楊鼎夫］寒［寒］<u>閉灣間環</u>記皂江墮水事 761/1889 上

［花蕊夫人］<u>間閉山</u>宮詞一 798/1955 下　<u>班顏閑</u>宮詞九五 798/1958 中

C

［李珣］年［先］<u>閑山還</u>漁父二 760/1889 上　<u>彎山</u>南鄉子十四 896/2179 中<u>山</u>斑菩薩蠻

二 896/2180 上

［孫光憲］<u>閑關還山間</u>浣溪沙二 897/2182 中

［毛熙震］<u>山間</u>菩薩蠻三 895/2178 中

［歐陽炯］攢［桓］<u>間顏</u>巫山一段雲一 896/2180 下

先仙

A

［智炫］煙天連泉傳弦穿田邊然遊三學山詩 10/2774

［陳子昂］千年慶雲章 83/211 上　蟬全斾燕遷捐邊湲川然西還至散關答喬知之 83/

213 上　泉然賢遷連拳堅娟贈趙貞固二 83/213 上　燕天篇玄年川贈嚴倉曹乞推命録

84/216 中

［李白］然天緣擬恨賦 8　眠鮮緣泉縣煙然愁陽春賦 10　川湲天千悲清秋賦 12　<u>綿緣</u>

天鮮明堂賦 19　先烟莚巑涎大獵賦 34　天斿鞭然大獵賦 35　燕然前天斿宣邊古風六 47　天傳千然古風二十一 57　泉鮮烟傳年邊古風二十六 60　然川烟邊天捐玄古風四十六 71　天然烟巑連川援[元]①蜀道難 80　田燃戰城南 88　千錢然川山[山]邊行路難一 94　天然日出入行 105　鳶天獨漉篇 109　鞭邊相逢行 118　年烟然前折楊柳 165　邊鮮連子夜吳歌一 170　年言[元]泉鞭宣長歌行 174　烟眠絃傳然天泉前長相思 174　年漣筵賢鞭仙玉壺吟 184　仙烟旋元丹丘歌 187　天船秋浦歌十二 206　烟川秋浦歌十四 206　天連前煙綿沿年旋邊巑泉湲綿蟬仙粉圖山水歌 207　天川玄峨眉山月歌送蜀僧 217　船年江夏行 218　遷前泉天然鮮烟涓埏賢堅雪讒詩贈友人 240　泉煙前年賢川鞭天先筌贈饒陽張司戶 242　天煙仙綿篇旋川眠絃贈嵩山焦鍊師 248　鮮川船前年敘舊贈江陽宰 258　鞭憐錢醉後贈從甥 266　眠絃錢田贈崔秋浦二 267　天川遷邊煙賢斿船仙年泉燕篇捐連在水軍宴贈幕府 269　年鞭筵流夜郎贈辛判官 273　泉連斿船烟天經亂離後贈韋太守 277　鮮蟬遷巑泉連然鉛燕堅穿鳶權妍鞭宣煎邊圓眠沿錢仙篇年烟川賢田前旋絃肩懸傳斿緣筵船天玄邅翩蓮贈宣城宇文太守 296　泉川鞭錢贈友人二 302　年仙然眠連巑天圓煙田緣旋安陸寄劉侍御 314　燃年船鞭前寄韋南陵 325　眠田然前煙年旋邊泉肩憐煎川寄東魯二稚子 326　泉巑煙夢遊天姥 342　燕泉然玄賢煙天蟬川田船鞭前留別廣陵諸公 348　賢邊然船煙送楊山人歸天台 373　船烟泉鞭送羽林陶將軍 388　川邊前然天同王昌齡送族弟二 393　賢天蓮還[刪]篇筵邊年泉送楊燕之東魯 401　連烟船仙天尋陽送弟昌峒 410　泉圓煙然答長安崔少府 425　烟前傳以詩答元丹丘 428　川賢筵篇遷然金門答蘇秀才 428　連肩傳篇妍天答族姪僧中孚 436　天前烟仙答杜秀才 440　前年酬崔十五 442　川年烟弦鮮田前天仙旋秋獵孟諸夜歸 447　邊前泉春陪裴使君遊 454　然烟天絃川大庭庫 470　然鮮煙邊田年湲蓮泉秋登巴陵望洞庭 483　川泉煙天然連全湲田偏涓安州玉女湯作 489　筌山[山]天下途歸舊居 490　弦旋天煙年遷仙圓憐泉郢門秋懷 493　圓巑自巴東舟行 495　煙天自巴東舟行 495　天泉天賢仙然傳月下獨酌二 515　眠前冬夜醉宿龍門 516　鮮圓天前擬古十一 534　肩仙年煙田嵩山采菖蒲者 565　鮮圓天前折荷有贈 577　前圓年然代美人愁鏡一 577　弦年前代美人愁鏡 577　二 仙煙鞭送內尋女道士二 580　天賢川煙然懸堅筌傳江寧楊利物畫贊 648　妍絃煙金鄉畫鶴贊 648　傳天宣地藏菩薩贊 652　天千邊仙泉肩燃化城寺大鐘銘 655　天連然年天長韋公德政碑 665　田年天川虞城縣令碑 677　年捐仙雜言 680

---

① “猿猱欲度愁攀援”王琦注：“繆本作緣，一作牽。”二字分別爲仙、先韻字。

[蘇渙]先<u>旆</u>變律三 255/643 下 年<u>傳</u>贈零陵僧 255/643 下

[仲子陵]天賢<u>泉</u>鞭<u>旆</u>珊瑚樹賦 119/2 上

[雍裕之]圓<u>鮮</u>四色一 471/1193 上

[李遠]穿<u>煙然</u>題橋賦 765/3 上

[雍陶]堅<u>專然</u>年焉學<u>然</u>後知不足賦 62/7 下

[僧鸞]<u>篇</u>牋顛贈李粲秀才 823/2019 中 邊<u>煙天</u>贈李粲秀才 823/2019 中 懸<u>仙泉</u>贈李粲秀才 823/2019 中

[埝地和尚]<u>仙川</u>謠 878/2143 下

[鄭可元]詮緣年田蜀報國院西方並大悲龕記 87

[歐陽炯]年肩<u>禪</u>貫休應夢羅漢畫歌 761/1889 下 年<u>然</u>前賢肩<u>傳</u>題景煥畫天王歌 761/1890 上

B

[陳子昂]<u>禪泉</u>玄緣同王員外雨後登開元寺 84/214 下 弦年<u>煙田</u>落第西還別魏四懍 84/214 下 <u>煙筵川</u>天年春夜別友人一 84/214 下 <u>筵禪連泉</u>夏日遊暉上人房 84/215 下

[李白]鞭<u>筵</u>邊永王東巡歌十一 211 <u>筵川泉煙連圓禪</u>絃春日歸山寄孟浩然 331 天<u>傳</u>烟懸奉餞高尊師 399 年賢<u>船天</u>旋<u>然</u>金陵送張十一 399 邊<u>船連川</u>送王孝廉覲省 411 翩賢天烟前同吳王送杜秀芝 412 連賢<u>船川</u>田旋送二季之江東 416 <u>煙天邊</u>陪族叔遊洞庭二 463 <u>川仙天</u>陪族叔遊洞庭三 464 烟<u>川天</u>望廬山瀑布二 480 邊年<u>泉</u>奔亡道中一 492 <u>仙然連泉</u>烟旋<u>傳</u>憐過四皓墓 501 天年<u>泉</u>眠烟尋雍尊師隱居 522 年<u>專篇</u>綿平虜將軍妻 564 <u>筵川</u>出妓金陵子三 583

[苑咸]天<u>禪筌</u>賢年酬王維 129/302 中

[雍裕之]邊<u>煙船</u>江邊柳 471/1193 上 年<u>然</u>早蟬 471/1193 中

[朱灣]捐弦遷<u>傳</u>箏柱子 306/770 中

[廣宣]年懸<u>仙筵</u>早秋降誕日獻壽一 822/2017 上 天年懸<u>筵</u>前再入道場紀事 822/2017 中

[韜光]<u>泉</u>眠蓮天前謝白樂天招 823/2017 下

[卓英英]前<u>仙</u>遊福感寺 863/2113 中 丹[寒]<u>仙天</u>答玄士 863/2113 中

[李遠]<u>鮮</u>前<u>泉</u>邊<u>篇</u>詠壁魚 519/1315 中 邊<u>連天</u>前眠贈南岳僧 519/1315 下

[雍陶]<u>然川</u>前還[刪]送宜春裴明府 518/1311 上 <u>川天船禪泉</u>送契玄上人南遊 518/1311 中 <u>川全圓連</u>煙河陰新城 518/1311 下 <u>泉</u>煙韋處士郊居 518/1312 下 <u>煙眠天</u>貧居春怨 518/1313 中 邊<u>泉</u>眠寄襄陽章孝標 518/1314 上 天<u>圓</u>年月下喜呂郎中 518/1314 中 <u>船</u>

邊天望月懷舊遊 518/1314 下

[姚鵠] 煙年邊弦天仙奉和秘監從翁 553/1415 上

[唐求] 煙前庭竹 724/1821 下

[知玄] 仙年祝堯詩 823/2018 上

[紫微孫處士] 天年眠送青城丈人酒 862/2112 上

[張仁寶] 煙鈿川題芭蕉葉上 866/2119 中

[蜀太后徐氏] 玄仙天巔年丈人觀 9/37 下

[花蕊夫人] 天連船宮詞二三 798/1956 中　園[元] 蓮船宮詞四三 798/1957 中　錢千前宮詞五二 798/1957 下　纖邊牽宮詞六四 798/1957 下　船天前宮詞七七 798/1958 上　天園[元] 鈿宮詞八十 798/1958 上　邊蟬前宮詞八四 798/1958 中　天筵船宮詞八九 798/1958 中

[石恪] 年然前船仙贈雷殿直 865/2118 下

[孟蜀妃張太華] 蟬眠鈿葬後見形詩 866/2121 中

C

[李珣] 天前南鄉子十 896/2179 上　前船河傳一 896/2180 上

[孫光憲] 前天蟬肩憐浣溪沙六 897/2182 下　賤牽篇傳河傳二 897/2183 上　天然眠偏河傳三 897/2183 上　船天菩薩蠻四 897/2183 中　芊前天翩河瀆神二 897/2183 中

[毛熙震] 前懸天鈿煙浣溪沙一 895/2178 上　前眠憐煙娟鈿韉天小重山 895/2178 下　千妍仙年蓮傳臨江仙一 895/2178 下

[歐陽炯] 船年煎仙漁父歌一 761/1890 上　煙天遷鞭錢春光好二 896/2180 下　蓮弦娟泉憐春光好三 896/2180 下　天眠煙偏邊浣溪沙一 896/2181 中　煙天南鄉子一 896/2181 中　鈿蓮南鄉子五 896/2181 下

旱緩

A

[李白] 暖滿斷椀雉朝飛 101　短滿短歌行 157　暖滿散斷大堤曲 145　緩斷寄韋南陵 324　緩伴斷滿旱散短管流夜郎至西塞驛 332　滿斷尋陽送弟昌峒 410　暖滿斷短寄遠五 569

[仲子陵] 滿瓚短館坦散斷斷織賦 120/7 下

C

[李珣] 暖岸[翰]伴南鄉子九 896/2179 上　伴岸[翰]定風波二 896/2180 中

[孫光憲] 暖伴玉胡蝶 897/2184 中

［毛熙震］瞑滿菩薩蠻三 895/2178 中
［歐陽炯］滿宴［霰］菩薩蠻二 896/2181 中

産
A

［李白］限眼望終南山 316　限眼産送王屋山人 368

獮
A

［李白］展剪淺惜餘春賦 9　卷寒巘限［産］轉辨簡［産］眼［産］淺蘚贈衛尉張卿二 233
卷淺巘望終南山 316

C

［李珣］捲遠［阮］釅［産］南鄉子十六 896/2179 中
［毛熙震］展頓卷酒泉子二 895/2178 上

翰換
A

［陳子昂］畔漢酬李崇嗣 83/213 中
［李白］漢漫嘆半判散大鵬賦 4　漢漫半爛換觀明堂賦 19　觀漢幔案亂半歡翫畔
散瑩禪師房觀山海圖 553　案爛下途歸舊居 490　亂散漢月下獨酌一 515　翰斷亂天長韋公
德政碑 665
［無名氏］絆斷蜀人謠 878/2143 下

C

［李珣］岸斷酒泉子二 896/2179 下
［孫光憲］斷半伴［緩］散清平樂一 897/2183 下
［毛熙震］看散菩薩蠻二 895/2178 中
［歐陽炯］亂斷定風波 896/2181 上

諫襉
A

［鑒周］晏澗雁幻西方閣院碑 59

C

［尹鶚］慣絆［換］菩薩蠻三 895/2177 中
［孫光憲］雁院［線］更漏子一 897/2184 上

霰線

A

[李白]羨薦見禪明堂賦 15　燕羨見雙燕離 112　扇見見相逢行 162　縣見面練變電宴戰贈王漢陽 282　盼[裯]見殿贈從弟南平太守一 284　練縣見箭睠填①戰徧扇宴江夏寄漢陽 333　見殿酬張卿夜宿 431　見戰電變面觀斬蛟龍圖贊 651　殿盼[裯]雜言 680　硯練倦面殿十一贈硯 693

[李遠]戰變遍蟬蛻賦 765/1 下

[任彥思家鬼]變見遠[願]血書詩 866/2119 中

C

[李珣]見宴面南鄉子二 896/2179 上　燕淺[獮]菩薩蠻三 896/2180 上

[孫光憲]扇遠[阮]菩薩蠻三 897/2183 中　囀殿綻[裯]剪[獮]後庭花一 897/2183 中卷片輦[獮]宴後庭花一 897/2183 中

[毛熙震]蒨釧扇面後庭花三 895/2178 中　嬾[旱]片見院後庭花三 895/2178 中

[歐陽炯]面轉撚[銑]線賀明朝一 896/2181 下　院綣[獮]燕見賀明朝一 896/2181 下

曷末

A

[李白]闊豁末括贈別從甥高五 256　脱達末聒闊活掇渴奪豁江上寄元六 334　末掇酬張司馬 424

C

[李白]闊達月[月]別[薛]清平樂一 696

屑薛

A

[陳子昂]節雪同宋之問夢趙六 83/213 中

[李白]別滅結惜餘春賦 10　雪節愁陽春賦 11　切冽雪節閦②大獵賦 30　雪血滅大獵賦 34　雪穴大獵賦 39　列絕雪穴訣說滅熱別古風五 47　咽雪古風二十 57　絕滅遠別離 78　滅血胡無人 105　絕結雪久別離 119　雪滅襄陽曲三 145　滅雪燭照山水壁畫歌 189　設雪潔梁園吟 191　雪月[月]秋浦歌五 204　雪折贈韋待御黃裳一 235　節薛博平立馬贈別 280

---

① 李白《江夏寄漢陽輔錄事》："報國有壯心，龍顏不回春。西飛精衛鳥，東海何由填。鼓角徒悲鳴，樓船習征戰。"全詩押去聲韻。《廣韻》霰韻："填，塞填。"堂練切，在"電"小韻。

② 《廣韻》屑韻："閦，閡也，塞也。俗作閦。又博計切。"方結切。

節舌雪烈折滅別魯頌341　滅雪魯郡送竇明府379　絕別雪單父東樓秋夜383　雪節酬張卿夜宿430　節悅雪春陪裴使君遊454　雪絕別滅登梅岡望金陵478　節札[點]絕雪別血蘇武502　潔雪舌絕感遇四540　絕滅列折設汭①悅雪別蔑題瓜州新河558　雪絕寄遠十二571　別雪絕切結察[點]滅代贈遠572　絕雪學古思邊576　滅絕代美人愁鏡577　月[月]雪絕越女詞五582

[蘇渙]絕鐵贈零陵僧255/644上

[劉灣]雪別絕結李陵別蘇武196/458上

[仲子陵]截裂節清簟賦109/4上　結爇列晣[錫]珊瑚樹賦119/1下　折裂絕結悅幽蘭賦147/4下

[酒閣道人]竭[月]說穴歌862/2111中

[歐陽炯]節鐵裂題景煥畫天王歌761/1890上

[徐光溥]絕悅訣題黃居寀秋山圖761/1889中

C

[李白]別節絕闕[月]憶秦娥158

[李珣]結別絕河傳一896/2180上　結咽節河傳二896/2180上

[尹鶚]結雪擻[昔]徹撥櫂子一895/2177下　節結屑輟揭[月]秋夜月895/2177下　別歇[月]雪切月[月]秋夜月895/2177下

[孫光憲]月[月]絕滅歇[月]說生查子三897/2183下　別絕更漏子二897/2184上　別月[月]更漏子六897/2184上　咽別滅雪上行杯二897/2184中　烈節月[月]漁歌子二897/2184下　滅闊[末]疊[帖]漁歌子二897/2184下

[毛熙震]雪咽菩薩蠻一895/2178中　咽切雪更漏子一895/2178中

[歐陽炯]絕別菩薩蠻四896/2181中

8. 效攝

韻字表

蕭	篠	嘯
簫迢調條凋鵰遼寥	曉鳥嫋皎杳窅了	嘯眺調弔釣叫徼料

---

① "汭"字《廣韻》唯祭韻有"而銳切"一讀。此詩"潮平見沙汭"句，"汭"字"繆本作沴"。王琦注："木華《海賦》'雲錦散文於沙汭之際'，李善注：'毛萇《詩傳》曰：芮，崖也。芮與汭通。《左傳集解》：'水之隈曲曰汭。'《說文》：'汭，水相入也。''沴，水從空穴絕出也。'或疑《廣韻》《韻會》諸書屑、薛韻中無汭字，當以沴爲是者。按：江淹《擬古詩》'赤玉隱瑤溪，雲錦被沙汭''昨發赤亭渚，今宿浦陽汭'，皆作爇音讀，與'設絕滅雪別'字相叶，何疑於此詩耶？"今檢《集韻》薛韻："汭，水北也。《春秋傳》'及滑汭'。"劣絕切。

憀嘵

宵	小	笑
宵消霄銷綃梢橋趫	小表少擾綃矯悄剿	笑要峭誚召照詔廟
遥腰妖邀謠姚朝招		曜少嶠妙
巢潮朝飆標飇饒嬈		
橈茅描驕焦嬌翹		

肴	巧	效
郊蛟鞘髐抛		覺豹貌棹

豪	晧	號
豪毫號蒿高皋篙	皓老掃好浩昊草	到帽
曹嘈遭勞桃縧刀	早造道抱倒島討	
舠袍毛髦猱遨熬	寶保槁	
厫逃濤洮		

蕭宵

A

[李白] 趫驕行行且遊獵篇 90　凋驕姚胡無人 105　橋驕塞上曲 143　橋蛟遼永王東巡歌九 211　毫腰霄朝饒醉後贈王歷陽 293　霄朝早晨遥巢橋憶舊遊寄元參軍 321　橋潮招嘵送王屋山人 367　潮遥謠飆送殷淑一 403　凋條早秋酬寶公衡 423　遥招霄飇酬岑勳見尋 431　橈楫也橋搖霄飇謠泛月金陵城西 435　寥霄橋招焦山望松寥山 472　嬌腰袍簫飄上元夫人 499

[李遠] 橋標霄題橋賦 765/2 下

[僧鸞] 鵾霄飇贈李粲秀才 823/2019 中

B

[陳子昂] 遥霄橋邀春日登金華觀 84/215 下

[李白] 飇橋驕消姚塞下曲三 140　邀嬌霄遥寄王漢陽 331　遥橈 [楫也] 陪從祖泛鵲山湖一 455

[雍裕之] 霄凋條山中桂 471/1193 上

[廣宣] 謠朝蘭陵僻居聯句 789/1939 上

[雍陶] 條凋焦寥孤桐 518/1310 下　梢抛巢茅秋居病中 518/1311 下　橋條題情盡橋 518/1312 下　妖腰狀春 518/1313 上

[姚鵠] 迢遥潮銷送人歸吳 553/1414 上

[唐求]銷招橋遥迢塗次偶作 724/1820 上

[花蕊夫人]腰嬌橋宮詞二一 798/1956 中 宵調調和朝[朝廷]宮詞七四 798/1958 上

C

[李珣]嬈銷西溪子二 896/2179 中　銷遥菩薩蠻一 896/2179 下　調調和遥菩薩蠻三 896/
2180 上　寥遥嬌條望遠行一 896/2180 上　簫凋腰宵望遠行一 896/2180 上

[尹鶚]消饒菩薩蠻二 895/2177 中

[孫光憲]描條銷虞美人一 897/2183 中　憀銷更漏子三 897/2184 上　條橋思越人二 897/
2184 中

[毛熙震]消翹嬌腰憀浣溪沙三 895/2178 上

[歐陽炯]橈橋南鄉子二 896/2181 下　綃邀南鄉子七 896/2181 下

肴

A

[李白]鞘鞭鞘郊髇行行且遊獵篇 90

豪

A

[李白]豪毛桃勞梁甫吟 85　豪刀毛結襪子 125　毛豪袍高猱刀遨洮逃曹蒿白馬篇
138　袍刀洮子夜吳歌四 171　皋勞舠嘈濤號嶭鳴皋歌 192　高髦刀贈華州王司士 245　濤
高髦曹遨袍豪熬敘舊贈江陽宰 258　毫高贈別王山人 362　舠濤豪高螯謠送當塗趙少府
371　高舠酬張卿夜宿 430　嘈猱舠篙下涇縣陵陽溪 497　毛高觀放白鷹二 550

B

[李白]高毛毫觀放白鷹一 550

[雍陶]遭毛高病鶴 518/1313 上　高桃訪友人幽居一 518/1313 中　毛袍蔚州遇新雪 518/
1314 下

[可朋]勞高遭濤賦洞庭 849/2083 中

[花蕊夫人]條[蕭]高縧宮詞二七 798/1956 中　高袍宮詞四四 798/1957 中

C

[李珣]袍條勞濤漁父三 760/1889 上

篠小

A

[李白]少小大獵賦 41　鳥曉代別情人 573　擾紗皎矯表曉金鄉畫鶴贊 648

[雍裕之]勸鳥悄了語 471/1193 中　少擾曉不了語 471/1193 中

C

[李珣]杳曉定風波五 896/2180 中

[尹鶚]悄嫋掃[晧]滿宮花 895/2177 中少島[晧]曉滿宮花 895/2177 中

[孫光憲]嫋笑[笑]菩薩蠻一 897/2183 上　小曉菩薩蠻五 897/2183 中　笑[笑]鳥好

[晧]少老[晧]生查子五 897/2183 下　小照[笑]紗酒泉子三 897/2183 下

[毛熙震]悄了曉更漏子二 895/2178 中

晧

A

[李白]寶道大獵賦 39　道草老戰城南 88　保早道行路難三 95　晧草好老山人勸酒 112

倒抱草白頭吟一 120　掃早草老長干行一 126　草好妾薄命 132　道倒草猛虎行 175　草好

侍從宜春苑百囀歌 183　早好道草鳴皋歌奉餞 194　道草晧金陵歌 200　島草造酬殷明佐

220　道寶草老贈韋待御黃裳二 235　草老道贈從孫義興宰 259　道老草昊道經亂離後贈

韋太守 277　抱倒贈南陵常贊府 299　草寶自梁園有此贈 300　草老贈友人一 301　道槁自漢

陽病酒歸 332　早道南陵別兒童 361　浩草道灞陵行送別 387　道草送舍弟吾 408　道草好答

杜秀才 440　道草倒老金陵白楊十字巷 507　掃道草槁老討早寶擬古八 533　道倒寓言三

539　島老道槁抱倒早草掃昊荊州賊亂言懷 547　老草槁晧覽鏡書懷 547　島道草寄遠

七 569　寶早草好道自溧水道哭王炎二 585

[閭丘均]草道討島好老臨水亭 94/238 下

[蘇渙]老道變律三 255/643 下

[成都醉道士]道老槁示胡二郎歌 862/2111 下

C

[李珣]老到[號]掃西溪子一 896/2179 中

[孫光憲]掃老菩薩蠻三 897/2183 中

嘯笑

A

[李白]妙曜照笑調古風十 50　帽[號]笑扶風豪士歌 188　調笑少上李邕 250　徼嘯廟

照峭笑弔料豹[效]召叫眺妙貌[效]調嶠釣棹[效]要誚經亂後贈崔宣城 309　笑照

釣調獨酌清溪江 326　要照妙召調笑眺與元丹丘談玄 513　詔妙笑調誚眺嘯嶠釣翰林

讀書言懷 541　笑照自代內贈 579

C

[李珣]笑窊[篠]照南鄉子四 896/2179 上

效

A

[李白]覺貌與元丹丘談玄 513

C

[李珣]櫂島[晧]定風波二 896/2180 中

9. 果攝

韻字表

歌	哿	箇
歌哥何河荷柯娑蛾	我柂左	餓
峨娥鵝羅蘿多馱沱		
跎沲酡那		

戈	果	過
戈科過窠禾和波頗	火坐瑣鎖墮朵	過臥
磨劘螺梭莎贏麼		

歌戈

A

[陳子昂]和科何羅蛾柯感遇詩十二 83/211 中 跎何禾羅感遇詩二五 83/211 下 和過劘何感遇詩三八 83/212 上

[李白]和歌明堂賦 25 多波何烏棲曲 88 過波多酡何跎前有樽酒行一 99 多歌夜坐吟 99 窠羅何野田黃雀行 100 和波戈多科日出入行 105 過歌何陽春歌 111 波過多何荆州歌 117 河多波塞上曲 143 河波歌沱那峨多戈發白馬 159 柯波多幽歌行 185 多歌波梁園吟 190 河波多和盧侍御通塘曲 225 多過羅歌何雪讒詩贈友人 241 歌何波和鵝多書情贈蔡舍人雄 252 過何娥憶舊遊寄元參軍 322 歌河沲留別于十一 345 波多鵝送賀賓客 390 羅和波科多跎河柯過送于十八還嵩山 394 何波歌過跎峨五松山送殷淑 420 歌波過何答長安崔少府 426 多柯自巴東舟行 495 何過柯波紀南陵題五松山 508 歌多何波金陵江上遇隱者 519 過何和蘿波多寄遠一 567 河波寄遠六 569 羅馱歌何對酒 574

[仲子陵]歌和洞庭獻新橘賦 145/8 上

〔雍裕之〕窠梭河五雜組471/1193 上　螺河大言471/1193 上

〔徐光溥〕歌和題黃居寀秋山圖761/1889 下

B

〔李白〕多過歌娥宮中行樂詞四147　歌多羅波金陵三504　歌何出妓金陵子二583

〔朱休〕和波荷莎多科歌春水綠波780/1924 中

〔李遠〕多羅歌波悲銅雀臺519/1315 上　多過歌蛾娑贈友人519/1315 下　何歌波蛾多吳越懷古519/1315 下

〔雍陶〕多莎過和和劉補闕秋園寓興一518/1311 上　多頗磨河罷還邊將518/1311 下　過何多春懷舊遊518/1312 中

〔姚鵠〕何多跎蘿寄友人553/1414 中

〔唐求〕峨窠多羅贈行如上人724/1819 下

C

〔李珣〕歌多南鄉子三896/2179 上　贏歌南鄉子五896/2179 上　波歌南鄉子十三896/2179 中　歌和河傳二896/2180 上

〔孫光憲〕河歌多楊柳枝詞762/1893 中　多波鵝哥麼①浣溪沙十五897/2183 上　歌多菩薩蠻五897/2183 中　何多更漏子三897/2184 上　何多蛾波荷思帝鄉897/2184 中

〔歐陽炯〕河多波歌西江月一896/2180 下　多羅和何女冠子一896/2181 上　歌羅菩薩蠻二896/2181 中

哿果
A

〔李白〕瑣我魯郡送竇明府380　我柂送蔡山人402　坐我酬崔五郎中427

〔歐陽炯〕墮火坐貫休應夢羅漢畫歌761/1889 下

C

〔李珣〕過〔過〕鎖朵南鄉子三896/2179 上

〔孫光憲〕坐鎖破〔過〕墮我生查子七897/2183 下

---

① 此字所在句爲“不知事情久長麼”，係疑問語氣詞，《漢語大字典》謂“舊讀 me”，但無音源。其作實詞，表示細小，或合稱“幺麼”，《廣韻》果韻忙果切，《集韻》戈韻眉波切。因詞中與平聲字韻，今姑列入戈韻。

箇過

A

［李白］左［哿］過臥餓少年子 165　臥過和［聲相應］答杜秀才 440

10. 假攝

韻字表

麻	馬	禡
麻巴葩瓜誇花華家	馬下寫瓦雅也者野	化夜榭亞價謝駕架詐
嘉加嗟伽葭斜霞查	賈寡社捨灑他	
茶遮車沙砂紗奢蛇		
賒耶牙芽鴉		

麻

A

［李義府］葭斜花沙和邊城秋氣早 35/123 上

［陳子昂］花麻感遇詩九 83/211 中　賒家華霞芽瓜臥病家園 84/216 下

［李白］嗟華涯［佳］惜餘春賦 10　奢華霞明堂賦 27　麻拏霞沙嗟古風二十九 61　嗟家麻沙公無渡河 79　蛇麻家嗟蜀道難 82　砂家嗟花霞車飛龍引一 91　花家霞楊叛兒 111　沙嗟王昭君一 116　家花嗟久別離 119　巴家沙長干行一 127　花家霞遮加牙沙賒嗟秦女休行 152　沙家花嗟涯［佳］千里思 163　花耶家子夜吳歌二 171　霞嗟華幽歌行 185　沙嗟麻賒鴉花家扶風豪士歌 188　伽車沙僧伽歌 198　嗟麻花金陵歌 200　花沙秋浦歌六 204　麻嘉沙永王東巡歌二 208　花斜家崖［佳］古意 222　涯［佳］霞車瓜嗟華家葩斜蛇賒砂早秋贈裴十七 228　家華沙江上贈竇長史 281　霞瓜家涯［佳］車花寄王屋山人 321　車麻嗟霞夢遊天姥 342　嘉賒霞送王屋山人 366　賒誇花魯郡送竇明府 380　查沙花送祝八之江東 398　沙霞車送蕭三十一之魯中 402　霞崖［佳］沙車早望海霞邊 472　花家麻下途歸舊居 491　家沙經下邳圯橋 502　霞花嗟砂落日憶山中 528　華家改九子山聯句 561　花巴宣城見杜鵑花 566　嗟花斜花代寄情 575　家花霞送内尋女道士一 580

［歐陽炯］加涯［佳］家貫休應夢羅漢畫歌 761/1889 下

B

［陳子昂］家華花霞晦日宴高氏林亭 84/216 上

［李白］家沙花嗟塞下曲五 141　家花霞誇宴陶家亭子 460　沙家花與史郎中欽聽吹笛

522 花家憶東山— 526 花車家陌上贈美人 572

[雍裕之]沙花家蘆花 471/1193 上

[廣宣]華家花沙聖恩顧問獨遊 822/2017 上

[雍陶]賒家華霞送前鄂縣李少府 518/1311 上 華芽斜家和劉補闕秋園寓興四 518/1311 上 斜家花西歸出斜谷 518/1313 中 霞家旅懷 518/1313 中 斜家花城西訪友人 518/1313 下 華家花洛中感事 518/1314 上 家華花過南鄰花園 518/1314 上 霞斜花天津橋望春 518/1314 中

[唐求]家霞花沙斜題楊山人隱居 724/1820 上 涯[佳]賒巴斜家題友人寓居 724/1821 中

[花蕊夫人]花霞娃美女[佳]宮詞八 798/1956 上 花斜茶宮詞二九 798/1957 上 花家宮詞四一 798/1957 中 斜華瓜宮詞四九 798/1957 中 家華花宮詞五一 798/1957 下 家斜花宮詞五七 798/1957 下 家花斜宮詞六一 798/1957 下 斜花家宮詞七五 798/1958 上 家沙花宮詞七八 798/1958 上 斜霞花宮詞八三 798/1958 中

C

[李珣]斜花菩薩蠻二 896/2179 下

[孫光憲]花斜鴉竹枝詞 762/1893 中

[歐陽炯]紗霞華定風波 896/2181 上 花家定風波 896/2181 上 家花南鄉子四 896/2181 下

馬

A

[陳子昂]者下登幽州臺歌 83/214 上

[李白]野寡大獵賦 30 下 馬襄陽曲二 145 下 灑雅者瓦社賈贈常侍御 274 馬下夢遊天姥 342 野下酬張卿夜宿 431 者下寫冬夜醉宿龍門 516

[仲子陵]寡捨下者也斷織賦 120/7 下

[歐陽炯]下瓦馬題景煥畫天王歌 761/1890 上 畫[卦]寫者題景煥畫天王歌 761/1890 上

[徐光溥]野者下題黃居寀秋山圖 761/1889 下

C

[孫光憲]馬下謝[禡]風流子三 897/2184 上 罷[蟹]也夜[禡]風流子三 897/2184 上

[歐陽炯]下罷[蟹]畫[卦]木蘭花三 896/2181 上

禡

A

[李白]化夜漢東紫陽先生碑銘 701

［李遠］夜化樹亞蟬蛻賦 765/1 上
［雍陶］夜價化詐千金裘賦 113/4 上

C

［李珣］夜畫［卦］下［馬］罷［蟹］漁歌子二 896/2180 上　舍屋也也［馬］架挂［卦］漁歌子
二 896/2180 上

［孫光憲］畫［卦］駕夜炧［馬］河瀆神一 897/2183 中

［歐陽炯］夜謝舍木蘭花三 896/2181 上

11. 宕攝
韻字表

陽	養	漾	藥
陽洋揚楊羊央	仰鞅往想掌丈	漾相讓上尚壯	藥酌謔若灼躍
王亡望鴦颺忘	兩賞上爽晌奬	悵樣狀漲向望	著鑠
鈌章張裝莊粧			
妝長昌常裳倡			
場腸嘗床牀商			
觴霜鸘傷攘穰			
梁量樑娘涼將			
疆漿韁牆彊强			
鏘香鄉箱襄湘			
祥驤翔相方防			
芳房妨坊狂筐			

唐	蕩	宕	鐸
唐堂湯塘棠當	黨讜蒼莽	喪浪曠	籜樂洛廓落堊
康光岡崗綱黃			託靃薄作絡閣
皇荒行隍煌凰			鶴惡崿諾郭昨
簧惶遑鍠倉蒼			索鑿莫寞幙蠖
藏桑囊茫忙芒			艎霍博泊箔
旁傍郎廊狼榔			

陽唐
A

［大元上人］香光長梁康疆古雒縣塔記 10

［陳子昂］昌光光昌慶雲章 83/211 上　鄉陽茫裳王亡感遇詩二七 83/211 下　常亡光妨茫同宋之問夢趙六 83/213 中　陽黃蒼裳同宋之問夢趙六 83/213 中

［李白］裳章隍觴陽常方藏腸揚大鵬賦 5　荒綱場翔大鵬賦 5　方芳茫行湘揚惜餘春賦 9　荒陽茫張光綱洋疆明堂賦 15　堂鄉昌光明堂賦 15　樑湘蒼將皇明堂賦 16　煌光湯陽章堂央方明堂賦 21　荒章倉牆望桑康鍨堂穰旁唐陽香鄉明堂賦 26　岡霜大獵賦 33　觴陽大獵賦 41　霜堂傷旁光芳裳古風三十七 67　裳光霜皇漿鄉揚古風四十一 69　皇方光霜飛龍引二 91　長堂夜坐吟 99　桑長荒陽光揚張倡凰鄉行上雲樂 103　旁昌霜揚方胡無人 106　鴦芳張白頭吟一 119　鴦芳光翔王白頭吟二 121　郎楊腸采蓮曲 122　央裳牀當光妨秦女卷衣 153　荒芒光行揚場蒼旁傷霜王亡陽出自薊北門行 155　行蒼岡方裳陽鄉腸桑長霜漿傷光北上行 156　茫長霜場桑觴光短歌行 157　光霜鄉靜夜思 168　長堂香擣衣篇 172　旁楊霜章郎長勞勞亭歌 195　陽當長橫江詞二 195　梁香秋浦歌十一 206　長霜秋浦歌十五 206　昌陽光永王東巡歌三 209　鵠方香蒼皇腸酬殷明佐 221　香腸揚芳鴦量古意 222　塘郎和盧侍御通塘曲 225　堂量榔傍贈衛尉張卿二 233　狂疆雪讒詩贈友人 241　傍荒陽傷雪讒詩贈友人 241　芳霜堂行觴敘舊贈江陽宰 258　漿王霜行翔遊溧陽贈同旅 265　塙霜康行陽光獄中上崔相 272　芳章鄉堂霜郎行觴藏浪①贈劉都使 274　狼張王驤亡鄉堂皇觴行梁陽望涼經亂離後贈韋太守 276　藏霜將陽皇光贈潘侍御 285　長牀霜桑光湘傷亡方皇翔贈別舍人弟 293　張茫自梁園有此贈 300　陽皇廊聞丹丘子以寄之 319　傍張光長梁望蒼長廬山謠 328　陽光章場湘芳自漢陽病酒歸 332　茫腸觴早春寄王漢陽 334　傍蒼皇章霜房囊荒翔芳藏王鄉觴陽光行唐湘涼長羊留別曹南群官 344　章堂霜留別于十一 345　堂霜桑觴夜別張五 346　香嘗觴長金陵酒肆 353　霜芳傷堂郎長忘行留別賈舍人二 358　忘傷楊腸南陽送客 363　旁腸羊送蕭三十一之魯中 402　章陽光涼尋陽送弟昌峒 410　光觴霜揚長梁送崔氏昆季 421　腸鄉忘春陪裴使君遊 454　光香裳涼芳方房安州水閣納涼 514　堂光霜桑梁翔傷鴦擬古二 531　霜荒光翔王凰揚擬古六 532　旁牀裝霜行洗腳亭 559　霜芳王傷腸懼讒 563　堂牀香寄遠十一 570　旁光章鴦代別情人 573　行傍陽央岡章翔傷亡芳自溧水道哭王炎一 584　翔章鏘堂洋忘趙公西侯新亭頌 635　場梁霜光金銀泥變相贊 647　傷揚光攘堂惶昌忘朱虛侯贊 650

［蘇渙］章張狂贈零陵僧 255/644 上

---

① "主人若不顧,明發釣滄浪",《廣韻》唐韻:"浪,滄浪,水名。"魯當切。

［李珣］塘蔦南鄉子四 896/2179 上　香塘南鄉子十六 896/2179 中　長芳香中興樂一 896/2179 中　狂郎湘中興樂一 896/2179 中　妝簧行中興樂二 896/2179 中　蔦量光中興樂二 896/2179 中　妝黃光量颺浣溪沙一 896/2179 下　棠妝芳香陽浣溪沙二 896/2179 下　央塘湘妝長定風波四 896/2180 中

［尹鶚］香長光妝量江城子 895/2177 上　香娘腸臨江仙一 895/2177 下　芳颺房臨江仙一 895/2177 下

［孫光憲］長香陽八拍蠻 762/1893 中　香長光茫湘浣溪沙一 897/2182 中　香長鍠茫堂浣溪沙十 897/2182 下　唐長菩薩蠻一 897/2183 上　長黃颺牆玉胡蝶 897/2184 中　芳娘香玉胡蝶 897/2184 中　囊郎腸狂退方怨 897/2184 下　妝鄉防蔦退方怨 897/2184 下

［毛熙震］妝黃傍香女冠子二 895/2178 上　長香妝狂相浣溪沙五 895/2178 上　涼香菩薩蠻二 895/2178 中　腸芳香郎房狂南歌子二 895/2178 下

［歐陽炯］長光芳香陽春光好一 896/2180 下　張狂簧香郎春光好六 896/2180 下　長楊香光芳春光好八 896/2180 下　長量腸赤棗子二 896/2181 上

養蕩
A

［李白］黨蒼莽蒼往掌兩大獵賦 34　賞上白紓辭二 131　爽賞獎往蕩仰莽讜鞅想酬裴侍御見贈 433　丈想春陪裴使君遊 454

C

［李珣］掌賞上南鄉子十五 896/2179 中　想悵［漾］定風波四 896/2180 中

漾宕
A

［李白］相望讓尚喪陳情贈友人 302　望壯悵冬夜醉宿龍門 516

［李遠］望浪上狀題橋賦 765/2 下

C

［孫光憲］漾漲上漁歌子一 897/2184 下　望向曠漁歌子一 897/2184 下

［歐陽炯］晌［養］望樣更漏子一 896/2181 上

藥鐸
A

［李白］洛廓明堂賦 17　落壑託藿古風四十五 71　薄託藿落古風五十二 74　樂謔酌將進

酒 89 作絡譇陌上桑 160 作閣鶴①洛嶭壑鳴皋歌 193 惡閣橫江詞一 195 作閣贈參寥子
242 諾託郭樂博平立馬贈別 280 作昨郭躍鶴廓藿索諾閣遊敬亭 338 惡薄樂壑送王
屋山人 366 諾昨樂尋陽送弟昌峒 410 壑樂廓藥蠖金門答蘇秀才 428 郭閣泊落籜作廓
諾遊水西簡鄭明府 466 託樂鑠灼錯錯雜閣擬古七 533 落寞鑿霍閣諾託臔壑樂薄若
鶴藥題嵩山山居 560 樂閣金銀泥變相贊 647 作落薄廓天長韋公德政碑 665 鑿惡虞城縣
令碑 677 鶴落博閣託廓宣城詩以見志 683 樂作惡莫寒女吟 684

〔蘇渙〕落作贈零陵僧 255/644 上

〔巴陵館鬼〕落著柱上詩 866/2119 上

C

〔李珣〕落閣定風波三 896/2180 中

〔孫光憲〕落薄閣河傳三 897/2183 上　落薄喔〔覺〕更漏子二 897/2184 上

〔毛熙震〕箔寞落閣著薄木蘭花 895/2178 下

〔歐陽炯〕薄幀菩薩蠻三 896/2181 中

12. 梗攝
韻字表

庚	梗	映	陌
更行橫蘅京驚	永冷景影杏	映命	陌百白澤迫客劇
鯨荊明鳴盟平			宅貊伯戟魄赫額
英迎生笙牲卿			綌碧逆屐坼拆擇
兵榮嶸鎗槍兄			窄帛隙格
耕	耿	諍	麥
耕爭箏鶯鍧莖			策厄軶隔畫翃
清	静	勁	昔
清情傾輕晴瓊	静屏整井嶺郢	正聖	昔席擲跖尺易
精旌晶菁鶄貞	頸騁		益磧烏適夕隻
征楨成城誠盛			役迹鶺璧石籍

---

① 《李太白全集·鳴皋歌送岑徵君》"送君之歸兮,動鳴皋之新作。交鼓吹兮彈絲,觴清泠之池閣。君
不行兮何待,若返顧之黃鵠。掃梁園之群英,振大雅於東落。巾征軒兮歷阻折,尋幽居兮越巇嶭。盤
白石兮坐素月,琴松風兮寂萬壑","鵠"字不韻,《全唐詩》卷二二、一六六並作"鶴",不誤。

程呈醒聲并名　　　　　　　　　液惜射腋辟數
盈嬴營嫛纓縈
瀛瑩楹

青　　　　　迥　　　　　徑　　　　錫

青經扃醒形刑　　　　徑定磬　　　　晰晢戚滴敵惕
星陘馨寧螢熒　　　　　　　　　　壁羃的寂析歷
冥銘暝溟亭停　　　　　　　　　　激
庭霆聽廳汀蜓
婷泠零靈翎定
萍屏軿

庚耕清
A

[道會]情生別三輔諸僧 808/1985 中

[陳子昂]青[青]莖生成感遇詩二 83/211 上 精行并冥[青]經[青]英感遇詩六 83/211 中 清生盈平感遇詩十三 83/211 中 生爭嬴京橫行兵醒[青]溟[青]感遇詩十七 83/211 下 兵城生驚冥[青]行平橫感遇詩二九 83/211 下 亭[青]冥[青]聲泠[青]英青[青]榮零[青]貞鳴庭[青]成靈[青]笙城生京與東方左史虬修竹篇 83/212 下 兵城衡薊丘覽古・樂生 83/212 下 榮城行生明平題居延古城贈喬知之 83/213 上 生情驚明并平迎冥[青]征榮行夏日暉上人房別李崇嗣 83/213 下 京城生情落第西還別劉祭酒 84/214 下 行城兵營旌生和陸明府重出塞 84/216 中 亭[青]陘[青]平庭[青]兵成京行生迎城還至張掖古城 84/217 上

[李白]清溟[青]征橫明嶸霆[青]傾爭形[青]大鵬賦 2 盛牲靈[青]誠鏗鳴成庭[青]冥[青]明堂賦 23 清名笙聲星[青]傾古風七 48 平生情鳴名冥[青]古風十三 51 星[青]清行冥[青]兵纓古風十九 56 聲鳴情生榮旌平古風二十二 58 星[青]城鳴衡清兵征行晶聲鯨生平古風三十四 64 誠傾莖梁甫吟 85 聲情生行路難二 94 生行名行路難三 95 平旌鳴驚征荊形[青]榮兵陵[蒸]名清聽[青]上留田行 97 嶸生聲塋上留田行 96 清楹箏行瀛驚傾平寧[青]迎軿[青]京冥[青]名春日行 98 聲情夜坐吟 99 纓明星行名橫嬴輕生驚城英[青]俠客行 107 鳴生名獨漉篇 109 爭驚成情清傾山人勸酒 112 驚成鳴生爭生情名清雉子班曲辭 118 生鯨臨江王節士歌 122 傾情卿星[青]生誠兵行明庭[青]瀛榮縈刑[青]英成輕聲名東海有勇婦 136 笙鳴京鳳笙

篇 138 成生聲來日大難 142 京卿城行星[青]亭[青]榮鼓吹入朝曲 151 情生榮樹中草
164 聲情迎名鳳臺曲 169 聲情征子夜吳歌三 171 兵城寧[青]猛虎行 175 鎧生聲襄陽
歌 180 青[青]城楹鳴情聲京清行鶯笙侍從宜春苑百囀歌 183 冥[青]生輕西岳雲臺
歌 186 瀛清嶸城燭照山水壁畫歌 189 迎生行橫江詞五 196 驚輕行懷仙歌 219 名楹清
鳴迎聲贈范金鄉二 230 明橫生英贈韋秘書 234 爭英明耕生京平情榮兄名讀諸葛武
侯傳 236 明形[青]誠雪讒詩贈友人 241 清情名聲贈清漳明府姪聿 243 征并行明兵橫
城鳴英耕榮情兄聲名鄴中贈王大 245 平清情城生耕明名贈閭丘宿松 271 京城生
情名爭榮行成聲京纓英征亭[青]明星[青]鯨傾瀛經亂離後贈韋太守 276 平兵城
行迎贈從弟南平太守二 285 行橫名情贈南陵常贊府 299 城京自梁園有此贈 300 經[青]
生槍櫬槍英名精迎卿并冥[青]傾榮霆[青]驚星[青]庭[青]城莖耕聲平亭[青]
鳴輕鯨楹清營獻從叔陽冰 311 行聲情贈汪倫 312 城聲情征沙丘城下寄杜甫 318 亭
[青]鳴清并情榮征迎誠生輕聲淮陰書懷 320 城縈明聲迎笙鳴憶舊遊寄元參軍 321
清城聲情寄當塗趙少府 326 情成京清廬山謠 328 橫城傾夢遊天姥 342 定[青]①暝
[青]夢遊天姥 342 成榮星[青]庭[青]冥[青]生城明行名留別西河劉少府 347 爭鯨
京城英名亭[青]行清情留別金陵 352 兵傾明城霆[青]營鯨生纓榮征行京迎英
亭[青]聲橫溟[青]卿聞李太尉大舉秦兵 359 名城并送王屋山人 363 名城行送王屋山
人 365 明清聲送王屋山人 365 京生聽[青]灞陵行送別 387 情名生送裴十八圖南 392
情城傾行清聲送儲邕之武昌 422 生成酬崔五郎中 427 城迎榮名答杜秀才 440 清情
聲遊南陽清泠泉 445 經[青]形[青]生溟[青]鳴鯨瀛遊泰山四 449 清榮情行生鳴傾
迎遊謝氏山亭 457 明榮清傾生九日 468 城榮鳴箏行生平名傾京登瓦官閣 476 名青
[青]生明鸚鵡洲 482 清情下途歸舊居 490 明平行鶯迎生城荊門浮舟 494 衡名英鳴
情平刑[青]生望鸚鵡洲懷禰衡 506 情星[青]紀南陵題五松山 508 生楹鳴鶯傾情春日
醉起言志 521 明迎榮生情對酒憶賀監二 527 聲情城輕清楹精生秋夕書懷 542 聲情
盈觀巫山屏風 551 生成名聲并京明情清題紫陽先生壁 557 清明驚情三五七言 567
成情行示金陵子 582 聲鳴傾出妓金陵子四 583 亭[青]營清行趙公西侯新亭頌 635 精
靈[青]生庭[青]清溟[青]成榮青[青]星[青]京行程當塗李宰君畫贊 642 成明嶸
聲楨宣城吳録事畫贊 643 清聲虞城縣令碑 677 兵驚爲宋中丞祭九江文 679 城生平情

---

① “定”字《廣韻》徑韻徒徑切，又丁定切，於調不合；《集韻》青韻：“定，止也。”唐丁切，在“庭”小韻。據
　此，視“定暝”爲青獨用。

贏荆嬰誠英盟横聲銘[青]榮名迎醒傾京清自廣平覽古書懷 681　亭[青]情傾名金
陵新亭 683

[蘇渙] 溟[青]名贈零陵僧 255/644 上

[嚴震] 鳴兄兄聞鹿鳴互謔 870/2130 中①

[仲子陵] 名清成平清簞賦 109/4 上　名莖菁征清聲英洞庭獻新橘賦 145/8 上

[雍裕之] 明聲自君之出矣 471/1193 上　情聲殘鶯 471/1193 中

[朱灣] 成生寒城晚角 306/770 中　兵聲寒城晚角 306/770 中

[李遠] 驚輕横鳴蟬蛻賦 765/1 下　名程明日中爲市賦 765/3 下

[雍陶] 成明學然後知不足賦 62/7 下

[蜀選人] 城親[情]②嘲韓昭 878/2134 上

[歐陽炯] 驚争生題景焕畫天王歌 761/1890 上

B

[中寤] 兄清成生名贈王仙柯 808/1985 中

[陳子昂] 征城平鳴晚次樂鄉縣 84/214 中　生盈榮平送客 84/214 下　征兵平名送著作
佐郎崔融等 84/215 上　汀[青]生箏平明横于長史山池三日曲水宴 84/216 下

[李白] 城名清贏贈升州王使君 256　傾情口號 353　榮傾明送韓侍御之廣德 405　城征
情鳴送友人 406　行生城平送友人入蜀 407　情聲青溪半夜聞笛 520　平京行成名兵耕榮
情明秋夜獨坐 524　明清聲名題宛溪館 562　聲亭[青]纓情觀胡人吹笛 564　聲城情春夜
洛城聞笛 565　情生庭[青]輕寄遠九 570　清生明纓觀魚潭 681

[仲子陵] 精清生明聲情秦鏡 281/711 下

[馬逢] 榮輕清迎新樂府 772/1913 下

[雍裕之] 争誠細言 471/1193 上　空生柳絮 471/1193 中　明驚聲江上聞猨 471/1193 中
平情聲聽彈沈湘 471/1193 中　聲驚宿棣華館聞雁 471/1193 中

[朱灣] 名輕争聲詠雙陸骰子 306/769 下

[廣宣] 城清嵾紅樓下聯句 789/1939 上

---

① 此爲嚴震與其表兄弟之間的互謔之詞,僅中間一字爲嚴震語。

② 《全唐詩》卷八七二有《蜀選人嘲韓昭》詩,編者注:"蜀王衍時韓昭爲吏部侍郎,受略徇私,選人詣鼓
院訴之,並有此嘲。衍召問昭,昭曰:'此皆太后、太妃、國舅之親,非臣之親。'衍默然。"詩曰:"嘉眉
邛蜀,侍郎骨肉。導江青城,侍郎情親。果閬二州,侍郎自留。巴蓬集壁,侍郎不識。"此詩兩句一韻,
"城"清韻而"親"真韻;宋張唐英《蜀檮杌》作"導江青城,侍郎親情","情"亦清韻,當是。

［卓英英］笙情聲理笙 863/2113 中

［李遠］英行聲鶯情陪新及第赴同年會 519/1315 中　清輕明驚名贈寫御容 519/1315 中 箏卿聲贈箏妓伍卿 519/1316 上

［雍陶］行平情聲酬秘書王丞 518/1310 下　城程生名岳陽晚景 518/1311 中　名情行箏 生少年行 518/1311 中　驚情生名平哭饒州吳諫議 518/1311 下　行程鳴情蜀路倦行 518/ 1312 上　旌平情行聲城程送于中丞使北蕃 518/1312 上　行輕成早秋月夜 518/1312 中 程情行春行武關作 518/1312 下　亭［青］明聲憶江南舊居 518/1313 中　兵聲哀蜀人爲南蠻 俘虜一 518/1313 下　生鳴聲宿石門山居 518/1314 上　情聲題友人所居 518/1314 下

［姚鵠］程生清明迎送費練師供奉 553/1414 下　清平鳴生聲盈榮風不鳴條 553/1415 中

［唐求］程明行聲曉發 724/1819 下　輕行成鳴生題王山人 724/1821 下

［海印］聲驚行橫舟夜 805/1974 上

［太乙真君］城名行送紫微處士酒 862/2112 上

［可朋］晴清明形［青］平中秋月 888/2160 中

［蜀太后徐氏］平清名聲題彭州陽平化 9/38 上　情行城題天回驛 9/38 上

［蜀太妃徐氏］平清行明生題彭州陽平化 9/38 中　生明聲情三學山夜看聖燈 9/38 中 京城行題天回驛 9/38 中

［李玉簫］聲驚鶯宮詞 797/1955 下

［花蕊夫人］城笙聲宮詞十 798/1956 上　成名聲宮詞十一 798/1956 上　成行鶯宮詞十 七 798/1956 上　爭名聲宮詞二十 798/1956 中　城鳴聲宮詞四五 798/1957 中　萍［青］橫情 宮詞五三 798/1957 下　成行呈宮詞五四 798/1957 下　成聲宮詞六五 798/1957 下　清行宮 詞六六 798/1958 上　亭［青］行聲宮詞八五 798/1958 中

C

［李白］程亭［青］菩薩蠻 158

［李珣］輕行南鄉子七 896/2179 上　輕情南鄉子十二 896/2179 中　庭［青］情聲成橫定 風波五 896/2180 中

［尹鶚］明情輕婷［青］杏園芳 895/2177 中　城縈屏［青］杏園芳 895/2177 中　庭［青］成 平臨江仙二 895/2177 下

［孫光憲］行明生聲情浣溪沙五 897/2182 下　城情驚榮生浣溪沙十三 897/2182 下　零 ［青］成人明生浣溪沙十四 897/2182 下　聲明菩薩蠻二 897/2183 上　更橫明箏情行臨江 仙二 897/2183 下　聲情平虞美人二 897/2183 中　明輕成驚定西番一 897/2184 中　明更聲

橫定西番一 897/2184 中　平情望梅花 897/2184 下　更明聲望梅花 897/2184 下

[毛熙震]驚平箏輕生情何滿子一 895/2177 下　盈明驚橫瓊情何滿子二 895/2178 上
明輕箏聲名情南歌子一 895/2178 下　明聲箏輕情行臨江仙二 895/2178 下

[歐陽炯]明生輕驚漁父歌二 761/1890 上　聲成明南歌子 896/2180 中　清京名行輕春
光好五 896/2180 下　屏[青]盈橫聲箏春光好七 896/2180 下　明輕聲晴行春光好九 896/
2180 下　明成菩薩蠻四 896/2181 中　平明南鄉子三 896/2181 下　鵲汀[青]南鄉子八 896/
2181 下　平明情聲城江城子 896/2181 下

青
A

[陳子昂]冥生[庚]冥明[庚]成[清]停感遇詩八 83/211 中　青英[庚]暝寧感遇詩二
二 83/211 下　靈情[清]亭青送殷大入蜀 84/214 下

[李白]生[庚]停聽醒名[清]將進酒 89　屏生[庚]秋浦歌九 205　城[清]星庭上皇西巡
南京歌七 214　聲[清]英[庚]卿[庚]亭聽鳴[庚]霆屏冥經瀛[清]贈僧崖公 264　冥星
庭與諸公送陳郎將 413

[仲子陵]溟庭靈形珊瑚樹賦 119/1 上

[朱灣]冥形庭醒聽青七賢廟 306/770 中

B

[李白]亭螢夜下征虜亭 489　亭青勞勞亭 559　泠廳青經贈江油尉 695

[雍陶]亭汀形泠庭青翎星屏停聽萍和河南白尹 518/1312 中

[唐求]亭經聽腥和舒上人 724/1820 上　螢馨青庭送友人江行 724/1821 中

[李舜弦]庭醒屏蜀宮應制 797/1955 中

[花蕊夫人]行[庚]蜓屏宮詞七九 798/1958 上

[孟蜀妃張太華]扃冥經謝李若冲 866/2121 中

C

[李珣]零屏聽酒泉子二 896/2179 下　聽醒酒泉子三 896/2179 下　停旌[清]酒泉子三
896/2179 下　醒聽定風波五 896/2180 中

[尹鶚]屏情[清]零臨江仙二 895/2177 下

[歐陽炯]熒醒屏赤棗子一 896/2181 上

梗<u>静</u>

A

[陳子昂] <u>静</u>屏冷<u>整</u>_{酬暉上人} 83/213 中

[李白] 井<u>影</u>_{白頭吟二} 121　嶺井<u>整</u>_{送溫處士歸黄山} 374　<u>影</u><u>静</u><u>騁騂</u>_{李居士贊} 643

[徐光溥] <u>静</u><u>映</u>[映]<u>徑</u>[徑]_{題黄居寀秋山圖} 761/1889 中

C

[李珣] <u>静</u><u>磬</u>[徑]_{女冠子二} 896/2179 中　景<u>影</u>_{菩薩蠻二} 896/2179 下　冷<u>永</u>_{定風波四} 896/2180 中

[孫光憲] 冷<u>影</u>_{杏河傳三} 897/2183 上　頸<u>影</u>_{酒泉子三} 897/2183 下　<u>静</u>冷<u>影</u>_{更漏子一} 897/2184 上

[毛熙震] 杏<u>影</u>_{女冠子一} 895/2178 上　<u>静</u><u>永</u>_{更漏子二} 895/2178 中

[歐陽炯] 井<u>影</u>_{更漏子一} 896/2181 上

映<u>勁</u>

A

[韋表微] 聖<u>定</u>[徑]_{正命池州夫子廟麟臺} 473/1198 上

陌麥昔

A

[李白] <u>籍</u><u>戚</u>[錫]<u>辟</u><u>帛</u><u>迹</u>_{明堂賦} 23　戟<u>澤</u>伯<u>貊</u><u>格</u>_{大獵賦} 31　客<u>白</u>迫<u>魄</u>_{古風十七} 54　陌<u>宅</u>赫<u>惕</u>[錫]<u>跖</u>_{古風二十四} 59　<u>石</u><u>壁</u>_{古風五十} 73　尺<u>壁</u>[錫]_{蜀道難} 81　易<u>磧</u><u>益</u>_{行行且遊獵篇} 90　夕<u>益</u>_{前有樽酒行一} 99　額<u>劇</u>_{長干行一} 126　<u>羃</u>[錫]尺<u>綌</u>客<u>擲</u><u>迹</u>_{黄葛篇} 137　役<u>迹</u>_{估客行} 172　白<u>隔</u>陌赫客<u>厄</u><u>益</u>_{君馬黄} 164　客<u>石</u><u>擲</u>_{猛虎行} 176　客<u>碧</u><u>石</u>_{幽歌行} 185　白客<u>陌</u>峨眉山月歌送蜀僧 217　<u>碧</u><u>迹</u><u>魄</u>_{赤壁歌} 218　<u>石</u><u>籍</u>①<u>適</u><u>益</u>_{贈韋秘書} 234　易<u>厄</u>_{敍舊贈江陽宰} 258　易<u>魄</u><u>的</u>[錫]<u>隙</u><u>隻</u><u>軛</u><u>翮</u>宅<u>液</u><u>寂</u>[錫]<u>曆</u>[錫]<u>隔</u>尺<u>籍</u><u>格</u><u>擲</u><u>益</u>客<u>策</u><u>適</u>_{草創大還贈柳官迪} 261　<u>適</u>客_{贈南陵常贊府} 299　<u>畫</u>②<u>劇</u><u>策</u>宅白<u>石</u><u>擲</u>_{贈友人三} 302　客迫<u>劇</u><u>壁</u>[錫]<u>舄</u><u>隔</u>宅<u>歷</u>[錫]白<u>適</u><u>析</u>[錫]_{淮南臥病書懷} 314　<u>析</u>[錫]<u>適</u>客<u>隔</u>陌_{聞丹丘子以寄之} 319　客<u>逆</u><u>惜</u><u>憶</u>_{舊遊寄元參軍} 321　<u>石</u>尺<u>獨</u>_{酌清溪江} 326　白<u>昔</u>客伯<u>適</u><u>石</u>陌赫<u>隔</u><u>擲</u><u>壁</u>[錫]<u>碧</u><u>舄</u>_{宣城九日一} 336　<u>壁</u>[錫]額<u>石</u><u>碧</u>客<u>惕</u>[錫]<u>液</u>_{涇溪南藍山下} 337　<u>籍</u>客_{寄上吳王三} 340　<u>石</u><u>屐</u>_{送韓準還山}

---

① “高名動京師，天下皆籍籍”，《李太白文集》作“藉”，《全唐詩》卷一六八作“籍”。

② 《廣韻》麥韻“畫，計策也，分也。又胡卦切”，胡麥切。

376 <u>石</u>拆伯<u>客</u>送岑徵君歸 404 <u>石</u><u>碧</u><u>歷</u>[錫]<u>迹</u><u>尺</u><u>白</u><u>液</u>遊泰山五 449 <u>壁</u>[錫]<u>石</u>望廬山瀑布一 480 <u>歷</u>[錫]<u>石</u>自巴東舟行 495 <u>尺</u><u>隔</u><u>客</u><u>碧</u>江行寄遠 496 <u>昔</u><u>石</u><u>壁</u>[錫]<u>尺</u><u>夕</u>春歸終南山 516 <u>客</u><u>夕</u><u>石</u><u>惜</u>①寂[錫]<u>隔</u><u>息</u>[職]日夕山中有懷 520 <u>歷</u>[錫]<u>白</u><u>尺</u><u>適</u>役客擬古一 530 <u>羃</u>[錫]<u>夕</u><u>碧</u><u>尺</u>南軒松 549 <u>客</u><u>激</u>[錫]代贈遠 572 <u>碧</u><u>迹</u>自代內贈 579 <u>晳</u>[錫]<u>劇</u><u>客</u>越女詞二 581 <u>白</u><u>射</u>天長韋公德政碑 665 <u>適</u><u>宅</u><u>魄</u><u>白</u>爲寶氏祭璿和尚文 678 <u>昔</u><u>石</u><u>益</u>雜言 680

[符載] <u>坼</u><u>宅</u>百題李八百洞 472/1194 上

[李遠] <u>射</u>②<u>易</u><u>籍</u>日中爲市賦 765/4 上

[雍陶] 擇<u>白</u><u>腋</u><u>迹</u><u>斁</u>千金裘賦 113/3 下

C

[李珣] <u>客</u><u>隔</u>菩薩蠻一 896/2179 下

[尹鶚] <u>白</u><u>陌</u>菩薩蠻一 895/2177 中

[孫光憲] <u>客</u><u>隔</u><u>白</u>河傳四 897/2183 上　<u>陌</u><u>白</u><u>客</u><u>隔</u>生查子二 897/2183 下　<u>窄</u><u>白</u><u>隔</u>酒泉子一 897/2183 下　攛疾[質]六[屋]隻謁金門 897/2184 中

[毛熙震] <u>碧</u><u>隔</u>役酒泉子一 895/2178 上　<u>碧</u><u>膩</u>[至]酒泉子二 895/2178 上

[歐陽炯] 瑟[櫛]<u>窄</u><u>客</u>南鄉子五 896/2181 下

錫
A

[李白] <u>壁</u><u>獧</u>[德]③<u>石</u>[昔]大獵賦 37

[蜀選人] <u>壁</u><u>識</u>[職]嘲韓昭 878/2134 上

C

[歐陽炯] 滴<u>席</u>[昔]日[質]南鄉子七 896/2181 下

13. 曾攝
韻字表

蒸	拯	證	職
徵升繩馮憑乘			識織極色力息
承澄稱冰興凝			直䎞域側匿憶

---

① 《日夕山中忽然有懷》"素心自此得,真趣非外借",《全唐詩》卷二一、一八二並作"外惜"。

② 《廣韻》昔韻"射,《世本》逢蒙作射。又姓,吳有射慈。又神柘、羊謝、羊益三切",食亦切。

③ 《大獵賦》:"抄獮獁,攬貊獧。"楊齊賢注:"音國。"王琦注:"獧,音義均無考。"《漢語大字典》未收此字,而有"獢"字,謂《改併四聲篇海》犬部引《搜真玉鏡》"烏國切",今據以類推入德韻。

陵凌仍鷹膺　　　　　　　　　　　杙逼殖戹臆拭
蠅矜　　　　　　　　　　　　　　飾殛翼測植

登　　　　　等　　　　　嶝　　　　　德

登燈肷僧能稜　　　　　　　　　　德北塞克得則
朋增憎繒嶒藤　　　　　　　　　　國獮

蒸登

A

[李榮] 興僧詠興善寺佛殿災 869/2128 上

[陳子昂] 升凝興徵感遇詩一 83/211 上　登能稜朋登薊城西北樓送崔融 84/215 下

[李白] 馮鯨[庚]公無渡河 79　憑登能乘登高丘而望遠海 110　稜增藤僧伽歌 198　凌憑
興稱仍冰矜鷹能贈新平少年 246　繩陵澄凝徵膺秋夜板橋浦汎月 504

[朱灣] 僧乘同清江師月夜聽 306/770 中

[鑒周] 澄燈陵僧西方閣院碑 60

B

[陳子昂] 升矜徵乘題李三書齋 84/214 下　登僧能嶒送魏兵曹使巂州 84/215 上

[雍裕之] 僧燈贈苦行僧 471/1193 中　冰稜蠅豪家夏冰詠 471/1193 中

[雍陶] 僧燈肷能同賈島宿 518/1311 上

[花蕊夫人] 燈澄承宮詞七三 798/1958 上

C

[歐陽炯] 繒燈憑清平樂 896/2181 中

職德

A

[陳子昂] 國絁色直塞德極息域側度峽口山贈 83/213 上　色側古意題徐令壁 84/217 中

[李白] 極息匿色憶劍閣賦 13　德杙極克大獵賦 41　殖織色側獵[葉]大獵賦 41　色極
直息絁域力逼戹匿臆君子有所思行 134　極側色塞上曲 143　息北擣衣篇 172　國得梁
園吟 191　國色僧伽歌 198　拭臆翼贈楊山人 237　直殛雪讒詩贈友人 241　息極色飾經亂
離後贈韋太守 278　北得聞丹丘子以寄之 318　極憶憶舊遊寄元參軍 323　識息色早春寄王
漢陽 334　色息酬崔五郎中 427　國北得識力側息色翼極酬坊州王司馬 430　色側識息
宣城清溪 466　極色秋登巴陵望洞庭 483　極色荊門浮舟 494　側識色息極匿翼臆測迹
[昔]商山四皓 500　德測紀南陵題五松山 508　極色翼則紀南陵題五松山 508　色側息絁詠

槿一554 憶極寄遠三568 色得寄遠十二570

［蘇渙］易［昔］測色息德變律一255/643 下

［仲子陵］殖識德息織斷織賦120/7 上

［朱灣］事［志］息色同清江師月夜聽歌306/770 中

［徐光溥］極得植題黃居寀秋山圖761/1889 中 側力色題黃居寀秋山圖761/1889 中

C

［李白］織碧［陌］菩薩蠻158

［孫光憲］翼色菩薩蠻二897/2183 上 國色碧［陌］得後庭花二897/2183 中 極憶息鵁

［昔］①河瀆神二897/2183 中 息憶虞美人一897/2183 中 識織憶極後庭花二897/2183 中

得力憶更漏子三897/2184 上 得益［昔］色日［質］謁金門897/2184 中

［毛熙震］色息菩薩蠻三895/2178 中

［歐陽炯］翼力髻［霽］色西江月二896/2181 上

14. 流攝
韻字表

尤	有	宥
尤由游悠遊油猷憂 猶丘秋求遒邱囚楸 裘毬休羞修脩留流 劉騮繆牛周州舟洲 酬儔疇籌幬讎讐愁 浮啾收搜柔不	有牖誘九酒久朽手 首肘柳醜壽	究壽晝瘦舊袖繡

侯	厚	候
侯溝鈎樓投頭謳鷗 漚甌陬揄	口走狗垢後斗藪偶 取母	候豆透

幽	黝	幼
幽	蟉	幼

尤侯幽
A

［陳子昂］悠周丘侯感遇詩十四83/211 中 秋樓遊讐州悠羞侯感遇詩三四83/212 上

---

① 《篇海類編》昌石切，今據以類推入昔韻。

遊州悠籌侯鷗浮答洛陽主人 83/213 中　丘流求山水粉圖 83/214 上　繆綢繆愁鷗春臺引 83/214 上　油憂逎留州幽春臺引 83/214 上　悠洲丘愁遂州南江別鄉曲故人 84/215 上　洲流愁秋鷗悠宿襄河驛浦 84/216 中　遊洲劉悠浮舟江上暫別蕭四劉三 84/216 中

[李白] 流楸啾收擬恨賦 8　秋悠洲憂邱悲清秋賦 12　周悠流侯求古風九 49　流遊侯樓州頭邱羞謳幽秋尤饈舟古風十八 55　流儔洲遊古風四十二 69　裘愁將進酒 89　收流妾薄命 132　流洲樓擣衣篇 172　舟頭留鷗丘洲流江上吟 182　愁樓秋梁園吟 191　秋流囚金陵歌 200　秋愁樓流不①州秋浦歌一 203　愁頭流遊舟秋浦歌二 204　牛裘秋浦歌七 205　州丘樓永王東巡歌四 209　流州樓上皇西巡南京歌六 214　州樓流秋悠江夏行 218　幽流羞和盧侍御通塘曲 225　周由雪讒詩贈友人 241　州憂牛流贈清漳明府姪聿 243　樓流州遊秋浮愁頭憶襄陽舊遊 253　秋洲遊邱流悠求收酬儔幽贈崔郎中 255　愁幬收流贈別從甥高五 257　秋流贈王判官 268　樓洲秋流州愁經亂離後贈韋太守 278　秋憂流猶頭經亂離後贈韋太守 279　流謳樓洲憂江夏贈韋南陵冰 283　愁遊裘樓對雪醉後贈 294　休游贈僧行融 307　舟流洲樓贈僧行融 307　邱樓侯憶舊遊寄元參軍 321　秋舟流幽悠愁洲憂月夜江行 323　洲樓憂秋流愁宿白鷺洲 324　悠頭舟求幽禪房懷友人 327　丘樓游盧山謠 328　洲求夢遊天姥 342　洲秋流遊丘留投樓憂柔留別賈舍人一 357　牛游丘流送方士趙叟 376　丘遊投送薛九去魯 381　留秋樓單父東樓秋夜 383　遊丘疇憂謳溝流送族弟凝至晏 383　愁洲樓同王昌齡送族弟二 393　秋愁流送別 395　州愁尋陽送常昌峒 410　裘樓州遊流江夏送友人 415　留憂樓宣州謝朓樓餞別 418　流愁舟宣州謝朓樓餞別 418　羞秋洲遊騮酬談少府 422　鈞樓頭裘猷流侯揄②羞觗月金陵城西 434　樓舟留鈞秋流猷憂答裴侍御先行 438　邱樓遊秋幽流洲與從姪遊天竺寺 451　洲樓流謳求楚江黃龍磯南宴 464　幽洲秋流遊修與南陵常贊府遊 465　頭樓鈞憂流遊登錦城散花樓 469　樓秋流洲愁登新平樓 474　悠啾舟自巴東舟行 495　愁收秋流尋高鳳元丹丘 513　遊邱牛幽羞流秋過汪氏別業一 517　搜遊秋愁邱舟越中秋懷 529　遊秋樓洲流收愁江上秋懷 542　丘秋流巫山枕障 554　樓流愁長門怨一 571　樓猶憂代寄情 575　州流邱樓游秋月夜金陵懷古 682

[仲子陵] 陬由流脩收洞庭獻新橘賦 145/8 下

[朱灣] 頭愁寒城晚角 306/770 中

---

① "寄言向江水，汝意憶儂不？"王琦注："不，方鳩切。"此音即《廣韻》尤韻甫鳩切。
② 此詩"謔浪掉海客，喧呼傲陽侯。半道逢吳姬，卷簾出揶揄。我憶君到此，不知狂與羞"，"揄"讀《廣韻》侯韻度侯切。

［唐求］愁秋舟游_{客行} 724/1819 下

［僧鸞］秋愁樓_{苦熱行} 823/2019 上　甌秋樓_{贈李粲秀才} 823/2019 中

［秦人］牛由頭_{竹貓謠} 878/2143 下

［蜀選人］州留嘲_{韓昭} 878/2134 上

［歐陽炯］休秋頭_{貫休應夢羅漢畫歌} 761/1889 下

B

［陳子昂］舟流洲浮周幽秋遊丘_{入峭峽安居溪} 84/217 上

［李白］遊樓羞鈎_{宮中行樂詞六} 148　樓洲毬遊_{宮中行樂詞八} 149　牛流州_{上皇西巡南京}
歌八 215　秋流州_{峨眉山月歌} 216　洲游樓留_{寄淮南友人} 318　愁舟流樓秋_{寄崔侍御} 337
樓州流_{黄鶴樓送孟浩然} 356　遊流樓舟_{渡荆門送别} 358　遊流州_{酬崔侍御} 434　流秋_{陪侍}
_{郎叔遊洞庭} 462　遊流丘洲愁_{登金陵鳳臺} 478　流鈎遊樓_{挂席江上待月} 485　流秋樓悠_太
_{原早秋} 491　流樓邱洲_{金陵二} 503　愁流秋遊_{謝公亭} 508　侯流_{田園言懷} 548

［孫長史女］遊留_{與焦封贈答} 867/2124 上

［馬逢］遊秋裘頭愁_{部落曲} 772/1913 下

［雍裕之］頭遊洲_{曲江池上} 471/1193 下

［李遠］休頭漚浮漚愁秋_{題僧院} 519/1315 上　愁遊樓流州_{送人入蜀} 519/1315 上　遊休
流秋樓_{與碧溪上人别} 519/1315 中　楸樓頭留愁_{過舊遊見雙鶴} 519/1315 中　州遊流愁鈎
_{聽王氏話昭君廟} 519/1315 下

［雍陶］舟秋樓遊_{送徐使君} 518/1311 上　愁溝洲秋_懷 518/1312 下　流愁_{恨别一} 518/1312
下　憂由愁_{非酒} 518/1313 上　秋愁樓_{宿嘉陵驛} 518/1313 中　愁頭流_{哀蜀人爲南蠻俘虜二}
518/1313 下　愁秋頭_{初醒} 518/1314 下　愁樓頭_{途中西望} 518/1314 下

［柳棠］儔酬州_{席上戲楊尚書} 516/1309 中

［姚鵠］由樓秋愁_{寄雍陶先輩} 553/1414 中　舟遊鷗樓愁_{和徐先輩秋日遊涇州} 553/1414 下

［唐求］秋愁漚通'鷗'由_{酬友生早秋} 724/1819 下　樓秋愁鈎_{卭州水亭夜譙} 724/1821 中

［羅袞］流休求遊侯_{贈羅隱} 734/1837 上

［郫城令］流頭州_{示女詩} 870/2132 中

［可朋］州頭休侯秋_{贈方干} 849/2083 中

［花蕊夫人］頭毬油_{宮詞十九} 798/1956 上　毬柔篝_{宮詞二二} 798/1956 中　流頭修_{宮詞}
三九 798/1957 中　遊流頭_{宮詞四七} 798/1957 中　流頭樓_{宮詞四八} 798/1957 中　頭游州_宮
詞五九 798/1957 下　溝樓羞_{宮詞六七} 798/1958 上　游樓頭_{宮詞六八} 798/1958 上

C

［李白］樓愁菩薩蠻158

［李珣］樓愁悠酒泉子一896/2179 中　流樓悠巫山一段雲二896/2179 下　秋舟愁巫山一段雲二896/2179 下　洲幽河傳二896/2180 上

［尹鶚］遊驪裘州樓頭何滿子895/2177 上

［孫光憲］流頭愁羞憂浣溪沙四897/2182 下　秋樓羞愁酬浣溪沙十六897/2183 上　遊流酬休樓浣溪沙十九897/2183 上　頭愁菩薩蠻五897/2183 中　休愁流虞美人一897/2183 中　愁樓酒泉子一897/2183 下　籌樓更漏子六897/2184 上　羞留繆綢繆愁更漏子六897/2184 上

［毛熙震］收鈎更漏子一895/2178 中

有厚黝

A

［李白］牖九螻明堂賦22　口取①走有大獵賦31　藪狗口首走大獵賦34　酒肘手壽②酒柳楊叛兒111　上雲樂103　後酒柳長歌行174　久有垢僧伽歌199　久有朽醜首雪讒詩贈友人240　柳酒後流夜郎贈辛判官273　牖酒春日獨坐317　牖手酒魯郡送竇明府379　朽牖手下途歸舊居490　手久酒金陵江上遇隱者519　手酒柳有嘲王歷陽523　母久朽化城寺大鐘銘655

［蘇渙］後斗贈零陵僧255/643 下

［朱灣］有手題壁畫古松306/769 下

［廣宣］口偶攜瘦尊歸杏溪園聯句789/1939 上

［李遠］久有朽蟬蛻賦765/2 上　朽有手題橋賦765/2 下

［雍陶］究［宥］誘後學然後知不足賦62/7 下

［僧鸞］斗醜手贈李粲秀才823/2019 中

［歐陽炯］有朽手題景煥畫天王歌761/1890 上

C

［李珣］口酒柳南鄉子十七896/2179 中　酒首定風波二896/2180 中

［孫光憲］有酒手偶柳生查子四897/2183 下　有九柳酒應天長897/2184 下　手偶首袖

---

① 取，《廣韻》厚韻倉苟切，又麌韻七庾切。

② 《廣韻》有韻："壽，壽考。"殖酉切，又承呪切。

[宥]應天長 897/2184 下

[歐陽炯]後豆[候]手南鄉子六 896/2181 下　後豆[候]舊[宥]晝[宥]賀明朝二 896/2181 下

宥候

A

[徐光溥]候壽題黃居寀秋山圖 761/1889 下

C

[歐陽炯]繡透久[有]瘦賀明朝二 896/2181 下

15. 深攝

韻字表

侵	寢	沁	緝
侵禽琴衾駸金	寢錦甚審枕品		入立急拾襲汲
今襟禁衿尋潯	稟飲		泣湆執
深沉森沈林琳			
臨陰音吟淫岑			
砧斟心			

侵

A

[陳子昂]林金陰衾尋禽感遇詩二三 83/211 下　淫林岑吟感遇詩二八 83/211 下　林岑音衾心鴛鴦篇 83/212 中　深金心薊丘覽古・燕太子 83/212 下　心襟岑深尋沉音登薊丘樓送賈兵曹 83/213 下　吟心分[文]喜馬參軍相過醉歌 83/214 中

[李白]吟林心愁陽春賦 11　金陰心明堂賦 22　音襟岑林森大獵賦 31　吟音淫尋金沉琴古風五十五 75　琴深尋吟襟音今林幽澗泉 116　金心吟林白頭吟一 120　襟吟深心林白頭吟二 121　深沉金音吟心白紵辭二 131　深心衾相逢行 162　吟琴猛虎行 175　吟心扶風豪士歌 188　林吟心秋浦歌十 205　音吟心林贈薛校書 235　心琴深尋贈臨洺縣令 244　心襟深金林禽尋陰吟砧贈崔侍郎 246　林襟心禽吟簪[覃]深贈從孫義興宰 259　襟尋森深音金心經亂離後贈韋太守 278　深尋心江上贈竇長史 281　金深心衿陳情贈友人 302　深金心憶舊遊寄元參軍 322　金心吟侵林音深岑琴留別王司馬 345　心簪[覃]送韓準還山 377　心深琴簪[覃]岑琳音金衾襟吟尋沉送楊少府赴選 377　深心吟金杭州送裴大澤 386　岑心送裴十八圖南二 392　深金心酬岑勳見尋 432　今琴音深答杜秀才 440　心深

沉林謁老君廟 474 吟林音琴夜泊黃牛 498 襟吟音冬夜醉宿龍門 516 陰侵林吟琴心獨酌 518 琴吟心音月夜聽彈琴 520 吟深心望月有懷 526 岑尋琴心金擬古十 534 禽岑心吟寓言二 538 音吟琴尋金陵聽吹笛 565 深心金寄遠十 570 心深衾心寄遠十二 570 心尋音代別情人 573 吟沉心代寄情 575 深心自代內贈 579 深心音虞城縣令碑 677 陰心鄒衍谷 687

[仲子陵]深陰心清簟賦 109/5 上

[朱灣]心音深同清江師月夜聽 306/770 中

[雍陶]心禁長安客感 518/1312 中　心金淫千金裘賦 113/4 上

[僧鸞]林深吟贈李粲秀才 823/2019 中　沈岑金贈李粲秀才 823/2019 中

[成都醉道士]尋金示胡二郎歌 862/2111 下

B

[陳子昂]林今陰岑琴心潯侵吟尋南山家園 84/217 上　林尋贈別冀侍御 84/217 中

[李白]心簪[覃]吟陰深琴送紀秀才遊越 400 吟心金深送鞠十少府 408

[雍裕之]陰深四氣 471/1193 上　心尋游絲 471/1193 上

[朱灣]臨深心今九日登青山 306/769 下

[李遠]禽心尋深今失鶴 519/1315 中　琴陰慈恩寺避暑 519/1316 上　深襟心讀田光傳 519/1316 上

[雍陶]心深根別二 518/1312 下　沈深心題君山 518/1313 上　深心送客 518/1313 上　心吟聞杜鵑二 518/1313 中　心深宿大徹禪師故院 518/1313 下　沈深心遣愁 518/1314 中　深心砧夜聞方響 518/1314 下

[姚鵠]沈今琴心襟將歸蜀留獻一 553/1414 下　陰林心深沈虢州獻楊抑卿二 553/1414 下

[唐求]深陰琴尋友人見訪不值 724/1820 上

[孫定]襟深沈心禽寄孫儲 715/1803 中

[青城丈人]沈斟深送太乙真君酒 862/2112 上

C

[李珣]沈心吟酒泉子四 896/2179 下　深尋菩薩蠻三 896/2180 上

[孫光憲]深尋心竹枝詞 762/1893 中　深侵沈心襟浣溪沙十七 897/2183 上　深吟襟心河傳三 897/2183 上　沈尋菩薩蠻三 897/2183 中　心禁菩薩蠻三 897/2183 中　襟沈酒泉子二 897/2183 下　心深更漏子一 897/2184 上　簪[覃]襟更漏子二 897/2184 上　深襟尋何滿子 897/2184 中　襟駸上行杯一 897/2184 中　深尋思越人一 897/2184 中

［毛熙震］深音琴尋女冠子一 895/2178 上

寢
A

［李白］飲甚寢枕塞下曲二 140　錦飲白鼻騧 166　錦寢枕擣衣篇 172　飲錦酬崔十五 442
錦飲稟審枕其月下獨酌三 515　飲寢枕友人會宿 518

［仲子陵］錦寢枕清簟賦 109/4 下

C

［尹鶚］枕寢菩薩蠻三 895/2177 中

［歐陽炯］錦寢枕木蘭花二 896/2181 上　甚品飲木蘭花二 896/2181 上

緝
A

［仲子陵］急入拾襲幽蘭賦 147/5　立汲執急拾鹿盧賦 110/6 上上

［雍陶］立及拾學然後知不足賦 62/8 上

C

［李白］立急菩薩蠻 158

［李珣］急浥立南鄉子十一 896/2179 上

［孫光憲］急立菩薩蠻五 897/2183 中　浥立泣上行杯一 897/2184 中

16. 咸攝
韻字表

覃	感	勘	合
潭堪龕南簪庵	撼	暗	沓
談	敢	闞	盍
藍		淡	闔
鹽	琰	艷	葉
鹽瞻廉簾淹襜	染臉掩斂閃魘	艷焰驗	葉妾接涉獵
潛黔蟾襜霑	颭		
添	忝	㮇	帖
添兼嫌	點簟		蝶疊頰
咸	豏	陷	洽
緘			插

衛	檻	鑑	狎
巖			狎甲匣
嚴	儼	釅	業
嚴			業
凡	范	梵	乏

覃談

A

［李白］堪南惜餘春賦9 堪南潭藍魯郡送竇明府379

［鑒周］南□庵龕西方閣院碑59

［僧紹□］藍龕蜀普慈縣永封里再興王董龕褒報國院碑記83

鹽添

A

［李白］廉淹淹留潛簷鹽題東溪公幽居562 嚴［嚴］潛簷瞻簾淹緘［咸］秋浦感主人歸燕579

［雍裕之］黔嫌四色四471/1193 上

［雍陶］霑添兼千金裘賦113/4 上

［僧紹□］瞻嚴［嚴］□蜀普慈縣永封里再興王董龕褒報國院碑記83

C

［孫光憲］簾襜兼厭［艷］嫌浣溪沙七897/2182 下 簷簾菩薩蠻一897/2183 上 簾蟾更漏子一897/2184 上

咸銜

A

［徐光溥］巖嫌［添］題黃居寀秋山圖761/1889 中

感

C

［李珣］撼澹［闞］酒泉子一896/2179 中

琰忝

C

［李珣］斂颭點南鄉子十三896/2179 中

［孫光憲］颭斂閃點艷［艷］臉河傳四897/2183 上

［毛熙震］臉<u>點</u>女冠子二 895/2178 上　艷［艷］臉歂染後庭花二 895/2178 中　<u>點</u>掩臉靨
後庭花二 895/2178 中

［歐陽烱］臉<u>靨</u>①女冠子一 896/2181 上

勘闞

C

［毛熙震］<u>淡</u>暗更漏子一 895/2178 中

艷

A

［僧鸞］焰<u>驗</u>簟［忝］苦熱行 823/2019 上

合盍

A

［李白］沓<u>崇</u>［業］<u>闔</u>明堂賦 16

葉怗

A

［李白］頰<u>妾</u>王昭君二 117　葉<u>疊</u>贈王判官 268　接<u>涉</u>同王昌齡送族弟二 393　妾<u>蝶</u>思邊 576

洽狎

A

［李白］插<u>匣</u><u>甲</u>胡無人 105

---

① "時將纖手勻紅臉,笑拈金靨","靨"當指古時婦女點搽面部的一種妝飾。《説文新附》:"靨,姿也。"
《玉篇》面部:"靨,靨輔,在頰前。"《廣韻》:"靨,面上靨子。"於葉切。又《集韻》:"靨,面黑子。一曰
酺也。"於琰切。葉韻:"靨,頰輔也。或省。"頗疑此中"靨"字讀琰韻之音,而《集韻》琰韻釋語"一曰
酺也"之"酺"當作"輔"。

第三編　中上古蜀語詞彙考論

第一章　中上古蜀語詞彙的幾個問題

　　詞彙是語言中發展變動最快的成份。中上古蜀語詞同樣處於不斷的變化中，或是詞語意義發生了變動，或是詞語的適用範圍產生了變動，或是詞語的形式發生變化。歷代文獻中，有的詞雖然在唐五代之後纔被學者斷爲蜀語，但它在中上古時期蜀人或蜀地文獻就已有用，我們也認爲它們是中上古時期的蜀語詞，可以確定它們的中上古蜀語性質。這在第一編已經涉及，這裏再就一些問題做進一步申論。

　　前人於古方言詞的研究，多從文獻疏證入手，用疏證的方法可以達到得一本而衆本兼備，檢一字而諸訓俱全的效果。文獻中的蜀語詞，前人已經做了很好的工作，可以補充的並不多。我們對古蜀語詞彙的研究，不宜采取全面疏證的方法，而是根據文獻使用情況，抓住詞彙特徵，采取不完全描寫的分析方式，即通過文獻的實際用例，來證明蜀語詞彙的活動特點，以揭示語言現象。至於中上古時期的蜀語詞，本書後附有相關的詞表，我們儘可能地收集了能夠看到的蜀語詞，雖難免挂一漏萬，但也可以參看。正文所考釋的，不一定在詞表中，詞表中有的，正文也不一定進行考釋。因爲有些詞語在不同的章節已經討論過，這是須要說明的。

一、物産出蜀不是判定古蜀語詞的唯一標準

　　有些詞雖然指稱蜀地事物，甚至也只産於蜀，但不能因此肯定它的蜀語性質。這要根據文獻用例是他稱還是自稱，文獻作者是蜀人還是非蜀人來仔細分析。

　　猳國　玃猨　馬化　猴玃　猳玃　　干寶《搜神記》卷十二："蜀中西南高山之上有物與猴相類。長七尺，能作人行。善走逐人，名曰猳國，一名馬化，或曰玃猨。伺道行婦女有美者輒盜取將去，人不得知。若有行人經過其旁，皆以

長繩相引,猶或不免。此物能別男女氣臭,故取女,男不取也。若取得人女則爲家室,其無子者終身不得還。十年之後形皆類之。意亦迷惑,不復思歸。若有子者,輒抱送還其家。産子皆如人形。有不養者,其母輒死。故懼怕之,無敢不養。及長,與人不異。皆以楊爲姓。故今蜀中西南多諸楊,率皆是猳國馬化之子孫也。"猳國,《法苑珠林》卷十一、《太平廣記》卷四四四、《太平寰宇記》卷七五、《格致鏡原》卷八七、《廣博物志》卷四八、《淵鑑類函》卷四三二、《酉陽雜俎》卷十六、宋曾慥《類説》卷二三均載。《爾雅翼》卷二〇作"名曰猴玃,或曰猳玃,又名馬化",《太平御覽》卷九一〇作"名曰猴玃,一名馬化,或曰猳玃"。《全蜀藝文志》卷一引漢揚雄《蜀都賦》、《古文苑》卷四引《上林賦》均使用"玃猨",且不見其他地方的用例。干寶(283—351),字令升,東晉河南新蔡人。雖然事在蜀地,物在蜀境,但是我們没有看到前人説這幾個詞是中上古蜀語中的詞語,作者亦非蜀人,我們就不便把它們考慮爲中上古時期的蜀語詞。

雪蛆　陸游《老學庵筆記》卷六:"《嘉祐雜志》云:峨眉雪蛆,治内熱。予至蜀,乃知此物實出茂州雪山。雪山四時常有積雪,彌遍嶺谷。蛆生其中,取雪時並蛆取之,能蠕動久之。雪消蛆亦消盡。"明何宇度《益部談資》卷上,楊慎《蜀中廣記》卷六〇,陳耀文《天中記》卷三,清陳元龍《格致鏡原》卷四、一〇〇所載略同。但雪蛆不僅産於蜀地。明謝肇淛《滇略》卷三:"雪蛆産麗江之雪山,形如竹蟴,土人於積雪中捕得臛食之,云:愈心腹熱疾。"明葉子奇《草木子》卷一:"陰山以北,積雪歷世不消。其中生蛆,其大如瓠,北人謂之雪蛆,味極甘美。"《格致鏡原》卷一〇〇引《草木子》作"俗呼雪蛆,味甘美可食",李時珍《本草綱木》卷三九作"葉子奇《草木子》云:雪蠶生陰山以北及峨嵋山,北人謂之雪蛆"。可見"雪蛆"不能算做是蜀語詞。

冰兒　《水經注》卷三三:"《風俗通》曰:秦昭王使李冰爲蜀守,開成都兩江,溉田萬頃。江神歲取童女二人爲婦。冰以其女與神爲婚,徑至神祠,勸神酒,酒杯恒澹澹,冰屬聲以責之,因忽不見。良久有兩牛鬥於江岸旁,有間,冰遠,流汗,謂官屬曰:吾鬥大極,當相助也。南向腰中正白者,我綬也。主簿刺殺北面者,江神遂死。蜀人慕其氣決,凡壯健者,因名冰兒也。"這個詞還見於《春秋戰國異辭》卷二五上、《太平御覽》卷二六二、《藝文類聚》卷九四、《駢志》卷十四、《淵鑑類函》卷四三五等,均係轉引。這段材料中的

"冰兒"是蜀人創造、使用,有音有義,其義出蜀,文獻有載,可以看成古蜀語詞。

二、有些古蜀語詞具有臨時性

有些詞雖然出於蜀,但爲官府行政行爲致使地名變更而形成的地名詞。這樣的蜀語詞是臨時的,不能肯定它的蜀語性質。換言之,對地名詞的方言屬性,尚須要從文獻中考究,確定其使用的地域和時代。

南京　杜甫《梅雨》:"南京犀浦道。"《九家集注杜詩》引王洙注:"玄宗幸蜀,改成都置尹視二京,號爲南京。"又《進艇》:"南京久客耕南畝。"王注同。又《奉贈射洪李四丈》:"南京亂初定。"李白詩有《上皇西巡南京歌》十首,元蕭士贇《補注》題解:"按《唐書·玄宗紀》:'天寶十五載六月己亥,禄山陷京師。七月庚辰次蜀郡,八月癸巳皇太子即皇帝位於靈武。十二月丁未,上皇天帝至自蜀郡,大赦,以蜀郡爲南京。'"清王琦《李太白集注》卷三五略同。《舊唐書·肅宗紀》:"至德二載十二月,改蜀郡爲南京,鳳翔府爲西京,西京(長安)改爲中京。"可見,改蜀郡爲南京有玄宗、肅宗二説。成都稱爲南京,從唐肅宗至德二年(757)置到寶應元年(762)廢,僅存在了五年時間,即便從天寶十四年或十五年(755、756)玄宗幸蜀始,也還是很短。杜甫、李白詩中"南京"的這種特殊用法,我們也不能確定它的蜀語詞性質。

三千官柳　四千琵琶　陸游《雨夜懷唐安》自注:"蜀人舊語謂唐安(在今四川崇州市)有三千官柳,四千琵琶。"這裏的"蜀人語"不是指蜀語詞彙,而是"蜀人説"存在某種情況,這含義是臨時的,不具有穩固性,不能算蜀語詞。

三、古蜀語名物詞具有穩固性

一些蜀語名物詞,在中上古時期有所使用,後代學者也指明它的蜀語性質,但它始終没有發展成爲全民通用語的詞彙,這表明了部分蜀語名物詞語的特點和保守性。

讓木　交讓木　《蜀中廣記》卷六一:"《蜀都賦》曰:'梗楠幽藹。'又曰:'交讓所植。'注:'交讓,木名,兩樹對生,一樹枯則一樹榮。如是歲更,終不俱生不俱枯也。出岷山安都縣。'任昉《述異記》:'黄金山有枏木,一年東榮西枯,一年西榮東枯。張華以爲交讓木。'宋祁曰:即枏也。其木直上,柯葉不相妨。陸慧曉亦謂枏是交讓。顔師古曰:枏與楠同。《古今集記》:'犀浦鎮有蘧仙觀,爲蘧真人舊隱也。有四大楠,甚古。'陸放翁云:'予在成都,嘗以事至沈犀,過國寧觀。有古楠四,皆千歲木也。枝擾雲漢,聲挾風雨,根入地不知幾百尺。'"清陳大章《詩傳名物集覽》卷十二:"讓木……生南方。故又作楠。黔蜀諸山尤多,其樹童童然若幢蓋直上,柯葉不相妨。蜀人號交讓木。"《成都文類》卷十,《淵鑑類函》卷二七六、四一三"栭"下引《增群芳譜》,明陳禹謨《駢志》卷十六,陳耀文《天中記》卷五二、五一亦載。元陶宗儀《說郛》卷三〇上,方以智《通雅》卷四三,明毛晉《陸氏詩疏廣要》卷上之下,《佩文齋廣群芳譜》卷六四、七二、八〇,《續通志》卷一七六,《爾雅翼》卷十一"柟"下有載,且多言是"蜀人號交讓木"。"讓木"又名"交讓木",始見《蜀都賦》注,宋以後人纔稱是"蜀人呼",指明它的蜀語性質,而其物又多產黔蜀,所以它是一個中上古時期的蜀語詞。但它一直都只被目爲蜀語,在歷代的文人作品中不見使用,沒有發展成爲全民語言的通語詞。

馬絆蛇　《蜀中廣記》卷六十引《北夢瑣言》:"又云蛟之爲物,不識其狀,非有鱗鬣四足乎? 或曰虯蛟蛟蝘狀如蛇,南僧說蛟如馬蟥,即水蛭也。涎沫腥粘,掉尾纏人,而噬其血,蜀人號爲馬絆蛇;頭如貓鼠,有一點白。漢州古城潭底有蛟,人伐之。乃躍於沙内。蟠蜿力困。里人讙噪以助,竟斃之。故見斯狀。"《太平廣記》卷四〇六、四二五,《分類字錦》卷六〇,《蜀中廣記》卷七二載同。明徐應秋《玉芝堂談薈》卷三五有用。《北夢瑣言》係五代人孫光憲(900—968)所著。《山海經》卷五:"(岷山)又東一百五十里曰崍山,江水出焉。東流注于大江,其中多怪蛇。"郭注:"今永昌郡有鈎蛇,長數丈,尾歧,在水中鈎取岸上人牛馬啖之。又呼馬絆蛇。"崍山在今四川省邛崍山東,清畢沅疑即四川名山縣西的蒙山。《後漢書·西南夷傳》:"永平十二年,哀牢王柳貌遣子率種人内屬……顯宗以其地置哀牢、博南二縣,割益州郡西部都尉所領六縣,合爲永昌郡。"永平十二年(69)爲東漢明帝劉莊年號。張君房編《雲笈七籤》卷一二二"金堂縣昌利化玄元觀九井驗":"金堂縣昌利化玄元觀南院玄元殿前有九井焉,平陸之上纔深一二尺……忽大井中有馬絆蛇騰湧而出,首如白虎,大若車軸,噓氣噴毒,勢欲噬人。"張君房,五代宋初人,《雲笈七籤》爲唐以前道書,"馬絆蛇"屬中上古蜀語詞。它一直保持蜀語詞的身份,沒有發展爲全民通語詞。

俘鬱　《太平廣記》卷四七九"砂俘效":"陳藏器《本草》云:'砂俘,又云倒行拘子。蜀人號曰俘鬱。旋乾土爲孔,常睡不動。取致枕中,令夫妻相悦。'愚有親表曾得此物,未嘗試驗。愚始遊成都,止於逆旅。與賣草藥李山人相熟,見蜀城少年往往欣然而訪李生,仍以善價酬。因詰之,曰:'媚藥。'徵其所用,乃砂㕚,與陳氏所説,信不虛語。李生亦秘其所傳之法,人不可得也。武陵山川媚草,無賴者以銀換之,有因其術而男女發狂,罹禍非細也(出《北夢瑣言》)。"《蜀中廣記》卷六〇引同。清陳元龍《格致鏡原》卷一〇〇引"倒行拘子"作"倒行狗子"。《佩文韻府》卷九四之二、明徐應秋《玉芝堂談薈》卷二九、《續通志》卷一七八均指爲"蜀人呼"。陳藏器生於唐武后垂拱三年(687),開元年間(713—741),曾任京兆府三原縣尉,他認爲《神農本草經》遺逸尚多,故搜遺補缺,編撰《本草拾遺》十卷,卒於唐肅宗至德二年(757),材料表明這個詞是中上古時期蜀語。"㕚鬱"是蜀地物産,沒有發展爲全民通用語詞。

豐瑞花　《蜀中廣記》卷六一:"宋祁《方物略》:瑞聖花出青城山中,幹不條,高者乃尋丈,花率秋開四出,與桃花類。然數十跗共爲一花,繁密若綴,先後相繼,而開九閲月未萎也。蜀人號豐瑞花,故程相國琳爲益州,年繪圖以聞,更號瑞聖。"元陶宗儀《説郛》卷六七下略同。明徐應秋《玉芝堂談薈》卷三五、《佩文齋廣群芳譜》卷五三"太平瑞聖花"下,清陳元龍《格致鏡原》卷七三等引《益部方物志》略同。宋祁生於宋真宗咸平元年(998),卒於仁宗嘉祐六年(1061),字子京,開封人,著有《益部方物略記》,距五代不遠,可以確定其中上古蜀語性質。這個詞前人指爲蜀語,花生於蜀;後人亦指爲蜀語,沒有發展爲全民通語詞。

四、古蜀語與通語同詞異實

有的蜀語詞,既有全民通語意義,又有蜀語意義。二者理據有所不同。

楷木　唐段成式《酉陽雜俎》卷十八:"孔子墓上特多楷木。"《酉陽雜俎續集》卷十"蜀楷木":"蜀中有木類柞,衆木榮時枯柟,隆冬方萌芽布陰。蜀人呼爲楷木。"文獻中常將二義同列,如陳耀文《天中記》卷五一:"楷木生孔子冢上,其幹枝疏而不屈以質得其直也。蜀中有木,類柞,衆木榮時如枯柟,隆冬方萌芽布陰。蜀人呼爲楷木。"前一義即"楷木,曲阜縣孔林出其木,似槐,文理縱橫,縉紳多取之爲簡"之木。《朱子語類》卷一三八、《明一統志》卷二三、《江西通志》卷八八引《淮南子·草木譜》、《山東通志》卷十一、《編珠·續編珠》卷二等,均目爲孔子冢之楷木。蜀語詞"楷木"別是一類,《太平廣記》卷四〇六,《蜀中廣記》卷六一,李光地《月令輯要》卷二十,嵇璜、劉墉《續通志》卷一七六,《駢字類編》卷一九八,《子史精華》卷二七,明陳禹謨《駢志》卷十一,章潢《圖書編》卷八八,董斯張《廣博物志卷》四二,葉盛《水東日記》卷二一引《述異記》均指"楷木"爲蜀語。段成式(約803—863)字柯古,唐臨淄人。這個詞初見於唐,可見是中上古時期的蜀語詞。但它和孔林的"楷木"完全不同。

　　水雞　《杜詩詳注》卷十三《閬水歌》:"巴童蕩槳欹側過,水雞銜魚來去飛。閬州勝事可腸斷,閬州城南天下稀。"朱注:"嘗聞一蜀士云:'水雞,其狀如雄雞而短尾,好宿水田中。今川人呼爲水雞翁。'"又明周祈《名義考》卷十:"《周禮》:蟈氏掌去鼃黽。黽即蛙。《説文》:蝦蟆屬。長脚,喜鳴,色青,謂之青蛙。一名田雞,又曰水雞。黽,郭璞云:蝦蟆屬。似青蛙,大腹,一名土鴨,二者皆可食。"此雅言、蜀語同詞,二者同音。蜀語含義如陸游《雨中作》:"山雉尾垂衝靄去,水雞翅重蹋波飛。"陳元龍《格致鏡原》卷八一:"《事物紺珠》:'章渠一名庸渠,似鳧,灰色,雞脚,俗呼鶄雞、水雞。'"非蜀語的意義即蛙類。稱蛙爲水雞,見宋祝穆《古今事文類聚·後集》卷五〇,宋趙德麟《侯鯖録》卷三,明方以智《通雅》卷二、四七,清陳元龍《格致鏡原》卷九八同。

五、古蜀語的多義詞

　　有些中上古蜀語的詞,在發展進程中,出現了多義現象,如揚雄《方言》卷六:"矔、䁳,轉目也。梁益之間瞋目曰矔,轉目顧視亦曰矔。""瞋目"和"轉目顧視"意義不同但卻相關,這是詞義引申形成的多義詞。

　　漏天　(1)指蜀地多雨。明李實《蜀語》:"蜀西南多雨,八九月爲甚,名曰漏天。杜子美詩曰:鼓角漏天東。"宋代有不少用例,如劉敞《公是集》卷二六《寄閬州諸弟》:"渤澥來參首,西南入漏天。"朱熹《五經語類》卷六五"禮六"下:"古語云:蜀之日,越之雪。言見日少也。所以蜀有漏天。古語云:巫峽多漏天。老杜云:鼓角漏天東。言其地常雨如天漏然。"宋滕珙《經濟文衡·前集》卷七同。《蜀中廣記》卷一〇一:"蜀西南多雨,名曰漏天……又'徑欲誅雲師,疇能補天漏'是也。"(2)泛指蜀地。唐歐陽詹《歐陽行周文集》卷四:"西南有漏天,天之竅缺也。"李頻《黎岳集》載《游蜀回簡友人》:"別來十二月,去到漏天邊。"又《眉州別李使君》:"毒草通蠻徼,秋林近漏天。”《錦繡萬花谷·前集》卷一：“蜀有地名漏天。古詩：‘地近漏天終歲雨。’出杜詩注。”《蜀中廣記》卷十二引岑參《招北客文》：“其南則有邛崍之關，天設險難。少有平地，連延長山。橫亘瀘江，傍隔百蠻。籲彼漢源，上當漏天。靡日不雨。”（3）指今天雅安。唐杜甫《陪章留後侍御宴南樓得風字》詩：“朝廷燒棧北，鼓角漏天東。”楊倫箋注：“《梁益記》：‘雅州西北有大、小漏天，以其西北陰盛常雨，如天之漏也。’”宋晁説之《晁氏客語》：“雅州蒙山常陰雨，謂之漏天……純夫有詩云‘漏天常泄雨，蒙頂半藏雲’，爲此也。”彭大翼《山堂肆考》卷四：“蜀西天漏。雅州在蜀之西，其地陰盛常雨，如天之漏，名曰漏天。古詩：‘地近漏天終日雨。’杜詩：‘鼓角漏天東。’”（4）指川南宜賓、瀘州一帶。清徐樹穀《李義山文集箋注》卷五《爲崔從事福寄尚書彭城公啟》：“接漏天之霧雨。《寰宇記》：戎州宜賓縣二山四時沾霖，俗謂小漏天、大漏天。《洽聞記》：南廣水南二百里漏天，窮年密雲，不見日月。晏殊《類要》：大梨山、小梨山，在開邊縣界，四時霖霆不絶，俗人呼爲大漏天、小漏天。”清陳元龍《格致鏡原》卷一：“漏天。秋夏常雨，故曰漏天。僰道有大黎山、小黎山，四時霖霆不絶，俗呼爲大漏天、小漏天。”明彭大翼《山堂肆考》卷十八：“敘州府東有大梁山、小梁山，四時常雨，俗呼爲大漏天、小漏天。”

其他方言區的人往往不得“漏天”之意，甚至擅改古文。《朱子語類》一四〇：“蜀有漏天，以其西北陰盛常雨，如天之漏也。故杜詩云：鼓角漏天東。後人不曉其義，遂改漏字爲滿。似此類極多。”《文獻通考》卷二四二記載同。

有關這個蜀語詞的記載見於衆多文獻，如明張九韶《理學類編》卷四，清鄂爾泰、張廷玉《授時通考》卷五，宋鮑雲龍《天原發微》卷一下，明鄧伯羔《藝彀》卷上，方以智《通雅》卷十二，宋晁説之《晁氏客語》，明徐應秋《玉芝堂談薈》卷十九，宋葉庭珪《海録碎事》卷三上，宋祝穆《古今事文類聚》別集卷九，明唐順之《稗編》卷五五，清張英、王士禛、王惔《淵鑑類函》卷七，清何焯、陳鵬年《分類字錦》卷二，清宮夢仁《讀書紀數略》卷二等。

烏鬼　杜甫《戲作俳諧遣悶》：“家家養烏鬼，頓頓食黃魚。”“烏鬼”是中上古時期的一個蜀語詞。後人對其意義提出不同的意見，略有三端，《音韻述微》卷十二：“夔門間呼豬曰烏鬼，一曰峽中人呼鸕鷀之名也。又南蠻俗尚巫鬼，有青烏鬼之名。”

鸕鷀義宋、元、明、清、現代均有學者指出。沈括《夢溪筆談》卷三“藝文”:“《夔州圖經》稱峽中謂鸕鷀爲烏鬼。蜀人臨水居者,皆養鸕鷀,繩繫其頸,使之捕魚。”宋黃朝英《靖康緗素雜記》卷五“烏鬼”、宋江少虞《事實類苑》卷六三“風俗雜志”、明陳耀文《天中記》卷五九“鸕鷀”所引略同。宋陸佃《埤雅》卷六:“鷀,水鳥,似鵕而黑,一名鷧,觜曲如鈎,食魚入喉……《神農書》所謂鸕鷀不卵,生口吐其雛獨爲一異是也……《夔州圖經》稱峽中人謂鸕鷀爲烏鬼。”元楊士弘《唐音》卷三:“巖際窟中藏鼺鼠,潭邊竹裏隱鸕鷀。”張震注:“鸕鷀,《埤雅》:水鳥也,似鵕而黑,一名鷧,吐而生子。峽中人號爲烏鬼,以之入水取魚。”明焦竑《焦氏筆乘》略同。清徐珂《清稗類鈔·動物類》:“鸕鷀,一名烏鬼,俗稱水老鴉。”《江西通志》卷一五三載朱彝尊“瑞洪”詩自注:“自玉山至安仁,捕魚多用烏鬼,魚皆無味,至此始用罾。”郭沫若《杜甫的地主生活》:“‘烏鬼’有種種解釋,有人解爲鸕鷀(四川人呼爲‘漁老鴉’),我認爲比較可靠。”[1]

豬的異稱含二義:①一般的豬,可食用。宋胡仔《苕溪漁隱叢話》卷十二“杜少陵七”:“《漫叟詩話》云……予崇寧間往興國軍,太守楊鼎臣,字漢傑,一日約飯鄉味,作蒸豬頭肉,因謂予曰:川人嗜此肉,家家養豬,杜詩所謂‘家家養烏鬼’是也。每呼豬則烏鬼聲,故號豬爲烏鬼。”②祭祀鬼神的豬,不能食用。宋馬永卿《嬾真子》卷四:“僕親見一峽中士人夏侯節立夫言:烏鬼,豬也。峽中人家多事鬼,家養一豬,非祭鬼不用。故於豬群中特呼烏鬼以別之,此言良是。”《淵鑑類函》卷四三六同。

烏(蠻)鬼有數義:①供奉的鬼神。《杜詩詳注》卷二〇:“盧注:烏鬼可異,家家供養則以異爲常……蔡寬夫《詩話》:元微之《江陵詩》:‘病賽烏稱鬼,巫占瓦代龜。’自注云:‘南人染病,競賽烏鬼,楚巫列肆,悉賣龜卜。’‘烏鬼’之名見於此。巴楚間常有殺人祭鬼者,曰烏野七神頭,則烏鬼乃所事神名耳……按:烏鬼別有三説,《漫叟詩話》以豬爲烏鬼,《夢溪筆談》以鸕鷀爲烏鬼,《山谷別集》以烏鴉獻神爲烏鬼。今以蔡、邵二説爲正。前黃魚詩‘脂膏兼飼犬’,夔州此魚之多可知。”②烏鴉之神。宋黃庭堅《山谷別集》卷四:“家家養烏鬼。峽中養雅雛,帶以銅錫環,獻之神祠中,人謂之烏鬼。”《黃氏日抄》卷六五、《格致鏡原》卷七九、《楊慎外集》同。宋何薳《春渚紀聞》卷七

---

[1]　郭沫若《李白與杜甫》,人民文學出版社1972年。

《詩辭事略》："楚峽之間事烏爲神,所謂神鴉也。"③烏蠻鬼。這是前人增字作釋,將"烏鬼"變成"烏蠻鬼"後再釋義。清仇兆鰲《杜詩詳注》卷二十："邵伯温《聞見録》(宋邵博《邵氏聞見後録》):夔峽之人,歲正月,十百爲曹,設牲酒於田間,已而衆操兵大噪,謂之'養烏鬼'。長老言地近烏蠻戰場,多與人爲屬,用以禳之。"《九家集注杜詩》卷三二："沈存中云:峽人謂鸕鷀爲烏鬼。薛夢符云:楚人信巫,以烏爲鬼耳。杜詩可引元稹詩,其説是。蓋此在元稹《長慶小集》,所謂注,則稹自注也。稹與杜公同是唐人,聞見如此,豈不足證邪? 或云烏蠻之鬼。"宋胡仔《苕溪漁隱叢話》、宋惠洪《冷齋夜話》略同。

驗以文獻,釋義又有所區別。

認爲有其事而無其名者。宋沈括《夢溪筆談》卷十六："予在蜀中,見人家養鸕鷀使捕魚,信然。但不知謂之烏鬼耳。"宋程大昌《演繁露》卷十三:"元微之嘗投簡陽明洞有詩曰:'鄉味猶珍蛤,家神愛事烏。'乃知唐俗真有一鬼,正名烏鬼。謂爲鸕鷀,殆臆度耶? 傳記不聞有呼鸕鷀爲烏鬼者。"《夢溪筆談》卷十六:"士人劉克,博觀異書。杜甫詩有'家家養烏鬼,頓頓食黃魚'。世之説者皆謂夔峽間至今有鬼户,乃夷人也。其主謂之鬼主,然不聞有烏鬼之説。又鬼户者,夷人所稱,又非人家所養。"是説少數民族稱"鬼户",首領稱爲"鬼主",但無"烏鬼"這樣的説法。

認爲因字誤而誤解者。宋祝穆《方輿勝覽》卷五七:"吳虎臣《漫録》曰老烏神,若是,養鸕鷀與豬則未爲異俗可怪,當是養鬼。但養字讀作去聲。"《杜詩詳注》卷二十:"或云'養'字乃'賽'字之誤,理或然也。"

認爲杜、元兩義可並存者。明張萱《疑耀》卷三"烏鬼之辨":"余嘗疑之,謂稹或得於傳聞,故戲而入詩耳。一日讀稹集,有聽人彈《烏夜啼》引詩,乃謂作拾遺時被謫,其妻竟禱於烏鬼,始得還官。則是實賽烏鬼也。而烏鬼乃鬼神矣。第烏鬼不知何神,而稹之妻禱之,稹信之,殊足掩口。若工部所稱烏鬼,則沈説爲正,苕溪爲謬,蓋下有食黃魚語,非鸕鷀而何?"認爲杜詩中的烏鬼是鸕鷀,而元稹所説的烏鬼是因妻禱而信之鬼神,只是不知烏鬼究竟爲何種神祇。

以鸕鷀爲正解者。明方以智《通雅》用以下材料説明他支持"鸕鷀"之説:《倉頡篇》"鸕鷀似鴉而黑"即《爾雅》之"鷲鸕"。注:"即鸕鷀也。""《爾雅翼》:‘鸕鷀,峽中號爲烏鬼。’此存中一助也。”“東璧以烏鬼蛇頭長項,即《爾雅》所謂‘鴢頭魚鮫’,又存中一助也。”“《爾雅》作鴢頭鴢。鴢音拗。其曰‘蜀水花’,用去鼻皶,又研水服之斷酒,蓋鸕鷀屎也。至以此解杜詩,則所不必。翠鷸非魚狗之翠也。”

如果從詞彙學的觀點考究,則“烏鬼”是集多義詞與同音詞於一身。前人所言其事均可以並存。因爲都有親歷、親見、親聞的表述。鬼神之説,元積兩文互證,且又是唐代人,當有;養豬之論,有“飯鄉味”,有“親見”,不虛;“鸕鷀”有衆多文獻爲證,從杜甫原作看,有“食黃魚”爲下文,當有。杜詩所言,只是記音,而非記義。蜀地方言至今多有“鬼兒”的後綴,如捕魚的稱“打魚鬼兒”,麻雀稱“麻鬼兒”,一般鳥稱“鬼鬼兒”[$kai^{51}kur$]。

六、古蜀語詞的始見書

有些蜀語的詞,雖然是後人纔指出它的蜀語性質,但中上古時期有文獻可證,甚至前人便指明它的蜀語性質,原書佚亡,賴他書引用得以保存。它始終沒有發展成爲全民通語的詞,始見書卻在中上古時期。

白刺顛　白刺　《四川通志》卷四五:“五加皮,蜀中名白刺顛。陶隱居云:釀酒主益人。……譙周《巴蜀異物志·文章草》贊曰:‘文章作酒,能成其味,以金買草,不言其貴。’‘文章草’即五加皮也。”《本草綱目》卷三六:“(五加皮)此藥以五葉交加者良,故名五加,又名五花。楊慎《丹鉛録》作五桂,云一枝五葉者佳故也。蜀人呼爲白刺。”

指明其蜀語性質的文獻還有《授時通考》卷六八、《玉芝堂談薈》卷三六、高士奇《續編珠》卷二、明顧起元《説略》卷二八、《佩文韻府》卷四九、楊慎《升庵集》卷八〇、高士奇《編珠》卷三補遺、《佩文齋廣群芳譜》卷一〇〇等。譙周(201—270),字允南,《三國志》稱“西充國縣(治今南部縣大橋鎮)人”,在蜀官至光禄大夫,魏封陽城亭侯,晉拜散騎常侍。所撰《巴蜀異物志》亡佚,但其中當有不少的蜀語名詞,這裏説“白刺、白刺顛”爲中上古時期蜀語可信。

七、古蜀語詞的地域

有的蜀語詞彙,所指稱的不僅是蜀地物產,蜀地之外也有,而且有不同的詞形。有的方言詞,同時在幾個不同的地方使用,但是前人由於信息的不便,只收集到一個地方的使用情況。我們不能否認它的方言詞性質。在歷代指爲蜀語的詞語中,前人説是蜀人的稱謂,但也産自蜀以外的地區。

沉䕷藤　宋唐慎微《證類本草》卷十二"曼遊藤":"出犍爲牙門山谷……春華,色紫。葉如柳。張司空云:'蜀人謂之沉䕷藤。'"《格致鏡原》卷六九:"曼遊藤寄生大樹……又名沉䕷藤。""䕷"即"萉"字,意思是花,古音與"浮"近,俗乃訛轉作"浮"。沉䕷,意即隱花,《類聚》《南越筆記》倒文作"䕷沉"("浮沉"),意思也是一樣。無花果屬植物的特徵是隱頭狀花序,花軸頂端肥厚,裏面深凹成一空腔。蜀人稱爲"沉䕷"①。有記載生於無爲的,《佩文齋廣群芳譜》卷八一:"曼遊藤。陳藏器曰:生無爲天門山谷。"《本草綱目》卷十八下:"曼遊藤。藏器曰:生無爲天門山谷。"《佩文韻府》卷二五之五:"曼遊藤。《本草拾遺》:'曼游藤生無爲天門山。'"無爲,今安徽無爲縣。北宋太平興國三年(978)置無爲軍,領巢縣、廬江二縣。熙寧三年(1070)析巢、廬江二縣地置無爲縣。元至元十四年(1277)升無爲軍爲無爲路,屬江淮行省。二十八年降爲無爲州,領無爲、廬江、巢縣三縣。明洪武元年(1368)無爲州領巢縣一縣,屬中書省。天門山係夾江對峙的東梁山、西梁山之並稱。曼遊藤,蜀地和蜀地以外均産,"曼遊藤"當是全民通語的稱謂。

貘 猛豹　《説文》豸部:"貘似熊而黃黑色,出蜀中。"《釋文》引《字林》:"似熊而白黃,出蜀郡。"段注:"即諸書所謂食鐵之獸也。見《爾雅》《上林賦》、《蜀都賦》注、《後漢書》。《爾雅》謂之白豹,《山海經》謂之猛豹。今四川川東有此獸。""貘"又作"貊",《後漢書·西南夷傳》記哀牢夷出"貊獸"。李賢注引《南中八郡志》:"貊大如驢,狀頗似熊,多力,食鐵,所觸無不拉。"又作"狛"。《中山經》郭注:"(邛來)出狛,狛似熊而黑白駁。亦食銅鐵。"《山海經·西山經》:"南山……獸多猛豹。"郭注:"猛豹似熊而小,毛淺有光澤,能食蛇、食銅鐵,出蜀中。"此食鐵之獸出蜀,不見於他地,蜀人司馬相如、揚雄使用,可視爲蜀語詞。

八、古蜀語"求諸字"與"求諸聲"

研究方言詞,應該求諸聲,而不應該求諸字。研究歷史方言更是如此。

船　杜甫詩:"天子呼來不上船。"宋黃希、黃鶴《補注杜詩》卷二:"蘇曰:'船,《方言》曰,所謂襜紐是已。'夢符曰:'右按:關中呼衣襜爲船。詩

曰："何以舟之。"舟亦船也，其來尚矣。'定功曰：'唐范傳正作《白墓碑》曰：
"元宗泛白蓮池，召李白作序，時已被酒，命高將軍扶以登舟。"蜀人謂衣領爲
船。妄也。'"清袁枚《隨園詩話》卷一·四十六："杜詩'天子呼來不上船'，
此指明皇白龍池召李白而言。船，舟也。《明道雜紀》以爲'船，衣領也。蜀
人以衣領爲船'。謂李白不整衣而見天子也。'青蓮雖狂，不應若是之妄。"
《康熙字典》"船"下："《韻會》：'衣領曰船。'《正字通》：'俗以船爲襟穿。'
《續演繁露》云：'杜詩：天子呼來不上船。'或言衣襟爲船，誤。按蜀人呼衣
繫帶爲穿，俗因改穿作船。"前人因爲蜀語的語音差異，將"穿"字寫成了
"船"字，有人就誤以爲"天子呼來不上船"的"船"是蜀語專門的詞彙，並誤
讀其詩義。"蜀人謂衫襟爲船"是一條不可靠的蜀語詞，而"穿"是蜀語詞。

九、古蜀語的同音詞

有些蜀語詞，是因蜀地物產而形成的，其他地方的人不知其名，前人的
理解往往有所不同。見諸文獻，就出現一個詞指稱不同事物的現象，即所謂
同名異物和同物異名現象。

巢菜　前人一般認爲大巢是豌豆不實者，小巢是野蠶豆，又名元修菜。
唐陸龜蒙《詩序》："蜀疏有兩巢，大巢即豌豆之不實者，小巢生稻畦中，一曰
野蠶豆。"《元修菜》詩序："菜之美者。有吾鄉之巢，故人巢元修嗜之，余亦
嗜之。元修云：使孔北海見，當復云：吾家菜耶？因謂之元修菜。余去鄉十
有五年，思而不可得。元修適自蜀來，見余於黃，乃作是詩。使歸，致其子而
種之東坡之下。"補注："巢菜，《韻語陽秋》：'蜀中食品，南方不知其名者多
矣。東坡所謂"贈君木魚三百尾，中有鵝黃子魚子"者，棕筍也。'所謂豆莢，
圓且小槐牙細而豐者，巢菜也。是二物。蜀中甚貴重。"宋趙彥衛《雲麓漫
鈔》卷五："東坡詩云'彼美君家菜，鋪田綠茸茸。豆莢圓且小，槐芽細而
豐。'漢東人以豌豆苗爲菜，云：'蜀人以爲漫頭，號巢菜。'以東坡詩求之，良
不誣。今臨安人目之曰豆菜，連角子賣，則知豌豆苗莢即巢菜也。"明彭大翼
《山堂肆考》卷一九六"大巢小巢"："又放翁《詩序》巢菜乃蜀蔬，有兩巢：大
巢，豌豆之不實者；小巢，生稻畦中。東坡所謂元修菜是也。吳中名漂搖草，
一名野蠶豆，予小舟過梅市得之，始以作羹，風味宛然，如在醴泉蠶頤時也。"
宋謝維新《古今合璧事類備要別集》卷六〇、元陰勁弦《韻府群玉》卷十四、
元盛如梓《庶齋老學叢談》卷下、清沈自南《藝林匯考·飲食篇》卷二引同。

但有以薇爲小巢者。薇,野豌豆。明方以智《通雅》卷四四:"薇,小巢菜也……項安世曰:今之野豌豆也。蜀人謂之小巢菜……子瞻曰巢元修嗜之,因名元修菜。《詩》正義亦云莖葉似小豆蔓生,漁仲以薇爲金櫻芽,朱子以薇爲迷陽。《演繁露》曰:吾鄉呼薇爲苦遮。項安世、戴侗則以爲大巢菜。藏器曰:巢菜翹搖。即《爾雅》之'杜夫,搖車'也。"《本草綱目》卷二七"大巢菜"集解:"薇生水旁……即今野豌豆。蜀人謂之巢菜,蔓生,莖葉氣味皆似豌豆,其藿作蔬入羹皆宜……《詩疏》以爲迷蕨,鄭氏《通志》以爲金櫻芽,皆謬矣。項氏云:'巢菜有大小二種,大者即薇,乃野豌豆之不實者;小者即蘇東坡所謂元修菜也。'此説得之。"段玉裁注《説文》"薇":"蜀人謂之大巢菜。按:今四川人掐豌豆嫩梢食之,謂之豌豆顛顛。古之采於山者,野生者也。《釋草》云垂水,薇之俗名耳。不當以生於水邊釋之。"

蜀語"巢菜"有大巢、小巢之分,這是同名異物;有以薇(野豌豆)爲大巢,又有以薇(野豌豆)爲小巢者,這也是同名異物。這種因蜀産而生的蜀語同音詞,可能會因前人不甚瞭解而發生錯誤。正如元陶宗儀《説郛》卷八〇:"蜀中食品,南方不知其名者多矣。而況其味乎?"

十、古蜀語的食品詞

蜀地多美食,緣自遠古。宋人陸游涉及飲食烹飪的詩約在百篇以上。其中不少的食品詞彙,也是蜀地特有的,應該有不少來自中上古時期。

堯骨　橙薤　陸游《飯罷戲作》説他在成都"南市沽濁醪,浮螘甘不壞。東門買堯骨,醯醬點橙虀。蒸雞最知名,美不數魚蟹。輪囷犀浦芋,磊落新都菜。欲賡老饕賦,畏破頭陀戒。""堯骨、橙虀"僅見於此,當是蜀地方有的食物名稱。

黎祁　陸游《劍南詩稿·鄰曲》:"拭盤堆連展,洗釜煮黎祁。"自注:"蜀人呼豆腐爲黎祁。"使用這個詞和轉録此説的文獻不少,如清陳廷敬《午亭文編》卷十八,姜宸英《湛園札記》卷二,倪濤《六藝之一録》卷二六四,宋犖《西陂類稿》卷十九,田雯《古歡堂集》卷一、九、十一,厲鶚《樊榭山房續集》卷二等。張澍《蜀典》:"一名來其。黎、來音同,《虞伯生集》:'鄉語謂豆腐爲來其。'"

蜀地食材詞語如《冬夜與溥庵主説川食戲作》:"唐安薏米白如玉,漢嘉栮脯美勝肉。"《薏苡》詩:"初遊唐安飯薏米,炊成不減雕胡美。"自注:"蜀人謂其實爲薏米,唐安所出尤奇。""薏米"源於唐安,地望在今四川崇慶縣東南。《冬夜與溥庵主説川食戲作》還提到大巢菜、小巢菜、龍鶴菜、木魚子,索餅、土茗等。木魚子即蘇軾詩中所介紹的"蜀人以饌佛"的棕櫚樹果實棕筍,蒸熟之后,蜜煮酢浸,可運到千里之外而不壞(見陶宗儀《説郛》)。《思蜀》:"玉食峨眉栮,金齏丙穴魚。"《蔬食戲書》:"新津韭黄天下無,色如鵝黄三尺餘。"

蜀地烹飪詞語如陸游《食薺》詩:"小著鹽醯和滋味,微加姜桂助精神。風爐歊缽窮家活,妙訣何曾肯授人。"《飯罷戲示鄰曲》:"今日山翁自治廚,嘉肴不似出貧居。白鵝炙美加椒後,錦雉羹香下豉初。""風爐、歊缽"都是蜀地烹調器具;"白鵝炙、錦雉羹"表明以花椒調白鵝之味再烤,用豆豉汁調和在野雞羹裏。這是蜀地的烹調方法。

十一、古蜀語特殊的感歎語

蜀語中有些詞,前人説最早僅見於蜀人蜀地使用。孫玉文對此論述道:"漢語方言區域廣袤,方言詞語的使用犬牙交錯,非常複雜。没有周遍性地調查完所有的漢語方言,是没有充分的依據下斷語説某詞僅見於某地的。這個結論,我們有正反兩方面的經驗教訓可以證實。我們可以見到這樣的現象:先是某人説某詞僅見於某地,不久就有人站出來撰文説,這個詞在另外一個地方也在使用。"[1]

噫嘻嚱　蜀人的特殊感歎語,李白《蜀道難》見用。宋祁《宋景文筆記》卷上:"蜀人見物驚異,輒曰'噫嘻嚱',李白作《蜀道難》因用之。汾晉之間尊者呼左右曰'咄',左右必曰'喏'。而司空圖作《休休亭記》又用之。修書學士劉義叟爲予言'《晉書》言咄嗟而辦,非是,宜言咄喏而辦'。然'咄嗟'前代人文章中多用之,或自有義。"《苕溪漁隱叢話》卷二:"古今語言,固是各出於一時,本不與後世相通者……《後赤壁賦》云:'嗚呼噫嘻,我知之矣。'《洞庭春色賦》云:'嗚呼噫嘻,吾言誇矣。'皆用蜀語。"[2]《能改齋漫録》卷七、《説郛》卷十六上有引,明徐㷿《徐氏筆精》卷二:"蜀人見物驚異,必曰'噫嘻吁',李白《蜀道難》用方言也,古文未見此三語耳。"

---

① 孫玉文《揚雄〈方言〉與方言特徵詞的判定問題》,《湖北大學學報》2011 年 5 期 32 頁。
② 胡仔《苕溪漁隱叢話》前集卷二 11 頁,廖德明點校,人民文學出版社 1962 年。

十二、古蜀語詞的轉語

"轉語"這個術語是揚雄提出來的,所舉的六例表述有"轉語"和"語之轉",郭璞沿用了這個術語。前人有音轉、義轉的不同看法。蜀語詞在發展中會產生轉音,既可因時而轉,亦可因地而轉,其實質是前人根據方音的不同,采用不同的漢字記録同一個方言詞。例如有學者提出蜀的初義曰"叟",證據是《尚書·禹貢》載有"織皮昆侖、析支、渠搜、西戎即敘",《漢書·地理志》轉録此條時"搜"寫作"叟"。《漢書·武帝紀》也有"北發渠搜"。"叟、蜀"音近可通。《後漢書·董卓傳》:"吕布軍有叟兵内反。"李賢注:"叟兵即蜀兵也,漢代謂蜀爲叟。"皆可爲證①。

十三、古蜀地理詞的穩固性

在任何語言中,人名地名是最保守的成份。蜀地地名、地形有特殊稱謂且多保留久遠,是蜀語中一種特殊的詞彙,例如"古蜀語的發展"一節中討論《玉篇》中的"壩"一直延用到現代就是典型的例子。

天彭　《蜀王本紀》:"李冰以秦時爲蜀守,謂汶山爲天彭闕,號曰天彭門,云:亡者悉過其中,鬼神精靈數見。"《華陽國志·蜀志》:"冰能知天文地理,謂汶山爲天彭門,乃至湔氐縣,見兩山對如闕,因號天彭闕。"《方輿勝覽》卷五四:"(彭門山)兩峰如闕,相去四十步,名天彭門,因以名州。又曰彭祖出入此山,因名彭門。"宋黄希、黄鶴《補注杜詩》卷二四:"灌口山在永康軍導江縣。李膺《益州記》云:'清水路西七里灌口,古所謂天彭闕。'""希曰:《唐志》云:'彭州導江縣有鹽崖闕。《寰宇記》:"灌口山在西嶺,有天彭闕。"又云:"有灌口鎮在彭州九隴縣。"'《唐志》:'蜀州有灌口府。'然則鹽崖、灌口皆指彭州而言也。"

湔　《華陽國志》:"(天彭闕)仿佛若見神。遂從水上立祀三所。祭用三牲,珪璧沈湔。"湔,《説文》以爲"水厓",《爾雅》注以爲"大水溢出别爲小水之名",《公羊傳·昭公五年》"湔泉"爲直泉,指泉水湧出;它是一個古蜀語詞,指大漩渦。《杜詩詳注·最能行》:"撇漩捎湔無險阻。"注:"峽中湍浚激石忽發者謂之湔,泡洑而漩者謂之瑙。李實曰:'今川語漩、湔皆去聲者……用捎撥之而度。'左峴曰:'蜀諺云:湔起如屋。'"

---

① 何光岳《渠搜、叟人的來源和遷徙》,《思想戰線》1991年1期66頁。

洪　唐李吉甫《元和郡縣志》卷三四：“蜀人謂水口曰洪。”陸游《入蜀記》卷二：“江湖間謂分流處爲洪，王文公詩云‘東江木落水分洪’是也。”

十四、古蜀語的複音詞

鄧少琴《巴蜀史稿》説“巴蜀語言，類多雙音，不如中原之多用單音”，從他所舉之例看，多爲少數民族譯音詞，構詞方式也都是雙音單純詞。文獻記載的中上古蜀語詞主要爲單音詞，複音詞並不多。僅有的一些複音詞，其構詞方式與通語具有一致性。多音節詞如“長年三老、作五百石子、弻頭虎子、給客橙、諸葛菜、板盾蠻、巴鄉清、墮林粉、心内愞、羊負來”等。雙音節合成詞是兩個或兩個以上語素構成的詞，主謂式有：鹿㹻、葙香、都廣、魚鳧；偏正式有：苦荼、蹲鴟、苦菜、拙魚、冒絮、玄蚼、曲領、黄潤、犦牛、白雨、市暨、土鉎、烏鬼、百丈、酸桶、檀木、廣都、靈叉、蒟醬；並列式如：蛭蟧、葭萌；補充式如：豆逼；附加式如：阿陽、貉子、蜱子。“思、羅、落、都、多、賴”等字頭地名；單純詞如：不律、猛氏、榙㯚、鮎鱧，等。

泥窗　蜀語稱“糊窗”爲“泥窗”，是一個動賓關係的合成詞。花蕊夫人《宫詞》：“紅錦泥窗繞四廊。”這個蜀語詞延用至清。《貴州通志》卷四五引田雯詩《小樓》：“淺衙隙地北岡頭，竹柱泥窗架小樓。”田雯（1636—1704）字綸霞，自號山姜，晚號蒙齋，德州市吕家街人。康熙三年進士，授中書，曾督學江南、督糧湖北，後任江蘇、貴州巡撫。貴州話與蜀語多近。

第二章　中上古蜀語詞舉隅

第一節　概　説

一、概説

語言的融合首先出現在詞彙方面,同時語音系統、語法結構也受到影響。漢代,巴蜀方言和中原的秦晉方言是非常接近的。揚雄《方言》把秦晉隴冀梁益並舉的事實說明了這點①。

考察、分析古蜀語的詞彙,要做到深入而系統,是一個難題。不單單因爲可以確認爲中上古蜀語詞彙的材料很少,還因爲時代久遠,可資佐證的資料缺乏。要清楚地指出一千多年前哪些詞是古蜀語的詞,頗有不敢輕下雌黄之歎。正確的做法是必須根據文獻説話,一定要有依據,説明某詞當時確實在蜀地存在過,前代學者明確指出過,纔能够定下來,哪怕是數量不大。

二、確定中上古蜀語詞應注意的問題

蜀人的作品照理説裏面應該有蜀語的詞,但是他們並没有説出作品裏哪些詞是方言詞。漢晉時期一些蜀地學者的作品,如司馬相如、揚雄、王褒的賦,陳壽的《三國志》、常道將《華陽國志》,他們寫作目的並不只是供蜀地的人閱讀的,他們需要更多的讀者,在他們的作品裏面使用更多的是全民語言的通語,而蜀語的詞在裏面出現不多。不經注釋家指出,現在也就很難瞭解。下面從司馬相如、揚雄的作品裏舉幾個前代注家指出的例子,《華陽國志》也有一些蜀語詞,到下節專述。

鮪鰽　《史記·司馬相如列傳》:"於是乎蛟龍赤螭。鮪鰽螄離。"張守節正義引李奇曰:"周洛曰鮪,蜀曰鮪鰽。"這個詞也單作"鰽"。揚雄《蜀都賦》:"石鰽水螭。"②"石"是"鰽"的修飾語。《爾雅·釋魚》稱爲"鱣",郭璞注:"鱣,大魚。似鱏而短,鼻口在頷下,體有邪行甲,無鱗,肉黄,大者長二三丈。

①　趙振鐸、黄峰《〈方言〉裏的秦晉隴冀梁益方言》,《四川大學學報》1998 年 3 期。
②　《古文苑》,四部叢刊影印宋刊本。

今江東呼爲黃魚。"①邵晉涵《爾雅正義》："今呼爲鱘鳇魚。"《文選·左思〈蜀都賦〉》："鱣鮪鱏魴。"李善注引劉淵林："鱣,鮪也。"《太平御覽》卷九三六引《魏武四時食制》："鱣,一名黃魚。大數百斤,骨軟可食,出江陽犍爲。"犍爲是蜀的一個郡,證明蜀地産此魚。

　　犛牛　《司馬相如列傳》："獸則犦旄獏犛,沈牛麈麋。"裴駰集解："徐廣曰:'犦音容,獸類也。犛音貍,一音茅。'駰案:郭璞曰:'旄,旄牛。獏似熊,庳脚鋭頭。犛牛黑色,出西南徼外也。'"《説文》牛部："犛,西南夷長髦牛也。"②舊注以爲犛牛就是犛牛。桂馥《説文解字義證》以爲犛牛大,犛牛小,犛牛黑色,犛牛黑白二色,兩者是有區別的。"犛牛"一詞文獻早有記載,並且沿用下來。《國語·楚語》："巴浦之犀犛兕象,其可盡乎!"《山海經·中山經》："荆山……其中多犛牛。"③《史記·孝武本紀》："殺一犛牛以爲俎豆牢具。"蕭統《謝勅賚水犀如意啟》："犛牛輕拂,張敞慚其舊儀。"④《蠻書》卷四："兜鍪上插犛牛尾,馳突如飛。"⑤

　　楉樗　《司馬相如列傳》："楉樗荔枝。"索隱："郭璞云:楉樗似李,出蜀。"《説文》木部："楉,樗,果似李。"段注："《史記·上林賦》'楉樗',字同許。《漢書》《文選》皆作'荅遝',假借字也。郭云:荅樗似李。《廣韻》引《埤倉》同。"

　　猛氏　《司馬相如列傳》："格瑕蛤,鋋猛氏。"索隱："郭璞曰:今蜀中有獸,狀如熊而小,毛淺有光澤,名猛氏。"六臣注《文選》所引郭注同。清朱銘《文選拾遺》："郭説見《西山經》,名曰猛豹。郭彼注與此同,而下有'食蛇,食銅鐵。出蜀中'八字,此即《説文》'似熊而黃'之貘。猛、貘一聲之轉也。賦上文已有貘。張揖注云:'白豹。'則以此爲似熊之貘,亦可通。"⑥

　　黃潤　司馬相如《凡將篇》："黃潤纖美宜制禪。""黃潤"當是古蜀方言的詞,文獻多見,如《古文苑·揚雄〈蜀都賦〉》："筒中黃潤,一端數金。"章樵

①　《爾雅·釋魚》,天禄琳琅叢書本。

②　《説文解字》,中華書局影印清陳昌治刻大徐本。

③　《山海經》,四部叢刊影印明成化庚寅邢讓刻郭注本。

④　《昭明太子集》,四部叢刊影印明遼府寶訓堂刻本。

⑤　樊綽《蠻書》,琳琅秘室叢書。

⑥　朱銘《文選拾遺》,光緒十八年家刻本。

注:"黄潤,筒中細布也。"《華陽國志·巴志》:"白雉、黄潤、鮮粉,皆納貢之。"又《蜀志》:"安漢上下朱邑出好麻、黄潤、細布。"《文選·左思〈蜀都賦〉》:"黄潤比筒,籯金所過。"李善引劉淵林注:"黄潤,謂筒中細布也。"《通雅》卷三七:"古無木綿,乃細麻布。黄潤者,生苧也。"

　　阺　《漢書·揚雄傳》:"功若泰山,嚮若阺隤。"顔師古注:"阺音氏。巴蜀人名山旁堆欲墮落曰阺。"《説文》氏部引揚雄文"阺"作"氏",云:"氏,巴蜀名山岸脅之旁箸欲落墥者曰氏,氏崩聞數百里……揚雄賦:'響若氏隤'。"許慎的意思是"氏"的本訓,用"氏崩聞數百里"來補充説明,又引揚雄賦作爲佐證。《文選》作"坻"。氏崩就是山崩。山崩則有巨響,很遠的地方都能夠聽見。段玉裁《説文解字注》説:"'巴蜀名山岸脅之旁箸欲落墥者曰氏'十六字爲一句,此謂巴蜀方語也。"

　　這幾個詞是有證據可考的。在論證古蜀語詞彙的時候,信而有據,非常重要。有些似是而非的材料一定要排除出去。《史記·司馬相如列傳》:"行乎洲淤之浦,徑乎桂林之中。"集解引郭璞曰:"淤亦洲名,蜀人云,見《方言》。"《方言》卷十二:"水中可居爲洲。三輔謂之淤,蜀漢謂之嬕。"郭璞:"《上林賦》曰:行乎州淤之浦也。"這是解釋三輔的詞,《集解》所引郭璞説"蜀人云"可能是偶然誤記。

第二節　揚雄《方言》裏的蜀語詞

一、揚雄與《方言》

　　揚雄(前53—18),字子雲,蜀郡成都人。《漢書》有傳。據史書記載,他的祖上是從楚地遷徙來的。在成都的郫縣只有他家一支,没有同宗。根據《方言》後面所附他給劉歆的信可以看到,早在家鄉他就有了編寫這樣一部書的打算。當時成都是漢朝五都之一,經濟繁榮,人物薈萃,蜀郡學者嚴君平手頭有前人收集方言殘存的資料一千餘字,揚雄曾經從他遊學,看到了這些資料。還有一個複姓林閭名翁孺的人,和他有"外家牽連之親",手裏有一份整理方言的提綱。這兩個材料對揚雄編寫《方言》有很大的影響。

　　漢成帝時,揚雄到了首都長安。他在看到了周秦以來收集的殘存方言資料後,就開始了編纂《方言》的工作,他自己又親自收集了他所接觸到的方言資料。用了二十多年時間,寫出了十五卷,從現存《方言》的情況看,前幾卷詳一些,後幾卷比較略,而且愈到後面愈略,這是一部没有完成的著作,没有經過作者最後寫定。

今天論證古蜀語詞彙,《方言》一書還是最早最有用的材料。

二、《方言》裏的蜀語詞

蜀本爲古國名、族名和地域名,秦滅巴蜀後,在這裏設巴郡和蜀郡。漢初從蜀郡的北部分出廣漢郡,漢武帝時又從蜀郡的南部分出犍爲郡。《方言》裏的蜀不是指秦漢時期的蜀郡,而是指以成都爲中心的古代蜀國的廣大地區。

曲領　襦　《方言》卷四:"襦,西南蜀漢謂之曲領,或謂之襦。"郭璞注:"字亦作褕,又襦無右也。"①戴氏疏證:"《説文》:'襦,短衣也。一曰曡衣。'《釋名》云:'襦,奐也。言温奐也。''曲領在内以中襟領,上横雍頸其狀曲也。''反閉,襦之小者也,卻向著之,領反於背後,閉其襟也。'注内'又襦無右也'即《釋名》所謂以中襟之領使上横雍頸者,右無曲裾故曰無右。《急就篇》:'袍襦表裏曲領帬。'顔師古注云:長衣曰袍,下至足跗;短衣曰襦,自膝以上。"②段玉裁説:"襦若今襖之短者,袍若今襖之長者。"這兩個蜀語詞,文獻裏面常常可以見到,如《莊子·外物》:"未解裙襦,口中有珠。"③《左傳·昭公二十五年》:"鸜鵒跦跦,公在乾侯,徵褰與襦。"④《太玄·迎》:"裳有衣襦,男子目珠,婦人睫鈎,貞。"司馬光集注:"襦,短衣也。"⑤李賀《章和二年中》:"關中父老百領襦,關東吏人乏詬租。"⑥《三國志·烏丸鮮卑東夷傳》:"言語法俗大抵與句麗同。衣服有異。男女衣皆著曲領,男子繫銀花廣數寸以爲飾。"《後漢書·東夷列傳》:"其人性愚慤,少嗜欲,不請匄。男女皆衣曲領。"《晉書·輿服志》:"朱衣絳紗襮,皂緣白紗,其中衣白曲領。"蕭嵩《太子服絳紗袍議》:"方心曲領,絳紗蔽膝。"⑦

杝　《方言》卷五:"俎,几也。西南蜀漢之郊曰杝。"郭璞注:"音賜。"

---

①　揚雄《方言》,四部叢刊影印宋刊本。
②　戴震《方言疏證》,《戴氏遺書》本。
③　《莊子》,四部叢刊影印世德堂本。
④　《左傳》,四部叢刊影印宋刊巾箱本。
⑤　司馬光《集注太玄經》,四部備要本。
⑥　李賀《李賀歌詩編》,四部叢刊影印金刻本。
⑦　李昉等《文苑英華》卷七六六,中華書局影印本,1966 年。

《廣雅·釋器》收録此條。曹憲音賜。《後漢書·鍾離傳》附藥崧傳:"家貧爲郎,常獨直臺上,無被,枕杫。"李賢注:"杫……謂俎几也。《方言》云:蜀漢之郊曰杫。"

檗 《方言》卷十二:"水中可居爲洲。三輔謂之淤,蜀漢謂之檗。"戴震《方言疏證》:"檗,各本訛作檗。《玉篇》云:'檗,水洲也。'《廣韻》於'檗'字云'蜀漢人呼水洲曰檗'皆本此,今據以訂正。"

眄跂 蜀在《尚書·禹貢》裏面屬梁州。所謂"華陽黑水惟梁州",華陽就是華山的南面,黑水一般認爲是指金沙江。梁州大體上指華山以南、金沙江以北的地區。漢武帝根據《禹貢》和《周禮·夏官·職方氏》將全國分爲十三刺史部,没有了梁州,代替它的是益州。後來的人往往梁益並舉。《方言》就是這樣稱呼的,如卷一:"跂、狢,登也。梁益之間曰狢,或曰跂。"郭璞注:"跂音企,狢亦訓來。""跂"常見義是踮起腳跟。升高的意思和它有密切的關聯。如《詩·衛風·河廣》:"誰謂宋遠,跂予望之。"《史記·韓王信盧列傳》:"士卒皆山東人,跂而望歸。"《三國志·魏書·董昭傳》:"遠近跂望,冀一朝獲安。"謝朓《三日侍華光殿曲水宴代人應詔》:"水被雕梁虹,拖雲甍鳥跂。"①《爾雅·釋詁》:"格,陞也。"郭璞注:"梁益曰格。"即用《方言》文。《方言》卷一:"狢,至也。"郭璞注:"狢,古格字。""狢、格"古通用,文獻多用格字,如《書·吕刑》:"庶有格命。"孔穎達正義引鄭玄:"格,升也。"②

膿 《方言》卷二:"膿,盛也。梁益之間凡人言盛及其所愛,偉其肥晠謂之膿。"郭璞注:"肥膿多肉。"《説文》肉部:"膿,益州鄙言人盛,諱其肥,謂之膿。"看來是從《方言》引來的。《廣雅·釋訓》收録了這一條,重言作"膿膿"。王念孫疏證:"《淮南子·原道訓》云:'田者争處墝埆,以封壤肥饒相讓。'《後漢書·馬援傳》云:'其田土肥壤。'《漢書·張敞傳》:'長安中浩穰。'顔師古注云:'穰,盛也。音人掌反。''膿、孃、壤、穰'並通。凡《詩》言'降福穰穰''豐年穰穰''零露瀼瀼',皆盛多之意,義與'膿'相近也。"《漢書·鄒陽傳》:"壤子王梁、代,益以淮陽。"顔師古注:"晉灼曰:'揚雄《方言》梁益之間,所愛諱其肥盛曰壤。'"《文選》選録這篇上書,題爲"鄒揚《上書吴

① 谢朓《謝宣城詩集》,四部叢刊影印明鈔本。
② 《尚書》,四部叢刊影印宋刊本。

王》”。李善注：“《方言》云‘瑋其肥盛’，《晉書》注以瑋爲諱。”錢繹《方言箋疏》認爲“諱”是正字：“今本作‘偉’者，乃後人因前卷‘碩、沈、巨、濯，大也’條内有‘愛、偉’二字連文而妄改也。”盧文弨《方言校記》：“諱其肥盛，今俗間於小兒猶然，似亦不爲無理。今江淮人謂質弱力薄者爲䐐，亦語之反也。”柳宗元《古東門行》：“絶䐐斷骨那可補，萬金寵贈不如土。”①唐皮日休《遇謗》：“堯既䐐而必烹兮，木方蔓兮必折。”②宋范成大《問天醫賦》：“元陽之氣，可斤可兩；人受其中，有瘠有䐐。”③可見，後來它成了通語詞。

　　鈭 㓠　《方言》卷二：“鈭、㓠，裁也。梁益之間裁木爲器曰鈭，裂帛爲衣曰㓠。”郭璞注：“皆析破之名也。”這兩個詞的意思是製作器物，但是用法上略有不同：“鈭”是用裁截木料製作器具，“㓠”是用布帛製作衣服。《廣雅·釋詁二》收録了這兩個詞，王念孫疏證：“鈭之言劈。”《漢書·藝文志》：“及譬者爲之，則苟鈎鈭析亂而已。”顏注：“鈭，破也。”意思是割裂、破壞。後代有用。皮日休《見逐》：“既怵仁以憑義兮，遂鈭信而㓠誠。”又《移成均博士書》：“㓠其微言，鈭其大義。”這兩個詞也連用，如《文選·左思〈蜀都賦〉》：“藏鏹巨萬，鈭㓠兼呈。”劉淵林注也引《方言》這段話爲證。謝靈運《山居賦》：“銅陵之奥，卓氏充鈭㓠之端。”④

　　聤　《方言》卷六：“聤，聾也。半聾，梁益之間謂之聤。”《説文》耳部：“聤，梁益之州謂聾爲聤。秦晉聽而不聞、聞而不達謂之聤。”徐鍇《説文解字繫傳》：“聤，不全聾也。”《玉篇》耳部：“聤，子亥切，《方言》云：半聾也，梁益之間謂之聤，秦晉之間聽而不聰、聞而不達謂之聤。”《龍龕手鏡》耳部：“作海反，半聾貌也。”揚雄《方言》裏面梁益和秦晉是一個大的方言區。“聤”在這個大方言區的内部意義上又有細微差別，下文説“秦晉聽而不聞、聞而不達謂之聤”就説明了這點，《説文》根據《方言》收録了這個詞。益梁之州是蜀地的别稱，把“聤”解釋爲“聾”是蜀地方言。而中古時代的字書大多將其解釋爲半聾，即“聽而不聞、聞而不達”，這一解釋在《説文》時代是秦地晉地的方言。

①　柳宗元《河東先生集》卷四二，宋世綵堂本。
②　皮日休《皮子文藪》，上海古籍出版社1981年。
③　范成大《石湖居士詩集》，四部叢刊本。
④　顧紹柏《謝康樂集校注》，中州古籍出版社1987年。

瞦　《方言》卷六：“瞦，轉目也。梁益之間瞋目曰瞦，轉目顧視亦曰瞦。”吳予天《方言注商》：“《説文》：‘瞦，目多精也。’‘瞋，張目也。’用神視時，則瞳孔放大，此瞋目之。所以呼爲‘瞦’也。轉目顧視亦曰‘瞦’者，係‘睠’之轉音也。”①《漢書·揚雄傳》：“羌戎睚眦。”顏注：“睚字或作瞦。瞦者，怒其目睚也。”《古文苑·劉歆〈遂初賦〉》：“空下時而瞦世兮，自命己之取患。”章樵注：“瞦……轉目視也。”

蛒　蝎　蛭蛒　《方言》卷十一：“（蠾蝚）梁益之間謂之蛒，或謂之蝎，或謂之蛭蛒。”《廣雅·釋蟲》收録此條。“蛒”和“蛭蛒”是單音詞、複音詞同義，這説明蜀語中的内部差異，但文獻裏面罕見。“蝎”文獻裏面出現得比較多，很多是指蝎子，而表示蠾蝚則是少數。《爾雅·釋蟲》：“蝎，蛣蝠。”郭璞注：“木中蠹蟲。”又：“蟥，蛴螬。”郭璞注：“在糞土中。”又：“蝤蠐，蝎。”郭璞注：“在木中。今雖通名爲蝎，所在異。”《論衡·商蟲》：“桂蠹桑蝎，不怪何也。”②嵇康《答難養生論》：“夫嗜欲雖出於人，而非道之正。猶木之有蝎，雖木之所生，而非木之宜也。故蝎盛則木朽，欲盛則身枯。”③柳宗元《天説》：“蟲生之木，朽而蝎中。”宋王楙《野客叢書》卷二八：“或者議宋景文公修《唐書》，用‘媒蝎’二字，司馬遷用‘媒孽’二字。僕觀曹氏《籍田論》曰：‘封人有以輕鑿，脩鈎去樹之蝎者，曰：不識天下亦有蝎乎？曰：三苗共工，非堯之蝎與？齊之諸田，晉之六卿，魯之三桓，非諸侯之蝎乎？宋公之意本此。’”④

初　祖　《方言》卷十三：“鼻，始也。嘼之初生謂之鼻，人之初生謂之首，梁益之間謂鼻爲初，或謂之祖，祖，居也。”郭璞注：“鼻、祖，皆始之別名也，轉復訓以爲居，所謂代語者也。”《廣雅·釋詁一》：“鼻，始也。”梁益把開始稱爲“初、祖”，來源很古。《爾雅·釋詁》：“初、祖，始也。”《説文》刀部：“初，始也。裁衣之始也。”這是説造字的本義。下面再舉一些“初”當始講的例子：《易》乾卦：“初九，潛龍勿用。”孔穎達正義：“居第一之位，故稱初。”《詩·大雅·生民》：“厥初生民。”鄭玄箋：“初，始也。”《説文》示部：“祖，始廟也。”後來發展出開始義。《易·小過》：“過其祖。”王弼注：“祖，始也。”

————————

① 吳予天《方言注商》，國學小叢書本，商務印書館 1936 年。

② 王充《論衡》，四部叢刊影印明通津草堂本。

③ 嵇康《嵇中散集》，四部叢刊影印明嘉靖刻本。

④ 王楙《野客叢書》，稗海本。

　　屨 屦 《方言》卷四:"(履),西南梁益之間或謂之屨,或謂之屦。"郭璞注"屨"字云:"他回反,字或作屦,音同。"注"屦"字云:"下瓦反,一音畫。"《玉篇》尸部:"屨,他回切,履也。西南梁益謂履曰屨。"就是根據《方言》解釋的。《説文》系部:"屦,履也。一曰青絲頭履也。"段注:"上義謂麻作之,此義謂青絲爲頭。"

　　肖 《方言》卷七:"肖,法也。西南梁益之間凡言相類者亦謂之肖。""肖"並不僅僅用於蜀地。《説文》肉部:"肖,骨肉相似也。"段注:"謂此人骨肉與彼人骨肉狀皃略同也。"《禮記・雜記下》:"某之子不肖,不敢辟誅。"鄭玄注:"肖,似也。不似,言不如人。"《淮南子・墜形》:"肖形而蕃。"高誘注:"肖,象也。"①《法言・學行》:"久則肖之矣。速哉! 七十子之肖仲尼也。"李軌注:"肖,類也。""肖"的相似意義不是本義,而是派生義。這個詞沿用到現代漢語,如"肖像",成語有"惟妙惟肖"等。

　　玄蚼 《方言》卷十一:"蚍蜉,西南梁益之間謂之玄蚼。"郭璞注:"《法言》云'玄駒之步'是。"玄蚼,蟻的一種。周祖謨《方言校箋》:"蚼,《玉燭寶典》卷十二引作'駒'。"文獻"玄蚼"作"玄駒"的不少,其他的用例如《大戴禮記・夏小正》:"十有二月……玄駒賁。玄駒也者,螘也。賁者何? 走於地中也。"②《廣志》(《類聚》卷九七、《御覽》卷九四七引):"有飛蟻,有木蟻。古曰玄駒者也。又有黑黄大小數種之蟻。"

　　尋 《方言》卷一:"尋,長也。自關而西秦晉梁益之間凡物長謂之尋。周官之法,度廣爲尋。"郭注:"度謂絹帛橫廣。"《廣雅・釋詁二》收錄了這一條。王念孫《方言疏證補》:"《淮南・繆稱》篇:'父之於子也,能廢起之,不能使無憂尋。'高注:'憂尋,憂長也。'《齊俗》篇云'峻木尋枝',是尋爲長也。故《漢書》李尋字子長。《説文》:'尋,繹理也。度人之兩臂爲尋,八尺也。'亦長之義也。布帛之長有度,其廣有幅。度之言度(音鐸——原注)也,伸兩臂以度之爲廣八尺,故曰'度廣爲尋'也。"

　　牴 《方言》卷一:"牴,會也。雍梁之間曰牴,秦晉亦曰牴。"

　　《廣雅・釋詁一》收錄此條,字作"抵。""牴、抵"都從"氐"得聲。王念孫

---

①　劉安《淮南子》,四部叢刊影印清陳碩甫影宋寫本。
②　戴德《大戴禮記》,四部叢刊影印明袁氏嘉趣堂刊本。

疏證:“牴與氐通。《律書》云:‘氐者,言萬物皆至也。’《漢書·文帝紀》:‘至
邸而議之。’顏師古注云:‘郡國朝宿之舍在京師者,率名邸。邸,至也,言所
歸至也。’義並與抵通。致、會、抵三字同義。”錢繹《方言箋疏》:“《史記·秦
始皇紀》云‘道九原,抵雲陽’,《漢書·尹翁歸傳》:‘盜賊所過抵。’顏師古
注:‘抵,歸也。所經過及所歸投也。’是抵爲會也。”

私 纖　《方言》卷二:“私,小也。自關而西秦晉之郊梁益之間凡物小者
謂之私;小或曰纖。繒帛之細者謂之纖。”《廣雅·釋詁二》收錄了這兩個詞。
錢繹《方言箋疏》:“《廣雅·釋詁二》:‘私,小也。’《逸周書·皇門解》‘其善
臣以至於有分私子’,孔晁注:‘私子,庶孽也。’案凡經傳言‘私家、私臣、私
邑、私館、私田’,皆微小之義。”如此,則“私”在古代使用的範圍已經非常廣
泛。“纖”的情況也一樣。《文選·揚雄〈解嘲〉》:“大者含元氣,纖者入無
間。”張銑注:“纖,小也。”

心内慙　《方言》卷六:“愧,惡,慙也。荆揚青徐之間曰愧,若梁益秦晉
之間言心内慙矣。”《說文》心部:“慙,媿也。從心,斬聲。”《易·繫辭上》:
“將叛者其辭慙。”《書·仲虺之誥》:“惟有慙德。”《小爾雅》:“不直失節謂
之慙。”孟浩然《送韓使君除洪府都督》詩:“無才慙孺子,千里愧同聲。”歐陽
修《和劉原父從幸後苑觀稻呈經筵諸公》:“衰病慙經學,陪遊與俊賢。”字或
作“慚”。《集韻》:“慙,或書作慚。”《後漢書·列女傳》:“羊子大慚。”《水經
注·渭水三》:“嗟呼,有制勝之功,慚尹商之仁,是地即其伏劍處也。”清彭端
淑《爲學一首示子姪》:“富者有慚色。”今天組成同義複音詞有“慚愧”。

第三節　許慎《說文解字》中的蜀語詞

許慎是我國著名的經學家、文字學家,汝南召陵(今河南漯河市郾城)
人,大致生活在東漢明帝至安帝之世。他的《說文解字》(簡稱《說文》)是我
國傳統文字學的經典。《說文解字》引用方言材料來證實字義,其中有很多
和今本《方言》相合,似乎他看見過一個和今天《方言》相接近的本子。《說
文》裏面有一些古蜀語詞。他標注這些詞的地名來源有時稱益州,有時稱益
梁、梁益,還有稱蜀或蜀郡的。

茚　《說文》艸部:“茚,昌蒲也。益州云。”段玉裁《汲古閣說文訂》:“益
州云猶云益州語。昌蒲,益州呼茚茚,五方殊語之不同也。”王筠《說文句

讀》：“益州云者,謂益州呼菖蒲爲茚也。”這一條見於《廣雅・釋草》,“茚”字作“印”。

　　謬 譎　《説文》言部：“譎,權詐也。益梁曰謬,欺天下曰譎。”段注：“《方言》：‘膠譎,詐也。涼州西南之間曰膠。自關而東西或曰譎,或曰膠。詐,通語也。’按《廣雅》及《爾雅》釋文引《方言》皆有謬字。此欺天下曰譎不可通。當爲關東西曰譎。”《方言》卷三：“膠、譎,詐也。涼州西南之間曰膠。自關而東西或曰譎,或曰膠。詐,通語也。”王國維《書郭注方言後》認爲《説文》這條根據的就是《方言》。他説：“《説文》‘譎’字注……即本之《方言》。‘梁益’即所謂‘涼州之西南之間’,‘天下’所謂‘自關而東西’也。”“原本《玉篇》‘自關而引東西或曰謬’,是末‘膠’字亦本作‘謬’。《廣雅》：‘謬、譎,詐、膠,欺也。’上三字與《方言》次序同,當本之《方言》。‘膠’字或取他書,或後人據訛本《方言》屬入也。”《説文》對“謬”的解釋是“狂者之妄言也”。《莊子・繕性》：“時命大謬也。”成玄英疏：“謬,僞妄也。”又《天下》：“以謬悠之説。”成疏：“謬,虛也。”《太平御覽》卷九二〇引《燕丹子》卷上：“意欲歸,秦王不聽,謬言：‘令烏白頭,馬生角乃可。’”《列子・天瑞》：“向氏以國氏之謬己,往而怨之。”《文選・孔稚珪〈北山移文〉》：“何其謬哉！”劉良注：“謬,詿也。”這些“謬”都是欺騙的意思。“譎”是“謬”的同義詞,欺騙。《論語・憲問》：“晉文公譎而不正。”何晏集解引鄭玄注：“譎者,詐也。”《韓非子・孤憤》：“此人臣之所以譎主便私也。”舊注：“譎,詿也。”

　　姐　《説文》女部：“姐,蜀謂母曰姐,淮南謂之社。”段玉裁注：“其字當蜀人所制。”《廣韻》馬韻：“姐,羌人呼母。”羌族主要居住在四川,這個詞前已經初步做過分析,應該進一步研究。

　　坥　《説文》土部：“坥,益州部謂蚍蜉場曰坥。”《方言》卷六：“坻,坥場也。梁宋之間蚍蜉䵓鼠之場謂之坻,蚍蜉場謂之坥。”郭璞：“蚍,蚍蟓也。其糞名坥。”段玉裁：“醫書謂之蚍樓,今土面虛起者是也。”錢繹根據《説文》以爲“此云‘梁宋’疑‘梁益’之訛”。段玉裁注：“許云‘益州部’與‘梁宋之間’不合,疑《方言》‘宋’當作‘益’。”如果是這樣,《説文》這一條也應該是依據《方言》。

　　繐　《説文》糸部：“繐,蜀細布也。”蜀有細布名“繐”,《集韻》作“須鋭切,並音歲。《説文》蜀細布也”。《玉篇》同“繐”。《篇海》或作“繐”。《説文》糸部:"繐,細疏布也。"《禮記·檀弓》:"綌衰繐裳。"又:"請繐衰而环緻。"鄭玄注:"繐衰,小功之縷,而四升半之衰。"

嫘 《説文》女部:"嫘,好也……讀若蜀郡布名。"段注:"《上林賦》:'柔嬈嫘嫘。'郭璞曰:'皆骨體耎弱長豔皃也。'今《文選》訛作'嫚嫚'。《漢書》不誤。《史記》作'嬛嬛',則是别本。按:今人所用娟字當即此……糸部'繐、蜀白細布也'。其字彗聲。以合韻得音。"這裏雖然没有説明是蜀郡的什麽布名,桂馥根據揚雄《蜀都賦》"筒中黄潤,一端數金"認爲"讀若蜀郡布名者,蜀布有筒中黄潤,蓋讀若潤"。段玉裁《説文解字注》以爲就是糸部"繐,蜀細布也"中的"繐"。

第四節 古人注疏中指出的蜀語詞

除了前面提到的古蜀語詞外,古書舊注裏面也常常有一些古蜀語詞的記録。

一、鄭玄注中的蜀語詞

鄭玄字康成,北海高密(今屬山東)人,他生活在東漢末年,曾經遍注群經。今天完整地保存下來的還有《毛詩箋》和《三禮注》。

鹿矮 《禮記·内則》:"麋鹿魚爲菹,麕爲辟雞,野豕爲軒,兔爲宛脾,切葱若薤,實諸醯以柔之。"鄭注:"此軒、辟雞、宛脾,皆菹類也。釀菜而柔之以醯,殺腥肉及其氣。今益州有鹿矮者,近由此爲之矣。"音義:"益州人取鹿埋之地中令臭,乃出食之,名鹿矮。"《説文》疒部:"病也。"段注:"矮、萎古今字。"方以智《通雅》卷四九:"於爲切。疏將鹿肉畜之矮爛。今俗謂之煨爛,正於爲切。"

槷 《周禮·考工記·輪人》"直以指牙,牙得則無槷而固"鄭玄注:"鄭司農云:'槷,椴也。蜀人言椴曰槷。'玄謂槷讀如涅,從木熱省聲。"《匠人》:"置槷以縣,眡以景。"疏:"槷亦謂柱也。以縣者欲取柱之景,先須柱正。欲須柱正,當以繩縣而垂之於柱之四角四中……繩皆附柱,則其柱正矣。"孫詒讓《周禮正義》:"《説文》木部:'楔,櫼也。''櫼,楔也。'徐鍇謂櫼,簪也,梢也。《集韻》楔,蜀人從殺,《周禮》從埶。據此注言之也。段玉裁云:'椴,《説文》作楔,其正字也,蜀人言椴曰槷者,方言之異也。舉方言證經之槷謂楔也。經傳多假槷爲臬,又本職注用爲危槷。楔之訓僅見於此。'詒讓案:

椴、楔一聲之轉。云玄謂爇讀如涅,從木熱省聲者,《說文》木部云:'槷,木相摩也。從木,執聲。'段玉裁云:大鄭未説爇讀何音,故擬其音曰讀如涅。又曰:從木熱省聲者,蓋以正《説文》槷字下云執聲之未密。阮元云:不曰從執聲者,取其音之相近也。案:鄭意當如段、阮説,但爇、熱並從執得聲,不必別諧熱省聲,鄭説較許爲短。""掜"是通語,《公羊傳·莊公十二年》有"萬臂掜仇牧,碎其首",《淮南子》有"獨浮游無方之外,不與物相弊掜",而"爇"是當時的蜀語。

這説明,蜀語有其自身的特點,這很早就爲人們所注意到。東漢時代的鄭玄是齊人,也從來没有到過蜀地,但是他引用蜀語,説明當時蜀語也確實是漢語的一支方言。同時也説明,蜀語有比較大的影響。

二、郭璞注中的蜀語詞

晉朝郭璞字景純,河東聞喜(今屬山西)人。他的著作《爾雅注》《方言注》裏面都有一些古蜀語詞彙的材料,例如:

阿陽　《爾雅·釋詁》:"陽,予也。"郭注:"《魯詩》云:'陽如之何者。'今巴濮之人自呼阿陽。"邵晉涵《爾雅正義》:"其經云:陽如之何。申公以'陽'爲'予',故引之云。今巴濮之人自呼阿陽者,以時驗而言也。""以時驗而言也"是説:當時確實有這個稱謂,今天已經無法考證了。

不律　《爾雅·釋器》:"不律謂之筆。"郭注:"蜀人呼筆爲不律也。語之變轉。"《禮記·曲禮上》:"史載筆,士載言。"孔穎達正義引郭注:"書筆名四方之異言也。"和郭璞注不同。有人認爲是郭注佚文,有人認爲是郭璞《爾雅音義》的文字。

苦荼　《爾雅·釋木》:"檟,苦荼。"郭注:"樹小如梔子,冬生,葉可煮作羹飲。今呼早采者爲荼,晚取者爲茗,一名荈,蜀人名之苦荼。"①周春《爾雅補注》:"亭林云:'荼荈之荼,與苦荼之荼本是一字,古時未分。麻韻荼荈字亦只讀爲徒。東漢以下乃音宅加反,而加字音居何反,猶在歌戈韻。梁以下始有今音,又妄減一畫爲茶字。唐岱岳觀題名兩見茶字,皆從艸從余,可見唐時字體尚未變……《廣韻》九麻中有荼字又有茶字,注曰俗,是也。'""今以《詩》考之,《邶·谷風》之'苦荼',《七月》之'采荼',《緜》之"菫荼",皆苦

---

① 汪啟明《蜀茶與古蜀語》,《文史雜誌》2009 年 6 期;《再説蜀茶與古蜀語》,《文史雜誌》2010 年 2 期。

菜之荼也。又借爲荼毒之荼,《桑柔》《湯誥》是也。《夏小正》、《周禮·地官》《考工記》、《儀禮》、《詩·鴟鴞》《出其東門》、《國語》皆茅秀之荼也……而王褒《僮約》云'武陽買茶',張載《登成都白菟樓》詩'陽芳茶,冠六清',孫楚詩云:'薑桂茶荈出巴蜀。'《本草衍義》晉溫嶠《上表》貢茶千斤,茗三百斤,是知秦人取蜀,而後始有茗飲之事。《唐書·陸羽傳》'羽嗜茶,著《經》三篇'。自此後荼字減一畫爲茶。"黄侃《爾雅音訓》反駁説:"陸氏自云出《開元文字音義》,烏得云始減哉。"

　　蛱子 笘 顝 蚳 姡　《爾雅·釋蟲》:"蛄蟹,强蛘。"郭注:"今米穀中蠹,小黑蟲是也。建平人呼爲蛱子。"《方言》第十一:"蛄蟹謂之强蛘。"郭注:"米中小黑甲蟲也,江東名之蚩,音加。建平人呼爲蛱子,音芈,芈即姓也。"郝懿行《爾雅義疏》:"此蟲大如黍米,赤黑色。呼爲牛子,音如甌子,登萊人語也。廣東人呼米牛,紹興人呼米象。並因形以爲名。"劉師培《爾雅蟲名今釋》:"今此蟲生米穀中,色雜赤黑。山東人呼爲牛子,或呼爲甌子;揚州人亦呼爲甌子。蓋芈音轉爲牟,又由牟轉爲牛也。甌又牛字之轉音。吳人則呼爲羊子,讀若陽,蓋猶誤讀芈爲羊,而俗語相傳遂呼爲羊子。今人據吳人所呼之音,並改《説文》《方言》之芈爲羊,並疑郭注音芈姓之誤,非也。"這個蜀語詞,宋本《廣韻》、《五音集韻》、《太平御覽》卷九四九有載。建平就是今天的巫山。郭璞的父親郭瑗曾經作過建平太守。指明建平的蜀語詞還有:《方言》卷二:"剟,獪也。楚鄭曰蒍,或曰姡。"郭注:"言黠姡也。今建平郡人呼狡爲姡。"《方言》卷十三:"簏,南楚謂之笘。"郭注:"今建平人呼笘爲鞭鞘。"《方言》卷十:"顝、頟、顔、顙也。湘江之間謂之顝。"郭注:"今建平人呼頟爲顝。"《方言》卷十一:"蚍蜉,燕謂之蛾蛘,其場謂之蚳。"郭注:"蟻、養二音。建平人呼蚳,音侈。"陸游《老學庵筆記》卷六:"《北户録》云:廣人於山間掘取大蟻卵爲醬,名蟻子醬。按:此即《禮》所謂蚳醢也。三代以前固以爲食矣。然則漢人以鼃祭宗廟,何足怪哉!"

　　蟺　《爾雅·釋蟲》:"土蠭。"郭注:"今荆巴間呼爲蟺,音憚。"邵晉涵《正義》:"土蠭即馬蠭。荆巴間呼爲蟺,廣異名也。"汪柏年《爾雅補釋》:"《本草》一名蜚零,一名蟺蜂,一名馬蜂。陳藏器曰:土蜂穴居作房,赤黑色,最大,螫人至死,亦能釀蜜。柏年案:今謂之石胡蜂,最猛烈,然未聞能釀蜜也。"

鮥子　《爾雅·釋魚》:"鮥,鮛鮪。"郭注:"鮪,鱣屬也。大者名王鮪,小者名鮛鮪。今宜都郡自京以上江中通出鱣鱏之魚,有一魚狀似鱣而小,建平人呼鮥子,即此魚也。"《詩·衛風·碩人》:"鱣鮪發發。"孔穎達正義引陸璣《毛詩草木鳥獸蟲魚疏》:"鮪魚形似鱣而青黑,頭小而尖,似鐵兜鍪,口亦在頷下,其甲可以摩薑,大者不過七八尺,益州人謂之鱣。"《禮記·月令》"薦鮪"孔氏正義:"郭景純注:'似鱣而小,建平人呼鮥子。'一本云:'王鮪似鱣,口在頷下。'音義云:'大者爲王鮪,小者爲鮛。鮪似鱣而長鼻,體無鱗甲。'"五代馬縞《中華古今注》:"鱏之大者曰鮪。鮪,鱣屬也,大者名王鮪,小者名鮛……今宜都郡自京門已上江中通出鱣鱏之魚,有一魚狀如鱣小,建平人謂之鮥子,即此魚也。"何光遠《鑑誡録》:"(趙阿奴)嘗謂人曰:'願釣千斤之魚,豁男子平生之志,即改業矣。'人或語曰:'此江非左海,焉有此魚?'對曰:'非我所欲,負命者上釣。'其年秋,忽獲一鮥子魚,果重千斤,背上自然有字,其文金色,觀者感傷。"

三、其他典籍所載的蜀語詞

除了上面引述的這些材料以外,前代文獻典籍裏還有一些零星的古蜀語詞彙材料,如下:

冒絮　《史記·絳侯周勃世家》:"太后以冒絮提文帝。"集解:"徐廣曰:提音弟。駰案:應劭曰:陌額絮也。如淳曰:太后恚怒,遭得左右物提之也。晉灼曰:《巴蜀異物志》謂頭上巾爲冒絮。"宋程大昌《演繁露》卷十二:"詳其所用,當是以絮爲巾,蒙冒老者纇額也。冒之義如冒犯鋒刃之冒,其讀如墨,則與陌音冒義皆相近矣,《漢官舊儀》皇后親蠶絲絮,自祭服、神服外,皇帝得以作縷縫衣,皇后得以作巾絮而已,以絮爲巾即冒絮矣。北方寒,故老者絮蒙其頭始得溫暖,地更入北,則塞外貂冠、狼頭帽皆其具矣。"

葓香　《文選·張平子〈南都賦〉》:"若其園圃則有蓼葓蘘荷。"李善注:"《風土記》:'蕊,香菜,根似茆根。蜀人所謂葓香。蕊與葤同。'"胡克家《文選考異》:"蕊當作蘁,下同。各本皆訛。《集韻》二十六緝云:'蘁,香菜。'即本此。"《説文》艸部:"葓,菜也。"《廣雅·釋草》:"葓,葤也。"崔豹《古今注》:"荆揚人謂葓爲葤。"盧文弨《廣雅注》:"《吳越春秋》:'越王從嘗糞惡之後,遂病口臭。范蠡乃命左右皆食岑草,以亂其氣。'岑草即葤也,《會稽志》:'葤山,越王嘗采葤於此。'葤一名岑菜。今吾杭食黃魚必劑之以葤,俗名魚腥草是也。”王念孫《廣雅疏證》:“《齊民要術》云:‘葅菜紫色有藤。’唐《本草》注云:‘蕺菜葉似蕎麥……莖紫赤色,多生溼地山谷陰處。山南江左好生食之。關中謂之葅菜。’”《後漢書·馬融傳》:“芸葅。”《文選·左思〈蜀都賦〉》:“樊以葅圃,濱以鹽池。”李注:“劉淵林曰:‘葅,草名也。’亦名土茄,葉覆地而生,根可食。人飢則以繼糧。”

橑 《廣志》(《初學記》卷二八、《御覽》卷九七〇引。《御覽》《齊民要術》引油下有“脯”字):“蜀名梅爲橑,大如鴈子。梅橑皆可爲油,黄梅以熟橑作之。”《周禮·天官·籩人》:“饋食之籩,其實棗栗桃乾橑榛實。”鄭玄注:“乾橑,乾梅也。有桃諸、梅諸,是其乾者。”孫詒讓《周禮正義》:“凡乾梅、乾桃皆煮而暴之。《大戴禮記·夏小正》云:五月煮梅,六月煮桃。傳並云:煮以爲豆實也。籩、豆通稱。《釋名·釋飲食》云:桃諸,藏桃也。諸,儲也。藏以爲儲,待給冬月用之也。”《禮記·内則》記載人君燕食之物有“桃諸、梅諸、卵鹽”,孔穎達正義:“言食桃諸、梅諸之時,以卵鹽和之。王肅云:諸,菹也。謂桃菹、梅菹即今之藏桃也、藏梅也。欲藏之時必先稍乾之,故《周禮》謂之乾橑,鄭云桃諸、梅諸是也。”宋人詩文裏面還可以找到一些用例,宋祁《慈聖閣秋橙結實上召宗臣同觀》:“和羹並梅橑,連葉讓芝房。”

拙魚 任豫《益州記》(《御覽》卷九三七引):“嘉魚,細鱗魚。蜀中謂之拙魚。蜀郡山(一本有中字)處處有之,年年從石孔出,大者五六尺。”《文選·左思〈蜀都賦〉》:“嘉魚出於丙穴。”高步瀛《文選李注義疏》把“嘉魚”解釋爲美好的魚。他説:“《詩·小雅·南有嘉魚》毛、鄭皆不釋爲魚名。孔疏曰:‘言南方江漢之間,多善魚。’以善釋嘉,則嘉魚非專指一種魚也。此賦與良木對文,當亦取善魚之義。後人附會,乃以丙穴所出之魚,專嘉魚之名矣。”但是附會之説卻非常有影響,《雲南記》(《御覽》卷九三七引):“雅州丙穴出嘉魚。所謂‘嘉魚生於丙穴’。大抵雅州諸水多有嘉魚,似鯉而鱗細成文,黄河中魚味與此類也。”《通雅》卷四七:“漢口沔縣有二丙穴,又嘉州、雅州、梁山、大邑、順政諸縣,皆有丙穴嘉魚。李善注左思賦:魚以丙日出穴,蜀人呼爲拙魚。河陽呼爲鮇(音味)魚。《山海經》諸鈎山寐魚,郭璞注:即鮇魚。梧州江亦出嘉魚。范成大言桂林出竹魚,形味似之,則竹魚即嘉魚也。”

餢 《玉篇》食部:“餢,蜀人呼蒸餅爲餢。”

文獻中名“餢”的餅類食物有記録,是否就是蜀人所説的餢,一時還難斷

定。文獻用例如《北齊書·陸法何傳》:“梁人入魏,果見餲餅焉。”《笑林》
(《太平御覽》卷八五一引):“南方人至京師者,人戒之曰:‘汝得物唯食,慎
勿問主人。’入門内見馬屎,便食之,覺臭,乃止。後詣貴官,爲設餲。因視
曰:‘戒故昔,且當勿食。’”宋錢易《南部新書》卷四:“馬周之妻,賣餲媪也。
即媪引周爲常何之客。”

豆逼　《顔氏家訓·勉學》:“吾在益州,與數人同坐。初晴日晃,見地上
小光,問左右:‘此是何物?’有一蜀豎就視,答云:‘是豆逼耳。’相顧愕然,不
知所謂,命取將來,乃小豆也。窮訪蜀士,呼粒爲逼,時莫之解。吾云:‘《三
倉》《説文》,此字白下爲匕,皆訓粒,《通俗文》音方力反。’衆皆歡悟。”

苦菜　《匡謬正俗》卷八:“《本草》云:‘苦菜味苦,名荼草,一名游東,生
益州川谷及山陵旁,陵冬不凋死。’陶公宏景注云:‘疑此即今茗。茗一名荼,
又令人不眠。’今陵冬不凋,而嫌其止生益州。益州乃有苦狒耳。《桐君藥
録》云:‘苦菜三月生扶疎,六月華從葉出,八月實落根後生,冬不枯。今茗極
似此。’案:此苦菜即詩人所稱‘誰謂荼苦’。荼音塗,其狀全似苦蕒而細葉。
斷有白汁,味極苦,陵冬不凋。桐君所説,正得體狀,近來諸人無識之者。今
吴蜀之俗謂苦菜者即《爾雅》所謂‘蘵,黄蒢’爾。陶公雖知俗呼苦蘵爲苦
菜,而不識其苦菜之形。以其一名荼,乃將作茗。巧説滋蔓,只增煩惑。且
《本草》説其主療疾病功力甚多,茗草豈有此效乎?”

櫼　玄應《一切經音義》卷十八:“瓢,瓠勺也。江南曰瓢櫼,蜀人言櫼蠡。”

餘論

古蜀語詞彙不是一個封閉的系統,而是一個開放的系統。它的成員都
有自己的歷史和來源。由於時代久遠,文獻難徵,現在考察起來已經非常困
難,像“屦、㝩、姐”等,它們的情況就難於説清楚。但是也不是完全不可以考
論的,像“餲、苦荼”等,它們的情況還是多少能够説得明白的。

另一方面,古蜀語的詞彙也不是孤立的,它往往和其他地方方言的詞有共
同的淵源,如前面舉出的詞,有的和秦晉方言有聯繫,有的和荆楚方言有聯繫。

還要説明一點,從歷史的層面看,有些蜀語詞會逐漸失去自己的地位而
消失,而另外一些詞卻會繼續被使用,甚至進入全民語言。這一切都以社會
歷史條件爲轉移。

第三章 《華陽國志》中的蜀語詞

《華陽國志》是我國現存最早的地方志,全書共十二卷,記錄了從遠古到東晉永和三年的巴蜀史實。由於晉以前巴蜀地區在地理位置、物產資源、風土人情、語言文化等方面,都有許多不同於中原的特點,作者常璩又是蜀人,所以《華陽國志》有着顯著的地方色彩。研究《華陽國志》的文獻很多,但還沒有人從蜀語詞彙的角度進行研究。

第一節 《華陽國志》中的蜀語詞

隋唐以前的蜀語詞大部分已經消失,只有少數保存下來,其中有的意義還起了變化。本節試在綜合前人研究成果的基礎上對《華陽國志》中保存的部分中上古蜀語詞加以考釋。這裏的蜀語詞,不單指現代意義的"詞",古蜀人所用的"語"也包括在內。這些詞的來源既有漢語的,也有非漢語的轉音。

醴、荊 《華陽國志·蜀志》:"開明帝,始立宗廟,以酒曰醴,樂曰荊,人尚赤,帝稱王。"劉琳認爲:"'醴'、'荊'蓋蜀語譯音。"①任乃强認爲"酒曰醴",是蜀人改從漢語。"樂曰荊,似非用古漢語"②。"醴"應是蜀酒的專名。在廣漢三星堆早期蜀文化遺址中,出土了大量的酒器,林向《蜀酒探原》指出,從大量酒器做成束頸、侈口的器形看,三星堆文化時期的蜀酒,似乎與中原連糟食用的"汁滓相將"式酒不同,很有可能是去滓後飲用汁液的低度發酵酒。而且,"醴"是蜀人廟堂祭祀用的酒③。"醴"後來發展成爲郫筒酒。杜甫《將赴成都草堂途中有作先寄嚴鄭公》詩之一:"魚知丙穴由來美,酒憶郫筒不用沽。"仇兆鰲注:《成都記》:成都府西五十里,因水標名曰郫縣,以竹筒盛美酒,號爲郫筒。《華陽風俗録》:郫縣有郫筒池,池旁有大竹,郫人刳其節,傾春釀於筒,苞以藕絲,蔽以蕉葉,信宿香達於竹外,然後斷之以獻,俗

---

① 劉琳《華陽國志校注》186 頁。
② 任乃强《華陽國志校補圖注》124 頁。
③ 屈小强等《三星堆文化》289—293 頁。

號郫筒酒。"用"醴"泛指酒,《詩·大雅·行葦》:"曾孫維主,酒醴維醹。"高亨注:"酒醴,泛指酒。"《漢書·楚元王傳》:"元王每置酒,常爲穆生設醴。"顏師古注:"醴,甘酒也。少麴多米,一宿而熟。"可見,"醴"應是蜀人借用中原漢語"醴"的音義,來對譯產自蜀地的一種特有的酒的名稱。

"荆"在《説文解字》中被釋爲"楚木也,從艸,刑聲"。從文獻看,"荆"往往被用來指區別於華夏正統、居於南方的蠻夷之族,後來引申出地名之義。《春秋·莊公十年》:"荆敗蔡師於莘。"杜預注:"荆,楚本號,後改爲楚。"對於開明氏的族屬,現在還没有一個公認的結論。羅二虎《論三星堆文化居民的族屬》説是濮人;童恩正《古代的巴蜀》定爲巴族;孫華《蜀人淵源考》定爲崇庸族;李曉鷗《蜀開明族文化性質初探》説是荆人。據《華陽國志》記載,開明氏是荆人,因此,"此帝改稱蜀樂爲荆,蓋亦如先秦稱楚、巴之樂爲南,名其所自來也。蓋開明氏本出自'荆人',雖閲九世,仍嗜荆楚之樂"①。"樂曰荆","荆"應是蜀語,中原文獻没有稱樂爲"荆"者。

"帝"和"王"這兩個字可能是意譯,即將蜀語中關於"帝"和"王"的概念直接用漢語表達出來。"所謂'帝''王'皆中夏譯語,非其本稱"②。

作五百石子　《華陽國志·蜀志》:"汶山郡……多冰寒,盛夏凝凍不釋。故夷人冬則避寒入蜀,傭賃自食,夏則避暑反落,歲以爲常,故蜀人謂之作五百石子也。"任乃强引用《太平寰宇記》卷七八《茂州風俗》:"此一州本羌戎之人,好弓馬……貧下者冬則避寒入蜀,傭賃自食,故人謂之作氐。"認爲引文省"作五百石子"爲"作氐",足知舊刻皆訛"作氐"爲"作五"。因此,"作五百石子"者,應爲"作氐、百石子"兩個稱呼,蜀人稱出郡就傭之羌氐爲"作氐","百石子"蓋另一稱呼而聯言之③。劉琳則認爲:"作五百石子"爲"作氐、白石子"之訛。"作氐"者,勞作之氐人也。蜀中漢人因見汶山羌人奉白石爲神,故稱爲"白石子"④。《華陽國志·蜀志》所記的羌氐人的這種習俗在《後漢書·南蠻西南夷列傳》中有載。《蜀中廣記》:"故夷人冬則避寒入蜀,傭賃自食,夏則避暑反落,歲以爲常,蜀人謂之作五百石子也。"張澍《蜀

---

① 任乃强《華陽國志校補圖注》124 頁。
② 劉琳《華陽國志校注》183 頁。
③ 任乃强《華陽國志校補圖注》188 頁。
④ 劉琳《華陽國志校注》299 頁。

典》卷五故事類"作五百石子"條:"今其俗猶然。男則負棗、桃、核、椒鬻於市,女爲人家供薪汲,呼爲播羅子,亦二姐子也。"

"作五百石子"爲蜀人對這一類冬入內地受雇傭之羌氐人的總稱,不應分訓爲二。作,即受雇用的人,又可稱爲"作人、作士、作者、作客"等。《水經注·若水》:"漢武帝時,通博南山道,渡蘭倉津,土地絕遠,行者苦之,歌曰:'漢德廣,開不賓,渡博南,越倉津,渡蘭倉,爲作人。'"趙一清注:"作人,猶役徒也。"《三國志·吳書·吳主傳》:"遣校尉陳勳將屯田及作士三萬人鑿句容中道。"《史記·平準書》:"當是時,漢通西南夷道,作者數萬人。"《太平廣記》引葛洪《神仙傳·李八百》:"欲教授之,乃先往試之,爲作客備賃者。"其中的"作人、作士、作者、作客"均指僕役、受雇用的人。《輿地紀勝》引《華陽國志》與《寰宇記》略同,但記爲"筰氐",《輿地紀勝》卷三五校勘記:"筰作作……蓋作氐之名,取備作之義,《華陽國志》所謂作吾百石人,亦言其善於力作耳。"石子,量詞。秦漢以爲官位俸禄的品級,如二千石子、五百石子等。"作五百石子",亦是以數字代表人身。又漢魏六朝時期,人們把在官府服役的士卒叫做"五百",如《後漢書·文苑傳下·禰衡》:"衡言不遜順……祖大怒,令五百將出,欲加箠。"李賢注:"五百,猶今之問事也。"可見漢魏習俗,習慣如此。

　珊　《華陽國志·蜀志》:"冰乃壅江作珊。穿郫江、撿江,別支流,雙過郡下,以行舟船。"《太平寰宇記》卷七三:"李冰壅江作珊,蜀人謂堰爲珊。"《廣韻》嶝韻:"珊,壅江水灌漑曰珊。""珊"即分水的堤壩,"壅江作珊"就是在江心用人工修築巨大的分水堤。《水經注·江水》:"李冰作大堰於此,壅江作珊,珊有左右口,謂之湔珊……俗謂之都安大堰,亦曰湔堰,又謂之金堤。"可見,"都江堰"最初名"湔珊",又稱"湔堰"。又《華陽國志·蜀志》"自湔堰上分穿羊摩江灌江西","大江自湔堰下至犍爲有五津"。"珊、堰"義同,可互換。三國蜀漢時期,都江堰地區設置都安縣,都江堰因縣得名改稱"都安堰"。同時,又叫"金堤"。《文選·左思〈蜀都賦〉》:"西逾金堤。"李善注:"金堤在岷山都安縣西,堤有左右口。"這是突出魚嘴分水堤的作用,用堤代堰。唐代,都江堰改稱"楗尾堰",《元和郡縣志》卷三一:"楗尾堰,在縣西南二十五里。李冰作之,以防江決。"直到宋代,纔第一次提到都江堰,《宋史》卷二四七:"永康軍歲治都江堰,籠石蛇決江遏水,以灌數郡田。"《太平寰宇記》卷七三："都江水在縣西，隨江名堰，故稱都江堰。"此後，"都江堰"一名沿用至今。

　　蹲鴟　　《華陽國志·蜀志》(原文佚，據裴駰《史記·貨殖列傳》集解引《華陽國志》文)："都安縣……有大芋如蹲鴟也。"元王禎《王氏農書》卷八："芋，一名土芝。齊人曰莒，蜀呼爲蹲鴟，在在有之，蜀漢爲最。"《本草綱目》："《史記》卓文君云：'岷山之下，野有蹲鴟，至死不饑。'注云：芋也，蓋芋魁之狀若鴟之蹲坐故也。"

　　古代成都平原多種芋類，《華陽國志·蜀志》載：成漢初，李雄兵馬"既克成都，衆皆飢餓，驤乃將民入郫王城食穀、芋"。同書又載："時巴土饑荒，所在無穀，送吏行，乏，輒取道側民芋。"《說文解字》："芋，大葉實根駭人，故謂之'芋'也。"《文選·左思〈蜀都賦〉》："交讓所植，蹲鴟所伏。"又有"其園則有蒟蒻茱萸，瓜疇芋區"。"蹲鴟"應是蜀人俗稱，特指蜀地所出、狀若蹲鴟的一種芋，又稱爲"芋魁"。宋唐慎微《圖經本草》："蜀川出者，形圓而大，狀若蹲鴟，謂之芋魁。"《本草綱目》："芋魁，東漢書作芋渠，渠、魁義同。""蜀川出者形圓而大狀若蹲鴟，謂之芋魁，彼人種以當糧食而度饑年。"後來，"蹲鴟"一詞借入中原漢語，但可能不是常用詞，一般人對其詞義不甚瞭解，往往望文生義，鬧出很多笑話。《顏氏家訓·勉學》："江南有一權貴，讀誤本《蜀都賦》注，解'蹲鴟，芋也'，乃爲'羊'字，人饋羊肉。答書云：'損惠蹲鴟。'舉朝驚駭，不解事義。久後尋迹，方知如此。"王利器《顏氏家訓集解》(209頁)引伊世珍《琅嬛記》："張九齡知蕭炅不學，相調謔。一日送芋，書稱蹲鴟，蕭答云：'損芋拜嘉，惟蹲鴟未至耳；然僕家多怪，亦不願見此惡鳥也。'九齡以書示客，滿坐大笑。"宋吳聿《觀林詩話》："《譚賓錄》載唐率府兵曹參軍馮光震入集賢院校《文選》，注'蹲鴟'云：'今之芋子，即著毛蘿蔔。'又溫庭筠《乾饌子》所載不同，云：'蕭嵩以《文選》是先代舊書，欲注'蹲鴟'云'今芋子，乃著毛蘿蔔'。未知孰是。"可見，至少在唐代時，人們已經須要爲"蹲鴟"作注方明其義。

　　葭萌①　　《華陽國志·蜀志》："蜀王別封弟葭萌於漢中，號苴侯，命其邑曰葭萌焉。"楊慎《郡國外夷考》："《漢志》葭，蜀郡名。萌音芒，《方言》：蜀人

---

①　汪啟明《蜀茶與古蜀語》，《文史雜誌》2009年6期；《再說蜀茶與古蜀語》，《文史雜誌》2010年2期。

謂茶曰葭萌。”“葭萌”是現在能夠見到的戰國中期蜀人稱茶的原始土語①。唐陸羽《茶經》列舉了五個茶名：“一曰茶，二曰檟，三曰蔎，四曰茗，五曰荈。”“漢時，依各地方言不同，茶就有了異名。陸羽《茶經》總結唐以前的不同異名，去其含義不明者，擇其通俗者”，歸納爲五種茶名②。陶元甘認爲這五種茶名都是借用漢字對譯古代巴蜀的語言：“檟、葭、蔎音近，用這三字指茶，是只取其音，未用其本義。也就是説用漢字作出的音譯。荈詫也是音譯，二字的漢義與茶了不相涉。”③朱自振認爲漢字“檟、茶、蔎、茗、荈”，基本上都是古蜀國雙音節茶名“葭萌”音省的一種記録④。

我國早期文獻中的雙音節茶名和茶義字多出自古蜀方言。《爾雅·釋木》：“檟，苦茶。”是以蜀人的俗名來釋茶的雅名。雙音節的“荈詫”也是古蜀方言。司馬相如《凡將篇》將茶稱爲“荈詫”。《廣韻》麻韻：“搽，春藏葉可以爲飲，巴南人曰葭搽。”“搽”即“茶”。又有“茶荈”，孫楚《出歌》：“薑桂茶荈出巴蜀。”另，《茶經》卷下“七之事”稱：“《方言》：蜀西南人謂茶曰蔎。”後世《方言》無此條。游修齡認爲我國或中原最早的作物名稱，一般都取單音節；雙音節的名物，應考慮來自國外或我國邊疆少數民族⑤。因此，這一類雙音節茶名表明巴蜀地區是茶葉的原產地之一，這一類茶名應是蜀地土著居民對茶的稱呼，可能是漢語音譯蜀人稱茶的原始土語時出現的不同異名，詞語之間音義上的聯繫非常明顯。“這類漢語音譯詞組成的漢字有的已喪失原有音義，有的雖然保存原音卻喪失了原義，只是作爲記音符號出現”⑥。

茶名中，只有“茗”的讀音與“葭萌”差別較大。據林鴻榮考證，楊慎和清代的一些學者釋“萌音芒”，是誤釋，“萌”的正確讀音應讀“明”。“葭萌”作爲古蜀方言的漢語音譯，其音讀早期應爲[keai myang]。“茗”與“葭萌”同義，又與“葭萌”之“萌”同音⑦。《説文解字》：“萌，草芽也。從艸，明聲。”徐鉉校定《説文》時補：“茗，茶芽也。從艸，名聲。”“萌”從“明”得聲，武兵切，庚韻。“茗”從“名”得聲，武并切，清韻。兩字聲母相同，韻母分屬耕、

---

①④ 朱自振《關於“茶”字出於中唐的匡正》。
② 陳椽《茶業的技術史與發展》。
③ 陶元甘《茶爲古巴蜀語譯音説》。
⑤ 游修齡《農史研究和歷史語言及外來詞》。
⑥⑦ 林鴻榮《茶事探源》。

陽,東漢時,原屬陽部的"京明"之類字轉入耕部①。劉熙《釋名》:"名,明也,明事實使分明也。""名"與"明"可以互訓。因此,"茗"與"萌"是同源詞。應該説,後出的茶名基本上都和古蜀國雙音節茶名"葭萌"有音義上的關聯。

　　蒲卑　《華陽國志·蜀志》:"七國稱王,杜宇稱帝,號曰望帝,更名蒲卑。"温少峰認爲"蒲卑"是蜀族的自稱,成都之"成"是"蒲卑"的對譯,"是蜀人族稱,其義爲高原人",又根據氐羌系的普米族"很可能是古代蜀族先民的直接後裔",在普米語中,地名末尾的[ta](音都)音是表示地方、地域,從而推測成都之"都"字也應是這個意思。由此得出結論:"'成都'的蜀語含義是'成族人的地方',換言之,即'蜀族人的地方',或'蒲卑人的地方'。"②任乃强認爲:"蒲卑當是蜀語譯字……蒲卑與郫邑,似皆有徙就下溼,發展禾稼義。"③《孟子·萬章上》:"象至不仁,封之有庳。"《集韻》至韻:"庳,有庳,國名,象所封,或作卑,通作鼻。"《漢書·昌邑哀王傳》:"舜封象於有鼻。"《漢書·鄒陽傳》"封之於有卑"注:"師古曰地名也,音鼻。"宋羅泌《路史·國名紀甲》:"卑,宜晉郫邑,一曰郫邵。絳之垣東九十有郫邵�。卑氏所出,非越巂。"知"卑"通"庳、郫"。"蒲卑"即"蒲庳"。庳,指低窪的地方。蒲卑的"卑"即"郫"。《説文解字》邑部:"郫,蜀縣也。從邑,卑聲。"《蜀中廣記》:"杜宇名蒲卑,都於此邑,冢至今存,秦因以卑名邑也。"《資治通鑑》音注:"郫,即卑邑也。"清《一統志》和嘉慶《四川通志》:"杜宇名蒲卑,都於此,因以名邑。秦滅蜀國而縣名不改。""蒲卑"又可作"蒲澤、蒲皋"。《詩·小雅·鶴鳴》:"鶴鳴於九皋,聲聞於野。"毛傳:"皋,澤也。""澤"與"皋、庳"義近。

　　子鵑　杜宇　《華陽國志·蜀志》:"禪位於開明。帝升西山隱焉。時適二月,子鵑鳥鳴。故蜀人悲子鵑鳥鳴也。"《爾雅·釋鳥》"巂周"郭璞注:"子巂鳥,出蜀中。"音義:"巂,户圭反。《説文》周燕也。蜀王望帝淫其相妻,慙,亡去,爲子巂鳥。故蜀人聞子巂,皆起曰:是望帝也。子巂,鳥也。出蜀中。《説文》云:巂,蜀王望帝化爲子巂。今謂之子規是也。"左思《蜀都賦》:"碧出萇弘之血,鳥生杜宇之魄。"劉逵注引《蜀記》:"昔有人姓杜,名宇,王

---

①　周祖謨《兩漢韻部略説》。

②　温少峰《試爲"成都"得名進一解》。

③　任乃强《華陽國志校補圖注》120頁。

蜀,號曰望帝。宇死,俗説云宇化爲子規。子規,鳥名也。蜀人聞子規鳥鳴皆曰望帝也。"《説郛》卷六〇輯《太平寰宇記》:"望帝自逃之後,欲復位不得,死化爲鵑。"

"子鵑"亦作"子嶲",桂馥義證:"《禽經》:嶲周,子規也。《華陽國志》:子鵑鳥,今云是嶲,或曰嶲周……《吕氏春秋·本味篇》:肉之善者,嶲燕之翠。即張協《七命》'燕體猩脣'也。"有學者認爲"子鵑"即"鶗鴂"。《楚辭·離騷》王逸注:"鶗鴂……常以春分鳴也。"一説鶗鴂與杜鵑爲兩種鳥。洪興祖補注:"子規、鶗鴂,二物也。"辛棄疾《賀新郎·別茂嘉十二弟》:"緑樹聽鶗鴂,更那堪、鷓鴣聲住,杜鵑聲切。"自注:"鶗鴂、杜鵑實兩種。"《埤雅》:"一名子規,苦啼,啼血不止。一名怨鳥,夜啼達旦,血漬草木,凡始鳴皆北嚮,啼苦則倒縣於樹。《説文》所謂'蜀王望帝,化爲子嶲',今謂之子規是也。至今寄巢生子,百鳥爲哺其雛,尚如君臣云。《爾雅》曰嶲周,即此鳥也。《臨海異物志》曰:'鶗鴂,一名杜鵑,至三月鳴,晝夜不止。'按:《楚辭》曰:'恐鶗鴂之先鳴兮,使夫百草爲之不芳。'則杜鵑似非鶗鴂。服虔曰:'鶗鴂,一名鵙。'此言是也。蓋陰氣至而鵙鳴,故百草爲之芳歇。或曰'鶗鴂春分鳴則衆芳生,秋分鳴則衆芳歇'。所未詳也。"

子鵑又名嶲、布穀、各顧、鳴鳩、嶲周、子嶲、子鵑、杜鵑、杜宇、催歸、子歸、杜主、望帝等。《爾雅翼·釋鳥二》:"子嶲出蜀中,今所在有之,其大如鳩,以春分先鳴,至夏尤甚,日夜號深林中,口爲流血……其鳴聲若歸去,故《爾雅》爲嶲,《説文》爲子嶲,《太史公書》爲秭鴂,《高唐賦》爲秭歸,《禽經》爲子規……字雖異而名同也。亦曰望帝,亦曰杜宇,亦曰杜鵑,亦曰周燕……名異而實同也……其名望帝者,蓋蜀王望帝淫其相妻,慙,亡去化爲此鳥,蜀人聞其鳴皆起曰望帝。自漢許叔重已有此説。望帝一名杜宇,故《蜀都賦》云:鳥生杜宇之魄。謂此也。唐杜甫詩曰:我見獨再拜,重是古帝魄。雖感時之言,亦蜀之遺俗也。蜀中尤多,故雲安有縣名姊歸……又杜詩所謂雲安有杜鵑者。"陸游《老學庵筆記》卷三:"吴人謂杜宇爲謝豹。"《蜀中廣記》:"嶲鳥出蜀中……師曠《禽經》云:江左曰子規,蜀右曰杜宇,甌越曰怨鳥。又云杜鵑出蜀中……《蜀記》曰望帝。""杜鵑"在蜀地的種種叫名可能

爲中夏譯語,加之漢語中通語與各地方言的差異,造成杜鵑鳥林林總總的
叫名①。

　　蒟(枸)醬　《華陽國志·漢中志》:"筇竹、蒟醬,殊方奇玩,盈於市朝。"
《華陽國志·南中志》:"南越人食有蒟(枸)醬,蒙問所從,曰'牂柯來'。"
"枸醬"或"蒟醬"始見於《史記·西南夷列傳》:"南越食蒙枸醬,蒙問所從
來。曰:道西北牂柯。"《漢書》也有類似的記載。任乃强《蜀枸醬入番禺考》
作了詳細的考證。他認爲蜀枸醬即枳枸醬,並引陸璣《疏》證云:"枸樹高大
如白楊,子長數寸,噉之甘美如飴,蜀人以爲醬。"枳枸別稱枳椇、枳柜等,屬
鼠李科植物②。《齊民要術》卷一〇"枳柜"條引《義疏》云:"(枸)樹高大似
白楊,在山中。有子著枝端,大如指,長數寸,噉之甘美如飴。八九月熟。江
南者特美。今官園種之,謂之'木蜜';本從江南來。其木令酒薄。"《藝文類
聚》卷八七、孔穎達《毛詩注疏》、蘇頌《圖經本草》、吳雨《毛詩鳥獸草木考》
等家引陸璣《疏》注枳枸均大同小異。

　　多數學者肯定"枸、蒟"字異物同。《集韻》嘆韻:"枸,《説文》木也,可爲
醬,出蜀。"《玉篇》木部:"枸,其子可爲醬,出蜀中,亦作蒟。""蒟醬,出蜀。
其葉似桑、實似椹。"晉嵇含《南方草木狀》:"生番禺者,小而青,謂之蒟焉。
蒟同枸。"《説文解字注》:"此物藤生緣木,故作蒟,從艸。亦作枸,從木。要
必一物也。許君木部有枸字,云可爲醬,於草部又有蒟字。蓋不能定而兩存
之……以其實似甚也,其實名蒟,故云果也。"其餘見陰時夫《韻府群玉》卷
七〇、錢坫《説文解字斠詮》、王筠《説文解字句讀》、朱珔《説文叚借義證》
等。《史記·西南夷列傳》裴駰集解引徐廣注:"枸,一作蒟,音窶。"《漢書
·西域傳下》"感枸醬"顏師古注:"枸音矩。""枸、蒟"通借,字異物同,獨
產於蜀。"蒟"字可能在蜀漢時期出現,因"枸"一字多義,蜀人造"蒟"代
枸醬之枸。

　　晉郭義恭《廣志》:"蒟子蔓生依樹,子似桑椹,長數寸,色黑,辛如薑。以
鹽淹(醃)之,下氣消食。出南安。"唐虞世南《北堂書鈔》卷一四六蒟醬條引
《漢書》注:"蒟似穀,葉如桑,椹長二三寸。蜀間用作醬。"《漢書》卷九五顏

<hr>

① 崔榮昌《蜀王望帝與"杜宇化鵑"》。
② 任乃强《華陽國志校補圖注》卷四《南中志》附二,316 頁。

師古注:"子形如桑椹耳,緣木而生,非樹也。子又不長二三寸,味尤辛。"宋唐慎微《證類本草》卷九謂"蒟醬,味辛"。胡三省注《資治通鑑·漢紀》對諸家之説加以對比研究,認爲蒟醬的味道是辛而不酢。

宋以後,"蒟"字訛寫作"筍"。《輿地紀勝》卷一六六載長寧軍"出漢武所謂筇竹、蒟醬";祝穆《方輿勝覽》卷六五引《郡志》"夷衆開箐路,殳去筇竹,少有之,惟冬筍醬可以入藥"。"蒟"又訛寫作"茿",見清吳任臣《字彙補》。

或以爲"蒟醬"即"扶留"或"浮留"。西晉顧微《廣州記》:"扶留藤,緣樹生,其花實即蒟也。可以爲醬。"唐慎微《證類本草》注稱:"交州、爰州人云:'蒟醬……苗爲浮留藤,取葉合檳榔食之,辛而香也……'此當信也。"宋祁《益部方物略記》言"蒟醬"即南方扶留藤。《本草綱目》卷十四則確指爲一物:"蒟醬……其苗謂之蔞葉(按即指扶留藤葉),蔓生依樹……彼人食檳榔者,以此葉及蚌灰少許同嚼食之……故諺曰:'檳榔浮留,可以忘憂。'其花實,即蒟子也。"但清吳其濬《植物名實圖考》卷二五,據其在湘、滇、粵等地所觀察,認爲扶留無花實,當地人只取葉裹檳榔而食,與蒟子有異。"蓋蒟,與蓽茇爲類,不與蔞爲類"。左思《吳都賦》:"東風扶留。"《蜀都賦》:"蒟醬流味於番禺之鄉。"分別枸醬、扶留爲二物,劉逵亦分別爲注。《齊民要術》在扶留條引譙周《蜀本記》、劉欣期《交州記》等書,也無扶留即蒟醬一説。宋姚寬《西溪叢語》卷上:"閩廣人食檳榔,每切作片,蘸礪灰以荖葉裹嚼之。荖音老,又音蒲口切。"《通雅》:"蒟醬,其藤曰浮留,今謂之蔞……兩廣呼留爲蔞,借字也。"清屈大均《廣東新語·草語·蔞》:"蒟即蔞也。"吳其濬《植物名實圖考》卷二五:"扶留急呼則爲蔞,殆爲一物也。"指出蔞是由"扶留"轉音而來。清黃叔璥《臺海使槎録》卷三:"蔞藤,一作浮留藤,土人誤作爲'荖',字釋無荖字。"聞宥《扶留考》指出 piper betel 的古今名稱,反映了由"扶留"而"浮留"而"荖(葉)"或"蔞(葉)"的歷史演變。指出古之"扶留、蒟醬"若爲一物,則"兩者音讀上不同也是一道難關",因而"目下還不能輕易地假定'蒟'和'扶留'便是同一語詞"。

或以爲"蒟醬"即"蓽茇"。晉嵇含《南方草木狀》:"蒟醬,蓽茇也。生於蕃國者,大而紫,謂之蓽茇;生於番禺者,小而青,謂之蒟焉。可以爲食,故謂之醬焉。"唐孟詵《食療本草》以蒟醬爲土蓽茇;鄭樵《通志》説蒟醬曰浮留,其狀似蓽茇,故有"土蓽撥"之號。唐慎微《證類本草》草部將二者分別列項,云蓽拔,"味辛烈於蒟醬"。段成式《酉陽雜俎》:"蓽撥出摩伽陀國,呼爲蓽撥梨。拂林國呼爲阿梨訶咃。"宋蘇頌《圖經本草·草部中品》:"畢撥,生波斯國。"《本草綱目》:"蓽撥當作蓽茇,出《南方草木狀》,番語也。陳藏器《本草》作畢勃,《扶南傳》作逼撥,《大明會典》作蓽菝。"則蓽茇即蓽撥、畢勃、逼撥、畢菝,乃梵語 pippall 的對音。而最爲正確的對音,應是段成式所説蓽撥梨。其基本形態與蒟醬迥異,當然不是古蒟醬。由於蓽茇比蒟醬更爲辛香,宋代以後,蒟醬的重要性逐漸下降。蘇頌《圖經本草·草部中品》載:"今唯貴蓽茇,而不尚蒟醬,故鮮有用者。"

　　自唐以降,關於蒟醬的異説越來越多。楊慎《丹鉛録》斷蒟醬即蒟蒻;清徐炯《使滇雜記》言蒟醬即雞葽醬,蒸其鮮汁爲之。王培荀《聽雨樓隨筆》謂蒟醬指天南星科植物魔芋,即蒟蒻,還説當時人稱之爲"黑豆腐"。《本草綱目》指出《丹鉛録》言蒟醬即蒟蒻,誤。

　　製作蒟醬一般有兩種方法:一種如晉郭義恭《廣志》所載"以鹽醃之"。另一種是以蜜調和,《文選·左思〈蜀都賦〉》劉注蒟醬是將蒟子"以蜜藏而食之"。宋祁《益部方物略記》也有相同的記載。清檀萃《滇海虞衡志·志果》謂蒟醬"似以蔓子擣爛,蜜調之爲蒟醬,猶今之杏醬也。列於醬豆,以蘸各殽,饌而食之"。蒟葉也可製醬。《史記·西南夷列傳》集解引《漢書音義》説:"枸木似穀樹,其葉似桑葉。用其葉作醬酢,美,蜀人以爲珍味。"清屈大均《廣東新語·草語·蔞》:"吾粤産蒟,而不知爲醬,然今爲滋味者,多以蒟葉調之,亦醬之義。"

　　蒻　《華陽國志·巴志》:"園有芳蒻。""蒻"可能是蜀土著語言"魔芋"的對音詞,今分布於貴州麻江、凱里等縣的古越人後裔木佬人稱魔芋爲 xuin-ko 或 uno,音近似"蒻"①。

　　《文選·左思〈蜀都賦〉》:"其園則有蒟蒻茱萸。"李善注:"蒻,草也。其根名蒻頭。"劉逵注:"蒟,蒟醬也。緣樹而生,其子如桑椹,熟時正青,長二三寸,以蜜藏而食之,辛香,溫調五藏。蒻,草也,其根名蒻頭,大者如斗,其肌正白,以灰汁煮則凝成,可以苦酒醃食之,蜀人珍焉。"《爾雅翼》卷六云:"蒟

<hr />

① 　羅世慶《貴州仫佬族》193 頁,貴州民族出版社 1997 年。

蒻爲一物耳,今人相沿亦呼蒟蒻。"唐六臣注《文選》,明張自烈《正字通》草部引楊慎和鄧元錫説,均視"蒟蒻"指"蒟醬"。明耿隨朝《名物類考》卷二:"似葚而長者曰枸櫞(枸醬),亦曰蒟蒻。"以"蒟蒻"誤稱"蒻頭",始於《酉陽雜俎》卷一九:"蒟蒻,根大如椀,至秋葉滴露,隨滴生苗。"此後北宋《日華子本草》《開寶本草》《圖經本草》和《政和本草》等相繼録"蒻頭"別名"蒟蒻"。《本草綱目·草六》:"蒟蒻出蜀中,施州亦有之,呼爲鬼頭,閩中人亦種之。宜樹陰下掘坑積糞。春時生苗,至五月移之。長一二尺,與南星苗相似,但多斑點,宿根亦自生苗。"戴侗《六書故》卷二四"蒻"附和其説:"越中有蒟蒻,《本草》又名蒻頭,根如天南星大,可食。"《爾雅翼》卷六則以爲《蜀都賦》之"蒟蒻"爲二物,即"蒟"與"蒻",而唐氏《本草》之"蒟蒻"則是一物,即"蒻"。《北堂書鈔》卷一四六"蒻菹"條引任豫《益州記》:蒻之莖"蜀人於冬月取以舂碎炙之,水淋一宿爲菹。"清吳其濬《植物名實圖考》及其《長編》關於"蒟蒻、蒻頭"的記述中强調"蒟蒻、蒻頭"易誤,並論證了衡山産蒻頭俗名魔芋、亦曰鬼芋。清倪濤《六藝之一録》卷二六四指出:"蒟蒻:蒟可爲醬,亦名扶留,即今之蘆子。蒻根如芋,余於蜀中見之。二物不同,《文選》注亦作兩物,《字彙》混而爲一,誤。"

　　溉　《華陽國志·蜀志》:"縣溉,有名灘,一曰雷垣,二曰鹽溉。"清張澍《蜀典》卷七:"溉,爲水中灘磧之名。"道光《重慶府志》"方言"門:"蜀人謂江中灘磧爲溉。"鹽溉,應是蜀人就地取煮鹽水之地。文獻中關於蜀人製鹽的記載雖然不多,但從《華陽國志·蜀志》所記秦滅蜀後第五年就在成都置"鹽、鐵市官"來看,蜀的産鹽量應該很大。有鹽石,如《太平御覽》卷五二引《華陽國志》:汶山有鹽石,"煎之得鹽"。《後漢書·冉駹夷傳》所記同。《太平御覽》卷八六五引任豫《益州記》:"汶山有鹹石,先以水漬,既而煮之。"《水經注·江水》引王隱《晉書地道記》瞿巫灘"入湯口四十三里,有石煮以爲鹽,石大者如升,小者如拳,煮之,水竭鹽成"。有鹽水,《水經注·江水》:"鹽水下通巫溪,溪水是兼鹽水之稱矣。"有鹽池,《文選·蜀都賦》"濱以鹽池",劉逵注:"鹽池,出巴東北新井縣,水出地如湧泉,可煮以爲鹽。"有鹽泉,《方輿勝覽》:"寶山,在大寧縣北十七里,山半有石穴,出泉如瀑布,即鹽泉也。"

　　勢　《華陽國志·蜀志》:"(胊忍)山有大小石城勢。"任乃强注:"漢東人呼山爪爲勢（例如通關勢、興勢、急勢）。蓋濮人古語，故巴地亦有此稱。"①《後漢書·郡國志》巴郡"朐忍"條，南朝梁劉昭注："《巴漢志》曰'山有大小石城勢者'。"古代巴郡、漢中一帶，稱形勢險要之山爲"勢"，諸如定軍山勢、冬辰勢等，皆險要之山名。"山有大小石城勢"，乃説漢代朐忍縣境內有形勢險要、狀如石城的大小石城山，非言當時山上即建有大小石城。

第二節　《華陽國志》中的巴人語詞

先秦兩漢時期，巴語成爲古蜀語的一個主要組成部分，但又有自己的特色。《華陽國志》記録了三十幾個民族或部落的名稱和分布，以及歷史、傳説和風俗，有很多是其他史籍中找不到的。對於缺乏文獻資料的巴人語言來説，《華陽國志》中有一些很珍貴的語言資料，值得進行深入的研究。

先秦巴人是由多支族群所構成的多元化亞民族集團。巴人不等於巴國，先秦只有一個巴國，即周武王所分封的宗姬巴國，是著名的漢陽諸姬之一。宗姬是巴國的王族即統治者，而史籍所載的巴地八族以及廩君蠻，則是居息在巴國境內的屬民②。巴人是一個大族系，內部包含着許多使用不同圖騰的部族分支，我們把這些族群所使用的語言統稱爲巴人語言。

賨　《華陽國志·巴志》："漢興，亦從高祖定秦，有功，高祖因復之，專以射白虎爲事。户歲出賨錢口四十，故世號白虎復夷。"《説文》貝部："賨，南蠻賦也。"《魏書·賨李雄傳》："賨李雄，字仲儁，蓋廩君之苗裔也。其先居於巴西宕渠。秦併天下，爲黔中郡，薄賦其民，口出錢三十，巴人謂賦爲賨，因爲名焉。"《晉書·李特載記》："巴人呼賦爲賨。"《文獻通考·户口一》："蜀李雄薄賦，其人口出錢四十文，巴人謂賦爲賨，因爲名焉，賨之名舊矣；其賦錢四十，則起於李雄也。"

劉琳《華陽國志校注》（36 頁）認爲此字當是據巴人語音而造。潘光旦《湘西北的"土家"與古代的巴人》提出，"賨"是巴語。我們説"納税"，巴人就説出"賨"。劉志成《釋賨》認爲，巴人不懂賦爲何物，見秦人索要錢布裝進口袋拿走，則把裝進口袋的賦稱爲［dzuoŋ］。秦人不懂其音何義，聽其每

---

① 任乃强《華陽國志校補圖注》38 頁。

② 段渝《巴人來源的傳説與史實》。

每呼之，遂稱之爲賨人。後交往增多，知巴人以此音稱賦，秦人遂造從貝宗聲之字。賨人本是巴人別稱，惟秦人如此稱呼，使用面不廣，所以不見先秦典籍和《史記》《漢書》。至揚雄把此字用在《蜀都賦》裏纔逐漸流傳。

自秦漢到南北朝，賨，錢與實物均有。《後漢書·南蠻傳》："秦昭王使白起伐楚，略取蠻夷，始置黔中郡。漢興，改爲武陵。歲令大人輸布一匹，小口二丈，是謂賨布。"賨布即後來的"橦花布、溪布"。明曹學佺《蜀中廣記》："漢女輸橦布……賨布，即今橦花布也。"《永順府志·物産志》："棉花，所産可給本境織成布，皆粗厚。漢時令蠻輸賨布，大人一匹，小口二丈。宋朝時辰之諸蠻與保靖、南渭、永順三州接壤，歲貢溪布，即此類。"賨布也稱爲"幏"，《説文》："幏，南郡蠻夷賨布。"《文選·左思〈魏都賦〉》："賨幏積墆，琛幣充牣。"吕向注："賨，南夷税名。幏，布也。"並引《風俗通》："槃瓠之後，輸布一匹二丈，是謂賨布。廩君之巴氏出幏布八尺。"

這個字後來成爲漢人稱呼繳納"賨"的一群人的名稱：賨人、賨民或巴賨。《華陽國志·巴志》："説帝爲募發賨民，要與共定秦……帝將討關東，賨民皆思歸；帝嘉其功而難傷其意，遂聽還巴……賨民多居水左右。"揚雄《蜀都賦》："東有巴賨，綿亘百濮。"《文選注》引應劭《風俗通》："巴有賨人，剽勇。"彭秀模《𢏰蟲考》考證"賨人"是他稱，古代"賨人"自稱"𢏰蟲"，即周初記昭王事的宗周鐘銘文"南國𢏰蟲"。世號"白虎夏夷"的就是"𢏰蟲"，即"𢏰蟲夷"的簡稱。

後來，"賨"不單表賦税之意，對朝廷的納貢、歲貢也稱爲"賨"。明代永順宣慰司彭世麟《世忠堂銘》："天寶獻賨，稽首天廷。"乾隆《永順府志》記明清時期的貢品中有"茶芽、賨布"等。如今這個字在雲南白族地區是指一種農業生産勞動組織，"大概是巴軍在這裏屯墾所留下的一點痕迹吧"[①]。麗江納西族民間還流傳"化賨"，"化賨"爲納西語，是一個在物質上相互幫助的群體組織。

賧　《華陽國志·巴志》："殺人雇死，倓錢。"《後漢書·南蠻西南夷列傳》："殺人者得以倓錢贖死。"唐李賢注引南朝宋何承天《纂文》："倓，蠻夷贖罪貨也。"《魏書·劉彧傳》："凡蠻夷不受鞭罰，輸財贖罪謂之賧。"字又作

①　李若愚《説賨》。

“賨”,説明“賨”是南朝宋以後纔出現的一個新字。潘光旦認爲是永嘉以後,尤其是元嘉以後,漢人統治者和荆襄及五溪間的巴人接觸頻繁,向他們勒索“賨”的機會與方法也愈來愈多,所以纔有出現這樣一個詞的必要①。他認爲“賨”是巴語而不是漢語,《説文》有這個字,但没有這個解釋,可見它是被借來作爲巴語中一個詞的音譯的。《華陽國志》與《後漢書》用到這字,對象都是“板楯蠻”②。東晉南朝的“賨”除贖罪義外,又有納貢性質,如統治者徵收的賦税爲“賨税”,《南齊書·裴叔業傳》:“寇掠充斥,賨税不斷。”“賨布”指向朝廷輸納的布帛,《晉書·食貨志》:“蠻陬賨布,不有恆準,中府所儲,數四千匹。”“賨物”指向朝廷輸納的貨物,《陳書·蕭引傳》:“奉密旨南行,外托收督賨物。”《隋書·食貨志》:“收其賨物,以裨國用……歷宋、齊、梁、陳,皆因而不改。”指貢賦的錢財,也作“賨賓、賨錢”,清昭槤《嘯亭續録·百菊溪制府》:“乃以賨賓百萬饋之。”清陳維崧《贈李研齋太史》詩:“賨錢夜市成都酒,歈歌春賽武都王。”甚至“租、賨”聯用,《南齊書·陳顯達傳》:“顯達遣使責其租賨。”但“賨人”以贖罪錢爲“賨”的音義到南北朝以後還有遺存。《南齊書·豫章文獻王傳》:“攸之責賨千萬,頭擬輸五百萬。”寫作“倓”後代亦有用,清錢謙益《承事郎平樂知縣郭君墓誌》:“罰不止清酒,而贖必求倓錢。”

靈叉　《華陽國志·巴志》:“山有大龜,其甲可卜,其緣可作叉,世號‘靈叉’。”《説文》又部:“叉,手指相錯也。”段注:“謂手指與物相錯也。凡布指錯物間而取之曰叉。因之凡歧頭皆曰叉,是以首笄曰叉,今字作釵……譙周《異物志》曰:‘涪陵多大龜,其甲可以卜,其緣中叉似玳瑁,俗名曰靈叉。’劉逵注《蜀都賦》、常璩述《華陽國志》、郭璞注《爾雅》皆用其語。‘緣中叉’謂緣可爲釵也,今《爾雅注》訛作‘緣中文似玳瑁,俗呼爲靈龜’。自賈公彦《周禮》疏所引已然矣。”

“靈”是龜名。《爾雅·釋魚》:“一曰神龜,二曰靈龜。”郝懿行義疏:“靈龜者,劉逵《蜀都賦》注引譙周《異物志》曰:‘涪陵多大龜,其甲可以卜,其緣中叉似玳瑁,俗名曰靈。’”稱龜爲靈,在殷墟甲骨中已經有了,其字寫作從龜，靈省聲。《史記·龜策列傳》號龜爲玉靈，唐以後龜卜書有《玉靈照膽經》①。"靈叉"特指用涪陵郡出的靈龜之緣做的叉，形似玳瑁釵。釵的種類繁多，古人十分看重玳瑁製成的釵。

　　山雞　《華陽國志·巴志》："巨犀、山雞……皆納貢之。"任乃強認爲山雞"即錦雞。其羽毛尤美者作黃金色，一曰金雞，古稱黃鳳"②。錦雞爲我國西南地區特產，羽毛比山雞更華麗。古時錦雞稱"鷩雉"。《爾雅·釋鳥》"鷩雉"郭璞注："似山雞而小冠，背毛黃，腹下赤，項綠，色鮮明。"鷩雉，別名"華蟲"，《尚書·益稷》："日月星辰，山龍華蟲。"注："華蟲，鷩雉也。五彩，故謂之華蟲。"《名義考》："是知錦雞、山雞、鶾鶏、華蟲、鷩，一也……因地異名。"

　　蓋巴人將巴東特產的"錦雞"呼爲"山雞"，亦稱"蟎蜺"。《文選·左思〈蜀都賦〉》："蟎蜺山棲。"劉逵注："蟎蜺，鳥名，如今之所謂山雞，其雄色斑，雌色黑，出巴東。"蟎蜺爲當地舊稱，爲夔峽的特產。

　　板楯蠻　《華陽國志·巴志》："戶歲出賨錢口四十，故世號'白虎復夷'，一曰'板楯蠻'。"《後漢書·桓帝紀》李賢注："板楯，西南蠻之號。"《資治通鑑》注："蠻蓋挾板楯而戰，因以爲名。"胡三省《通鑑釋文辨誤》卷二："板循蠻以木板爲楯，故名。"《釋名·釋兵器》："盾，……隆者曰須盾，本出於蜀……以犀皮作之曰犀盾，以木作之曰木盾，皆因其所用之名也。"

　　徐中舒《論巴蜀文化》（87—88 頁）謂："戎……早期金文……從甲，象盾形，古稱爲干或盾，後來在西方部族中稱爲板循或'排'。""楯"在甲骨文、金文中作甲或甶形。《卜辭通纂》540 片："甲弗戔周。十二月。"郭沫若釋："甲……乃方楯之象形。"《急就篇》顏師古注："盾，一名敱，亦謂之干，即今旁排也。"《後漢書·袁紹傳》"皆蒙楯而行"李賢注："楯，今之旁排也。"旁排木質，以皮革裹束。有長、圓二種，步兵用長形，騎兵用圓形。

　　《南齊書》卷五八敘荆、湘、雍、郢、司五州"蠻"所共有的風俗習慣時，説他們都用"虎皮衣楯"，就是以虎皮蒙在盾上。由此可知不但"板楯蠻"是巴

---

① 李學勤《竹簡卜辭與商周甲骨》。
② 任乃強《華陽國志校補圖注》7 頁。

人,巴人一般也可以稱爲"板楯",因爲他們都用"虎皮衣楯"①。歷史上,盾的製作因材料不同而有別,蜀盾木質,須以皮革裹束,即在木盾之外蒙以獸皮。柏貴喜《"巴"義新解》認爲"板循蠻""專以射白虎爲事",因此,在其盾牌上蒙以虎皮就成爲自然的事了。"虎皮衣楯"之盾可以稱爲"虎楯",類如"犀楯"。由於巴人及其遺裔諱稱虎爲"斑","斑、板"音同,故"板楯"實爲"斑楯",也即"虎楯"。三國以後,板循蠻的記載不再見於典籍。元馬端臨《文獻通考》:"《通典》所敍板楯蠻魏晉以後之事,《南史》謂之荆揚蠻,《北史》謂之蠻僚,而俱以爲其源出自盤瓠,不言板楯。然六朝時蠻漸徙而之北,則亦無由究其源流宗派矣。"

弜頭虎子　《華陽國志・巴志》:"板楯蠻,今所謂弜頭虎子者也。"《説文》弜部:"弜,彊也。"羅振玉《增訂殷墟書契考釋》:"疑弜乃弼之古文,許君云弓强,殆後起之誼矣。"王國維《觀堂集林・藝林六》、馬敍倫《説文解字六書疏證》分別從音、義兩方面論證"弜"乃"柲"或"檠"之本字,而"强"乃後來的引申義。

《釋名・釋首飾》:"彊,其性凝强,以制服亂髮也。"清畢沅《釋名疏證》:"此似後世之所謂網巾。"可見,"弜頭"應爲男子的頭飾。"弜頭虎子"是因"賨人"的椎髻而名,"可能因爲板楯蠻頭帕裝飾如二弓相疊之形,故稱弜頭"②。《南齊書・蠻傳》:"蠻俗衣布徒跣,或椎髻。"夏淥《釋弜》認爲"弜"爲"比"初文,"比頭虎子",猶雙頭老虎。"弜頭虎子"指梳成雙髻的武士。虎是巴族的圖騰崇拜物,這點屢見於各種古籍。《後漢書・南蠻西南夷列傳》:"廩君死,魂魄世爲白虎。巴氏以虎飲人血,遂以人祠焉。"唐樊綽《蠻書》:"巴氏祭其祖,擊鼓爲祭,白虎之後也。"從漢到宋,巴人又被稱爲"虎蠻、虎奴",如《太平御覽》卷四九五引《魏略》:"成都王穎……募'虎奴'爲軍。"《周書》和《北史》也記有長江邊"虎蠻"活動的情況。今吳語中仍把跟隨漢高祖出川的蜀人稱爲"弜子、弜出頭、弜頭子"。

給客橙　《華陽國志・巴志》:"園有芳蒻、香茗、給客橙、葵。"任乃强認

①　潘光旦《湘西北的"土家"與古代的巴人》。
②　劉琳《華陽國志校注》37 頁。

爲:"(給客橙)味亦不美。惟其如此,主人常摘以贈客,故曰給客橙也。"①此説源於《本草綱目·果二》:"給客橙者,其芳香如橙,可供給客也。"鄧少琴認爲"給客"可能是采用巴人的語言,翻音寫成漢字的②。

《齊民要術》卷十:"郭璞曰:蜀中有給客橙,似橘而非。若柚而芳香,夏秋華實相繼,或如彈丸,或如手指,通歲食之。亦名盧橘。"《太平御覽》卷九六六:"《魏王花木志》曰:盧橘蜀生,有給客橙,似橘而非,若柚而香,冬夏華實相繼,或如彈丸,或如拳。通歲食之,亦名盧橘。"明顧起元《説略》卷二七、明彭大翼《山堂肆考》卷二〇六、明楊慎《升庵全集》卷八〇、明曹學佺《蜀中廣記》卷六一、徐文靖《管城碩記》卷二六亦有載。

後人作注,常以盧橘爲枇杷。宋朱翌《猗覺寮雜記》卷上做了分辨:"嶺外以枇杷爲盧橘子。東坡云:'盧橘楊梅次第新。'……唐子西亦云:'盧橘、枇杷一物也。'按:《上林賦》:'盧橘夏熟。'李善引應劭云:伊尹《書》曰:'箕山之東有盧橘,夏熟。'晉灼曰:'盧,黑也。'《上林賦》又別出枇杷,恐非一物。枇杷熟則黄,不應云盧。……考二事則非枇杷甚明。東坡、子西但見嶺外所呼故云耳。"又宋黄震《黄氏日抄》卷四六:"盧橘,世俗多用以稱枇杷。今按:《遊獵賦》云:'盧橘夏熟,黄甘橙楱,枇杷燃柿。'夫盧橘與枇杷並列,則盧橘非枇杷明矣。"元陶宗儀《輟耕録》卷二六亦指出,盧橘非枇杷,而是郭璞所説的"給客橙",宋惠洪《冷齋夜話》亦辨之。

《本草綱目》在"金橘"條中,指出金橘、給客橙,實是一物。"給客橙"又稱"金橙",晉張華《博物志》:"成都、廣都、郫、繁、江原、臨邛六縣,生金橙,似橘而非,若柚芳香。夏秋冬,或華或實,大如桃,小者或如彈丸。或有年,春夏秋冬,華實竟歲。"又叫"壺橘",《齊民要術》卷十引《廣州記》云:"盧橘……土人呼爲'壺橘'。"

墮林粉　《華陽國志·巴志》:"縣下有清水穴,巴人以此水爲粉,則膏暉鮮芳;貢粉京師,因名粉水。故世謂'江州墮林粉'也。""墮林"或寫作"墮休",應是一個譯名。《水經注·江水》"粉水"亦謂之"粒水"。《説文》米部:"粉,敷面者也。"面上傅粉施黛是當時人的打扮。這粉是由米所製成,恰恰

①　任乃强《華陽國志校補圖注》7 頁。
②　鄧少琴《鄧少琴西南民族史地論集》29—30 頁。

江州出好米,《巴志》載江州縣北有稻田出"御米",製作成粉,自然鮮芳①。

　　魚復　《華陽國志·巴志》:"其地,東至魚復,西至僰道,北接漢中,南極黔涪。""魚復"作爲地名,有各種異寫。《漢書·地理志》巴郡有"魚復縣";《後漢書·吳漢傳》有"魚涪津",注引《蜀都賦》又寫作"漁符津";唐盧求《成都記》:"魚鳧治在今導江縣。"宋羅泌《路史·國名紀》引《南北八郡志》:"犍爲有魚鳧津,廣數百步。"清嘉慶《四川通志》卷三〇永寧縣有"魚浮關",又作"魚鳧關,在縣三十里"。"復、涪、符、鳧"等同音諸字,應是巴人從漢語中引進的一個字音。

　　很多學者考證過"魚復"與"魚鳧"的嬗變關係。張勳燎根據大量民族語言學和民俗學資料,認爲魚人興起於湖北隨縣,後來融入巴人,統稱爲魚復人。"復"字先秦時代讀[ba],與巴人之"巴"音同;遠古巴人源於壯侗語系的民族,如今壯侗語族中,"魚"讀音爲[ba],遠古巴人也極有可能使用同樣的發音;"復"[ba]在巴人語言中有圖騰物、族稱的意思。而"魚復"變爲"魚鳧",除了"復、鳧"同音外,還有可能與峽江流域漁人鍾愛的水鳥——魚老鴰(鸕鷀,又稱魚鷹)有關②。

　　巴鄉清　《華陽國志·巴志》:"秦犯夷,輸黄龍一雙。夷犯秦,輸清酒一鍾。"《後漢書·南蠻西南夷傳》也有類似記載。古代巴人的酒,以"巴鄉清"著稱於世。《水經注·江水一》:"江之左岸有巴鄉村,村人善釀,故俗稱巴鄉清,郡出名酒。"南朝劉宋盛宏之《荆州記》:"南鄉峽西八十里,有巴鄉村,蓋善釀酒,故俗稱巴鄉酒。"陸游《南窗》詩:"巴酒禁愁得,金丹奈老何。"《太平御覽》卷五三引《郡國志》:"南鄉峽西八十里,有巴鄉村,善釀酒,故俗稱巴鄉村酒。""巴鄉清、巴鄉酒、巴鄉村酒",異名同實。此酒名貴,以致秦昭襄王與板楯蠻訂立盟約。

　　"清酒"見《周禮·天官·酒正》:"辨三酒之物,一曰事酒,二曰昔酒,三曰清酒。"鄭玄注:"清酒,祭祀之酒。"賈公彦疏:"清酒……冬釀接夏而成。"一般醪糟酒是冬釀春成,可見清酒是一種久釀而成,酒精度數高,味厚,去糟滓澄清的好酒。漢鄒陽《酒賦》:"清者爲酒,濁者爲醴;清者聖明,濁者頑

---

① 　鄧少琴《鄧少琴西南民族史地論集》23 頁。

② 　張勳燎《古代巴人的起源及其與蜀人、僚人的關係》,《南方民族考古》第 1 輯 45—46 頁。

駭。"《酒譜》："凡酒以色清味重爲聖,色如金而醇苦者爲賢。"可見巴人的清酒是酒中的上品。巴人信巫,崇尚鬼神,重淫祀。因此,巴人所釀酒除飲用外,很大的一個功用是用於祭祀、成禮。《華陽國志·大同志》："咸寧三年春,刺史濬誅犍爲民陳瑞。瑞初以鬼道惑民,其道始用酒一斗,魚一頭,不奉他神,貴鮮潔……其爲師者曰'祭酒'。"

第三節　《華陽國志》中的蜀地少數民族語詞

　　古人稱方言,包括了少數民族語。上古四川除巴、蜀兩個大族之外,還聚居有苴、共、僚、夷、筰、冉、駹等十多個少數民族。《華陽國志》對這些民族的風土民俗有較詳細的記載,並保存了一定數量的民族語詞,其中有很多是其他史籍中找不到的。這裏收集《華陽國志》裏的若干少數民族語詞,綜合前人研究成果,進行考釋。這些用漢字記錄的少數民族語詞,對於缺少古老文獻的民族語文的研究是很有價值的。蜀地少數民族語不是蜀語,這裏主要從語言接觸角度,爲古蜀語研究提供相關資料。

　　僚(獠)　《華陽國志·李特雄期壽勢志》："蜀土無僚,是始從山出,自巴至犍爲、梓潼,布滿山谷(十餘萬落,不可禁制),大爲民患。"

　　"僚"舊寫作"獠","僚人"實際上是南北朝之後,由"種類甚多,散居山谷的苗人、瑶人、越人、仡佬人、彝人等衆多的少數民族在歷史的長河中逐漸融合、逐漸成長起來的一個'新種族'"①。"僚人入蜀"指4世紀成漢政權時期,大量僚人湧入蜀地。《水經注·漾水》："李壽之時,僚自牂牁北入,所在諸郡,布滿山谷。"《晉書·李勢載記》："初,蜀土無僚,至此,始從山而出,北至犍爲、梓潼,布在山谷,十餘萬落。"《太平御覽》卷一六八引《四夷縣道記》："李特孫壽時,有群僚十餘萬從南越入蜀漢間,散居山谷,因思流布。"入蜀僚人分布範圍極廣。《周書·異域傳上·僚》："僚者,蓋南蠻之別種,自漢中達於邛、筰,川洞之間,在所皆有之。"《後漢書》《晉書》《南齊書》《梁書》《隋書》以及晉張華《博物志》等均記載有僚人事迹;《魏書》《周書》《北史》有專門的僚傳。一般單稱爲"僚",唐時始有在"僚"前加"葛"或"犵"的,"葛"有時又作"獦",如《新唐書·南蠻傳下·南平僚》"葛僚又作僚";《元

---

① 鮮于煌《試論唐代三峽少數民族"僚人"的民俗生活特色及影響》。

和郡縣志》卷三〇《江南道》六作"犵獠"。宋時稱獠人或加"獦",或加"犵、猺",陸游《老學庵筆記》"辰、沅、靖州蠻……有犵獠";《宋史·西南溪峒諸蠻傳》"辰州猺獠三千餘人款附";朱輔《溪蠻叢笑》記有"犵狑"之俗,"犵狑"即"犵獠"。元時乃有"土僚蠻、秃刺蠻"或"土老蠻"之稱,如《元史·世祖本紀十》作"秃刺蠻";又《世祖本紀十三》作"土老蠻"。自元、明至今,則大都稱爲"犵狑、犵獠、土僚"或"土老",《嘉靖圖經》:"犵狑,古稱獠。"而單稱爲"獠"的便很少了。

　　"獠"在《玉篇》有二讀:力吊切,"宵田也";力道切,"夷名"。在《廣韻》有三讀:落蕭切,"夜獵也";盧皓切,"西南夷名"。可見"獠"作族名解,應讀力道或盧皓切,高本漢《分析字典》作[lau]。據董同龢《上古音韻表稿》,"獠"的古音爲[tlog]。芮逸夫認爲[tlog]應是獠人的自稱,古人用一個聲母爲複輔音的漢字"獠"來代表它。後來漢語的複輔音消失了,"獠"字的音讀變爲[lau]。"獠"前所以要加一個字來稱呼,只是要把那個複輔音的前一個音素表示出來①。所以,隋唐以後,逐漸出現"犵獠、獦獠、猺獠、土僚、秃刺、犵狑"等取代"獠"的組稱記音。我國少數民族很多本無族名,在與外族發生接觸時自稱"人"或"我們",由此音譯而成族名。僚(獠)音[lau],與今天西南、中南地區諸侗台語言的"我們"(咱們)接近。侗台語各支系語言不管關係遠近,自稱代詞"我們、咱們"都很相似:桂西壯語[lau],傣語[hau],仫佬語[hra:u],這個詞的原始台語(包括壯、布依、傣、泰、老撾等語言)的讀音,李方桂構擬爲[*rən],與"獠(獠)"的古音相近②。

　　《魏書·獠傳》獠"略無氏族之別。又無名字,所生男女,惟以長幼次第呼之……依樹積木,以居其上,名曰'干蘭'";《北史·獠傳》獠"天性暴亂,旋致擾動,每歲命隨近州鎮,出兵討之,獲其生口,以充賤隸,謂之爲壓獠焉……公卿達于人庶之家,有獠口者多矣……其種滋蔓,保據巖壑,依山走險,若履平地……性又無知,殆同禽獸,諸夷之中,最難以道招懷者也";宋周去非《嶺外代答·蠻俗·獠俗》:"獠在右江溪峒之外,俗謂之山獠,依山林而居,無酋長、版籍。"因此,"獠人"地位卑賤,"獠"與"獠子、獠奴"等語常被用

---

① 芮逸夫《獠爲仫佬試證》。

② 李錦芳《越稱"甌"、"獠"解》。

作詈詞,如唐張鷟《朝野僉載》卷一:"夫人怒曰'此獠狂語,兒在身無病'。"
宋王讜《唐語林·補遺一》:"臭鼻高,嵩鬚多,並類鮮卑。鏗嘲之云'一雙獠
子著緋袍,一個鬚多一鼻高'。"唐柳珵《上清傳》:"德宗怒陸贄曰:'這獠奴!
我脫卻伊綠衫,便與紫衫。'"

　　以後"獠人"在巴蜀逐漸消失,但在今天四川方言中還保留有"山巴土
獠、鄉巴佬、鄉壩佬"等詞語。李實《蜀語》:"謂人村曰山巴土獠。獠音老
(佬)。巴州以西,舊獠人所居,故云。"1935 年《雲陽縣志》:"土人曰山巴獠。
蜀語獠音老。巴以西歸獠人所居,故云。俗亦謂鄉壩老。"

　　闌(蘭)干　《華陽國志·南中志》:"永昌郡,古哀牢國……有梧桐木,
其華柔如絲,民績以爲布,幅廣五尺以還,潔白不受汙,俗名曰'桐華布'……
有蘭干細布,蘭干,獠言紵也,織成,文如綾錦。"《後漢書·南蠻西南夷列
傳》:"知染采文繡,罽毲帛疊,蘭干細布,織成文章如綾錦。有梧桐木華,績
以爲布,幅廣五尺,潔白不受垢汙。"《北史》《通典》等書,也有相似的記載。

　　任乃強認爲:"'蘭干細布',疑即《西南夷傳》所謂'蜀布',蓋苧麻細績
所織之細布。故土著謂之'紵'也。"[1]我國古時稱布的主要是麻、苧、葛等植
物纖維織品。《小爾雅》:"麻苧葛曰布。""闌干細布"即用苧麻織成的上等
細布。

　　古獠人是仡佬族、貴州木佬人和雲南拉基人的先民,故古獠人的語言是
仡佬語群中的仡佬語、木佬語、拉基語和羿人語的母體。據張濟民考證:今
日仡佬語總稱麻類爲[la^{33}](普定、鎮寧)、[lie^{33}](晴隆、隆林)、[lua^{31}](平
壩、安順)等。同語群的貴州麻江縣木佬語爲[luŋ^{13}],雲南馬關縣的拉基語
爲[liu^{13}],可以看出它們都是同源詞。六枝牛坡仡佬語稱火麻爲[lia^{13}
ʔei^{31}],苧麻爲[lia^{13}qei^{31}],這正是"闌干"這一漢語摹擬音的來源。今日六
枝仡佬語稱苧麻織成的細布爲[su^{31}lia^{35}qei^{31}],[su^{31}]是布的意思,是中心
詞,[lia^{13}qei^{31}]是修飾成份。故"闌干細布"是一個半漢半獠的合成詞[2]。

　　遑耶　《華陽國志·南中志》:"與夷爲姓曰'遑耶',諸姓爲'自有耶'。
世亂、犯法,輒依之藏匿。或曰:有爲官所法,夷或爲報仇。與夷至厚者,謂

---

① 任乃強《華陽國志校補圖注》291 頁。
② 張濟民《古僚人語詞今證》。

之‘百世遑耶’，恩若骨肉。”

　　任乃强認爲：“夷語‘遑耶’之耶，蓋即族支之義。遑，與義父義子、義兄弟之義字含義相當。本是同支者稱‘自有耶’，自有一語則譯義也。百世遑耶之‘百世’字同。如此夷語音譯夾意譯表達之方法，爲唐、宋、元、明、清代僰人翻譯之形式。且族支含義之字，依陳宗祥《白狼歌譯文》當爲 tɕia 音，非耶音。疑此節所言是僰夷而非昆氏之夷，常氏未能分別之也。”① 劉琳注“遑耶”條：“未詳。尋其意，‘耶’似謂族姓，外來人加入其氏族或結成同盟，即‘與夷爲姓’，是爲‘遑耶’；其本部落之諸氏族是爲‘自有耶’。”② 另外很多學者則認爲原文“與夷爲姓”當作“與夷爲婚”。方國瑜引《華陽國志·南中志》作“與夷爲婚（原作姓）曰遑耶”③。蒙默《試論彝族的起源問題》認爲“遑耶”與涼山彝語[onyi]、貴州彝語[Alrrl]相合，意爲舅父，彝族盛行姑舅婚，舅父與岳父爲同一宗。彝族最重舅家，是打冤家中的首要聯盟對象，正所謂“恩若骨肉”。《彝族簡史》：“漢末晉初，南中地區的‘夷人’（主要是‘昆明’與‘叟’）內部雖還沒有出現‘大侯王’，即沒有出現一個最高的統治者，但已分化出‘帥’、‘叟帥’一類的部落貴族或奴隸主。這些部落貴族或奴隸主，與當地漢族大姓家族互通婚姻，稱爲‘遑耶’（意即親家）或‘百世遑耶’（意即世代姻親），並在政治上與漢族大姓地方統治勢力結合起來，以鞏固自己的統治。”

　　遑耶，是彝語的音譯詞，其音、義至今仍保留在大涼山彝語中。“遑耶”的“遑”是彝語[ha²¹]的記音，意爲一，“耶”是[ye³³]的記音，意爲家，合起來即爲一家。“夷帥”與大姓的“遑耶”結盟，並非通婚，而是指結爲一家人。在黔西北的烏蒙山彝族中，有異姓結盟的傳統習俗，有專門的結盟儀式。經過“哦癡扣”和“阿栅摳”兩種結盟儀式的爲“函野”。“函野”即“遑耶”，意爲一家人④。

　　無梁　《華陽國志·南中志》：“雍闓反，結壘於縣山，繫馬柳。柱生成林；今夷言‘無雍梁林’，無梁，夷言馬也。”《水經注·存水》：“益州大姓雍闓

---

① 任乃强《華陽國志校補圖注》253 頁。

② 劉琳《華陽國志校注》366 頁。

③ 方國瑜《彝族史稿》29—30 頁，四川民族出版社 1983 年。

④ 王繼超《“遑耶”一詞的彝語含義及功用考釋》。

反，結壘於山，繫馬柳柱，柱生成林，今夷人名曰雍無梁林，梁，夷言馬也。"
《太平御覽》卷三五九引《南中志》作"今夷言無梁林，無梁，夷言馬也"。各
本不同，前輩學者有不同的考訂意見。

　　任乃强考訂爲"梁，夷言馬也"①。劉琳校正爲"無梁，夷言馬也"，認爲
"'無'古讀如'模'。稱馬爲'無梁'，與緬語合……證明漢末、三國時代居住
在黔西北、滇東北一帶的'夷人'屬藏緬語族，即今彝族的先民"②。方國瑜
疑當作"今夷言雍無梁林，無梁，夷言繫馬也"。彝語"馬"爲[mu]，"繫"爲
[lai]；古音"無"讀明母，彝語無舌根鼻隨聲[ng]，可知"無梁"即彝語"繫
馬"，賓詞在動詞前的語法亦相同。所以叟人語言即古彝語③。蒙默《試論彝
族的起源問題》核以《彝語簡志》"馬"作[m(u)][amu]，叟語以"馬"爲
"無"，是近於彝語的。聞宥《雍無梁林解》考證"無雍梁"爲"雍無梁林"之訛
誤，"雍無梁林"即"雍闉繫馬之林"，"無梁"只代表一個單音節詞，即用漢字
記錄的某個民族語的"馬"字，其原語應是[mraŋ]或[mlang]之類，與緬文
"馬"最相近。傳抄同文堂寫本《緬甸館雜字》的對音爲"麥浪"，與"無梁"
相似。

　　"馬"在藏緬語中讀音各異，本尼迪克特（Benedict）將"馬"構擬爲
[*m-raŋ]，[*s-raŋ]和[*s-raŋs]三種形式。其中，[*m-raŋ]已被大多數藏緬
或漢藏語研究者所接受。這一構擬的主要根據是11世紀的緬甸語碑文材
料。"無梁"的古音與緬文[mraŋ]"馬"最相近，反映了原始藏緬語"馬"的一
些重要語音特徵。現今藏緬語族的彝語支"馬"的語音形式如彝語北部方言
[m(u)³³]，羌語北部方言[ʅu]，羌語南部方言[ʑu⁵⁵]，木雅語東部方言
[lu⁵⁵]，納西語西部方言[ʑuɑ³³]，納西語東部方言[ʑuɑ³³]。孫宏開構擬其原
始形式爲[*mbroŋ]④。聲母[l][r]互轉，從上面的材料來看，藏緬語族彝語
支"馬"的原始形式和"無梁"的語音面貌十分相似，二者有淵源關係是可能
的。"無梁"的兩個聲母剛好代表了複輔音的兩個音素，因此，漢語"馬"這
個詞有可能來自一個雙音節（或多音節）詞的借詞。"無梁"應是一個用漢

---

① 　任乃强《華陽國志校補圖注》273頁。
② 　劉琳《華陽國志校注》409頁。
③ 　方國瑜《彝族史稿》21頁，四川民族出版社1983年。
④ 　孫宏開《原始藏緬語構擬中的一些問題——以"馬"爲例》。

字記錄的雙音節的少數民族馬名,應來自彝族的先民。

筰(箮) 《華陽國志·蜀志》:"筰,筰夷也。汶山曰夷,南中曰昆明,漢嘉、越嶲曰筰,蜀曰邛,皆夷種也。縣在郡西,渡瀘水。"

"筰"又作"箮"。《説文》竹部:"筰,笮也。"段注:"《廣韻》曰:筰、箮二同,竹索也。西南夷尋之以渡水。按西南夷有筰縣,在越嶲,其名本此。"《廣韻》鐸韻:"箮,竹索,西南夷尋之以渡水。在各切。"《元和郡縣志》卷三三嶲州昆明縣:"凡言筰者,夷人於大江水上置藤橋,謂之筰。其定筰、大筰,皆是近水置筰橋處。"杜甫《桔柏渡》詩有"連箮動嫋娜",仇兆鰲注:"《梁益記》:'箮橋,連竹索爲之,亦名繩橋。'"任乃強認爲:"箮,矢服也。箮夷,謂定箮之夷爲恒佩竹服,負矢之射獵民族。與川邊河谷'度索尋橦'之筰人有別,然族源相同,故人統稱爲筰類。"[1]陳宗祥認爲"筰"從乍得聲,魚部鐸韻字,《廣韻》才各反,音[dza]。《史記集解》引徐廣曰:"徙在漢嘉。作音昨,在越嶲。"從一些親屬語言來看,普米族稱白海螺爲[Ka dza],説明[dza]含有白的意義。藏語稱白爲[skya],也與"乍"音相近。又清人張穆述及青海省的刢凌海稱:"番語謂白爲刢,長爲凌,以其水色白也。""刢"與[dza]音近,因疑"筰"也是白的意思[2]。蒙默考證"筰"字應是源於對"人"及"人類始祖"的納西語文的譯寫。《彝文字典》載"人"的讀音爲[tsho]。雲南昌寧縣更戛區半和鄉新寨稱爲"永白"的傈僳族又稱"昨濮","濮"的意思爲人,"昨濮"就是"昨人、筰人"。雲南藏族對傈僳族也有"筰巴"的稱呼,藏語"巴"義爲人,"筰巴"也是筰人。所以,蒙默認爲筰人不僅指納西族先民,而且也指彝語支各族的先民[3]。另光緒《鹽源縣志》:"筰爲夷之自名,今夷謂九所曰阿筰,麗江人至今自稱爲筰。"納西族古代《東巴經》與《放牲經》中稱人爲[tʂo][4]。與"筰"音相合。

"筰"是筰人語言的譯音,指橋。方國瑜編《納西象形文字譜》載橋的象形字,其音義均同"筰"[5]。筰橋即竹索或藤索橋,彝語稱索橋和溜索爲"筰"

---

① 任乃強《華陽國志校補圖注》214 頁。

② 陳宗祥《試論秦漢時期的"筰人"》。

③ 蒙默《試論漢代西南民族中的"夷"與"羌"》。

④ 方國瑜《麽些民族考》。

⑤ 方國瑜《納西象形文字譜》,雲南人民出版社 1981 年。

或"鮓"①。貴州畢節地區彝文翻譯組編《彝文字典》載索橋的彝文,讀音與
"筰"相近。今鹽源、木里自稱"納日、拉熱"的人及納西族仍稱橋爲"昨",木
橋爲"斯昨",石橋爲"魯昨",獨木橋爲"格拉昨",墊石橋爲"喀昨"②。

　　堂螂　《華陽國志·南中志》:"堂螂縣因山名也。出銀、鉛、白銅、銅、雜
藥。有堂螂附子。"唐百川校箋:螂,當作"狼",《晉志》《宋志》並作"狼"。地
名譯自夷語者,但存其語音,無定字。金石文字作"堂琅"者多。任乃強認
爲:"堂琅,夷語銅之義也。"③銅,古謂之赤金。《漢書·食貨志下》"赤金爲
下"顏師古注引三國魏孟康曰:"赤金,丹陽銅也。"

　　滇池　《華陽國志·南中志》:"滇池縣……有澤水,周回二百餘里。所
出深廣,下流淺狹,如倒流,故曰滇池。"《文選·蜀都賦》劉逵注引譙周《異
物志》:"滇池在建寧界,有大澤水,周二百餘里。水乍深廣乍淺狹,似如倒
池,故俗云滇池。"張守節正義引《括地志》略同。《後漢書·南蠻西南夷列
傳》説滇國境内"有池,周回二百餘里,水源深廣,而末更淺狹,有似倒流,故
謂之滇池"。

　　任乃強考證:顛倒是漢語,當時之西南夷語非必此義。《子虛賦》:"文成
顛歌。"注:"益州滇(池)縣,其人能西南夷歌。"是顛爲西南夷族名,住於沿
湖,善歌,被稱"顛歌"。莊蹻至時已稱"滇池",其爲夷語舊稱可知……迨漢
民習居其地,見其水出口河迹逆勢,結合土人倒流傳説,譙周因而傅會之
耳④。以"滇"爲"巔倒"之"巔",是從漢語出發的望文生訓,不足爲據。
"滇"應出自少數民族語,因當時當地還没有漢族。彝語稱山間平起爲
"滇",後或寫作"甸"。今雲南境内以"甸"爲名之地不少,如"魯甸、尋甸、倘
甸、花甸、蕎甸"等。這些地方原來都是彝語支各民族所居。彝語譯爲漢語
的地名中,有"甸"或與"甸"近音的"迪、堆、垤、底"等地名,其意皆爲山間盆
地、平地壩子。因此,稱甸地名是彝族和彝語支民族先民最初對祖國西南山
間盆地、壩子一類地形的語言表述。隨着他們向各地遷徙,此類地名也散布
到各地,隨着各地的開發又產生了漢語稱甸地名,而且開發越久,稱甸地名

---

① 龍建民、唐楚臣《南方絲綢之路與西南文化》。
② 石應平《鹽源地區的民族變遷與筰文化》。
③ 任乃強《華陽國志校補圖注》281 頁。
④ 任乃強《華陽國志校補圖注》271 頁。

的漢化程度越高,以致人們不知相當多的稱甸地名原本是來源於少數民族語言了①。

“甸”古又作“賧”,方國瑜指出《元史·地理志》及《景泰雲南志》諸書大都作“賧”,又作“甸”。今雲南各地尚通用甸字爲地名,當古昔相沿②。唐樊綽《蠻書·蠻夷風俗》:“川謂之賧,谷謂之浪,山謂之和。”向達校注:“尚有川謂之賧,實是藏語。賧即藏語 than 字之對音,義即川原。古代吐蕃地名後帶賧字者甚多。”

上述的蜀語、巴語和蜀地少數民族語都只是舉例性質,其中應該有不少詞語尚須要做更多的發掘與考證。

---

① 吳光範《彝語地名學初探》。
② 方國瑜《中國西南歷史地理考釋》443 頁。

附　錄

一、參考文獻

阿　波　《談"都廣之野"》,《文史雜誌》2005(3)

A. C. 契科巴瓦著,周嘉桂、高名凱譯　《語言學概論》,高等教育出版社1954年

柏貴喜　《"巴"義新解》,《民族論壇》1997(3)

曹錦炎　《鳥蟲書通考》,上海書畫出版社1999年

曹振峰　《中國民藝與中國虎文化》(下),《民間文學論壇》1990(4)

曹志耘　《談談方言與地域文化的研究》,《語言教學與研究》1997(3)

岑麒祥　《語言學史概要》,科學出版社1957年

常明修、楊芳燦　《四川通志》,巴蜀書社1984年影印

陳保亞　《解讀蜀夏文化的一線曙光——三星堆玉石文字和漢藏語系研究
　　的啟示》,《科學中國人》2009(9)

陳　椽　《茶業的技術史與發展》,《中國農展特刊》1986年

陳德安　《古蜀文明與周邊各文明的關係》,《中華文化論壇》2007(4)

陳夢家　《殷虛卜辭綜述》,科學出版社1956年,中華書局1988年

陳明娥　《敦煌變文同素異序詞的特點及成因》,《中南大學學報》2004(5)

陳宗祥　《試論秦漢時期的"筰人"》,《西南師範大學學報》1989(2)

陳遵平　《試論清代遵義話的幾種語音現象》,《黔南民族師範學院學報》
　　2003(2)

成家徹郎　《巴蜀蜀族的形成》,《先秦史與巴蜀文化論集》,歷史教學出版
　　社1995年

程際盛　《續方言補正》,叢書集成初編

程先甲　《廣續方言》,光緒本

程湘清　《先秦雙音詞研究》,《先秦漢語研究》,山東教育出版社1982年

崔榮昌　《四川方言與巴蜀文化》,四川大學出版社1996年

———　《蜀王望帝與"杜宇化鵑"》,《文史雜誌》1997(5)

———— 《九十年代出版的四川方言論著》,《成都大學學報》2000(4)

戴慶廈 《古漢語研究與少數民族語言》,《古漢語研究》2008(4)

戴偉華 《唐代文士籍貫與文學考述》,《江海學刊》2005(2)

戴 震 《方言疏證》,武英殿聚珍版叢書本

鄧少琴 《鄧少琴西南民族史地論集》,巴蜀書社 2001 年

鄧廷良 《瓊鳥與犛牛羌——兼談圖騰變遷的另一面》,《社會科學戰線》
　　1984(3)

鄧郁章 《司馬相如故里在蓬安》,《蜀學》(1),巴蜀書社 2006 年

丁邦新 《魏晉音韻研究》,《史語所專刊》之六十五,1975 年

———— 《漢語方言分區的條件》,《清華學報》1982 年第 14 卷 1、2 期合刊

———— 《丁邦新語言學論文集》,商務印書館 1998 年

丁啟陣 《秦漢方言》,東方出版社 1991 年

丁聲樹 《古今字音對照手册》,中華書局 1981 年。

丁惟汾 《方言音釋》,齊魯書社 1985 年

董達武 《周秦兩漢魏晉南北朝方言共同語初探》,天津古籍出版社 1992 年

董同龢 《漢語音韻學》,中華書局 2001 年

董作賓 《殷代的羌與蜀》,《説文月刊》1942 年第 3 卷 7 期

杜文瀾 《古謠諺》,中華書局 1958 年

段 渝 《巴蜀古文字的兩系及其起源》,《考古與文物》1993(1)

———— 《三星堆與巴蜀文化研究七十年》,《中華文化論壇》2003(3)

———— 《巴蜀文化與漢晉文明》,《巴蜀文化研究》(1),巴蜀書社 2004 年

———— 《巴人來源的傳説與史實》,《歷史研究》2006(6)

———— 《三星堆文化研究的回顧與展望》,《中國史研究動態》2007(1)

范小平 《古蜀王國的藝術星空》,巴蜀書社 2003 年

范 勇 《試論早蜀文化的淵源及族屬》,《三星堆與巴蜀文化》,巴蜀書社
　　1993 年

范仲遠 《論成都平原地理形態對古蜀移民文化雛形的影響》,《四川師範大
　　學學報》2009(6)

方國瑜 《麽些民族考》,《民族學研究集刊》第 4 期,上海商務印書館 1944 年

———— 《中國西南歷史地理考釋》,中華書局 1987 年

馮廣宏　《峋嶁碑巴蜀文試析》,《四川文物》1992(S1)

——　《巴蜀文字的期待》(五),《文史雜誌》2004(5)

——　《巴蜀文字的期待》(六),《文史雜誌》2004(6)

——　《巴蜀文字的期待》(九),《文史雜誌》2005(3)

——　《巴蜀文字的期待》(十),《文史雜誌》2005(4)

——　《考古揭示蜀人三源説》,《阿壩師範高等專科學校學報》2005(3)

——　《魚凫時代是古蜀社會轉型期》,《西華大學學報》2007(4)

馮廣宏、王家祐　《邵之愈鼎疑辨》,《四川文物》1997(1)

伏元傑　《蜀史考》,延邊大學出版社 2005 年

高文、高成剛　《巴蜀銅印》,上海書店出版社 1998 年

葛維漢著,沈允寧譯,陳宗祥校,　《漢州(廣漢)發掘簡報》,《三星堆研究》
　　(1),天地出版社 2006 年

顧頡剛　《牧誓八國》,《史林雜識初編》,中華書局 1963 年

——　《論巴蜀與中原的關係》,四川人民出版社 1981 年

顧炎武　《日知録》,上海古籍出版社 1959 年影印

顧野王　《宋本玉篇》,中國書店 1982 年影印張氏澤存堂本

郭　莉　《花蕊夫人詩歌用韻考》,《四川師範學院學報》2003(3)

郭沫若　《班簋的再發現》,《文物》1972(9)

——　《中國古代社會研究·夏禹的問題》,《郭沫若全集·歷史編》,人
　　民出版社 1982 年

郭勝强　《蜀與殷商關係芻論——從甲骨文記載談起》,《鄭州大學學報》
　　2004(4)

郭錫良　《漢字古音手册》(增訂本),商務印書館 2010 年

郭允蹈　《蜀鑑》,巴蜀書社 1984 年

杭世駿　《續方言》,昭代叢書

郝良真　《從邯鄲所出銅器看蜀趙兩地文化交流》,《先秦兩漢趙文化研
　　究》,方志出版社 2003 年

何耿鏞　《漢語方言研究小史》,山西人民出版社 1984 年

何九盈　《中國古代語言學史》,河南人民出版社 1985 年

何向东等　《新修潼川府志校注》,巴蜀書社 2007 年

胡阿祥 《論魏晉時期巴蜀地區本土文學的寂寥》,《南京理工大學學報》 2003(6)

胡繼明 《巴蜀方言詞源舉隅》,《宜賓學院學報》2003(2)

胡奇光 《中國小學史》,上海人民出版社1987年

華學誠 《周秦漢晉方言研究史》,復旦大學出版社2007年

黃建寧 《〈太平經〉中的同素異序詞》,《四川師範大學學報》2001(1)

黃 侃 《黃侃論學雜著》,中華書局1964年,上海古籍出版社1980年

黃侃述,黃焯編 《文字聲韻訓詁筆記》,上海古籍出版社1983年

黃仁壽、劉家和 《蜀語校注》,巴蜀書社1990年

黃尚軍 《蜀方言、麻城話與成都話》,《文史雜誌》1992(6)

——— 《四川方言與民俗》,四川人民出版社2002年

黃生、黃承吉 《字詁義府合按》,中華書局1984年

黃樹先 《漢文古籍中的藏緬語借詞"吉量"》,《民族語文》1993(2)

——— 《古代漢語中的"馬"字》,《古漢語研究》1998(3)

黃耀堃 《"兩漢詩文韻譜"訂補》,《中國語文研究》1981(3)

紀國泰 《〈蜀語〉簡論》,《西華大學學報》2005(4)

——— 《〈蜀方言〉疏證補》,巴蜀書社2007年

賈思勰著,繆啟愉校釋,繆桂龍參校 《齊民要術校釋》,中國農業出版社1998年

江 永 《古韻標準・例言》,中華書局1982年

蔣禮鴻 《懷任齋文集》,上海古籍出版社1986年

蔣宗福 《四川方言詞語考釋》,巴蜀書社2002年

李葆嘉 《中國語的歷史與歷史的中國語——7000年中國語史宏觀通論》, 日本《中國語研究》1996年38號

李復華、王家祐 《關於"巴蜀圖語"的幾點看法》,《貴州民族研究》1984(4)

李錦芳 《越稱"甌"、"僚"解》,《民族論壇》1996(4)

李 開 《漢語語言研究史》,江蘇教育出版社1993年

李如龍 《漢語方言學》,高等教育出版社2001年

——— 《關於方言與地域文化的研究》,《泉州師範學院學報》2005(1)

李若愚 《説賨》,《中國經濟史研究》1987(2)

李紹明 《古蜀人的來源與族屬問題》,《三星堆與巴蜀文化》,巴蜀書社

　　　1993 年

———　《巴蜀民族史論集》,四川人民出版社 2004 年

李紹明、譚繼和等主編　《夏禹文化研究》,巴蜀書社 2000 年

李　實　《蜀語》,巴蜀書社 1990 年

李世平　《四川人口史》,四川大學出版社 1987 年

李恕豪　《揚雄〈方言〉與方言地理學研究》,巴蜀書社 2003 年

李維琦　《關於"雅言"》,《中國語文》1980(8)

李曉鷗　《蜀開明族文化性質初探》,《巴蜀歷史 民族 考古 文化》,巴蜀書社
　　　1991 年

李學勤　《西周甲骨的幾點研究》,《文物》1981(9)

———　《論新都出土的蜀國青銅器》,《文物》1982(1)

———　《竹簡卜辭與商周甲骨》,《鄭州大學學報》1989(2)

———　《從廣漢玉器看蜀與商文化的關係》,《巴蜀歷史 民族 考古 文化》,
　　　巴蜀書社 1991 年

———　《三星堆與蜀國古史傳說》,《當代學者自選集・李學勤卷》,安徽
　　　教育出版社 1998 年

———　《巴蜀文化研究的期待》,《中華文化論壇》2004(4)

林鴻榮　《蒟醬、蒟蒻管窺》,《中國農史》1988(1)

———　《茶事探源》,《中國農史》1994(2)

林清書　《客家話的嬢姐及其相關的同源詞》,《韶關學院學報》2006(4)

林　向　《蜀酒探原》,《南方民族考古》(1),四川大學出版社 1987 年

———　《巴蜀文化新論》,成都出版社 1995 年

———　《蜀與夏》,《中華文化論壇》1998(4)

林語堂　《語言學論叢》,開明書店 1933 年,上海書店 1989 年,東北師範大
　　　學出版社 1994 年

劉重來、徐適端　《華陽國志研究》,巴蜀書社 2008 年

劉道軍　《巴蜀文字研究的回顧與展望》,《黑龍江民族叢刊》2007(6)

劉福鑄　《冰心作品中的同素異序同義詞研究》,《莆田學院學報》2003(2)

劉複生　《僰國與瀘夷》,巴蜀書社 2000 年

劉冠才　《兩漢韻部與聲調研究》,巴蜀書社 2007 年

劉君惠、李恕豪等　《揚雄方言研究》，巴蜀書社 1992 年

劉　琳　《僚人入蜀考》，《中國史研究》1982（2）

———　《華陽國志校注》，成都時代出版社 2007 年

劉曉南　《從歷史文獻看宋代四川方言》，《四川大學學報》2008（2）

———　《試論宋代巴蜀方言與現代四川方言的關係》，《語言科學》2009（6）

劉　瑛　《巴蜀兵器及其紋飾符號》《巴蜀銅器紋飾圖案》，《文物資料叢刊》
　　（7），文物出版社 1983 年

劉志成　《釋寶》，《古漢語研究》1992（2）

龍建民、唐楚臣　《南方絲綢之路與西南文化》，《雲南社會科學》1988（5）

龍　騰　《四川蒲江縣巴族武士船棺》，《考古》1983（12）

龍顯昭　《禹羌文化惠澤華夏》，《西華師範大學學報》2009（5）

盧文弨　《重校方言》，抱經堂叢書

魯國堯　《魯國堯自選集》，河南教育出版社 1994 年

———　《“顏之推謎題”及其半解》，《魯國堯語言學論文集》，江蘇教育出
　　版社 2003 年

陸宗達　《訓詁研究》，北京師範大學出版社 1981 年

陸志韋　《陸志韋語言學著作集》，中華書局 1985 年

逯欽立輯　《先秦漢魏晉南北朝詩》，中華書局 1983 年

羅常培　《語言與文化》，語文出版社 2004 年

羅常培、周祖謨　《漢魏晉南北朝韻部演變研究》，科學出版社 1958 年

羅二虎　《論三星堆文化居民的族屬》，《巴蜀歷史 民族 考古 文化》，巴蜀書社
　　1991 年

羅　驥　《論漢語主體源於東夷》，《古漢語研究》2002（3）

羅開玉　《晚期巴蜀文化墓葬初步研究》，《成都文物》1991（3）（4）

羅憲華、經本植　《〈說文解字注〉與四川的方言和名物》，《四川大學學報》
　　1982（6）

呂叔湘　《呂叔湘全集》，遼寧教育出版社 2002 年

馬國權　《鳥蟲書論稿》，《古文字研究》（10），中華書局 1983 年

馬顯彬　《古代漢語同素異序詞綜論》，《湛江師範學院學報》2003（1）

馬宗霍　《說文解字引方言考》，科學出版社 1959 年

梅介人 《唐代詩人之若干結構分析》,《武漢化工學院學報》2005(3)

蒙 默 《試論漢代西南民族中的"夷"與"羌"》,《歷史研究》1985(1)

———— 《試論古代巴、蜀民族及其與西南民族的關係》,《貴州民族研究》1983(4)

———— 《試論彝族的起源問題》,《思想戰線》1980(1)

蒙默等 《四川古代史稿》,四川人民出版社 1988 年

蒙文通 《略論〈山海經〉的寫作時代及其産生地域》,《古學甄微》,巴蜀書社 1987 年

———— 《蒙文通文集》,巴蜀書社 1987~2001 年

———— 《巴蜀史的問題》,《四川大學學報》1959(5)

———— 《古族甄微》,巴蜀書社 1993 年

繆文遠 《七國考訂補》,上海古籍出版社 1987 年

聶 丹 《〈水滸傳原本〉同素異序副詞討論》,《貴州師範大學學報》2006(3)

潘光旦 《湘西北的"土家"與古代的巴人》,《潘光旦文集》,北京大學出版社 2000 年

潘家懿 《臨汾方言裏與農事活動有關的幾個古語詞》,漢語方言學會第三屆年會論文

彭 文 《從蜀墓腰坑的設置看巴蜀文化與關中文化的交流》,《考古與文物》1996(6)

彭秀模 《戼莘考》,《吉首大學學報》1991(4)

濮之珍 《中國語言學史》,上海古籍出版社 1987 年

祁和輝 《古蜀文化與古彝文化都是炎黄文脈上的重要分支》,《西華大學學報》2009(6)

錢 繹 《方言箋疏》,紅蝠山房本

錢玉趾 《古蜀地存在過拼音文字》,《四川文物》1988(6)

———— 《古蜀地存在過拼音文字再探》,《四川文物》1989(6)

———— 《三星堆文化居民與彝族先民的關係》,《貴州民族研究》1998(2)

———— 《巴族文字的發現及文字特徵》,《三峽大學學報》2005(2)

橋本萬太郎著,余志鴻譯 《語言地理類型學》,北京大學出版社 1985 年

且薩烏牛 《彝族古代文明史》,民族出版社 2002 年

屈小强　《古蜀魚崇拜與蜀人東進》,《西華大學學報》2009(2)

屈小强等　《三星堆文化》,四川人民出版社1993年

冉光榮、李紹明、周錫銀　《羌族史》,四川民族出版社1984年

饒宗頤　《說卜辭之蜀》,《先秦史與巴蜀文化論集》,歷史教學出版社1995年

任銘善　《漢語語音史要略》,河南人民出版社1984年

任乃强　《羌族源流考》,《民族語言》1979(2)

——　《四川上古史新探》,四川人民出版社1986年

——　《華陽國志校補圖注》,上海古籍出版社1987年

容　庚　《鳥書考》,《中山大學學報》1964(1)

芮逸夫　《僚爲仡佬試證》,《史語所集刊》第二十本上,商務印書館1948年

薩丕爾著,陸卓元譯　《語言論》,商務印書館1985年

沙加爾　《上古漢語詞根》,上海教育出版社2004年

商承祚　《成都白馬寺出土銅器辯》,《說文月刊》1942年第3卷第7期

邵榮芬　《古韻魚侯兩部在前漢時期的分合》,《中國語言學報》1983(1)

——　《古韻魚侯兩部在後漢時期的演變》,《中國語文》1982(6)

——　《邵榮芬音韻學論集》,首都師範大學出版社1997年

沈從文　《談染纈——藍底白印花布的歷史發展》,《文物參考資料》1958(9)

沈福文　《談銅器》,《文物參考資料》1957(7)

沈兼仕　《沈兼仕學術論文集》,中華書局1986年

沈　齡　《續方言疏證》,木犀軒叢書

石應平　《鹽源地區的民族變遷與筰文化》,《中華文化論壇》2002(4)

睡虎地秦墓竹簡整理小組編　《睡虎地秦墓竹簡》,文物出版社1990年

司馬遷　《史記》,中華書局1959年

宋治民　《蜀文化與巴文化》,四川大學出版社1998年

——　《試論蜀文化和夏商文化的關係》,《洛陽師範學院學報》2010(1)

孫宏開　《原始藏緬語構擬中的一些問題——以"馬"爲例》,《民族語文》1989(6)

孫　華　《蜀人淵源考》,《四川文物》1990(4)

——　《神秘的王國》,巴蜀書社2003年

孫亞冰　《眉縣楊家村卅二、卅三年逨鼎考釋》,《中國史研究》2003(4)

索緒爾著,高名凱譯　《普通語言學教程》,商務印書館 1999 年

譚　紅　《巴蜀移民史》,巴蜀書社 2006 年

譚繼和　《巴蜀文化的現狀與未來》,《四川文物》2002(2)

———　《巴蜀文化辨思集》,四川人民出版社 2004 年

———　《禹生石紐簡論》,《阿壩師範高等專科學校學報》2008(1)

譚其驤　《中國歷史地圖集》,中國地圖出版社 1982 年

譚興國　《巴蜀文學史稿》,四川人民出版社 2001 年

唐　建　《蜀枸醬與蒟醬考》,《中華文化論壇》2003(3)

唐世貴　《〈山海經〉作者及時地再探討》,《宜賓學院學報》2003(6)

唐作藩　《上古音手册》(增訂本),中華書局 2013 年

陶元甘　《茶爲古巴蜀語譯音説》,《巴蜀歷史 民族 考古 文化》,巴蜀書社
　　1991 年

佟柱臣　《巴與蜀考古文化對象的考察》,《南方民族考古》(2),四川科學技
　　術出版社 1989 年

童恩正　《古代的巴蜀》,重慶出版社 1998 年

汪啟明　《先秦兩漢齊語研究》,巴蜀書社 1998 年

———　《漢小學文獻語言研究叢稿》,巴蜀書社 2003 年

———　《東夷非夷證詁》,《西南民族大學學報》2007(7)

———　《近十年(1997—2007)四川方言研究綜述》,《楚雄師範學院學報》
　　2008(8)

———　《〈周易參同契〉作者新證:從文本用韻看〈參同契〉爲齊人所作》,
　　《周易研究》2007(2)

汪啟明、趙靜　《華陽國志譯注》,四川大學出版社 2007 年

———　《中上古蜀語研究三題》,《西南交通大學學報》2008(6)

王國維　《觀堂集林》,中華書局 1959 年

王洪林　《王褒集考譯》,巴蜀書社 1998 年

王繼超　《"遑耶"一詞的彝語含義及功用考釋》,《中央民族大學學報》2007(5)

王　力　《古無去聲例證》,《龍蟲並雕齋文集》第三册,中華書局 1982 年

———　《漢語語音史》,中國社會科學出版社 1985 年

———　《上古漢語入聲和陰聲的分野及其收音》,《龍蟲並雕齋文集》第一

册,中華書局 1980 年

————　《中國語言學史》,山西人民出版社 1981 年

王念孫　《方言疏證補》,高郵王氏遺書

王　寧　《夏國疆域新證》,《棗莊師專學報》1993(1)

王　偉　《現代漢語同素異序詞淺論》,《棗莊學院學報》2005(3)

王　顯　《古韻陽部到漢代所起的變化》,《音韻學研究》(1),中華書局 1984 年

王有鵬　《四川綿竹縣船棺墓》,《文物》1987(10)

王仲殊　《漢代考古學概説》,中華書局 1984 年

衛聚賢　《巴蜀文化》,《説文月刊》1942 年第 3 卷第 4 期

魏建功　《古音系研究》,北京大學出版組 1936 年,中華書局 1996 年

溫少峰　《試爲"成都"得名進一解》,《社會科學研究》1981(1)

聞　宥　《雍無梁林解》,《中華文史論叢》1980(4)

————　《扶留考》,《中華文史論叢》1983(3)

————　《釋姐》,《紀念顧頡剛學術論文集》,巴蜀書社 1990 年

吳承仕　《經典釋文序録疏證》,中華書局 1984 年

吳光範　《彝語地名學初探》,《雲南社會科學》2000(6)

吳企明　《唐音質疑録》,上海古籍出版社 1986 年

吳　怡　《蒲江船棺墓與新都木椁墓出土印章的研究》,《四川文物》1994(3)

奚敏芳　《〈國語〉賦詩考述》,《孔孟學報》總第 71 期,1996 年

夏　淥　《釋弜》,《武漢大學學報》1981(3)

鮮于煌　《試論唐代三峽少數民族"僚人"的民俗生活特色及影響》,《西北
　　民族研究》2003(1)

向　熹　《簡明漢語史》,高等教育出版社 1993 年

————　《蜀語略談》,首屆蜀學研討會論文,2004 年

向學春　《〈蜀語〉所見古方言詞研究——兼論移民與四川方言的關係》,
　　《語言科學》2010(3)

邢公畹　《漢台構詞語法的一個比較研究》,《邢公畹語言學論文集》,商務
　　印書館 2000 年

徐德庵　《蜀語札記》,《古代漢語論文集》,巴蜀書社 1991 年

徐　復　《蜀方言解》,《新評論》第 6 卷第 5 期,1942 年

徐南洲　《古巴蜀與〈山海經〉》，四川人民出版社 2004 年

徐榮旋、李復華等編纂　《四川文物志・考古遺址》，巴蜀書社 2005 年

徐式文　《岣嶁碑之文確是古蜀文字》，《四川文物》1993（5）

徐旭生　《中國古史的傳說時代》，文物出版社 1985 年

徐中舒　《巴蜀文化初論》，《四川大學學報》1959（2）

———　《巴蜀文化續論》，《四川大學學報》1960（1）

———　《四川彭縣濛陽鎮出土的殷代二觶》，《文物》1962（6）

———　《論商於中、楚黔中和唐宋以後的洞》，《四川大學學報》1978（1）

———　《中國古代的父系家庭及其親屬稱謂》，《四川大學學報》1980（1）

———　《論巴蜀文化》，四川人民出版社 1982 年

———　《先秦史論稿》，巴蜀書社 1992 年

徐中舒、唐嘉弘　《古代楚蜀的關係》，《文物》1981（6）

許慎等　《漢小學四種》，巴蜀書社 2001 年

顔勁松　《成都市商業街船棺、獨木棺墓葬初析》，《四川文物》2002（3）

揚　雄　《答劉歆書》，錢繹《方言箋疏》，上海古籍出版社 1984 年

———　《方言》，四部叢刊影宋本

楊　劍　《從什邡戰國時期墓葬再談楚文化入蜀的有關問題》，《先秦史與巴蜀文化論集》，歷史教學出版社 1995 年

楊世明　《巴蜀文學史》，巴蜀書社 2003 年

楊樹達　《積微居小學述林》，中華書局 1983 年

楊向奎　《評傅孟真〈夷夏東西説〉》，《夏史論叢》，齊魯書社 1985 年

殷孟倫　《子雲鄉人類稿》，齊魯書社 1985 年

游修齡　《農史研究和歷史語言及外來詞》，《中國農史》1992（4）

于安瀾著，暴拯群校改　《漢魏六朝韻譜》，河南人民出版社 1989 年

于豪亮　《四川涪陵的秦始皇二十六年銅戈》，《考古》1976（1）

余志鴻　《“賓動”倒句和語言交融》，《民族語文》1988（3）

俞　敏　《漢藏兩族人和話同源探索》，《北京師範大學學報》1980（1）

———　《倒句探源》，《語言研究》創刊號，1981 年

———　《東漢以前的姜語和西羌語》，《民族語文》1991（1）

———　《俞敏語言學論文集》，商務印書館 1999 年

俞偉超　《三星堆文化在我國文化總譜系中的位置、地望及其土地崇拜》，《四川考古論文集》，文物出版社 1996 年

袁家驊　《漢語方言概要》，語文出版社 2001 年

袁庭棟　《巴蜀文化志》，上海人民出版社 1998 年

袁延勝　《新出〈漢景雲碑〉及相關問題》，《中原文物》2007（3）

張濟民　《古僚人語詞今證》，《民族語文》1990（2）

張琨著，張賢豹譯　《漢語音韻史論文集》，臺灣聯經出版事業公司 1986 年

張　凌　《現代漢語同素異序同義詞淺析》，《現代語文》（語言研究）2006（6）

張紹誠　《巴蜀方言淺說》，巴蜀書社 2005 年

張慎儀著，張永言點校　《續方言新校補 方言別録 蜀方言》，四川人民出版社 1987 年

張天恩　《巴蜀文化與中原文化的關係試探》，《考古與文物》1998（5）

張勳燎　《南方民族考古》（1），四川大學出版社 1987 年

張永言　《詞彙學簡論》，華中工學院出版社 1982 年

———　《〈四川方言與巴蜀文化〉序》，四川大學出版社 1996 年

章太炎　《新方言》，浙江圖書館章氏叢書

趙鈞中、何天度　《嫘祖與鹽亭》，《文史雜誌》1994（5）

趙生群　《關於出土文獻與傳世文獻關係的幾點看法》，新出土文獻與先秦思想重構國際學術研討會論文，臺北 2005 年

趙元任著，呂叔湘譯　《漢語口語語法》，商務印書館 1979 年

趙振鐸　《訓詁學綱要》，陝西人民出版社 1987 年

———　《訓詁學史略》，中州古籍出版社 1988 年

———　《論先秦兩漢漢語》，《古漢語研究》1994（3）

———　《中國語言學史》，河北教育出版社 2000 年

趙振鐸等　《李實學術研討會文集》，語文出版社 1996 年

鄭德坤　《四川古代文化史》，巴蜀書社 2004 年

周振鶴、游汝傑　《方言與中國文化》，上海人民出版社 1986 年

周祖謨　《問學集》，中華書局 1966 年

———　《魏晉南北朝韻部之演變》，東大圖書股份有限公司 1996 年

——　《周祖謨語言學論文集》,商務印書館 2001 年

——　《方言校箋》,中華書局 2004 年

——　《兩漢韻部略説》,《問學集》,中華書局 2004 年

周祖謨、吴曉鈴　《方言校箋及通檢》,科學出版社 1956 年

朱彦民　《卜辭所見"殷人尚右"觀念考》,《中國史研究》2005(3)

——　《"殷人尚右"觀念的再考察——以甲骨文字形和考古資料爲視角》,《中國社會歷史評論》(7),天津古籍出版社 2006 年

朱自振　《關於"茶"字出於中唐的匡正》,《古今農業》1996(2)

鄒　衡　《三星堆文化與夏商文化的關係》,《四川考古論文集》,文物出版社 1996 年

鄒一清　《先秦巴蜀對外文化交流研究的回顧》,《文史知識》2007(4)

二、中上古蜀語詞彙表

1. 杭世駿《續方言》蜀語詞表①

編號	頁碼	詞條	意義	通行範圍	出處	備注
1	14	槷	搬	蜀	周禮·考工記（鄭司農注）	杭輯
2	17	膿	肥	益州	説文肉部	杭輯
3	18	譎	謬欺天下	益、梁	説文言部	杭輯
4	24	姐	母	蜀	説文女部	杭輯
5	34	不律	筆	蜀	爾雅·釋器（郭璞注）	杭輯
6	37	蔓（籌）	竹篾	蜀	一切經音義十引聲類	張補
7	39	㰔蠡	瓢,瓠勺	蜀	一切經音義十八引三倉	張補
8	40	攢刀	攢,小稍	巴蜀	一切經音義二十九引韻詮	張補

----

① 表 1—3 根據張慎儀著,張永言點校《續方言新校補 方言別録 蜀方言》。

續表

編號	頁碼	詞條	意義	通行範圍	出處	備注
9	43	冒絮	絮巾	蜀	博物志	張補
10	47	逼	粒	蜀	顏氏家訓·勉學	張補
11	55	阺	山岸傍欲墮者	巴蜀	漢書·揚雄傳（注宋祁引何承天）	杭輯
12	67	葅香	蕊香菜	蜀	文選·南都賦（注引風土記）	張補
13	67	竿蔗	干蔗	蜀	一切經音義十四引廣志	張補
14	71	天苴	讀爲包黎之包	益州	史記·張儀傳（集解）	張補
15	74	苦荼	檟，晚取者爲茗	蜀	爾雅·釋木（郭璞注）	杭輯
16	74	藑	梅	蜀	初學記二十八、太平御覽九七〇引廣志	張補
17	79	蟺	土鹽	巴	爾雅·釋蟲（郭璞注）	張補
18	80	蝎	蟒蟒	梁益	詩·國風（正義引爾雅孫炎注）	張補
19	82	鱣	鮪	益州	毛詩草木鳥獸蟲魚疏	杭輯
20	82	鮥鱏	鮪	蜀	史記·司馬相如傳（正義引李奇）	
21	91	鬼雀	鳥之白脰者	西南	禽經（張華注）	張補
22	93	雞頭鶻	竹雞	蜀	洞冥記	張補

2. 張愼儀《方言別録》蜀語詞表

編號	頁碼	詞條	意義	通行範圍	出處	備注
1	109	鮮翠	鮮明	蜀	老學庵筆記	
2	110	據地	立地，不容少休之意	蜀	猗覺寮雜記	
3	112	卜	北	巴蜀	佩觿	
4	112	弱	孟	蜀	青箱雜記	
5	114	塔靸	偏偃，物不蹋	蜀	黃山谷集	

編號	頁碼	詞條	意義	通行範圍	出處	備注
6	121	噫嘻戲	見物驚異歎詞	蜀	宋景文筆記	
7	121	嗚呼	見人物之可誇者歎詞	蜀	老學庵筆記	
8	121	噫嘻	見人物之可鄙者歎詞	蜀	老學庵筆記	
9	122	撰物	舉物	蜀	轉注古音略	
10	126	雲	病風者	蜀	老學庵筆記	
11	126	奴婢瘧	痎瘧	蜀	續博物志	
12	127	泥窗	糊窗	蜀	老學庵筆記	
13	129	皤	老	蜀	宋景文筆記	
14	129	波	老弱	蜀	鑑誡録(注)	
15	129	塊	墳冢	蜀	鑑誡録(注)	
16	129	老子	父	西陲	老學庵筆記	
17	131	波	尊者、祖及外祖	蜀	吳船録	
18	132	女校書	營妓	蜀	鑑誡録	
19	132	柂師	長年三老	蜀	宋景文筆記	
20	134	師	僧	蜀	老學庵筆記	
21	134	塔	僧之葬所	蜀	老學庵筆記	
22	136	枋	木偃魚	蜀	廣韻	
23	138	篾	簱,析竹皮	蜀	一切經音義	
24	141	銼	釜	蜀	杜詩(吳若本注)	
25	141	鈷鏻	銼	蜀	廣韻	
26	141	土銼	行鍋	蜀	困學紀聞	
27	143	獨	笛	瀘戎間	老學庵筆記	
28	143	曇籠	巾幗,女子未笄之冠	蜀	清夜叢談	
29	144	屨	履	梁、益	玉篇履部	
30	145	穿(船)	衣繫帶	蜀	續演繁露	
31	145	艊	舟	蜀	廣韻	
32	147	餾	蒸餅	蜀	玉篇食部	
33	148	䰞	鹽	蜀	廣韻	

續表

編號	頁碼	詞條	意義	通行範圍	出處	備注
34	148	黎祁	豆腐	蜀	陸游詩（自注）	
35	149	鮺	以魚爲醬	蜀	集韻	
36	149	苞蘆	魚鮓	蜀	爾雅翼	
37	150	賨	賦	巴	晉書音義	
38	151	饋歲	值歲晚問遺	蜀	蘇軾饋歲詩序	
39	151	別歲	酒食相邀	蜀	蘇軾饋歲詩序	
40	152	踏草節	二月二日	蜀	壺中贅録	
41	153	浣花遨頭	四月十九日	蜀	老學庵筆記	
42	154	雨毛	細雨	蜀	蘇軾詩（自注）	
43	157	漦	水洲	蜀、漢	廣韻	
44	157	市壂	市井泊船處	夔	杜甫詩（自注）	
45	157	塯	塘	蜀	集韻	
46	158	洪	水口	蜀	元和志	
47	159	壩	平川	蜀	玉篇	
48	159	嶏	山谷間田	蜀	集韻	
49	160	穄稬	黍	蜀	集韻	
50	161	小巢菜	薇,野豌豆	蜀	六書故	
51	161	大巢	豌豆	蜀	六書故	
52	161	菌	蕈	巴、蜀	集韻	
53	162	鬥雞骨	菌	蜀	藝林伐山	
54	163	諸葛菜	蕪菁	蜀	陳藏器本草	
55	163	附子、烏頭、天雄	小者爲烏頭、中者爲附子、大者爲天雄	蜀	猗覺寮雜記	
56	164	朝日蓮	蓮開花隨日所至	蜀	宋景文筆記	
57	165	葵子	蘿蔔	成都	癸辛雜識	
58	165	艾子	食茱萸子	蜀	本草蘇頌圖經	

續表

編號	頁碼	詞條	意義	通行範圍	出處	備注
59	166	籠竹	大竹	蜀	山谷別集	
60	167	蕉紅	深紅	蜀	益部方物略記	
61	169	酸桶	鹽麩樹、粆奴鹽	蜀	陳藏器本草	
62	169	金果樹	萬年棗	成都	輟耕録	
63	170	楷木	類柞,衆木榮時枯 枰,隆冬方萌芽布陰	蜀	酉陽雜俎	
64	172	讓木	楠樹直辣,枝葉不相妨	蜀	江鄰幾雜志	
65	172	黃心樹	木蓮生巴峽山谷間	巴	白居易木蓮樹詩序	
66	172	葭樣	樣	巴南	廣韻	
67	175	蟺蜂	土蜂	巴楚間	本草	
68	175	胸腮	蚓	巴	本草	
69	177	拙魚	嘉魚	蜀	通雅	
70	181	烏鬼	鸕鷀	夔州	夔州圖經	
71	182	轂轆鳥	鷗鵃	蜀	正字通	
72	186	玉 (去聲)	玉(入聲)	蜀	蜀語	
73	186	禁咒句 尾皆稱 "些"	梵語"薩縛訶"	夔、峽	夢溪筆談	
74	186	漩澲 (去聲)	漩渦	川	杜甫詩(舊注)	
75	187	秏	無	蜀	轉注古音略	
76	189	訛"登" 字,一韻 皆合口	蜀音	蜀	老學庵筆記	
77	194	闌子	謂人之妄爲而 無所顧恤者	蜀	李調元 卍齋璅録	
78	194	不偢 不睬	謂人不禮	蜀	李調元 卍齋璅録	
79	200	瘑(瘷)	疥,搔也	四川	説文解字注	

編號	頁碼	詞條	意義	通行範圍	出處	備注
80	201	牙齻	齒怯者,齻,齒傷醋	蜀	李調元 卍齋璅録	
81	207	入贅	出贅外家	蜀	通俗編	
82	207	要子	孌童	蜀	西康瑣志	
83	208	硬都都	勇悍强宗	峨邊	怡雲書屋詩鈔(注)	
84	208	喜馬	勇悍强宗之妻	峨邊	怡雲書屋詩鈔(注)	
85	210	帽頂	匪類	蜀	輶軒語	
86	212	羊溝	陽宅前小溝	蜀	李調元 卍齋璅録	
87	216	捌把	耙,以竹爲之,所以推引,聚禾穀	蜀	李調元 卍齋璅録	
88	216	楊扠	扠禾上架之丫	蜀	李調元 卍齋璅録	
89	220	穿衣	加衣	蜀	李調元 卍齋璅録	
90	220	駕擔	鬲,轅端壓牛領者	蜀	李調元 卍齋璅録	
91	220	篅	泲,凡竹木蘆葦皆可編爲之	四川	説文解字注	
92	223	蓋	通名苦	四川	爾雅義疏	
93	223	青錢	見錢	蜀	杜詩詳注	
94	224	口岸	因訟旅費	川	遺園詩集·題注	
95	224	堂事	升堂理事	川	遺園詩集·題注	
96	226	桐花凍	四月寒	蜀	香海棠館詞話	
97	226	巧芽	漬緑豆令芽生	蜀	香海棠館詞話	
98	227	漩(去聲)	峽中回流	夔州	説文解字注	
99	228	浩	小港	巴	蜀典	
100	229	田繩子	塍	四川	説文解字注	
101	233	玉米(珍珠米)	包穀(包蔓)	川	蜀輶日記	
102	235	蕨麻(蕾麻)	蕨草	川	杜詩詳注	
103	242	草鞋絆、百足蟲	馬蠲	巫山、夔州	説文解字注	

續表

編號	頁碼	詞條	意義	通行範圍	出處	備注
104	246	肥鮀	鮰魚	眉州	廣雅補疏	
105	251	水雞翁	水雞	川	杜詩詳注	
106	252	鷇鷯鷹	茅鴟	蜀	爾雅義疏	
107	253	連點七	鶺鴒	蜀	三經音略	
108	262	犕（讀如西上聲）		四川	説文解字注	

3. 張慎儀《蜀方言》存古義表（唐五代以前文獻有用者）

編號	頁碼	詞條	意義	出處	備注
1	264	飈	回風	玉篇	
2	264	霝	下雨	説文	
3	264	濛	微雨	説文	
4	264	偏凍雨	夏日暴雨	爾雅、楚辭·九歌、淮南子·覽冥	
5	265	虹	螮蝀	説文	
6	265	滕冰	冰	説文、詩·豳風	
7	265	今二、明二	今日、明日	廣雅	
8	265	坥	地平而寬	玉篇	
9	265	窖	地室	禮記·月令、史記·貨殖傳、漢書·蘇武傳	
10	266	虪	取浮土	玉篇	
11	266	左近、傅近	近處	南史·夷貊傳、爾雅	
12	267	礦	五金璞	説文、周禮	
13	267	熄	滅火	説文	
14	268	煲	以火乾肉	説文	
15	268	煨	埋物熱灰中令熟	通俗文	

續表

編號	頁碼	詞條	意義	出處	備註
16	269	旋渦	水洄流	説文、廣韻	
17	269	滲	潤澤下究	説文、漢書・司馬相如傳	
18	269	幾塊	計人之數	楚辭・九辯、文賦	
19	270	地主	主人	左傳	
20	270	財旺	稱人多貲	玉篇	
21	270	火計	同力共事	木蘭辭、南史・卜天興傳	
22	271	攬頭	役工首人	漢書・陳湯傳、禮記・樂記	
23	271	禮生	贊禮人	梁書	
24	272	雇工	以貲倩人	漢書・晁錯傳、丙吉傳	原書作"顧"
25	272	惡少	少年不循禮法	荀子・修身	
26	272	雜種	詈人醜	後漢書・度尚傳、馬融傳、晉書・前燕載紀贊、樂府	
27	272	伱	稱人	北史・李密傳	
28	273	親家	婚姻相稱	後漢書・應逢傳(注)、魏志・王陵傳注	
29	274	老子	對人自稱	後漢書・韓康傳	
30	274	小	妾	詩・邶風	
31	274	崽崽	小兒	方言	
32	274	乖	小兒黠獪	方言	
33	275	誋氣	小兒不正言	説文	
34	275	呱	小兒嗁聲	説文、詩・大雅	
35	275	媱子	遊妓	説文	語出《方言》
36	275	誂戲	誘姦	説文、爾雅、國策	
37	275	媢	争色	廣雅	
38	276	妖嬈	嬌態	説文	
39	276	不在、過世	人死	左傳・哀二十七年、晉書・苻登載記	
40	276	僵尸	死而不朽	文選・西京賦、爾雅・釋木	

續表

編號	頁碼	詞條	意義	出處	備注
41	276	胖	體肥	説文、禮記·大學	
42	276	躴躿	體長	玉篇	
43	276	瘠	體小	方言	
44	277	溲、屎	小解	説文、廣雅·釋言	
45	277	薗、糞	大便	説文、莊子·知北遊、史記·廉頗傳	
46	278	屙、出恭	上廁	玉篇	
47	278	糵	氣下洩	字林、山海經	
48	278	囟	腦門	説文	
49	278	煩	頭後橫骨	説文	
50	278	髨首	懸首	説文	
51	279	髡	削髪	説文、廣雅·釋詁、淮南子·齊俗	
52	279	臉	面	埤倉	
53	279	不颺	貌陋	左傳·昭二十八年	
54	279	皺	面皮不伸	玉篇	
55	279	皵	皮起	智燈難字	
56	279	寒毛	人身孔毛	晉書·夏統傳	
57	279	溝子、屁股	尻脾	説文	
58	280	忬	心有所戀	方言	
59	280	殻	心惡欲嘔	左傳·哀二十五年	
60	280	脘	胃腑	説文	
61	280	膽	肝之腑	説文	
62	281	脬	膀胱	説文、三倉	
63	281	眼匡	目輪	釋名	
64	281	眨	動目	説文、字苑	
65	281	瞙	看	玉篇	

續表

編號	頁碼	詞條	意義	出處	備注
66	281	瞠	直視	倉頡篇、莊子·田子方、晉書·郭文傳	
67	282	瞧、覤	偷視	難自然好學論、鴟鵂黄鳥贊	
68	282	眯	塵滓入目	字林、莊子·天運	
69	283	臭	仰鼻	玉篇	
70	283	嚏嚏	鼻氣癢	説文、倉頡篇、詩·邶風	
71	283	鼾	臥息	説文	
72	283	齆	鼻音不利	埤倉、論衡	
73	284	謇	口吃	説文、方言、廣雅·釋詁	
74	284	銜	口含物	詩·豳風	
75	284	齗	牙牀	説文	
76	284	齹	齒不齊	説文、玉篇	
77	284	齗、齘	齧物	説文、廣雅·釋詁	
78	285	嗓、胡嚨	喉	説文、爾雅·釋鳥(注)	
79	285	嘹亮	喉音高	玉篇	
80	285	嗄	喉音敗	玉篇、老子	
81	286	拇	手大指	易·咸、莊子·駢拇	
82	286	攎	五指取物	釋名、方言	
83	288	撲	拾取	説文、方言、莊子·至樂	
84	288	擪	以手逼物出汁	廣雅	
85	288	擶	指捻	文選·笙賦	
86	289	跟	足所履	説文	
87	289	逛	遊行	玉篇	
88	289	趄	往復閒步	玉篇	
89	289	蹲、跓	踞地	説文	
90	289	趭、猋	疾行	説文、楚辭·九歌、文選·封禪文	

續表

編號	頁碼	詞條	意義	出處	備注
91	290	趌、趏	前追	玉篇	
92	290	悇、怢	性不慧	晉書·羊曼傳、説文、三禮、淮南子·本經	
93	291	騃、憨	性癡	倉頡篇、廣雅·釋詁、玉篇	
94	291	恍惚	神不清	道德經、史記·司馬相如傳	
95	292	很	悍戾	説文	
96	292	琅湯	不斂攝	管子·宙合	
97	292	傑傝	贏小可憎	方言	
98	293	借倪	舉止輕便	説文	
99	293	趦	遲緩	説文	《説文》無
100	293	臓	質弱力薄	揚子方言校正	
101	293	劢	多力	埤倉	
102	293	瘍、瘯	頭瘡	説文	
103	294	皰	水瘡	淮南子·説林	
104	294	疙瘩	瘡突起	淮南子·齊俗	
105	294	瘤	贅疣	説文、三倉	
106	294	疿子	熱生小瘡	玉篇	
107	295	黃疸	溼病	説文	
108	295	癆	虛弱病	方言	
109	295	痔	隱瘡	説文、莊子·人間世、登徒子好色賦	
110	295	痳	小便艱澀	説文、玉篇	
111	296	顫	四肢寒動	呂覽·慎大、淮南子·説山、論語·八佾、書·仲虺之誥	
112	296	痣	膚生黑子	史記·高祖本紀	
113	296	蠿	手足老皮	説文	
114	296	皴、龜	手足凍裂	梁書·武帝紀、莊子·逍遙遊	
115	297	魘	鬼夢	説文	

續表

編號	頁碼	詞條	意義	出處	備注
116	297	灸	以艾燋灼膚治病	説文、史記·倉公傳	
117	298	賒	貨不與錢	周禮·地官、 後漢書·劉盆子傳	
118	298	折	商賈虧本	荀子·修身	
119	298	當	以物質錢	後漢書·劉虞傳	
120	298	儥	以物互市	説文	
121	299	帳	計簿	漢書·武帝紀	
122	299	斤兩	計衡數	抱朴子	
123	299	幾張	計片數	左傳	
124	299	毫挲	微末之數	説文	
125	299	賃	以財租物	穆天子傳	
126	300	館	客舍	玉篇	
127	300	庌	旁屋	集韻、玉篇	
128	300	闉	門四邊	玉篇	
129	301	黏	泥壁	説文	
130	301	扁	署門户	説文	
131	301	煙囱	竈突	説文	
132	302	天窗	屋上開窗	文選·魯靈光殿賦	
133	302	堁	城堞	説文	
134	302	禪	單衣	説文、釋名、禮記·玉藻	
135	303	汗襦	貼身短衣	玉篇	
136	303	袴、裗衣	股衣	方言、説文	
137	303	襠	褌底	玉篇	
138	304	敕	麄略治衣	書·費誓	
139	304	裑	製裘	説文	
140	304	袥肩	開衣領	説文	
141	304	裾	衣緣邊	文選·洞簫賦	
142	305	帊	手巾	説文	

編號	頁碼	詞條	意義	出處	備注
143	305	𥾝	垂縷	玉篇	
144	305	鍼紩	女工	爾雅	
145	305	扱	斂衣裳	説文	
146	305	鞘	縫皮	玉篇	
147	306	洗毯、毤	毛布	玉篇	
148	306	紬段	帛屬	説文	
149	306	絅段	翦絨	玉篇	
150	306	匹	計布帛之數	漢書·食貨志	
151	306	涷	熟絲	玉篇、周禮·考工記	
152	307	黫	布帛淺黑色	玉篇	
153	307	淡	飲食味薄	説文	
154	307	麴	酒母	説文、書·説命	
155	307	醪糟	酒不去滓	説文	
156	308	鹼、膽水	鹵水	説文	
157	308	泔	淘米水	説文	
158	308	濾米	漉米	玉篇	
159	308	希	粥薄	禮記·檀弓	
160	308	餚午	晝食	説文	
161	309	起麵	發酵	南齊書·禮志	
162	310	糌	薄餅包肉	説文	
163	310	餈	米餌	説文、方言、廣雅、周禮·天官	
164	310	饊子	油煎麵縷	説文	
165	311	腠	肉之肥美者	説文	
166	311	腌	鹽漬魚肉	説文、玉篇	
167	312	曆	凡食物濡汁或醬醢	周禮·考工記(注)、説文、玉篇	
168	312	胜	肉不熟	説文	

續表

編號	頁碼	詞條	意義	出處	備注
169	312	殠	物有穢惡氣	説文	
170	312	腥	肉殠	史記・晉世家	
171	312	鮏	魚殠	説文	
172	313	秒餹	蔗飴	方言	
173	313	素	菜食無肉	史記・霍光傳（注）	
174	313	葷	不素食	説文、倉頡篇、儀禮・士相見禮、禮記・玉藻、莊子・人間世、荀子・富國	
175	314	整酒	婚姻宴會	儀禮・士冠禮	
176	314	餬口	謀食	左傳・隱十一年	
177	315	笝	貯五穀之具	説文	
178	315	笆筹子	晾穀之簟	方言	
179	315	杷	平穀器	説文、玉篇	
180	316	薅、劃、剗	除草	説文、詩・周頌	
181	317	舵	正船之木	玉篇	
182	319	筏	排聯竹木浮水載物	方言、爾雅・釋言	
183	319	囝	牽船聲	玉篇	
184	319	几	坐具可憑者	左傳・昭元年	
185	320	匵	藏器之大者	説文	
186	320	楥頭	履模	説文	
187	320	檮器	生前製棺	玉篇	
188	321	香樅版	棺料之佳者	説文	
189	321	庥頭	棺前後	廣雅	
190	321	椎	擊具	説文	
191	321	杍	械在手	説文	
192	321	囚櫳	困犯之具	説文	
193	322	籢籐	盛箭具	方言	

續表

編號	頁碼	詞條	意義	出處	備注
194	322	籟箕	飯筥	説文、廣雅	
195	322	算	所以蔽甑底	説文、哀江南賦	
196	322	簁	除麤取細之器	玉篇、漢書·賈山傳、説文	
197	322	篾	竹皮	書·顧命、説文	
198	323	鍱	金片	説文	
199	323	鋌	計金銀數	南史·梁盧陵王傳	
200	324	幕	錢背	史記·大宛傳	
201	324	鑰籥	啟鎖之具	説文、史記·魯仲連傳	
202	324	匙	調羹之具	説文	
203	324	籥	所以攝取物	説文	
204	325	熨斗	衣工申繒火斗	説文	
205	326	熰	鍊鐵	玉篇	
206	328	盅子	煎茶器	説文	
207	328	甑	炊飯之具	説文	
208	329	土墼、坏	磚瓦未燒者	坤倉、後漢書·周紆傳、史記·張釋之馮唐傳	
209	330	稱	正斤兩之具	説文	
210	330	儹盒	聚食物之盒	説文	
211	331	籢	妝具	説文	
212	331	苕帚	所以埽地	周禮·夏官（注）	
213	332	箓	書篇	説文、廣雅	
214	332	筳子	紡車銓	説文	
215	333	簺	博具	説文	
216	333	佗子	騾馬負重	漢書·趙充國傳	
217	334	籼	秔米	廣雅	
218	335	秕	不成粟	説文	
219	335	稗	草之似穀者	説文、左傳·定十年、孟子·告子	
220	335	穅	穀皮	説文	

續表

編號	頁碼	詞條	意義	出處	備注
221	335	麩	小麥皮	説文	
222	335	芓	麻實	説文、爾雅	
223	336	薹	菜心抽莖作華	廣雅	
224	336	薑頭	薤	玉篇	
225	336	蔕	瓜果	老子、禮記・曲禮	
226	336	蘿蔔	蘆菔	爾雅・釋草（郭注）	
227	337	菱角	芰	説文	
228	337	菌	地蕈	爾雅	
229	337	華	以刀破瓜	禮記・曲禮	
230	337	雪	去瓜果皮	孔子家語	
231	338	薓	人參	説文	
232	338	蘱	草頭	玉篇	
233	338	蔫	花木不鮮	説文	
234	339	甘蔗	藷	説文	
235	339	榖	楮樹	説文、詩・小雅	
236	339	皁莢	皁斗櫟實	説文	
237	339	楸桃	桃冬熟	説文	
238	339	澱	藍汁	爾雅	
239	339	杪	木之末	説文、方言、漢書・司馬相如傳	
240	340	椏杈	歧枝	方言	
241	340	劈	斧砍竹木	説文	
242	340	莿	草木鍼	説文、玉篇	
243	340	㝢	羽族所乳	小爾雅	
244	340	水老鴉	鸕鷀	説文	原書作“鷟”
245	341	朱朱	雞	洛陽伽藍記、説文	
246	341	膆	雞受食處	文選・射雉賦	
247	342	生口	馬	三國志・魏書・王昶傳（注）	

編號	頁碼	詞條	意義	出處	備注
248	342	驘	驢父馬母	説文、漢書·霍去病傳	
249	343	駿	馬鬛	説文	
250	343	繮	馬紲	説文	
251	343	槽	馬櫪	説文、玉篇	
252	343	毨毛	鳥獸細毛	書·堯典	
253	343	毨	鳥獸解毛	廣雅、方言	
254	343	萎	飼鳥獸	説文、廣雅	
255	344	圈	養畜之所	説文、倉頡篇、莊子· 齊物論、漢書·張釋之傳	
256	344	野貓	貍	説文	
257	344	老鼠	鼠	南史·齊宗室傳	
258	345	灰鼠	鼨鼠	説文	
259	345	竹䶉	竹鼠	説文	
260	346	蛹	繭中蟲	説文	
261	346	蠓	小飛蟲	説文	
262	346	蛀	蠹蟲	説文	
263	347	螫	蟲螫人	説文	
264	347	齕蛋	齧人跳蟲	説文	
265	347	胆	肉、糞中蟲	説文	
266	348	籤押	凡官論判公牘	南史	
267	349	凸	極刑	説文	
268	349	謄	繕寫	説文	
269	349	靪	以線補釘物	説文	
270	349	白字	別字	後漢書·儒林傳	
271	349	念	誦書諷經	漢書·張禹傳	

編號	頁碼	詞條	意義	出處	備注
272	351	一迪、一顆、一箇	一枚	顏氏家訓、方言	
273	351	次弟	次序	説文、呂覽・原亂	
274	351	燈謎	春燈隱語	説文	
275	352	一纂纂	凡物聚多	文選・笙賦	
276	353	賸	有餘	説文	
277	353	婘	節減	説文	
278	353	秏	消損	荀子・修身(注)	
279	353	毛	無	後漢書・馮衍傳	
280	353	奘	大	方言	
281	354	莘	相摩	南齊書(張融海賦)	
282	354	稇	束物	説文	
283	354	般	運物	説文	
284	355	扛	兩人對舉物	史記・項羽本紀、西京賦、吳都賦	
285	355	擂	研物	玉篇	
286	355	縞	懸物	玉篇	
287	356	褱	藏物於胸襟	玉篇	
288	356	黎	漏物及地	説文	
289	357	脆	物易破	説文	
290	357	滾水	灣水	説文	
291	357	鬵	釜湯溢	説文、玉篇	
292	358	漂亮	顏色鮮潔	説文	
293	358	燸	凡言事物敗壞	説文	
294	359	奔命	急遽	左傳・襄二十六年	
295	359	享福	安居樂業	鶡冠子・王鈇	
296	359	驚動勞動	煩擾人	晉書・劉聰載記	

續表

編號	頁碼	詞條	意義	出處	備注
297	359	相好	朋友契合	左傳・成十三年	
298	360	提拔 抬舉	獎拔人	南史・衡陽公諶傳	
299	360	多謝	殷勤致意	漢書・趙廣漢傳	
300	360	鑽	夤緣奔競	文選・答賓戲	
301	360	護短	掩飾其過	與山巨源絕交書	
302	361	孤負	負心	答蘇武書	
303	361	狡猾	多詐	左傳・昭二十六年	
304	361	譽怨	恨人陷害	漢書・東方朔傳	
305	362	呪	詛人及自詛	國策、書・無逸	
306	362	謾	匿情相欺	説文、史記・秦始皇紀、 汲冢周書	
307	362	唏唏	笑	説文、廣雅・釋訓	
308	362	讓 訬 嘊喝	誼呼	説文	
309	362	詄	以言請託	廣雅	
310	363	胡詽 胡譑 囉嗶	多言	説文	
311	363	嘈雜	人多語亂	抱朴子	
312	363	妥怗	停當	楚辭序、文賦	
313	363	抖擻	振動	方言	
314	364	撩理	理亂	説文	
315	364	儱絡	聯合	説文	
316	365	破綻	彌縫未周	禮記・内則	
317	365	怠慢	不敬	史記・封禪書	
318	365	能幹	有才	後漢書・孟嘗傳	

續表

編號	頁碼	詞條	意義	出處	備註
319	365	伏事	服役	陸機詩	
320	365	招呼	相邀	列子注	
321	365	發財	致富	禮記·大學	
322	366	黴	物傷浥色變	説文、楚辭、淮南子	
323	367	㕯	抒臼	説文	
324	367	漳	去汁	玉篇	
325	367	踂	不滑	説文	
326	367	蹁	不正	説文	
327	367	準	允人之請	後漢書·樊準傳(注)	
328	368	欻	䗪聲	方言、廣雅、説文	
329	368	唾	唾人	説文、左傳·僖三十三年、國策·趙策	
330	368	不爾、不 俅不睬	不禮人	晉書·王述傳	
331	369	一	讀若衣	參同契	

4. 明代李實《蜀語》存古義表(唐五代以前文獻有用)

編號	頁碼	詞條	意義	出處	備註
1	9	齾	器缺		説文齒部
2	10	瞙	看		玉篇目部
3	10	漢	人	南史·王懿傳	
4	11	餿臭	飲食變味		玉篇食部
5	11	餈巴	蒸糯米揉爲餅	禮記	
6	12	過	腹瀉	漢書	
7	13	夥夥	咤其多	史記、方言	
8	14	瞀	目不見物		玉篇目部
9	14	齙	露牙		玉篇齒部

續表

編號	頁碼	詞條	意義	出處	備注
10	15	秅	無		漢書·高惠高後文功臣表
11	16	篗子	收絲器		説文竹部、方言
12	16	鍼㡛	女工	説文	説文㡛部、举部、金部
13	17	老革革	老	方言、三國志	
14	18	劓	物朽而斷		説文刀部
15	18	縣	縣道	漢書	
16	19	㑥利	人快敏		玉篇人部
17	20	㸬、桊	穿牛鼻繩		玉篇牛部、説文木部
18	20	姐	母	説文、廣雅	
19	21	銧	磨之漸銷	説文金部、漢書·食貨志	
20	21	女	女許字	孟子	玉篇女部
21	22	秒	穀穗		説文禾部
22	23	錽	鐵上鏤金銀文	西京賦、廣成賦	
23	23	秸	禾麥之空殼		玉篇禾部
24	24	驪騳	不精彩		玉篇馬部
25	24	鞄	皮冒鼓	吕氏春秋	説文革部
26	24	夠	多	廣雅、魏都賦	
27	25	玉	讀若遇	詩·秦風	
28	25	躝	足踏		説文足部
29	26	軟臁	牛馬腰左右虛肉		玉篇肉部
30	26	勃、黴	物溼而黑腐		孟子·萬章下
31	27	魚米之地	沃土	漢書·地理志	
32	27	餫午	日中食		説文食部
33	27	斯	劈破	詩·陳風	説文斤部、廣雅·釋詁

編號	頁碼	詞條	意義	出處	備注
34	28	嘶	聲破		漢書・王莽傳
35	28	嘶	馬鳴		玉篇口部
36	29	盔	瓦缽		玉篇皿部
37	30	絑縫	衣縫		説文糸部
38	30	糫	油煎麵縷	周禮(注)	
39	31	餕女	女嫁三日送食		廣雅・釋言
40	31	米糝	米碎之以鮓肉魚	禮記・内則	
41	31	鮓	以米糝鹽椒釀肉魚	釋名、説文魚部	
42	32	一	讀若衣		詩・曹風
43	34	不理	不與人分辯	鶡冠子	
44	35	木屬	木屐	史記	
45	36	崽	子	方言	
46	37	纂纂	苗實聚多		文選・笙賦
47	37	石	讀爲旦	漢書・揚雄傳	
48	38	篸條	竹篾		玉篇竹部
49	38	瓵	有耳瓶		廣雅・釋器
50	39	簨	木石牡	周禮・考工記、文選・西京賦	
51	40	晧	米穀鮮白		玉篇白部
52	40	孟	讀作夢	淮南子	
53	41	限	門地腳		説文自部
54	42	稻穀	稻	廣雅	
55	42	湅	煮熟絲		説文水部
56	42	遂	讀同歲	楚漢春秋	説文止部
57	43	穛	物小		説文米部
58	43	篅	織荆條爲囷以貯糧食		説文竹部

編號	頁碼	詞條	意義	出處	備注
59	44	騍	牝馬		玉篇馬部
60	45	㱩	赤子陰	道德經	
61	45	礓石	鵝卵石		玉篇石部
62	45	菌	地芝		說文艸部
63	46	䃕	米礱		說文石部
64	47	甐	土釜	廣雅·釋器	說文虍部
65	47	磊亭	重聚		說文立部
66	48	没鍊鑛	謂人不慧	方言	
67	48	爩	艾炷		說文火部
68	49	先後	嫂與弟婦	史記	
69	50	搂	手挽		玉篇手部
70	50	体	粗率	晉書	
71	52	扱	斂衣裳		說文手部
72	52	耳瑱	耳飾		說文玉部
73	52	嚇	驚畏		玉篇口部
74	53	他子	凡驢、騾所負物	方言	
75	54	瓵	大瓮（甕）		玉篇瓦部
76	54	撐	張傘作平聲,音村 支柱作去聲,音寸		說文止部 說文金部
77	54	瘆	以毒藥藥人	方言	
78	55	啞啞	笑	易	
79	55	靲	鞋無飾		說文革部
80	55	回嚼	牛羊食已復 吐而嚼之	爾雅	
81	56	掐	爪刺		說文手部新附
82	56	蜎	曲	周禮·考工記	說文虫部
83	56	綜	貫縷提之以織		說文糸部

續表

編號	頁碼	詞條	意義	出處	備注
84	56	緯	橫縷		説文糸部
85	57	經	直縷		説文糸部
86	57	赧	面慚	禮記	
87	57	虹	霓		爾雅・釋天
88	57	笮	壓物	三國志	
89	59	虆	桃李核		周禮・地官
90	59	者	指物事		説文白部
91	60	皰	面瘡		説文皮部
92	61	飯黏	飯粒粘紙		説文黍部
93	61	研	磨物使光		玉篇石部
94	62	把穩	子細	北史・源思禮傳	
95	62	飣	置食		玉篇食部
96	62	雪	去瓜果皮	孔子家語	
97	62	窖	藏酒		説文穴部
98	64	大步跟	急行		説文足部
99	64	蠓	酒醋中小蟲		爾雅・釋蟲
100	66	鏟	削平		説文金部
101	69	動澹	搖動不停	説文水部	
102	70	煎	熬		方言、玉篇火部
103	70	菢	雞伏卵		方言
104	71	穀	楮樹		説文木部、尚書・商書
105	72	見事	謂人舉措		史記
106	72	跐	足蹂		釋名・釋姿容
107	72	臑頭	豕項間肉		説文肉部
108	72	駄、背	負物		説文馬部新附、禮記・明堂位

編號	頁碼	詞條	意義	出處	備注
109	73	連枷	撻穀器		説文木部
110	73	瓤	瓜中犀(欠確)		玉篇瓜部
111	73	繃	束小兒者	説文	
112	74	過望	謂人奢華	史記・黥布傳	
113	74	賃	租物		廣雅・釋詁二
114	75	魘	鬼夢		説文鬼部新附
115	76	禤	禳鬼		説文示部、玉篇示部
116	76	蘻麻、蟗麻	蟗草		説文虫部
117	76	坯(坏)	瓦器未成		説文土部
118	76	聳	言不讓人		玉篇耳部
119	77	鎌	刈草器		方言、玉篇金部
120	78	摰	拾物	方言、説文、楚辭	
121	78	嗾	呼狗吠物	左傳	説文口部
122	78	綹	線條		説文糸部
123	79	鬻	釜溢		説文鬲部
124	80	鐏	槍戟柄底鋭鐵		廣雅・釋器
125	80	吹	吐氣		玉篇口部
126	81	遲遲	不速	史記・荆軻傳	説文辵部
127	81	嗄	聲不清圓	道德經	玉篇口部
128	82	猋	快走		説文犬部
129	82	猇	虎欲齧人聲		玉篇犬部
130	82	棧	養畜肥壯		莊子・馬蹄
131	83	蝱	牛蟲		説文虫部
132	84	粤家	自謂		説文丂部
133	84	鞄	縫皮		玉篇革部
134	84	唓	哃之		玉篇口部

編號	頁碼	詞條	意義	出處	備注
135	85	嗓、嚨	喉		説文口部
136	86	偏凍雨	夏日暴雨	爾雅、楚辭	
137	86	欪	飲聲		玉篇欠部
138	86	舀	漉物		説文臼部
139	88	拈鬮	手卜		説文門部
140	89	丁丁、點點、些些	少		説文黑部
141	90	欸	應聲	方言	廣雅・釋詁
142	90	散	凡物已采復搜其遺	方言	
143	91	搪席	承塵	方言	
144	91	恭誃	賀人		爾雅・釋言
145	92	誹	毀人		説文言部
146	92	謎	音寐		説文言部新附
147	93	讞	以言阻人		玉篇言部
148	94	㩜	鋪墊		説文寸部
149	94	滋味	飲食	華陽國志	
150	95	跫	足音重濁	莊子	
151	96	牬	牝牛		玉篇牛部
152	96	剿	繩索斷而續之	方言	玉篇刀部
153	96	刵	破魚		玉篇刀部
154	97	淬	燒刀刃納水中以堅之	漢書・武帝紀	説文水部
155	97	笓	竹器		説文竹部
156	98	皺	瘦皮垂下		玉篇皮部
157	99	剜	刻入		説文刀部新附
158	99	飽望	饒足	莊子	
159	100	劖	碎切		玉篇刀部

續表

編號	頁碼	詞條	意義	出處	備注
160	100	簸箕	揚米器	詩·小雅	
161	101	嵺䠾	細長		玉篇長部
162	101	木訥	謂人樸訥	史記·曹參世家	
163	102	瘙	癢		玉篇疒部
164	102	堁	牆		説文土部
165	102	百葉	牛羊膍	廣雅	
166	103	鬠	綰髮爲髻		説文髟部新附
167	104	欚	閉門機		玉篇木部
168	104	㩾	搦汁		廣雅·釋詁、玉篇网部
169	105	奘	大	方言	
170	105	莽莽	大	小爾雅、莊子	
171	107	昏憒	不慧		方言
172	109	單昭	一目眇		説文目部
173	109	土退	以物還原主	廣雅	
174	110	㰒	屋上承橡梁		説文木部
175	110	踦	小兒學行狀		玉篇足部
176	110	㳜	飲	説文水部	
177	112	絶洛洀	洀	説文水部	
178	112	擱	兩手揉物		玉篇手部
179	113	捋	手采	詩·周南	
180	114	趄	小兒手據地行		玉篇走部
181	114	蹙	屈膝		説文卩部
182	115	落	冐破人物	左傳·僖十五年	
183	115	進用	日費	史記·呂不韋列傳	
184	115	苴	補漏		説文艸部
185	116	蔫	不鮮	廣雅	説文艸部

續表

編號	頁碼	詞條	意義	出處	備注
186	116	過世	人死	晉書・苻登傳	
187	117	炋	謂人躁		玉篇火部
188	117	獒狗	惡犬	左傳・宣二年	
189	117	舡	趁船	玉篇舟部	
190	120	搧	揮扇		玉篇手部
191	120	搒	擊		廣雅・釋詁
192	121	籖	齒不齊		說文齒部
193	121	餼	飽而强食		玉篇食部
194	122	饋蒸	蒸食	詩・大雅	
195	122	麿	餅		玉篇食部
196	123	鑼鍋	軍中赤金小釜		說文金部
197	124	大大	父	說文大部	
198	124	炒麪	熟米麥末	禮記・內則	
199	124	嵌	深巖		說文山部新附
200	124	鬼	欺紿、人黠	方言	
201	125	扣	取物		玉篇手部
202	126	獨、犢	駡人語		說文犬部、牛部
203	126	山巴土僚	謂人村		玉篇犬部
204	127	咼	口戾不正	曹瞞傳	說文口部
205	130	朮	分麻		說文朮部
206	130	尪	跛行		說文尢部
207	130	訑	取笑語	說文言部	
208	131	直裰	衣		方言
209	132	老	船久		玉篇老部
210	132	砵	石墮		玉篇石部
211	132	瀝	漉去水		說文水部
212	133	齞	齧骨		說文齒部

續表

編號	頁碼	詞條	意義	出處	備注
213	134	晏	日晚		小爾雅・廣言
214	135	䕯	易䕯箇		説文艸部
215	135	火米	舂成米	異物志	
216	135	䏶	猪脂中堅者		玉篇肉部
217	136	胛	背髆		玉篇肉部
218	137	腡	手指紋		玉篇肉部
219	137	肫、胵	禽䐑		説文肉部
220	137	腈	精肉		玉篇肉部
221	138	脬	胎衣、溺囊		説文肉部、説文水部
222	138	頁腦	斧之頭		説文頁部
223	139	寫	鑄鏵	史記・蘇秦傳、始皇本紀	
224	140	顗	伸頭		説文頁部
225	140	窵	遠		説文穴部
226	140	衳衣	袴		説文糸部
227	142	襤褸	衣敝	左傳・宣十二年	
228	142	尲尬	行不進		説文尣部
229	142	幺	小兒女		説文幺部
230	145	醃	漬藏肉菜		廣雅・釋器
231	146	醪糟	不去滓酒		説文酉部
232	146	勥	勉力		説文力部
233	148	耳摑	掌打		玉篇手部
234	148	倯	不精彩	方言	
235	149	傝㒌	不謹		玉篇人部
236	150	奓	闊口	莊子・知北遊	
237	151	圈	牛羊馬豕欄		説文囗部

編號	頁碼	詞條	意義	出處	備注
238	152	㘽	盛穀器		玉篇口部
239	154	熏	薰藥	山海經・西山經	
240	154	煨	火爐		説文火部
241	154	蚱蜢	蟲似蝗		玉篇虫部
242	156	碾碻	碾輪石		玉篇石部
243	156	擤	捻鼻涕		説文手部新附
244	156	夢椎	謂人癡鈍	史記	
245	157	犆	牛羊不生子		説文牛部
246	157	打牢	放兵劫掠	後漢書・董卓傳	
247	159	蘸茅	細苗及細毛	方言	説文艸部
248	159	挼	兩手相摩切		説文手部
249	159	雜種	罵人之醜稱	漢書	後漢書・度尚傳
250	160	重鉠鈌	重	方言	
251	160	孍	弓戾		玉篇弓部
252	160	牽牛	與小兒戲捉其鼻	左傳・哀六年	
253	160	姑	狡獪	方言	
254	161	顂胎	初産子		玉篇頁部
255	161	繎	疏縷相聚不均	説文糸部	
256	162	紿	欺誑	説文糸部	
257	162	牀桯	牀身		説文木部
258	163	奔命	急遽	左傳・成七年	説文夭部
259	163	㦾竿	住船木橛		玉篇弋部
260	164	起酵	發饅頭	齊民要術	
261	164	妝樂	妝飾		説文女部
262	167	齊鋪	衆多	詩・小雅	
263	167	穈	黍		説文黍部

續表

編號	頁碼	詞條	意義	出處	備注
264	167	利市	初贈工匠	易·説卦、左傳·昭十六年	
265	168	漚	漬麻、氣鬱不伸、草伏火中未燃、衣物湮爛	説文水部、玉篇水部、周禮、詩·陳風	
266	170	四映	四邊		説文四部
267	170	魚栫	江中取魚欄		説文木部
268	170	醫濁	人之憒憒者		玉篇酉部
269	172	褸子	褲子		玉篇衣部
270	172	翠	顏色鮮明		文選·琴賦
271	172	不牡、不對牡	交情不合、言語不合		説文牛部
272	172	腪	髮膏垢結難梳	毛詩	玉篇肉部
273	174	大小麥、南麥	麥之最大者		説文麥部
274	174	新鮮	老不聾瞶、疾不沉重		史記·酈生陸賈列傳
275	174	龜	圻裂	莊子	説文土部
276	177	胎	襯裏		説文肉部
277	177	鑄	鑄銅鐵器		説文金部
278	178	悼忧	心亂		玉篇心部
279	178	獠獠	無賴人		説文犬部
280	178	縠羞	慚恥	廣雅	
281	179	啾啾	低聲	樂府	説文口部